改訂版

東京大学受験指導専門塾

鉄緑会
東大英単語熟語
鉄壁

鉄緑会英語科 編

KADOKAWA

改訂版の刊行にあたって

2009年8月の初版発刊から約10年が経ちました。当初は「知る人ぞ知る」という存在だった『鉄壁』も，年を追うごとに着実にユーザーを増やし，いまや大学受験用英単語帳の定番として多くの方々に愛されるようになりました。高校生だけでなく，教養書として愛読される社会人の方も多く，幅広い世代の読者からご愛顧をいただいています。

これほど広く強い支持を得たのは，「確実に覚えるための単語集」という本書のコンセプトが世のニーズと合致したためだと考えます。読者の方々からは「頭に入りやすい」「記憶から抜けにくい」「長文が嘘みたいに楽に読めるようになった」といった感想を多数いただき，その反響の大きさは，著者の予想をはるかに超えるものでした。

さて，この10年間で社会が大きく変化し，大学入試改革を筆頭に英語教育が大きく変わろうとしています。「4技能」という言葉が声高に叫ばれ，英語学習になにやら革命が起こりそうな気配すら感じます。

こうした変化に対して，『鉄壁』をどのように変えるのか，あるいは変えないのか，全てをゼロベースで見直しました。その結果，当初の基本コンセプトについては「一切変更すべきではない」という結論に至りました。入試制度が変わっても，英語という言語の本質は変わりません。そして英語の根幹をなす「単語・熟語」の学習に対して初版の『鉄壁』が掲げたアプローチは，これからもますます有効であることを確信しました。

むしろ，その理念を守り，単語をより覚えやすく，記憶から抜けにくいものにすべきだと考え，イラストを増やし，用例や解説のブラッシュアップに取り組みました。

また，時代の変化とともに，大学入試で出題される英文のテーマが少しずつ変化しているのは事実です。それに対応し，単語・熟語の入れ替えも一部行いました。

改訂にあたっての主な変更点は以下の通りです。

①**掲載単語の一部変更**：近年の入試問題の傾向を反映し，新規の見出し語を65語，派生語を17語追加しました。それに伴い，一部の語を削除しました。
②**イラストの増補**：好評の「覚えるためのイラスト」を約140点追加しました。

③**重要度の見直し**：直近10年間の主要大学の入試問題を分析し，単語・熟語の重要度のランク付けを全面的に見直しました。
④**用例・解説の改訂**：一部の単語・熟語の用例をより分かりやすく，時代に合ったものに変更し，解説に手を加えました。

今回の改訂にあたっては，KADOKAWAの関由香さん，校閲の鷗来堂さんに多大なご尽力をいただきました。この場を借りてお礼を申し上げます。

2020年3月　鉄緑会英語科　三木秀則

はじめに

●「確実に覚える」ための単語集を！

英語学習者をとりまく環境は，この20年間で大きく変化しました。電子辞書や音声・映像教材の普及，コーパスなどのデータベース化，それに準じた数々の書籍の出版，等々。今では，分からない単語があっても，電子辞書のキーを数回叩けばすぐさま目的の語義にたどり着けます。書店に並べられた数々の単語集では，コンピュータが重要単語を「試験に出る順」にリストアップしてくれています。実に便利な時代になったものです。紙製の辞書をボロボロになるまで使い込んで悪戦苦闘した一昔前の受験生の姿は，すでに遠い過去のものとなりました。

このような環境の進化にともない，学生の英語学習ははるかに効率的になり，そして英語力は飛躍的に伸びたはずです。しかし現実はどうでしょうか？

残念ながら，21世紀を迎えた今日でも日本人の英語に対する苦手意識は全く消えていません。英語嫌いの学生は，減るどころか増加の一途をたどっている感すらあります。そして受験生が抱える最大の悩みは，今も昔も変わらないのです。

――単語が覚えられない。

日々数多くの受験生と接していますが，そのほとんどが20年前と全く同じ悩みを抱えている現状を目の当たりにしています。「あの単語を知っていれば，あと5点は取れたのに……」「単語集で覚えたはずなのに，試験でど忘れしてしまった……」

どんなに教材が進化しても，受験生の苦悩はいっこうに解消されていないのです。それも当然です。コンピュータが覚えるべき単語をリストアップしてくれても，それを実際に覚えるのはほかならぬ人間の仕事です。人間の脳そのものが進化でもしないかぎり，状況は改善されません。「出る順」に単語が並べられていても，その単語を覚えられなくては何の意味もないのです。

もちろん単語・熟語が英語の全てではありません。しかし，単語に対する知識不足が，多くの受験生にとって重い足枷となっているのは事実です。大学入試で出題される長文はそれなりに語彙レベルも高く，ambiguity や implication といった難単語が注釈なしで平然と登場します。1行ごとに知らない単語が出てくるような長文を目の前にして，途方に暮れ，しまいには英語嫌いになるのも無理はないでしょう。また，苦労して暗記した単語も，覚えた途端にスルスルと頭から抜けていくようでは，単語に対して，そして英語に対して「恐怖」すら覚えるようになるかもしれません。この苦痛をなんとか解消できないものか，単語・熟語を確実に覚えられる単語集を作れないものか，それが本書の出発点となりました。
「楽に単語を覚えたい」というのは万人の願いですが，残念ながら，単語学習に魔法の秘薬はありません。しかし「コツ」はあります。このコツは，形として伝授しにくく，今までは，学習者一人一人が独自に考案・体得するしかなかったのです。それをなんとかシステム化し，誰でも確実に覚えられる書籍という形にしよう，というのが本書のコンセプトです。本書では，1ページ目から順に進めていけば，自然とそのコツを体得できるように構成されています。ここでは，その中でも重要ないくつかのポイントに絞って説明しましょう。

●テーマ別の構成——単語どうしを関連づける

人間の脳は，バラバラに羅列された情報を記憶することはできません。「ABC順」や「出る順」にリストアップされた単語を順に暗記しても，その知識はすぐに消えていってしまうでしょう。単語を長期にわたって記憶に残すためには，個々の知識を関連づけ，大きな枠組みの中に位置づけていく必要があるのです。

そこで本書では「テーマ別の構成」を採用しました。セクションごとにテーマを設け，その中で各単語を位置づけていきます。例えばachieve「達成する」，assign「割り当てる」，launch「着手する」，obstacle「障害」，practical「現実的な」，project「計画」といった語群を考えてみましょう。一見バラバラに見えるかもしれませんが，これらを「計画→達成」という1つのテーマの中で配列してみます。

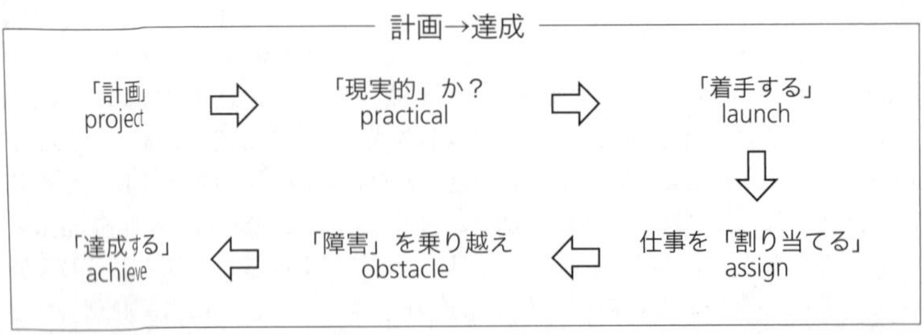

「計画」から「達成」へと至る一連の「ストーリー」ができ上がりますね。これに ideal「理想的な」, overcome「(障害などを) 乗り越える」, persist「粘る」といった関連語を加えて肉付けしていくと，さらに多くの語彙が一連の流れの中に配置され，強く印象に残るのです。

他にも，語義，語源，スペルなど，様々な要素を利用して単語どうしを関連づけていく作業を徹底して行います。本書の単語・熟語の掲載順序は「出る順」でも「難易度順」でも「重要度順」でもありません。「覚えやすい順」の配列となっています。ですから，必ず1ページ目から順に読み進めてください。

●イラストを満載――単語のイメージを作り上げる

単語を記憶する上でもう1つ重要なポイントは「イメージ化する」ということです。百聞は一見に如かず。まずは下の3つのイラストを10秒間ずつ眺めてください。

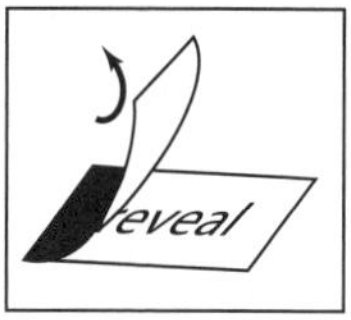

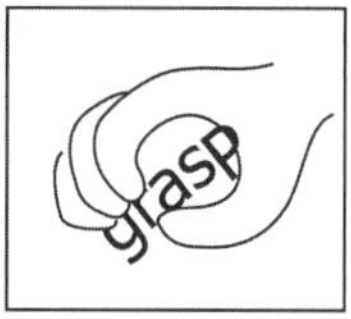

いかがですか？　まだ何のことやらよく分からないかもしれません。では，次に各単語の語義を確認してみましょう。

reveal　「明らかにする，暴露する」
grasp　「摑む，握る，把握する」
upset　「ひっくり返す，動揺させる」

今度はどうでしょう。それぞれの単語の「イメージ」が徐々に頭の中にでき上がってきたのではないでしょうか。最初の reveal という動詞には「覆いをはがして，隠れているものを明るみに出す」という「イメージ」があり，「謎を明らかにする」「秘密を暴露する」などの文脈で使われます。これを言葉で説明するのは大変ですが，イラストを見ることにより，直感的に核となるイメージへと到達できるのです。時には reveal を「解き明かす」や「漏らす」と訳さねばならないこともあるでしょう。このような複数の訳語を丸暗記するのは大変な作業です。しかし，頭の中に核となるイメージがあれば，そこから文脈に応じていつでも適切な意味を引き出すことができるのです。また，「イメージ」を固めることで，リスニングや速読の際のレスポンスも格段に速くなります。

本書は記憶の補助となるよう，数百のイラストを掲載しています。これは，目の保養のためのいわゆる「挿し絵」ではありません。「覚えるためのイラスト」であり，記憶に焼き付けるための工夫が随所に施されています。

●語源などの有用な情報を満載――覚えるための「とっかかり」を

「ある単語がどうしても覚えられない」という苦い経験は誰しも味わったことがあるはずです。例えばconscience「良心」という語は，スペルも難しく，一見とっつきにくい単語のように思えるかもしれません。しかしこの単語をcon + scienceと分解してみてください。何のことはない，science「科学」にconが付いているだけだということが分かります。さらにsciに「知る」という意味があることが分かれば，scienceは「万物について知る学問」だと納得できますし，conscious「意識している」という語のスペルも覚えやすくなるでしょう。

本書には，このような「単語を覚えるための有用な情報」を満載しています。まずは覚えるための「とっかかり」を作って，それを踏み台に，知識に広がりを持たせていきましょう。

●派生語・語法の解説を充実――「量」より「質」を重視

一般に，熱心な学生ほど単語を沢山覚えようとするものです。barbarianとかhereticといった，入試に登場することが極めて稀なものまで，生真面目に覚えようとします。それは決して悪いことではありません。覚えて損をするという単語は存在しませんし，頭の柔らかいうちにできる限り多くの単語を覚えておいた方がいいに決まっています。ところが，そのような生徒にconsiderateとconsiderableの区別を問うても一向に要領を得ず，愕然とさせられることが多々あります。率直に言って，considerateの意味と用法を知らずに難関大学の入試を突破できるとは到底思えません。「思いやりのある」という意味だけでなく，be considerate of [toward] ～という前置詞との連結までは，受験生なら絶対に知らなくてはならない知識です。しかし，多くの学生はconsider「考慮する」だけを覚えて，その派生語や用法は「なんとなく覚えている」という程度にとどまっているという嘆かわしい現状なのです。これは現行の単語集で派生語や語法の扱いが軽くなっていることとも関係あるようです。断言しますが，3000の単語を広く浅く覚えるよりも，500の単語を派生語や用法も含めて確実に身につけた方が，実践でははるかに役に立ちます。単語の数ばかりを追求しても，その知識が「広く浅く」では，入試の現場においては何の武器にもならないでしょう。

本書では，派生語と語法に関しては，特に重点を置いて解説してあります。また［**Check!**］や［**Review Test**］などを通じて，語形や語法を確認できるように構成されています。まずはSECTION #15まで，真剣に取り組んでみてください。そして学校の試験なり，入試の過去問なりを実際に解いてみてください。「使える」語彙とは何なのか，必ずや体感していただけるはずです。

●単語の差別化——つまずきやすい単語は重点的に解説

「単語は覚えなくては意味がない」そして「いかに確実に覚えるか」という本書の基本コンセプトはお分かりいただけたと思います。しかし，それに劣らず重要なのは，「何を覚えるか」ということです。

覚えるべき単語・熟語の選定も，もちろん重要です。本書では過去10年間の大学入試問題のデータベースをもとに，各単語・熟語が登場した回数をコンピュータ分析にかけて厳選し，さらに3段階の重要度ランク付けを行っています。

しかし一方で，「頻度」だけに注目が集まる風潮には大きな疑問を感じます。英語は人間が生み出し，人間によって使われる，生きた言語です。コンピュータが叩き出したデータばかりを眺めていても，その本質に迫ることは難しいでしょう。

学習者がつまずくポイントというのは大方決まっています。例えば，represent には「表す」「代表する」「象徴する」などの訳語が当てられますが，なぜこのように3つの意味が生じるのかが分からない。identify や credit，involve といった単語も，日本人にとっては非常に理解しにくい単語です。また「混同しやすい単語」や「忘れやすい単語」などもあります。property と prosperity，invest と investigate などは形は似ていますが意味は全く違いますし，con-/com-で始まる constitute や compile などは覚えるのに苦労する人が多いのです。一方で，relation や complete といった単語は，日本人の頭には比較的すんなりと入ってくるようです。

本書では，各単語・熟語の扱いは均等ではなく，徹底的な「差別化」をはかっています。「理解しにくい」「覚えにくい」「読解を大きく左右する」「落とし穴となる」単語には，解説や用例，イラストを特に充実させてあります。一方，たとえ登場する頻度の高い単語であっても，学習上さほど問題にならないものに関しては，軽い扱いになっています。

●多数の熟語を掲載――受験に必要な語彙を1冊でカバー

多くの受験生は，まず単語集を1冊マスターし，その後で新たに熟語集を利用しているようです。「単語には多少自信はあるけど，熟語には弱い」という受験生が多いのも頷けます。熟語集を購入した頃にはもう入試本番間近，じっくり学習している暇などないからです。ところが，東大をはじめとする難関大学の入試では，熟語表現を狙った問題が頻繁に出されています。大学入試における熟語表現の重要性は，ここであらためて強調するまでもないでしょう。

そもそも単語と熟語を別々に覚えるのは，あまり意味がありません。with regard to や regardless of といった熟語は，regard という語と一緒に覚えた方がいいでしょう。余計な手間を省くという点からも，また習熟しやすさという点からも，単語と熟語はまとめて一気に学習した方がはるかに効率的です。

本書の SECTION #37〜#39 では，特に入試で狙われやすいものを重点的に，熟語表現を掲載してありますが，それ以外にも単語と関連する熟語表現は適宜ピックアップし，学習を促しています。受験に必要な熟語の知識は，この1冊で無理なくカバーできるように配慮されています。

●テストで習熟度をチェック――覚えた「つもり」になっていないか？

「単語どうしを関連づけ」「イメージ化する」ことで，単語の記憶は飛躍的に改善されるでしょう。でもこれで安心してはいけません。覚えた「つもり」になっていることが多々あるのです。試験本番で「この単語，覚えたはずなのに……」と地団駄を踏んだ経験は誰にもあるでしょう。後になって嘆かないためにも，普段の学習時から知識を確実なものにしておく必要があります。

本書では，一通りの単語を学習した後に，複数のチェックを通じて，記憶の穴を埋めていきます。各小単元の［**Check!**］ではスペル，発音，語源，語法などの盲点をチェックし，さらに［**Review Test**］では，テスト形式で学習の達成度を試します。このように数回のチェックを通過することで，より完璧なボキャブラリーが養われるのです。

●重要な語は繰り返し登場――さらに「鉄壁」のボキャブラリーへ

悲しいことに，人間の記憶力ほどあてにならないものはありません。いくら強烈に頭に焼き付いた単語でも，そのうちの一部はやがて時間とともに忘れられていきます。そこで「忘れた内容を覚え直す」という作業が極めて重要な意味を持ってきます。

1冊の単語集を繰り返し学習するというのも1つの方法でしょう。しかし，単語学習に関してはもっと効果的な方法があります。1つの単語は，違う文脈で登場する方が，より覚えやすく，単語のイメージを摑みやすいのです。例えばwitness「目撃する」という単語があります。本書では「善悪・犯罪」というテーマのもとに収録されていますが，そこで登場する例文は以下のものです。

I accidentally witnessed my neighbor killing his wife.
「私は偶然隣人が彼の妻を殺すのを目撃した。」

ここでは犯罪事件などを「目撃する」という意味の動詞として使われていますね。しかし，同じ語は，別セクションの次のような例文でも登場します。それぞれcorrespondとdecadeの用例として掲載されたものです。

The witness' testimony corresponds with the evidence.
「その証人の証言は証拠と一致する。」
Over the last decade, we witnessed a rapid growth in technology.
「この10年間で，我々は科学技術の急速な進歩を目の当たりにした。」

上の例文では「証人」という名詞として使われています。事件を「目撃」した人は，裁判などでは「証人」となるわけです。もう1つの例文では，同じ「目撃する」でも，その対象は「事件」ではなく「科学の進歩」となっています。このように，1つの単語に繰り返し複数の角度から焦点を当てることで，忘れかけていた単語の記憶を新たにするというだけでなく，その語の持つ像の輪郭がより明確に浮かび上がってくるのです。

またその際に大切なのは，前に学んだ箇所へ戻って確かめてみるということです。本書では適宜参照ページを示し，以前に学習した内容を再確認するよう促しています。

●「効率優先主義」の落とし穴――鉄緑会の理念

鉄緑会は，中高6年一貫校の生徒を対象とした，東京大学受験指導専門塾です。近年その規模，実績ともにますます躍進し，いまや圧倒的な合格数を誇っています。特に受験界の頂点といわれる東大理Ⅲ（医学部）では，ほぼ独占状態といっても過言ではないでしょう。

「なぜそんなに合格率が高いのか？」「なぜ鉄緑会の生徒は優秀なのか？」という質問をよく受けます。時には，さぞかし詰め込み型のスパルタ教育を行っているのだろう，などという間違った印象を持たれていることもあるようです。実態はむしろその逆です。我々は，無機質な暗記や詰め込み学習を真っ向から否定します。我々が高い実績をあげているのは，真の意味での「知の育成」に最大限の努力を払っているからにほかなりません。裏を返せば，安直な学習法を一切排除するということでもあります。「出る順」「難易度順」に単語を覚えてそれでおしまい，というような指導は一切していません。

特に近年は，学習環境の進化にともない，「効率」のみに焦点が当てられることが多いようです。たしかに，受験生に与えられた時間は限られていますし，その中でいかに最大の効果を得るかということは，学習者，指導者の双方が真剣に考えなくてはならないテーマです。しかし，目先の効率ばかりを追い求めるあまり，学問の持つ本来の意義を見失ってしまう危険があることも忘れてはなりません。これが「効率優先主義」の落とし穴です。一例をあげてみましょう。

dictateという単語があります。高校生レベルとしてはやや難易度の高い単語です。入試問題のデータベースを確認すると，そのほとんどでは「命令する」という意味で使われているようです。そこで効率優先的な発想からすると，dictate=「命令する」と覚えればよい，他の意味は覚える必要はない，さっさと次の単語を覚えなさい，ということになります。ですが，果たしてこれが本当に「効率の良い」学習法なのでしょうか？

dictateの名詞形はdictationです。「ディクテーション」といえば，「書き取りテスト」としてお馴染みでしょう。dictate/dictationに含まれるdictは「言う」という意味を持っています。dictionary「辞書」なども同じ語源です。dictateには「口述して，それを一字一句正確に書き取らせる」という意味があり，そこから「全て細かく命令・指示する」という意味が生まれます。まさに書き取り試験のイメージです。dictator「独裁者」も「一字一句全て命令する人」という意味に結びつければ納得がいくでしょう。さらに，このdictにpre-（前の）やcontra-（反対の）という接頭辞を付ければpredict「予言する」やcontradict「反論する」といった語が生まれます。今度はこのpre-/contra-という接頭辞から，precede「先行する」，premature「時期尚早の」，contrary「反対の」などの単語へ繋げていくことができます。このようにして，dictateというたった1つの単語から出発して，まさに枝を張り巡らした巨大な樹木のように，語彙が無限に広がっていくのです。効率のみを優先して「命令する」という語義だけを暗記するなら，そこで学習は終わりです。何の広がりもありません。一方で，少し遠回りをしてでも，語源や派生語，同義語・反意語に注目し，単語どうしの連関を持たせていけば，その後も限りなく語彙を膨らませていくことが可能なのです。一見「効率」に反した学習法のように見えますが，広い視野で見れば，どちらが本当の意味で「効率的」なのかは明らかでしょう。

このようにして学んだ単語というのは，記憶にしっかりと定着し，容易なことでは忘れられません。また何よりも，鉄緑会が掲げる「知の育成」という基本理念にもとらない学習法だと信じています。個々の知識を前にして，そこに有機的な結びつきを見出していくという姿勢は，英語に限らず全ての学問に必要なものなのです。

言葉とは人間の思考そのものです。外国語の語彙を構築していくという作業は，未知の思考を体得することでもあります。それは，人間のみが享受しうる喜びです。最初に断っておきますが，この単語集は決して「楽に」「スイスイ」覚えられるような代物ではありません。ですが，本書を制覇した人には，知の喜びという何ものにも代え難い報酬が待ち受けていることでしょう。

最後になりますが，600ページを超える単語集の編纂には，多大な年月と労力を要しました。完成に至るまで，多くの方々の協力に支えられたことは言うまでもありません。この企画に賛同してくださった角川学芸出版の青木誠一郎社長，松坂あき子さんをはじめ，気の遠くなるような膨大な編集作業を1人でこなしてくださった同社の竹内祐子さん，校正のアンデパンダンのスタッフの皆様，筆者の粗雑な原稿を美しいレイアウトに仕上げてくださった深山典子さん，東京書籍印刷の小林肇さん，例文の作成に女性ならではの斬新なアイディアを提供してくれた東京大学英文科の福田淑子さん，母語話者の立場から丁寧に英文の校閲をしてくださったDaniel Warrinerさん，最終校正に参加してくれた鉄緑会の中川桂一郎，平沢慎也の両氏，そして絶えず現場からのホットな情報を届けてくれた同僚の講師たち，その他，ご支援をくださった多くの方々にこの場を借りて厚くお礼を申し上げます。

2009年8月　鉄緑会英語科　三木秀則

※一部改稿あり。

この単語集の使用法

この単語集には，大学入試に必要とされる単語・熟語が網羅されています。
●マークのある解説文の指示に従って1ページ目から読み進めてください。
単語を覚え，例文で確認し，テストの問題に答える，という一連の流れを通じて，まさに「鉄壁」ともいえる堅牢な語彙を身につけます。

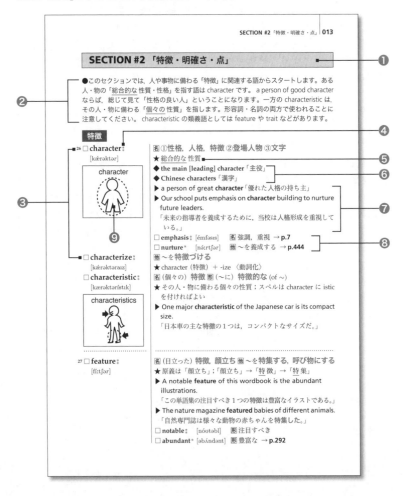

SECTION #2「特徴・明確さ・点」 013

SECTION #2 「特徴・明確さ・点」 ❶

❷ ●このセクションでは，人や事物に備わる「特徴」に関連する語からスタートします。ある人・物の「総合的な 性質・性格」を指す語は character です。 a person of good character ならば，総じて見て「性格の良い人」ということになります。一方の characteristic は，その人・物に備わる「個々の 性質」を指します。形容詞・名詞の両方で使われることに注意してください。 characteristic の類義語としては feature や trait などがあります。

特徴

❸ ❹ 26 □ **character** [kǽrəktər]

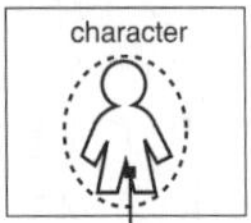

❾

名 ①性格，人格，特徴 ②登場人物 ③文字
★ 総合的な 性質 ❺
◆ the main [leading] character「主役」 ❻
◆ Chinese characters「漢字」
▶ a person of great **character**「優れた人格の持ち主」 ❼
▶ Our school puts emphasis on **character** building to nurture future leaders.
「未来の指導者を養成するために，当校は人格形成を重視している。」
□ emphasis [émfəsɪs] 名 強調，重視 → **p.7** ❽
□ nurture* [nə́ːrtʃər] 他 ～を養成する → **p.444**

□ **characterize** [kǽrəktəraɪz]
他 ～を特徴づける
★ character（特徴）＋ -ize〈動詞化〉

□ **characteristic** [kæ̀rəktərístɪk]

名（個々の）特徴 形（～に）特徴的な (of ～)
★ その人・物に備わる個々の性質；スペルは character に istic を付ければよい
▶ One major **characteristic** of the Japanese car is its compact size.
「日本車の主な特徴の１つは，コンパクトなサイズだ。」

27 □ **feature** [fíːtʃər]
名（目立った）特徴，顔立ち 他 ～を特集する，呼び物にする
★ 原義は「顔立ち」；「顔立ち」→「特徴」→「特集」
▶ A notable **feature** of this wordbook is the abundant illustrations.
「この単語集の注目すべき１つの特徴は豊富なイラストである。」
▶ The nature magazine **featured** babies of different animals.
「自然専門誌は様々な動物の赤ちゃんを特集した。」
□ notable [nóʊtəbl] 形 注目すべき
□ abundant* [əbʌ́ndənt] 形 豊富な → **p.292**

❶各セクションでは，あるテーマのもとに，それに関連する様々な語が登場します。個々の単語・熟語を関連づけながら覚えていくようにしましょう。

❷各セクションは，いくつかの小単元に分かれています。まず●マークの解説を読み，各小単元のコンセプトを理解した上で，それぞれの単語を覚えていきましょう。

❸掲載単語には，通し番号のついた「見出し語」と，それに関連する「派生語」があります。品詞や発音に注意して，「見出し語」と「派生語」をまとめて覚えるようにしましょう。

❹各単語は，以下の3つの重要度ランクに分類されています。可能な限り，全ての単語を覚えることをおすすめします。

＊＊	最重要単語	大学入学共通テストレベル	読解のみでなく，作文でも自由に使いこなせるようにしておきたい
＊	重要単語	国公立2次試験レベル	入試で最も差がつくのはこの単語
無印	難単語	難関大レベル	必須ではないが，最難関を目指す人は覚えておきたい

❺★では，単語の語源，ニュアンス，注意点など，単語を覚えるのに役立つ情報が示されています。必ず目を通すようにしてください。

❻◆では，覚えるべき熟語表現，定型表現が示されています。

❼▶では，単語の用例が示されています。重要な箇所には下線が引かれています。

❽用例中に出てくる単語・熟語もリストアップされています。他のセクションで登場する語には→**p.7** のように参照ページが示されています。用例中の単語も3段階のランクづけがされています。

❾単語を覚えるためのイラストです。じっくりと眺めて，単語のイメージを直感的に摑むようにしましょう。

■セクション内の小単元が終わる毎に［**Check!**］があります。ここでは単語の用法，語源，発音，スペルなどの，見落としやすいポイントを確認します。

■セクション最後の［**Review Test**］では，セクション内の単語を覚えているかどうかをテスト形式で確認します。日本語を介さずに，英語のみでダイレクトに答える形式になってい

この単語集の使用法

ます。テストの結果が不十分なときは，もう一度セクションの最初に戻って覚え直してください。

《Review Testの例》

Same or Opposite? ――――2つの単語の意味が近い場合はSameを，反対の場合はOppositeを選びます。

Yes or No? ――――質問に対して，また各文章が正しいか正しくないかを，「Yes」「No」で答えます。

Multiple Choices ――――文意が通るように，(　)の中に入る適当な語を選びます。

暗記用シートの利用法

● 見出し語，派生語，用例などでは，覚えるべき英語の部分は太字で，それに対応する日本語は赤字で示されています。暗記用シートを重ねて日本語の部分を隠し，覚えているかどうかをチェックしながら学習しましょう。[**Check!**]や[**Review Test**]で答えを隠すのにも利用できます。

本書で用いられている記号

名	名詞	他	他動詞	自	自動詞	形	形容詞
副	副詞	句	熟語	前	前置詞	接	接続詞

[　]	置き換え可能な語
(　)	省略可能な語
=	同義語・類義語
↔	反意語
to *do*	to不定詞
*do*ing	動名詞，現在分詞

発音記号は第1アクセントのみ表示してあります。

目　次

SECTION #1 「重要な・ささいな」

●最初のセクションでは,「重要な・ささいな」という意味の単語を学びます。まず vital という単語ですが,この語に含まれる vit というスペルは「生命」を意味します。日本語にもなっている「バイタリティ（活力)」(vitality) も同じ語源ですし,「ビタミン」(vitamin) は「生命に必要な要素」です。「生命に関わる」→「非常に重要な」と結びつけて覚えましょう。 vit のように単語の根幹をなしている部分を「語根」といいます。英語の単語は,語根を中心に,「接頭辞」(意味を拡張する) や「接尾辞」(品詞を決定する) が前後に付けられて構成されます。

接頭辞 +	語根 +	接尾辞		
	vit（生命）	-al〈形容詞化〉	→	vital 「生命の」
re-（再び）	viv（生命）	-e	→	revive「生き返らせる」

語源に関する専門的な内容にまで立ち入る必要はありませんが,少なくとも「語根」が持つイメージや re- や -ity のような接頭辞,接尾辞に注目することで単語学習の効率は飛躍的にあがります。それでは viv / vit（生命）という語根を含む語をいくつか見ていきましょう。

viv / vit ：生命

1 □ **vital**⁑ [váɪtl]

形 ①（〜にとって）**非常に重要な,不可欠の** (to, for 〜) (= very important) ②**生命の**

★ vit（生命）+ -al〈形容詞化〉→「生命に関わる」→「非常に重要な」

▶ **vital** issues「**非常に重要な**問題」

▶ **vital** organs「**生命維持に必要な**器官」

▶ Foreign workers have come to play a **vital** role in Japan's economy.
「外国人労働者は,日本経済で**非常に重要な**役割を果たすようになった。」

□ **issue**⁑ [íʃuː] 名（争点となる）問題 → **p.148**
□ **organ**⁑ [ɔ́ːrgən] 名 器官 → **p.387**
□ **role**⁑ [róʊl] 名 役割 → **p.423**
□ **economy**⁑ [ɪkɑ́nəmi] 名 経済 → **p.107**

□ **vitality*** [vaɪtǽləti]

名 **生命力,活力** (= vigor, energy)

★ vital（生命の）+ -ity〈名詞化〉

2 □ **vivid*** [vívɪd]

形 **生き生きとした,鮮やかな**

★ viv（生命）→「生き生きとした」

▶ **vivid** color「**鮮やかな**色」

▶ I still have a **vivid** memory of the day when I first met my husband.
「私はまだ夫に初めて出会った日の**鮮明な**記憶を持っている。」

3 □ **revive*** [rɪváɪv]

他 ～を**生き返らせる** 自 **生き返る**
★ re-（再び）＋ viv（生命）→「再び生命を与える」
▶ Cloning technology will make it possible to **revive** extinct species.
「クローン技術によって絶滅した生物種を**蘇らせる**ことが可能になるだろう。」
□ **extinct**⁑ [ɪkstíŋkt] 形 絶滅した → **p.138**
□ **species**⁑ [spíːʃiːz] 名 生物種 → **p.404**

□ **revival** [rɪváɪvl]
名 **生き返り，蘇生**

Check!		
	● [語源] viv / vit の意味は？	生命
	● [語源] re- の意味は？	再び

●次は vital の類義語です。日本語にもなっている「エッセンス」(essence) は，物事の「本質」となる物で，その形容詞形が essential 「重要な」です。「本質に関わる」からこそ「重要」なのです。 indispensable という語は in- + dispens + -able と分解します。まず dispense with ～ 「～なしで済ます」という句を覚えます。 in- は〈否定〉を表す接頭辞， -able は〈可能〉を表す接尾辞ですから， indispensable で「なしでは済ませられない」→「必要不可欠な，重要な」という意味になります。

vital の類義語

4 □ **essential**⁑ [ɪsénʃl]
形（～にとって）**重要な，必要不可欠な** (to, for ～) (= vital, important)；**本質的な**
★「essence （エッセンス・本質）に関わる」→「重要な，本質的な」；スペル注意： essen<u>t</u>ial
▶ Did you understand the **essential** theme of the novel?
「君はその小説の**重要な**テーマを理解したのか？」
□ **theme*** [θíːm] 名 テーマ → **p.554**

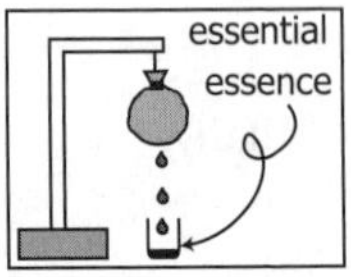

□ **essentially**⁑ [ɪsénʃli]
副 **本質的に**

□ **essence*** [ésns]
名 **本質**
◆ <u>in</u> essence「**本質的には**」
▶ The pursuit of truth is the **essence** of science.
「真実の追究が科学の**本質**だ。」
□ **pursuit*** [pərsúːt] 名 追求（追究） → **p.82**

5 □ **indispensable*** [ɪndɪspénsəbl]

形（～にとって）**重要な，必要不可欠な** (to, for ～)

★ in-〈否定〉+ dispens + -able〈可能〉→「なしで済ます（dispense with ～）ことができない」→「不可欠な」

▶ The secretary had become **indispensable** to the company.
「その秘書は，会社にとって**必要不可欠に**なっていた。」

□ **dispense with** [dɪspéns]

句 **～なしで済ます** (= do without)

▶ Let's **dispense with** formalities and get right down to business.
「形式的なことは**抜きにして**本題に入りましょう。」

□ **formality** [fɔːrmǽləti] 名 形式的なこと → formal「形式的な」

6 □ **crucial*** [krúːʃl]

形 **決定的な，極めて重要な**

▶ Everyone held their breath at a **crucial** moment in the negotiations.
「交渉の**決定的な**瞬間には誰もが固唾を呑んだ。」

□ **hold one's breath*** 句 息を止める，固唾を呑む

□ **negotiation*** [nɪgoʊʃiéɪʃn] 名 交渉 → **p.222**

Check!		
	● **正しいスペルは？：** 1. essential / 2. essencial	1.
	● a crucial moment **とは？：** 1. **決定的瞬間** / 2. **短い時間**	1.

● significance と consequence の 2 つの語は「重要性」(= importance) という意味を持ち，前置詞の of を前に付けることで「重要な」(= important) という形容詞の働きをします。of great significance なら「非常に重要な」，of little consequence なら「ほとんど重要でない」です。significance / significant は sign「印」という語と結びつけて「印を付けるくらいに重要な」と覚えましょう。また consequence は「結果」「重要さ」の 2 つの意味を覚えてください。

	形容詞		of ＋名詞
「重要な」	important	=	of importance
	significant	=	of significance
			of consequence

重要性・結果

7 □ **significance*** [sɪgnífɪkəns]

名 **重要性** (= importance)

★「sign（印）を付けるくらい重要な事」

◆ **be of significance**「**重要である**」(= be important)

▶ a matter of **great significance**「**非常に重要な**問題」

▶ Travel is of **great significance** in that it broadens your mind.
「旅は視野を広げてくれる点で**極めて重要である。**」

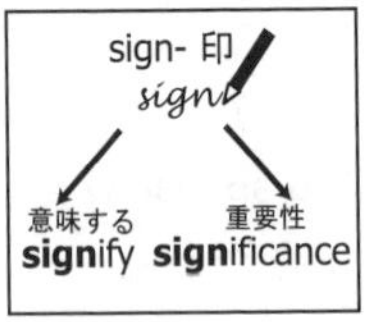

□ **broaden*** [brɔ́ːdn] 他 〜を広げる → broad 「広い」

□ **signify** [sígnɪfaɪ]
他 〜を**意味する** (= mean)
★「sign（印）を付ける」→「意味する」
▶ Wealth does not necessarily **signify** happiness.
「富は必ずしも幸福を**意味し**ない。」
□ **wealth**⁑ [wélθ] 名 富 → **p.109**

□ **significant**⁑ [sɪgnífɪkənt]
形 **重要な** (= important) ；**かなりの**（大きさの）
★「sign（印）を付けるほど重要な」
▶ **significant** amount「**かなりの量**」
▶ The Internet has become the most **significant** information resource.
「インターネットは最も**重要な**情報源となった。」
□ **resource**⁑ [ríːsɔːrs] 名 資源 → **p.408**

□ **significantly*** [sɪgnífɪkəntli]
副 **かなり**

8 □ **consequence**⁑ [kánsəkwəns]
名 ①**結果** (= result) ②**重要さ** (= importance, significance)
★「重大な結果を与える」→「重要」
◆ **as a consequence**「**その結果**」(= consequently)
◆ **be of consequence**「**重要である**」(= be important)
▶ a matter of [no] consequence「重要な［重要でない］事柄」

□ **consequently**⁑ [kánsəkwəntli]
副 **その結果，従って**
▶ I forgot to take out the trash. **Consequently [As a consequence]**, my apartment smelled awful.
「ゴミを出し忘れた。**その結果**アパートがひどい臭いになった。」
□ **trash**⁑ [træʃ] 名 ゴミ → **p.408**
□ **awful*** [ɔ́ːfl] 形 ひどい → **p.423**

Check!
● This problem is (1. in / 2. of) great significance. — 2.
● significant のアクセント位置は？ — signíficant

●ここまでは形容詞を中心に「重要な」という表現を見てきましたが，動詞を用いても同じような内容を表すことができます。 matter や count はお馴染みの単語でしょうが，ここでは「重要である」という動詞としての用法に注目してください。また make a difference も「違いを生じる」→「重要である」という意味を持ちます。 That doesn't make any difference to me. 「そんなことは私にはどうでもいい」というように，しばしば否定文で用いられます。英作文などでは, important ばかりでなく, たまにはこういう表現も使ってみましょう。ぐっと英語らしい文章が出来上がるはずです。

動詞表現

9 □ **matter**⁑
[mǽtər]

名 **事柄, 問題** 自 **重要である** (= be important, count)
★動詞の用法に注意;「問題になる」→「重要である」
▶ What really **matters** is not what you read, but how you read it.
「本当に**重要なの**は何を読むかではなくどう読むかだ。」

10 □ **count**⁑
[káʊnt]

他 〜を**数える** 自 **重要である** (= be important, matter)
★「数に入れる」→「重要である」
▶ The only thing that **counts** is the result, not the process.
「唯一**重要なの**は結果であって過程ではない。」
□ **process**⁑ [práses] 名 過程 → **p.232**

11 □ **make a difference**⁑

句 **重要である, 影響を及ぼす** (= count, matter)
★「違いを生じる」→「重要である」
▶ Money **makes a difference** in politics.
「政治では金が**重要だ**。」
▶ It **makes no difference** to me who you were with last night.
「君が昨夜誰といたかなんて僕には**どうでもいい事**だ。」

Check! ● Money makes (1. different / 2. a difference). 2.

● a matter of significance が「重要な問題」なら, その反対は「どうでもいいような問題」ですね。このような意味を表す形容詞は trivial です。次の common は「共通の」という意味で覚えている人が多いでしょうが,「複数の人に共通の」→「よくある, ありふれた」という意味も重要です。

ささいな・ありふれた

12 □ **trivial**＊
[tríviəl]

形 **ささいな, ありふれた** (↔ important)
▶ a **trivial** detail「つまらない細部」
▶ a **trivial** matter「**ささいな事, どうでもいい事**」

□ **triviality**
[trɪviǽləti]

名 **ささいな事, くだらない事**
▶ Arguing over **trivialities** does not help a relationship.
「**ささいな事**で言い合っても関係は良くならない。」
□ **argue**⁑ [ɑ́ːrgjuː] 自 言い争う → **p.218**

13 □ **trifle**
[tráɪfl]

名 **ささいな事，くだらない事**
▶ Get rid of all the **trifles** that fill up your mind!
「お前の頭の中にある**くだらない事**を全部取り除け！」
□ **get rid of**⁑ [— ríd —] 句 ～を取り除く → **p.69**

14 □ **common**⁑
[kάmən]

形 **①共通の ②よくある，一般的な，ありふれた**
★「皆に共通の」→「よくある，ありふれた」
◆ **common sense**「常識」
◆ **have A in common**「A を共通点として持つ」
▶ The sisters look totally different, but actually they **have a lot of things in common**.
「その姉妹は見かけは全く異なるが，実は**共通点が多い**。」
▶ "I forgot my homework at home" is a **common** excuse students use.
「『宿題を家に忘れました』というのは学生が使う**よくある**言い訳だ。」
□ **excuse**⁑ [ɪkskjúːs] 名 言い訳 → **p.584**

□ **commonplace**
[kάmənpleɪs]

形 **ありふれた，平凡な**
★ common の②の意味を強調
▶ That is a **commonplace** expression, so think of something more original.
「それは**ありふれた**表現なので，もっと独創的なのを考えなさい。」
□ **original**⁑ [ərídʒənl] 形 独自の，独創的な → **p.100**

Check! ● They have nothing (1. in / 2. with) common. 1.

● ordinary にも「ありふれた」という意味があります。こちらは special の対義語として考えると，語感が摑みやすいでしょう。この ordinary に extra-（外）という接頭辞を付けると extraordinary「通常から外れた」→「並はずれた」となります。次の familiar は少し変わった形容詞です。「私はこの場所をよく知っている」と言う場合には「私」「この場所」のどちらも主語にすることが可能なのです。ただし，後に付ける前置詞 with / to の使い分けには要注意です。

通常の・よく知っている

15 □ **ordinary**⁑
[ɔ́ːrdneri]

形 **普通の，通常の，ありふれた** (↔ special)
★ special の対義語として考える
▶ I don't want to wear something **ordinary** to my date!
「デートに**ありふれた**服を着て行きたくないの！」

□ **extraordinary**⁑
[ɪkstrɔ́ːrdneri]

形 **並はずれた，特別の**
★ extra-（外）＋ ordinary →「通常から外れた」

▶ You have an **extraordinary** talent, so use it!
「君には**並はずれた**才能があるのだから，それを使え！」
□ **talent**⁑ [tǽlənt] 名 才能 → **p.86**

□ **extraordinarily**⁑ [ɪkstrɔːrdnérəli]
副 **並はずれて，非常に**

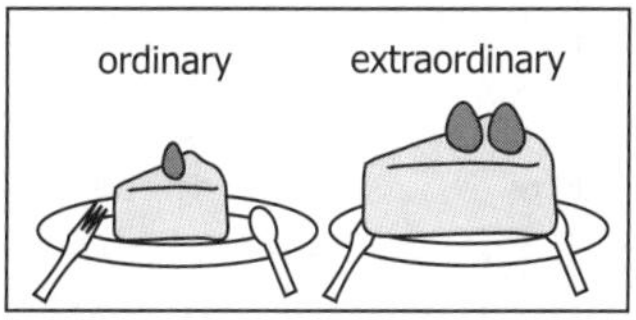

16 □ **familiar**⁑ [fəmíljər]
形 (〜に) **よく知られた** (to 〜)；(〜に) **精通している** (with 〜)
◆ 物 **is familiar** to 人 ≒ 人 **is familiar** with 物 「**人が物をよく知っている**」
▶ a **familiar** voice「**聞き覚えのある**声」
▶ This place is **familiar** to me. ≒ I'm **familiar** with this place.
「私はこの場所を**よく知っている**。／私はこの場所に**精通している**。」

□ **familiarity**＊ [fəmɪliǽrəti]
名 **精通**

Check!		
	● **[語源]** extra- **の意味は？**	外
	● This is (1. extraordinary / 2. extraordinarily) good.	2.
	● This place is familiar (1. with / 2. to) me.	2.

●「重要な」事柄は，「強調」(emphasize, stress) しなくてはなりません。一方で「ささいな」事柄は「軽視・無視」(neglect, ignore) してもいいでしょう。 ignore は「意図的に無視する」の意ですが， neglect は「ついうっかり怠る」という意味です。また stress は，元々は「圧迫する」という意味を持っています。「精神的な圧迫」が「ストレス」ですが，「意味を強める」→「強調する」という意味にもなります。

強調・無視

17 □ **emphasize**⁑ [émfəsaɪz]
他 〜を**強調する**
▶ The coach **emphasized** the importance of the next game.
「監督は次の試合の重要性を**強調した**。」

□ **emphasis**⁑ [émfəsɪs]
名 **強調，重視**
★ 複数形： emphases [émfəsiːz]
◆ **put [lay, place] (an) emphasis on A**「A を重視する」
▶ The company **put an emphasis on** the quality of their products.

「その会社は商品の質を**重視した**。」

□ **quality**⁑ [kwάləti] 名 質

→ **p.291**

□ **emphatic** [ɪmfǽtɪk] 形 **強調された**

---

18 □ **stress**⁑ [strés]

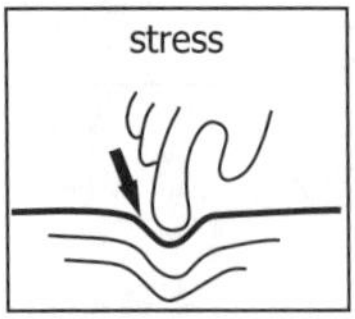

他 **～を強調する** 名 **①ストレス ②重点，強調**

★ 語源は「圧迫」;「精神的な圧迫」→「ストレス」,「意味における圧迫」→「強調」

◆ **relieve stress「ストレスを軽減する」**

◆ **feel stress「ストレスを感じる」**

◆ **put [lay, place] (a) stress on A「Aを重視する」**

▶ The politician **placed stress on** education and childcare.
「その政治家は教育と育児を**重視した**。」

□ **politician**⁑ [pɑlətíʃn] 名 政治家

---

19 □ **neglect**⁑ [nɪglékt]

他 ～を（うっかり）**怠る，軽視する**

★「うっかり忘れてしまう」の意； ignore は「意図的に無視する」

▶ The mother was indulged in her hobby and **neglected** housework.
「その母親は趣味に没頭して家事を**怠った**。」

□ **be indulged in**＊ 句 ～に没頭する → **p.349**

□ **negligence** [néglɪdʒəns] 名 **無視，怠慢**

□ **negligible** [néglɪdʒəbl] 形 **無視し得る，つまらない**

---

20 □ **ignore**⁑ [ɪgnɔ́ːr]

他 ～を（意図的に）**無視する，知らないふりをする**

★ i-〈否定〉＋ gnore（知っている）→「知らない」; gnore は know と同語源（gnore / know のスペルの類似に注目）

▶ I **ignored** the incoming phone calls since I wanted to be alone.
「私は1人になりたかったので電話の呼び出しを**無視した**。」

□ **ignorant**＊ [ígnərənt] 形 **無知の，**（～を）**知らない** (of ～)

◆ **be ignorant of A「Aを知らない」**

▶ I was **ignorant of** recent trends in fashion, but I tried to keep up with the subject.
「最近のファッションのトレンドを**知らなかった**が，話題に付いていこうとした。」

□ trend⁑ [trénd] 名 傾向，流行 → p.431
□ keep up with⁑ 句 ～に遅れずに付いていく → p.507

□ **ignorance*** [ígnərəns]
名 **無知**
▶ **Ignorance** is bliss.
「**無知**は至福である。(知らぬが仏)」
□ bliss [blɪs] 名 至福

Check!		
	● They put emphasis (1. in / 2. on) health.	2.
	● He is ignorant (1. of / 2. in) the fact.	1.
	● negligence のアクセント位置は？	négligence

●その他の関連語です。まず「重要性」を表す eminent / prominent は共に min（突き出る）という語根を持っています。イラストを参考に「他より突出している」というイメージを摑んでください。prime / primary は prim（第１の = first）という語根に注目して覚えましょう。一方の tiny は「形・数・量の小ささ」を，slight / slightly は主に「程度の小ささ」を表します。

その他の関連語

21 □ **eminent** [émɪnənt]
形 **著名な**
★ e- = ex-（外に）＋ min（突き出る）
→「他より傑出した」
▶ an **eminent** scientist「**著名な**科学者」

22 □ **prominent*** [prámɪnənt]
形 **目立った；有名な**
★ pro-（前に）＋ min（突き出る）→「突出した・目立った」
▶ The most **prominent** feature of his face is his hooked nose.
「彼の顔の最も**目立った**特徴はかぎ形の鼻（わし鼻）だ。」
□ feature⁑ [fí:tʃər] 名 特徴 → p.13
□ hook [hʊ́k] 名 かぎ（鉤）

□ **prominence** [prámɪnəns]
名 **目立つこと，卓越**

23 □ **primary⁑** [práɪməri]
形 **第１の，主要な**（↔ secondary「第２の，副次的な」）
★ prim（第１の）
▶ The mother's **primary** concern was the safety of her child.
「母親の**第１の**関心は子供の安全だった。」
□ concern⁑ [kənsə́:rn] 名 関心，懸念 → p.143
□ safety⁑ [séɪfti] 名 安全

□ **primarily⁑** [praɪmérəli]
副 **第１に**

prim- ①
primary
prime

□ **prime*** [práɪm]

形 **最高の，主要な**
★ prim（第1の）
◆ **Prime Minister**「首相」
◆ **a prime number**「素数」

24 □ **tiny**⁑ [táɪni]

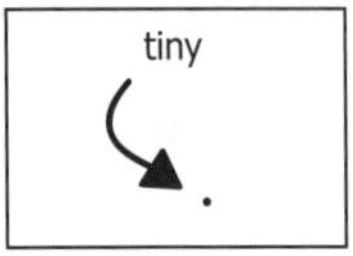

形 **ちっぽけな** (= very small)
★形・数・量の小ささを強調する
▶ **Tiny** pieces of glass were found scattered at the scene of the accident.
「**ちっぽけな**ガラスの破片が事故現場に散乱していた。」
□ **scatter*** [skǽtər] 他 ～を散乱させる → **p.40**

25 □ **slight**⁑ [sláɪt]

形 **わずかな，取るに足らない**
★程度の小ささを表す
▶ A **slight** misunderstanding can ruin a relationship.
「**わずかな**誤解が関係をだめにしてしまうことがある。」
□ **ruin**⁑ [rúːɪn] 他 ～を台無しにする → **p.138**
□ **relationship**⁑ [rɪléɪʃnʃɪp] 名 関係 → **p.179**

□ **slightly**⁑ [sláɪtli]

副 **わずかに**
▶ This year's sales are **slightly** higher than last year's.
「今年の売り上げは昨年のよりも**わずかに**上回っている。」

Check!
● [語源] min の意味は？ 突き出る
● [語源] prim の意味は？ 第1の

Review Test

● **Same or Opposite?**

□1	**vital**	**important**	Same
□2	**consequence**	**result**	Same
□3	**ordinary**	**special**	Opposite
□4	**emphasize**	**ignore**	Opposite
□5	**primary**	**secondary**	Opposite

● **Yes or No?**

□6 Can you lack something that is **vital**? ……… No
□7 Are you energetic if you are full of **vitality**? ……… Yes
□8 You can easily erase a **vivid** memory of your loved one. ……… No
□9 A doctor can **revive** a dead person. ……… No

□10 Can you do without something that is **essential**? ······ No

□11 You can **dispense with** something that is **indispensable**. ······ No
□12 Missing a **crucial** moment in a basketball game would disappoint you. ······ Yes
□13 **Significant** change in your appearance would be noticed. ······ Yes
□14 Something that **matters** is unimportant. ······ No
□15 You must explain every **trivial** detail in order to be understood. ······ No

□16 It is useless to argue over **trifles**. ······ Yes
□17 Is it very rare to come across something **common**? ······ No
□18 An **ordinary** person will be noticed by everybody. ······ No
□19 Does everyone have an **extraordinary** talent in art? ······ No
□20 If there is an **emphasis** on something, it is important. ······ Yes

□21 You should **neglect** vital issues. ······ No
□22 You are an expert of things you are **ignorant** of. ······ No
□23 An **eminent** writer's name is widely known. ······ Yes
□24 An elephant is a **tiny** animal. ······ No
□25 You will get **slightly** injured if a truck hits you. ······ No

ヒント lack 「〜を欠いている」／erase 「〜を消す」／do without 〜 「〜なしで済ませる」／appearance 「外見」／come across 〜 「〜にでくわす」／expert 「専門家」

● **Multiple Choices**

□26 It is (　) that we act immediately.
a. vitality　**b.** vivid　**c.** vital ······ c.

□27 The artist painted what he saw in his (　) imagination.
a. vivid　**b.** prevent　**c.** essential ······ a.

□28 The plants (　) after I gave them water.
a. revived　**b.** neglected　**c.** signified ······ a.

□29 The man was (　) to the company since he could speak five languages.
a. significance　**b.** indispensable　**c.** trash ······ b.

□30 This matter is (　) great significance.
a. in　**b.** of　**c.** to ······ b.

□31 It doesn't (　) whether we win or not.
a. matter　**b.** ignore　**c.** neglect ······ a.

□32 It's not how much you read but what you read that (　).
a. signifies　**b.** counts　**c.** important ······ b.

□33 Money makes ( ) in everything.
a. important **b.** different **c.** a difference ……………………… c.

□34 Suzuki is a ( ) last name in Japan.
a. original **b.** common **c.** extraordinary …………………… b.

□35 I used to live in this region, so it is familiar ( ) me.
a. with **b.** to **c.** of ……………………………………… b.

□36 The tight dress ( ) how overweight she was.
a. emphasized **b.** neglected **c.** ignored …………………………… a.

□37 The politician placed ( ) on education.
a. stress **b.** prime **c.** prominence ……………………… a.

□38 He tried to hide how ( ) he was of political issues.
a. ignore **b.** ignorant **c.** ignorance ………………………… b.

□39 The tower was the most ( ) building of that city.
a. prominent **b.** urgent **c.** negligible ………………………… a.

□40 His ( ) concern was his family's safety.
a. primary **b.** primarily **c.** prominence ……………………… a.

□41 The stain was ( ), but the girl refused to wear the skirt.
a. tiny **b.** urgent **c.** prominent ………………………… a.

□42 She ignored her ( ) headache and went to school.
a. vivid **b.** eminent **c.** slight ……………………………… c.

ヒント immediately「直ちに」／region「地域」／tight「きつい」／stain「しみ」

解説・和訳

8「愛する人の鮮明な記憶を簡単に消し去ることができる。」／12「バスケットボールの試合の決定的な瞬間を見逃すと，がっかりする。」／13「外観がかなり変わると，他人から気づかれる。」／22「あなたは知らない事柄についての専門家である。」／34「日本では鈴木はよくある姓である。」／36「きついドレスによって，彼女がいかに太っているかが強調された。」／41「しみは小さかったが，少女はスカートをはこうとしなかった。」／42「彼女はちょっとした頭痛を無視して学校に行った。」

日付： 年 月 日	得点： ／42
34点以上→SECTION #2へ	34点未満→もう一度復習

SECTION #2 「特徴・明確さ・点」

●このセクションでは，人や事物に備わる「特徴」に関連する語からスタートします。ある人・物の「総合的な 性質・性格」を指す語は character です。 a person of good character ならば，総じて見て「性格の良い人」ということになります。一方の characteristic は，その人・物に備わる「個々の 性質」を指します。形容詞・名詞の両方で使われることに注意してください。 characteristic の類義語としては feature や trait などがあります。

特徴

26 □ **character**⁑ [kǽrəktər]

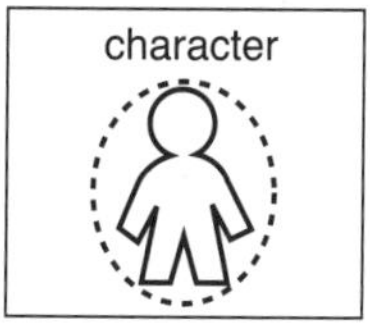

名 ①性格，人格，特徴 ②登場人物 ③文字

★ 総合的な 性質

◆ **the main [leading] character**「主役」

◆ **Chinese characters**「漢字」

▶ a person of great **character**「優れた人格の持ち主」

▶ Our school puts emphasis on **character** building to nurture future leaders.
「未来の指導者を養成するために，当校は人格形成を重視している。」

□ **emphasis**⁑ [émfəsɪs] 名 強調，重視 → **p.7**

□ **nurture*** [nə́ːrtʃər] 他 ～を養成する → **p.444**

□ **characterize**⁑ [kǽrəktəraɪz]

他 ～を特徴づける

★ character（特徴）＋ -ize〈動詞化〉

□ **characteristic**⁑ [kærəktərístɪk]

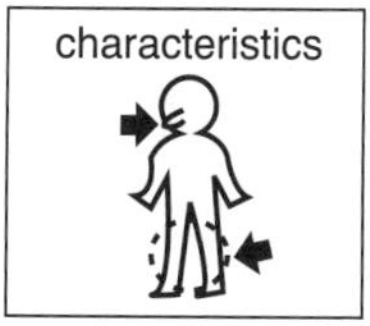

名（個々の）特徴 形（～に）特徴的な (of ～)

★ その人・物に備わる個々の性質；スペルは character に istic を付ければよい

▶ One major **characteristic** of the Japanese car is its compact size.
「日本車の主な特徴の１つは，コンパクトなサイズだ。」

27 □ **feature**⁑ [fíːtʃər]

名（目立った）特徴，顔立ち 他 ～を特集する，呼び物にする

★ 原義は「顔立ち」;「顔立ち」→「特徴」→「特集」

▶ A notable **feature** of this wordbook is the abundant illustrations.
「この単語集の注目すべき１つの特徴は豊富なイラストである。」

▶ The nature magazine **featured** babies of different animals.
「自然専門誌は様々な動物の赤ちゃんを特集した。」

□ **notable**⁑ [nóʊtəbl] 形 注目すべき

□ **abundant*** [əbʌ́ndənt] 形 豊富な → **p.292**

28 □ **trait*** [tréɪt]

名（性格・身体の）**特徴，特質**
▶ Diligence is said to be a **trait** commonly found in Japanese people.
「勤勉は日本人によく見られる**特徴**だと言われる。」
□ **diligence*** [dílɪdʒəns] 名 勤勉 → diligent 「勤勉な」

Check! ● character / characteristic **のアクセント位置は？** cháracter / characterístic

●「特徴」を形容する形容詞を考えてみましょう。ある特徴が，「その人・物に決まって見られる」場合は typical 「典型的な」，「その人・物にしかない」ものである場合には unique 「特有の」で表されます。 unique の語根 uni は数字の「1」を表します。「1」→「そのものにしかない」と関連づけます。日本語の「ユニークな」とは違って「面白い」の意はないので注意しましょう。

典型・特有

29 □ **typical**⁑ [típɪkl]

形 **典型的な，（～）らしい** (of ～)
★ type「種類，典型」→「類を代表するような」
◆ **it is typical of A to *do*「～するとはAらしい」**
▶ It is **typical** of my father to forget the names of his children.
「子供の名前を忘れるとは**いかにも**私の父**らしい**。」

□ **typically**⁑ [típɪkəli]

副 **典型的に，一般的に**

30 □ **unique**⁑ [juːníːk]

形（～に）**特有の** (to ～)，**独自の；唯一の**
★ uni（1つ）→「唯一の」→「他に類を見ない」；「ユニークな（面白い）」という意味はない

◆ **be unique to A「Aに特有の，Aだけの」**
▶ Language is **unique** to human beings.
「言語は人間**だけが持つ**ものだ。」

31 □ **peculiar*** [pɪkjúːljər]

形（～に）**特有の**（to ～）；**風変わりな**
★ strange「奇妙な」を含意することが多い
▶ I knew he was a foreigner because he ate in a **peculiar** manner.
「**風変わりな**方法で食べていたので，彼が外国人だと分かった。」
□ **manner**⁑ [mǽnər] 名 方法 → p.577

□ **peculiarity** [pɪkjuːliǽrəti]

名 **特性，風変わりな点**

Check!		
	● It's typical (1. for / 2. of) him to say that.	2.
	● Speech is unique (1. to / 2. for) human beings.	1.

●「特徴」を語る際には，それがある「特定の」(particular) ものを指しているのか，「全般的な」(general) ものなのかを明確にする必要があるでしょう。下のイラストを見て，particular ↔ general のイメージを掴んでください。

特定↔全般

32 □ **particular** [pərtíkjələr] 形 特定の，特別の

□ **particularly** [pərtíkjələli] 副 特に

□ **in particular** 句 特に (= particularly)

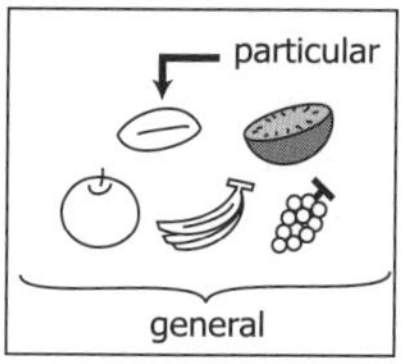

33 □ **general** [dʒénrəl] 形 全般的な，一般的な

□ **generally** [dʒénrəli] 副 全般的に，一般的に

□ **generalize** [dʒénrəlaɪz] 他 ～を一般化する

□ **generalization** [dʒenrələzéɪʃn] 名 一般化

□ **in general** 句 全般的に，一般的に (= generally)

▶ This book is not written for **particular** groups of people, but for the **general** public.
「この本は**特定の**人たちではなく，**一般の**大衆に向けて書かれている。」

▶ I like fruit <u>in</u> **general** and mangoes <u>in</u> **particular**.
「果物**全般**が好きだが，**特に**マンゴーが好きだ。」

Check!		
	● particularly = (1. in / 2. of) particular	1.

● particular の類義語として，3つの形容詞 specific / distinct / definite を覚えます。それぞれ specify / distinguish / define という動詞からの派生語です。語尾に注意して，動詞・形容詞・名詞をセットで覚えるようにしてください。

【動詞】		【形容詞】		【名詞】
specify	→	specific		
distinguish	→	distinct / distinctive	→	distinction
define	→	definite	→	definition

particular の類義語：特定の・明確な

34 □ **specify*** [spésɪfaɪ]

他 ～を（具体的に）**指定する**

▶ The recipe doesn't **specify** which type of butter to be used.
「そのレシピはどのタイプのバターを使うべきか**指定してい**ない。」

□ **specific**⁑ [spəsífɪk]

形 **具体的な，特定の** (= particular)

★「specify（指定）された」→「具体的な」; special「特別な」と同語源

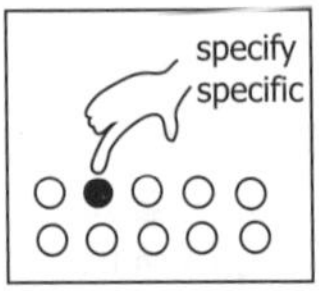

▶ I'm not sure I get your point. Can you be more **specific**?
「要点がよく分かりません。もっと**具体的に言って**もらえますか。」

35 □ **distinguish**⁑ [dɪstíŋgwɪʃ]

他 ～を（…と）**区別する，見分ける** (from ...) 自 **区別する**

◆ **distinguish A from B**「AをBと区別する」

◆ **distinguish between A and B**「AとBを区別する」

▶ a **distinguished** journalist「**著名な**新聞記者」(「他と区別された」→「著名な」)

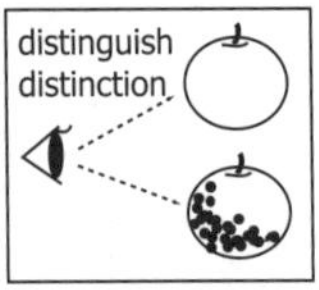

▶ I'm easily able to **distinguish** ripe fruit from unripe fruit.
「私は熟した果物と熟していない果物を容易に**見分け**られる。」

□ **ripe** [ráɪp] 形 熟した → **p.426**

□ **distinct**⁑ [dɪstíŋkt]

形 **明確な，はっきりした；異なる**

★「distinguish（他と区別）される」→「明確な」

▶ The puppy stood out because of the **distinct** pattern on its back.
「その子犬は背中の**明確な**模様で目立った。」

□ **stand out**⁑ 句 目立つ

□ **distinctive*** [dɪstíŋktɪv]

形 **独特の**

★「distinguish（他と区別）される」→「独特の」

▶ The most **distinctive** feature of his art is its color.
「彼の芸術の最も**独特な**特徴は色だ。」

□ **distinction**⁑ [dɪstíŋkʃn]

名 **区別，識別**

▶ the **distinction** between right and wrong「善悪の**区別**」

36 □ **define**⁑ [dɪfáɪn]

他 ～を**定義する，明確にする**

★ de-〈強意〉+ fine（区切り）→「区切りをつける」→「内容を区切って意味を明確にする」

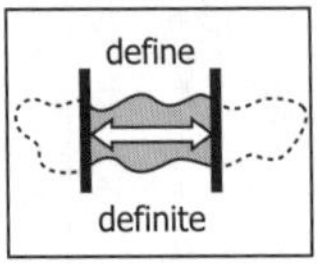

▶ I cannot **define** the word exactly, but I know its meaning in my head.

「その単語を正確に定義できないが，頭で意味は分かっている。」

□ **definite**⁑ [défənət]
形 **明確な**
★「define（定義）された」→「明確な」
▶ You must give me a **definite** answer so that we can start planning our trip.
「旅行の計画を立てられるように，**明確な**返事をしてよ。」

□ **definition**⁑ [defɪníʃn]
名 **定義**
◆ **by definition**「**定義上，当然**」
▶ the **definition** of a word「単語の**定義**」

□ **definitely**⁑ [défənətli]
副 **絶対に**
▶ **Definitely** yes.「全くその通りです。」

□ **indefinite** [ɪndéfənət]
形 **不明確な**
★ in-〈否定〉＋ definite（明確な）

Check!		
	● **distinguish の名詞形／形容詞形は？**	distinction / distinct [distinctive]
	● **define の名詞形は？**	definition
	● **definite のアクセント位置は？**	définite

● a definite idea が「明確な考え」なら，その反対は a vague idea「曖昧な考え」です。日本語の「曖昧な，漠然とした」に相当する英単語には vague / obscure / ambiguous などがあります。それぞれの語が持っているニュアンスは，下のイラストを参考にしてください。vague は「輪郭がぼやけている状態」，obscure は「暗くてぼんやりとしか見えない状態」，ambiguous は「2 つのうちのどちらともとれる」という意味での曖昧さを表します。

vague　　obscure　　ambiguous

曖昧な

37 □ **vague**＊ [véɪg]
形 **曖昧な，漠然とした**
★「輪郭がはっきりとしない」
▶ I only have a **vague** idea of what is going on.
「何が起こっているのか，私には**漠然と**しか分からない。」

□ **vaguely**＊ [véɪgli]
副 **漠然と**

38 □ **obscure**＊ [əbskjʊ́ər]
形 **①不明瞭な，ぼやけた ②世に知られていない**
★「暗くてぼんやりしている」→「知られていない」

▶ Driving in the fog is dangerous since everything is **obscure**.
「全てのものが**不明瞭な**ので，霧の中を運転するのは危険だ。」

---

39 □ **ambiguous***
[æmbígjuəs]

形 **曖昧な，どちらともとれる**
★「2つのうちのどちらともとれる」
▶ Because he used **ambiguous** words, she did not know if his answer was yes or no.
「彼が**曖昧な**言葉を使ったので，答えがイエスなのかノーなのか彼女には分からなかった。」

□ **ambiguity**
[æmbɪgjúːəti]

名 **曖昧さ，両義性**

Check! ● ambiguous の名詞形は？ ambiguity

● 次に「明白な」という意味の obvious / evident という語を覚えます。まず obvious は「誰の目にも明らかな」という意味です。 evident は evidence 「証拠」の派生語で，「証拠があって明らかな」という意味です。 apparent は「見たところの」と「明白な」の2つの意味を覚えてください。

明白な

40 □ **obvious**⁑
[ábviəs]

形 **明白な**
★「誰の目にも明らかな」
▶ Everyone noticed the **obvious** signs that John liked Katherine.
「ジョンがキャサリンのことを好きだという**明白な**印に誰もが気づいた。」

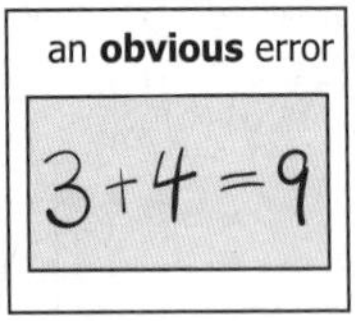

□ **obviously**⁑
[ábviəsli]

副 **明らかに，言うまでもなく**

---

41 □ **evident**⁑
[évɪdənt]

形 **明白な**
★ e- = ex-（外に）＋ vid （見る）→「外から見て明白な」「証拠（evidence）があって明らかな」
▶ His guilt was **evident** in the way he looked at the victim's family.
「被害者の家族を見る様子から，彼の罪悪感は**明らか**だった。」

□ **guilt** [gílt] 名 罪悪感 → **p.282**
□ **victim**⁑ [víktɪm] 名 被害者 → **p.278**

□ **evidently***
[évɪdəntli]

副 **明らかに**

□ **evidence**⁑
[évɪdəns]

名 **証拠**
★ 不可算名詞

▶ There is scientific **evidence** that the ancestors of elephants once lived in the sea.
「象の祖先がかつて海中に住んでいたという科学的な**証拠**がある。」

---

42 □ **apparent**⁑
[əpǽrənt]

形 **①見たところの ②明白な**

★ appear「現れる」と同語源；「目に見えて現れる」→「見たところの」「明白な」；①は「実際は分からないが」を含意

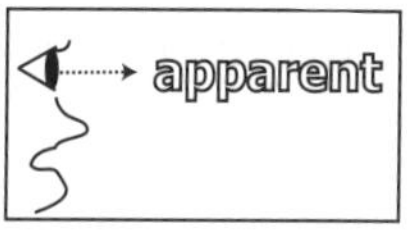

▶ for no **apparent** reason「**明白な**理由もなく」

□ **apparently**⁑
[əpǽrəntli]

副 **見たところは** (= seemingly)

▶ **Apparently,** no one was hurt in the accident.
「**見たところは**誰もその事故で負傷しなかったようだった。」

Check! ● apparently の意味は？ 見たところは

● respect は「尊敬する」という意味で覚えている人が多いでしょう。しかし，もう１つ重要な「点」という意味を忘れてはなりません。この意味での派生語は respective です。respect の３つの派生語 respectful / respectable / respective は非常に紛らわしいでしょうが，確実に覚えましょう。 respect / aspect / detail はいずれも前置詞の in と共に用いられることに注意してください。

respect	①尊敬	→ respectful	**礼儀正しい**
		→ respectable	**ちゃんとした**
	②点	→ respective	**それぞれの**

点

43 □ **respect**⁑
[rɪspékt]

名 **①尊敬，尊重** ② (in) **点，事項**
他 ～を**尊敬する，尊重する** (= look up to)
★ ②の意味に注意
◆ **in this respect**「**この点で**」 (= in this regard)
▶ He resembles his father in many **respects**.
「多くの**点**で彼は父親に似ている。」
□ **resemble**⁑ [rɪzémbl] 他 ～に似ている → p.188

□ **respectful**＊
[rɪspéktfl]

形 **礼儀正しい**
★ respect（尊敬）＋ -ful 〈形容詞化〉→「敬意を表す」
▶ **respectful** behavior「**礼儀正しい**態度」

□ **respectable**＊
[rɪspéktəbl]

形 **ちゃんとした**
★ respect（尊敬）＋ -able 〈可能〉→「尊敬することのできる」

▶ The father emphasized to his son that he needed to get a **respectable** job for the family's sake.
「父親は，家族のために**ちゃんとした**職に就くべきだと息子に強調した。」

□ **emphasize**⁑ [émfəsaɪz] 他 ～を強調する →**p.7**
□ **for A's sake**⁑ 句 A のために →**p.427**

□ **respective*** [rɪspéktɪv]

形 **それぞれの，各々の**
★ respect（点）→「それぞれの」
▶ The tourists went to their **respective** rooms to get some rest.
「旅行客は，休憩するために**各々の**部屋に行った。」

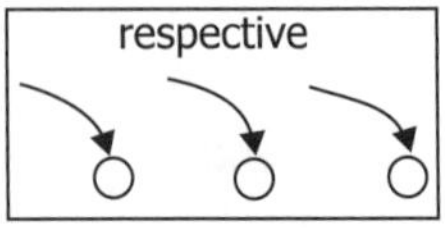

□ **respectively*** [rɪspéktɪvli]

副 **それぞれ**
▶ Tom and Mary got an A and a C on the exam, **respectively**.
「トムとメアリーは試験で**それぞれ** A と C をとった。」

---

44 □ **aspect**⁑ [ǽspekt]

名 (in) **側面，様相，点**
▶ The twins are alike in every **aspect**.
「その双子はあらゆる**点**で似ている。」

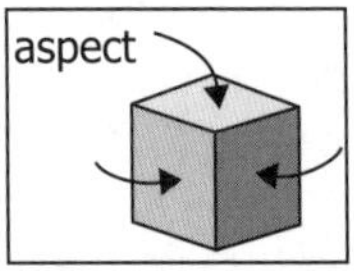

---

45 □ **detail**⁑ [díːteɪl]

名 (in) **詳細**
◆ **in detail**「詳細に」
▶ The documentary is in every **detail** based on facts.
「そのドキュメンタリーは，**細部**にわたるまで事実に基づいている。」

□ **be based on**⁑ 句 ～に基づいている →**p.30**

Check!	
	● respectful / respectable / respective **の意味は？** 礼儀正しい／ちゃんとした／それぞれの
	● aspect **のアクセント位置は？** áspect

●最後は「正確な」という表現です。 exact の類義語として precise / accurate を覚えてください。

正確さ

46 □ **precise**⁑ [prɪsáɪs]

形 **正確な** (= exact)
★ pre-（前もって）＋ cise = cut（切る）→「正確に切られた」; concise「簡潔な」と同語源
▶ We need more **precise** information.

「もっと正確な情報が必要だ。」

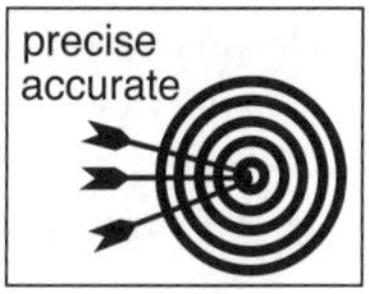

□ **precisely**⁑ [prɪsáɪsli]
副 正確に

□ **precision** [prɪsíʒn]
名 正確さ

47 □ **accurate**⁑ [ǽkjərət]
形 正確な (= exact)
★ ac-（〜に）+ cure = care（注意）→「注意を向けた」
▶ an **accurate** calculation「正確な計算」

□ **accuracy*** [ǽkjərəsi]
名 正確さ
▶ The GPS can pinpoint your location with an **accuracy** of millimeters.
「GPS はミリ単位の精度で位置を示すことができる。」

Check!		
	● accurate の名詞形は？	accuracy
	● accurate のアクセント位置は？	áccurate

Review Test

● **Same or Opposite?**

□1 **characteristic** **trait** ······ Same
□2 **particular** **general** ······ Opposite
□3 **vague** **clear** ······ Opposite
□4 **evident** **obvious** ······ Same
□5 **accurate** **precise** ······ Same

● **Yes or No?**

□6 A **feature** is something easily overlooked. ······ No
□7 If something is **typical**, it is usual. ······ Yes
□8 **Unique** means funny and strange. ······ No
□9 **Peculiar** behavior draws attention. ······ Yes
□10 **Distinct** things stand out. ······ Yes

□11 There is **distinction** between two completely different things. ······ Yes
□12 If you **definitely** believe in something, do you have doubts about it? ······ No
□13 There are **definitions** of words in the dictionary. ······ Yes
□14 Can you describe clearly something that is **vague**? ······ No
□15 If you always answer with a definite yes or no, you are **ambiguous**. ······ No

□16 **Evident** signs of a sickness can be easily recognized. ······ Yes

□17 An **obvious** fact is difficult to see. ………… No
□18 An **evident** mistake is noticed by all. ………… Yes
□19 You have **respect** for those you hate. ………… No
□20 If you are **respectful**, you have no manners. ………… No

□21 A perfectionist would care about every **detail**. ………… Yes
□22 **Accurate** information is wrong. ………… No

ヒント overlook「～を見逃す」／draw attention「注意を引く」／recognize「～を認識する」／manners「礼儀作法」／perfectionist「完璧主義者」

● **Multiple Choices**

□23 Richard Gere played the leading (　) in the movie.
a. characteristic　**b.** characterize　**c.** character ………… c.
□24 One major (　) of the Japanese car is its compact size.
a. characteristic　**b.** characterize　**c.** character ………… a.
□25 The magazine (　) an article on Hollywood movies.
a. featured　**b.** distinguished　**c.** specified ………… a.

□26 The gift of speech is unique (　) human beings.
a. for　**b.** of　**c.** to ………… c.
□27 His (　) fashion drew attention.
a. peculiar　**b.** ordinary　**c.** general ………… a.
□28 I like fruits in general and bananas (　).
a. particular　**b.** in particular　**c.** peculiarity ………… b.
□29 (　), women live longer than men.
a. In general　**b.** General　**c.** Peculiarity ………… a.
□30 This tool is to be used for a (　) purpose.
a. specific　**b.** obscure　**c.** vague ………… a.

□31 Kids can't (　) between fantasy and reality.
a. specify　**b.** define　**c.** distinguish ………… c.
□32 The word "democracy" is hard to (　).
a. define　**b.** refine　**c.** confine ………… a.
□33 He (　) remembered meeting her somewhere before.
a. vaguely　**b.** respectively　**c.** generally ………… a.
□34 He did not want to give a definite answer, so his words were (　).
a. ambiguous　**b.** distinct　**c.** particular ………… a.
□35 The police collected (　) from the crime scene.
a. evident　**b.** evidently　**c.** evidence ………… c.

□36 John and Michael ( ) finished first and second in the race.
a. respectably b. respectively c. respectfully ………………………… b.
□37 John and Michael were ( ) toward elderly people.
a. respectable b. respective c. respectful ………………………… c.
□38 He only had casual clothing and nothing ( ) for the gathering.
a. respectful b. respectable c. respective ………………………… b.
□39 Can you describe what happened here in ( )?
a. detail b. aspect c. precise ………………………… a.
□40 You must be ( ) in your account of the accident.
a. accurate b. precision c. obscure ………………………… a.

ヒント crime scene「犯行現場」／clothing「衣服」／gathering「集会」／account「説明」

解説・和訳

23「その映画でリチャード・ギアは主役を演じた。」／38「彼にはカジュアルな服しかなく，その会合に着ていくちゃんとした服がなかった。」／40「事故の説明は正確にしなくてはならない。」

日付： 年 月 日	得点： ／40
32点以上→SECTION #3へ	32点未満→もう一度復習

Tips for Learning 単語を覚えるコツ・1

「忘れても開き直れ！」

人間は忘れる動物です。今日覚えた単語も，１週間後には半分以上が頭から抜け去っているでしょう。それでいいのです。人間の記憶力など，皆似たり寄ったりなのです。いちいち悲観していては先に進めません。「忘れたらまた覚え直せばいい」――この開き直りが大切です。10個の単語を忘れたことを嘆くよりも，３個の単語を覚えたことを喜びましょう。とりあえずは，24時間後まで覚えていることが目標です。明日の同時刻に，今日学習した内容をざっと見直してください。忘れている単語があったら，チェックボックス（□）に印をつけておきましょう。**Review Test** で間違えた問題は，もう一度解き直してみましょう。それが終わったら，次のセクションに進んでください。とにもかくにも，前進あるのみです。

SECTION #3 「構造・構成」

●ビルなどの建造物以外にも，身体，言語，社会など，ありとあらゆる物は固有の「構造」を持っています。このセクションでは，事物がどのように組み立てられているかに焦点を当てていきましょう。まず structure「構造」という語の struct というスペルに注目してください。これは「組み立てる」という意味を表す語根です。construct も同じ語根を持っています。派生形は -struct（動詞）/ -structive（形容詞）/ -struction（名詞）です。ただし，construct の対義語は destruct ではなく destroy です。

struct：組み立てる

48 □ **structure**⁑
[strʌ́ktʃər]

名 **構造，構成，骨格**
★struct（組み立てる）→「組み立てられたもの」
▶ Bones are the basic **structure** of a human body.
「骨は人間の体の基本的な**骨格**である。」

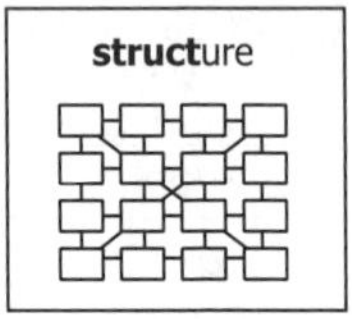

---

49 □ **construct**⁑
[kənstrʌ́kt]

他 ～を**建設する，組み立てる**
★con-（共に）＋ struct（組み立てる）
▶ The city decided not to **construct** a new building at the bomb site.
「市は被爆地に新しい建物を**建設し**ない決定をした。」
□ **bomb**＊ [bɑ́m] 名 爆弾
□ **site**⁑ [sáɪt] 名 用地 → **p.129**

□ **reconstruct**
[riːkənstrʌ́kt]

他 ～を**再建する**
★re-（再び）＋ construct（建設する）

□ **construction**⁑
[kənstrʌ́kʃn]

名 **建設，建造**
▶ This building is under **construction**.
「この建物は**建設中**です。」

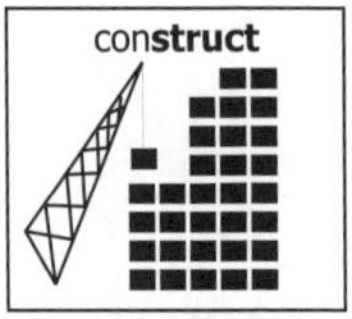

□ **constructive**＊
[kənstrʌ́ktɪv]

形 **建設的な**
▶ a **constructive** dialogue「**建設的な**対話」
□ **dialogue**⁑ [dáɪəlɑg] 名 対話 → **p.194**

---

50 □ **destroy**⁑
[dɪstrɔ́ɪ]

他 ～を**破壊する，滅ぼす**
★de-〈分離〉＋ stroy（組み立てる）
▶ The ants **destroyed** the foundation of the house.
「蟻が家の土台を**破壊した**。」
□ **foundation**⁑ [faʊndéɪʃn] 名 土台 → **p.29**

□ **destruction**** [dɪstrʌ́kʃn] — 名 破壊
▶ **environmental destruction**「環境破壊」

□ **destructive*** [dɪstrʌ́ktɪv] — 形 破壊的な

51 □ **architecture*** [ɑ́ːrkətektʃər] — 名 建築，建築学
▶ **modern architecture**「現代建築」

□ **architect*** [ɑ́ːrkətekt] — 名 建築家

Check!		
	●［語源］ struct の意味は？	組み立てる
	●［語源］ con- の意味は？	共に

●今度は stitute という語根です。stand「立つ」とスペルが似ていますね。この stitute は「立つ，立てる」という意味を持っています。下の動詞はいずれも -stitute（動詞）/ -stitution（名詞）という派生形を持っています。

stitute：立てる

52 □ **constitute*** [kɑ́nstətjuːt] — 他 ～をなす，構成する，占める (= make up)
★con-（共に）＋ stitute（立てる）→「共に立って構成する」；多くの場合は be 動詞や make up に置き換え可能
▶ Science doesn't tell us what **constitutes** a good life.
「何が良い人生**となる**のかを科学は教えてくれない。」
▶ African Americans **constitute** 12% of the American population.
「アフリカ系アメリカ人は，アメリカの人口の 12 %を**占める**。」

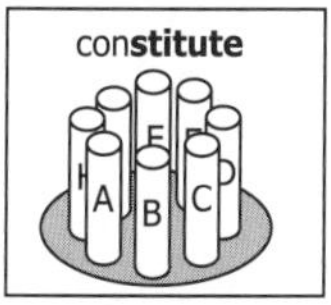

□ **constitution*** [kɑnstətjúːʃn] — 名 ①構成，組織 ②憲法
★「国家の法的骨格をなすもの」→「憲法」
▶ **the Constitution of Japan**「日本国憲法」

53 □ **institute*** [ínstɪtjuːt] — 他 ～（法律・制度）を制定する 名 協会，研究所
★in-（中に）＋ stitute（立てる）
▶ the National Cancer **Institute**「国立がん**研究所**」

□ **institution**** [ɪnstɪtjúːʃn] — 名 制度；施設
★「社会的・伝統的な制度」「ある目的のために作られた施設」の 2 つの意がある
▶ the **institution** of marriage「結婚という**制度**」
▶ When their parents died in a car accident, the children were sent to an **institution**.
「両親が交通事故で死ぬと，子供達は**施設**に送られた。」

54 □ **substitute**⁑
[sʌ́bstətjuːt]

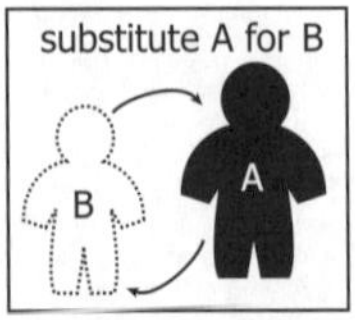

他 ～を（…の代わりに）**代用する** (for …) 名 **代用品，代理人**
★ sub-（下に・副次的に）＋ stitute（立てる）→「代理を立てる」
◆ **substitute A for B**「**B の代わりに A で代用する**」
▶ Because of mad cow disease, restaurants **substituted** pork for beef in their menus.
「狂牛病のため，レストランは牛肉の代わりに豚肉で**代用した**。」
□ **disease**⁑ [dɪzíːz] 名 病気 → **p.381**
□ **mad cow disease** 句 狂牛病

□ **substitution***
[sʌbstətjúːʃn]
名 **代理**

Check!
● **[語源]** stitute **の意味は？** 立てる
● substitute pork (1. to / 2. for) beef 2.

● struct / stitute という語根を学びましたが， st- というスペルが「(組み) 立てる・構成する」というイメージを持っていることが何となく感じられたと思います。次の stable / establish もやはり st- というスペルを含んでいます。 stand （立つ）と関連づけて覚えましょう。

sta ：立つ

55 □ **stable**⁑
[stéɪbl]
形 **安定した** (= steady) (↔ unstable)
★ sta（立って）＋ -able 〈可能〉→「立っていられる」
▶ a **stable** income「**安定した**収入」
▶ The patient's condition is **stable** at the moment.
「患者の病状は今のところ**安定している**。」
□ **income**⁑ [ínkʌm] 名 収入 → **p.115**
□ **at the moment**⁑ 句 今のところは → **p.96**

□ **stability**⁑
[stəbíləti]
名 **安定，安定性**
▶ The earthquake made everyone question the **stability** of their homes.
「その地震で誰もが自分の家の**安定性**に疑問を感じた。」

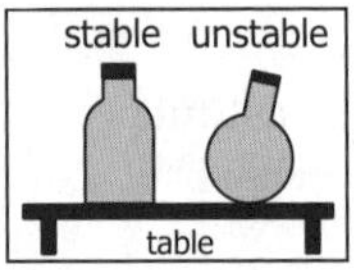

□ **stabilize**
[stéɪbəlaɪz]
他 ～を**安定させる**

56 □ **establish**⁑
[ɪstǽblɪʃ]
他 ～を**設立する，確立する**
★「安定した（stable）ものにする」→「設立する」
▶ **establish** a relationship「関係を**確立する**」
▶ The United Nations was **established** in 1945.
「国連は 1945 年に**設立された**。」
□ **United Nations**⁑ 句 (the) 国連，国際連合

□ **establishment*** [ɪstǽblɪʃmənt]
名 **設立，確立；施設；支配的集団**
▶ **the medical establishment**「医学界」

Check! ● 正しいスペルは？： 1. stablity / 2. stability　2.

●上で学んだ substitute という単語に含まれる sub- は「下」を表す接頭辞です。映画の下に付いている「字幕」は subtitles，海面下を走る「潜水艦」は submarine です。また「下位」→「副次的」という意味を持つ場合もあります。sub- とあったら，まず「下・副次的」をイメージするようにしましょう。１つめの subject は「科目」「主題」という意味で覚えている人が多いでしょう。ここでは，「臣民」「患者」「従属している」などの意味を覚えてください。いずれも「下」というイメージから発展させて，関連づけて覚えるようにしましょう。

sub- ：下・副次的

57 □ **subject**⁑ [sʌ́bdʒɪkt]

名 **①科目，主題 ②家来，臣民；患者，被験者**
形 (～に) **従属している，かかりやすい** (to ～)
★ sub- (下に) ＋ ject (投げる) →「下に投げられ影響・支配の対象になるもの」；「話題・研究の対象」→「科目，主題」；「支配の対象」→「家来，臣民」；「治療の対象」→「患者」；「支配下にある」→「影響を受けやすい」
◆ **be subject to A**「A **に従属している，の影響を受けやすい**」
▶ The lord was known to be kind to all his **subjects**.
「君主は全ての**臣民**に親切だとして知られていた。」
▶ Compared to the locals, travelers are more **subject** to getting sick from drinking tap water.
「地元民に比べると，旅行者は水道水を飲んで病気に**かかりやすい**。」
▶ Forty **subjects** participated in the experiment.
「40 人の**被験者**が実験に参加した。」

□ **lord**	[lɔ́ːrd]	名 君主
□ **local**⁑	[lóʊkl]	名 地元の人 → **p.119**
□ **tap**	[tǽp]	名 蛇口 → tap water「水道水」

□ **subjective*** [səbdʒéktɪv]
形 **主観的な** (↔ objective「客観的な」)
★「個人的な意見の影響を受けやすい」→「主観的な」
▶ What we need is not a **subjective** opinion, but a fact.
「我々が必要としているのは**主観的な**意見ではなく，事実だ。」

58 □ **subdue** [səbdjúː]
他 ～を**征服する，支配する，抑える**
★ sub- (下) →「下に従える」
▶ The king **subdued** the people with absolute power.

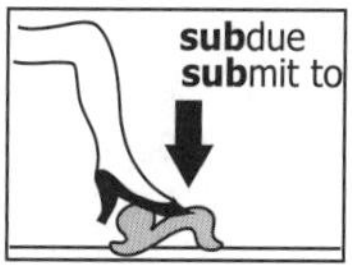

「王は絶対的な権力で民衆を**支配した**。」

□ **absolute**⁑ [ǽbsəluːt] 形 絶対的な → **p.179**

---

59 □ **submit**⁑ [səbmít]

自 (～に) **服従する，身を任せる** (to ～)

他 ①～を**服従させる** ②～を**提出する**

★ sub- (下に) ＋ mit (置く) →「下に身を置く」→「身を任せる」;「判断の下にゆだねる」→「提出する」

◆ **submit (oneself) to A**「A に**服従する**」

▶ He **submitted** himself to fate, since he had no time to prepare for the exam.

「彼は試験の準備をする時間がないので運命に**身を任せた**。」

▶ **submit** a paper「書類を**提出する**」

□ **fate**⁑ [féɪt] 名 運命 → **p.321**

□ **submission** [səbmíʃn]

名 ①**服従** ②**提出**

---

60 □ **substance**⁑ [sʌ́bstəns]

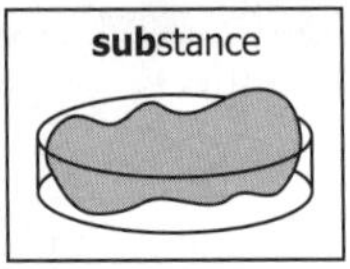

名 **物質；実体**

★ sub- (下に) ＋ stance (立つ) →「下に立って存在しているもの」→「しっかりと存在しているもの，物質」

▶ Cigarette smoke contains a number of poisonous **substances**.

「タバコの煙はいくつかの有害な**物質**を含む。」

□ **poisonous**＊ [pɔ́ɪznəs] 形 有毒の

□ **substantial**＊ [səbstǽnʃl]

形 **かなりの** (量・数・程度の) (= considerable)

▶ There is **substantial** evidence that violent comics are harmful to children.

「暴力的な漫画が子供に有害であるという**かなりの**証拠がある。」

□ **evidence**⁑ [évɪdəns] 名 証拠 → **p.18**

Check!		
	● [語源] sub- の意味は？	下・副次的
	● be subject (1. to / 2. from) cold	1.
	● submit (1. to / 2. for) fate	1.
	● submit の名詞形は？	submission

● sub-「下」の次は，fund / found「基礎・底」という語根を学びます。事物の構造の中で最も重要なのは，全てを支える「基盤」です。下の語はいずれも「基礎・底」というイメージに結びつけて覚えてください。

fund / found ：基礎・底

61 □ **fundamental**⁑
[fʌndəméntl]

形 **根本的な，基礎的な，重要な**

▶ The professor was shocked at the student who lacked so much **fundamental** knowledge of his major.
「教授は，自分の専攻科目に関する**基礎的な**知識があまりにも欠けている学生にショックを受けた。」

□ **major**⁑ [méɪdʒər] 名 専攻科目 → **p.294**

62 □ **fund**⁑
[fʌ́nd]

名 **資金，基金**

★「基盤となるお金」→「資金」

▶ **raise funds**「**資金を集める**」

▶ The mayor created a **fund** to help abused women.
「市長は虐待を受けた女性を援助する**基金**を作った。」

□ **mayor*** [méɪər] 名 市長 → **p.362**
□ **abuse**⁑ [əbjúːz] 他 ～を虐待する → **p.519**

63 □ **found***
[fáʊnd]

他 ～を**設立する**

★ find の過去形・過去分詞形と同形

▶ Waseda University was **founded** in 1882.
「早稲田大学は1882年に**設立された**。」

64 □ **foundation**⁑
[faʊndéɪʃn]

名 **基盤，基礎，土台**

★ 下地になる化粧品は「ファンデーション」

▶ Without a firm **foundation** in grammar, one can neither speak nor write.
「文法の確固たる**基礎**がなければ，話すことも書くこともできない。」

□ **firm**⁑ [fə́ːrm] 形 固い，確固たる → **p.154**
□ **grammar**⁑ [grǽmər] 名 文法 → **p.204**

65 □ **profound**⁑
[prəfáʊnd]

形 **深刻な，重大な，強い**

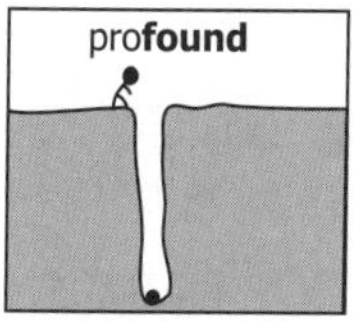

★ found（底）→「深刻な，重大な」

▶ a **profound** influence「**強い影響**」

▶ Those who attended the funeral showed **profound** sympathy for the family.
「葬式に出席した人達は，遺族に**深い**同情を示した。」

□ **funeral**⁑ [fjúːnrəl] 名 葬式 → **p.319**
□ **sympathy*** [símpəθi] 名 同情 → **p.329**

Check!

● [語源] fund / found の意味は？ 基礎・底

● The school was (1. found / 2. founded) in 1968. 2.

● fund / found と同じように，base もまた「基礎・土台」という意味を持ちます。ground は「地面」という意味で覚えているでしょうが，「根拠」という意味にも注意しましょう。

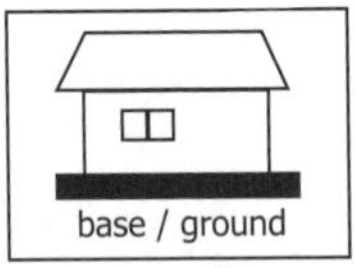

base / ground ：基礎・土台

66 □ **base**⁑
[béɪs]

名 **土台，基礎** 他 ～の**基礎を置く**

◆ **be based on A**「A に基づいている」

▶ This play **is based on** a famous novel by Dickens.
「この戯曲はディケンズの有名な小説に**基づいている**。」

67 □ **basis**⁑
[béɪsɪs]

名 **基礎**

◆ **on a daily [regular] basis**「毎日［定期的に］」

◆ **on the basis of A**「A に基づいて」

▶ The scientist reached the conclusion **on the basis of** careful observations.
「入念な観察に**基づいて**，科学者はその結論に達した。」

□ **conclusion**⁑ [kənklú:ʒn] 名 結論 → **p.211**

68 □ **ground**⁑
[gráʊnd]

名 ①**運動場，地面** ②**根拠，理由**

★「理論の土台になるもの」→「根拠」

◆ **on the ground(s) that** ...「…という理由で，を根拠に」

▶ The case was dismissed **on the grounds that** there was not enough evidence.
「証拠が不十分である**ことを根拠に**訴訟は却下された。」

□ **dismiss*** [dɪsmís] 他 ～を退ける → **p.236**

Check!

● (1. with / 2. on) the basis of observations 2.

● ground(s) の 2 つの意味は？：1. 地面 / 2.（ ） 根拠

●「基礎・土台」の対極が「表層，うわべ」です。super- は「上」を意味する接頭辞です。super- で始まる以下の単語を覚えましょう。

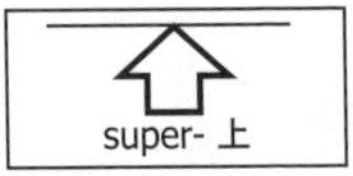

super- ：上

69 □ **superficial***
[su:pərfíʃl]

形 **うわべの** (= shallow)

★ super-（上に）＋ fic（表面）→「うわべの」

▶ I'm fed up with **superficial** relationships at school.

「学校での**うわべだけの**人間関係にはウンザリしている。」
□ **be fed up with**⁑ 句 ～にうんざりする →**p.368**

70 □ **shallow**＊
[ʃǽloʊ]

形 **浅い；浅はかな，うわべの**
(↔ deep)
▶ **shallow** thinking「**浅はかな**考え」

71 □ **superb**
[sʊpə́ːrb]

形 **すばらしい，見事な**
▶ According to the newspaper, the musical performance was **superb**.
「新聞によると，その演奏は**すばらしかった**ということだ。」
□ **according to**⁑ [əkɔ́ːrdɪŋ —] 句 ～によると →**p.186**
□ **performance**⁑ [pərfɔ́ːrməns] 名 演奏 →**p.84**

72 □ **supervise**＊
[súːpərvaɪz]

他 ～を**監視する，指揮する**
★ super-（上から）＋ vise（見る）→「高いところから監視する」
▶ The prisoners are **supervised** 24 hours a day.
「囚人達は1日24時間**監視されている**。」

73 □ **superstition**＊
[suːpərstíʃn]

名 **迷信**
★ super-（上に）＋ stition（立つ）→「常識を超えてあるもの」→「迷信」
▶ According to **superstition**, seeing black cats brings bad luck.
「**迷信**によると，黒い猫を見るのは不吉だという。」

□ **superstitious**
[suːpərstíʃəs]

形 **迷信深い**

Check! ●［語源］ super- の意味は？ 上

●ここまでは「上↔下」という観点から構造を見てきましたが，今度は「中心↔外側」に注目してみましょう。物の「中心」は core / center，「表面」は surface です。concentrate「集中する」は centr（= center 中心）という語根から，「中心に集める」→「集中する」と覚えます。

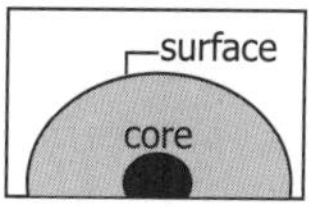

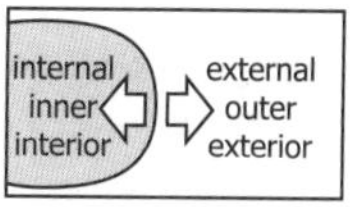

中心↔外側

74 □ **core*** [kɔ́ːr]

名 **中心，核心** (= center)；(果物の) **芯**

▶ "Slow and steady" is the **core** of my philosophy.
「『ゆっくり確実に』が私の哲学の**中心**です。」

□ **philosophy**⁑ [fəlάsəfi] 名 哲学 → **p.309**

75 □ **surface**⁑ [sə́ːrfəs]

名 **表面，表層**

▶ About three-fourths of the earth's **surface** is covered with water.
「地球の**表面**の約4分の3が水に覆われている。」

76 □ **internal**⁑ [ɪntə́ːrnl]

形 **内面の，内側の** (= inner, interior) (↔ external)

▶ ↓

77 □ **external**⁑ [ɪkstə́ːrnl]

形 **外側の** (= outer, exterior) (↔ internal)

▶ In a dream, the **external** world is completely replaced by the **internal** world.
「夢の中では，**外的**世界が**内的**世界に完全に置き換わる。」

□ **replace**⁑ [rɪpléɪs] 他 ～にとって代わる → **p.128**

78 □ **concentrate**⁑ [kάnsəntreɪt]

自 (～に) **集中する** (on ～) 他 ～を (…に) **集中させる** (on …)

★「center (中心) に集める」→「集中する」

▶ Will you turn down the TV so that I can **concentrate** on my reading?
「読書に**集中**できるようにテレビの音量を下げてくれる？」

79 □ **focus**⁑ [fóʊkəs]

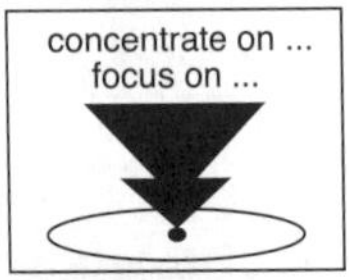

自 (～に) **集中する，重点を置く** (on ～) 名 **焦点**

▶ My research **focuses** on how stress affects the human brain.
「私の研究はストレスが人間の脳にどのような影響を与えるかに**重点を置いている**。」

□ **affect**⁑ [əfékt] 他 ～に影響を与える → **p.245**

Check!		
	● surface / concentrate のアクセント位置は？	súrface / cóncentrate
	● concentrate (1. to / 2. on) one's work	2.

●事物の「構成」を表す語を覚えましょう。最重要と言えるのは「～から成る」という意味を表す be composed of ～ と consist of ～ です。また構成・組織された物に含まれる「要素」は element / component です。

be composed of ～ be made up of ～ consist of ～	「～から成る」

構成・組織

80 □ **compose**⁑
[kəmpóʊz]

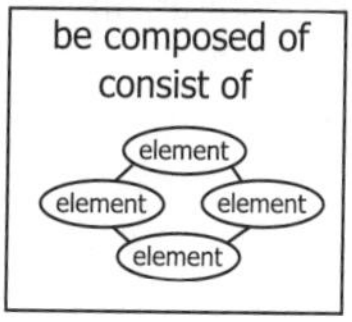

他 ～を**構成する；作曲・作文する**

◆ **be composed of A**「Aから成る」(= consist of A, be made up of A)

◆ **compose oneself**「心を落ち着かせる」

▶ **compose a song [picture]**「作曲する［絵の構図をとる］」

▶ Carbon dioxide **is composed of** one atom of carbon and two atoms of oxygen.
「二酸化炭素は1つの炭素原子と2つの酸素原子から成る。」

▶ Please **compose yourself**!「どうか落ち着いて！」

□ **carbon dioxide**⁑ 句 二酸化炭素 → **p.410**
□ **atom**⁑ [ǽtəm] 名 原子 → **p.388**
□ **carbon**＊ [kɑ́ːrbn] 名 炭素 → **p.410**
□ **oxygen**＊ [ɑ́ksɪdʒən] 名 酸素 → **p.388**

□ **composition**⁑
[kɑmpəzíʃn]

名 **構成；作文**

▶ **English composition**「英作文」

81 □ **consist**⁑
[kənsíst]

自 ①（～から）**成る** (of ～) ②（～を）**重要な要素としている，**（～に）**ある** (in ～)

★ con-（共に）＋ sist （立つ）

◆ **consist of A**「Aから成る」

◆ **consist in A**「Aを重要な要素としている，Aにある」

▶ Carbon dioxide **consists of** carbon and oxygen.
「二酸化炭素は炭素と酸素から成る。」

▶ Happiness **consists in** contentment.
「幸福は満足にある。」

□ **contentment** [kənténtmənt] 名 満足 → **p.124**

□ **consistent**⁑
[kənsístənt]

形 **一貫した；**（～と）**一致する・矛盾しない** (with ～)

◆ **be consistent with A**「Aと一致する・矛盾しない」

▶ **consistent** effort「一貫した努力」

▶ No one believes her since her actions and words are never **consistent** with one another.
「彼女の行動と言葉は決して互いに一致しないので，誰も彼女を信じない。」

□ **consistency*** [kənsístənsi]
名 **一貫性；一致**

□ **inconsistent*** [ɪnkənsístənt]
形 **一貫性のない；(～と) 矛盾した** (with ～)
★ in-〈否定〉＋ consistent

---

82 □ **organize⁑** [ɔ́ːrgənaɪz]
他 **～を組織する；手配する；整理する**
▶ The plan is well **organized**.
「その計画はうまく**まとまっている**。」
▶ The workers assembled and **organized** a labor union.
「労働者達は集結して労働組合を**組織した**。」
□ **assemble*** [əsémbl] 自 集まる →**p.47**
□ **labor⁑** [léɪbər] 名 労働 →**p.374**
□ **union⁑** [júːnjən] 名 組合 →**p.288**

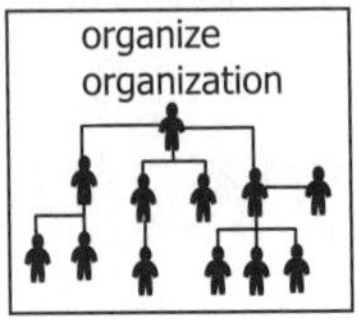

□ **organization⁑** [ɔːrgənəzéɪʃn]
名 **組織**

---

83 □ **element⁑** [éləmənt]
名 **要素，元素**
▶ Oxygen is an essential **element** for human survival.
「酸素は人間の生存にとって不可欠な**要素**だ。」
□ **essential⁑** [ɪsénʃl] 形 必要不可欠な →**p.2**
□ **survival⁑** [sərváɪvl] 名 生存 →**p.139**

□ **elementary⁑** [eləméntəri]
形 **初歩的な**
◆ **elementary school**「小学校」

---

84 □ **component** [kəmpóʊnənt]
名 **構成要素，部品**
▶ Water is the major **component** of our body.
「水は我々の身体の主な**構成要素**だ。」

□ **compound** 名 [kɑ́mpaʊnd] 動 [kəmpáʊnd]
名 **混合物** 他 **～を混合する，構成する**
◆ **be compounded of A**「A から成る」(= be composed of A, be made up of A)

Check!
● Carbon dioxide (1. is consisted of / 2. consists of) carbon and oxygen. 2.

●最後は「複雑さ」を表す形容詞 complex / complicated です。スカートの「ひだ」のことを「プリーツ」(pleat) といいますが, complex / complicated も同じ語源です。ple / pli というスペルから,「ひだ」のように折り重なっている状態をイメージしてください。

複雑さ

85 □ **complex**⁑ [kámpleks]

㊎ **複雑な，複合の** ㊔ **複合体，複合施設**

▶ No one understood the **complex** theory the professor introduced.
「教授が紹介した**複雑な**理論を誰も理解できなかった。」

▶ **a cinema complex**「**複合型映画館**」

□ **theory**⁑ [θíːəri] ㊔ 理論 → **p.209**

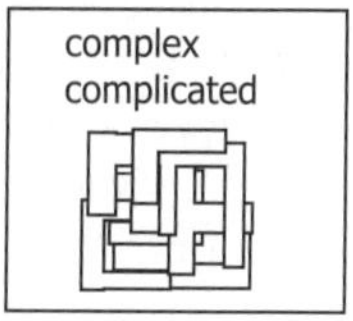

□ **complexity** [kəmpléksəti]

㊔ **複雑さ**

86 □ **complicated**⁑ [kámplɪkeɪtɪd]

㊎ **複雑な**

▶ The wiring was so **complicated** that only a professional could fix it.
「配線は非常に**複雑**だったので，プロにしか修理することはできなかった。」

Check! ● complicated のアクセント位置は？ cómplicated

Review Test

● **Same or Opposite?**

□1	construct	destroy	Opposite
□2	stable	steady	Same
□3	subjective	objective	Opposite
□4	substantial	a large amount of	Same
□5	ground	reason	Same
□6	superficial	essential	Opposite
□7	center	core	Same
□8	internal	external	Opposite
□9	organize	arrange	Same
□10	complicated	simple	Opposite

● **Yes or No?**

□11 If a building is under **construction**, it is in the process of being built. ········· Yes
□12 **Constructive** advice is helpful. ········· Yes
□13 If something is **destroyed**, it is severely damaged. ········· Yes
□14 The **constitution** is a system of laws. ········· Yes

□15 A **substitute** can teach a class when the teacher is sick. ………… Yes

□16 **Stable** things are likely to fall down. ………… No
□17 Math is a type of **subject**. ………… Yes
□18 If you are **subdued**, are you the one in power? ………… No
□19 Obedient people **submit** to power. ………… Yes
□20 If something is **fundamental**, then it is necessary. ………… Yes

□21 A **fund** is money collected for a specific purpose. ………… Yes
□22 A weak **foundation** can be destructive to a building. ………… Yes
□23 Conclusions can be drawn **on the basis of** observation. ………… Yes
□24 "**Superb**!" is an insult. ………… No
□25 To **supervise** is to be watched. ………… No

□26 **Superstition** is based on scientific research. ………… No
□27 Can music be **composed**? ………… Yes
□28 If your actions are **inconsistent** with your words, you will be trusted. ………… No
□29 An **element** is a part of something. ………… Yes
□30 A **complex** theory is easy to understand. ………… No

ヒント process 「過程」／obedient 「従順な」／insult 「侮辱」／theory 「理論」

● **Multiple Choices**

□31 The building destroyed by the earthquake is being ( ).
a. constituted **b.** reconstructed **c.** substituted ………… b.

□32 You must simplify the complex ( ) of this sentence.
a. institution **b.** structure **c.** architecture ………… b.

□33 As an educational ( ), this school has 120 staff members.
a. constitution **b.** institution **c.** substitution ………… b.

□34 The United Nations was ( ) in 1945.
a. consisted **b.** constructed **c.** established ………… c.

□35 I forgot to ( ) my paper for my science class.
a. subdue **b.** submit **c.** supervise ………… b.

□36 There was ( ) evidence to get him arrested.
a. subject **b.** superficial **c.** substantial ………… c.

□37 Our school was ( ) in 1935.
a. found **b.** founded **c.** foundation ………… b.

□38 He influenced me with his ( ) knowledge.
a. superficial **b.** destructive **c.** profound ………… c.

☐**39** The prisoners were ( ) 24 hours a day.
a. composed **b.** substituted **c.** supervised ………………………… c.

☐**40** My grandmother's ( ) led us to getting rid of our black cat.
a. basis **b.** superstition **c.** funeral …………………………… b.

☐**41** You must concentrate ( ) your studies.
a. for **b.** to **c.** on ……………………………………… c.

☐**42** Water ( ) hydrogen and oxygen.
a. is consistent with **b.** is consisted of **c.** consists of ………………………… c.

☐**43** I can't trust him because his conduct is not ( ) with what he says.
a. consistent **b.** consistency **c.** constitution ……………………… a.

☐**44** The workers ( ) a labor union to improve their work conditions.
a. consisted **b.** organized **c.** compounded …………………… b.

☐**45** Water is an essential ( ) of the human body.
a. organization **b.** composition **c.** component ………………………… c.

☐**46** The lecture was so ( ) that no one understood it.
a. consistent **b.** superb **c.** complicated ……………………… c.

解説・和訳

11「建物が建設中なら，それは建設されている過程にある。」／14「憲法とは，法律の体系である。」／15「先生が病気の時には，代理の先生が授業をすることがある。」／18「あなたが支配されたなら，権力を持っているのはあなたか？」／21「資金とは，特定の目的のために集められる金である。」／22「弱い基盤は，建物を破壊することがある。」／23「結論は観察に基づいて下される。」／28「あなたの行動が言葉と一致しないなら，信用される。」／32「この文の複雑な構造を単純にしなくてはならない。」／33 an educational institution「教育施設」／35 submit A「Aを提出する」／36 substantial evidence「かなりの証拠」／37 found「～を設立する」の過去分詞は founded／40「祖母の迷信から，我々は黒猫を追い出した。」／42 consist of A「Aから成る」（受動態にはならない）／43 be consistent with A「Aと一致する」／44「労働条件を改善するために，労働者達は労働組合を組織した。」／45「水分は人体の重要な要素だ。」

日付： 年 月 日	得点： ／46
37点以上→SECTION #4へ	37点未満→もう一度復習

SECTION #4 「動詞をイメージする・1」

●単語を覚える際に最も重要なのは，その単語の「イメージ」を摑むことです。このセクションでは，イラストを見ながら，基本的な動詞が持っているイメージを「直感」で捉える練習をします。まずはイラストをじっくり眺めてください。図に描かれたイメージを，頭ではなく感覚で摑むことが重要です。イメージが固まってきたら，訳語や例文で実際の用法を確認していきましょう。

reveal / conceal / expose / impose

87 □ **reveal**⁑ [rɪvíːl]

他 ～を**明らかにする，暴露する**

★ re-〈分離〉＋ veal = veil （覆い）→「ベールを剝がす」

▶ **reveal** a secret「秘密を**暴露する**」

▶ By **revealing** her love affair to the public, she ruined a married man's career and life.
「情事を公に**暴露する**ことで，彼女は既婚男性のキャリアと人生を破滅させた。」

□ **ruin**⁑ [rúːɪn] 他 ～を破滅させる →**p.138**
□ **career**⁑ [kəríər] 名 職歴，キャリア →**p.317**

□ **revelation** [revəléɪʃn]

名（驚くべき）**発見，暴露**

▶ a **revelation** in neuroscience「神経科学における**発見**」

---

88 □ **conceal*** [kənsíːl]

他 ～を**隠す** (= hide)

★ con-（完全に = completely）＋ ceal （隠す）;「シールを貼って隠す」と覚える

▶ When her parents confronted her, she **concealed** the fact that she was with her boyfriend.
「両親が詰問すると，彼女はボーイフレンドと一緒にいた事実を**隠した**。」

□ **confront**⁑ [kənfrʌ́nt] 他 ～に向かい合う →**p.182**

---

89 □ **expose**⁑ [ɪkspóʊz]

他 ～を（…［日光・危険・批判など］に）**さらす** (to ...)

★ ex-（外へ）＋ pose （置く）→「外へ置く」

◆ **expose A to B**「AをBに**さらす**」

▶ You should not **expose** newborn babies to strong sunlight.

「生まれたばかりの赤ん坊を強い日光にさらしてはいけない。」

□ **exposure*** [ɪkspóʊʒər]
名 さらすこと
▶ **exposure** to second-hand smoke「副流煙にさらされること」

90 □ **impose**⁑ [ɪmpóʊz]
他 ～を（…に）課す，押しつける (on [upon] ...)
★ im-（上に）＋ pose （置く）→「上に置いて押しつける」
◆ **impose A on B**「A を B に課す，押しつける」
▶ **impose** tax「税金を課す」
▶ The mother **imposed** various household tasks upon the children.
「母親は様々な家の仕事を子供達に課した。」
□ **household**⁑ [háʊshoʊld] 形 家庭の → **p.450**

Check!		
	● expose A (1. on / 2. to) B	2.
	● impose A (1. on / 2. to) B	1.

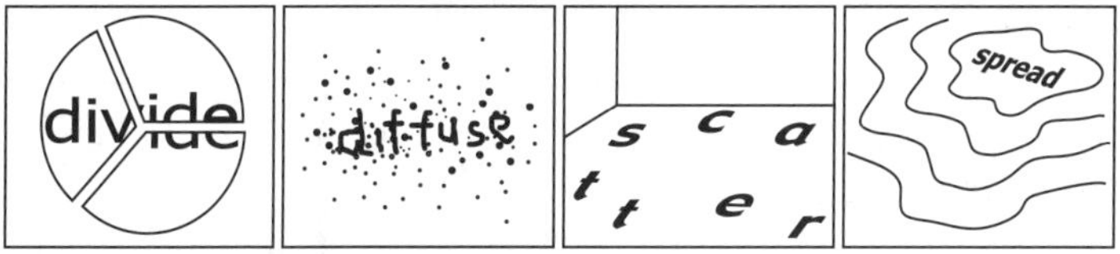

divide / diffuse / scatter / spread

91 □ **divide**⁑ [dɪváɪd]
他 ～を分割する
★ スペル注意： divide
◆ **divide A into B**「A を B に分ける」
▶ She **divided** the apple into four pieces.
「彼女はリンゴを 4 つに分けた。」

□ **division*** [dɪvíʒn]
名 分割；区分
▶ **a division of labor**「分業」

92 □ **diffuse*** [dɪfjúːz]
他 ～をまき散らす，分散する 自 拡散する
▶ The toxic gas did not quickly **diffuse** because there was no wind.
「風がなかったので有毒ガスはすぐに拡散しなかった。」
□ **toxic*** [táksɪk] 形 有毒な → **p.387**

□ **diffusion** [dɪfjúːʒən]
名 分散，拡散

93 □ **scatter*** [skǽtər]
他 ～をまき散らす
▶ Clothes and trash were **scattered** around the room and there was no place to walk.
「部屋中に服やゴミが**散らかっていた**ので，歩く場所がなかった。」
□ **trash**⁑ [trǽʃ] 名 ゴミ → **p.408**

94 □ **spread**⁑ [spréd]
自 広がる，普及する 他 ～を広げる
★ 動詞変化： spread – spread – spread
▶ The computer virus called "Melissa" **spread** rapidly around the world.
「メリッサと呼ばれるコンピュータ・ウィルスは世界中に急速に**広まった**。」
□ **virus**⁑ [váɪərəs] 名 ウィルス → **p.385**

□ **widespread**⁑ [wáɪdspred]
形 広く普及した
▶ a **widespread** belief [problem]「広まった考え方［問題］」

Check! ● 正しいスペルは？： 1. devide / 2. divide　2.

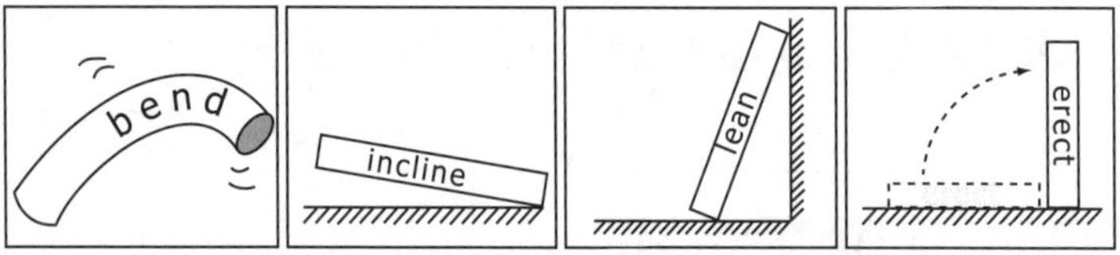

bend / incline / lean / erect

95 □ **bend**⁑ [bénd]
他 ～を曲げる 自 曲がる
★ 動詞変化： bend – bent – bent
◆ **bend down**「かがむ」
◆ **bend over**「身体を傾ける，身をかがめる」
▶ He **bent over** and kissed her on the cheek.
「彼は**身をかがめて**彼女の頬にキスをした。」

96 □ **incline*** [ɪnkláɪn]
他 ～を傾ける，(…したい) 気持ちにさせる (to *do*)
★「気持ちを傾ける」→「したい気にさせる」
◆ **be inclined to *do***「～したい気がする」
▶ I'm **inclined to** agree with you.
「君に賛成**したい気がする**。」

□ **inclination** [ɪnklɪnéɪʃn]
名 傾向，好み

97 □ **lean**⁑
[líːn]

自 **寄りかかる，もたれる；身を乗り出す**
★「垂直のものが一方に傾く」というイメージ
◆ **lean on [against] A**「Aに寄りかかる，もたれる」
◆ **lean over A**「Aの方に身を乗り出す」
◆ **lean toward A**「Aの方に気持ちが傾く」
▶ **lean** on [against] a fence
「柵に**もたれかかる**」
▶ **lean** over a fence「柵から**身を乗り出す**」

98 □ **erect***
[ɪrékt]

他 ～を**直立させる，建てる** 形 **直立した**
▶ The billionaire wanted to **erect** a monument of himself in the center of the town.
「億万長者は市の中央に自分の記念碑を**建て**たいと思った。」
□ **billionaire** [bɪljənéər] 名 億万長者
□ **monument*** [mɑ́njəmənt] 名 記念碑

□ **erection**
[ɪrékʃn]

名 **直立，建設**

Check! ● bend の過去形・過去分詞は？ bent

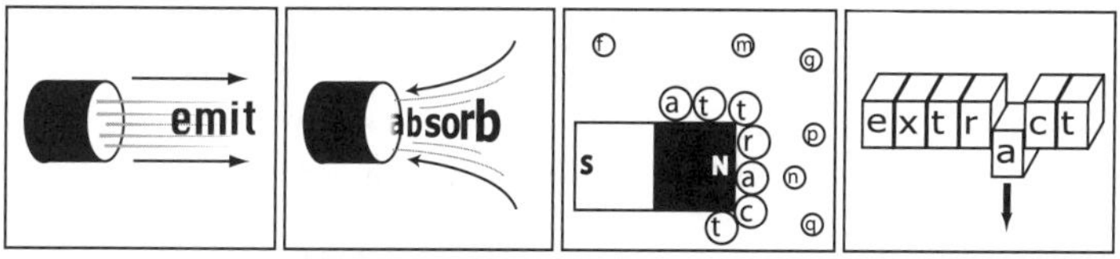

emit / absorb / attract / extract

99 □ **emit**⁑
[ɪmít]

他 ～を**放出する，排出する**
★ e- = ex-（外に）＋ mit （送る）→「放出する」
▶ Even from far away, the smoke **emitted** from the factory chimney could be seen.
「工場の煙突から**排出される**煙は遠くからでも見ることができた。」
□ **chimney** [tʃímni] 名 煙突

□ **emission**⁑
[ɪmíʃn]

名 **放出，排出**
▶ the **emission** of CO_2「二酸化炭素の**排出**」

100 □ **absorb**⁑
[əbsɔ́ːrb/əbzɔ́ːrb]

他 ～を**吸収する**
★「気持ちが吸い取られる」→「熱中する」
◆ **be absorbed in A**「Aに熱中している」

▶ The boy's jeans **absorbed** water, hindering his movement.
「少年のジーンズは水を**吸収し**，動きを妨げた。」
▶ The girl was so much **absorbed** in her reading that she missed her stop on the train.
「少女は読書に**熱中して**，電車で駅を乗り過ごしてしまった。」
□ **hinder*** [híndər] 他 ～を妨げる → p.65

□ **absorption** [əbzɔ́ːrpʃn]
名 **吸収；熱中**

---

101 □ **attract**⁑ [ətrǽkt]
他 ～を**惹（引）き付ける，魅了する**
★ at-（～の方へ）＋ tract （引く）→「引きよせる」
▶ With different colors and smells, flowers **attract** bees that will collect and carry their pollen.
「花は様々な色と香りで，花粉を集めて運ぶミツバチを**引き付ける**。」
□ **pollen** [pálən] 名 花粉

□ **attractive**⁑ [ətrǽktɪv]
形 **魅力的な**
▶ an **attractive** man「（性的に）**魅力的な**男性」

□ **attraction**⁑ [ətrǽkʃn]
名 ①**引き付けること，魅力** ②（客を寄せる）**呼び物**
▶ **a tourist attraction**「**観光名所**」

---

102 □ **extract*** [ɪkstrǽkt]
他 ～を**抜き出す，抽出する**
★ ex-（外へ）＋ tract （引く）→「引き出す」
▶ It is hard to **extract** the central theme from this piece of work.
「この作品から中心テーマを**抜き出す**のは難しい。」

Check!		
	● emit の名詞形は？	emission
	●［語源］ tract の意味は？	引く

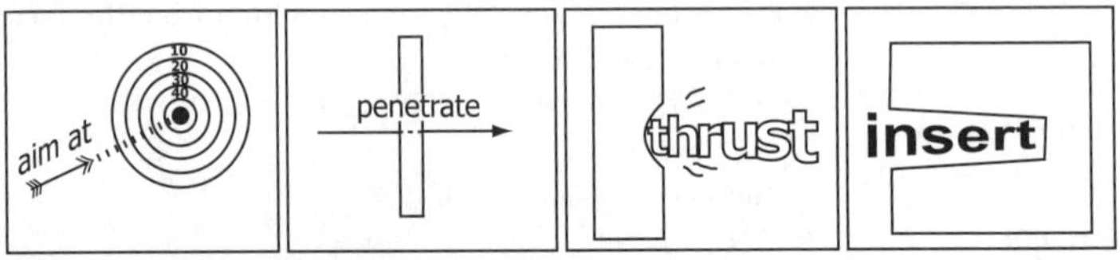

aim / penetrate / thrust / insert

103 □ **aim**⁑ [éɪm]
名 **目標，目的** 自 他（～を）**狙う，目標とする** (at ～)
◆ **aim A at B**「A を B に向ける」
◆ **aim at A**「A を狙う」

▶ The advertisement is obviously **aimed** at attracting young people.
「その広告は明らかに若者を惹き付けることを狙っている。」
□ **advertisement**⁑ [ædvərtáɪzmənt] 名 広告 →**p.370**
□ **obviously**⁑ [ábviəsli] 副 明らかに →**p.18**

104 □ **penetrate*** [pénətreɪt]
他 ～を**貫通する，に浸透する** 自（～を）**貫通する** (through ～)
▶ The gasoline **penetrated** through layers of soil and polluted the underground water supply.
「ガソリンは土の層を**貫通し**，地下水を汚染した。」
□ **layer*** [léɪər] 名 層
□ **soil**⁑ [sɔ́ɪl] 名 土，土壌 →**p.366**
□ **pollute**⁑ [pəlú:t] 他 ～を汚染する →**p.407**

□ **penetration** [penətréɪʃn]
名 **貫通，浸透**

105 □ **thrust** [θrʌ́st]
他 ～を（ぐいっと）**押しつける，突っ込む，突き刺す**
★ 動詞変化： thrust – thrust – thrust
▶ The soldier **thrust** his spear at the enemy.
「兵士は槍を敵に**突き刺した**。」
□ **soldier**⁑ [sóʊldʒər] 名 兵士 →**p.593**
□ **spear*** [spíər] 名 槍

106 □ **insert*** [ɪnsə́:rt]
他 ～を**挿入する**
◆ **insert A into B**「A を B に挿入する」
▶ **insert** a CD into a player「CD をプレーヤーに挿入する」

Check! ● aim (1. at / 2. to) a target 1.

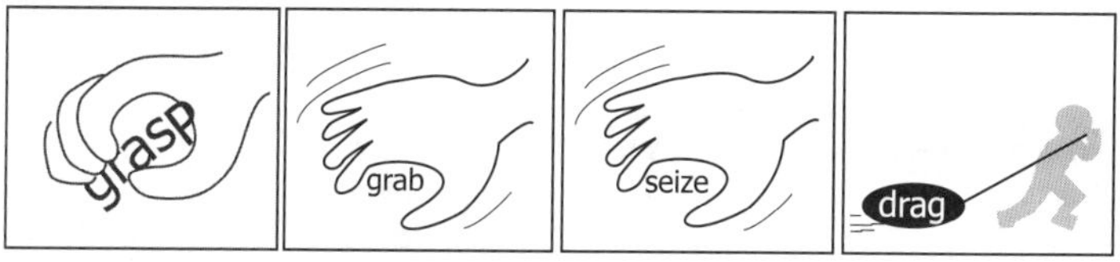

grasp / grab / seize / drag

107 □ **grasp**⁑ [grǽsp]
他 ～を**掴む，握る；理解する**
★「握る」→「把握する」→「理解する」;「しっかりと掴む」というニュアンス

▶ I couldn't **grasp** the meaning of his words.
「彼の言葉の意味が**理解**できなかった。」

108 □ **grab**⁑
[grǽb]

[他] ～を**掴む**
★「パッと掴む」というニュアンス
▶ The thief **grabbed** my purse and ran away.
「泥棒は私の財布を**掴んで**逃げた。」

109 □ **seize***
[síːz]

[他] ～を**掴む**，(感情などが) を**襲う**；**押収する**
★「ぐいっと掴む」というニュアンス
▶ be **seized** by a fear「恐怖感に**襲われる**」
▶ The police searched the rock musician's house and **seized** a considerable amount of drugs.
「警察はロックミュージシャンの家を探し，かなりの量の麻薬を**押収した**。」
□ **search**⁑ [sə́ːrtʃ] [他] ～ (場所) を探す →**p.127**
□ **considerable**⁑ [kənsídərəbl] [形] かなりの量・数の →**p.310**

110 □ **drag***
[drǽg]

[他] ～を**引きずる**
▶ I had to **drag** my heavy suitcase to the hotel.
「重いスーツケースをホテルまで**引きずら**なくてはならなかった。」

Check! ● drag one's feet とは？ 足を引きずる

cling / stick / attach / imitate

111 □ **cling**⁑
[klíŋ]

[自] (～に) **しがみつく**，**固執する** (to ～)
★動詞変化： cling – clung – clung
◆ **cling to A**「A に**しがみつく**」
▶ Because the woman **clung** to an ideal image of a husband, she never got married.
「その女は理想の夫像に**固執した**ため，結婚しなかった。」
□ **ideal**⁑ [aɪdíːəl] [形] 理想の →**p.78**

112 □ **stick***
[stík]

名 **棒** 自 (〜に) **くっつく，固執する** (to 〜)
★ 動詞変化： stick – stuck – stuck ；「付箋紙」は sticky note という
◆ **stick to A**「A にくっつく」
▶ Make sure you **stick** to the topic.
「確実に話題から**離れない**ようにしなさい。」
□ **make sure**⁑ 句 確実に〜する → **p.494**

□ **stuck**⁑
[stʌ́k]

形 **動けない，詰まった**
★ stick の過去分詞；「詰まって動きがとれない状態」
▶ We got **stuck** in the traffic jam.
「交通渋滞で**動けなく**なった。」

113 □ **attach**⁑
[ətǽtʃ]

他 〜を**くっつける；愛着を持たせる**
★ at- (〜に) ＋ tach = touch (触れる)；「気持ちをくっつける」→「愛着を持たせる」
◆ **attach A to B**「A を B にくっつける」
◆ **be attached to A**「A に愛着を感じる」
▶ **attach** a photo to an application form「応募用紙に写真を**貼付する**」
▶ The boy became gradually **attached** to his foster parents.
「その少年は徐々に里親に**愛着を感じる**ようになった。」
□ **foster parent** 句 里親 → **p.444**

□ **attachment***
[ətǽtʃmənt]

名 **付着；愛着**

□ **detach**
[dɪtǽtʃ]

他 〜を**切り離す** (↔ attach)
★ de-〈分離〉＋ tach = touch (触れる)
◆ **detach A from B**「A を B から切り離す」

114 □ **imitate**⁑
[ímɪteɪt]

他 〜を**真似る** (= copy)
▶ He is great at **imitating** the way other people laugh.
「彼は他人の笑い方を**真似る**のが上手い。」

□ **imitation**⁑
[ɪmɪtéɪʃn]

名 **真似，模倣**

Check!		
	● cling (1. to / 2. on) an ideal image	1.
	● stick (1. to / 2. on) the topic	1.
	● imitate / imitation **のアクセント位置は？**	ímitate / imitátion

fold / tear / mold / distort

115 □ **fold**⁑ [fóʊld]
㊀ ～を**折り畳む**
▶ He stood with his arms **folded**.
「彼は腕を**組んで**立っていた。」

□ **unfold*** [ʌnfóʊld]
㊀ ～（畳んだもの）を**開く，広げる**
▶ **unfold** a map「地図を**広げる**」

---

116 □ **tear**⁑ [téər]
㊀ ～を**引き裂く**
★ 動詞変化： tear – tore – torn ；発音注意
▶ I've **torn** my jeans.「ジーンズを**破いてしまった**。」

---

117 □ **mold** [móʊld]
㊀ ～を**かたどる，形成する**
★ イギリス式は mould
▶ His experience under his abusive parents **molded** his withdrawn personality.
「虐待をする両親のもとでの経験が，彼の引っ込み思案な人格を**形成した**。」

□ **abusive** [əbjúːsɪv] 形 虐待をする → abuse「虐待」→ **p.519**

□ **withdraw*** [wɪðdrɔ́ː] ㊀ ～を引っ込める → **p.114**

---

118 □ **distort*** [dɪstɔ́ːrt]
㊀ ～を**歪める**
▶ a **distorted** view「**歪んだ**意見，**偏見**」
▶ News programs sometimes **distort** facts to make them seem more dramatic.
「ニュース番組はより劇的に見せるために事実を**歪める**ことがある。」

□ **dramatic**⁑ [drəmǽtɪk] 形 劇的な

□ **distortion** [dɪstɔ́ːrʃn]
名 **歪み，歪曲**

Check! ● tear の動詞変化は？ tear – tore – torn

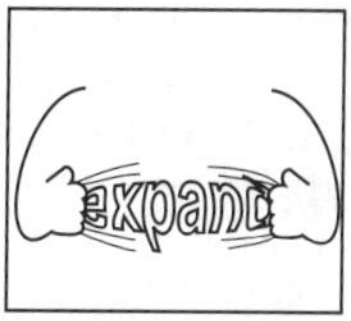

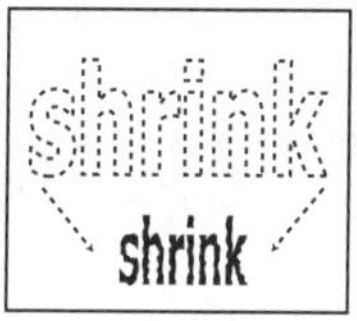

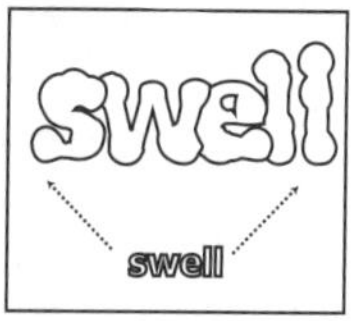

expand / shrink / swell

119 □ **expand** ⁑ [ɪkspǽnd]

他 ～を**拡大する** 自 **拡大する；膨張する**

★ ex-（外へ）＋ pand （広げる）

▶ The global population is **expanding** by 100 million each year.

「世界の人口は毎年1億人**拡大している**。」

□ **expansion** * [ɪkspǽnʃn]

名 **拡大，膨張**

---

120 □ **shrink** * [ʃríŋk]

自 **縮む**

★ 動詞変化： shrink – shrank – shrunk

▶ The economy of this country has been **shrinking** for the past 10 years.

「この国の経済はこの10年間**縮小し**続けている。」

---

121 □ **swell** * [swél]

自 **膨らむ**

★ 動詞変化： swell – swelled – swelled [swollen]

▶ The soccer player's ankle **swelled** up to twice its size after it was twisted in a game.

「サッカー選手の足首は試合でひねって2倍に**膨らんだ**。」

□ **ankle** * [ǽŋkl] 名 足首 → **p.524**

Check! ● expand の名詞形は？ expansion

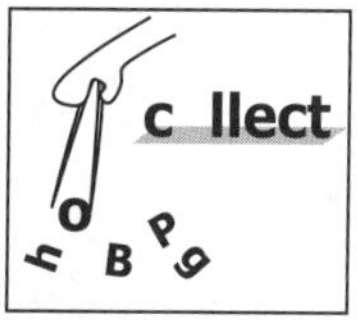

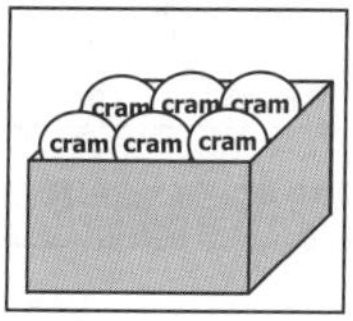

assemble / collect / cram

122 □ **assemble** * [əsémbl]

他 ～を**集める，組み立てる**

★ as- ＋ semble （一緒に）→「一緒にする」;「ある目的のために複数の人・物を1つに集める」

▶ The students were **assembled** in the auditorium.
「学生達は講堂に**集められた**。」
▶ The man **assembled** different parts into a time bomb.
「男は様々な部品を**集めて**時限爆弾を組み立てた。」
□ **auditorium** [ɔːdɪtɔ́ːriəm] 名 講堂

□ **assembly*** [əsémbli]
名 **集会，組み立て**
▶ **an assembly line**「流れ作業，組み立てライン」

---

123 □ **collect**** [kəlékt]
他 ～を**集める；徴収する**
▶ My hobby is **collecting** stamps.
「私の趣味は切手を**収集する**ことです。」

□ **collection**** [kəlékʃn]
名 **収集**

□ **collective*** [kəléktɪv]
形 **集団の，共同の**
★「集められた」→「集団の」；personal, individual の対義語として考える
▶ The employees took **collective** action to improve their working conditions.
「従業員たちは労働条件を改善するために**団結して**行動を取った。」

---

124 □ **cram*** [krǽm]
他 ～を**詰め込む**
▶ **a cram school**「**学習塾**」（知識を詰め込むことから）

Check! ● collective action とは？： 1. 収集活動 / 2. 集団活動　2.

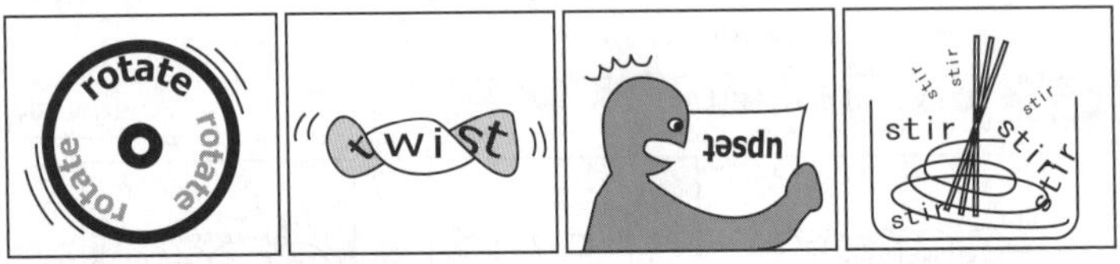

rotate / twist / upset / stir

125 □ **rotate*** [róʊteɪt]
他 ～を**回転させる** 自 **回転する**
▶ The earth **rotates** on its axis once per day.
「地球は軸を中心に１日に１回**回転する**。」
□ **axis** [ǽksɪs] 名 軸 → **p.616**

□ **rotation*** [roʊtéɪʃn]
名 **回転**

126 □ **twist***
[twíst]

他 ～を**ひねる**

▶ Jessica slipped on the stairs and **twisted** her ankle.
「ジェシカは階段で滑って足首を**ひねった**。」

---

127 □ **upset**⁑
[ʌpsét]

他 ～を**ひっくり返す**；**動揺させる**，**怒らせる** 形 **動揺した**，**怒った**

★ 動詞変化： upset – upset – upset, upsetting ；「気持ちをひっくり返す」→「動転させる，怒らせる」

▶ The mother was terribly **upset** when she knew her son had failed the test.
「息子が試験に落第したと知って母親はひどく**動揺した**。」

---

128 □ **stir***
[stə́ːr]

他 ～を**かき回す**，（感情を）**かき立てる** 名 **騒乱**

★ 動詞変化： stir – stirred, stirring

▶ The four-year-old boy's disappearance created quite a **stir** in the town.
「4歳の少年の失踪は町に大きな**騒ぎ**を巻き起こした。」

Check!	● "You look upset."「(　) しているみたいだね。」	動揺

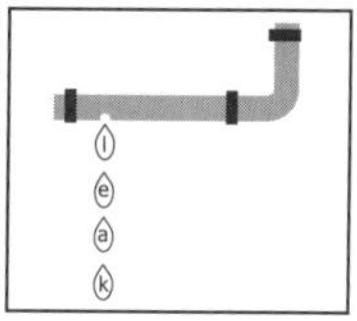

explode / burst / melt / leak

129 □ **explode***
[ɪksplóʊd]

自 **爆発する** (= burst, go off, blow up)

▶ The global population **exploded** toward the end of the 20th century.
「20世紀末にかけて世界人口が**爆発的に増加した**。」

□ **explosion***
[ɪksplóʊʒn]

名 **爆発**

▶ **population explosion**「**人口爆発**」

□ **explosive**
[ɪksplóʊsɪv]

名 **爆発物**

---

130 □ **burst**⁑
[bə́ːrst]

自 **爆発する** (= explode, go off, blow up)

★ 動詞変化： burst – burst – burst ；「爆発する」→「急にある状態になる・現れる」

◆ **burst into laughter [tears] = burst out laughing [crying]**
「**ドッと笑い出す［ワッと泣き出す］**」

▶ Hanging up the phone, Brenda **burst into tears** and ran out of the room.
「ブレンダは電話を切ると，**ワッと泣き出して**部屋から駆け出した。」

□ **hang up**⁑ 句（電話）を切る

---

131 □ **melt**⁑
[mélt]

自 **溶ける** 他 **～を溶かす**

★「熱・圧力によって溶ける」の意；「砂糖などが液体中で溶ける」という場合は dissolve を用いる

▶ The ice cream quickly **melted** in the hot sun.
「暑い日差しを受けてアイスクリームは急速に**溶けた**。」

---

132 □ **leak***
[lí:k]

自 **漏れる** 他 **～を漏らす**

▶ The research facility tried to find who **leaked** information of their latest discovery.
「研究施設は，最新の発見の情報を誰が**漏らした**のかを突き止めようとした。」

□ **research**⁑ [rí:səːrtʃ] 名 研究 → p.208
□ **facility**⁑ [fəsíləti] 名 施設 → p.566

□ **leakage**
[lí:kɪdʒ]

名 **漏れ，漏洩**

Check! ● explode の名詞形は？ explosion

Review Test

● **Same or Opposite?**

□1	conceal	hide	Same
□2	divide	assemble	Opposite
□3	scatter	diffuse	Same
□4	emission	absorption	Opposite
□5	extract	insert	Opposite
□6	grasp	understand	Same
□7	collective	personal	Opposite
□8	swell	expand	Same
□9	stir	calm	Opposite
□10	burst	go off	Same

● **Yes or No?**

☐11 If something is **revealed**, it is covered up. ………… No
☐12 To **impose** is to force something on others. ………… Yes
☐13 If something is **divided**, then it is put together. ………… No
☐14 To **diffuse** is to spread something over a large area. ………… Yes
☐15 You **bend** over to reach high up. ………… No

☐16 If you are **inclined** to help, that means you refuse to help. ………… No
☐17 If you **lean** on something, you stand on your feet alone. ………… No
☐18 Can a pencil **penetrate** a brick wall? ………… No
☐19 To **tear** is to put two things together. ………… No
☐20 If something is **distorted**, then it is an accurate copy of the original. ………… No

☐21 A balloon **shrinks** as air is put into it. ………… No
☐22 You usually go to **cram** school before regular school. ………… No
☐23 Can you keep running after **twisting** your ankle? ………… No
☐24 You are **upset** when you have peace of mind. ………… No
☐25 Can an ice cube **melt**? ………… Yes

ヒント cover up 「〜を覆い隠す」／ force A on B 「AをBに押しつける」／ balloon 「風船」

● **Multiple Choices**

☐26 The book became discolored when it was (　) to the sun.
a. exposed　**b.** imposed　**c.** disposed ………… a.
☐27 The mother imposed a lot of tasks (　) her children.
a. on　**b.** to　**c.** with ………… a.
☐28 A lot of books were (　) around the room.
a. scattered　**b.** divided　**c.** diffused ………… a.
☐29 The disease (　) rapidly in Europe.
a. spred　**b.** spread　**c.** spreaded ………… b.
☐30 She (　) down to tie her shoelaces.
a. inclined　**b.** bent　**c.** erected ………… b.

☐31 A large monument was (　) in the center of the town.
a. erected　**b.** leaned　**c.** bent ………… a.
☐32 It was found that the factory chimney (　) toxic gas.
a. emitted　**b.** extracted　**c.** attracted ………… a.
☐33 The carpet quickly (　) much of the spilled soup.
a. attracted　**b.** expanded　**c.** absorbed ………… c.

□34 The boy found the new student ( ).
a. attractive **b.** explosive **c.** collective ………… a.

□35 He ( ) at the center of the target.
a. grasped **b.** exposed **c.** aimed ………… c.

□36 I couldn't ( ) the meaning of his words.
a. grab **b.** grasp **c.** fold ………… b.

□37 The girl was ( ) by a sudden fear that someone was following her.
a. seized **b.** folded **c.** grasped ………… a.

□38 The mother ( ) her sleeping son out of his bed.
a. dragged **b.** leaked **c.** burst ………… a.

□39 The girl ( ) to her ideal image of a husband.
a. stick **b.** clung **c.** thrust ………… b.

□40 We got ( ) in the traffic jam.
a. stick **b.** stuck **c.** twisted ………… b.

□41 The baby was strongly ( ) to its mother.
a. stuck **b.** inserted **c.** attached ………… c.

□42 The parrot ( ) human words.
a. imitated **b.** inclined **c.** melted ………… a.

□43 The traveler ( ) the map before he decided where to go.
a. unfolded **b.** molded **c.** shrank ………… a.

□44 The curved mirror ( ) the image it reflected.
a. diffused **b.** distorted **c.** imposed ………… b.

□45 The ( ) left many people injured.
a. absorption **b.** explosion **c.** penetration ………… b.

□46 When the clown appeared on the stage, the audience ( ) into laughter.
a. burst **b.** bursted **c.** bursts ………… a.

□47 The ( ) in the pipe made things under the sink wet.
a. rotation **b.** revelation **c.** leakage ………… c.

ヒント discolor「～を色あせさせる」／task「仕事」／spill「～をこぼす」／traffic jam「交通渋滞」／parrot「オウム」／curved「曲がった」／injured「負傷している」／clown「道化師」／sink「(キッチンの) シンク」

日付： 年 月 日	得点： ／47
38点以上→SECTION #5へ	38点未満→もう一度復習

SECTION #5 「制約・強制・禁止」

●このセクションでは，「制約」「強制」「禁止」など，他者の行動を束縛することに関する語と，その対概念を中心に見ていきます。string「ひも，糸」という単語を知っているでしょうか。str というスペルに注目してください。この str というスペルを持つ単語には，「ひもで縛る」→「制約する」という意味を持つものが数多くあります。SECTION #1 で登場した stress も同語源です。以下の単語は，どれも「縛る・制約する」という意味に関連づけて覚えましょう。

str：縛る

133 □ **string**⁑
[stríŋ]

名 **ひも，糸；ひと続き**
▶ **a string of numbers**「数字列」

134 □ **restrict**⁑
[rɪstríkt]

他 ～を（…に）**制限する**（to …）（= limit）
★ re-〈強意〉＋ strict（縛る）
◆ **restrict A to B**「A を B に制限する」
▶ The use of cell phones is **restricted** to the lobby area.
「携帯電話の使用はロビー内に**限られている**。」

□ **restriction**⁑
[rɪstríkʃn]

名 **制限**

135 □ **strict**⁑
[stríkt]

形 **厳しい；厳密な**
★「規則に縛り付ける」
▶ The teacher is **strict** with her students.
「その先生は生徒に**厳しい**。」

□ **strictly**⁑
[stríktli]

副 **厳密に**
◆ **strictly speaking**「厳密に言えば」

136 □ **distress**＊
[dɪstrés]

名 **苦悩，貧困**
★「ストレス」(stress) が溜まりすぎると…
▶ The single mother was in **distress** because her income was not enough to support the family.
「シングルマザーは，家族を養える収入がなく**苦しんだ**。」
□ **income**⁑ [ínkʌm] 名 収入 → p.115

137 □ **strain**＊
[stréɪn]

名 **①緊張，重圧 ②品種，血統**
★「ぴんと張り詰めた状態」
▶ a mental **strain**「心的緊張」
▶ a new **strain** of wheat「新品種の小麦」

138 □ **restrain*** [rɪstréɪn]

他 ～を**抑制する**

★ re-〈強意〉＋ strain （縛る）

▶ He couldn't **restrain** his anger at the rude clerk.
「無礼な店員に対し，彼は怒りを**抑え**られなかった。」

□ **clerk*** [klə́ːrk] 名 店員

□ **restraint** [rɪstréɪnt]

名 **抑制**

Check!		
	● restrict の名詞形は？	restriction
	● restrain の名詞形は？	restraint

●上の str が「縛る，制約する」という意味を持っていたのに対し，次の tend / tens という語根は「伸ばす」という意味を持っています。イラストを見ながら各語のイメージを摑んでください。 -tend （動詞）/ -tense, -tensive （形容詞）/ -tension （名詞）という派生形になります。

tend / tens ：伸ばす

139 □ **tense*** [téns]

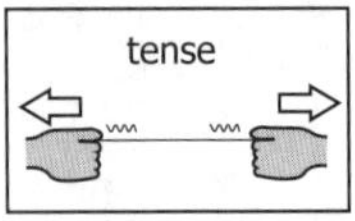

形 **緊張した，ぴんと張った** 名 **時制**

★ tend（伸ばす）→「糸が伸びて，ぴんと張っている状態」

▶ The atmosphere is **tense** between John and Sarah, after Sarah found out that John was cheating on her.
「ジョンが浮気をしていることをサラが知ってから，ジョンとサラの間の雰囲気は**緊張している**。」

▶ the present [past] **tense**「現在［過去］**時制**」

□ **atmosphere**** [ǽtməsfɪər] 名 雰囲気 → **p.407**

□ **cheat on** 句 ～をだます

□ **tension*** [ténʃn]

名 **緊張**

▶ racial [muscle] **tension**「人種間の［筋肉の］**緊張**」

140 □ **extend**** [ɪksténd]

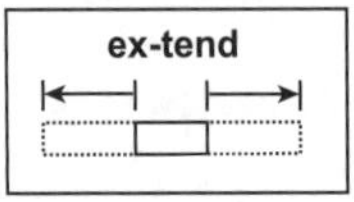

他 ～を**伸ばす，延長する**

★ ex-（外に）＋ tend （伸ばす）→「延長する」

▶ **for extended periods**「**長期間**」

▶ The students groaned after the teacher announced that he would **extend** the class.
「先生が授業を**延長する**と言うと，生徒達は不満の声を漏らした。」

□ **groan** [gróʊn] 自 不満を言う

□ **announce**** [ənáʊns] 他 ～を告知する → **p.220**

□ **extensive**** [ɪksténsɪv]

形 **広範囲の**

▶ The student was praised for his **extensive** and thorough research.

「その学生は**広範**かつ徹底的な研究で誉められた。」
□ **thorough*** [θə́:roʊ] 形 徹底的な →**p.457**
□ **research⁑** [ríːsəːrtʃ] 名 研究 →**p.208**

□ **extension*** [ɪksténʃn]
名 **延長，拡張**

---

141 □ **intense⁑** [ɪnténs]

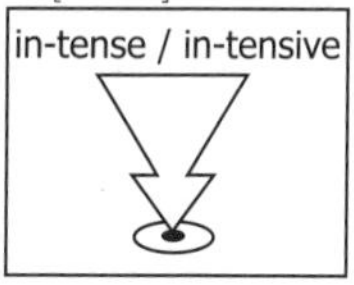

形 **激しい** (= extreme)
★ in-（中に）＋ tens（伸ばす）→「程度が強い・激しい」
▶ **intense** heat [pain]「**激しい**暑さ［痛み］」
▶ Driving on the highway in **intense** rain is extremely dangerous.
「**激しい**雨の中でハイウェイを走るのは極めて危険だ。」
□ **extremely⁑** [ɪkstríːmli] 副 極めて →**p.454**

□ **intensive*** [ɪnténsɪv]
形 **集中的な**
▶ **Intensive Care Unit**「**集中治療室**，ICU」
▶ an **intensive** course in English「英語の**集中**特訓講座」

□ **intensity*** [ɪnténsəti]
名 **強烈さ**

□ **intensify*** [ɪnténsəfaɪ]
他 ～を**強める**

Check!		
	●［語源］ tend / tens の意味は？	伸ばす
	● extend の名詞形／形容詞形は？	extension / extensive
	● intense / intensive のそれぞれの意味は？	激しい／集中的な

● force と compel には，相手がしたがらないことを「強制する」という意味合いがあります。 force / compel に「義務」が加わったものが oblige だと考えてください。いずれも受動形で後に to 不定詞を従え， be forced to *do* / be compelled to *do* / be obliged to *do* という形で用いられます。

be forced to *do* **be compelled to *do*** **be obliged to *do***	「～することを強いられる」

力・強制

142 □ **force⁑** [fɔ́ːrs]
名 **力，勢力；軍事力** 他 ～に（…することを）**強制する** (to *do*)
◆ **force A to *do***「A に～することを強制する」
◆ **force A on [upon] B**「A を B に押しつける」
▶ **the labor force**「労働力」

▶ The student was reluctant to go to school, but his parents **forced** him <u>to</u> go.
「その学生は学校に行きたがらなかったが，彼の両親が行くことを**強制した**。」

□ **be reluctant to *do*** ⁑　句 〜する気がしない　→ **p.435**

□ **enforce*** [ɪnfɔ́ːrs]
他 〜（法律など）を**施行する**
★ en-〈動詞化〉＋ force（力）→「力を与えて実行する」
▶ Because the new smoking law was being **enforced**, people could no longer smoke in parks.
「新たな喫煙法が**施行された**ので，公園でタバコを吸うことができなくなった。」

□ **reinforce*** [riːɪnfɔ́ːrs]
他 〜を**強化する**
★ re-（再び）＋ inforce (= enforce)
▶ The basic structure of the building was **reinforced** to resist future earthquakes.
「将来の地震に耐えるよう，建物の基本構造が**強化された**。」

□ **structure** ⁑　[strʌ́ktʃər]　名 構造　→ **p.24**
□ **resist** ⁑　[rɪzíst]　他 〜に抵抗する，耐える　→ **p.248**

---

143 □ **compel** ⁑ [kəmpél]
他 〜に（…することを）**強いる** (to *do*)
★ com-（完全に）＋ pel = drive（追いやる）；動詞変化：compe<u>ll</u>ed, compe<u>ll</u>ing
◆ **be compelled to *do***「**〜せざるを得ない**」
▶ He was **compelled** <u>to</u> finish the project by himself since the others were irresponsible.
「他の者が無責任だったので，彼は１人で企画を仕上げ**なくてはならなかった**。」

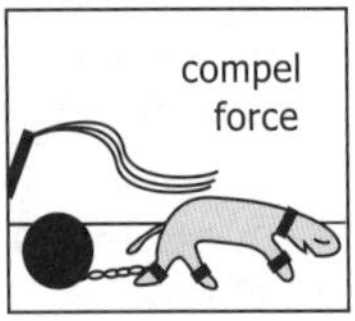

□ **irresponsible** ⁑ [ɪrɪspɑ́nsəbl] 形 無責任な　→ **p.84**

□ **compulsory*** [kəmpʌ́lsəri]
形 **強制的な，義務的な**
▶ **compulsory education**「**義務教育**」

□ **compulsive** [kəmpʌ́lsɪv]
形 **やむにやまれぬ，取りつかれたような**
▶ **a compulsive smoker**「**喫煙がやめられない人**」

---

144 □ **oblige*** [əbláɪdʒ]
他 〜に（…することを）**義務づける，余儀なくさせる** (to *do*)
◆ **be obliged to *do***「**〜せざるを得ない**」
▶ I was **obliged** <u>to</u> pay for my brother because he had no money.
「弟には金がなかったので私が払わ**ざるを得なかった**。」

□ **obligation*** [ɑblɪgéɪʃn]
名 **義務，責務**
▶ The employee must fulfill the **obligations** specified in the contract.

「従業員は，契約書に明記された**義務**を果たさなくてはならない。」
□ **employee**⁑ [ɪmplɔ́ɪiː] 名 従業員 → **p.374**
□ **fulfill*** [fʊlfíl] 他 ～を果たす，実行する → **p.89**
□ **specify*** [spésɪfaɪ] 他 ～を特定する → **p.16**
□ **contract**⁑ [kɑ́ntrækt] 名 契約 → **p.375**

□ **obligatory** [əblígətɔːri]
形 **義務的な，強制的な**

Check!	● compel のアクセント位置は？	compél

●「強制」の反対は「自発」です。仕事をする際には，上からの「強制」によってではなく，「自発的に」引き受けた方が，周囲への好感度がアップします。volunteer はアクセントに注意。 spontaneous はスペルが最高に難しいですね。 -taneous という語尾を持つものは，他に simultaneous 「同時の」(→ **p.102**)， instantaneous 「瞬間の」などがあります。

自発

145 □ **voluntary*** [vɑ́ləntəri]
形 **自発的な**
▶ **voluntary** activities「**自発的な**活動，**奉仕**活動」

□ **volunteer**⁑ [vɑləntíər]
名 **ボランティア，有志** 自（～しようと）**申し出る** (to *do*)
▶ The brave fireman **volunteered** to enter the building first.
「勇敢な消防士は，最初に建物に入ろうと**申し出た**。」
□ **brave*** [bréɪv] 形 勇敢な → **p.541**

146 □ **spontaneous*** [spɑntéɪniəs]
形 **自発的な，自然発生的な** (= unplanned)

□ **spontaneously*** [spɑntéɪniəsli]
副 **自発的に**
▶ Children acquire language **spontaneously**.
「子供は**自発的に**言語を習得する。」
□ **acquire**⁑ [əkwáɪər] 他 ～を得る，習得する → **p.90**

□ **spontaneity** [spɑntənéɪəti]
名 **自発性**

Check!	● volunteer のアクセント位置は？	voluntéer

●「強制」「自発」の次は，「自由」という概念を中心に考えます。 free / freedom / liberty はお馴染みの単語でしょう。ここでは be free to *do* や free of charge などの熟語表現を再確認してください。また「自由」との関連づけとして， capture 「捕らえる」→ captive 「捕虜」→ liberate / release 「解放する」→ free / freedom / liberty 「自由」という一連の流れを頭の中で組み立ててみてください。

自由・解放↔捕獲

147 □ **free** ⁑ [fríː]
形 **自由な；無料の；暇な**
◆ **be free to *do*「自由に～する」**
◆ **free of A「A がない」**
◆ **free of charge「無料の」**
◆ **for free「無料で」**（= for nothing）

□ **freedom** ⁑ [fríːdəm]
名 **自由** (= liberty)
▶ **freedom of speech「言論の自由」**

148 □ **liberty** * [líbərti]
名 **自由** (= freedom)
◆ **at liberty「自由な」**
▶ You are **free [at liberty]** to use my car.
「私の車を**自由に**使っていいよ。」

□ **liberate** * [líbəreɪt]
他 ～を**解放する**
▶ The mother **liberated** herself from housework by hiring a maid.
「その母親はメイドを雇うことで家事から**解放された**。」
□ **hire** * [háɪər] 他 ～を雇う

□ **liberal** ⁑ [líbərəl]
形 **自由主義の，進歩的な**
▶ **the Liberal Democratic Party「自由民主党」**

149 □ **release** ⁑ [rɪlíːs]
他 ～を**解放する**
▶ The woman waited ten years for her lover to be **released** from prison.
「その女性は，愛人が刑務所から**解放される**まで10年間待った。」

150 □ **capture** ⁑ [kǽptʃər]
他 ～を**捕らえる**
▶ The princess of the enemy country was **captured** and used as bait.
「敵国の王女は**捕らえられ**，おとりとして使われた。」
□ **bait** [béɪt] 名 エサ，おとり

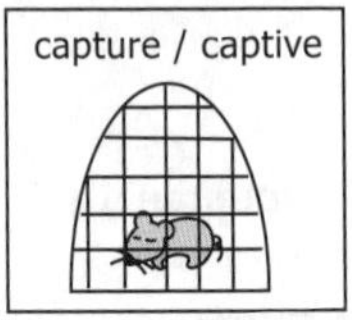

□ **captive** [kǽptɪv]
形 **とらわれた** 名 **捕虜，人質**

□ **captivity** [kæptívəti]
名 **とらわれの身**

Check! ● Delivery is free (1. for / 2. of) charge. 2.

●「自由」の次は「禁止」です。「禁止する」という動詞は prohibit / forbid の他に ban があります。 ban は「公的に禁止する」という意味を持っています。

禁止

151 □ **prohibit**⁑ [prəhíbɪt]

他 ～を**禁じる**；～に（…するのを）**禁じる** (from *do*ing)

▶ Smoking is **prohibited** in this building.
「この建物では喫煙は**禁止されている**。」

□ **prohibition** [prəʊhəbíʃn]

名 **禁止**

152 □ **forbid**⁑ [fərbíd]

他 ～を**禁じる**

★ 動詞変化： forbid – forbade/forbad – forbidden

▶ Eating and drinking is **forbidden** in the opera hall.
「歌劇場では飲食が**禁止されている**。」

153 □ **ban**⁑ [bǽn]

他 ～を（公的に）**禁止する** 名 **禁止**

★ 動詞変化：banned, banning ；「公的に禁じる」の意

▶ The use of chemical weapons is **banned** internationally.
「化学兵器の使用は世界的に**禁止されている**。」

▶ an international **ban** on human cloning
「ヒトクローンの国際的な**禁止**」

□ **chemical**⁑ [kémɪkl] 形 化学の → **p.387**

□ **weapon**⁑ [wépn] 名 兵器 → **p.593**

Check! ● The use of chemical weapons is (1. baned / 2. banned). 2.

● 日本語では一言で「許す」という場合でも，「発言を許す」と「浮気を許す」では，意味がまるで違いますね。英語では「許可する」にあたるのが permit / allow，「過ちを許す」は forgive です。 overlook も「過ちを許す」の意ですが，「悪いとは分かっていながら見過ごす」というニュアンスが含まれます。

許容

154 □ **permit**⁑ [pərmít]

他 ～を**許す**，～に（…するのを）**許可する** (to *do*)

★ 動詞変化： permitted, permitting

◆ **permit A to *do***「**Aが～するのを許可する**」

▶ The embassy did not **permit** visitors to bring their cell phones into the building.
「大使館は訪問客に携帯電話を建物内に持ち込むことを**許可しなかった**。」

□ **embassy** [émbəsi] 名 大使館 → **p.359**

	□ cell phone* 句 携帯電話
□ **permission**⁑ [pərmíʃn]	名 **許可** ▶ **without permission**「許可なく，勝手に」
155 □ **allow**⁑ [əláʊ]	他 ～に（…するのを）**許す** (to *do*) ◆ **allow A to *do***「Aが～するのを許す，Aに～させてやる」 ◆ **allow** O_1 O_2「O_1 に O_2 を与える」 ◆ **allow for A**「Aを考慮・計算に入れる」 ▶ We were **allowed** only 30 minutes to do the task. 「我々はその仕事をするのに30分しか**与えられ**なかった。」 ▶ We **allowed for** delays and set off early. 「遅延を**考慮して**早めに出発した。」
□ **allowance*** [əláʊəns]	名 **お小遣い** ▶ a weekly **allowance**「毎週の**お小遣い**」
156 □ **forgive**⁑ [fərgív]	他 ～（過ちを犯した人）を**許す** ★ 動詞変化： forgive – forgave – forgiven ▶ She could not **forgive** her boyfriend for cheating on her. 「彼女は浮気をしたボーイフレンドを**許せ**なかった。」
157 □ **overlook*** [oʊvərlúk]	他 ①～を**大目に見る，許す** ②～を**見落とす** ③～を**見渡す** ▶ The police officer **overlooked** the boy's minor offense to give him a second chance. 「警官は，次のチャンスを与えるために，少年の軽い犯罪を**大目に見た**。」 ▶ His argument seems perfect, but actually he **overlooked** one critical point. 「彼の議論は完璧に見えるが，実は1つの決定的な点を**見落としていた**。」 ▶ a hill **overlooking** the town「町を**見渡す**丘」 □ **minor**⁑ [máɪnər] 形 小さい，重要でない →**p.294** □ **offense*** [əféns] 名 犯罪 →**p.278** □ **critical**⁑ [krítɪkl] 形 決定的な →**p.200**

Check!
● (1. forgive / 2. permit) someone's mistake　1.
● allowance **とは？**　お小遣い

●他人に対してどこまで「寛容」になれるかで人間の度量は決まります。generous は「惜しみなく人に与える」という意味を持っています。一方の tolerate / tolerant は「他人の意見や失敗などを受け入れる」という意味です。tolerate に関しては，派生語をしっかりと覚えてください。

寛容

158 □ **generous**⁑ [dʒénərəs]

形 **寛容な，気前のよい**

▶ The restaurant waiter was known for his **generous** cups of ice cream.
「そのレストランのウェイターは，アイスクリームを**気前よく**くれることで知られていた。」

□ **generosity*** [dʒenərásəti]

名 **寛容，気前のよさ**

---

159 □ **tolerate*** [tálereɪt]

他 ～を**許容する，容認する**

▶ The father spoiled his only daughter by **tolerating** her selfish demands.
「自分勝手な要求を**許容する**ことで，父親は一人娘を甘やかした。」

□ **spoil*** [spɔ́ɪl] 他 ～を甘やかす → **p.333**
□ **selfish**⁑ [sélfɪʃ] 形 自分勝手な → **p.322**
□ **demand**⁑ [dɪmǽnd] 名 要求 → **p.227**

□ **tolerant*** [tálərənt]

形（～に対して）**寛容な，**（～を）**容認する**（of ～）

◆ **be tolerant of A**「Aを容認する」

▶ The school had been **tolerant** of various hairstyles until the arrival of the new principal.
「新しい校長がやってくるまで，その学校は色々な髪型を**容認していた**。」

□ **principal**⁑ [prínsəpəl] 名 校長

□ **tolerance*** [tálərəns]

名 **寛容，気前のよさ**

□ **tolerable** [tálərəbl]

形 **許容できる，我慢できる**

□ **intolerant** [ɪntálərənt]

形 **不寛容な**

Check!		
	● generous の名詞形は？	generosity
	● be tolerant (1. for / 2. of) mistakes	2.

Review Test

● **Same or Opposite?**

□1 restricted — free …… Opposite
□2 distress — hardship …… Same
□3 tense — nervous …… Same

□4	**extend**	**shorten**	Opposite
□5	**intense**	**mild**	Opposite
□6	**compel**	**force**	Same
□7	**voluntary**	**obliged**	Opposite
□8	**spontaneous**	**compelled**	Opposite
□9	**release**	**liberate**	Same
□10	**liberty**	**freedom**	Same
□11	**allow**	**permit**	Same
□12	**forbidden**	**permitted**	Opposite
□13	**prohibition**	**permission**	Opposite
□14	**tolerant**	**intolerant**	Opposite
□15	**tolerable**	**acceptable**	Same

● **Yes or No?**

□16 A **strict** rule demands that everyone obey it. ········ Yes

□17 When you are relaxed, you feel **strain**. ········ No

□18 **Compulsory** education concerns a limited number of people. ········ No

□19 Smoking at home is **banned** in Japan. ········ No

□20 If you **overlook** someone's mistake, that means you will punish him/her. ········ No

● **Multiple Choices**

□21 Our company is now in financial ( ).
a. stress **b.** distress **c.** strict ········ b.

□22 The gentleman couldn't ( ) his anger at the rude clerk.
a. distress **b.** restrain **c.** strict ········ b.

□23 He can swim under water for ( ) periods.
a. extended **b.** extension **c.** intensive ········ a.

□24 The people in the city suffered from ( ) heat and lack of water.
a. tense **b.** tension **c.** intense ········ c.

□25 When I was young, my mother ( ) me to eat vegetables.
a. intensified **b.** forced **c.** liberated ········ b.

□26 The boy was ( ) to do the bully's homework.
a. compelled **b.** hindered **c.** disrupted ········ a.

□27 I felt ( ) to pay back the debt.
a. obliged **b.** reinforced **c.** extended ········ a.

□28 When the war broke out, the family was ( ) to leave their native land.
a. obliged **b.** extended **c.** reinforced ········ a.

□29 His decision to help out the poor was ( ).
a. voluntary b. volunteer c. captive ……… a.

□30 Her act was ( ) and never planned.
a. tolerant b. spontaneous c. obligatory ……… b.

□31 My friend at the barbershop cut my hair for ( ).
a. freedom b. liberty c. free ……… c.

□32 People are guaranteed ( ) of speech under the law.
a. free b. liberal c. freedom ……… c.

□33 The prisoner was ( ) when the war was over.
a. reinforced b. compelled c. liberated ……… c.

□34 The soldiers were held as ( ) and treated severely by the enemies.
a. liberty b. capture c. captives ……… c.

□35 I was given ( ) to leave the class for a dentist appointment.
a. permission b. generosity c. captivity ……… a.

□36 Drinking and driving is ( ).
a. tolerated b. hindered c. prohibited ……… c.

□37 Eating is ( ) in the movie theater.
a. forbidden b. removed c. abandoned ……… a.

□38 My friend never ( ) me for what I did to her.
a. promoted b. prohibited c. forgave ……… c.

□39 The man's ( ) was displayed in the donation he gave to the school.
a. interference b. generosity c. elimination ……… b.

□40 The parents criticized the teacher for being too ( ).
a. tolerate b. tolerant c. captive ……… b.

□41 Most of my roommate's behavior is ( ), so we get along fine.
a. intolerant b. tolerance c. tolerable ……… c.

ヒント financial「財政の」／suffer from ～「～で苦しむ」／bully「いじめっ子」／guarantee「～を保証する」／donation「寄付」／criticize「～を批判する」／get along fine「仲良くする」

解説・和訳

18「義務教育は一部の人々に関わるものだ。」／24 intense heat「激しい暑さ」／26「その少年はいじめっ子の宿題を無理矢理やらされた。」／27「私は借金を返さねばならないと感じた。」／31「床屋で働いている友達が，無料で散髪をしてくれた。」／34「兵士達は捕虜として捕らえられ，敵から過酷な扱いを受けた。」／36「飲酒運転は禁止されている。」／39「学校への寄付にその男の気前の良さがあらわれていた。」／40 tolerate は動詞， tolerant は形容詞／41 tolerance は名詞， tolerable は形容詞

日付：	年　月　日	得点：	／41
32 点以上→**SECTION #6 へ**		32 点未満→**もう一度復習**	

Tips for Learning　単語を覚えるコツ・2

「五感をフルに働かせろ！」「どんどん書き込め！」

単語のスペルをただぼーっと眺めていても，なかなか覚えられるものではありません。単語を確実に覚えるには，身体にしみ込ませることが大切です。そのためには五感をフルに働かせること。手を動かして書いて，口に出して発音して，頭の中にイメージを作り上げてください。スポーツと同じです。ルールブックを読んでいるだけでは上達はしませんよね。ボールに触れて，試合をして，身体を動かさなければ，技術は向上しません。単語学習でも，全身の感覚を使って覚えるようにしてください。

また，本書を学習していて，思いついたことがあれば，どんどんメモを書き込みましょう。大事だと思う箇所には印をつけましょう。イラストに落書きをしたって構いません。上手い語呂合わせが思いついたら，迷わず書き込んでおきましょう。こうして本書を自分流にカスタマイズしておけば，後で見直したときに，以前に学習したときの記憶が蘇り，より確実に単語を定着させることができるのです。ペンを常備して，世界に1冊しかない，あなただけの『鉄壁』を作り上げてください。

Tips for Learning　単語を覚えるコツ・3

「単語のイメージを作り上げろ！」

これはとても大切なことです。単語の語義を闇雲に丸暗記するよりも，まずはその単語のイメージ作りに全力を注ぐべきです。SECTION #4 ではイラストを用いて動詞のイメージを摑む練習をしましたが，「単語のイメージを作る」という作業がどのようなものなのか，だんだんと分かってきたのではないでしょうか。イラストだけでなく，語源，用例，関連語，類義語，対義語など，あらゆる情報を利用して，その単語の核となるイメージを頭の中に作り上げましょう。また，その際には，単語のスペルだけでなく，発音も同時に結びつけてください。「スペル」「発音」「イメージ」の3つが一体となって身体に定着すると，各単語に対するレスポンスが格段に速くなり，読解でもリスニングでも安定した力を発揮できるのです。

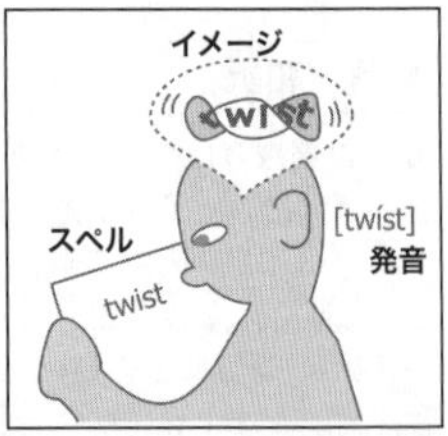

SECTION #6「阻害・除去・供給・促進」

●このセクションでは「避ける」「中止する」「除去する」など，事物や行為に対してマイナスの働きかけをする語，およびその対概念を中心に学習します。まず最初は「予防・回避」に関する動詞から。何かを事前に「防ぐ・回避する」という場合には prevent / avoid を用います。avoid は通常「危険なもの・望ましくないもの」を回避するという意味で用いられます。avoid 以外の各動詞の後に from *doing* が来ることに注目してください。

予防・回避

160 □ **prevent** ⁑
[prɪvént]

他 ～を**防ぐ**；～が（…するのを）**妨げる** (from *doing*)
★ pre-（前に）＋ vent （来る）→「事前に来て防ぐ」
◆ **prevent A from *doing***「**Aが～するのを妨げる**」
▶ A heavy rain **prevented** us from going on a picnic.
「激しい雨は，我々がピクニックに行くのを**妨げた**。(激しい雨のせいで我々はピクニックに行けなかった。)」

□ **prevention** *
[prɪvénʃn]

名 **妨害，阻止，予防**
▶ the **prevention** of disease「病気の**予防**」

---

161 □ **avoid** ⁑
[əvɔ́ɪd]

他 ～（望ましくないもの）を**避ける**，(するの）を**回避する** (*doing*)
◆ **avoid *doing***「**～するのを避ける**」(*avoid to *do* や *avoid from *doing* は不可)
▶ **avoid** an accident「事故を**回避する**」
▶ You must **avoid** making [~~to make~~] unnecessary mistakes.
「不要な間違いを犯すのを**避け**なくてはならない。」

□ **unavoidable** *
[ʌnəvɔ́ɪdəbl]

形 **避けられない**
★ un-〈否定〉＋ avoid （避ける）＋ -able 〈可能〉

---

162 □ **hinder** *
[híndər]

他 ～を**妨げる**；～が（…するのを）**妨げる** (from *doing*)
★ hind（後ろの）→「後ろにとどめておく」；hind は behind と同語源
◆ **hinder A from *doing***「**Aが～するのを妨げる**」

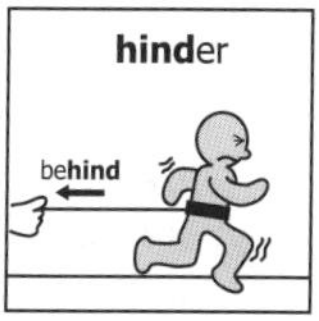

▶ Lack of sunshine **hindered** the plant's growth.
「日光不足が植物の生長を**妨げた**。」

---

163 □ **refrain** *
[rɪfréɪn]

自（～するのを）**差し控える，遠慮する** (from *doing*)
◆ **refrain from *doing***「**～するのを差し控える**」
▶ Please **refrain** from smoking in this room.

「この部屋では喫煙するのを**ご遠慮ください。**」

Check!		
	● The rain prevented him (1. from going / 2. to go) out.	1.
	● avoid (1. making / 2. to make) a mistake	1.

●何かを「中断する・妨害する」という意味の動詞 interrupt / disrupt / disturb / interfere を覚えます。この4つの動詞のスペルをよく見てください。いくつかの共通部分があるのが分かるでしょう。inter-（間に）/ dis-（離れて = apart）/ rupt（壊す）です。中でも interrupt / disrupt に含まれる rupt（壊す）という語根は，今後も度々登場します。是非覚えておきましょう。inter + rupt なので interrupt と r が重なるスペルになります。

中断・妨害

164 □ **interrupt**⁑ [ɪntərʌ́pt]

他 ～を**中断する，邪魔する**

★ inter-（間に）＋ rupt（壊す）→「間に割り込む」

▶ My bath time was **interrupted** by a phone call from my workplace.

「入浴の時間が職場からの電話で**邪魔された。**」

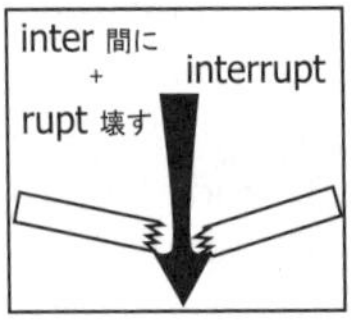

□ **interruption*** [ɪntərʌ́pʃn]

名 **中断，邪魔**

165 □ **disrupt*** [dɪsrʌ́pt]

他 ～を**乱す，混乱させる**

★ dis-〈分離〉＋ rupt（壊す）→「壊して分離する」

▶ The boy **disrupted** the class by coming late.

「少年は遅刻をして授業を**乱した。**」

166 □ **disturb**⁑ [dɪstə́ːrb]

他 ～を**妨げる，悩ませる**

★ dis-〈分離〉＋ turb（かき乱す）→「かき乱して散らす」

▶ My sleep was **disturbed** by loud noises from my neighbor's car.

「隣人の車の騒音に眠りを**妨げられた。**」

□ **disturbance*** [dɪstə́ːrbəns]

名 **妨害，騒乱；障害**

▶ **emotional disturbance**「**情緒障害**」

167 □ **interfere**⁑ [ɪntərfíər]

自（～を）**邪魔する，**（に）**干渉する**（with ～）

★ inter-（間に）→「間に入って干渉する」

◆ **interfere with A**「**A に干渉する**」

▶ Do not let private affairs **interfere** with your job.

「個人的な事情を仕事に**干渉**させるな。」

□ **private**⁑ [práɪvət] 形 個人的な → **p.322**

□ **interference*** [ɪntərfíərəns] | 名 **邪魔，干渉**

Check!		
	●［語源］ inter- の意味は？	間に
	● interfere (1. with / 2. of) sleep	1.

●次は「停止」です。「中止する」という意味で広く使われるのは stop ですが，ここではそれ以外の語を覚えます。 cease は不定詞や動名詞を目的語にとります。また halt は stop をやや堅くした表現です。軍隊の行進中に隊長が "Halt!" と叫べば，「止まれ！」という意味です。

中止・停止

168 □ **cease**⁑ [síːs]

他 ～を**やめる，しなくなる** (to *do*, *do*ing)

◆ **cease to *do* [*do*ing]**「**～するのをやめる**」

▶ The manufacturer **ceased** to produce this particular product because it was unpopular.

「メーカーはこの特定の商品を生産するのを**やめた**。人気がなかったからだ。」

□ **manufacturer**⁑ [mænjəfǽktʃərər] 名 製造会社，メーカー → **p.371**

169 □ **halt*** [hɔ́ːlt]

他 ～を**停止する** (= stop) 名 **停止**

◆ **come to a halt**「**停止する**」

▶ The train **came to a halt**.

「電車が**停止した**。」

Check!		
	● The train stopped. = The train came to a (　).	halt

●次は「奪う」という意味の動詞を覚えます。 deprive / rob / strip は，特に用法をしっかりと覚えましょう。「動詞＋人＋ of ＋物」という形になります。「人から物を奪う」という場合には， deprive / rob / strip の目的語は「物」ではなく「人」であることに注意してください。

剥奪

170 □ **deprive**⁑ [dɪpráɪv]

他 ～から（…を）**奪う** (of ...)

◆ **deprive A of B**「**A から B を奪う**」⇄ A is deprived of B

▶ The marriage **deprived** him of privacy and free time.

「結婚は彼からプライバシーと自由な時間を**奪った**。」

□ **privacy**⁑ [práɪvəsi] 名 プライバシー → **p.322**

171 □ **rob**⁑ [rɑ́b]

他 ～から（…を）**奪う，強奪する** (of …)

◆ **rob A of B**「A から B を奪う」⇄A is robbed of B

▶ The war **robbed** the country of its pride and future.
「戦争は，その国から誇りと未来を**奪った**。」

□ **robbery*** [rɑ́bəri] 名 **強奪**

□ **robber*** [rɑ́bər] 名 **強盗**

172 □ **strip*** [stríp]

他 ～から（…を）**はぎ取る，除去する** (of …)

◆ **strip A of B**「A から B をはぎ取る」⇄A is stripped of B

▶ After investing money in a fake venture company, he was **stripped** of all his possessions.
「イカサマのベンチャー企業に金を投資してから，彼は所有物を全て**はぎ取られた**。」

□ **invest**⁑ [ɪnvést] 他 ～を投資する → **p.110**

□ **fake*** [féɪk] 形 偽物の → **p.532**

□ **possession**⁑ [pəzéʃn] 名 所有物 → **p.152**

Check! ● **正しいのは？**：1. They robbed my watch of me. / 2. They robbed me of my watch. 2.

● 「～を取り除く」という場合に最も一般的に用いられる動詞は remove です。re-（後ろへ）＋ move（動かす）→「取り除く」と覚えましょう。

除去

173 □ **remove**⁑ [rɪmúːv]

他 ～を（…から）**除去する，取り除く** (from …)

★ re-（後ろへ）＋ move（動かす）

◆ **remove A from B**「B から A を除去する」

▶ The librarians **removed** the old books from the shelf for cleaning.
「図書館員達は，掃除をするために古い本を棚から**取り除いた**。」

□ **removal*** [rɪmúːvl] 名 **除去**

174 □ **eliminate**⁑ [ɪlíməneɪt]

他 ～を**取り除く，削除する**

★ e- = ex-（外に）＋ limin（敷居）→「境界から外に出す」

▶ **Eliminate** all unlikely answers to make the correct choice.
「間違っていそうな答えを全て**取り除いて**，正しい選択肢を選べ。」

□ **elimination*** [ɪlɪmənéɪʃn] | 名 **除去**

Check! ● remove old books (　) the shelf　　from

●「～を処分する・捨てる」という意味の動詞は数多くあります。最も重要なのは get rid of / dispose of / do away with です。 desert は名詞と動詞でアクセントの位置や意味が大きく変わるので注意しましょう。

処分

175 □ **get rid of⁑** [― ríd ―]

句 ～を**取り除く，処分する** (= throw away)

▶ He **got rid of** his old car before getting a newer model.
「彼は新しいモデルを買うために古い車を**処分した**。」

---

176 □ **dispose of*** [dɪspóʊz ―]

句 ～を**処分する，取り除く** (= throw away)

★ dis-〈分離〉＋ pose（置く）→「離して置く」→「取り除く」

▶ Can you **dispose of** the trash that is in your room?
「部屋の中にあるゴミを**除去してくれる**？」

□ **trash⁑** [træʃ] 名 ゴミ → **p.408**

□ **disposal*** [dɪspóʊzl]

名 **処分，処理**

◆ **at A's disposal [at the disposal of A]**「**Aの自由になる**」（Aが自由に処理できる）

▶ I have some money **at my disposal**.
「**私が自由に使える**お金がいくらかある。」

□ **disposable** [dɪspóʊzəbl]

形 **使い捨ての**

▶ a **disposable** camera「**使い捨て**カメラ」

---

177 □ **do away with⁑**

句 ～を**捨てる，廃止する**

▶ The office decided to **do away with** files dating back for more than a decade.
「事務所は10年以上前のファイルを**捨てる**ことに決めた。」

□ **date back⁑** 句（年月が）遡る

□ **decade⁑** [dékeɪd] 名 10年 → **p.99**

---

178 □ **discard*** [dɪskáːrd]

他 ～を**捨てる，処分する**

★「トランプのカード（card）を捨てる」

▶ The secretary **discarded** an important file without putting it through the shredder.
「秘書は重要なファイルをシュレッダーにかけずに**捨てた**。」

179 □ **abandon**⁑
[əbǽndən]

他 ～を**捨てる，見捨てる**

▶ The child, **abandoned** at an early age, suffered through poverty and solitude all his life.
「その子供は，幼い時に**捨てられ**，生涯貧困と孤独に苦しんだ。」

□ **suffer**⁑ [sʌ́fər] 自 苦しむ →**p.521**
□ **poverty**⁑ [pɑ́vərti] 名 貧困 →**p.110**
□ **solitude** [sɑ́lətjuːd] 名 孤独 →**p.289**

180 □ **desert**⁑
動 [dɪzə́ːrt]
名 [dézərt]

他 ～を**捨てる，見捨てる** 名 **砂漠**

★ 発音注意；名詞は「砂漠」の意味；食後の「デザート」は dessert [dɪzə́ːrt]

▶ The town became **deserted** as gold was no longer found in the region.
「その地域にはもう金が見つからないので，町は**見捨てられた（寂れた）**。」

▶ a **deserted** street「**寂れた**街路」

□ **region**⁑ [ríːdʒən] 名 地域 →**p.119**

Check! ● desert「砂漠」のアクセント位置は？ désert

●今度は「奪う」「取り除く」「捨てる」の対概念として，「供給する」という動詞を見てみましょう。provide / supply / offer は最重要単語です。動詞の用法をしっかりマスターしてください。まず provide / supply は「動詞 A with B = 動詞 B for [to] A」という形をとります。「彼らに食料を供給する」なら provide [supply] them with food = provide [supply] food for them という形になります。provide は「事前に必要なものを与えておく」，supply は「足りなくなった物を供給する」というニュアンスで用いられます。offer の用法は give とほぼ同じです。「動詞 O_1O_2 = 動詞 O_2 to O_1」の形です。「仕事 (job)，手伝い (help)，席 (seat) などの提供を申し出る」という意味を持ちます。

供給

181 □ **provide**⁑
[prəváɪd]

他 ～を（あらかじめ）**供給する，与える**

◆ **provide A with B = provide B for [to] A**「A（人）に B（物）を供給する」

◆ **provided (that) ...**「**…であれば**」

▶ This book will **provide** you with necessary information.
= This book will **provide** necessary information for [to] you.
「この本はあなたに必要な情報を**供給する**。」

□ **provision**
[prəvíʒən]

名 **備え，用意**

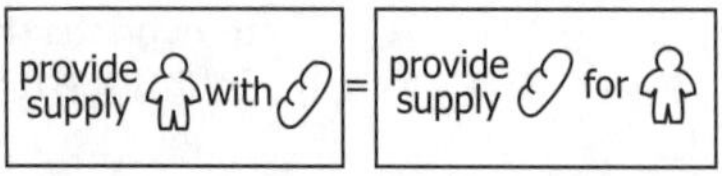

182 □ **supply**⁑ [səplái]

他 ～（足りない物）を**供給する** 名 **供給**

◆ **supply A with B = supply B for [to] A**「A（人）に B（物）を供給する」

▶ water **supply** [the **supply** of water]「水の**供給**」

▶ Blood **supplies** the entire body with oxygen.

= Blood **supplies** oxygen for the entire body.

「血液は身体全体に酸素を**供給する**。」

□ **entire**⁑ [entáɪər] 形 全体の → p.457

183 □ **offer**⁑ [ɑ́fər]

他 ～を（…に）**提供する，申し出る** (to ...) 名 **提供，申し出**

★ 相手に提供を持ちかけること

◆ **offer O_1 O_2 = offer O_2 to O_1**「O_1（人）に O_2（物）を差し出す」

◆ **offer to *do***「～しようと申し出る」

▶ The kind boy **offered** his seat to the old lady.

= The kind boy **offered** the old lady his seat.

「親切な少年は老婦人に席を**どうぞと言った**。」

Check! ● The book provides us (1. for / 2. with) necessary information. 2.

● furnish / equip は provide / supply と同じ「動詞 A with B」の形をとります。受動形は be furnished [equipped] with ～「～が備わっている」という形になります。主に furnish は「家具」を，equip は「武器，装備」を「備える」という意味で用いられます。名詞形の furniture / equipment はいずれも不可算名詞だということに注意してください。数える時には a piece of furniture [equipment] / two pieces of furniture [equipment] となります。

装備

184 □ **furnish*** [fə́ːrnɪʃ]

□ **furniture**⁑ [fə́ːrnɪtʃər]

他 ～に（…［家具など］を）**備え付ける** (with ...)

▶ ↓

名 **家具**

★ 備え付けられた物；不可算名詞

▶ The billionaire's house was **furnished** with elegant antique **furniture**.

「億万長者の家には優美な年代物の**家具**が**備え付けられていた**。」

□ **antique** [æntíːk] 形 年代物の，古い → p.648

185 □ **equip**⁑
[ɪkwíp]

他 ～に（…を）**装備する** (with …)

▶ The army was **equipped** with high-tech weapons.
「軍隊はハイテクの武器を**装備していた**。」

□ **army**⁑ [ɑ́ːrmi] 名 軍隊 → **p.593**

□ **weapon**⁑ [wépn] 名 武器 → **p.593**

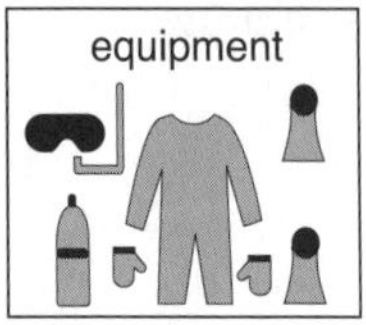

□ **equipment**⁑
[ɪkwípmənt]

名 **装備，器具**

★ ある活動で用いる用具・器具；不可算名詞

▶ cooking [office] **equipment**「料理器具［オフィス用品］」

Check! ● There (1. are a lot of furnitures / 2. is a lot of furniture) in this room. 2.

●最後は「促進する・高める」という意味の動詞を学びます。 promote は「促進する」という意味ですが，仕事の世界では get promoted で「昇進する」という意味になります。 accelerate は自動車の「アクセル」に関連づけて，「アクセルを踏む」→「加速する」と覚えましょう。 urge / encourage はいずれも「動詞＋ O ＋ to *do*」という形をとることに注意してください。

促進

186 □ **promote**⁑
[prəmóʊt]

他 ～を**促進する；昇進させる**

★ pro-（前へ）＋ mote（動かす）→「促進する」

◆ **get promoted**「昇進する」

▶ A conference was held to **promote** trade between the two countries.
「2国間の貿易を**促進する**ために会議が開かれた。」

□ **conference**⁑ [kɑ́nfərəns] 名 会議 → **p.222**

□ **trade**⁑ [tréɪd] 名 貿易 → **p.372**

□ **promotion**⁑
[prəmóʊʃn]

名 **促進；昇進**

187 □ **enhance***
[ɪnhǽns]

他 ～を**高める，強化する**

▶ These new rules should **enhance** our service at the restaurant.
「これらの新しい規則はレストランのサービスを**高める**はずだ。」

188 □ **accelerate***
[əksélərèɪt]

他 ～を**加速する，促進する**

★「アクセルを踏む」→「加速する」

▶ The humid weather **accelerated** the decaying of the dead body.

「湿気の多い天気が死体の腐敗を**加速した**。」
□ **humid*** [hjúːmɪd] 形 湿った → **p.411**
□ **decay*** [dɪkéɪ] 自 腐る → **p.137**

---

189 □ **boost*** [búːst]
他 ～を**促進する，高める**
▶ **boost** the economy「経済を活性化する」

---

190 □ **urge**** [ə́ːrdʒ]
他 ～に（…するよう）**せき立てる**（to *do*） 名 **衝動，欲望**（= desire)
◆ **urge A to *do***「A に～するようせき立てる」
▶ The husband **urged** his wife to hurry up as she was putting on make-up.
「妻が化粧をしていると，夫は急ぐよう**せき立てた**。」

□ **urgent**** [ə́ːrdʒənt]
形 **緊急の**
◆ **on urgent business**「急用で」

□ **urgency*** [ə́ːrdʒənsi]
名 **緊急性**

---

191 □ **encourage*** [ɪnkə́ːrɪdʒ]
他 ～を（…するよう）**励ます，促進する**（to *do*）
★ en-〈動詞化〉＋ courage（勇気）→「勇気を出させる」
◆ **encourage A to *do***「A に～するよう促す，勧める」
▶ I **encouraged** my friend to continue when she was losing confidence in herself.
「友人が自信をなくしかけたとき，私は続けるように**勧めた**。」
□ **confidence**** [kɑ́nfɪdəns] 名 自信 → **p.393**

□ **encouragement**** [ɪnkə́ːrɪdʒmənt]
名 **激励，促進**

□ **courage**** [kə́ːrɪdʒ]
名 **勇気**
◆ **have the courage to *do***「～する勇気がある」

□ **discourage**** [dɪskə́ːrɪdʒ]
他 ～を**落胆させる，やる気をなくさせる**
★ dis-〈分離〉＋ courage（勇気）→「勇気をなくさせる」
◆ **discourage A from *do*ing**「A に～しないように促す」

Check! ● the urge to steal **とは？** 盗みの衝動

Review Test

● **Same or Opposite?**
□1 prevent hinder ……… Same
□2 cease continue ……… Opposite

□3 **deprive** **provide** ………… Opposite
□4 **dispose of** **get rid of** ………… Same
□5 **enhance** **improve** ………… Same

● **Yes or No?**

□6 Do you want to **avoid** something desirable? ………… No
□7 **Interruption** makes you stop what you are doing. ………… Yes
□8 **Disturbance** is likely to bother you. ………… Yes
□9 **Interference** makes you focus more. ………… No
□10 If a train has come to a **halt**, is it still moving? ………… No

□11 If you are **robbed** of money, you have too much of it. ………… No
□12 If you are **stripped** of something, do you still possess it? ………… No
□13 If something is not **removed**, it is still attached. ………… Yes
□14 Unnecessary things should be **done away with**. ………… Yes
□15 If you have **discarded** a habit, you are free of it. ………… Yes

□16 A **desert** is the last dish of a meal. ………… No
□17 **Promotion** would mean a lower wage. ………… No
□18 If you want to slow down, would you **accelerate** the car? ………… No
□19 Is it effective to **urge** someone who is in a panic? ………… No
□20 When a friend is happy, **encouragement** is needed. ………… No

ヒント focus「集中する」／possess「〜を所有する」／wage「賃金」／effective「効果的な」／in a panic「パニック状態の」

● **Multiple Choices**

□21 The double lock ( ) the robber from entering.
a. urged **b.** boosted **c.** prevented ………… c.
□22 His unexpected cold ( ) him from finishing his job on time.
a. hindered **b.** eliminated **c.** forbid ………… a.
□23 Please ( ) from smoking in this room.
a. prevent **b.** hinder **c.** refrain ………… c.
□24 There was a lot of ( ) in the street because of the riot.
a. prohibition **b.** generosity **c.** disturbance ………… c.
□25 The class was ( ) by a bee, which flew in through the window.
a. prohibited **b.** disrupted **c.** tolerated ………… b.

□26 Do not let the personal affair ( ) with your job.
a. forbid **b.** interfere **c.** prevent ………… b.

□27 A bad investment deprived him ( ) all his money.
a. with **b.** from **c.** of ………………………………… c.

□28 The bank ( ) was only fourteen years old.
a. robbery **b.** robber **c.** rob ………………………………… b.

□29 The man failed in business and was ( ) of all his property.
a. eliminated **b.** stripped **c.** abandoned ………………………… b.

□30 The cleaners were asked to ( ) the stain from the shirt.
a. enforce **b.** restrain **c.** remove ……………………………… c.

□31 His name was ( ) from the guest list.
a. liberated **b.** eliminated **c.** promoted …………………………… b.

□32 I ( ) of all my old clothes before moving to this city.
a. disposed **b.** removed **c.** eliminated ………………………… a.

□33 The girl was ( ) by her parents at an early age.
a. abandoned **b.** accelerated **c.** removed …………………………… a.

□34 This book will ( ) you with necessary information.
a. provide **b.** remove **c.** deprive ……………………………… a.

□35 The boy kindly ( ) his seat to an old lady.
a. provided **b.** offered **c.** supplied …………………………… b.

□36 The army was ( ) with high-tech weapons.
a. promoted **b.** equipped **c.** furnished …………………………… b.

□37 The ( ) made him a manager of the company.
a. promotion **b.** encouragement **c.** removal ……………………………… a.

□38 The expensive dress seemed to ( ) her beauty.
a. enhance **b.** compel **c.** force ………………………………… a.

□39 The car ( ) to pass the truck from behind.
a. stripped **b.** accelerated **c.** enhanced …………………………… b.

□40 His new haircut ( ) his self-confidence.
a. urged **b.** equipped **c.** boosted ……………………………… c.

□41 The repairperson was ( ) to finish his work by the end of the day.
a. enhanced **b.** accelerated **c.** urged ………………………………… c.

□42 I received a lot of ( ) before my tennis match.
a. encouragement **b.** urge **c.** boost ………………………………… a.

ヒント double lock 「二重鍵」/ riot 「暴動」/ investment 「投資」/ property 「財産」/ stain 「しみ」/ manager 「管理職」

解説・和訳

9「干渉されるとより集中できる。」／10 come to a halt = stop ／13「ある物が取り除かれていないなら，それはまだ付着している。」／16「(食後の) デザート」は dessert ／21 prevent A from *doing*「Aが〜するのを妨げる」／22「彼は思いがけない風邪をひいて仕事を予定通り終わらせられなかった。」／24「暴動のせいで町は大混乱していた。」／27 deprive A of B「AからBを奪う」／30「クリーニング屋はシャツからしみを取り除くよう依頼された。」／32 dispose of A「Aを処分する」／35 offer A to B「BにAを提供する」／38「その高価なドレスは彼女の美しさを高めるように思えた。」／40「新しい髪型によって彼は自信を高めた。」／41「修理業者はその日の終わりまでに仕事を終わらせるようせかされた。」／42「テニスの試合の前に私は多くの激励を受けた。」

日付： 年 月 日	得点： ／42
34点以上→**SECTION #7へ**	34点未満→**もう一度復習**

Tips for Learning　単語を覚えるコツ・4

「単語の用法・派生語をマスターせよ！」

「単語は沢山覚えた。なのにテストの成績は上がらない。」――こんな悩みを持っている人は多いかもしれません。原因はどこにあるのでしょうか？

SECTION #5では tolerant「寛容な」という語を学びましたね。では質問です。

① tolerant の動詞形は？　② tolerant の名詞形は？　③ tolerant の対義語は？

④ be tolerant (　) someone's mistake の（　）内に入る前置詞は？

上の質問に1つでも答えられなかった人は，学習法に問題があります。今すぐ SECTION #5を見直してください。tolerant =「寛容な」というように，単語と日本語の語義を1対1対応で暗記するだけでは，なかなか英語力は向上しません。ある程度の読み書きができるようになっても，その先の伸びがないのです。単語を覚える際には，品詞，派生語，関連語，用法に注意して，その単語にまつわる総合的な知識を身につける必要があります。本書には，単語の用法や派生語については特に充実した解説が掲載されています。1つ1つじっくりと取り組んでいきましょう。

SECTION #7 「目的・実行・達成」

●このセクションでは，ある「企画」（project, enterprise）を立ててから，それをやり遂げるまでの過程を追っていきましょう。目的の達成までには様々な要素が絡んできます。一連の流れを頭の中で組み立てながら，各単語を関連づけて覚えてください。まず始めに大事なのは，「目的」（purpose）や「意図」（intention）を明確にすることです。

企画		目的・意図
project enterprise	attempt →	purpose intention destination

企画・目的

192 □ **project**⁑
名 [prɑ́dʒekt]
動 [prədʒékt]

名 **企画，事業** 他 ～を**見積もる；投影する**
★ pro-（前に）＋ ject（投げる）→「案を前に打ち出す」

193 □ **enterprise**⁑
[éntərpraɪz]

名 ①**企て，事業** ②**企業**
▶ He needed to assemble able workers for his new **enterprise**.
「彼は新しい**事業**のために有能な労働者を集める必要があった。」
□ **assemble*** [əsémbl] 他 ～を集める → **p.47**
□ **able**⁑ [éɪbl] 形 有能な

194 □ **scheme***
[skíːm]

名 **計画** (= plan)，**枠組み，制度**
★「物事の大まかな枠組み・仕組み」
▶ a social welfare **scheme**「社会福祉**計画（制度）**」
▶ the **scheme** of things「物事全般の**仕組み**」
□ **welfare*** [wélfeər] 名 福祉 → **p.359**

195 □ **attempt**⁑
[ətémpt]

名 **試み，企画** 他 ～を（しようと）**試みる** (to *do*)
▶ The child's **attempt** to fix the broken vase was in vain, so he started to cry.
「壊れた花瓶を直そうという**試み**が無駄に終わり，子供は泣き出した。」

□ **in vain*** 句 無駄に → **p.427**

196 □ **purpose**⁑
[pə́ːrpəs]

名 **目的**
◆ **with [for] the purpose of A**「A **の目的で**」
◆ **on purpose**「**故意に，わざと**」(= intentionally)
▶ **With the purpose of** surprising her friend, she visited the apartment without notice.

「彼女は友達を驚かす**目的で**，予告せずにアパートを訪れた。」
▶ The girl dropped her handkerchief **on purpose** to make the boy talk to her.
「少女は，その男の子に話しかけさせようと，**故意に**ハンカチを落とした。」
□ **without notice*** 句 予告せずに，抜き打ちで

---

197 □ **intention**⁑ [ɪnténʃən]
名 **意図**

□ **intend**⁑ [ɪnténd]
他 ～を**意図する**
◆ **intend to *do*「～しようとする」**

□ **intentionally*** [ɪnténʃənəli]
副 **意図的に，故意に** (= on purpose)

---

198 □ **destination**⁑ [destɪnéɪʃn]
名 **目的地，行き先**
▶ The tourist told his **destination** to the taxi driver.
「旅行客はタクシーの運転手に**行き先**を告げた。」

□ **destiny*** [déstəni]
名 **運命，宿命** (= fate)
▶ Hiro believed it was his **destiny** to save the world.
「ヒロは世界を救うのが**宿命**だと信じていた。」

□ **destined*** [déstɪnd]
形 (～する) **運命にある** (to *do*)
◆ **be destined to *do*「～する運命にある」**
▶ He **was destined to** be in a car accident someday, for he always drove so recklessly.
「彼はいつか交通事故に遭う**運命にあった**。いつも無謀な運転をしていたからだ。」
□ **reckless** [rékləs] 形 無謀な → **p.537**

Check! ● She dropped her handkerchief (1. on / 2. for) purpose. 1.

●目標を設定する上で「理想」(ideal) は高い程よいでしょう。しかし非現実的なものであってはいけません。「現実的な」(practical, realistic) 目標を設定することも大切なのです。

現実		理想
practical real realistic	⟷	ideal idealistic

理想と現実

199 □ **ideal**⁑ [aɪdíːəl]
名 **理想** 形 **理想的な**
★「考え (idea) の中にある」→「理想」
▶ He continued his search for an **ideal** wife even after celebrating his 70th birthday.

「彼は70歳の誕生日を祝った後でも，**理想の**妻を探し続けた。」
□ **search**⁑ [sə́ːrtʃ] 名 探索 → **p.127**
□ **celebrate**⁑ [séləbreɪt] 他 ～を祝う → **p.317**

□ **idealistic** [aɪdiəlístɪk]
形 **理想主義の**

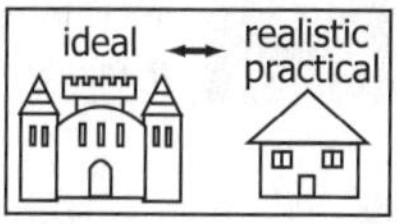

200 □ **practical**⁑ [prǽktɪkl]
形 **実用的な，現実的な**
▶ My mother always buys objects that are of no **practical** use.
「私の母はいつも**実用的に**使えない物を買う。」
□ **object**⁑ [ɑ́bdʒɪkt] 名 物，物体 → **p.183**
□ **of use**⁑ 句 役に立つ

□ **practically**⁑ [prǽktɪkli]
副 ①**事実上は，ほとんど** (= almost) ②**実用的に**
▶ **Practically** everyone watched the famous TV show's final episode.
「**ほとんど**誰もが，その有名なテレビ・ショーの最終話を観た。」
□ **episode**＊ [épɪsoʊd] 名 話，逸話

201 □ **real**⁑ [ríːəl]
形 **本当の，本物の，現実の**
★ 名詞ではなく形容詞であることに注意

□ **reality**⁑ [riǽləti]
名 **現実**
◆ **in reality**「**現実には**」
▶ As soon as he returned from his vacation, he was pulled back into **reality**.
「彼は休暇から戻るとすぐに**現実**に引き戻された。」
▶ **In reality**, he knew his dream was impossible to achieve.
「彼は**現実には**自分の夢が達成不可能だと知っていた。」
□ **achieve**⁑ [ətʃíːv] 他 ～を達成する → **p.89**

□ **realize**⁑ [ríːəlaɪz]
他 ①～を**悟る，理解する** ②～を**実現する**
★「現実の（real）ものとして実感する」→「理解する」;「現実の（real）ものにする」→「実現する」
▶ He didn't **realize** how much she meant to him until she was no longer with him.
「彼女がもはや一緒にいなくなるまで，彼女が自分にとっていかに大事であるかを彼は**理解し**なかった。」
▶ By never giving up, she **realized** her dream.
「決して諦めないことにより，彼女は夢を**実現した**。」

□ **realization**＊ [riːələzéɪʃn]
名 ①**理解** ②**実現**

□ **realistic**＊ [riːəlístɪk]
形 **現実的な**
▶ Try to set **realistic** goals so that you won't easily give up.

「容易に諦めないように，**現実的な**目標を設定しなさい。」

Check!		
	● practically impossible とは？：「(　)不可能」	ほぼ
	● (1. In real / 2. In reality), this is impossible to carry out.	2.
	● realize の 2 つの意味は？	理解する／実現する

●人は「現実」を直視するのを恐れ，しばしば「空想」(fantasy, fancy) の世界に逃避します。「想像」(imagination) の世界は無限に広がりますが，それが現実とかけ離れると「幻想・錯覚」(illusion) となってしまうでしょう。imagine の 2 つの形容詞形，imaginary「架空の」と imaginative 「想像力に富んだ」をしっかりと覚えましょう。

imagine 「想像する」 →		imaginary	「想像上の」
		imaginative	「想像力に富んだ」
		imaginable	「想像できる」
	↔	unimaginable	「想像できない」

空想・幻想

202 □ **fantasy***
[fǽntəzi]

名 **空想**
★ reality の対義語として考える
▶ Dorothy had **fantasies** about marrying a prince on a white horse.
「ドロシーは白馬の王子と結婚する**空想**をしていた。」

203 □ **fancy***
[fǽnsi]

名 **空想** 他 **～を想像する** 形 **高級な，手の込んだ**
★ fantasy と同語源；「空想」→「想像を超えた」→「高級な，手の込んだ」
▶ I **fancy** (that) I have met you somewhere before.
「君にはどこかで会ったような**気がする**。」
▶ a **fancy** restaurant [car]「**高級な**レストラン［車］」

204 □ **illusion***
[ɪlúːʒn]

名 **幻想，錯覚**

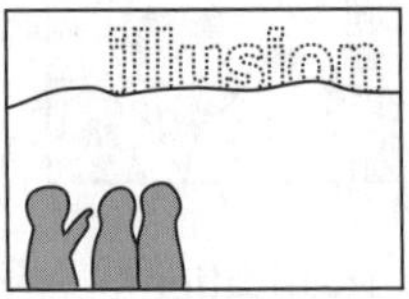

★ 現実ではないものを信じたり見たりすること；より極端な錯覚は delusion
▶ Mr. Scott had the **illusion** <u>that</u> his students liked him.
「スコット先生は生徒に好かれていると**錯覚**していた。」

□ **disillusion**
[dɪsɪlúːʒn]

他 **～を幻滅させる**
★ dis-〈分離〉+ illusion（幻想）；幻想を壊すこと

205 □ **imagine** ⁑ [ɪmǽdʒɪn]
㊙ ～を**想像する**

□ **imagination** ⁑ [ɪmæ̀dʒənéɪʃn]
名 **想像，想像力**
▶ I thought I had heard a knocking at the door, but it was just my **imagination**.
「ドアをノックする音が聞こえたような気がしたが，それは**気のせいだった。**」

□ **imaginary** ⁑ [ɪmǽdʒəneri]
形 **想像上の，架空の**
▶ The dragon is an **imaginary** creature.
「竜は**架空の**生き物である。」

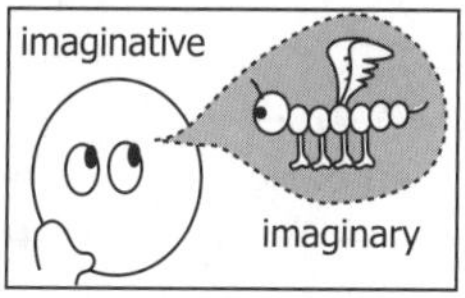

□ **imaginative** * [ɪmǽdʒənətɪv]
形 **想像力に富んだ**
▶ Izumi Kyoka was one of the most **imaginative** writers of his time.
「泉鏡花は，その時代で最も**想像力に富んだ**作家の1人だった。」

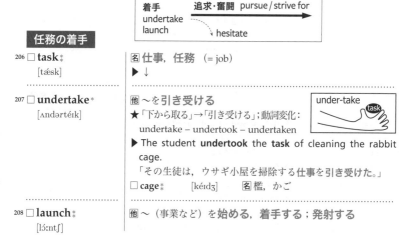

Check!		
	● He is an (1. imaginary / 2. imaginative) and creative writer.	2.
	● He created an (1. imaginary / 2. imaginative) animal.	1.

●ある計画が達成可能と判断できたら，「仕事・任務」(task) を「引き受け」(undertake)，「着手」します (launch, embark)。launch / embark は「(新しい船を) 進水させる」「船出する」という意味ですが，事業などを新規に立ち上げる際にも広く用いられます。いったん仕事を引き受けたらもう「躊躇して」(hesitate) いてはいけません。ひたすら目標を「追い求め」(pursue, seek)，そして「奮闘努力する」(strive for) のみです。

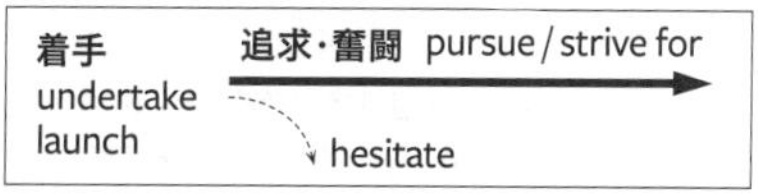

任務の着手

206 □ **task** ⁑ [tǽsk]
名 **仕事，任務** (= job)
▶ ↓

207 □ **undertake** * [ʌndərtéɪk]
他 ～を**引き受ける**
★「下から取る」→「引き受ける」；動詞変化：
undertake – undertook – undertaken

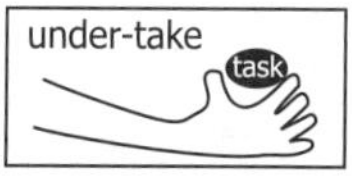

▶ The student **undertook** the **task** of cleaning the rabbit cage.
「その生徒は，ウサギ小屋を掃除する**仕事を引き受けた。**」
□ **cage** ⁑ [kéɪdʒ] 名 檻，かご

208 □ **launch** ⁑ [lɔ́ːntʃ]
他 ～ (事業など) を**始める，着手する；発射する**

▶ The team **launched** the project, since they obtained new funds from the sponsors.
「そのチームはスポンサーから新たな資金を獲得したので，その事業に**着手した**。」

□ **obtain**⁑ [əbtéɪn] 他 〜を獲得する →**p.90**
□ **fund**⁑ [fʌ́nd] 名 資金 →**p.29**

209 □ **embark** [ɪmbɑ́ːrk]
自（〜に）**船出する，着手する**（on 〜）
▶ Columbus **embarked** on a voyage in search of India.
「コロンブスはインドを探して航海に**出た**。」
□ **voyage*** [vɔ́ɪɪdʒ] 名 航海
□ **in search of*** 句 〜を探して →**p.127**

210 □ **hesitate**⁑ [hézɪteɪt]
自（〜するのを）**ためらう，躊躇する**（to *do*）
▶ Don't **hesitate** to ask any questions.
「**遠慮なく（ためらわずに）**どんな質問でもしてください。」

□ **hesitant** [hézɪtənt]
形 **躊躇している**

□ **hesitation**⁑ [hezɪtéɪʃn]
名 **躊躇**
▶ **without hesitation**「**ためらわずに，遠慮なく**」

211 □ **pursue**⁑ [pərsúː]
他 〜を**追い求める**
▶ The young painter decided to **pursue** his dream even when his parents opposed it.
「若き画家は，両親が反対したときも夢を**追い求め**ようと決めた。」
□ **oppose**⁑ [əpóʊz] 他 〜に反対する →**p.182**

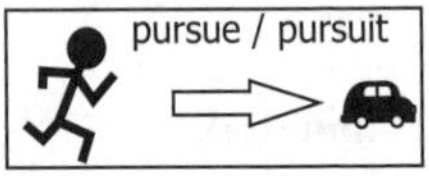

□ **pursuit*** [pərsúːt]
名 **追求**
▶ the **pursuit** of happiness「幸福の**追求**」

212 □ **seek**⁑ [síːk]
他 〜を**探し求める**
★ 動詞変化： seek – sought – sought
◆ **seek to *do***「**〜しようとする**」
▶ **seek** a job「職を**探す**」
▶ The company is **seeking** to extend its market to China.
「その会社は中国に市場を拡大**しようとしている**。」

213 □ **strive***
[stráɪv]

自 (〜を得ようと) **努力する，奮闘する** (for 〜)
▶ Teenagers usually **strive** for popularity among their classmates.
「十代の若者はたいていクラスメイトの間での人気を得ようと**努力する**。」
□ **popularity**** [pɑpjəlǽrəti] 名 人気 → popular 「人気のある」

Check!		
	● pursue の名詞形は？	pursuit
	● seek の過去形・過去分詞は？	sought

●もちろん1人で全ての仕事をこなせるわけではありません。有能な部下達に仕事を「割り当てる」(assign) ことも必要でしょう。割り当てられた仕事を「担当している」(in charge of) 人間には，自分の分担に対する「責任」(responsibility) が生じます。

割り当て・責任

214 □ **assign****
[əsáɪn]

他 〜を (…に) **割り当てる，課す** (to …)
★ as- (〜に) ＋ sign (印) →「印をつけて割り当てる」
◆ **assign O_1 O_2 = assign O_2 to O_1**「O_1 に O_2 を割り当てる」
▶ The teacher **assigns** new homework to us every day.
= The teacher **assigns** us new homework every day.
「先生は毎日我々に新しい宿題を**課す**。」

□ **assignment****
[əsáɪnmənt]

名 **宿題** (= homework)，**課題**

215 □ **in charge of****
[— tʃɑ́ːrdʒ —]

句 〜を**担当して**，の**責任者で**
▶ The youngest brother is **in charge of** feeding the ferrets.
「一番下の弟がフェレットのエサやりを**担当している**。」

216 □ **responsible***
[rɪspɑ́nsəbl]

形 (〜に対して) **責任のある，(〜の) 原因である** (for 〜)
◆ **be responsible for A**「Aに対して責任がある，Aの原因である」
◆ **hold A responsible**「Aに責任があるとみなす」
▶ The politician was held **responsible** for the confusion, and he had to leave office.
「その政治家は混乱に対して**責任がある**とみなされ，職務を降りなくてはならなかった。」

▶ Greenhouse gas emissions are **responsible** for global warming.
「温室効果ガスの排出が地球温暖化の**原因である**。」

□ **responsibility**⁑ [rɪspɑnsəbíləti]
名 **責任**
◆ **take [assume] the responsibility for A**「Aの責任を引き受ける」

□ **irresponsible**⁑ [ɪrɪspɑ́nsəbl]
形 **無責任な**
★ ir-〈否定〉+ responsible

Check!		
	● responsible の名詞形は？	responsibility
	● He is responsible (1. for / 2. to) the project.	1.

●計画を立てただけでは仕事は進みません。「実行する」(execute, perform, carry out) ことが大切です。

実行

217 □ **execute*** [éksɪkjuːt]
他 ①〜を**処刑する** ②〜を**実行する，果たす**
▶ The family of the victim was present in a nearby room when the murderer was **executed**.
「殺人犯が**処刑された**時，犠牲者の家族は近くの部屋にいた。」

□ **execution*** [eksɪkjúːʃn]
名 ①**処刑** ②**実行，遂行**

□ **executive**⁑ [ɪgzékjətɪv]
名 **役員，重役**
▶ **an executive director**「**事務局長**」

218 □ **perform**⁑ [pərfɔ́ːrm]
他 ①〜を**実行する，果たす** ②〜を**演じる，上演する**
▶ The spy **performed** his mission without flaw.
「スパイは使命を手抜かりなく**実行した**。」
□ **mission**⁑ [míʃn] 名 使命 → **p.237**
□ **flaw** [flɔ́ː] 名 欠陥 → **p.647**

□ **performance**⁑ [pərfɔ́ːrməns]
名 ①**実行，業績** ②**演技，演奏**
▶ **academic performance**「**学業成績**」
▶ The musician received a standing ovation for her **performance**.
「その音楽家は**演奏**に対してスタンディングオベイションを受けた。」

219 □ **carry out**⁑
句 〜を**実行する，果たす**
▶ The spy successfully **carried out** the mission.
「スパイは首尾良く使命を**実行した**。」

Check! ● execute の 2 つの意味は？：1.（　）/ 2. 実行する　　処刑する

●仕事の完成まで何の問題もなしに進むことは稀でしょう。過程で様々な「障害」(obstacle),「逆境」(adversity) を「乗り越え」(overcome) なくてはなりません。また様々な難問・課題に「取り組む」(cope with, tackle) 必要もあるでしょう。動詞の cope はほとんどの場合 cope with ～ という形で用いられます。一方の tackle は他動詞なので前置詞の with は不要です。

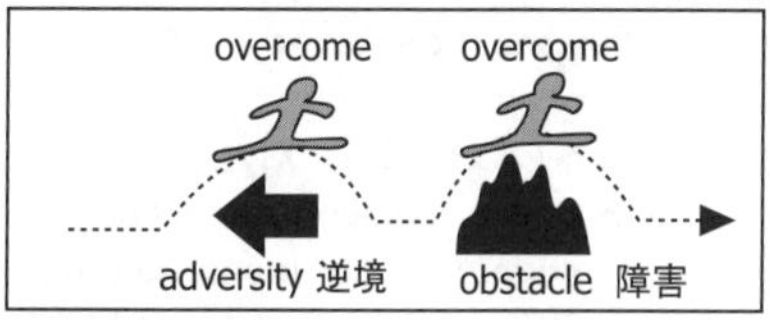

障害・取り組み

220 □ **obstacle**⁑ [ɑ́bstəkl]

名 **障害，障害物**

★ob-（反対して）＋ sta = stand →「反対して立つもの」→「障害」

▶ ↓ (overcome)

221 □ **adverse** [ædvə́ːrs]

形 **逆境の，不利な**

★ad-（～に）＋ verse （向ける）→「逆方向に向けられた」

▶ The loss of tropical rain forests has an **adverse** effect on global ecosystems.
「熱帯雨林の喪失は地球の生態系に**マイナスの**影響を与える。」

□ **tropical rain forest**　句 熱帯雨林 → p.410

□ **ecosystem**＊　名 生態系

□ **adversity** [ədvə́ːrsəti]

名 **逆境**

▶ Even in **adversity** due to bad weather conditions, the experienced golfer played perfectly.
「悪天候による**逆境**においても，経験を積んだゴルファーは完璧にプレーした。」

□ **due to**⁑　句 ～のために → p.147

□ **adversary** [ǽdvərseri]

名 **敵，敵対者** 形 **敵の**

222 □ **hardship**⁑ [hɑ́ːrdʃɪp]

名 **苦難，苦労**

▶ overcome **hardships**「苦難を克服する」

223 □ **burden**⁑ [bə́ːrdn]

名 **重荷，負担**

▶ Modern technology has greatly reduced the **burden** of housework.

「現代の科学技術は家事の**負担**を大幅に削減した。」

224 □ **overcome**⁑ [oʊvərkʌ́m]

他 ～を**乗り越える，克服する** (= get over)

★ over（越えて）＋ come （来る）→「乗り越える」

▶ When it comes to marriage, there are so many **obstacles** to **overcome**.

「結婚ということになると，**乗り越える**べき**障害**が沢山ある。」

□ **when it comes to**⁑　句 ～ということになると

225 □ **cope with**⁑ [kóʊp —]

句 ～に**取り組む，対処する**

▶ Only a few people know how to **cope with** the stress that modern society imposes on them.

「現代社会が課すストレスに**対処する**方法を知っている人は少ない。」

□ **impose**⁑ [ɪmpóʊz]　他 ～を押しつける，課す → **p.39**

226 □ **tackle*** [tǽkl]

他 ～に**取り組む，立ち向かう**

★ 他動詞なので前置詞不要

▶ **tackle** (~~with~~) a difficult problem「難問に**取り組む**」

Check! ● obstacle **のアクセント位置は？**　óbstacle

●仕事を遂行する際に最も必要とされるのは何でしょうか？「才能（talent, gift）か努力（effort）か？」は永遠のテーマといえるでしょう。ability は「能力」という意味で最も一般的に使われる語，skill は修練によって身に付けた技術，能力です。また potential は今はまだ表に現れていない潜在的な能力のことを言います。

任務遂行に必要なもの 1：能力・努力

227 □ **talent**⁑ [tǽlənt]

名 **才能**

▶ have a **talent** for music「音楽の**才能**がある」

228 □ **gift**⁑ [gíft]

名 ①**贈り物** ②（生まれつきの）**才能**

★「神からの贈り物」→「生まれつきの才能」

▶ Mozart had a great **gift** for music.

「モーツァルトはすばらしい音楽の**才能**を持っていた。」

□ **gifted*** [gíftɪd]

形（生まれつき）**才能のある**

229 □ **ability**⁑ [əbíləti]

名 **能力**

★ able の名詞形

230 □ **skill**⁑
[skíl]

名 **技術，能力**
★「修練によって身につけた技術，能力」
▶ The father passed down the **skill** of furniture making to his son.
「父親は家具作りの**技術**を息子に伝えた。」
□ **pass down*** 句 〜を伝える → **p.509**

□ **skillful***
[skílfl]

形 **熟達した**

231 □ **capable**⁑
[kéɪpəbl]

形（〜の，する）**能力がある** (of 〜, of *do*ing)
★ cap (= catch) ＋ -able →「とらえることのできる」; be capable of *do*ing = be able to *do*
▶ The prince was **capable** of listening [~~to listen~~] to ten people talking to him at once.
「王子は同時に 10 人の人の話を聞く**ことができた**。」

□ **capability***
[keɪpəbíləti]

名 **能力**

□ **incapable***
[ɪnkéɪpəbl]

形（〜の，する）**能力がない** (of 〜, of *do*ing)

232 □ **capacity**⁑
[kəpǽsəti]

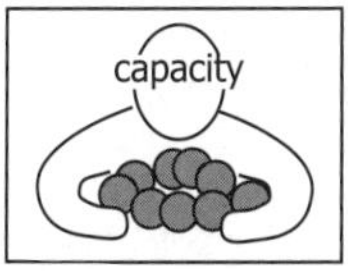

名（潜在的な）**能力，受け入れる能力**
★ cap (= catch) →「とらえることのできる」; capable「能力がある」, capture（→ **p.58**）「捕らえる」と同語源
▶ The restaurant only had the **capacity** to accommodate twenty people.
「レストランは 20 人しか**収容力**がなかった。」
▶ He was criticized for not having the **capacity** to do his job.
「彼は仕事をする**能力**がないと批判された。」
□ **accommodate*** [əkɑ́mədeɪt] 他 〜を収容する → **p.448**
□ **criticize**⁑ [krítɪsaɪz] 他 〜を批判する → **p.200**

233 □ **potential**⁑
[pəténʃl]

名 **潜在能力，可能性** 形 **潜在的に可能な**
▶ a young baseball player with great **potential**
「大きな**潜在能力**を持った若き野球選手」
▶ one's **potential** ability「**潜在**能力」
▶ a **potential** friend「友人**になるかもしれない人**」

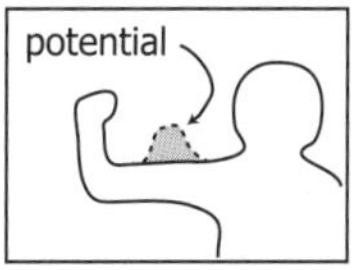

234 □ **effort**⁑
[éfərt]

名 **努力**
◆ **make an effort**「**努力する**」

235 □ **struggle**⁑
[strʌ́gl]

名 **奮闘，努力** 自（～を求めて）**奮闘する，努力する** (for ～)
▶ The single mother **struggled** under an insufficient income.
「シングルマザーは不十分な収入で**奮闘した**。」
□ **insufficient*** [ɪnsəfíʃnt] 形 不十分な → **p.293**
□ **income**⁑ [ínkʌm] 名 収入 → **p.115**

236 □ **endeavor***
[ɪndévər]

名 **努力，試み** 自 **努力する，試みる**
▶ His **endeavor** in the restaurant business was a great success.
「レストラン業界での彼の**試み**は大成功した。」

Check! ● potential danger とは？：「(　) な危険性」 潜在的

●さらに，仕事を完成させるまで諦めない「ねばり強さ」(persistence, perseverance) も必要です。また，結果だけではなく「効率」(efficiency) も考慮しなくてはなりません。

任務遂行に必要なもの 2：ねばり・効率

237 □ **persist***
[pərsíst]

自 **ねばる，しつこく主張する**
★ per-（貫く）＋ sist （立つ）→「最後まで立ち通す」
▶ The girl **persisted** in pursuing her dream even though her parents opposed it.
「両親が反対したにもかかわらず，少女は**しつこく**夢を追求し続けた。」
□ **oppose**⁑ [əpóʊz] 他 ～に反対する → **p.182**

□ **persistent***
[pərsístənt]

形 **ねばり強い，しつこい**
▶ **persistent** effort
「**ねばり強い**努力」

□ **persistence***
[pərsístəns]

名 **ねばり強さ，しつこさ**

238 □ **persevere**
[pəːrsəvíər]

自 **ねばる**
★ per-（貫く）＋ severe （過酷な）→「過酷さを貫く」

□ **perseverance**
[pəːrsəvíərəns]

名 **根気，ねばり強さ**
▶ Diligence and **perseverance** will pay off in the long run.
「長い目で見れば勤勉と**ねばり強さ**は報われる。」
□ **diligence*** [dílɪdʒəns] 名 勤勉 → diligent 「勤勉な」
□ **pay off*** 句 報われる，割に合う
□ **in the long run*** 句 長い目で見ると，結局は → **p.458**

239 □ **efficient**⁑
[ɪfíʃnt]

形 **効率的な**
★ ef- = ex-（外に）＋ fic （作る）→「作り出す」→「効率的な」

▶ The assembly line was established so that a chain of work could be done in an **efficient** way.
「仕事の連鎖が**効率的に**なされるように，流れ作業が確立された。」

□ **assembly line** 句 流れ作業
□ **establish**⁑ [ɪstǽblɪʃ] 他 ～を確立する → **p.26**

□ **efficiency*** [ɪfíʃnsi] 名 **効率**

□ **inefficient*** [ɪnəfíʃnt] 形 **効率の悪い**

Check!		
	● persist **の形容詞形は？：** 1. persistent / 2. persistant	1.
	● **正しいスペルは？：** 1. eficient / 2. efficient / 3. efficent	2.

●以上のようなことを心掛ければ，必ず目標を「達成し」(fulfill, attain, achieve)，求めるものを「獲得し」(obtain, gain, acquire)，仕事を「終える」(accomplish, complete) ことができるはずです。各動詞の名詞形に注意してください。 fulfill, attain, achieve, accomplish は -ment を付けると名詞形になりますが， acquire の名詞形は acquisition です。

目標達成

240 □ **fulfill*** [fʊlfíl]
他 ～（義務・約束）を**果たす，実行する；満足させる**
★「一杯に（full）満たす（fill）」→「果たす」
▶ live a **fulfilling** life「**充実した**生活を送る」
▶ The basketball player **fulfilled** his dream of joining the NBA at the late age of 30.
「バスケットボール選手は30歳という高齢でNBAに入る夢を**果たした**。」

□ **fulfillment*** [fʊlfílmənt] 名 **達成，実行**

241 □ **attain**⁑ [ətéɪn]
他 ～を**達成する**，に**到達する**
▶ She **attained** her goal by working diligently for a long time.
「長期間勤勉に働くことにより，彼女は目的を**達成した**。」

□ **attainment*** [ətéɪnmənt] 名 **達成，到達**

242 □ **achieve**⁑ [ətʃíːv]
他 ～を**達成する**
▶ The skater was not satisfied even after **achieving** her long-time dream.

「スケート選手は長年の夢を**達成した**後でも満足しなかった。」

☐ **achievement**⁑ [ətʃíːvmənt]
名 **達成；業績，学力**
▶ **the achievement test**「**学力試験**」

---

243 ☐ **accomplish**⁑ [əkámplɪʃ]
他 ～を**成し遂げる，完成する**
▶ After giving up every luxury, she **accomplished** her goal of saving up enough money to buy a house.
「贅沢を全て諦め，彼女は家を買うお金を貯金するという目的を**成し遂げた**。」
☐ **luxury*** [lʌ́kʃəri] 名 贅沢（品） → **p.552**

☐ **accomplishment*** [əkámplɪʃmənt]
名 **完成，業績**

---

244 ☐ **obtain**⁑ [əbtéɪn]
他 ～を**手に入れる** (= get)
▶ In order to **obtain** fame, he had gone through hard times.
「名声を**手に入れる**ために，彼は辛い時期を経験した。」
☐ **fame**⁑ [féɪm] 名 名声 → **p.136**
☐ **go through**⁑ 句 ～を経験する

---

245 ☐ **gain**⁑ [géɪn]

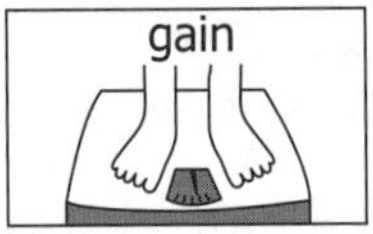

他 ①～を**得る** ②～を**増す** 名 **利益，増加**
★「努力して手に入れる」；「数・量を得る」→「増す」；目的語とするのは knowledge「知識」，experience「経験」，profit「利益」，fame「名声」など
▶ He **gained** a lot of experience by working as a lawyer.
「彼は弁護士として働くことで多くの経験を**得た**。」
▶ **gain weight**「**体重が増す，太る**」

☐ **regain*** [rɪgéɪn]
他 ～を**取り戻す**
★ re-（再び）＋ gain（得る）
▶ The patient has not **regained** consciousness since the accident.
「事故以来，患者は意識を**取り戻して**いない。」

---

246 ☐ **acquire**⁑ [əkwáɪər]
他 ～を**獲得する，身につける，習得する**
★ ac-（～に）＋ quire（求める）→「求めて得る」；目的語とするのは skill「技術」，language「言葉」など
▶ Children **acquire** language at an amazing speed.
「子供は驚くべき速さで言語を**習得する**。」

☐ **acquisition*** [ækwəzíʃn]
名 **獲得，習得**
▶ **the acquisition of language**「**言語の習得**」

247 □ **complete**⁑ [kəmplíːt]
㊀ 他 ～を完了する，完全にする 形 完全な，完成した
▶ The student **completed** the high school program in two years.
「その生徒は高校の課程を2年で完了した。」

□ **completion** [kəmplíːʃn]
名 完成，完了

□ **completely**⁑ [kəmplíːtli]
副 完全に

□ **incomplete*** [ɪnkəmplíːt]
形 不完全な

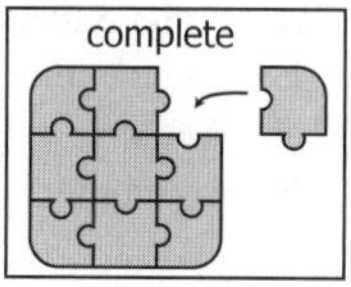

Check!
● fulfill / attain / achieve の名詞形は？
fulfillment / attainment / achievement
● acquire の名詞形は？
acquisition

Review Test

● **Same or Opposite?**

□1	scheme	plan	Same
□2	attempt	trial	Same
□3	destiny	fate	Same
□4	ideal	realistic	Opposite
□5	practically	almost	Same
□6	fantasy	reality	Opposite
□7	imaginary	real	Opposite
□8	embark	finish	Opposite
□9	seek	look for	Same
□10	assignment	homework	Same
□11	carry out	give up	Opposite
□12	hardship	difficulty	Same
□13	capable	able	Same
□14	persist	give up	Opposite
□15	complete	finish	Same

● **Yes or No?**

□16 Can many people work on a **project**? .... Yes
□17 Can you work for an **enterprise**? .... Yes
□18 If your **purposes** are achieved, will you be satisfied? .... Yes

□19 Trains usually have their **destinations** indicated on them. .... Yes
□20 You **pursue** something you are no longer interested in. .... No

□21 It is a doctor's **task** to feed the poor. .... No
□22 If you **undertake** a job, you are free from **responsibility**. .... No
□23 If you **launch** something, that means you will spend no more time on it. ..... No
□24 Would you **strive** for something you do not care about? .... No
□25 An umpire is **in charge of** cheering for the team. .... No

□26 An audience is the people who **perform**. .... No
□27 **Obstacles** make it easier for you to accomplish your goals. .... No
□28 You welcome **adversity** because it means less work and trouble. .... No
□29 An **adversary** is your friend. .... No
□30 To **overcome** is to do more than is necessary. .... No

□31 If you **cope with** a situation, you accept it and deal with it. .... Yes
□32 **Tackling** a problem shows that you have given up. .... No
□33 An **efficient** person wastes time. .... No
□34 A trained craftsman has **skill**. .... Yes
□35 Injuries to your feet limit your **ability** to walk. .... Yes

□36 You need **effort** to do simple tasks. .... No
□37 To **attain** your goal means to succeed in reaching it. .... Yes
□38 If you **achieved** your goal, you gave up before you reached it. .... No
□39 You will **gain** weight if you eat little. .... No
□40 Something is **complete** if it is not finished. .... No

ヒント indicate 「〜を示す」／ feed 「〜に食べ物を与える」／ umpire 「審判」／ craftsman 「職人」

● **Multiple Choices**

□41 A beginner climber ( ) to reach the top of Mt. Kilimanjaro.
a. pursued **b.** attempted **c.** executed .... b.

□42 The traveler began his trip without deciding on his final ( ).
a. destiny **b.** enterprise **c.** destination .... c.

□43 He had high ( ), so he was never satisfied with the results.
a. reality **b.** tasks **c.** ideals .... c.

□44 Because of the earthquake, ( ) all the houses were destroyed.
a. practice **b.** practical **c.** practically .... c.

□45 He ( ) that he could no longer lie about the truth.
a. strove **b.** launched **c.** realized .... c.

□46 He is an ( ) and creative writer.
a. imaginable b. imaginary c. imaginative ………………………… c.

□47 Candice is in ( ) of doing the laundry this week.
a. responsible b. charge c. pursuit ………………………………… b.

□48 The mayor signed the papers for the ( ) of the criminal.
a. execution b. performance c. attainment ………………………… a.

□49 The play will be ( ) next week at a theater in New York.
a. executed b. carried out c. performed ………………………… c.

□50 Even in ( ) conditions, the team played well.
a. adverse b. skillful c. efficient ……………………………… a.

□51 The new worker could not ( ) the workload and quit.
a. cope with b. overcome c. endeavor …………………………… a.

□52 The piano player had already shown lots of ( ) as a child.
a. effort b. adversity c. potential …………………………… c.

□53 He did not have the ( ) to tackle many things at once.
a. capacity b. attainment c. fulfillment ………………………… a.

□54 She acquired many practical ( ) from the internship.
a. skills b. potential c. ideal ……………………………………… a.

□55 Working in pairs proved to be an ( ) way to finish the job.
a. skillful b. adversary c. efficient …………………………… c.

□56 The boy ( ) in pursuing his dream of becoming a movie star.
a. persisted b. consisted c. resisted ……………………………… a.

□57 ( ) will pay off in the long run.
a. Potential b. Perseverance c. Capacity ………………………… b.

□58 The student ( ) the requirement needed to graduate.
a. fulfilled b. endeavored c. struggled ………………………… a.

ヒント laundry「洗濯」／mayor「市長」／criminal「犯罪者」／workload「仕事量」／internship「研修」／in pairs「2人1組で」

解説・和訳

25「審判はチームの応援を担当している。」／35「足に怪我をすると，歩く能力が制限される。」／44 practically all「ほぼ全ての」／47「今週はキャンディスが洗濯を担当している。」／48 execution「処刑」／51「新入りの従業員は仕事量に対処できずに辞めた。」／53「彼には一度に多くの事に対処する能力はなかった。」／58「その学生は卒業するのに必要な条件を満たした。」

日付：	年	月	日	得点：	／58
46点以上→SECTION #8へ				46点未満→もう一度復習	

SECTION #8 「時間」

●このセクションでは「時・時間」に関する単語を学習します。日本語で「テンポがいい」などといいますが，英語の temp は「時」を表します。 temporary / contemporary はいずれも最重要単語。 con- （共に）という接頭辞はもうお馴染みでしょう。 contemporary は「時代を共有する」→「同時代の，現代の」と覚えてください。また temporary の対義語として permanent を覚えましょう。permanent は「一時的でない」という意味ですが，さらに長く「永久の」という場合は eternal を用います。

temp ：時

248 □ **temporary**⁑ [témpərеri]

形 **一時的な，仮の** (↔ permanent)

★temp（時）→「一時で消えてしまう」

▶ **a temporary job「臨時の職，バイト」**

▶ a **temporary** feeling「**一時的な**感情」

▶ I only have a **temporary** visa, so I cannot stay for a long period of time.

「私は**一時的な**ビザしか持っていないので長期間は滞在できない。」

249 □ **contemporary**⁑ [kəntémpərеri]

形 **同時代の，現代の**

★con- (共に) ＋ temporary →「時代を共有する」

▶ a **contemporary** writer「**同時代の**作家」

▶ I like **contemporary** American writers, but he likes British classics.

「私は**現代（同時代）の**アメリカの作家が好きだが，彼はイギリスの古典を好んでいる。」

250 □ **permanent**⁑ [pə́ːrmənənt]

形 **永続する** (↔ temporary)

★permanent wave「パーマ」は「永続する ウェーブ」

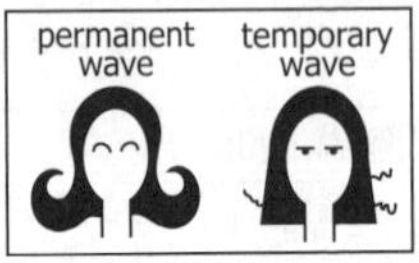

▶ **a permanent job「定職」**

▶ Beauty is not **permanent**, so one must make good use of it while it lasts.

「美しさは**永続し**ない。だからそれが続いているうちに利用しなくてはならない。」

□ **make use of**⁑ 　句 〜を使う

□ **last**⁑ [lǽst] 　自 続く，持続する

251 □ **eternal** *
[ɪtə́ːrnl]

形 **永久の，永遠の**
▶ **eternal** life「**永遠の**生命」
▶ People think love is **eternal** until they fall in love with someone else.
「人は愛は**永遠だ**と考える。他の人と恋に落ちるまでは。」

□ **eternity**
[ɪtə́ːrnəti]

名 **永久，永遠**

Check!	● permanent の対義語は？	temporary

●〈頻度〉を表す副詞としては，seldom / sometimes / often / always などを知っているでしょう。ここではさらに発展的な単語・熟語を「頻度順に」覚えていきましょう。

頻度

252 □ **rare** **
[réər]

形 **まれな，めったにない**

□ **rarely** **
[réərli]

副 **めったに…ない** (= seldom)
▶ I **rarely** see my parents now that I live in a dorm and away from home.
「今は実家を離れて寮に住んでいるので，**めったに**両親に会わない。」
□ **dorm** [dɔ́ːrm] 名 寮 (= dormitory)

253 □ **once in a while** **

句 **たまに** (= sometimes)
★「一定期間（a while）に一度（once）」→「たまに」
▶ Why don't you take a day off **once in a while** and enjoy life?
「**たまには**休暇をとって人生を楽しんだら？」
□ **day off** ** 句 休暇

254 □ **occasion** **
[əkéɪʒn]

名 (on) **機会，場合，出来事**
★ 前置詞は in ではなく on を用いる
◆ **on rare occasions**「**ごくまれに**」

□ **occasional** *
[əkéɪʒənl]

形 **時折の**

□ **occasionally** **
[əkéɪʒənli]

副 **時々** (= sometimes)
▶ My mother claims to be a vegetarian, but **occasionally** she eats meat.
「母は菜食主義だと主張しているが，**時々**肉を食べる。」
□ **claim** ** [kléɪm] 他 〜を主張する → **p.219**

255 □ **now and then**⁑
句 **時々** (= sometimes)
★ every now and then とも言う
▶ I think about her **now and then**, but I know she will never come back to me.
「彼女のことを**時々**考えるが，二度と僕の所には戻ってこないことは分かっている。」

256 □ **frequent**⁑
[fríːkwənt]
形 **度々の**

□ **frequency***
[fríːkwənsi]
名 **頻度；周波数**
▶ the number and **frequency** of violent acts「暴力行為の数と**頻度**」

□ **frequently**⁑
[fríːkwəntli]
副 **頻繁に，度々** (= often)
▶ That question is **frequently** asked in tests.
「その質問は試験で**頻繁に**出される。」

257 □ **constant**⁑
[kánstənt]
形 **絶え間ない，一定の**
▶ **constant** effort「**絶え間ない**努力」

□ **constantly**⁑
[kánstəntli]
副 **絶えず**
▶ Things are **constantly** changing in the world, so it's really hard to keep up with them.
「世の中では物事が**絶えず**変化しているので，付いていくのは本当に大変だ。」
□ **keep up with**⁑ 句 〜に付いていく → **p.507**

258 □ **perpetual**
[pərpétʃuəl]
形 **絶え間ない，永久の**
▶ The wife's **perpetual** complaint tormented the husband.
「妻の**絶え間ない**文句は夫を苦しめた。」
□ **complaint**⁑ [kəmpléɪnt] 名 文句，不満 → **p.222**
□ **torment** [tɔːrmént] 他 〜を苦しめる → **p.522**

Check!		
	● **頻度が最も高いのは？**： occasionally / frequently / rarely	frequently
	● (1. at / 2. on) rare occasions	2.

●以下の３つの副詞句には，「今後はどうか分からないけれど，とりあえず今は」という意味が含まれています。

今のところは

259 □ **at the moment**⁑
句 **今のところは** (= at present)
★「今後はどうなるか分からないが」を含意

▶ Sam is away from his desk **at the moment**, so I'll have him call you back later.
「サムは**今**席を外していますので，後で電話をかけ直させます。」

260 □ **at present**⁑

句 **今のところは** (= at the moment)
★「今後はどうなるか分からないが」を含意
▶ **At present** there still is no effective cure for this disease.
「この病気の効果的な治療法は**今のところ**まだない。」

261 □ **for the time being***

句 **ここしばらくは** (= for the moment, temporarily)
★「とりあえずしばらくの間は」の意
▶ The doctor told me to stay in bed **for the time being**.
「医者は**ここしばらくは**安静にしているように言った。」

Check! ● for the time (　) = temporarily　　being

●動作の「速度」や「迅速さ」を表す形容詞・副詞も様々なものがあります。動きの素早さを表す語としては， quick や fast の他に rapid を覚えてください。また，他人から手紙やメールを貰ったときには，なるべく「即座に」(immediately, promptly) 返事をするのが礼儀でしょう。 abruptly は「何の前触れもなく突然に」という意味で用いられます。SECTION #6 で学んだ interrupt / disrupt と同じ rupt （壊す）という語根が含まれています。

速度・迅速さ

262 □ **rapid**⁑
[rǽpɪd]

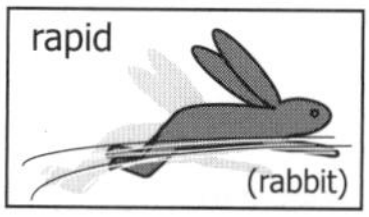

形 **急速な** (= quick, fast)
▶ the **rapid** progress of technology
「科学技術の**急速な**進歩」
□ **technology**⁑ [teknɑ́lədʒi] 名 科学技術 →**p.568**

□ **rapidly**⁑
[rǽpɪdli]

副 **急速に**
▶ The population of developing countries is **rapidly** increasing.
「発展途上国の人口は**急速に**増加している。」
□ **developing country**⁑ 句 発展途上国 →**p.406**

263 □ **immediate**⁑
[ɪmíːdiət]

形 **即座の；直接の**
★ im-〈否定〉＋ medi （中間）→「間がない」→「即座・直接の」；時間・距離的に隣接している状態
▶ an **immediate** reaction「**即座の**反応」
▶ **one's immediate family**「**肉親（ごく近い血縁者）**」

☐ **immediately**⁑
[ımíːdiətli]

副 **ただちに；直接に**

▶ The couple got divorced **immediately** after returning from their honeymoon.
「夫婦は新婚旅行から帰って**すぐに**離婚した。」

264 ☐ **prompt***
[prámpt]

形 **即座の，素早い** 他 ～を（…するよう）**促す，刺激する** (to *do*)

★「反応・返答の素早さ」

◆ **prompt A to *do***「**～するよう A を促す**」

▶ Thank you for your **prompt** reply.
「**素早い**お返事をありがとうございます。」

▶ The financial crisis in 2008 **prompted** the government to take a more aggressive policy.
「2008 年の財政危機は，政府にもっと積極的な政策をとるよう**促した**。」

☐ **financial**⁑ [fənǽnʃl] 形 財政の →**p.107**
☐ **crisis**⁑ [kráısıs] 名 危機 →**p.200**
☐ **aggressive**⁑ [əgrésıv] 形 積極的な，攻撃的な →**p.283**
☐ **policy**⁑ [páləsi] 名 政策 →**p.359**

☐ **promptly***
[prámptli]

副 **即座に**

265 ☐ **abruptly***
[əbrʌ́ptli]

副 **不意に，突然**

★ ab-（離れて）＋ rupt（壊す）→「自然な流れを壊すような」

▶ Our relationship ended **abruptly** a few weeks ago.
「数週間前，我々の関係は**不意に**終わってしまった。」

Check! ● **正しいスペルは？：** 1. imediately / 2. immediately / 3. immediatly 2.

●次に，時間の流れを区切る表現を学びます。「期間」を表す最も一般的な語は period です。これは数分単位から数千年単位まで，どんな長さでも使えます。一方の age は，Stone Age 「石器時代」などのように，かなり長い期間を指します。 age よりも短いのが era です。そして era の幕開けとなるような出来事が epoch です。また annual / anniversary の ann という語根は「年」を表しています。 n が 2 つ重なるスペルに注意してください。

期間・時代

266 ☐ **period**⁑
[píriəd]

名 **期間；時代；時限**

◆ **for a long [short] period (of time)**「**長い［短い］期間**」

267 □ **age**⁑
[éɪdʒ]

[名] **①年齢 ②時代**
◆ **New Stone Age**「新石器時代」
◆ **for ages**「長年の間」

□ **come of age**

[句] **成人になる**
★この age は「成人」の意

268 □ **era**⁑
[érə]

[名] **時代**
▶ in the Meiji **Era**
「明治**時代**に」

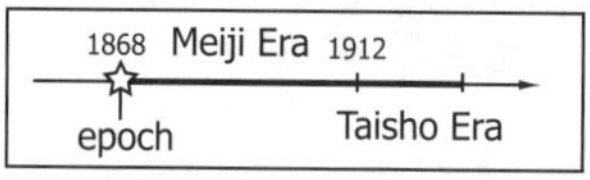

269 □ **epoch**
[épək]

[名] **新時代，時代の幕開け**
▶ The Internet marked a new **epoch** in the information technology **era**.
「インターネットは情報科学技術**時代**における**新時代**の印となった。」

□ **mark**⁑ [mɑ́ːrk] [他] ～を印す →**p.567**

270 □ **phase***
[féɪz]

[名] **局面，面，段階** (= aspect, stage)
▶ The event marked the beginning of a new **phase** in American history.
「その出来事はアメリカの歴史における新たな**局面**の始まりとなった。」

271 □ **decade**⁑
[dékeɪd]

[名] **10 年**
★発音・アクセント注意

a decade = 10 years

▶ Over the last **decade**, we witnessed a rapid growth in technology.
「この **10 年間**で，我々は科学技術の急速な進歩を目の当たりにした。」

□ **witness**⁑ [wítnəs] [他] ～を目撃する →**p.279**

272 □ **annual**⁑
[ǽnjuəl]

[形] **毎年の，年に 1 回の**
★ann (1 年) →「1 年ごとの」
▶ an **annual** meeting「**年に 1 回の**会合」

□ **annually***
[ǽnjuəli]

[副] **毎年，年に 1 回**

273 □ **anniversary**⁑
[ænɪvə́ːrsəri]

[名] **記念日**
▶ our twentieth wedding **anniversary**
「私達の 20 回目の結婚**記念日**」

274 □ **interval**⁑
[íntərvl]

名（時間・空間の）**間隔**
★inter-（間の）；アクセント注意
▶ **at regular intervals**「**定期的に，一定の間隔をおいて**」
▶ The bus comes <u>at</u> **intervals** of 15 minutes.
「バスは15分の**間隔**で来る。」

Check!		
	● **正しいスペルは？：** 1. anual / 2. annual	2.
	● interval **のアクセント位置は？**	ínterval

●「オリジナル」はすでに日本語にもなっていますが，英語の original という語は，「はじまり」を意味する origin という名詞から派生しています。物事の「はじまり」には「起源」，人の「はじまり」には「出生」という訳語があてられます。また「名前の最初の1文字」を「イニシャル」といいますが，英語の initial は「頭文字」の他に「最初の」という形容詞の意味があります。このように，いわゆる「カタカナ英語」に結びつけて覚えるのも有効な英単語学習法の1つです。

始まり

275 □ **origin**⁑
[ɑ́rɪdʒɪn]

名 **起源，出生**
▶ the **origin** of the universe「宇宙の**起源**」
▶ The word "philosophy" is <u>of</u> Greek **origin**.
「philosophy という単語はギリシア語が**起源**だ。」

□ **original**⁑
[ərídʒənl]

形 **独自の，本来の**
▶ Everyone wishes to be completely **original** and different from others.
「誰もが**独自で**他人とは違うようになりたがる。」

□ **originate**⁑
[ərídʒɪneɪt]

自（～から）**起こる**，（～に）**始まる**（in, from ～）
▶ The professor believes that Japanese actually **originated** <u>from</u> a European language.
「教授は日本語が実はヨーロッパ言語から**始まった**と信じている。」

---

276 □ **initial**⁑
[ɪníʃl]

形 **最初の**
★「イニシャル」は「最初の文字」
▶ The **initial** stage of love is usually filled with only happiness.
「恋愛の**最初の**段階はたいてい幸福のみに満ちている。」

□ **initially**⁑
[ɪníʃəli]

副 **最初は**
▶ I was **initially** doubtful about it.
「それについて**最初は**疑っていました。」

Check!		
	● original / initial **のアクセント位置は？**	oríginal / inítial

●時間の前後関係に関する語を覚えましょう。 previous / precede / posterior に関しては, pre- （前の） post- （後の）という接頭辞に注目してください。「戦前」は prewar times, 「戦後」は postwar times です。 precede なら pre- （前に） + cede （行く）で, 「～より先行する」という意味になります。 simultaneous はスペルが非常に難しいですが, SECTION #5 で学んだ spontaneous 「自発的な」という語を思い出してください。語尾が同じですね。 -taneous で終わる語としては, あともう 1 つ instantaneous 「瞬間の」があります。

時間の前後関係

277 □ **former**⁑ [fɔ́ːrmər]

形 **以前の，前者の**

▶ He still loves his **former wife**.

「彼は未だに**前妻**を愛している。」

□ **formerly**⁑ [fɔ́ːrmərli]

副 **以前は**

▶ **formerly** known as . . .

「**以前は**…として知られていた」

---

278 □ **previous**⁑ [príːviəs]

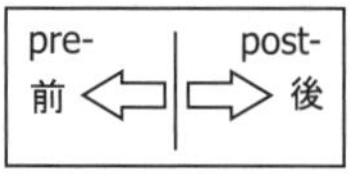

形（その）**前の**

▶ **the previous day**「前日」

▶ I have a **previous engagement**.「**先約**があります。」

□ **previously**⁑ [príːviəsli]

副 **以前に**

---

279 □ **precede*** [prɪsíːd]

他 ～より**先行する**

★ pre-（先に） + cede （行く）→「先行する」

▶ The guide **preceded** the tour group into the exhibit room.

「ガイドは旅行客より**先行して**展示室に入った。」

▶ The tsunami was **preceded** by an earthquake 200 km away.

「その津波は 200 km 離れた地震の**後に起こった**。」

□ **precedent*** [présɪdənt]

名 **前例**

▶ Every newspaper praised his company as a venture that has no **precedent** in history.

「全ての新聞が彼の会社を歴史上で**前例**のないベンチャーとして賞賛した。」

□ **unprecedented*** [ʌnprésədəntɪd]

形 **前例のない**

---

280 □ **posterior** [pɑstíəriər]

形（～より）**後の** (to ～) (↔ prior)

★ post-（後に）

281 □ **prior**⁑ [práɪər]

形（～より）**前の**（to ～）

▶ in Europe **prior** to World War I
「第一次世界大戦**以前の**ヨーロッパにおいて」

□ **priority**⁑ [praɪɔ́ːrəti]

名 **優先，優先事項**

▶ National security is our **top priority**.
「国家の安全が我々の**最優先事項**だ。」

---

282 □ **advance**⁑ [ədvǽns]

自 **前進する，進歩する** 名 **進歩**

★ progress は不可算名詞だが， advance は可算名詞

◆ **in advance**「**前もって**」(= beforehand)

▶ the **advances** in medical science「医学における**進歩**」

▶ First-time customers are asked to pay **in advance**.
「初回のお客様は**前金で**お支払いください。」

---

283 □ **simultaneous**＊ [saɪmltéɪniəs]

形 **同時の，同時に起こる**

▶ **simultaneous interpretation**「**同時通訳**」

---

284 □ **coincide**＊ [koʊɪnsáɪd]

自（～と）**同時に起こる，一致する**（with ～）

★「同じ時，同じ場所で起こる」

□ **coincidence**＊ [koʊínsɪdəns]

名 **偶然の一致**

◆ **by coincidence**「**偶然に**」

▶ We met at the supermarket by **coincidence**.
「我々は**偶然**スーパーで会った。」

Check! ●［語源］ pre- / post- の意味は？ 前／後

● 90 分の試合を 95 分に「延長する」という場合には prolong，翌日まで「延期する」場合は postpone / put off を用います。 prolong は SECTION #5 で学んだ extend と同義です。 ex-（外に） ＋ tend（伸ばす）という語源を思い出してください。prolong は pro-（前へ） ＋ long（長い）→「前へ伸ばす」と覚えます。 delay は他動詞だということに注意してください。「飛行機が遅れた」は The flight was delayed. と受動態で表します。

予定

285 □ **prolong**＊ [prəlɔ́ːŋ]

他 ～（時間）を**延長する** (= extend)

★ pro-（前へ） ＋ long （長い）→
「前へ長くする」

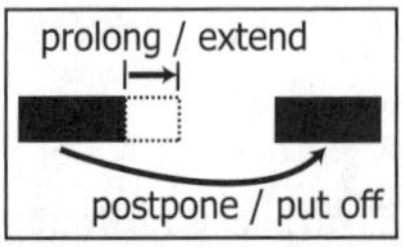

▶ Because of the storm, many tourists had to **prolong** their stay and wait at the airport.
「嵐のせいで多くの観光客は滞在を**延長し**，空港で待たなくてはならなかった。」

286 □ **postpone*** [pouspóun]

他 ～（予定）を（…まで）**延期する** (till [until] …) (= put off)

★ post-（後に）＋ pone （置く）

◆ **postpone [put off] A until B**「A を B まで延期する」

▶ The baseball game was **postponed** until a day later because of bad weather conditions.
「悪天候のため野球の試合は翌日に**延期された**。」

287 □ **delay**⁑ [dıléı]

他 ～を**遅らせる** 名 **遅延**

★「遅れる」は be delayed （受動態）

▶ The departure of our plane was **delayed** for 30 minutes.
「我々の飛行機の出発が 30 分**遅れた**。」

□ **departure**⁑ [dıpá:rtʃər] 名 出発 → p.556

288 □ **punctual*** [pʌ́ŋktʃuəl]

形 **時間に正確な**

★ punctuation「区切り，句読点」と同語源； punct （区切り）→「時間を区切って正確な」

▶ He is very **punctual** and always shows up on time.
「彼は**時間に正確な**ので，いつも時間通りに現れる。」

□ **show up**⁑ 句 現れる → p.495

□ **on time**⁑ 句 時間通りに

Check!		
	● The game was (1. prolonged / 2. postponed) until the next day.	2.
	● The game was (1. prolonged / 2. postponed) for 15 minutes.	1.

●最後に「新・旧」に関する語を覚えます。 current は最重要単語です。「現在の，流通している」という形容詞と，「流れ」という名詞の意味を覚えてください。「情報」や「流行」などが「最新の」という場合には up to date を用います。対義語が out of date です。 primitive 「原始の」は SECTION #1 で学んだ prim （第 1 の）という語根を含んでいます。 prime / primary なども復習しておきましょう。

新・旧

289 □ **current**⁑ [kə́:rənt]

形 **今の；流通している** 名 **流れ**

★ 直流 DC / 交流 AC は direct current / alternating current の略；「流れ」→「現在流通している」→「今の」；「今後変わりうる」を含意する

▶ The **current** trend in women's fashion is wearing loose clothes.
「女性ファッションの**今の**傾向は，ダブダブの服を着ることだ。」

□ **loose**⁑ [lú:s] 形 ゆるんだ，だらしない → p.553

290 □ **out of date***

句 **時代遅れの** (↔ up to date) (= old-fashioned)

▶ As these rules are **out of date**, it is time we abolished them.
「これらの規則は**時代遅れ**なので，廃止してもいい頃だ。」
□ **abolish*** [əbálɪʃ] 他 ～を廃止する → **p.361**

291 □ **up to date***

句 **最新の** (↔ out of date)
▶ **up to date fashion「最新の流行」**

292 □ **ancient**⁑
[éɪnʃənt]

形 **古代の，大昔の**
▶ **Ancient Rome「古代ローマ」**

293 □ **ancestor**⁑
[ǽnsestər]

名 **先祖**
★アクセント注意
▶ The painting was inherited from her mother's **ancestor**.
「その絵は彼女の母方の**先祖**から受け継がれた。」
□ **inherit**⁑ [ɪnhérət] 他 ～を相続する → **p.320**

294 □ **primitive**⁑
[prímətɪv]

形 **原始的な，未開の，野蛮な**
★prim（第1の，最初の）→「最初の，原始の」
▶ **the primitive man「原始人」**
▶ In **primitive** times, people lived by hunting and gathering.
「**原始**時代は，人々は狩猟や採集をして暮らしていた。」

Check!	● ancestor のアクセント位置は？	áncestor

Review Test

● **Same or Opposite?**

□1	permanent	temporary	Opposite
□2	seldom	frequently	Opposite
□3	permanently	for the time being	Opposite
□4	rapid	fast	Same
□5	initial	final	Opposite
□6	in advance	beforehand	Same
□7	prolong	extend	Same
□8	postpone	put off	Same
□9	punctual	tardy	Opposite
□10	ancient	new	Opposite

● Yes or No?

□11 A **contemporary** writer of Shakespeare is Haruki Murakami. ………………… No
□12 **Permanent** things are everlasting. ………………………………………… Yes
□13 Humans have **eternal** lives. ………………………………………………… No
□14 Snow is **rare** in Hokkaido. …………………………………………………… No
□15 If things happen **once in a while**, they happen frequently. ……………… No

□16 We take a bath **on rare occasions**. ………………………………………… No
□17 **Now and then** we decide to breathe. ……………………………………… No
□18 **Constant** interruption will deepen our concentration. ……………………… No
□19 A **perpetual** complaint will tire us. ………………………………………… Yes
□20 If there is an emergency, you must act **immediately**. ……………………… Yes

□21 When you receive a letter, you should reply **promptly**. …………………… Yes
□22 An **abrupt** change is expected. ……………………………………………… No
□23 A **decade** is five years. ……………………………………………………… No
□24 An **annual** meeting is held every year. ……………………………………… Yes
□25 An **epoch** is a period of time when important events happen. ………… Yes

□26 A wedding day is a type of **anniversary**. …………………………………… Yes
□27 The universe is said to have **originated** from a big bang. ………………… Yes
□28 If you are divorced, then you have a **former** wife or husband. ………… Yes
□29 An earthquake is often **preceded** by a tsunami. …………………………… No
□30 If something happens **simultaneously**, there is no interval of time. ……… Yes

□31 If something happens by **coincidence**, then it was planned. …………… No
□32 If you **prolong** an event, you abruptly end it. ……………………………… No
□33 If you are **punctual**, you are on time. ……………………………………… Yes
□34 **Current** trends are already **out of date**. …………………………………… No
□35 **Ancient** cities usually become tourist sites. ………………………………… Yes

□36 We must take care of the environment for our **ancestors**. ……………… No
□37 **Primitive** humans used microwave ovens to cook food. ………………… No

ヒント tardy「遅れた」／everlasting「永続する」／deepen「〜を深める」／tire「〜をうんざりさせる」／big bang「ビッグバン」／be divorced「離婚する」／site「場所，土地」／environment「環境」／microwave oven「電子レンジ」

● Multiple Choices

□38 The elevator was ( ) out of service.
a. temporarily **b.** eternally **c.** contemporarily ………………… a.

□39 The climbers were excited to see the ( ) species of wild birds.
a. rare b. frequent c. occasional ………………………… a.

□40 The girl was annoyed at her friend's ( ) complaint about her boyfriend.
a. constantly b. rare c. perpetual ………………………… c.

□41 The high school reunion takes place ( ).
a. annually b. anniversary c. epoch ………………………… a.

□42 The wife was enraged to find her husband had forgotten their ( ).
a. era b. decade c. anniversary ………………………… c.

□43 He lives in the United States, but he is of European ( ).
a. original b. origin c. originate ………………………… b.

□44 He was told to clean up the mess ( ).
a. perpetually b. formerly c. immediately ………………………… c.

□45 You need knowledge of both languages in order to interpret ( ).
a. frequently b. simultaneously c. contemporary ………………………… b.

□46 We had to ( ) the meeting since not all the members could attend.
a. postpone b. prolong c. punctual ………………………… a.

□47 My mother's ( ) decided to immigrate to this land.
a. ancestor b. ancient c. precedent ………………………… a.

ヒント species「生物種」／school reunion「同窓会」／enraged「激怒した」／mess「散らかっている状態」／immigrate「移住する」

解説・和訳

18「絶え間ない中断によって，集中力が深まる。」／27「宇宙はビッグバンから始まったと言われている。」／29「しばしば地震よりも津波が先行して起こる。」／30「ある事が同時に起こると，時間の間隔がない。」／31 by coincidence「偶然に」／35「古代の都市はたいてい観光スポットになる。」／36「我々は先祖のために環境を大切にしなくてはならない。」／37「原始の人たちは料理をするのに電子レンジを使った。」／38「エレベーターは一時的に故障していた。」／39 rare species「稀少な生物種」／40 perpetual complaint「絶え間ない文句」／45 interpret simultaneously「同時通訳する」／46 postpone「延期する」とprolong「延長する」の違いに注意

日付： 年 月 日	得点： ／47
38点以上→SECTION #9へ	38点未満→もう一度復習

SECTION #9「金・経済」

● "Money talks."「金がものを言う」という表現があるように，お金は我々の生活に絶大な影響を与え，時にはその運命をも左右します。このセクションではお金や経済に関する単語を扱います。まず economy「経済」の派生語をしっかりと覚えましょう。形容詞形は economic / economical の2つですが，意味が全く違うので注意が必要です。アクセントの位置にも注意してください（→ ecónomy / económic / económical）。また，何か活動をする上で必要となるお金，またはその運用のことを finance といいます。

ecónomy 経済	→ económic	**経済の**
	→ económical	**経済的な**
	→ económics	**経済学**

経済

295 □ **economy**⁑ [ɪkánəmi]
名 **経済**
▶ The Japanese **economy** has been recovering gradually.
「日本の**経済**は徐々に回復している。」
□ **recover**⁑ [rɪkʌ́vər] 自 回復する → **p.383**

□ **economic**⁑ [ekənámɪk]
形 **経済の，経済に関する**
▶ Many countries refer to American **economic** policies.
「多くの国はアメリカの**経済**政策を参考にする。」
□ **refer**⁑ [rɪfə́ːr] 自 参照する → **p.197**
□ **policy**⁑ [páləsi] 名 政策 → **p.359**

□ **economical*** [ekənámɪkl]
形 **経済的な，お得な**
▶ It is more **economical** to cook for yourself.
「自分で料理する方が**経済的だ**。」

□ **economics**⁑ [ekənámɪks]
名 **経済学**
▶ study **economics**「**経済学**を勉強する」

296 □ **finance*** [fáɪnæns]
名 **財政，資金，融資**

□ **financial**⁑ [fənǽnʃl]
形 **金銭的な，財政の，金融の**
▶ Many college students cannot focus on their studies because they face **financial** problems.
「多くの大学生は**お金の**問題に直面して勉学に専念できない。」
□ **focus**⁑ [fóʊkəs] 自（〜に）集中する (on 〜) → **p.32**
□ **face**⁑ [féɪs] 他 〜に直面する

Check! ● economic / economical **の意味は？**　経済の／経済的な（お得な）

●「景気」(economic condition) が悪くなると，「不景気」(recession) となり，さらに深刻になると「不況」(depression) に陥ります。「通貨市場」(currency market) と「株

式市場」(stock market) は，各国の経済状況を反映していると言われます。recession は recede の名詞形です。前セクションの precede「先行する」を思い出してください。cede は「行く」という意味を持つ語根でしたね。recede は re-（後ろに）+ cede（行く）→「後退する」と覚えましょう。また currency も，前セクションで学んだ current「今の，普及している」の派生語として覚えてください。

経済状況

297 □ **recede***
[rɪsíːd]

自 **後退する**
★ re-（後ろに）+ cede（行く）→「後退する」
▶ Glaciers have been **receding** around the world due to global warming.
「地球温暖化のせいで世界中の氷河が**後退している**。」

□ **glacier*** [gléɪʃər] 名 氷河

□ **recession***
[rɪséʃn]

名 **不景気，不況**
★ recede（後退する）→「経済的に後退する」
▶ The country's economy is suffering from a severe **recession**.
「国の経済は深刻な**不況**に苦しんでいる。」

---

298 □ **depression****
[dɪpréʃn]

名 ①**不況，恐慌** ②**鬱，憂鬱**
★ de-（下に）+ press（押す）→「圧迫する」;「経済を圧迫」→「不況」,「精神を圧迫」→「鬱」
▶ **The Great Depression** of the 1930s left many in poverty.
「1930 年代の**大恐慌**は多くの人を貧困に追いやった。」
▶ She has been suffering from **depression**.
「彼女は**鬱病**にかかっている。」

□ **depressed****
[dɪprést]

形 **落ち込んでいる，鬱の**
▶ I always **feel depressed** on Monday mornings.
「月曜日の朝はいつも**気が滅入る**。」

---

299 □ **currency***
[kə́ːrənsi]

名 ①**通貨** ②**普及**
★ current「流通している」(→ **p.103**) の名詞形;「流通している通貨」
▶ Twelve countries have adopted the euro as their **currency**.
「12 ヵ国が**通貨**としてユーロを採用した。」

□ **adopt**** [ədɑ́pt] 他 〜を採用する → **p.344**

---

300 □ **stock****
[stɑ́k]

名 ①**在庫** ②**株，株式**
▶ **the stock market**「**株式市場**」

Check! ● [語源] cede の意味は？ 行く

●「お金を増やしたい」というのは万人の夢です。たしかに，多大な「財産」(fortune, wealth, property, asset) があれば思い通りの生活ができるかもしれません。fortune には「富」と「運」という 2 つの意味があります。「富」が手に入れば，それは「幸運」(good fortune) ということです。

富

301 □ **fortune**⁑ [fɔ́ːrtʃən]

名 ①富，財産 ②運

◆ **tell A's fortune**「A の運勢を占う」

▶ When a man of great **fortune** died mysteriously, everyone suspected his wife.

「多大な**財産**を持った男が謎の死を遂げたとき，誰もが彼の妻を疑った。」

□ **suspect**⁑ [səspékt] 他 ～を疑う → **p.230**

□ **fortunate**⁑ [fɔ́ːrtʃənət]

形 幸運な (= lucky)

◆ **it is fortunate that ...**「…は幸運である」

□ **fortunately**⁑ [fɔ́ːrtʃənətli]

副 幸運にも (= luckily)

□ **unfortunate**⁑ [ʌnfɔ́ːrtʃənət]

形 不運な (= unlucky)

□ **misfortune*** [mɪsfɔ́ːrtʃən]

名 不運

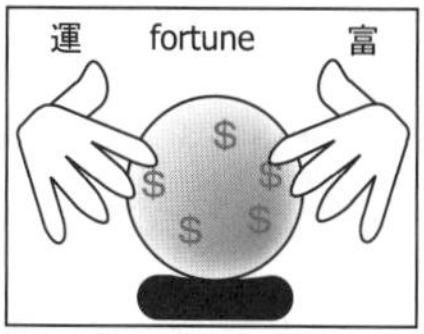

302 □ **wealth**⁑ [wélθ]

名 富

▶ Obtaining material **wealth** does not signify one's happiness.

「物質的な**富**を手に入れることは，人の幸福を意味しない。」

□ **obtain**⁑ [əbtéɪn] 他 ～を手に入れる → **p.90**

□ **material**⁑ [mətíəriəl] 形 物質的な → **p.519**

□ **signify** [sígnɪfaɪ] 他 ～を意味する → **p.4**

□ **wealthy**⁑ [wélθi]

形 裕福な

303 □ **well off**⁑

句 裕福な，暮らし向きがいい (↔ badly off)

★ 比較級は better off

▶ Today, most young people say their goal is to be **well off** financially.

「今日では大半の若者が，目標は経済的に**裕福に**なることだと言う。」

304 □ **poverty**⁑
[pávərti]

名 **貧困**
★ poor の名詞形
▶ Great **poverty** was one of the reasons he left his homeland and came to the United States.
「**貧困**が，彼が祖国を去ってアメリカに来た理由の1つだった。」

305 □ **property**⁑
[prápərti]

名 ①**財産，所有物** ②**特性**
★「人が所有する物」→「財産」，「物に備わっている性質」→「特性」
▶ As soon as the man's business was proved to be a fraud, all his **property** was seized.
「男の事業が詐欺だと証明されるとすぐに彼の全**財産**が押収された。」
▶ Diamonds have unique physical **properties**.
「ダイヤモンドは独特の物理的**特性**を持つ。」
□ **fraud** [frɔ́ːd] 名 詐欺 → **p.138**
□ **seize*** [síːz] 他 ～を摑む，押収する → **p.44**

306 □ **asset***
[æ̀set]

名 **財産，資産**
★「財産」→「有用なもの・人」
▶ The programmer will prove to be a great **asset** to the company.
「そのプログラマーは会社にとって貴重な**財産**となるだろう。」

307 □ **estate***
[ɪstéɪt]

名（主に土地の）**財産**
◆ **real estate**「**不動産**」

Check!		
	● a fortune teller **とは誰のこと？**	占い師
	● poor **の名詞形は？**	poverty

●銀行に預けていてもなかなかお金は増えません。まず「資本金」(capital) を用意して「投資」(investment) をしましょう。うまく行けば「利子」(interest) が生まれ「利益」(profit) が上がるかもしれません。純粋な金銭上の「利益」は profit で表しますが，benefit には bene- (善) という接頭辞が示すとおり，「良いこと」→「恩恵」というニュアンスが含まれます。

投資・利益

308 □ **invest**⁑
[ɪnvést]

他 ～を**投資する**
▶ If the institute does not **invest** money in our project, we must give up researching.

「協会が我々の計画に金を**投資して**くれなければ，研究を止めなくてはならない。」

□ **investment**⁑ [ɪnvéstmənt]
名 **投資**

---

309 □ **entrepreneur** [ɑːntrəprənə́ːr]
名 **起業家**
★リスクをとって事業を始める人
▶ The young **entrepreneur** had a hard time raising money for his new business.
「その若い**起業家**は新たな事業の資金を集めるのに苦労した。」
□ **raise**⁑ [réɪz] 他 ～（資金）を集める → **p.172**

---

310 □ **capital**⁑ [kǽpɪtl]
名 **①資本 ②首都 ③大文字**
★「頭」が語源；「頭」になる金→「資本」，「首」の都→「首都」，「頭」の文字→「大文字」
▶ **capital investment「資本投資」**
▶ **capital punishment「死刑」**
▶ Paris is the **capital** of France.
「パリはフランスの**首都**だ。」
▶ A sentence must begin with a **capital letter**.
「文は**大文字**から始めなくてはならない。」

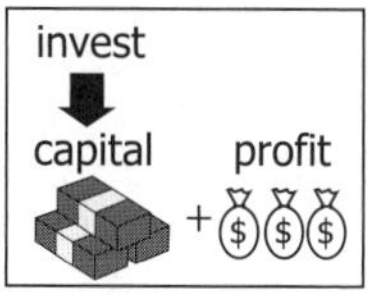

□ **capitalism**＊ [kǽpɪtəlɪzm]
名 **資本主義**

---

311 □ **interest**⁑ [íntərəst]
名 **①興味 ②利子，利益**
★2つの意味を覚える；「利益を生むもの」→「興味の対象」
▶ We should abolish any regulation that works against the public **interest**.
「公衆の**利益**に反する規制はどんなものであれ廃止すべきだ。」
□ **abolish**＊ [əbɑ́lɪʃ] 他 ～を廃止する → **p.361**
□ **regulation**⁑ [regjəléɪʃn] 名 規制 → **p.246**

---

312 □ **profit**⁑ [prɑ́fɪt]
名 **利益**
★pro-（前に）＋ fit（作る）→「前進して利益を作る」
▶ The shop had to close since it wasn't making enough **profit**.
「その店は十分な**利益**を出していなかったので閉店しなくてはならなかった。」

□ **profitable**＊ [prɑ́fɪtəbl]
形 **利益をもたらす，有益な**

313 □ **benefit**⁑
[bénəfɪt]

名 **恩恵，利益** 他 **～の利益となる** 自 **利益を得る**

★ bene-（善）＋ fit（作る）→「恩恵」；profit は主に「金銭的な利益」，benefit はより幅広い意味での「利益・恩恵」を表す

◆ **benefit from A**「Aから利益を得る，恩恵をこうむる」

▶ Participating in the European Union will bring great **benefits** to the country.
「ヨーロッパ連合（EU）に加盟することは，その国に多大な**利益**をもたらすだろう。」

▶ The governor argues that the citizens can **benefit** from the new tax laws.
「知事は，市民は新しい税法の**恩恵をこうむる**ことができると主張している。」

□ **beneficial***
[benəfíʃl]

形 **有益な**

Check! ● profit / benefit **の形容詞形は？** profitable / beneficial

●買い物をするときに，無限にお金があればいいのですが，お財布の中身には限りがあります。何かを「買う」(purchase) のに「使える」(afford) お金は「予算」(budget) です。これは「国家予算」などにも使える単語です。予算を超えて買い物を続ければ，「借金」(debt) をするハメになります。さらにお金を使い続ければ，「破産」(bankruptcy) という運命が待ち受けています。

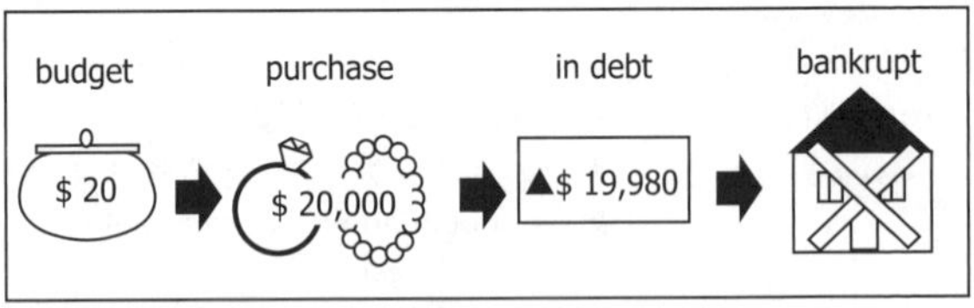

予算・借金

314 □ **budget**⁑
[bʌ́dʒɪt]

名 **予算，家計**

▶ ↓

315 □ **purchase**⁑
[pə́ːrtʃəs]

他 ～を**購入する** (= buy)

▶ The winter coat was far beyond my **budget**, but I decided to **purchase** it.
「その冬物コートは私の**予算**をはるかに超えていたが，**購入することに**決めた。」

316 □ **afford**⁑
[əfɔ́ːrd]

他 (〈経済的・時間的に〉～する) **余裕がある** (to *do*)

★しばしば can [cannot] afford to *do* の形で使われる

▶ If the people can't **afford** to buy bread, let them eat cake instead!
「国民にパンを買う**余裕**がないのなら，代わりにケーキを食べさせなさい！」

---

317 □ **available**
[əvéɪləbl]

形 **入手できる，利用できる，手が空いている**
★ avail（役立つ）＋ -able〈可能〉→「物・人が利用可能である」
▶ All the books listed here are **available** in the library.
「ここに挙げられた本は全て図書館で**利用可能**です。」
▶ Are there any rooms **available** for this weekend?
「今週末**空いている**部屋はありますか？」

---

318 □ **debt**
[dét]

名 **借金**
★ 発音注意
◆ **be in debt**「**借金をしている**」
▶ I tried keeping it a secret, but everyone seems to know that I am **in debt**.
「秘密にし続けたが，私が**借金している**ことは皆知っているようだ。」

---

319 □ **owe**
[óʊ]

他 ～を（…に）**借りている**，（…に）～の**恩恵がある**（to ...）
◆ **owe O_1 O_2 = owe O_2 to O_1**「**O_1 に O_2 を借りている**」
▶ I **owe** him 2,000 dollars.
「私は彼に2000ドル**借りている**。」
▶ I **owe** what I am today to you.
「今日の私があるのはあなたの**おかげだ**。」

---

320 □ **bankrupt**
[bǽŋkrʌpt]

形 **破産した**
★ bank（銀行）＋ rupt （壊す）→「銀行が壊れる」
◆ **go bankrupt**「**破産する**」

□ **bankruptcy**
[bǽŋkrʌptsi]

名 **破産**

Check!		
	● purchase **のアクセント位置は？**	púrchase
	● He is (1. in / 2. on) debt.	1.

●それでは，お金持ちになるのに最もいい方法は何でしょう？　誰でも確実にお金が貯まる方法が1つだけあります。

お金を貯めるには…

321 □ **save**⁑
[séɪv]

他 ①～を**貯める，節約する，とっておく；省く**②～を**救う**
★「守る」が原義；「損失から守るためにとっておく」→「貯める，節約する」；「危険・非常事態から守る」→「救う」
◆ **save money**「**貯金［節約］する**」(↔ waste money 「無駄遣いする」)
◆ **save [spare] O_1 O_2**「**O_1（人）から O_2（時間・労力）を省く**（時間・労力をかけずに済む）」
▶ Asking me first would have **saved [spared]** you a lot of time and trouble.
「最初に僕に頼めば多くの時間と面倒が**省けた**のに。」

322 □ **spare**⁑
[spéər]

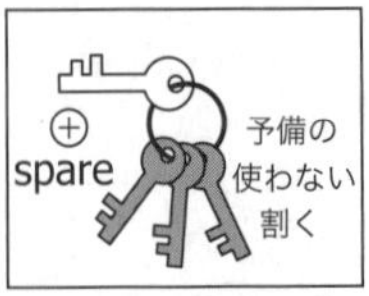

他 ～（時間など）を**割く，使わないでおく；省く** 形 **予備の**
★「使うのを控える」が原義；「使うのを控える」→「惜しみつつ時間を割く」
◆ **spare O_1 O_2**「**O_1（人）に O_2（時間など）を割く**」
◆ **spare O_1 O_2**「**O_1（人）から O_2（時間・労力など）を省く**」（この意味では save O_1 O_2 とほぼ同じ）
▶ Could you **spare** me a few minutes?
「数分の時間を**割いていただけますか**？」
▶ a **spare** room [tire]「**予備の**部屋［タイヤ］」
▶ I have a lot of **time to spare**. (= I have a lot of **spare time**.)
「私には**空き時間**がたくさんある。」

323 □ **deposit**⁑
[dɪpázət]

名 **預金；埋蔵物** 他 **～を貯める**
▶ **oil deposit**「**石油の埋蔵（量）**」
▶ ↓

324 □ **withdraw**＊
[wɪðdrɔ́ː]

他 ～を**引き出す，引っ込める** 自 **引き下がる，退く**
★ 動詞変化： withdraw – withdrew – withdrawn
▶ You can **deposit** or **withdraw** money from the ATM.
「ATM でお金を**預金**したり**引き出し**たりできる。」

□ **withdrawal**
[wɪðdrɔ́ːəl]

名 **引き出すこと；退くこと**

325 □ **extravagant**
[ɪkstrǽvəgənt]

形 **金遣いの荒い，過度の，法外な** (↔ thrifty)
▶ I can't accept such an **extravagant** gift.
「こんな**過度の**贈り物は受け取れません。」

Check!		
	● withdraw の名詞形は？	withdrawal
	● extravagant praise とは？	過度の賞賛

●「収入」は income です。「入ってくる」(come in) するものが income ならば，「生じる」(come out) ものは，「結果」(outcome) です。

収入

326 □ **income**⁑
[ínkʌm]

名 **収入**
★ come in から
▶ **income tax**「所得税」

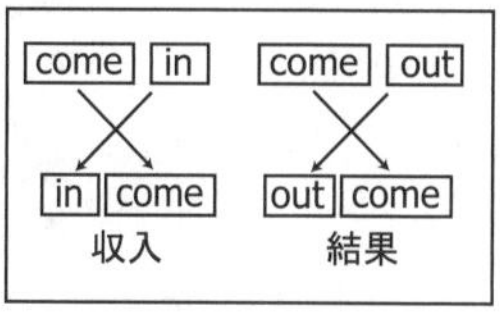

327 □ **outcome**⁑
[áʊtkʌm]

名 **結果** (= result)
★ come out から
▶ No one had predicted the tragic **outcome** of their happy marriage.
「2人の幸せな結婚の悲惨な**結末**を誰も予想していなかった。」
□ **predict**⁑ [prɪdíkt] 他 ～を予想する → **p.234**
□ **tragic*** [trǽdʒɪk] 形 悲劇的な → **p.401**

328 □ **revenue***
[révənjuː]

名 **歳入，収入**
★ re-（再び・元に）＋ venue（来る）→「元に戻ってきたもの」；主に国家・自治体・会社の収入を指す
▶ The government decided to increase **revenues** by raising taxes.
「政府は増税することで**歳入**を増加させようと決定した。」

Check!		
	● income のアクセント位置は？	íncome
	● outcome の意味は？	結果

●「料金・金額」を表す語はいくつかあります。一般的な「価格」は price で表します。何かをするのにかかった「費用」は cost / expense です。charge（→ **p.585**）はサービス料金，弁護士などの専門家に払う金は fee，バスなどの運賃は fare で表します。

料金

329 □ **cost**⁑
[kɔ́ːst]

名 **費用** 他 **～の費用がかかる**
★ 動詞変化： cost – cost – cost
◆ **at the cost of A**「A を犠牲にして」(= at the expense of A)
◆ **cost** O_1 O_2「O_1（人）に O_2（費用）がかかる，O_1（人）に O_2（犠牲）を払わせる」
▶ **the cost of living**「生活費」

▶ The revolution was achieved **at the cost of** many lives.
「多くの命を**犠牲にして**，革命は成し遂げられた。」
▶ The trip **cost** me $600.
「その旅行は600ドル**かかった**。」
▶ Just one mistake could **cost** you your life.
「たった1つのミスで命を**失う**ことがありえる。」
□ **revolution**⁂ [revəlúːʃn] 名 革命 → **p.590**

---

330 □ **expense**⁂
[ɪkspéns]

名 **出費**
★ expend（支払う・費やす）の名詞形；形容詞は expensive「高価な」
◆ **at the expense of A**「**A を犠牲にして**」（= at the cost of A）
▶ My father worked hard **at the expense of** his health.
「父は健康を**犠牲にして**一生懸命働いた。」

□ **expenditure***
[ɪkspéndɪtʃər]

名 **支出**
▶ government [household] **expenditures**「政府の［家計の］**支出**」

---

331 □ **fee**⁂
[fíː]

名（専門家への）**謝礼；料金**
▶ **tuition fees**「**授業料**」

---

332 □ **fare**⁂
[féər]

名（乗り物の）**運賃**
▶ a bus **fare**「バスの**運賃**」

Check! ● work (1. at / 2. for) the cost of one's life　1.

Review Test

● **Same or Opposite?**

□1	recede	move forward	Opposite
□2	fortunate	lucky	Same
□3	wealth	poverty	Opposite
□4	estate	property	Same
□5	profit	loss	Opposite
□6	purchase	sell	Opposite
□7	deposit	withdraw	Opposite
□8	income	revenue	Same
□9	outcome	result	Same
□10	expense	cost	Same

● **Yes or No?**

□**11** **Economy** is the relationship between money and goods. ········ Yes
□**12** If you are **economical**, you are bad at saving money. ········ No
□**13** You can take courses on **economics** in college. ········ Yes
□**14** **Finance** is the person you are going to marry. ········ No
□**15** If there is a **recession**, there is a lot of activity in business and trade. ········ No

□**16** If you are **depressed**, you feel extremely happy. ········ No
□**17** People use different **currencies** in different countries. ········ Yes
□**18** If you buy a company's **stocks**, then you own a part of that company. ········ Yes
□**19** **Property** is what a person owns. ········ Yes
□**20** To **invest** is to receive money from an organization. ········ No

□**21** **Capital** can be used to start a business. ········ Yes
□**22** If you have a small **budget**, can you buy anything you want? ········ No
□**23** If you can **afford** something, you have enough money to buy it. ········ Yes
□**24** **Debt** is the money you lent. ········ No
□**25** If you are **bankrupt**, you can pay all your debts. ········ No

□**26** You can **withdraw** money from your bank account. ········ Yes
□**27** An **extravagant** lifestyle costs a lot of money. ········ Yes
□**28** If you **save** too much money, you are likely to go bankrupt. ········ No
□**29** **Income** is the money you earn. ········ Yes
□**30** **Revenue** is the money the government receives from tax. ········ Yes

● **Multiple Choices**

□**31** I take a class on (　) at my university.
a. economics　**b.** economical　**c.** economic ········ a.
□**32** Japanese cars are very popular since they are (　).
a. economics　**b.** economical　**c.** economic ········ b.
□**33** He had great (　), but he was never happy.
a. poverty　**b.** economy　**c.** fortune ········ c.
□**34** Unfortunately, through his divorce, he lost most of his (　).
a. debt　**b.** assets　**c.** misfortune ········ b.
□**35** The investor had an eye for (　) business.
a. fortunate　**b.** profitable　**c.** depressed ········ b.

□**36** This book will be of great (　) to you.
a. benefit　**b.** investment　**c.** budget ········ a.
□**37** There is no further information (　) on this matter.
a. capital　**b.** extravagant　**c.** available ········ c.

□38 Because of my low income, I could not ( ) to buy the expensive ring.
a. afford **b.** invest **c.** purchase ………………………… a.

□39 We ( ) a great deal to your cooperation.
a. own **b.** owe **c.** awe ………………………………… b.

□40 He was always in debt because of his ( ) lifestyle.
a. withdrawal **b.** fare **c.** extravagant ……………………… c.

□41 Could you ( ) me just ten minutes?
a. owe **b.** spare **c.** cost ………………………………… b.

□42 The revolution was achieved ( ) many lives.
a. in addition to **b.** at the mercy of **c.** at the cost of ……………………… c.

□43 I did not have enough money to pay the bus ( ).
a. revenue **b.** fare **c.** price ……………………………… b.

解説・和訳

11「経済とはお金と商品の関係である。」／14「フィアンセ（婚約者）」は fiancé ／15「不況になると，ビジネスや貿易が活発になる。」／17 currency「通貨」／18「ある会社の株を買うと，その会社の一部を所有していることになる。」／21 capital「資本」／26「銀行口座からお金を引き出すことができる。」／32 economical「経済的な」と economic「経済に関する」の違いに注意／35「その投資家は儲かるビジネスを見極める目があった。」／36 be of benefit = beneficial「有益な」／39「我々はあなたの協力から多大な恩恵を受けています。」／42 at the cost of many lives「多くの人命を犠牲にして」／43 bus fare「バスの運賃」

日付：	年	月	日	得点：	／43
35点以上→SECTION #10へ				35点未満→もう一度復習	

Tips for Learning 単語を覚えるコツ・5

「索引をフル活用せよ！」

本書をここまで消化した人は，もうすでにかなりの単語力が身についているはずです。今までは大嫌いだった英語の長文問題も，「おっ，この単語は知ってるぞ」という回数が増えるにつれて，楽しく読めるようになるはずです。そこで大切なのは，学校や予備校などの授業で，あるいは自宅での学習で，「この単語はどこかで覚えたはずだ」と思ったら，こまめに本書を見直すことです。巻末の索引をフル活用してください。該当する項目を見直して，その周辺のページもパラパラとめくってみましょう。最初に覚えようとした時の印象が蘇ってくるでしょう。またこういうときに，以前に書き込んだメモが残っていると，見直しの効果が倍増します（「単語を覚えるコツ・2」を参照）。1つの単語集を初めから何周もやり直す，という学習法もいいですが，それよりも「出てきたらその都度見直す」方がずっと効果的なのです。

SECTION #10「場所・領域・範囲」

●このセクションでは「場所」を表す語を学びます。「地域」を表すのに最も一般的に用いられる語は area です。 region は通常 area よりも広い範囲を表します。行政上で区分された場所は district, 町中の一角は quarter です。

地域・地区

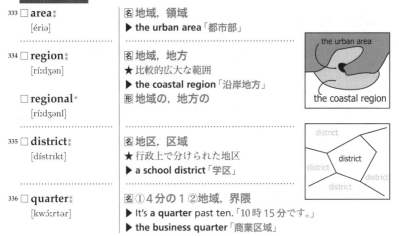

333 □ **area**⁑ [éria]
名 **地域，領域**
▶ **the urban area**「都市部」

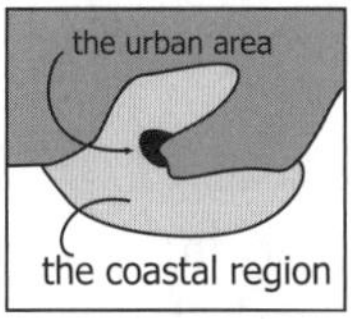

334 □ **region**⁑ [ríːdʒən]
名 **地域，地方**
★比較的広大な範囲
▶ **the coastal region**「沿岸地方」

□ **regional*** [ríːdʒənl]
形 **地域の，地方の**

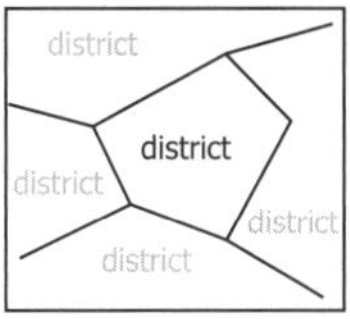

335 □ **district**⁑ [dístrɪkt]
名 **地区，区域**
★行政上で分けられた地区
▶ **a school district**「学区」

336 □ **quarter**⁑ [kwɔ́ːrtər]
名 ①**4分の1** ②**地域，界隈**
▶ It's a **quarter** past ten.「10時15分です。」
▶ **the business quarter**「商業区域」

Check! ● quarter の2つの意味は？ 4分の1／地域

●環境問題に関して "Think globally, act locally." 「地球規模で考え，地域単位で行動せよ」ということがよく言われます。環境に限らず， local / global 両方の視点を持つことが大切でしょう。 urban 「都市の」と suburb 「郊外」には，どちらにも urb （都市）という語根が含まれています。 SECTION #3 で学んだ sub-（下・副次的）という接頭辞を応用すれば， suburb は「下位の都市」→「郊外」と考えることができます。

地方・都会

337 □ **local**⁑ [lóʊkl]
形 **地域の，地元の** 名 **地元の人**
★「田舎の」の意味はない
▶ the **local** police station「**地元の**警察署」
▶ Sometimes conflicts arise between tourists and **local** residents.
「観光客と**地元の**住民との間に争いが生じることがある。」
□ **conflict**⁑ [kánflɪkt] 名 争い → **p.181**

□ **arise**⁑ [əráɪz] 自 生じる → **p.133**
□ **resident**＊ [rézɪdənt] 名 住民 → **p.447**

---

338 □ **global**⁑ [glóʊbl]

形 **地球全体の**

◆ **global warming**「地球温暖化」

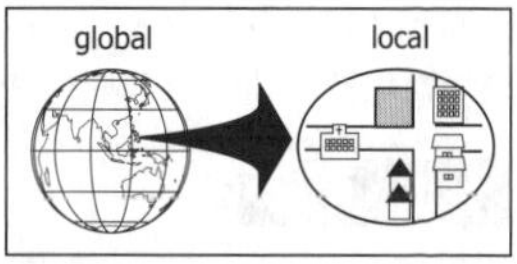

□ **globe**＊ [glóʊb]

名 **地球，地球儀**

□ **globalization**⁑ [gloʊbələzéɪʃn]

名 **グローバル化，世界拡大**

★経済・文化等が地球規模で再編成されること；実際には「アメリカ化」（Americanization）であると批判されることが多い；internationalization「国際化」と混同しないこと

---

339 □ **urban**⁑ [ə́ːrbən]

形 **都市の**

★urb（都市）

▶ Living in an **urban area** will cost you a lot.
「**都市部**に住むとお金がかかる。」

---

340 □ **rural**⁑ [rʊ́rəl]

形 **田舎の**

▶ Getting used to the **rural** way of life is harder than it seems.
「**田舎の**生活様式に慣れるのは見かけより難しい。」

---

341 □ **suburb**⁑ [sʌ́bəːrb]

名 **郊外**

★sub-（下）＋ urb（都市）→「下位の都市」

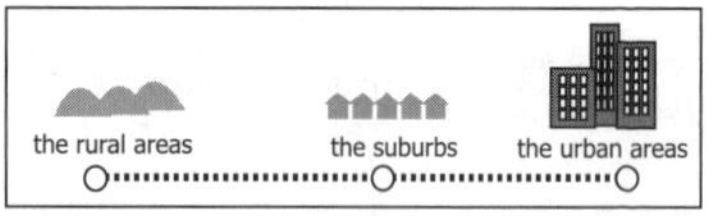

◆ **in the suburbs**「郊外に」

Check!
● 正しいスペルは？： 1. grobal / 2. global　　2.
●［語源］ urb の意味は？　　都市

●場所と場所との「境界線」を表す語は border / boundary です。国家間の関係では，それぞれの「領土」（territory）を巡ってしばしば争いが起きます。戦争は，border を越えて相手の領土に「侵入し」（invade），「占拠する」（occupy）ことを目的とするものです。

国境・領土

342 □ **border**⁑ [bɔ́ːrdər]

名 **境界，国境**

▶ the **border** between the U.S. and Mexico「アメリカとメキシコの**国境**」

343 □ **boundary*** [báʊndri]

名 **境界**

▶ the **boundary** between two villages「2つの村の**境界**」

344 □ **territory*** [térətɔːri]

名 **領土，なわばり**

▶ Colonists aspired to expand their **territory**, but the native people did not give up their land.
「入植者は**領土**を広げたいと思ったが，原住民は自分たちの土地を手放そうとしなかった。」

□ **colonist*** [kάlənɪst] 名 入植者 → colony 「植民地」 → **p.591**

□ **aspire** [əspáɪər] 自 熱望する → **p.436**

□ **expand** [ɪkspǽnd] 他 ～を拡大する → **p.47**

□ **native** [néɪtɪv] 形 出生地の → **p.398**

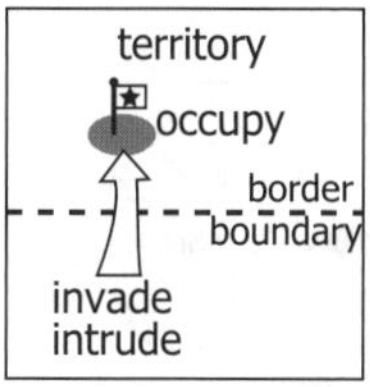

345 □ **invade*** [ɪnvéɪd]

他 ～に**侵入する**，を**侵略する**

▶ **invade** privacy「プライバシーを**侵害する**」

□ **invasion*** [ɪnvéɪʒn]

名 **侵入，侵略**

346 □ **intrude** [ɪntrúːd]

自（～に）**侵入する**（into, on [upon] ～）

▶ **intrude** upon someone's private life「私生活に**立ち入る**」

347 □ **occupy*** [άkjʊpaɪ]

他 ～を**占領する，占める**

◆ **be occupied with A**「Aに専念している，Aで忙しい」

▶ The army **occupied** and completely destroyed the town.
「軍隊は町を**占領し**，完全に破壊した。」

▶ The mother **was occupied with** taking care of the baby, so the two-year-old son was left alone.
「母親は赤ん坊の世話に**専念していて**，2歳の息子は独りぼっちにされた。」

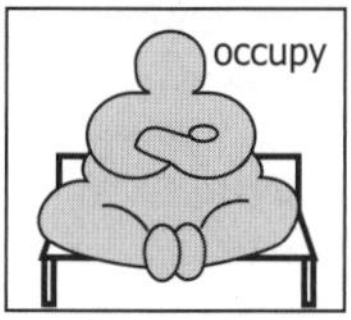

□ **occupation*** [ɑkjʊpéɪʃn]

名 **①占領，占拠 ②職業**

★「従事していること」→「職業」

▶ What's your **occupation**?
「あなたの**職業**は何ですか。」

□ **preoccupied*** [priάkjʊpaɪd]

形（～で）**頭がいっぱいの**（with ～）

★ pre-「前もって」＋ occupy 「占拠する」 →「あらかじめ心を支配する」

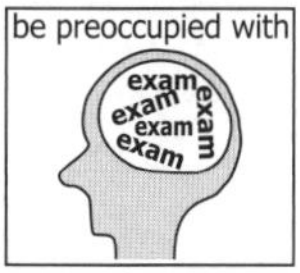

▶ I **was preoccupied with** my examination and could not think of anything else.

「試験のことで**頭がいっぱいで**他のことは考えられなかった。」

Check! ● occupation の2つの意味は？ 占領／職業

●ヨーロッパから「移住し」(immigrate) てきた「移民」(immigrant, settler) が作り上げた国がアメリカ合衆国です。移民達は未開の地を「探索し」(explore),「開拓」(pioneering) を進め,「辺境」(frontier) をなくしていきました。

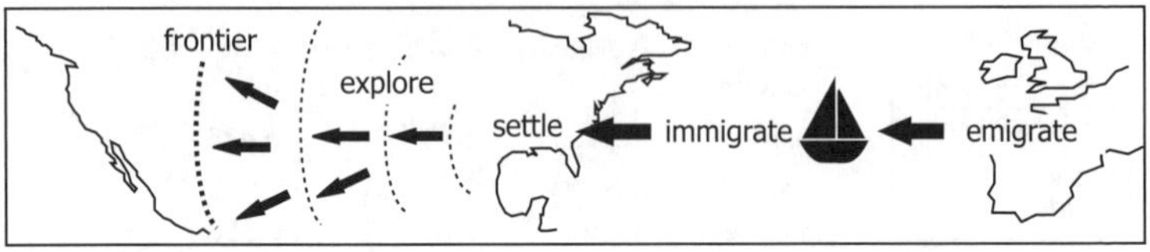

移住・開拓

348 □ **migrate** [máɪgreɪt]
自 **移動する，移住する**
▶ Wild geese **migrate** south in winter.
「野生のガンは冬に南へ**渡る**。」

□ **migratory** [máɪgrətɔːri]
形 **移動性の**
▶ **migratory birds**「**渡り鳥**」

349 □ **immigrate** [ímɪgreɪt]
自 **移住する**
★ im-（中に）＋ migrate（移動する）
▶ My grandfather **immigrated** to the United States back in the 1910s.
「私の祖父は1910年代にアメリカに**移住した**。」

□ **immigrant**⁑ [ímɪgrənt]
名 **移民** (= settler)

350 □ **emigrate** [émɪgreɪt]
自（国外へ）**移住する**
★ e-（外へ）＋ migrate（移動する）

351 □ **settle**⁑ [sétl]
自 **定住する** 他 **～を落ち着かせる，解決する**
★「不安定なものが1ヵ所に落ち着く・落ち着かせる」
◆ **settle for A**「**Aでよしとする，我慢する**」
▶ His ancestor was the first to **settle** in this region.
「彼の祖先はこの地方に最初に**定住した**人だった。」
▶ **settle** a dispute [controversy]「論争を**解決する**」
▶ **settle for** second best「2位に**甘んじる**」
□ **ancestor**⁑ [ǽnsestər] 名 祖先 → **p.104**

□ **settlement*** [sétlmənt] — 名 **解決；入植，定住**

□ **settler*** [sétlər] — 名 **移民** (= immigrant)

352 □ **frontier*** [frʌntíər] — 名 **辺境，最先端**

★ front（前）→「開拓の最前線」

▶ His research pushed forward the **frontier** of science.
「彼の研究は科学の**最前線**を切り開いた。」

353 □ **pioneer*** [paɪəníər] — 名 **開拓者，先駆者** 他 ～を**開拓する**

▶ Francis Crick was a **pioneer** in the field of molecular biology.
「フランシス・クリックは分子生物学の**先駆者**だった。」

▶ ↓

□ **molecular biology** 句 分子生物学 → molecule「分子」→ **p.388**

354 □ **explore**⁑ [ɪksplɔ́ːr] — 他 ～を**探索する**

▶ As the **pioneers explored** the land further, they discovered that it was inhabited by native people.
「**開拓者達**が土地をさらに**探索する**と，原住民が住んでいることが分かった。」

□ **inhabit*** [ɪnhǽbət] 他 ～に住んでいる → **p.446**

□ **exploration*** [eksplәréɪʃn] — 名 **探索**

▶ **space exploration**「**宇宙開発**」

Check! ● pioneer のアクセント位置は？ pionéer

●領域や範囲に関する動詞には様々なものがあります。図を見てイメージを摑んでいきましょう。include と contain は共に「～を含む」という意味ですが，include は「中身の一部として含む」という意味なのに対し，contain は「(あるものが) 中に入っている」という意味を持ちます。

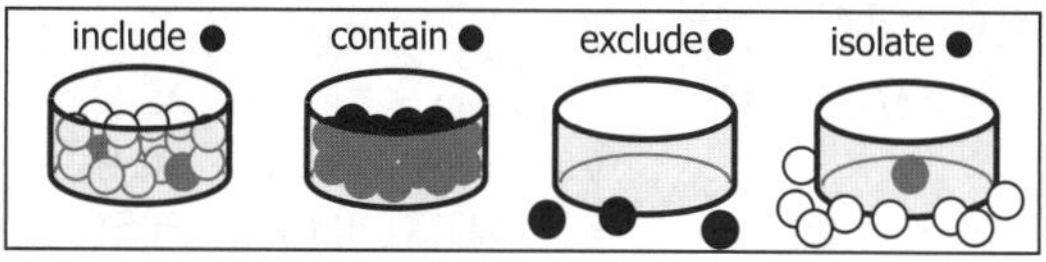

含む・除外する

355 □ **include**⁑ [ɪnklúːd] — 他 ～を**含む**

★ in-（中に）＋ clude（閉じる）→「中身の一部として含む」

▶ Does this price **include** tax and service charge?

「この価格は税・サービス料を**含んで**いますか？」

□ **tax**⁑ [tǽks] 名 税金

□ **charge**⁑ [tʃɑ́:rdʒ] 名 料金 → **p.585**

□ **inclusion** [ɪnklú:ʒn]

名 **包含**

---

356 □ **contain**⁑ [kəntéɪn]

他 〜を**含む**

★「(あるものが) 中に入っている」

▶ This can **contains** photographs from the 70s.

「この缶には70年代の写真が**入っている。**」

□ **content**⁑
名 [kɑ́ntent]
形 [kəntént]

名 (-s) **中身** 形 (〜に) **満足して，甘んじて** (with 〜)

★ 多義語；アクセント注意；「contain (含む) されたもの」→「中身」；「中身が満たされている」→「満足して」；satisfied とは異なり，「まあいいか」という程度の満足を表す

◆ **be content with A**「**Aに満足する，甘んじる**」

◆ **to one's heart's content**「**心ゆくまで**」

▶ She spread out the **contents** of her husband's bag and examined them one by one.

「彼女は夫のカバンの**中身**を広げて1つ1つ調べた。」

▶ I'm **content** with my salary.

「私は自分の給料に**満足している。**」

□ **contentment** [kənténtmənt]

名 **満足**

---

357 □ **exclude**⁑ [ɪksklú:d]

他 〜を (…から) **除外する** (from …)

★ ex- (外へ) ＋ clude (閉じる)

◆ **exclude A from B**「**BからAを除外する**」

▶ We had to **exclude** some relatives from our wedding party because they didn't approve of our marriage.

「私達は何人かの親戚を披露宴から**除外し**なくてはならなかった。彼らは私達の結婚を認めていなかったので。」

□ **relative**⁑ [rélətɪv] 名 親戚 → **p.179**

□ **approve**⁑ [əprú:v] 自 (〜を) 認める (of 〜) → **p.185**

□ **exclusive*** [ɪksklú:sɪv]

形 **排他的な，専用の，独占の**

▶ an **exclusive** interview「**独占**インタビュー」

□ **exclusively*** [ɪksklú:sɪvli]

副 **もっぱら，〜だけ** (= only)

▶ This item is available **exclusively** at this store.

「この品物はこの店**だけ**で手に入ります。」

358 □ **isolate**⁑
[áɪsəleɪt]

他 ～を**隔離する**
▶ Due to the heavy snowfall, the remote town was **isolated** for more than two weeks.
「激しい雪のため，人里離れた村は2週間以上**隔離された**。」
□ **due to**⁑ 句 ～のために → p.147

□ **isolation**
[aɪsəléɪʃn]

名 **隔離**

Check!
● Tax is (1. included / 2. contained) in the price. 1.
● She seems quite content ( ) life. with

●続いて「囲む」という意味の動詞 enclose / surround を覚えましょう。enclose は「手紙に同封する」という場合に用いられる動詞です。I'm enclosing ～.「～を同封しています」は定型表現です。disclose は close「閉じる」の反意語ですが，SECTION #4 で学んだ reveal と非常に近い意味を持っています。

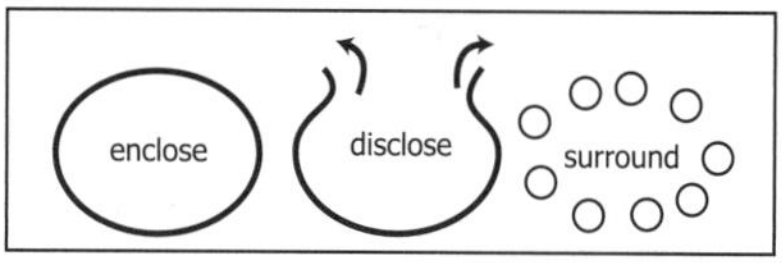

囲む

359 □ **enclose**＊
[ɪnklóʊz]

他 ～を**囲む，同封する**
★ en-（中へ）＋ close（閉じる）
▶ I'm **enclosing** the invitation in this envelope.
「この封筒に招待状を**同封しています**。」
□ **envelope**⁑ [énvəloʊp] 名 封筒

360 □ **disclose**＊
[dɪsklóʊz]

他 ～を**開示する，暴く** (= reveal)
★ dis-（反対，逆）＋ close（閉じる）
▶ The police did not **disclose** all the information, since doing so would hinder their investigation.
「警察は全ての情報は**公開し**なかった。捜査の妨げになるからだ。」
□ **hinder**＊ [híndər] 他 ～を妨げる → p.65
□ **investigation**⁑ [ɪnvestəgéɪʃn] 名 調査，捜査 → p.208

□ **disclosure**
[dɪsklóʊʒər]

名 **開示，暴露**

361 □ **surround**⁑
[səráʊnd]

他 ～を**取り囲む**
▶ He was **surrounded** by police officers.
「彼は警官に**取り囲まれて**いた。」

□ **surrounding*** [səráʊndɪŋ]
名 **環境** (= environment)
★「取り囲むもの」→「環境」；通常複数形で用いる
▶ The transfer student had a hard time adjusting to his new **surroundings**.
「転校生は新しい**環境**に順応するのに苦労した。」
□ **transfer**⁑ [trǽnsfəːr] 名 転校，転勤 → **p.237**
□ **adjust**⁑ [ədʒʌ́st] 自（～に）順応する (to ～) → **p.439**

Check! ● information disclosure **とは？** 情報開示

● install はパソコンにソフトウェアを「インストールする」という意味で日本語化しつつありますが，本来は「ある場所に機械類を設置する」の意です。introduce は「紹介する」の意で覚えている人が多いと思いますが，〈人〉ではなく〈物〉や〈制度〉を「導入する」という意味でも用いられます。

設置・導入

362 □ **install*** [ɪnstɔ́ːl]
他 ～を**設置する**
★ in-（中に）＋ stall = stand（立つ）→「中に立てる」→「設置する」；コンピュータのソフトを「インストールする」の意もある
▶ After their house was broken into, the family decided to **install** a security camera in front of the gate.
「押し入りに遭った後で，家族は門の前に防犯カメラを**設置**しようと決めた。」
□ **break into*** 句（泥棒が）～に押し入る

□ **installation*** [ɪnstəléɪʃn]
名 **設置**

363 □ **introduce**⁑ [ɪntrədúːs]
他 ①～を**紹介する** ②～を（初めて）**導入する**
★ intro-（中に）＋ duce（導く）；「初めてある場所に持ち込む」→「人に紹介する」
◆ **introduce A to B**「**A を B に紹介する**」
◆ **introduce A into B**「**A を B に導入する，持ち込む**」
▶ The solar calendar was **introduced** into Japan in the 19th century.
「太陽暦は 19 世紀に日本に**導入された**。」

□ **introduction**⁑ [ɪntrədʌ́kʃn]
名 ①**紹介** ②**導入**

Check! ● introduce **の名詞形は？** introduction

● be located「位置する」や spot「場所」などの語は知っている人も多いでしょうが，locate / spot に「場所を特定する」＝「見つける（= find）」という意味があることは，意外と盲点かもしれません。また search 「探す」に関しては用法に要注意です。 search の直接目的語になるのは「探している物」ではなく「探す場所」です。例えば鍵が見つからずにカバンの中を探す場合には search a bag for the keys となります。「search 〈場所〉 for 〈物〉」という形を取ることに注意してください。

場所の特定・探索

364 □ **locate**⁑ [lóʊkeɪt]

他 ①〜（の位置）を**突き止める，見つける** ②〜を（ある場所に）**置く**

▶ The orphan finally **located** his father.
「孤児はついに父親の**居場所を見つけた**。」

▶ The office is **located** right in the center of town.
「事務所は町のちょうど中心に**位置する**。」

□ **orphan**⁑ [ɔ́ːrfn] 名 孤児

□ **location**⁑ [loʊkéɪʃn]

名 **位置，場所**

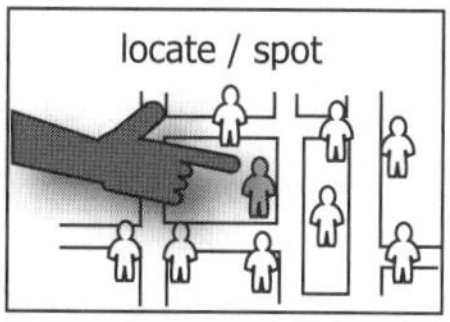

365 □ **spot**⁑ [spɑ́t]

名 **場所** 他 〜（の位置）を**突き止める，見つける**

◆ **on the spot**「**その場で，直ちに**」

▶ Peter quickly **spotted** his father in the crowd at the train station.
「駅の混雑の中でピーターはすぐに父親を**見つけた**。」

▶ The terrorists were killed **on the spot**.
「テロリスト達は**その場で**殺された。」

366 □ **search**⁑ [sə́ːrtʃ]

他（…を求めて）〜の**中を探す** (for ...) 名 **探求，探索**

★目的語は〈物〉ではなく〈場所〉

◆ **search A**〈場所〉 **for B** 〈物〉「**A の中で B を探す**」

◆ **in search of A**「**A を求めて**」

▶ I **searched** my bag <u>for</u> the keys.
「カバンの中で鍵を**探した**。」

▶ leave one's home **in search of** better opportunities
「より良い機会**を求めて**祖国を離れる」

Check! ● search the house **とは？** 家の中を探す

● approach / apart / replace など，用法に注意すべき単語が続きます。まず approach「〜に接近する」は他動詞ですので，to などの前置詞を介さずに目的語をとることに注意しましょう。 apart / aside は前置詞の from とセットにして覚えてください。 replace は混乱しやすい動詞の 1 つです。 replace A 「A にとって代わる」と replace A with B 「A

をBと取り替える」の2つの用法がありますが，いずれも replace の目的語になるのは「古い物」です。

接近・遠隔・置換

367 □ **approach**⁑
[əpróʊtʃ]

他 ～に**接近する，話しかける** 名 **取り組み方**
★前置詞 to 不要
▶ The typhoon is **approaching** (~~to~~) the main island of Japan.
「台風が本州に**接近している**。」

368 □ **remote**⁑
[rɪmóʊt]

形 **遠方の；へんぴな，人里離れた**
★「リモコン（remote controller）」は「離れた所から操作する機械」
▶ a **remote** village「**人里離れた**村」

369 □ **apart**⁑
[əpɑ́ːrt]

副（～から）**離れて** (from ～)
◆ **apart from A**「**Aはさておき；Aから離れて**」
▶ The boy lives **apart from** his parents.
「少年は両親**から離れて**暮らしている。」
▶ **Apart from** the prices, there is little difference between these two models.
「価格**はさておき**，この2つの型の商品にはほとんど違いがない。」

370 □ **aside**⁑
[əsáɪd]

副 **脇に**
◆ **set [put] A aside**「**Aを脇に置く，とっておく**」
◆ **aside from A**「**Aはさておき，Aだけでなく**」

371 □ **replace**⁑
[rɪpléɪs]

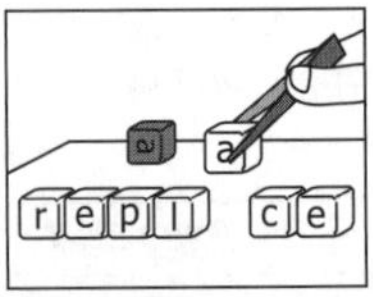

他 ～に**とって代わる**；を（…と）**置き換える** (with …)；を**元に戻す**
◆ **replace A**「**Aにとって代わる**」(= take the place of A, take A's place)
◆ **replace A with [by] B**「**AをBと取り替える**」
▶ The Internet will never **replace** [**take the place of**] books.
「インターネットが本に**とって代わる**ことは決してないだろう。」
▶ You have to **replace** the broken window with [by] a new one.
「壊れた窓を新しいのと**取り替え**なくてはならない。」

□ **replacement**
[rɪpléɪsmənt]

名 **置き換え**

Check! ● Jim has been replaced by Tom as editor.：**新しい編集者はどっち？** Tom

●最後に「場所・領域」に関連する語を覚えましょう。「場所」を表す最も一般的な語は place ですが, site は「ある特定の目的を持った場所」という意味を持ちます。また range はある一定の幅を持った「範囲」, category は分類された「範疇」を表します。

場所・領域

372 □ **site**⁑ [sáɪt]

名 **用地**

★特定の目的・用途を持った場所

▶ **a construction site「建設用地」**

373 □ **realm**＊ [rélm]

名 **領域, 領土, 王国**

▶ In the **realm** of imagination, anything is possible.
「想像の**領域**では何でも可能だ。」

374 □ **domain**＊ [doʊméɪn]

名 **領域, 領地**

▶ All the images in this book are **in the public domain.**
「この本にある全ての画像は**公有に属する**。(著作権が切れて, 誰でも自由に使えること)」

375 □ **range**⁑ [réɪndʒ]

名 **範囲** 自 (範囲が) **及ぶ**

◆ **out of range「射程範囲外の」**

◆ **range from A to B「A から B に及ぶ, A から B までの幅がある」**

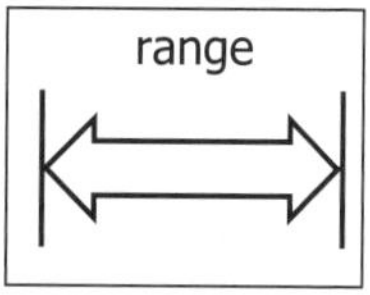

▶ She became attracted to him because they shared a wide **range** of interests.
「広い**範囲**の興味を共有していたので, 彼女は彼に惹かれた。」

▶ The school has 160 students whose ages **range** from 18 to 72.
「その学校には 160 名の学生がおり, 年齢は 18 歳から 72 歳まで**幅がある**。」

□ **attract**⁑ [ətrǽkt] 他 ～を惹き付ける → **p.42**

376 □ **scope** [skóʊp]

名 (活動などの) **範囲, 領域; 機会**

▶ This new method will help to broaden the **scope** of scientific research.
「この新しい方法は科学研究の**範囲**を広げるのに役立つだろう。」

377 □ **category**⁑ [kǽtəgɔːri]

名 **範疇, 種類**

▶ These two items belong to the same **category**.
「この 2 つの品目は同じ**範疇**に属する。」

□ **belong to**⁑ 句 ～に属する → **p.165**

378 □ **genre*** [ʒɑ́nrə]

名（芸術・文学の）**ジャンル，種類**

▶ a new **genre** of literature「新しいジャンルの文学」

379 □ **margin*** [mɑ́ːrdʒən]

名 **余白，余地；差**

▶ write notes in the **margin**
「余白にメモを書く」

▶ win by a **wide margin**
「大差をつけて勝つ」

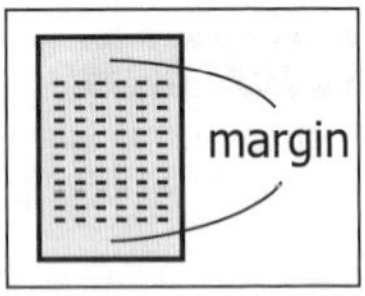

□ **marginal** [mɑ́ːrdʒɪnl]

形 **余白の，重要でない**

Check! ● category のアクセント位置は？ cátegory

Review Test

● **Same or Opposite?**

□1	**global**	**local**	Opposite
□2	**urban**	**rural**	Opposite
□3	**border**	**boundary**	Same
□4	**disclose**	**conceal**	Opposite
□5	**domain**	**realm**	Same

● **Yes or No?**

□6 A **region** is a wide area of land. ······ Yes
□7 A **quarter** is related to the number 3. ······ No
□8 On a map, a **border** is a mere line between countries. ······ Yes
□9 **Territory** is land that belongs to someone or a group. ······ Yes
□10 Would you be happy if your privacy was **intruded** upon? ······ No

□11 If a place is **occupied**, then it is vacant. ······ No
□12 An **occupation** is someone's profession. ······ Yes
□13 If you are **preoccupied** with something, then you are worried about it. ······ Yes
□14 To **immigrate** is to move into another country. ······ Yes
□15 When things are **settled**, you are troubled. ······ No

□16 **Settlers** are those who originally lived on the land. ······ No
□17 **Pioneers** are those who are the first to explore new land. ······ Yes
□18 To **explore** is to seek to find out things about an unfamiliar area. ······ Yes
□19 To **exclude** is to have something inside. ······ No
□20 If something is **exclusive**, then it is available to a limited group. ······ Yes

☐21 An **isolated** beach is crowded with a lot of people. .... No
☐22 If you want privacy, then you would **enclose** your property with a fence. .... Yes
☐23 If you have **located** something, then you know where it is. .... Yes
☐24 A **realm** is a territory ruled by a king or a queen. .... Yes
☐25 A **margin** can be found in books. .... Yes

ヒント vacant 「空いている」／available 「入手可能な」

● **Multiple Choices**

☐26 The new building was to be constructed in the business ( ).
a. half **b.** quarter **c.** third .... b.

☐27 Drivers have to maintain a certain speed limit within the school ( ).
a. district **b.** territory **c.** border .... a.

☐28 He lives in the ( ) of Tokyo.
a. suburbs **b.** territory **c.** border .... a.

☐29 My neighbor hated having his privacy ( ).
a. immigrated **b.** occupied **c.** invaded .... c.

☐30 The ( ) had to sometimes face hostile native people.
a. occupation **b.** settlers **c.** exploration .... b.

☐31 As the land has been explored, there are no ( ) left in the country.
a. suburbs **b.** boundaries **c.** frontiers .... c.

☐32 The box ( ) Jack's artwork from his childhood days.
a. occupied **b.** explored **c.** contained .... c.

☐33 I ( ) the invitation with the letter.
a. disclosed **b.** enclosed **c.** surrounded .... b.

☐34 A new air conditioner was ( ) in our office.
a. installed **b.** included **c.** enclosed .... a.

☐35 She had a hard time ( ) her keys in the bag.
a. locating **b.** searching **c.** including .... a.

☐36 She ( ) the bag for her keys.
a. located **b.** searched **c.** included .... b.

☐37 She quickly ( ) the hole that caused the leak.
a. included **b.** spotted **c.** disclosed .... b.

☐38 ( ) from some minor differences, these two models are almost identical.
a. Far **b.** Depart **c.** Apart .... c.

☐39 The small boat approached ( ) the island.
a. to **b.** with **c.** — .... c.

□40 He was brought up in a ( ) village where there is no school.
a. remote **b.** apart **c.** aside ……………………………… a.

□41 The Internet will never ( ) books.
a. apart **b.** replace **c.** realm ……………………………… b.

□42 The sniper could not shoot because the target was out of ( ).
a. range **b.** location **c.** spot ……………………………… a.

□43 Under what ( ) would you put this book?
a. range **b.** realm **c.** category ……………………………… c.

□44 The company has steadily extended the ( ) of its activities.
a. margin **b.** scope **c.** site ……………………………… b.

□45 A good learner tends to write in the ( ) of the book.
a. margin **b.** range **c.** category ……………………………… a.

ヒント identical 「同一の」／ sniper 「狙撃手」

解説・和訳

15 「物事が解決すると迷惑する。」／22 「プライバシーを守りたいなら，所有する土地をフェンスで囲うだろう。」／27 school district 「学区，通学区域」／31 「土地が探索され，国内に辺境は残っていない。」／35 search A は「A の中を探す」の意なので b. は誤り／37 「彼女は水漏れを起こしている穴をすぐに突き止めた。」／39 approach は他動詞なので前置詞不要／42 out of range 「射程圏外の」／44 「その会社は着実に活動範囲を広げている。」

日付： 年 月 日		**得点：** ／45
35 点以上→ **SECTION #11 へ**		35 点未満→**もう一度復習**

SECTION #11「発生・繁栄・衰退・消滅」

●「栄枯盛衰」という言葉がありますが，歴史において大概のものは「発生」→「繁栄」→「衰退」→「消滅」というお決まりのコースをたどります。当セクションでは，この一連の過程に関連する語を順に見ていきます。「ローマ帝国」とか「平家」とか，何か具体的なものを思い浮かべながら，頭の中でストーリーを組み立てていきましょう。まずは「発生」から。emerge「出現する」の２つの名詞形 emergence / emergency には特に注意してください。

発生

380 □ **emerge**⁑ [ɪmə́ːrdʒ]

自 **現れる，出現する**

★ 水中・暗闇からぬっと出現するイメージ

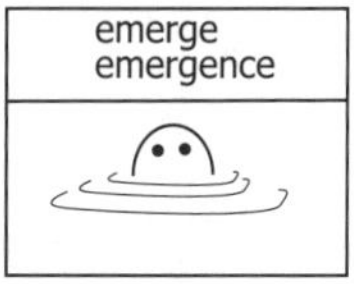

▶ When the fog cleared, the mountain **emerged** on the horizon.

「霧が晴れると，地平線に山が**出現した**。」

□ **horizon**⁑ [həráɪzn] 名 地平線，水平線

□ **emergence*** [ɪmə́ːrdʒəns]

名 **出現**

▶ Globalization has led to the **emergence** of new economic powers, such as China and India.

「グローバル化は，中国やインドのような新しい経済大国の**出現**をもたらした。」

□ **globalization**⁑ [gloʊbələzéɪʃn] 名 グローバル化 →**p.120**

□ **lead to**⁑ 句 ～をもたらす →**p.170**

□ **economic**⁑ [ekənámɪk] 形 経済の →**p.107**

□ **emergency**⁑ [ɪmə́ːrdʒənsi]

名 **緊急事態**

★ ER「緊急治療室」は Emergency Room

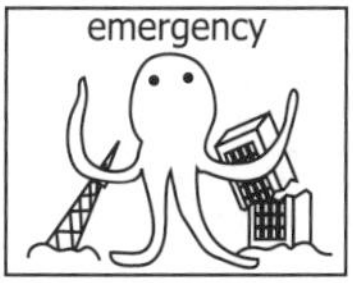

▶ <u>In an</u> **emergency**, dial 110.

「**緊急時**には 110 番に電話してください。」

---

381 □ **arise**⁑ [əráɪz]

自 (～から) **生じる** (from ～)

★ 動詞変化： arise – arose – arisen

▶ Misunderstandings are bound to **arise** when communication is not functioning properly.

「コミュニケーションが適切に機能していないときには，決まって誤解が**生じる**。」

□ **be bound to *do***⁑ 句 決まって～する →**p.247**

□ **function**⁑ [fʌ́ŋkʃn] 自 機能する →**p.571**

□ **properly**⁑ [prápərli] 副 適切に →**p.454**

382 □ **stem***
[stém]

自 (〜から) **生じる** (from 〜) 名 **茎**

▶ The cult group **stemmed** from a group of Buddhist believers.
「そのカルト集団は，仏教信者のグループから**派生した**。」

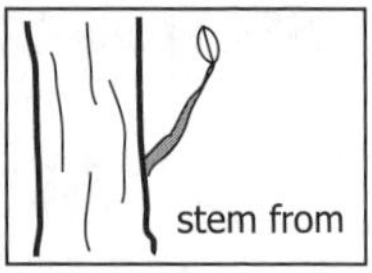

383 □ **branch**⁑
[brǽntʃ]

名 **枝；支店，支社，部門**

★「枝分かれしてできたもの」→「支店，支社」；「(木の) 幹」は trunk

▶ The company decided to open a **branch office** in Osaka.
「その会社は大阪に**支店**を開設することを決定した。」

384 □ **derive**⁑
[dɪráɪv]

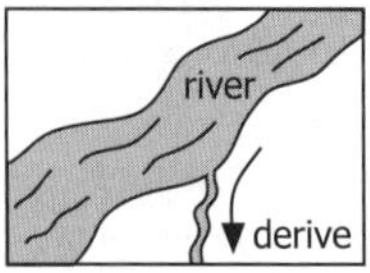

自 (〜に) **由来する** (from 〜) 他 (…から) 〜を**引き出す** (from …)

★ de-〈分離〉+ rive = river →「川から流れを引き出す」

◆ **derive from A / be derived from A**「A に由来する」

◆ **derive A from B**「B から A を引き出す」

▶ The English word "art" **derives** from the Latin word "ars," meaning "skill."
「英語の art という語は『技術』を意味するラテン語の ars に**由来する**。」

□ **derivation**
[derəvéɪʃn]

名 **由来，起源**

385 □ **generate**⁑
[dʒénəreɪt]

他 〜を**発生させる，生み出す**

★ generator「発電機」は「電気を発生させる機械」

▶ The ground heat can be used to **generate** electricity.
「地熱は電力を**発生させる**ために用いることができる。」

□ **generation**⁑
[dʒenəréɪʃn]

名 ①**世代** ②**発生**

★ ①だけでなく②の意味も覚える

Check! ● emergence / emergency **の意味は？** 出現／緊急事態

●一度発生したものは徐々に成長し，やがて「繁栄」します。下の単語で，特に prosper / prosperity は， proper「適切な」や property「財産」(→ **p.110**) と混同しやすいので注意しましょう。 pro<u>s</u>per / pro<u>s</u>perity のスペルに s が入っていることを確認してください。

繁栄

386 □ **flourish***
[flə́ːrɪʃ]

自 **繁栄する** (= prosper, thrive)

★ flour = flower (花) が咲く→「繁栄する」

▶ A new style of art called "Art Nouveau" **flourished** in Europe at the turn of the century.
「『アールヌーボー』と呼ばれる新しい芸術が世紀の変わり目にヨーロッパで**繁栄した**。」

---

387 □ **bloom*** [blúːm]
自 (花が) **咲く；栄える** 名 **開花**
◆ **be in (full) bloom**「(花が) 咲いている (満開である)」
▶ The roses are **in full bloom**.
「バラが**満開です**。」

□ **blossom*** [blάsəm]
名 **花**
★ 木に咲く花を指す
▶ **cherry blossoms**「桜の花」

---

388 □ **prosper*** [prάspər]
自 **繁栄する** (= flourish, thrive)
▶ Japan **prospered** after the war.
「日本は戦後**繁栄した**。」

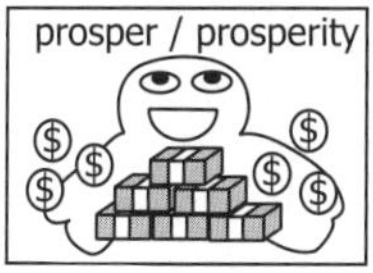

□ **prosperous*** [prάspərəs]
形 **繁栄した**

□ **prosperity*** [prɑspérəti]
名 **繁栄**
▶ Kings usually had statues of themselves made to leave evidence of their **prosperity**.
「王達はたいてい自らの**繁栄**の証しを残すために，自分の彫像を作らせた。」
□ **statue**⁑ [stǽtʃuː] 名 彫像
□ **evidence**⁑ [évɪdəns] 名 証拠 → **p.18**

---

389 □ **thrive*** [θráɪv]
自 **繁栄する** (= flourish, prosper)
▶ No matter how much an empire **thrives**, the ruler will never be satisfied.
「どんなに帝国が**繁栄し**ても，支配者は決して満足しない。」
□ **empire**⁑ [émpaɪər] 名 帝国 → **p.591**

---

390 □ **prevail*** [prɪvéɪl]
自 **普及する，主流となる**
★ pre-〈強意〉+ vail (強い) →「強い力を持つ」
▶ Discrimination against women still **prevails** in our country.
「我が国では女性に対する差別がいまだに**広まっている**。」
□ **discrimination*** [dɪskrɪmənéɪʃn] 名 差別 → **p.398**

□ **prevalent*** [prévələnt]
形 **普及している，主流の** (= prevailing)
▶ The flu is **prevalent** this winter.
「この冬はインフルエンザが**流行っている**。」

□ **flu*** [flúː] 名 インフルエンザ

Check!		
	● prosperity / property / properly の意味は？	繁栄／財産／適切に
	● prevail の形容詞形は？	prevalent

●栄えた者が掴むのは「栄光」(glory),「勝利」(victory, triumph) そして「名声」(fame, prestige) です。しかし「盛者必衰」"All glories must fade." というように，彼らを待ちかまえているのは…。

栄光，そして…

391 □ **glory*** [glɔ́ːri]
名 **栄光，栄華**
▶ ↓ (fame)

□ **glorious*** [glɔ́ːriəs]
形 **栄光の，輝かしい**

392 □ **victory*** [víktəri]
名 **勝利**
▶ The Giants won a 2-1 **victory** over the Tigers.
「ジャイアンツはタイガースに対し2対1で**勝利**をおさめた。」

□ **victorious** [vɪktɔ́ːriəs]
形 **勝利した**

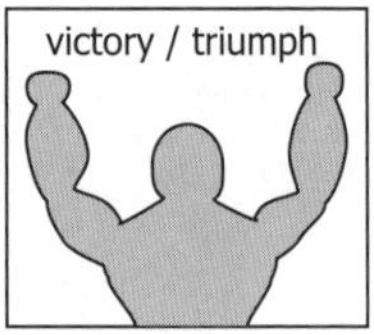

393 □ **triumph*** [tráɪʌmf]
名 **勝利，大成功** 自 **勝利する**
▶ ↓

□ **triumphant** [traɪʌ́mfənt]
形 **勝ち誇った**

394 □ **fame*** [féɪm]
名 **名声**
★ 形容詞形は famous 「有名な」
▶ **Triumph** in many battles gave the warrior **fame** and **glory**.
「多くの戦いでの**勝利**がその戦士に**名声**と**栄光**をもたらした。」

395 □ **prestige*** [prestíːdʒ]
名 **名声，威信**
▶ The Hollywood star was enjoying his **prestige** and fortune.
「そのハリウッドスターは**名声**と富を享受していた。」
□ **fortune*** [fɔ́ːrtʃən] 名 富 → **p.109**

□ **prestigious*** [prestídʒəs]
形 **名声のある，一流の**
▶ a **prestigious** university「一流大学」

396 □ **fade*** [féɪd]
自 **衰退する，次第に消える**
★ fade out「フェードアウト」;「だんだん暗くなる」→「次第に衰えていく」

▶ Curiosity **fades away** as one gets older.
「歳を取るにつれて好奇心は**衰える**。」
□ **curiosity**⁑ [kjʊəriásəti] 名 好奇心 → **p.176**

397 □ **decline**⁑ [dɪkláɪn]
自 **衰退する，減少する** 他 ～（招待・申し出）を**断る** 名 **衰退，減少**
▶ **decline** an offer [invitation]「申し出［誘い］を**断る**」
▶ Japan's birthrate has been **declining**.
「日本の出生率は**低下している**。」

Check!		
	● famous の名詞形は？	fame
	● decline の 2 つの意味は？	衰退する／断る

●国家の体制が衰退しつつあるときには，政治が「腐敗し」(corrupt, decay, rot)，政治家や役人達による不正や「賄賂」(bribe) が横行します。こうなると，国家崩壊寸前です。

腐敗

398 □ **corrupt**＊ [kərʌ́pt]
形 **退廃した，腐敗した** 他 ～を**堕落させる**
★ cor- (共に) ＋ rupt (壊す)
▶ Wealth sometimes **corrupts** a person.
「富は時に人を**堕落させる**。」

□ **corruption**＊ [kərʌ́pʃn]
名 **腐敗**

399 □ **decay**＊ [dɪkéɪ]
自 **腐る，腐敗する** 名 **腐敗，衰退**
▶ moral **decay**「道徳の**退廃**」
▶ **tooth decay**「**虫歯**」

400 □ **rot**＊ [rát]
自 **腐る，腐敗する**
▶ Since no one ate the banana, it was left to **rot**.
「誰もバナナを食べないので，残って**腐った**。」

□ **rotten** [rátn]
形 **腐った**
▶ This apple is **rotten**.
「このリンゴは**腐っている**。」

401 □ **bribe** [bráɪb]
名 **賄賂**
▶ The politician refused gifts even on his birthday since they could be regarded as **bribes**.
「その政治家は自分の誕生日にも贈り物を拒んだ。**賄賂**とみなされる可能性があったからだ。」

□ **regard**⁑ [rɪgɑ́ːrd] 他 ～を（…と）みなす (as …)
→ **p.142**

402 □ **fraud** [frɔ́ːd]

名 **詐欺，不正行為**

▶ credit card **fraud**「クレジットカード**詐欺**」

Check! ● tooth decay **とは？** 虫歯

●栄華を極めた者たちもやがては息絶え，そして「消滅・破滅」を迎えます（perish, vanish, ruin, collapse, extinguish)。「生き残る」(survive) 者は僅かでしょう。 extinguish / extinct / extinction は， SECTION #2 で学んだ distinguish / distinct / distinction と同じ派生形です。また survive は SECTION #1 の viv 「生命」という語根を含んでいます。これを機会に SECTION #1, 2 の内容を見直してみましょう。忘れている単語が沢山あるかもしれません。

消滅

403 □ **perish** [périʃ]

自 **消滅する，**（事故や災害などで）**死ぬ**

▶ Ten people **perished** in the accident.
「その事故で10名が**亡くなった。**」

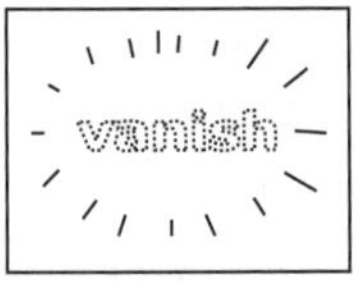

404 □ **vanish*** [vǽniʃ]

自 **消滅する，消える**

▶ The magician made his assistant **vanish** in the air.
「魔術師は助手を空中に**消え**させた。」

405 □ **ruin**⁑ [rúːɪn]

名 **破滅，廃墟** 他 ～を**破滅させる，台無しにする**

▶ She **ruined** her favorite white dress by spilling coffee.
「彼女はコーヒーをこぼして，お気に入りの白いドレスを**台無しにした。**」

□ **spill**⁑ [spíl] 他 ～をこぼす → **p.476**

406 □ **collapse**⁑ [kəlǽps]

自 **崩壊する，崩れる**

▶ The building **collapsed** after the earthquake.
「その建物は地震の後で**崩壊した。**」

407 □ **extinguish*** [ɪkstíŋgwɪʃ]

他 ～（火）を**消す** (= put out)；を**絶滅させる**

▶ The fire was **extinguished** by the firefighters.
「消防士達によって火事は**消された。**」

□ **extinct**⁑ [ɪkstíŋkt]

形 **絶滅した**

▶ **extinct** species「**絶滅した**生物種」

□ **extinction**⁑ [ɪkstíŋkʃn]
名 **絶滅，消滅**
▶ It is said that some species are facing **extinction** even as we speak.
「こうして話している間にもいくつかの生物種が**絶滅**に直面していると言われている。」
□ **species**⁑ [spíːʃiːz] 名（生物の）種 → **p.404**

408 □ **catastrophe** [kətǽstrəfi]
名 **破滅，大惨事**
▶ the threat of nuclear **catastrophe**「核による**大惨事**の脅威」

409 □ **survive**⁑ [sərváɪv]
他 ～を**生き残る**；より**長生きする** 自 **生き残る**
★ sur-（越えて）＋ viv （生きる）→「生き残る」；他動詞としての用法に注意
▶ Five people miraculously **survived** (~~from~~) the plane crash.
「5人が奇跡的に飛行機の墜落事故で**生き残った**。」
▶ She **survived** her son.
「彼女は息子よりも**長生きした**（息子に**先立たれた**）。」
□ **miraculously** [mərǽkjələsli] 副 奇跡的に → miracle 「奇跡」
□ **crash**⁑ [krǽʃ] 名 衝突，墜落 → **p.421**

□ **survival**⁑ [sərváɪvl]
名 **生存，生き残り**

Check! ● 正しいのは？： 1. survive from the accident / 2. survive the accident 2.

Review Test

● **Same or Opposite?**

□1	emerge	disappear	Opposite
□2	flourish	decline	Opposite
□3	prosper	thrive	Same
□4	prevalent	widespread	Same
□5	fade	increase	Opposite

● **Yes or No?**

□6 An **emergence** is a situation that must be dealt with immediately. ······ No
□7 In an **emergency**, you must hurry. ······ Yes
□8 If a problem **arises**, it begins to happen. ······ Yes
□9 When something is **generated**, it is used up. ······ No
□10 If someone is **prosperous**, then he or she is rich. ······ Yes

□11 If an idea **prevails**, it is shared among a group of people. .... Yes
□12 **Glorious** memories of the past are something to be proud of. .... Yes
□13 You are **triumphant** when you lose. .... No
□14 You gain **fame** when you become less famous. .... No
□15 **Prestige** is the respect you obtain. .... Yes

□16 If you **decline** an offer, you are accepting it. .... No
□17 **Corruption** exists when someone is dishonest and immoral. .... Yes
□18 When something is **rotten**, it usually smells bad. .... Yes
□19 A **bribe** is money donated for a good purpose and use. .... No
□20 To **perish** is to be born again. .... No

□21 Magicians make things **vanish** in front of audiences. .... Yes
□22 When a plan is **ruined**, it is carried out successfully. .... No
□23 When a building **collapses**, it falls down. .... Yes
□24 Humans became **extinct** several years ago. .... No
□25 Animals facing **extinction** must be protected. .... Yes

ヒント deal with ～「～を扱う」／use up ～「～を使い尽くす」／immoral「道徳に反する」／donate「～を寄付する」

● Multiple Choices

□26 The ( ) of the whale led to the tourists taking out their cameras.
a. emergency **b.** emergence **c.** emerge .... b.
□27 The patient was quickly brought to the ( ) room.
a. emergency **b.** emergence **c.** emerge .... a.
□28 New problems ( ) right after one problem got settled.
a. arose **b.** derived **c.** flourished .... a.
□29 The word "physics" ( ) from Greek.
a. thrives **b.** derives **c.** prevails .... b.
□30 The cherry blossoms are in full ( ).
a. prosperity **b.** bloom **c.** prestige .... b.

□31 The town ( ) because of its seaside location fit for trade.
a. prospered **b.** vanished **c.** corrupted .... a.
□32 His grandfather always talked about his ( ) days as a football player.
a. rotten **b.** glorious **c.** prevalent .... b.
□33 Already at halftime, the team's ( ) was certain.
a. evidence **b.** statue **c.** victory .... c.
□34 The team ( ) over their longtime rival.
a. triumphed **b.** fame **c.** declined .... a.

□**35** The boy was accepted to a ( ) school in London.
a. prestigious **b.** victorious **c.** triumphant ……………………… a.

□**36** The painting on the wall ( ) over the years.
a. bloomed **b.** declined **c.** faded ……………………………… c.

□**37** The apple ( ) since no one ate it.
a. faded **b.** rotted **c.** bribed …………………………… b.

□**38** He was charged with credit card ( ).
a. victory **b.** triumph **c.** fraud ……………………………… c.

□**39** The shooting star ( ) quickly into the sky.
a. collapsed **b.** ruined **c.** vanished …………………………… c.

□**40** The fire was swiftly ( ) by experienced firefighters.
a. triumphed **b.** survived **c.** extinguished ……………………… c.

□**41** The tigers faced ( ).
a. corruption **b.** survival **c.** extinction ………………………… c.

□**42** The earthquake was a ( ) for the village.
a. catastrophe **b.** extinction **c.** corruption ……………………… a.

□**43** The girl ( ) the plane crash.
a. survived **b.** extinguished **c.** ruined ……………………………… a.

ヒント be fit for ～ 「～に適している」／trade 「貿易」／shooting star 「流れ星」

解説・和訳

6 emergence 「出現」と emergency 「緊急事態」の違いに注意／12 「過去の輝かしい記憶は，誇りにすべきものである。」／19 「賄賂とは，良い目的や使い道のために寄付される金である。」／25 face extinction 「絶滅に瀕する」／26 「鯨が現れたので観光客はカメラを取り出した。」／28 「1つの問題が解決するとすぐに新しい問題が生じた。」／31 「その町は貿易に適した海辺に位置していたので栄えた。」／33 「ハーフタイムですでに，そのチームの勝利は確実だった。」／35 prestigious school 「一流校」／38 「彼はクレジットカード詐欺で告発された。」／40 「火事は熟練の消防士たちによって速やかに消された。」

日付： 年 月 日	得点： ／43
34点以上→SECTION #12へ	34点未満→もう一度復習

SECTION #12「多義語・1」

●このセクションでは，1つの語が様々な意味を持つ「多義語」を覚えます。例えばregardという語を辞書で引くと，20個近い項目がズラリと並んでいます。その意味も一見バラバラで，どこから覚えてよいやら途方に暮れてしまうでしょう。受験生にとって，「多義語」は乗り越えがたい大きな壁のように思えるものです。

●しかし心配することはありません。どんな多義語でも，その語が持つ「イメージ」は限られているのです。regardなら，まず，下の□で囲んだ「みなす」「敬意」「点・関連」という3つのイメージを思い浮かべてください。これなら容易ですね。さらにこの3つの意味も，「re-（再び）＋gard（見守る）」という1つの語源に結びつけることができます。多義語の訳語を全部丸暗記しようとするのはナンセンスです。できるだけ少ない数のイメージにまとめて，「最小限の努力で覚える」ことこそがコツなのです。

●また，多義語の意味を見極めるには，前後に置かれている前置詞が重要な鍵となります。「みなす as」「in / with 点・関連」というように，前置詞も一緒に覚えましょう。例えば，in this regardというフレーズが出てきたら，前に前置詞のinが置かれていることに注目してください。「in / with 点・関連」と覚えておけば，すぐに「この点で」という訳語が導き出せるでしょう。

410 □ **regard**⁑
[rɪɡάːrd]

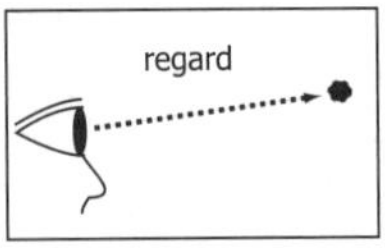

①みなす as ②敬意 ③ in / with 点・関連

他 ～を（…と）**みなす** (as ...) 名 ①**尊敬，敬意** ②**点，関連**

★ re-（再び）＋ gard（見守る）→「ちゃんと見守る」→「敬意」「見守られた点・関連」

◆ **regard A as C**「**AをCとみなす**」(= think of A as C, look on A as C)

◆ **in this regard**「**この点で**」

◆ **with regard to A**「**Aに関して**」(= regarding A, concerning A)

◆ **without regard to A**「**Aにおかまいなく，Aを無視して**」

▶ The teacher **regarded** him as the best student in her class.
「先生は彼をクラスで最も優秀な生徒と**みなした**。」

▶ I have **high regard** for my teachers.
「私は自分の先生たちを**尊敬**している。」

▶ I have nothing further to say **in this regard**.
「**この点に関しては**これ以上何も言うことはありません。」

▶ The traveler ordered the best tour, **without regard to** the expenses.
「旅行者は費用には**おかまいなく**最高のツアーを注文した。」

□ **regarding**⁑
[rɪɡάːrdɪŋ]

前 ～に**関する** (= with regard to, concerning)

▶ The faculty held a meeting **regarding [with regard to]** the new curriculum.
「学部は新しいカリキュラムに**関する**会議を開いた。」

□ **regardless of**⁑
[rɪɡɑ́ːrdləs —]

□ **faculty*** [fǽkəlti] 名（大学の）学部 → **p.566**
句 〜に**関係なく**，には**かまわず**
▶ **Regardless of** age, those with talented minds are recruited to the company.
「年齢とは**無関係に**才能のある人は会社に採用されます。」
□ **recruit** [rɪkrúːt] 他 〜（人材）を募集する

□ **disregard***
[dɪsrɪɡɑ́ːrd]

他 〜を**無視する**

411 □ **account**⁑
[əkáʊnt]

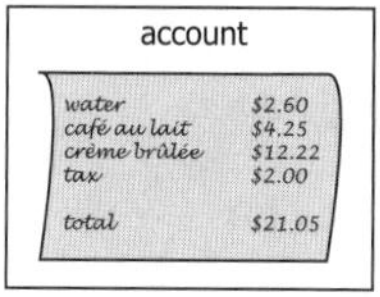

account
water $2.60
café au lait $4.25
crème brûlée $12.22
tax $2.00
total $21.05

①説明 ②口座 ③割合を占める for
名 **①説明，報告 ②口座** 自 **①割合を占める** ②（理由を）**説明する**
★ ac-（〜に）＋ count（計算する）→「計算に入れる」→「計算書に入れて説明」「割合を占める」「口座」
◆ **account for** A「**A（割合）を占める；A（の原因）を説明する**」
◆ **take A into account**「**A を考慮に入れる**」(= consider A, take A into consideration)
◆ **on account of A**「**A が理由で**」(= due to A, because of A)
▶ She gave a detailed **account** of the accident.
「彼女は事故の詳細な**報告**をした。」
▶ **a bank account**「**銀行口座**」
▶ The population of China **accounts** for about 20% of the world population.
「中国の人口は世界人口の約 20 %を**占める**。」
▶ **On account of** his twisted ankle, he could not play for the team.
「足首を捻った**ために**，彼はチームでプレーできなかった。」
▶ You should **take into account** the fact that he was not in his best condition that day.
「彼が当日最良のコンディションではなかったという事実を**考慮に入れる**べきだ。」

□ **accountable**
[əkáʊntəbl]

形 **説明できる**；（釈明する）**責任がある**

Check! ● regard の 3 つの意味は？ みなす／敬意／点，関連

● concern と anxious に関しては，後に続く前置詞に要注意です。また複数の意味を関連づけて覚えるようにしましょう。 concern は「関係する」→「心が関わる」→「心配する」， anxious なら「先の事を考えて落ち着かない」→「心配」「切望」，というように，2 つの意味を結びつけてください。

412 □ **concern**⁑
[kənsə́ːrn]

①関係・関心 with ②心配 about
他 ①〜に**関係する** ②〜を**心配させる**

名 ①関係 ②心配，懸念，関心
◆ **express concern about A**「A について懸念を表明する」

□ **concerned**⁑ [kənsə́ːrnd]
形 ①（～に）**関心を持っている，関係している** (with ～) ②（～を）**心配している** (about ～)
★「心が関わっている」→「心配している」
◆ **be concerned with A**「A と関係している，A に関心がある」
◆ **be concerned about A**「A を心配している」
◆ **as far as A is concerned**「A に関する限りは」
◆ **people [those] concerned**「関係者」

▶ The company is **concerned** with the development of electric cars to protect the environment.
「その会社は環境を保全するための電気自動車の開発に**関わっている。**」
▶ She is **concerned** about her son's eating habits.
「彼女は息子の食習慣を**心配している。**」
□ **environment**⁑ [enváɪrənmənt] 名 環境 → **p.404**

□ **concerning**⁑ [kənsə́ːrnɪŋ]
前 ～に**関する** (= regarding)

413 □ **anxious**⁑ [ǽŋkʃəs]
①心配 about ②切望 for / to *do*
形 ①（～を）**心配している** (about ～) ②（～を）**切望している** (for ～, to *do*)
★「先の事を考えて落ち着かない」→「心配」「切望」
◆ **be anxious about A**「A を心配している」
◆ **be anxious for A [to *do*]**「A を切望している［～したがっている］」

▶ The mother was **anxious** about how her son did on his final exam.
「母親は息子が期末試験でどんな成績か**心配していた。**」
▶ I'm **anxious** to know what is going on.
「何が起こっているのか知り**たくてたまらない。**」

□ **anxiety*** [æŋzáɪəti]
名 ①**心配，不安** ②**切望**

Check! ● anxious の名詞形は？ anxiety

● attend と apply も前置詞に要注意です。 attend は「出席する」「注意する」の 2 つの意味から，それぞれ attendance / attention という 2 つの名詞形ができていることにも注目してください。また wait のような基本動詞も馬鹿にしてはいけません。 wait on [upon] ～ は「～に仕える・給仕する」です。ウェイター（waiter）は「待つ人」ではなく「給仕する人」です。

【動詞】		【名詞】		【形容詞】
attend	①出席する →	attendance 出席		
	②注意する →	attention 注意	→	attentive 注意している

414 □ **attend** ⁑
[əténd]

①出席 ②注意 to

他 ～に**出席する** 自（～に）**注意する，気を配る** (to ～)

★「注意を向ける」→「出席する」;「出席する」の意味では他動詞

◆ **attend A**「Aに出席する」

◆ **attend to A**「Aに注意する」

▶ I **attended** (~~to~~) my friend's wedding last week.
「先週は友達の結婚式に**出席した。**」

▶ The commuters **attended** to what was being announced on the loud speaker when the train suddenly came to a halt.
「電車が急に停止した時，通勤者達はスピーカーで放送されていることに**耳を傾けた。**」

□ **commuter*** [kəmjúːtər] 名 通勤者 → **p.450**

□ **come to a halt*** 句 停止する → **p.67**

□ **attention** ⁑
[əténʃn]

名 **注意**

◆ **pay attention to A**「Aに注意を払う」

□ **attentive**
[əténtɪv]

形 **注意している**

□ **attendance** ⁑
[əténdəns]

名 **①出席 ②世話，付き添い**

□ **attendant***
[əténdənt]

名 **付添人，世話人**

▶ **a flight attendant**「客室乗務員」

415 □ **apply** ⁑
[əpláɪ]

①応用 to ②応募 for

他 ～を（…に）**適用する，応用する** (to …) 自（～に）**応募する，志願する** (for ～)

◆ **apply A to B**「AをBに応用する」

◆ **apply to A**「Aにあてはまる」

◆ **apply for A**「Aに応募する」

▶ I **applied** the skills I learned at school to work.
「私は学校で学んだ技術を仕事に**応用した。**」

▶ He **applied** for the job as a waiter.
「彼はウェイターの仕事に**応募した。**」

□ **application**⁑
[æplɪkéɪʃn]

[名] **①応用，適用 ②応募，志願**

▶ Please fill in the **application form**.
「**応募用紙**に記入してください。」

□ **fill in**⁑ ［句］〜に記入する

□ **applicant***
[ǽplɪkənt]

[名] **志願者，応募者**

---

416 □ **reflect**⁑
[rɪflékt]

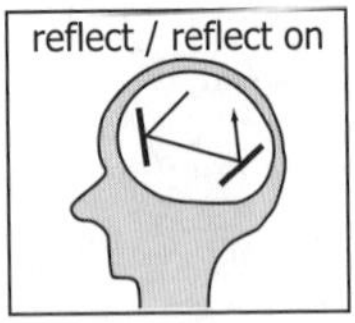

①反映 ②熟考 on

[他] 〜を**反射する，反映する**

[自]（〜を）**熟考する**（on 〜）

◆ **reflect A**「Aを反射・反映する」

◆ **reflect on A**「Aをじっくり考える」

▶ The recent rise in the number of vegetarian restaurants **reflects** people's health concerns.
「菜食主義のレストランが最近増えたのは，人々の健康への関心を**反映している**。」

▶ I **reflected** on my actions and realized that I had been wrong all this time.
「自分の行動を**よく考えて**，ずっと間違っていたのだと分かった。」

□ **reflection**⁑
[rɪflékʃn]

[名] **①反射，反映 ②熟考**

---

417 □ **wait**⁑
[wéɪt]

①待つ for ②給仕 on

[自] ①（〜を）**待つ**（for 〜）②（〜に）**仕える，給仕する**（on [upon] 〜）

◆ **wait for A**「Aを待つ」

◆ **cannot wait to *do***「〜するのが待ちきれない」

◆ **wait and see**「様子を見る，成り行きを見守る」

◆ **wait on [upon] A**「Aに給仕する」

▶ The waiter was busy since he had so many customers to **wait on**.
「ウェイターは**給仕する**客が多く忙しかった。」

Check!		
	● She applied (1. to / 2. for) the job.	2.
	● I reflected (1. — / 2. on) the matter.	2.

●さらに重要な多義語が続きます。気を抜かないでください。 due / odd / issue はどれも多義語として代表的な単語です。 due は「しかるべき」→「期限の」，odd は「はみ出ている」→「奇妙な」「半端な」「奇数の」というように，複数の意味を結びつけて覚えてください。また， odd と odds は形が似ていますが，全くの別単語として考えてください。

418 □ **due**⁑
[djúː]

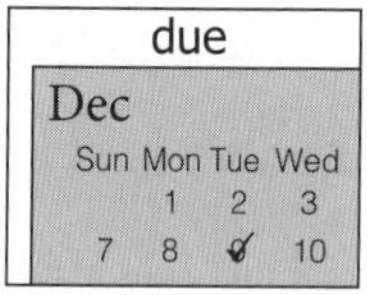

①しかるべき ②期限 ③原因 to

形 ①**しかるべき，正当な** ②（提出・支払い）**期限の，到着予定の**

★「当然そうあるべき」→「期限・予定」「原因」

▶ The father demanded to be treated with **due** respect.
「父親は**正当な**敬意をもって扱われるよう要求した。」

▶ The homework is **due** on Monday.
「宿題は月曜が**提出期限**です。」

▶ The baby is **due** next month.
「赤ん坊は来月**生まれる予定**です。」

□ **due to**⁑

句 **～が原因で，のために** (= on account of, because of)

▶ **Due to** the storm, the train arrived ten minutes late.
「嵐**のために**，電車は10分遅れで到着した。」

□ **duly**
[djúːli]

副 **正当に**

▶ Her effort was **duly** rewarded with a promotion.
「彼女の努力は昇進によって**正当に**報われた。」

□ **reward**⁑ [rɪwɔ́ːrd] 他 ～に報いる →**p.333**

□ **promotion**⁑ [prəmóʊʃn] 名 昇進 →**p.72**

---

419 □ **odd**⁑
[ɑ́d]

「はみ出ている」

形 ①**奇妙な** ②**半端な** ③**奇数の** (↔ even「偶数の」)

★「常識からはみ出ている」→「奇妙な」;「2で割るとはみ出る」→「奇数の」

▶ The **odd** man opened his umbrella on a sunny day.
「**奇妙な**男は晴れの日も傘を差した。」

▶ an **odd** sock「**半端な（片方だけの）**靴下」

▶ **odd numbers**「**奇数**」

---

420 □ **odds***
[ɑ́dz]

「オッズ＝ギャンブルの掛け率＝見込み・勝算」

名 **見込み，勝算**

▶ His **odds** of winning her heart are not good.
「彼が彼女の心を射止める**見込み**は高くない。」

◆ **The odds are that …**「**たぶん…だろう**」

▶ **The odds are that** he will be absent again.
「**たぶん**彼はまた欠席する**だろう**。」

□ **at odds with**

句 ～と**不和で，争って**

★「賭け金を争って」

▶ The twin brothers are **at odds with** each other.
「双子の兄弟はお互いに**不和だ**。」

□ **against all odds**

句 **大きな困難にもかかわらず，予想を裏切って**

★「大方の賭けに反して」

▶ **Against all odds,** she recovered from the head injury.
「**予想に反して**彼女は頭の怪我から回復した。」

421 □ **issue**⁂
[íʃuː]

①問題 ②発行

名 ①（争点となる）**問題** ②（雑誌などの）**号** 他 〜を**発行する，発布する**

★「出る」が語源；「世に出る」→「問題となるもの」「発行する」

◆ **at issue**「**争点となっている**」

▶ We should be more aware of environmental **issues** in our daily life.
「我々は日常生活でもっと環境**問題**を意識すべきだ。」

▶ That's exactly the point **at issue** here.
「まさにそれがここで**問題となっている**点なのです。」

▶ the latest **issue**「最新号」

□ **environmental**⁂ [envaɪrənméntl] 形 環境の → **p.404**

Check! ● on account of 〜 = due (　) 〜　　to

●代表的な多義語が続きます。 term / figure / state / bear です。中でもやっかいなのは term と bear でしょう。 term の語源は「範囲・境界を限定する」という意味です。ここから「用語」「期間」「関係」「折り合い」といった複数の意味が生まれます。いくつかの句表現では， terms という複数形になることにも注意してください。また bear に関しては様々な語義が辞書に載っていますが，まずは「生む」「耐える」という 2 つの意味を確実に覚えてください。あとは fruit / responsibility / relation / witness といった，特定の名詞を目的語とするフレーズを覚えましょう。

422 □ **term**⁂
[tə́ːrm]

① in 用語 ②期間 ③ on 関係 with ④折り合い

名 ①**用語** ②**期間** ③**関係** ④**折り合い**

★原義は「範囲を限定する」；「意味を限定」→「用語」，「時間を限定」→「期間」，「状況を限定」→「折り合い，関係」；③④では複数形になることに注意。

▶ This **term** is new to me. What does it mean?
「この**用語**は初めて見た。どんな意味なの？」

▶ **the spring term**「**春学期**」

□ **in terms of**⁂

句 〜の**観点から**，に**換算して**

★「用語で」→「観点から」

▶ **In terms of** color, I recommend this skirt.
「色の**観点から**このスカートをお勧めします。」

□ **on good terms with**⁂

句 〜と**仲がいい**

▶ She is **on good terms with** everyone in the class.
「彼女はクラスの誰とも**仲がいい**。」

□ **come to terms with**

句 〜と**折り合いを付ける**，を**諦めて受け入れる**

▶ Finally he **came to terms with** his mother's second marriage.
「彼はついに母親の2回目の結婚を**諦めて受け入れた。**」

423 □ **figure**⁑
[fígjər]

①形 ②人物 ③数字 ④考える
名 **①姿，形，図 ②人物 ③数字** 他 **～を考える**
★③の意味に注意
▶ The mathematician stared at the **figures** on the blackboard.
「数学者は黒板の**数字**を見つめた。」
▶ **a public figure**「**有名人**」

□ **figure out**⁑
句 **～を理解する**
★「姿形をはっきりさせる」→「理解する」
▶ I couldn't **figure out** the meaning of his words.
「彼の言葉の意味が**理解**できなかった。」

□ **cut a ～ figure**
句 ～という**印象を与える**
◆ **cut [make] a fine [good] figure**「**格好良く見える**」
▶ Paul **cut a fine figure** in his new suit.
「ポールは新しいスーツを着て**格好良く見えた。**」

424 □ **state**⁑
[stéɪt]

①州 ②国家 ③状態 ④述べる
名 **①州 ②国家** ③（一時的な）**状態** 他 ～を**述べる**
▶ the **state** of Oregon「オレゴン州」
▶ The boy was in a critical **state** after being involved in a car accident.
「少年は交通事故に巻き込まれた後，危険な**状態**にあった。」
▶ Galileo **stated** that the Earth moves around the Sun.
「ガリレオは，地球は太陽の周りを回ると**述べた。**」
□ **critical**⁑ [krítɪkl] 形 危機的な →**p.200**
□ **involve**⁑ [ɪnválv] 他 ～を巻き込む →**p.348**

□ **statement**⁑
[stéɪtmənt]
名 **声明，発言**

□ **statesman**
[stéɪtsmən]
名 **政治家**

425 □ **bear**⁑
[béər]

①生む ②耐える
他 ①～を**生む** ②～に**耐える** (= stand)
★動詞変化： bear – bore – born；「熊」の意味も
◆ **bear responsibility**「**責任を負う**」
◆ **bear no relation to A**「**Aと関係がない**」
◆ **bear witness**「**証言をする**」

▶ His effort didn't **bear fruit**.
「彼の努力は**実を結ば**なかった。」
▶ I could not **bear** the pain, so I asked for some pills to relieve it.
「苦痛に**耐え**られなかったので，それを和らげる薬を頼んだ。」
□ **relieve**⁑ [rɪlíːv] 他 ～を除去する，和らげる → **p.473**

□ **unbearable**＊ [ʌnbéərəbl]
形 **耐えられない**

□ **bear ～ in mind**⁑
句 ～を**心に留める，覚えておく** (= keep in mind)
▶ **Bear in mind that** your mother's birthday is coming up.
「お母さんの誕生日が近いのを**覚えておきなさい**。」

Check! ● I'm (1. in / 2. on) good terms with my neighbor. 2.

● case に関しては③が特に重要です。 That's not the case. 「それは本当ではないよ」というように用いられます。 mean 「意図・意味する」は，形容詞では「いやしい」という全く違う意味を持ちます。また mean / meaning / means を混同する人が多いので注意してください。

426 □ **case**⁑ [kéɪs]
①場合 ②事件 ③事実 ④主張 ⑤症例
名 ①**場合** ②**事件，訴訟** ③（the）**実情，事実，本当** ④**主張，論拠** ⑤（病気の）**症例**
▶ The police are investigating the serial murder **case**.
「警察は連続殺人**事件**を捜査している。」
▶ The public had believed the statesman to be innocent, but they soon found out that was not **the case**.
「民衆はその政治家が無実だと信じていたが，やがてそれが**実情**ではないと分かった。」
▶ make a **case** for free trade「自由貿易への賛成を**主張**する」
▶ an extreme **case** of food poisoning「食中毒の極端な**症例**」
□ **innocent**⁑ [ínəsənt] 形 無実の，無邪気な → **p.282**

427 □ **mean**⁑ [míːn]
①意味・意図 ②いやしい
他 ①～を**意味する** ②～**しようと**（意図）**する** 形 **卑劣な，意地悪な**
◆ **mean A by B**「B によって A を意味・意図する」
◆ **mean to *do***「～しようとする」
▶ **What do you mean by that?**
「**それはどういう意味ですか？／それは何のつもりなんだ？**」
▶ He is a **mean** child who takes pleasure in others' pain.
「彼は他人の痛みを楽しむ**意地悪な**子だ。」
□ **take pleasure in**⁑ 句 ～を楽しむ

□ **meaning**⁑ [míːnɪŋ]

名 **意味**

---

428 □ **means**⁑ [míːnz]

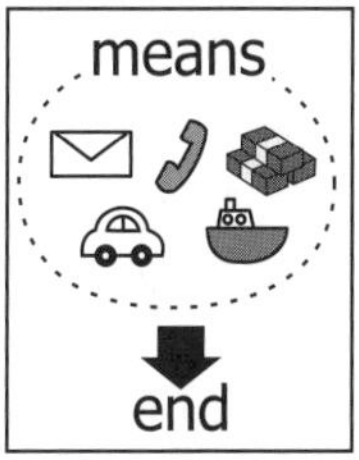

① by 手段 ②財産

名 **①手段，方法 ②財産**

★単複同形；「経済的な手段」→「財産」

◆ **by means of A**「**Aを用いて，Aによって**」

◆ **by no means**「**決して〜でない**」

◆ **by all means**「**ぜひとも，なんとしても**」

◆ **a means to an end**「**目的のための手段**」

◆ **beyond one's means**「**資力以上の，高すぎて払えない**」

▶ Deaf people communicate mostly **by means of** sign language.
「耳の不自由な人たちはたいてい手話**を用いて**意思の疎通を行う。」

▶ He is **by no means** an idiot.
「彼は**決して**馬鹿**ではない**。」

▶ "Can I bring my girlfriend to the party?" "**By all means.**"
「パーティーに彼女を連れて行ってもいい？」「**ぜひどうぞ。**」

▶ In this desolate town, the only **means of transportation** is your car.
「この寂れた町では，唯一の**交通手段**は車だ。」

▶ You should not live **beyond your means.**
「**分不相応な（贅沢な）**生活を送るべきではない。」

□ **deaf***	[déf]	形 耳が聞こえない →**p.426**
□ **sign language**		句 手話
□ **idiot**	[ídɪət]	名 馬鹿
□ **desolate**	[désələt]	形 寂れた

Check! ● **名詞「意味」はどれ？：** 1. mean / 2. meaning / 3. means 2.

●「ハトは平和の象徴である」という文章を考えてみましょう。「ハトは平和を表している」とも言い換えられますね。また「様々な平和を代表してハトという1つの形で表している」という考え方もできます。このように，represent が持つ「代表」「象徴」「表現」という3つの意味は，互いに繋がっているのです。assume は「根拠なく思いこむ」という意味の他に，「責任を引き受ける」という意味があります。assume responsibility というフレーズで覚えましょう。

429 □ **represent**⁑ [reprɪzént]

①代表 ②象徴 ③表現

他 ①〜を**代表する** ②〜を**象徴する** ③〜を**表す**

★re-（再び）＋ present （示す）

▶ The CEO **represented** his company at the conference.

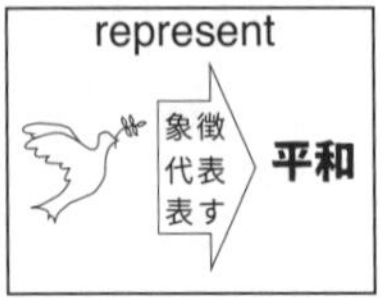

「会議ではCEO（最高経営責任者）が会社を**代表した**。」

▶ The dove **represents** peace.

「ハトは平和を**象徴する**。」

▶ On treasure maps, the "x" **represents** where the treasure is hidden.

「宝の地図ではXは宝が隠されている場所を**表す**。」

□ **conference**⁑ [kάnfərəns] 名 会議 → **p.222**

□ **representation*** [rèprɪzentéɪʃn]
名 ①**代表** ②**象徴** ③**表現**

□ **representative*** [rèprɪzéntətɪv]
名 **代表者**

---

430 □ **assume**⁑ [əsúːm]

①思いこみ ②引き受け

他 ①～を**想定する，思いこむ** ②～（責任・任務）を**引き受ける**

▶ Don't **assume** that he is innocent simply because he is a child.

「彼が子供だからといって無実だと**思いこむ**な。」

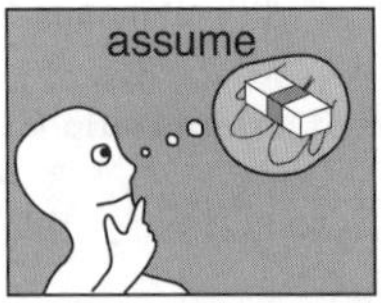

▶ Since the manager was absent, one of the chief staff **assumed** responsibility and took over.

「店長が不在だったので，チーフスタッフの1人が責任を**引き受けて**仕事を引き継いだ。」

□ **take over**⁑ 句 ～（仕事）を引き継ぐ → **p.483**

□ **assumption*** [əsʌ́mpʃn]
名 ①**想定，思いこみ** ②（責任・任務を）**引き受けること**

Check!		
	● represent の3つの意味は？	代表する／象徴する／表す
	● assume の名詞形は？	assumption

● possess と observe は①の意味で用いられることが多いですが，②や③の用法も時々登場しますので，覚えておく必要があります。swallow は「ツバメ」ですが，「～を飲み込む」という意味もあります。

431 □ **possess**⁑ [pəzés]

①所有 ②憑依

他 ①～を**所有する** ②～に**取り憑く**

▶ The professor seemed **possessed** by his endless search for the Holy Grail.

「教授は聖杯の終わりなき探求に**取り憑かれて**いるようだった。」

□ **possession**⁑ [pəzéʃn]
名 **所有；所有物**

432 □ **observe**⁑
[əbzə́ːrv]

①観察 ②主張 ③順守

他 ①～を**観察する** ②～を**主張する** ③～（法・規則）を**守る**

▶ Darwin **observed** that species evolve over time.
「生物種は時間をかけて進化するとダーウィンは**主張した**。」

▶ If we don't **observe** the law, we will be punished accordingly.
「法律に**従わ**ないと，それに応じて罰せられる。」

□ **accordingly*** [əkɔ́ːrdɪŋli] 副 それに応じて → p.186

□ **observation**⁑
[ɑbzəːrvéɪʃn]

名 ①**観察** ②**主張**

★ observe ①「観察する」②「主張する」の名詞形

□ **observance**
[əbzə́ːrvəns]

名（法・規則の）**順守**

★ observe ③「守る」の名詞形

【動詞】			【名詞】	
observe	①観察する ②主張する	→	observation	観察・主張
	③守る	→	observance	順守

433 □ **swallow***
[swɑ́loʊ]

①飲み込む ②ツバメ

他 ～を**飲み込む**；**鵜呑みにする，信じる** 名 **ツバメ**

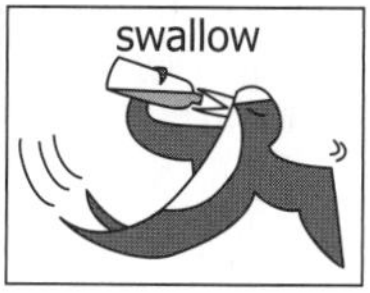

▶ I find the story hard to **swallow**.
「その話は**信じ**がたい。」

Check! ● the (1. observation / 2. observance) of laws　2.

● "I hate your company!" を「君の会社は嫌いだ！」と訳す人がいます。まあそうとれなくもないのですが，通常は「君と一緒にいるのは嫌だ！」の意味でしょう。company には「会社」の他に「一緒にいること」という意味があるのです。firm に関しては，動詞の派生語 confirm / affirm を覚えてください。

434 □ **company**⁑
[kʌ́mpəni]

①会社 ② in 同伴

名 ①**会社** ②**一緒にいること，仲間**

★ com-（共に）+ pany（パン）→「共にパンを食う仲間」→「会社」「同伴・仲間」

◆ **in A's company**「**A と一緒にいる**」

▶ I can never feel at ease <u>in</u> my father's **company**.
「父と**一緒にいる**と決してくつろげない。」

□ **at ease**⁑　句 くつろいで

□ **accompany**⁑
[əkʌ́mpəni]

他 ～に**伴う**，と**一緒に行く**

★ ac-（～に）+ company（仲間）→「仲間として伴う」

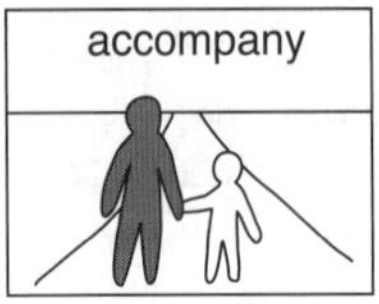

◆ **A accompanies B = B is accompanied by A**「**AがBに付随して起こる**」(Bが主要なもので，Aはそれに付属するもの)

▶ A rain shower in summer is often **accompanied** by thunder and lightning.
「夏の夕立は，しばしば雷鳴と稲妻を**伴う**。」

□ **thunder*** [θʌ́ndər] 名 雷鳴

□ **lightning*** [láɪtnɪŋ] 名 稲妻

---

435 □ **firm**⁑ [fə́ːrm]

①固い ②会社

形 **固い，確固たる** 名 **会社，企業**

▶ **firm** belief [evidence]「**確固たる**信念［証拠］」

▶ a software **firm**「ソフトウェア**会社**」

□ **firmly**⁑ [fə́ːrmli]

副 **固く**

◆ **I firmly believe that …**「**私は…と固く信じる**」

□ **confirm**⁑ [kənfə́ːrm]

他 ～を**確かめる；確かにする，裏付ける**

★ con-〈強意〉＋ firm（固い）→「確かなものにする」

▶ The results of the experiment **confirmed** his theory.
「実験の結果が彼の理論を**裏付けた**。」

□ **confirmation**⁑ [kɑnfərméɪʃn]

名 **確認；裏付け**

□ **affirm*** [əfə́ːrm]

他 ～を**断言する，主張する**

★ af-〈強意〉＋ firm（固い）→「確実なものとして言う」

▶ The candidate **affirmed** that he would change welfare policies.
「候補者は福祉政策を変えると**断言した**。」

□ **candidate**⁑ [kǽndɪdeɪt] 名 候補者 → **p.568**

□ **welfare*** [wélfeər] 名 福祉 → **p.359**

□ **policy**⁑ [pɑ́ləsi] 名 政策 → **p.359**

Check! ● He enjoys his own company. **とは？：彼は（ ）。** 1人でいるのが好きだ

Review Test

● **Multiple Choices**

□**1** The matter is important in this **regard**.
1. 点 **2.** 敬意 ……………… **1.**

□**2** The traveler ordered the best tour, **without regard to** the expenses.
1. 敬意を払わず **2.** かまわず ……………… **2.**

□**3** **On account of** his twisted ankle, he could not play for the team.
1. 説明して **2.** という理由で ……………… **2.**

□4 People aged 60 and over **account** for 30% of the population.
1. 占める **2.** 説明する ……………………………………………1.

□5 The teacher was **concerned** about the student's recovery from the flu.
1. 心配している **2.** 関係している ……………………………………1.

□6 The boxer was **anxious** to get into the ring.
1. 心配している **2.** 切望している ……………………………………2.

□7 Cindy was **anxious** about the result of her brother's exam.
1. 心配している **2.** 切望している ……………………………………1.

□8 Everyone **attended** to the radio program.
1. 出席する **2.** 注意して聞く ……………………………………2.

□9 He **applied** for the waiter job.
1. 応用する **2.** 応募する ……………………………………………2.

□10 I **applied** the skills I learned at school to my work.
1. 応用する **2.** 応募する ……………………………………………1.

□11 The statistics **reflected** the rise in people's interest in international affairs.
1. 反映する **2.** 熟考する ……………………………………………1.

□12 The mother **reflected** on what was best for her children.
1. 反映する **2.** 熟考する ……………………………………………2.

□13 Because no one **waited** on her, the table was not cleaned.
1. 待つ **2.** 給仕する ……………………………………………2.

□14 **Due to** the storm, the train arrived ten minutes late.
1. 期限で **2.** 原因で ……………………………………………2.

□15 The homework is **due** on Monday.
1. 期限で **2.** 原因で ……………………………………………1.

□16 **Odd** numbers cannot be exactly divided by two.
1. 奇妙な **2.** 奇数の ……………………………………………2.

□17 You say **odd** things that confuse people.
1. 奇妙な **2.** 奇数の ……………………………………………1.

□18 **Against all odds**, he was rescued from the collapsed building.
1. 不和で **2.** 予想を裏切って ……………………………………2.

□19 I am having family **issues** at home.
1. 問題 **2.** 号 ……………………………………………1.

□20 Do you have the latest **issue**?
1. 問題 **2.** 号 ……………………………………………2.

□21 She is on good **terms** with everyone in the class.
1. 用語 **2.** 関係 ……………………………………………2.

□22 There are so many difficult **terms** in this paragraph.
1. 用語 **2.** 関係 ……………………………………1.

□23 She was tired of looking at **figures** on the computer screen.
1. 姿 **2.** 数字 ……………………………………2.

□24 After the flood, the town was left in a disastrous **state**.
1. 州 **2.** 状態 ……………………………………2.

□25 The spy **bore** the painful torture.
1. 生む **2.** 耐える ……………………………………2.

□26 The law professor asked a student to explain a particular court **case**.
1. 事件 **2.** 事実 ……………………………………1.

□27 That's not always the **case**.
1. 事件 **2.** 事実 ……………………………………2.

□28 I did not **mean** to hurt you.
1. 卑劣な **2.** 意図する ……………………………………2.

□29 He is a **mean** child who takes pleasure in others' pain.
1. 卑劣な **2.** 意図する ……………………………………1.

□30 There are many **means** of expressing your love.
1. 手段 **2.** 意味 ……………………………………1.

□31 He did not even have enough **means** for one night's lodging.
1. 意味 **2.** 財産 ……………………………………2.

□32 On treasure maps the "x" **represents** where the treasure is hidden.
1. 表す **2.** 代表する ……………………………………1.

□33 The CEO **represented** his company at the conference.
1. 表す **2.** 代表する ……………………………………2.

□34 I **assumed** that he was going to join us at the party.
1. 思いこむ **2.** 引き受ける ……………………………………1.

□35 The responsible student **assumed** the position of leader.
1. 思いこむ **2.** 引き受ける ……………………………………2.

□36 The soccer player **possessed** an incredible amount of skill.
1. 所有する **2.** 取り憑く ……………………………………1.

□37 The young girl was **possessed** by an evil spirit.
1. 所有する **2.** 取り憑く ……………………………………2.

□38 The assistant **observed** the plant growth and kept a record of it.
1. 観察する **2.** 守る ……………………………………1.

□39 The taxi driver **observed** the speed limit.
1. 観察する **2.** 守る ……………………………………2.

□40 The rumor is hard to **swallow**.
1. 信じる **2.** ツバメ ……………………………………1.

□**41** I can never feel at ease in my father's **company**.
1. 会社 **2.** 同伴 ……………… 2.

□**42** The student started working for a law **firm** as soon as he graduated.
1. 会社 **2.** 固い ……………… 1.

□**43** The football player had **firm** muscles.
1. 会社 **2.** 固い ……………… 2.

□**44** It seems that we have completely different opinions with ( ) to this issue.
a. account **b.** regard **c.** terms ……………… b.

□**45** Nuclear power ( ) for about 10% of the country's energy supply.
a. accounts **b.** regards **c.** applies ……………… a.

□**46** I'm at ( ) with my boss.
a. odd **b.** odds **c.** issue ……………… b.

□**47** Please ( ) in mind that these prices do not include tax.
a. state **b.** figure **c.** bear ……………… c.

□**48** "May I use your telephone?" "Yes, by ( ) means."
a. no **b.** any **c.** all ……………… c.

□**49** The results of the experiment ( ) his theory.
a. confirmed **b.** affirmed **c.** represented ……………… a.

日付： 年 月 日	得点： ／49
39 点以上→ **SECTION #13 へ**	39 点未満→**もう一度復習**

接尾辞とアクセントの法則・1

-ful〈形容詞化〉, -ly〈副詞化〉, -ment, -ness〈名詞化〉など，語根の後に付く「接尾辞」(suffix) は，その語の品詞を決定しますが，この接尾辞にはもう1つ「アクセント位置を決定する」という重要な働きがあります。英単語の多くは，その接尾辞に注目することで，アクセント位置を確定することができるのです。以下の説明に「音節」(syllable) という用語が出てきますが，これは母音を含む単位のことです。実際上は，発音される a/e/i/o/u を1音節として考えれば十分です。interesting は4音節，strange は1音節の単語ということになります。

① -ate〈動詞化〉〈形容詞化〉： ⇨**2つ前の音節にアクセント**

indicate	「示す」	ín-di-cate
concentrate	「集中する」	cón-cen-trate
intimate	「親密な」	ín-ti-mate

※ prívate など，全体で2音節の語（2つ前の音節が存在しない）は例外。

② -ion, -ity〈名詞化〉, -ic, -ical, -ial, -ual〈形容詞化〉：⇨**直前の音節にアクセント**

indication 「指示」 in-di-cá-tion ← índicate

simplicity	「単純さ」	sim-plíc-i-ty	← símple
scientific	「科学的な」	sci-en-tíf-ic	← scíence
statistic	「統計」	sta-tís-tic	
grammatical	「文法の」	gram-mát-i-cal	← grámmar
official	「公式の」	of-fí-cial	
intellectual	「知性の」	in-tel-léc-tu-al	← íntellect

※ índicate → indicátion など，派生語になるとアクセント位置が移動することに注意。

③ -ous〈形容詞化〉： ⇨**２つ前**の音節にアクセント

mysterious	「神秘的な」	mys-té-ri-ous
infamous	「悪名高い」	ín-fa-mous
monotonous	「単調な」	mo-nót-o-nous

※ fámous など，全体で２音節のもの（２つ前の音節が存在しない）は例外。

④ -fer, -ur： ⇨**語尾**にアクセント

infer	「推測する」	in-fér
prefer	「より好む」	pre-fér
refer	「言及する」	re-fér
occur	「起こる」	oc-cúr

※ díffer, óffer, súffer などは例外。f が重なっているので区別できる。

※ 動詞変化は inferred, inferring など， r を重ねる。

※ 名詞形の ínference, préference, réference はアクセント位置が移動する。 occúrrence は移動しない。

⑤ -ee, -eer： ⇨**語尾**にアクセント

refugee	「避難民」	ref-u-gée
pioneer	「開拓者」	pi-o-néer
career	「職歴」	ca-réer

※ commíttee は例外。

⑥ -omy, -graphy, -logy, -meter, -acy, -phony, -pathy, -metry〈名詞化〉：

⇨**直前**の音節にアクセント

omy	graphy	logy	meter	acy	phony	pathy	metry	
「近江の	暗い	路地で	見た	葦は	ほんに	8	メートル	あった」

autonomy	「自治」	au-tón-o-my
photography	「写真撮影」	pho-tóg-ra-phy
technology	「科学技術」	tech-nól-o-gy
thermometer	「温度計」	ther-móm-e-ter
democracy	「民主主義」	de-móc-ra-cy
symphony	「交響曲」	sým-pho-ny
sympathy	「同情」	sým-pa-thy
geometry	「幾何学」	ge-óm-e-try

SECTION #13 「基本単語の確認」

●このセクションでは，通常は中学で学ぶような基本単語を確認します。ただし，基本単語といっても侮ってはいけません。英作文等で使用する頻度が極めて高いものばかりです。このセクションでの目標は次の３点です。

①「派生語を正確に覚える」
②「用法を確実に覚える」
③「正しく書けるようにする」

★で示した注意事項をよく読んで，１つ１つ確認していきましょう。まずは「派生語に注意すべき単語」からです。各単語の派生語を正確に覚えましょう。また， refuse / reject / deny については，用法にも注意してください。

派生語を覚える・1

436 □ **enter**⁑ [éntər]
他 ～に**入る**
★「〈場所〉に入る」という場合は他動詞なので前置詞不要
▶ I **entered** (~~into~~) the building and went to the reception desk.
「私はその建物に**入り**，受付に行った。」

□ **entry**⁑ [éntri]
名 **入場**

□ **entrance**⁑ [éntrəns]
名 **入り口** (↔ exit) ；**入学**
▶ **university entrance examination**「**大学入学試験**」

…………

437 □ **receive**⁑ [rɪsíːv]
他 ～を**受け取る**
★ re-（元へ）＋ ceive （取る）
▶ I **received** your telegram yesterday.
「昨日あなたからの電報を**受け取りました**。」
□ **telegram** [téləgræm] 名 電報

□ **reception**＊ [rɪsépʃn]
名 **受け取ること；受付**
▶ **the reception desk**「**受付，フロント**」

□ **receptive**＊ [rɪséptɪv]
形 **受け入れる**

□ **receipt**＊ [rɪsíːt]
名 **受領書，レシート**
★スペル注意： recei<u>p</u>t
▶ Without a **receipt** we can't let customers exchange goods.
「**レシート**がないと，お客様に商品を交換して差し上げることはできません。」

…………

438 □ **accept**⁑ [əksépt]
他 ～を**受け入れる** (↔ refuse)
▶ I readily **accept** your offer.

「喜んであなたの申し出を**お受け**しましょう。」

□ **acceptance**⁑ [əkséptəns] 名 **受け入れ**

439 □ **refuse**⁑ [rɪfjúːz]
他 ～を**拒否する** (↔ accept) ；～**しようとしない** (to *do*)
★ *refuse *do*ing は不可
◆ **refuse <u>to</u> *do***「**～しようとしない**」
▶ The boys **refused** <u>to</u> listen [~~listening~~] to the teacher.
「少年達は先生の言うことを聞**こうとしなかった**。」

□ **refusal**⁑ [rɪfjúːzl] 名 **拒否**

440 □ **reject**⁑ [rɪdʒékt]
他 ～を**拒絶する，はねつける**
★ re-（元へ）＋ ject（投げる）→「（提案・申し出などを）きっぱりはねのける」；*reject to *do* は不可
▶ My application for a position with that company was flatly **rejected**.
「その会社の求人への応募は，にべもなく**拒絶された**。」
□ **application**⁑ [æplɪkéɪʃn] 名 応募 → **p.146**

□ **rejection**⁑ [rɪdʒékʃn] 名 **拒絶**

441 □ **deny**⁑ [dɪnáɪ]
他 ～を**否定する**
★ 下の SVOO 構文に注意
◆ **deny O_1 O_2 = deny O_2 to O_1**「O_1 **に** O_2 **を与えない**」
▶ She **denied** any help <u>to</u> <u>me</u>. = She **denied** me any help.
「彼女は私に一切の援助を**与えなかった**。」

□ **denial*** [dɪnáɪəl] 名 **否定，拒否**
▶ Ultimately, the death penalty is the **denial** of human rights.
「究極的には，死刑制度は人権の**否定**である。」
□ **ultimately*** [ʌ́ltəmətli] 副 究極的に → **p.458**

Check!		
	● accept **の名詞形は？**	acceptance
	● refuse **の名詞形は？**	refusal
	● deny **の名詞形は？**	denial
	● He denies me nothing.「**彼は私に（　）。**」	何でもくれる

● appear / exist の名詞形は appearance / existence です。語尾が -ance / -ence という異なるスペルになっていることに注意してください。expect と except は，慌てていると混

同しやすいですね。また expect の名詞形は expectation / expectancy です。*expection という単語は存在しません。

派生語を覚える・2

442 □ **appear**⁑
[əpíər]
自 ①現れる ②のように見える
★「外から見える状態になる」→「現れる」「見える」
◆ **appear to *do***「～するように見える」
▶ The boy **appeared** to be calm, but actually he was upset.
「少年は冷静なように**見えた**が，実は動転していた。」

□ **appearance**⁑
[əpíərəns]
名 登場；外見
▶ Don't judge people by their **appearances**.
「人を**見かけ**で判断するな。」

□ **disappear**⁑
[dɪsəpíər]
自 消える
★ dis-〈否定〉＋ appear （現れる）

443 □ **exist**⁑
[ɪgzíst]
自 存在する，生存する
◆ **exist in A**「Aに存在する」 (= lie in A)

□ **existence**⁑
[ɪgzístəns]
名 存在；生活
★ スペル注意： existence ；「生活」の訳語に注意
◆ **come into existence**「生まれる」 (= come into being)
▶ Scientists still do not know how life **came into existence** on the Earth.
「どのようにして地球上に生命が**生まれた**のか，科学者達にはまだ分かっていない。」
▶ **one's daily existence**「日常生活」

444 □ **expect**⁑
[ɪkspékt]
他 ～を予想する，予期する
★ except「～を除いて」と混同しないこと
◆ **expect A to *do***「Aが～するだろうと思う」
▶ I didn't **expect** you to be here.
「君がここにいるとは**思わ**なかった。」

□ **expectation**⁑
[ekspektéɪʃn]
名 予想，予期
★ *expection という語は存在しない
◆ **contrary to one's expectation**「予想に反して」

□ **expectancy**⁑
[ɪkspéktənsi]
名 見込み
◆ **life expectancy**「平均寿命」
▶ The **life expectancy** of Japanese women is the second highest in the world.
「日本人女性の**平均寿命**は世界で二番目に長い。」

445 □ **except**⁑
[ɪksépt]

前 ～を除いて，以外は

◆ **except for A**「A を除いては」

▶ Your essay is perfect **except for** a few grammatical errors.
「2，3の文法的間違いを**除いて**，君の論文は完璧だ。」

□ **exception**⁑
[ɪksépʃn]

名 例外

◆ **make an exception**「例外をもうける」

▶ My mother usually doesn't eat cake, but she **makes an exception** on her birthday.
「母はいつもはケーキを食べないが，誕生日だけは**例外として**いる。」

□ **exceptional***
[ɪksépʃənl]

形 例外的な；特に優れた

▶ a person with **exceptional** talent in music「**特に優れた**音楽の才能を持った人物」

---

446 □ **improve**⁑
[ɪmprúːv]

他 ～を改良する，改善する 自 改善する，良くなる

▶ Daily practice is the best way to **improve** your English skills.
「毎日の練習が英語力を**改善する**最善の方法だ。」

□ **improvement**⁑
[ɪmprúːvmənt]

名 改良，改善

---

447 □ **solve**⁑
[sálv]

他 ～を解く，解決する

▶ **solve** a problem [mystery]「問題［謎］を**解く**」

□ **solution**⁑
[səlúːʃən]

名（～の）解答，解決策 (to ～)

▶ a **solution** to the problem
「問題の**解答**」

Check!		
	● 正しいスペルは？： 1. appearance / 2. appearence	1.
	● 正しいスペルは？： 1. existance / 2. existence	2.
	● expect の名詞形は？： 1. expection / 2. expectation	2.
	● solve の名詞形は？： 1. solvement / 2. solution	2.

●以下の動詞は用法に注意しましょう。 suppose には「思う」「想定する」の意があり， be supposed to *do*「～することになっている」は頻出表現です。 suggest / propose はしばしば語法問題で出題されます。正しい用法をしっかりと覚えましょう。 *suggest [propose] him to *do* / *suggest [propose] him that . . . などはいずれも誤表現です。 pretend 「ふりをする」は， to 不定詞や that 節を目的語にとります。

用法に注意する動詞・1

448 □ **suppose**⁑
[səpóʊz]

他（…だと）**思う**（that …）；〜を**想定する**
★ think と同様の意味で用いられる；下の例のように接続詞的に用いることもある
▶ **Suppose** you were in my place, what would you do?
「あなたが私の立場**だったら**どのようにしますか。」

□ **be supposed to *do***⁑
句 **〜することになっている；しなくてはならない**
★「本来の予定・意図では…することになっている」の意
▶ They **were supposed to** come at 8 o'clock, but it's already past 9.
「彼らは8時に来る**ことになっていた**のに，もう9時をすぎている。」

□ **supposedly**＊
[səpóʊzɪdli]
副 **推定では，建前上は**
★「実際はどうか分からないが…とされている」の意
▶ These drugs are **supposedly** harmless to the human body.
「これらの薬は人体には無害だと**されている**。」

---

449 □ **suggest**⁑
[sədʒést]

他 ①〜を**提案する** ②〜を**暗に示す，示唆する**
★ ①②の2つの意味・用法をしっかりと区別する
◆ **suggest (<u>to</u> A) <u>that</u> S (should) *do***「（Aに）〜してはどうかと提案する」（should を用いない時は動詞の原形を用いる）
◆ **suggest *do*ing**「〜しようと提案する」
◆ **suggest that …**「…ということを示唆する」
▶ He **suggested** to me that we (should) play catch.
「彼はキャッチボールをしようと私に**提案した**。」
▶ The research **suggests** that chimpanzees can distinguish between real and fake smiles.
「その研究は，チンパンジーが本物の笑顔と偽の笑顔を見分けられるということを**示唆している**。」

□ **play catch** 句 キャッチボールをする

□ **suggestion**⁑
[sədʒéstʃən]
名 **提案**

---

450 □ **propose**⁑
[prəpóʊz]

他 〜を**提案する**
★ 下の用法をしっかりと覚える
◆ **propose *do*ing**「〜しようと提案する」
◆ **propose (to A) that S (should) *do***「（Aに）〜しようと提案する」（should を用いない時は動詞の原形を用いる）
▶ The chairperson **proposed** that the committee meet again the following Thursday.

「議長は委員会を次の木曜に再び開こうと**提案した。**」

□ **committee*** [kəmíti] 名 委員会 →**p.236**

□ **proposal**⁑ [prəpóʊzəl]

名 **提案，申し出；結婚の申し込み**

◆ **a proposal to *do***「**～しようという提案**」

▶ The **proposal** to reduce greenhouse gas emissions was unanimously approved.

「温室効果ガスの排出を削減しようという**提案**は，満場一致で承認された。」

□ **unanimously** [juːnǽnəməsli] 副 満場一致で →**p.629**

□ **proposition*** [prɑpəzíʃn]

名 **命題，定理，主張；提案**

★ 数学・哲学上の命題・定理，意見の主張など

▶ The new nation was based on the **proposition** that all persons are created equal.

「新国家は，全ての人間は平等であるという**主張**に基づいていた。」

---

451 □ **pretend**⁑ [prɪténd]

他（～する）**ふりをする** (to *do*) (= make believe)

★ to 不定詞や that 節を目的語にとる

◆ **pretend to *do* [that ...]**「**～する［…である］ふりをする**」

▶ If you meet a bear, lie down and **pretend** to be dead [that you are dead].

「熊に遭遇したら，横になって死んでいる**ふりをしろ。**」

□ **pretense** [príːtens]

名 **見せかけ**

---

452 □ **doubt**⁑ [dáʊt]

名 **疑い** 他 **～を疑う**

◆ **no doubt [without doubt]**「**疑いなく，確かに**」

◆ **doubt that ...**「**…ではないと思う**」(= don't think that ...)

▶ I **doubt** that she wrote this.

「彼女がこれを書いた**のではないと思う。**」

□ **doubtful*** [dáʊtfl]

形 **疑わしい；疑いを持っている**

Check! ● He suggested (1. us / 2. to us) that we (1. play / 2. played) baseball.

2. / 1.

●用法に注意すべき動詞が続きます。 belong は進行形にしないように。 fail は fail in A と fail to *do* という 2 つの用法を覚えましょう。 prefer は prefer A to B 「B よりも A を好む」というように，比較対象を than ではなく to で表します。また「A と結婚する」という場合には， marry A や get married to A が正しく， *marry with A や *get married with A はいずれも誤りです。

用法に注意する動詞・2

453 □ **belong**⁑
[bɪlɔ́ːŋ]

自（～に）**属する**，（～の）**所有である** (to ～)
★進行形不可
▶ Cathy **belongs** [~~is belonging~~] to a tennis club.
「キャシーはテニス部に**所属している**。」

□ **belonging***
[bɪlɔ́ːŋɪŋ]

名 **所持品**
▶ Make sure you don't leave behind any of your **belongings**.
「**所持品**をお忘れのないように。」

454 □ **fail**⁑
[féɪl]

自（～に）**失敗する** (in ～)；（～）**しない，できない** (to *do*)
他 ～（試験）に**落ちる**
★fail in ～ は「～に失敗する」；fail to *do* は「～しない，できない」
◆ **fail in A**「Aに失敗する」
◆ **fail to *do***「～しない，できない」
◆ **never fail to *do***「必ず～する」
▶ If you **fail** to keep your promises, people will distrust you.
「約束を守ら**ない**と，人から信用されなくなる。」
▶ I haven't seen him for so long, but he **never fails to** send me a card on my birthday.
「彼には長いこと会っていないが，誕生日には**必ず**カードを送ってくれる。」
▶ I **failed** math.「私は数学の試験に**落ちた**。」
□ **distrust** [dɪstrʌ́st] 他 ～を信用しない ↔ trust → **p.251**

□ **failure**⁑
[féɪljər]

名 **失敗；しないこと**
◆ **failure to *do***「～しないこと」

□ **without fail***

句 **必ず**
▶ Please call me tonight **without fail**.
「今晩**必ず**電話してください。」

455 □ **enable**⁑
[enéɪbl]

他 ～に（…するのを）**可能にさせる** (to *do*)
★en-〈動詞化〉＋ able（可能な）→「可能にする」
◆ **enable A to *do***「Aが～するのを可能にする」
▶ Language **enables** us to share ideas.
「言語は，我々が考えを共有することを**可能にする**。」

456 □ **prefer**⁑
[prɪfə́ːr]

他 ～を（他よりも）**好む**
★動詞変化： preferred, preferring ；何かと比較して「～の方が好きだ」という場合に用いる；比較対象は than ではなく to で表す

◆ **prefer A to B**「B より A を好む」

▶ I **prefer** being deceived to deceiving.
「人をだますよりだまされた**方がいい**。」

□ **deceive**⁑ [dɪsíːv] 他 ～をだます → **p.260**

□ **preference*** [préfərəns]
名 **好み**

◆ **have a preference for A**「(他よりも) A を好む」

□ **preferable*** [préfərəbl]
形 **好ましい**

---

457 □ **marry**⁑ [mǽri]
他 ～と**結婚する**

★ 下の用法をしっかりと覚える；*marry with A や *get married with A はいずれも誤り

◆ **marry A [get married to A]**「A と結婚する」

▶ Will you **marry** (~~with~~) me?
「私と**結婚して**くれませんか？」

▶ Susan **got married** to [~~with~~] David.
「スーザンはデビッドと**結婚した**。」

□ **marriage**⁑ [mǽrɪdʒ]
名 **結婚；結婚生活**

---

458 □ **regret**⁑ [rɪgrét]
他 ～を**後悔する**

★ 動詞変化： regretted, regretting ；目的語が動名詞の場合と不定詞の場合での意味の違いに注意

◆ **regret *doing* [having *done*, that ...]**「～したことを後悔する」(〈過去の事〉を後悔する)

◆ **regret to *do***「残念ながら～する」

▶ I **regret** not studying [that I didn't study] harder in my youth.
「若いときにもっと勉強しなかったことを**後悔している**。」

▶ We **regret** to inform you that the book you ordered is not available.
「**残念ながら**，あなたの注文した本は入手不可能だとお伝えしなくてはなりません。」

□ **available**⁑ [əvéɪləbl] 形 入手可能な → **p.113**

□ **regrettable*** [rɪgrétəbl]
形 **残念な**

★〈物〉を形容する

▶ a **regrettable** result「**残念な**結果」

□ **regretful*** [rɪgrétfl]
形 **後悔している**

★〈人〉を形容する

▶ I'm **regretful** for what I said.

「私は自分が言ったことを**後悔している**。」

Check!		
	● Call me without (1. failure / 2. fail).	2.
	● David is married (1. with / 2. to) Susan.	2.
	● This is quite (1. regrettable / 2. regretful).	1.

● satisfy や disappoint など，受動態で用いられることが多い動詞を集めました。日本語では「満足する」という場合でも，英語では be satisfied と受動態になります。また，be satisfied with A や be disappointed at A など，各表現で使われる前置詞もしっかりと覚えましょう。

受動・能動の意味に注意

459 □ **satisfy** [sǽtɪsfaɪ]
他 ～を**満足させる**
◆ **be satisfied with A**「A に満足する」
▶ I don't earn a lot of money, but I'm quite **satisfied** with my life.
「稼ぎは少ないが，生活にはかなり**満足している**。」

□ **satisfaction** [sætɪsfǽkʃn]
名 **満足**

□ **satisfactory** [sætɪsfǽktəri]
形 **満足のいく，申し分のない**
▶ You still haven't given a **satisfactory** answer to my question.
「君はまだ僕の質問に対して**満足のいく**解答を出していない。」

460 □ **disappoint** [dɪsəpɔ́ɪnt]
他 ～を**がっかりさせる**
◆ **be disappointed at [in] A**「A に失望する」
▶ I'm **disappointed** at your job performance.
「君の仕事ぶりには**失望している**。」

□ **disappointment** [dɪsəpɔ́ɪntmənt]
名 **失望**
◆ **to one's disappointment**「残念なことに」

461 □ **bore** [bɔ́ːr]
他 ～を**退屈させる**
◆ **be bored with A**「A に退屈する」
▶ The audience was **bored** with his long speech.
「観客は彼の長いスピーチに**退屈した**。」

□ **boring** [bɔ́ːrɪŋ]
形 **退屈な**
▶ a **boring** lecture「退屈な講義」

□ **boredom** [bɔ́ːrdəm]
名 **退屈**

462 □ **amaze**⁑
[əméɪz]

他 ～を**びっくりさせる**
◆ **be amazed at [by] A**「A にびっくりする」
◆ **be amazed to *do* [that ...]**「～をして［…ということに］びっくりする」
▶ I was **amazed** at how fast he ate all the food.
「彼があまりにも速く料理をたいらげるので**びっくりした**。」

□ **amazing**⁑
[əméɪzɪŋ]

形 **驚くべき**
▶ The boy has an **amazing** ability to break wind at will.
「その少年は意のままにおならをする**驚くべき**能力を持っている。」
□ **break wind** 句 おならをする
□ **at will*** 句 自由に，思いのままに

463 □ **astonish**⁑
[əstɑ́nɪʃ]

他 ～を**びっくりさせる**
◆ **be astonished at [by] A**「A にびっくりする」
◆ **be astonished to *do* [that ...]**「～をして［…ということに］びっくりする」
▶ I was **astonished** to hear that you had failed the exam.
「君が試験に落ちたと聞いて**驚きました**。」

□ **astonishing**⁑
[əstɑ́nɪʃɪŋ]

形 **驚くべき**
▶ The student solved the math problems with **astonishing** speed and accuracy.
「その生徒は**驚くべき**速さと正確さで数学の問題を解いた。」
□ **accuracy*** [ǽkjərəsi] 名 正確さ → **p.21**

□ **astonishment***
[əstɑ́nɪʃmənt]

名 **驚き**
◆ **to one's astonishment**「驚いたことに」

464 □ **frighten**⁑
[fráɪtn]

他 ～を**怖がらせる，おびえさせる**
◆ **be frightened of [by, at] A**「A におびえる」
▶ She was **frightened** by the sound of footsteps from behind her.
「彼女は背後からの足音に**おびえた**。」

□ **fright**
[fráɪt]

名 **恐怖**
◆ **stage fright**「舞台恐怖症，人前であがること」

465 □ **scare**⁑
[skéər]

他 ～を**怖がらせる**
◆ **be scared of A**「A を恐れる」
▶ The little girl was **scared** of snakes.
「その少女は蛇を**怖がっていた**。」

□ **scary***
[skéəri]

形 **怖い**
▶ a **scary** ghost story「怖い怪談」

Check!	● She was (1. boring / 2. bored) with the lecture.	2.

●「因果関係」を表す語です。「結果」(result) をもたらす直接の要素となるのが「原因」(cause) です。また，原因が複数ある場合は，その 1 つが「要因」(factor) です。そして，「原因」→「結果」という流れは lead to で表すことができます。SECTION #1 で学んだ consequence 「結果」も再確認しておきましょう。

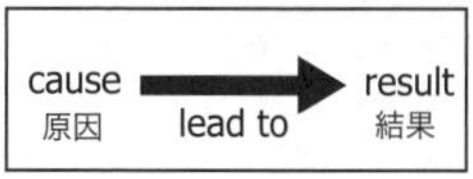

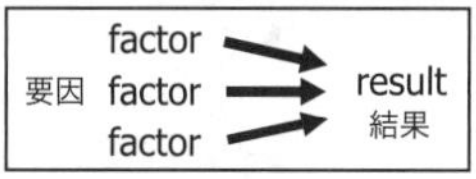

原因・結果

466 □ **cause**⁑
[kɔ́ːz]

名 ①**原因，理由** ②**大義，理想** 他 **～を引き起こす**

◆ **cause A to *do*「Aが～する原因となる」**

▶ the **cause** <u>of</u> cancer [global warming]「ガン［地球温暖化］の**原因**」

▶ He devoted his life to the **cause** of peace.
「彼は平和という**大義**に人生を捧げた。」

▶ The burst of the economic bubble **caused** many companies to go bankrupt.
「バブル経済の崩壊が**原因で**，多くの会社が破産した。」

□ **go bankrupt** 句 破産する → **p.113**

466 ……

467 □ **factor**⁑
[fǽktər]

名 **要因，要素**

★ 結果を生み出す原因となるもの

▶ Diet is one of the major **factors** that affect a person's life span.
「食事は人の寿命に影響を与える重要な**要因**の 1 つである。」

□ **diet**⁑ [dáɪət] 名 食事 → **p.443**

468 □ **result**⁑
[rɪzʌ́lt]

名 **結果** (= consequence) 自 **結果として生ずる**

◆ **result <u>in</u> A「Aという結果になる」**

◆ **result <u>from</u> A「Aから結果として生ずる」**

◆ **as a result「その結果」** (= as a consequence)

◆ **with the result that ...「その結果…ということになる」**

▶ Lack of sleep **results in** an inability to concentrate.
= Inability to concentrate **results from** lack of sleep.
「睡眠不足だと，**その結果**集中できなくなる。(集中できないのは，睡眠不足が**原因である**。)」

469 □ **lead**⁑
[líːd]

他 ～を（…へ）**導く** (to …) 自（～を）**引き起こす** (to ～)
★ 動詞変化： lead – led – led ；同スペルの lead [léd] は「鉛」の意
◆ **lead to A**「Aへと導く，Aを引き起こす」
◆ **lead A to B**「AをBへと導く，AがBに至る原因となる」
◆ **lead A to *do***「Aに～する気にさせる」
▶ Too much stress can **lead** to mental disorders.
「過剰なストレスは精神疾患を**引き起こし**うる。」
▶ Our coach is the person who **led** us to victory.
「監督が我々を勝利に**導いた**人物だ。」
▶ What **led** you to believe that?
「何でそんなことを信じる**気になった**の？」
□ **mental disorder** 句 精神疾患 → **p.583**

Check!		
	● Reckless driving may result (1. in / 2. from) death.	1.
	● Stress can lead (1. to / 2. from) mental disorders.	1.

● favor / harm に関しては，動詞の do を用いた熟語表現を覚えます。この do は「与える・もたらす」の意で， give と同じく第４文型 (SVOO) をとります。 do A a favor [harm] という形を覚えましょう。また risk や board に関しては， run the risk 「危険を冒す」， take a risk 「一か八かやってみる」， on board 「(乗り物に) 乗って」などの熟語をチェックしましょう。

熟語を覚える名詞

470 □ **favor**⁑
[féɪvər]

名 **好意，親切な行為** 他 ～を**かばう，ひいきにする**
★ イギリス式では favour ； do を用いた第４文型（SVOO）をとる
◆ **in favor of A**「Aに賛成して，Aに有利になるように」
◆ **do A a favor**「Aに何かをしてあげる」
▶ **Would you do me a favor?**
「**ちょっとお願いがあるのですが。**」
▶ The president was criticized for **favoring** rich people.
「大統領は金持ちを**優遇している**として批判された。」

□ **favorable**＊
[féɪvərəbl]

形 **好都合な，好意的な**

□ **favorite**⁑
[féɪvərət]

形 **お気に入りの，一番好きな**
★ 所有格の代名詞を付ける
▶ my **favorite** food「私の**一番好きな**食べ物」

471 □ **harm**⁑
[hɑ́ːrm]

名 **害，損害** 他 ～を**害する**
★ do を用いた第４文型（SVOO）をとる

◆ **do A harm [do harm to A]**「Aに害を与える」(↔ do A good [do good to A] 「Aのためになる」)
◆ **do more harm than good**「役に立つというよりはむしろ害になる」
▶ Taking too much medicine will **do you harm.**
「薬を飲み過ぎると害になる。」

□ **harmful**⁑ [há:rmfl]
形 有害な
◆ **be harmful to [for] A**「Aにとって有害である」

□ **harmless**⁑ [há:rmləs]
形 無害な
◆ **be harmless to [for] A**「Aにとって無害である」

---

472 □ **risk**⁑ [rísk]
名 危険，リスク 他 ～を危険にさらす；～の危険を冒す
★ある行動をとるうえで，それに伴う危険性；単なる「危険」は danger で表す
◆ **run the risk of *do*ing**「～する危険を冒す」
◆ **at risk**「危険にさらされて」
◆ **take a risk**「一か八かやってみる」
◆ **risk *do*ing**「～する危険を冒す」
▶ If you don't stop smoking, you **run the risk of** developing lung cancer.
「煙草を止めないと，肺癌になる危険を冒すことになる。」
□ cancer⁑ [kǽnsər] 名 癌 → p.384

□ **risky**＊ [ríski]
形 危険な
▶ a **risky** business「危険を伴う商売」

---

473 □ **board**⁑ [bɔ́:rd]
名 ①板 ②委員会 他 ～（乗り物）に搭乗する
★②「委員会」の意味に注意
◆ **on board**「（飛行機・船に）乗って」（副詞，前置詞，形容詞として用いられる）
▶ Hand luggage you can take **on board** a plane is limited to one piece.
「飛行機の機内に持ち込める手荷物は1つに制限されています。」
▶ **the school board**「教育委員会」
□ luggage⁑ [lʌ́gɪdʒ] 名 荷物

□ **aboard**＊ [əbɔ́:rd]
副（乗り物に）乗って (= on board)
★前置詞としても用いられる
▶ **climb aboard** a plane「飛行機に乗り込む」

Check!		
	● Would you (1. give / 2. do) me a favor?	2.
	● Too much exercise will (1. make / 2. do) you harm.	2.
	● the school board とは？：「教育（　）」	委員会

● rise「上がる」は自動詞ですが，raise「上げる，育てる」は他動詞です。一方 lie「横たわる」は自動詞ですが，lay「横たえる」は他動詞です。誤文訂正の文法問題などでは，これらの動詞の混同がポイントとして出題されます。また lie の動詞変化にも要注意です。lie の過去形は lay で，「横たえる」の lay の現在形と同形になります。

混同しやすい語

474 □ **rise**⁑
[ráɪz]

自 **上がる，増える** 名 **上昇**
★動詞変化：rise – rose – risen；自動詞；raise（他動詞）と区別すること
◆ **on the rise**「**上昇している**」(= on the increase)
◆ **give rise to A**「**A を引き起こす**」(= cause A)
▶ The unemployment rate **rose** to 8%.
「失業率は 8％まで**上昇した**。」
▶ Internet crime is **on the rise** in Japan.
「日本ではインターネット犯罪が**増加している**。」
▶ The government's policies **gave rise to** increased unemployment.
「政府の政策は失業の増加を**引き起こした**。」
□ **unemployment**＊ [ʌnɪmplɔ́ɪmənt] 名 失業 → **p.374**

475 □ **raise**⁑
[réɪz]

他 ①～を**上げる；増やす** ②～（子供・家畜）を**育てる**
★他動詞；rise「上昇する」（自動詞）と混同しないこと
◆ **raise a question**「**質問を提起する**」
◆ **raise money**「**資金を集める**」
▶ I **raised** my hand to ask him a question.
「彼に質問するために私は手を**上げた**。」
▶ I was **raised** by my grandparents.
「私は祖父母に**育てられた**。」

476 □ **lie**⁑
[láɪ]

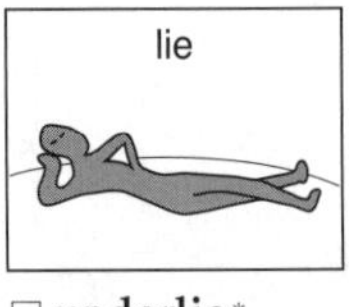

自 **横たわる；存在する**
★動詞変化：lie – lay – lain, lying；「嘘をつく」の意では lie – lied – lied, lying の変化；他動詞の lay「～を横たえる，置く」と混同しないこと
◆ **lie in A**「**A（の中）にある，存在する**」
▶ Happiness **lies** in the joy of achievement.
「幸福は達成の喜びの中に**ある**。」

□ **underlie**＊
[ʌndərláɪ]

他 ～の**根底にある**
★under-（下に）＋ lie（存在する）；動詞変化：underlie – underlay – underlain, underlying
▶ What is the philosophy that **underlies** your work?

「あなたの仕事の**根底にある**哲学は何ですか？」
▶ an **underlying** problem「**根底にある**問題」

477 □ **lay**⁑ [léɪ]
□ **lay off***

他 ～を**横たえる；置く**
★動詞変化： lay – laid – laid, laying； lie と混同しないこと
句 ～を**一時解雇する**
▶ Eighty workers were **laid off** by the taxi company.
「タクシー会社によって 80 人の従業員が**一時解雇された**。」

Check!		
	● The unemployment rate is (　) the rise.	on
	● He (1. lie / 2. lay / 3. laid) on the sofa.	2.

●次はスペルミスをしやすい語です。 exhibit は ex ＋ hibit という組み合わせで覚えましょう。また convenient / comfortable は使用頻度の多い語です。 *convinient /*confortable といったスペルミスをしないように注意してください。

正しく書けますか？

478 □ **exhibit**⁑ [ɪgzíbɪt]

他 ～を**展示する，示す** (= show) 名 **展示品**
★ex-（外）＋ hibit = have（持つ）→「外に向けて示す」；発音注意
▶ After breaking up with Jacky, Ted began to **exhibit** strange behavior.
「ジャッキーと別れてから，テッドは奇妙な行動を**示し始めた**。」

□ **exhibition*** [eksəbíʃn]

名 **展覧会**
▶ **an art exhibition**「**美術展覧会**」

479 □ **convenient**⁑ [kənvíːnjənt]

形 **便利な；都合のよい**
★スペル注意： conv<u>e</u>nient
▶ Come whenever <u>it is</u> **convenient** for you.
「**都合のよい**時にいつでも来てください。」(*you are convenient は不可)

□ **convenience**⁑ [kənvíːnjəns]

名 **便利；好都合**

480 □ **comfort**⁑ [kʌ́mfərt]

名 **快適さ** (↔ discomfort) 他 ～を**慰める，元気づける**
★スペル注意： co<u>m</u>fort
◆ **in comfort**「**楽に，快適に**」
▶ Thanks to air-conditioning, we can live **in comfort** during hot weather.
「エアコンのおかげで，暑い季節でも**快適に**暮らせる。」

□ **comfortable**⁑ [kʌ́mftəbl]

形 **快適な** (↔ uncomfortable)

★スペル注意： co<u>m</u>fortable

◆ **be comfortable with A「Aに満足している」**

▶ a **comfortable** chair「**座り心地の良い椅子**」

▶ I'm very **comfortable** <u>with</u> my life.
「私は自分の生活にとても**満足している。**」

---

481 □ **correct**⁑ [kərékt]

形 **正しい** (↔ incorrect) 他 〜（誤り・欠点）を**訂正する，正す**

★co<u>ll</u>ect「集める」と混同しないこと

▶ Choose the **correct** answers to the given questions.
「与えられた問題に対する**正しい**解答を選びなさい。」

□ **correction**⁑ [kərékʃn]

名 **訂正**

★co<u>ll</u>ection「収集」と混同しないこと

---

482 □ **salary**⁑ [sǽləri]

名 **給料**

★スペル注意：sa<u>l</u>a<u>ry</u>；塩（<u>sal</u>t）の購入代金として支払われていたことから；「時間給・日給」は wage で表す；給料が「高い・安い」は high [large] / low [small] で表し，expensive / cheap / many / few などは不可

▶ He has a small [large] **salary**.
「彼は少ない［高い］**給料**を貰っている。」

Check!		
	●正しいスペルは？： 1. confortable / 2. comfortable	2.
	●正しいスペルは？： 1. saraly / 2. salary	2.

●基本的な名詞を集めました。rumor「うわさ」に関しては，rumor has it that . . .「…といううわさである」という定型表現を覚えましょう。この構文は rumor だけではなく，legend has it that . . .「伝説によると…」など，いくつかの名詞を主語にして用いられます。duty に関しては on duty「勤務中の」（↔ off duty「非番の」）という熟語を覚えます。

名詞

483 □ **reputation**⁑ [repjətéɪʃn]

名 **評判，うわさ**

★ある人・物に関して世間が持つ意見

▶ He has a **reputation** of being a good negotiator.
「彼は交渉が上手いという**評判**だ。」

---

484 □ **rumor**⁑ [rúːmər]

名 **うわさ，風説**

★イギリス式では rumour；世間に広まっている話

◆ **Rumor has it that . . .「…といううわさである」**

▶ **Rumor has it that** the Hollywood star got engaged to a supermodel.
「そのハリウッドスターはスーパーモデルと婚約した**といううわさだ**。」

485 □ **duty**⁑
[dúːti]

名 **義務**
◆ **on duty「勤務中である」** (↔ off duty)
▶ It is the **duty** of every citizen to pay tax.
「税金を支払うのは全市民の**義務**である。」
▶ A police officer is required to wear a uniform while **on duty**.
「警官は**勤務中は**制服を着ていなくてはならない。」

486 □ **opportunity**⁑
[ɑpətjúːnəti]

名 **機会** (= chance)
◆ **an [the] opportunity to *do*「〜する機会」**
▶ Online games provide the **opportunity** to interact with people around the world.
「オンラインゲームは，世界中の人たちと交流する**機会**を与えてくれる。」

Check! ● He is on duty now. **「彼は今（　）である。」** 勤務中

●最後は形容詞です。 idle は「何もしていない」の意であり，否定的なニュアンスで「怠け者の」という場合には通常 lazy を用います。 curious は〈人〉と〈物〉の両方を形容します。〈人〉の場合は「好奇心のある，知りたがっている」ですが，〈物〉の場合は「興味をそそる，奇妙な」の意です。

形容詞

487 □ **idle**⁑
[áɪdl]

形 **何もしていない；無用の** 自 **何もしないでいる**
★「するべきことをしない，怠け者の」の意では通常 lazy を用いる
◆ **sit idle「何もしないでいる」**
▶ All the machines in the factory **sat idle** during the strike.
「ストライキの間，工場の機械は全て**稼働していなかった**。」
▶ **idle** curiosity「**無用の**好奇心」

488 □ **calm**⁑
[kɑ́ːm]

形 **冷静な，落ち着いた** 他 〜を**落ち着かせる**
▶ Stay **calm** and don't panic!
「**落ち着いて**，慌てるな！」

489 □ **curious**⁑
[kjúəriəs]

形 **好奇心のある；好奇心をそそる，奇妙な**
★「〈人〉が（何かを）知りたがる」という場合と，「〈物〉が人の興味をそそる」という場合がある
◆ **be curious about A [to know A]**「Aについて［Aを］知りたがっている」
▶ Kids are **curious** <u>about</u> everything.
「子供は何にでも**好奇心を持つ**。」
▶ a **curious** thing「**好奇心をそそる（奇妙な）もの**」

□ **curiosity**⁑
[kjʊəriάsəti]

名 **好奇心**
★スペル注意： curi<u>o</u>sity

---

490 □ **cruel**⁑
[krúːəl]

形 **残酷な**
▶ I think it is **cruel** to keep an animal in a cage.
「動物を檻の中で飼うのは**残酷だ**と思う。」

□ **cruelty***
[krúːəlti]

名 **残酷さ，残酷な行為**

---

491 □ **official**⁑
[əfíʃl]

形 **公式の** 名 **公務員，役人**
★アクセント注意
▶ Canada has two **official** languages — English and French.
「カナダには2つの**公用**語がある。英語とフランス語だ。」
▶ **a government official**「**国家公務員，政府高官**」

Check!		
	● 正しいスペルは？： 1. curiousity / 2. curiosity	2.
	● official のアクセント位置は？	offícial

Review Test

● **Same or Opposite?**

□1	entrance	exit	Opposite
□2	accept	reject	Opposite
□3	pretend	make believe	Same
□4	astonish	surprise	Same
□5	result	consequence	Same
□6	do harm	do good	Opposite
□7	rise	fall	Opposite
□8	opportunity	chance	Same
□9	calm	upset	Opposite
□10	curious	interested	Same

● **Choose the correct noun form of each word.**

□11 **refuse** a. **refusal** b. **refusement** ……… a.
□12 **improve** a. **improval** b. **improvement** ……… b.
□13 **solve** a. **solvement** b. **solution** ……… b.
□14 **expect** a. **expection** b. **expectation** ……… b.
□15 **cruel** a. **cruelity** b. **cruelty** ……… b.

● **Choose the correct spelling.**

□16 受け取る a. **recieve** b. **receive** ……… b.
□17 レシート a. **receipt** b. **receit** ……… a.
□18 外見 a. **appearance** b. **appearence** ……… a.
□19 存在 a. **existance** b. **existence** ……… b.
□20 展覧会 a. **exibition** b. **exhibition** ……… b.

□21 便利な a. **convenient** b. **convinient** ……… a.
□22 快適な a. **confortable** b. **comfortable** ……… b.
□23 正しい a. **correct** b. **collect** ……… a.
□24 給料 a. **saraly** b. **salary** ……… b.
□25 好奇心 a. **curiosity** b. **curiousity** ……… a.

● **Multiple Choices**

□26 He ( ) the building.
a. entered **b.** entered in **c.** entered into ……… a.
□27 She ( ) me any help.
a. rejected **b.** received **c.** denied ……… c.
□28 Your essay is perfect except ( ) a few grammatical errors.
a. for **b.** on **c.** to ……… a.
□29 He is ( ) to arrive this evening.
a. proposed **b.** supposed **c.** suggested ……… b.
□30 He suggested that the meeting ( ) put off till Wednesday.
a. was **b.** would regret **c.** be ……… c.

□31 Please call me tonight without ( ).
a. fail **b.** failure **c.** failing ……… a.
□32 I prefer red wine ( ) white wine.
a. than **b.** to **c.** rather ……… b.
□33 Bob got married ( ) Jane.
a. with **b.** to **c.** for ……… b.
□34 The result is very ( ).
a. regrettable **b.** regretful **c.** regretting ……… a.

□35 The results are ( ).
a. satisfied **b.** satisfaction **c.** satisfactory ……………………… c.

□36 She was ( ) with the lecture.
a. boring **b.** bored **c.** boredom ……………………………… b.

□37 The student solved the math problems with ( ) speed.
a. astonishing **b.** astonished **c.** astonishment …………………… a.

□38 All roads lead ( ) Rome.
a. to **b.** from **c.** in ………………………………………… a.

□39 Would you ( ) me a favor and give me a ride?
a. give **b.** make **c.** do ………………………………………… c.

□40 I'm not sure this will work out, but let's take a ( ).
a. risk **b.** danger **c.** opportunity ………………………… a.

□41 Four hundred passengers were on ( ) the plane.
a. aboard **b.** board **c.** broad ………………………………… b.

□42 The solution to one problem gave ( ) to another.
a. raise **b.** rise **c.** rose …………………………………… b.

□43 I was born and ( ) in a small town in Oregon.
a. risen **b.** rose **c.** raised ………………………………… c.

□44 The man ( ) on his bed and fell asleep at once.
a. lied **b.** laid **c.** lay …………………………………… c.

□45 ( ) has it that Samantha and Jacob are engaged.
a. Reputation **b.** Rumor **c.** Duty ………………………………… b.

□46 The building has security guards ( ) duty 24 hours a day.
a. on **b.** in **c.** off ……………………………………… a.

□47 She stayed ( ) during the crisis.
a. correct **b.** cruel **c.** calm ………………………………… c.

□48 English is the ( ) language of more than 75 countries.
a. calm **b.** official **c.** proposal ……………………………… b.

解説・和訳

27 deny O_1 O_2「O_1 に O_2 を与えない」／30 suggest に続く that 節内では，動詞の原形を用いる／32 prefer A to B「B よりも A を好む」／33 get married to A「A と結婚する」／38「全ての道はローマに通ず。」／39 give A a ride「A を車に乗せてあげる」／44 lie「横たわる」の過去形は lay ／45「サマンサとジェイコブは婚約しているといううわさだ。」／48 official language「公用語」

日付： 年 月 日	得点： ／48
40点以上→SECTION #14へ	40点未満→もう一度復習

SECTION #14 「関係・対立・一致」

●このセクションでは，事物と事物，人と人などの関係性を表す語を学びます。まずは一般的な関係性を表す relate / relation からスタートしましょう。「相対的な」（relative）の対義語が「絶対的な」（absolute）です。あなたが「他人と比べてまあまあ幸せ」なら You are relatively happy. 「誰が何と言おうと幸せ」なら You are absolutely happy. ということです。

関係・相対・絶対

492 □ **relate**⁑ [rɪléɪt]
他 ①～を（…に）**関係づける** (to …) ② ～を**話す**
★ ②の意味に注意
◆ **be related to A**「**Aと関係している**」
▶ Is this episode **related** to what we were talking about?
「この話は我々が話していたことに**関係して**いますか？」
▶ **relate a story**「**話をする**」
□ **episode*** [épɪsoʊd] 名 話，逸話

□ **relation**⁑ [rɪléɪʃn]
名 ①**関係** ②**親戚**
◆ **in relation to A**「**Aに関して，関する**」

□ **relationship**⁑ [rɪléɪʃnʃɪp]
名（感情を含む）**関係**

□ **relative**⁑ [rélətɪv]
形 **相対的な** (↔ absolute) 名 **親戚**
▶ ↓（absolute）

□ **relatively**⁑ [rélətɪvli]
副 **比較的に** (= comparatively)
▶ The pizza delivery was **relatively** late today.
「今日はピザの配達が**比較的**遅かった。」

□ **relativity*** [relətívəti]
名 **相対性**
▶ **the theory of relativity**「**相対性理論**」

493 □ **absolute**⁑ [ǽbsəluːt]
形 **絶対的な** (↔ relative)，**完全な**
▶ People tend to evaluate their happiness **relative** to others, not in **absolute** terms.
「人は自分の幸福を，**絶対的な**観点ではなく，他人と**比較し**て評価する傾向にある。」
□ **evaluate**⁑ [ɪvǽljueɪt] 他 ～を評価する → p.341
□ **in ～ terms**⁑ 句 ～の観点から → p.148

□ **absolutely**⁑ [ǽbsəluːtli]
副 **絶対に**
▶ **absolutely** impossible「**絶対に**不可能な」

Check! ● relatively happy とは？ 比較的幸せ

●人と会話をする際には，話題の中心となっている問題と「関連がある」(relevant) 内容を話すことが大切です。話題とは「関係のない」(irrelevant) 事を話せば，相手は混乱するばかりでしょう。 ir- は否定の接頭辞です。 relevant に ir- を付ければ「関係のない」という反対の意味になります。他にも regular 「規則的な」↔ irregular 「不規則な」などがあります。 r が重なるスペルに注意してください。また associate は，複数の要素を「関連づける」→「連想する」という意味で用いられます。

関連性

494 □ **relevant**⁑ [réləvənt]

形 (〜と) **関連がある** (to 〜)

★「当該の問題と関連する」

▶ At the dinner table, the father dismissed any talk that was not **relevant** to his current interest.

「夕食の席で父親は，自分の現在の興味と**関連が**ない会話は全て退けた。」

□ **dismiss*** [dɪsmís] 他 〜を退ける → **p.236**

□ **current**⁑ [kə́ːrənt] 形 今の → **p.103**

□ **relevance** [réləvəns]

名 **関連**

□ **irrelevant*** [ɪréləvənt]

形 (〜と) **関連がない** (to 〜)

★ ir-〈否定〉+ relevant →「当該の問題と関連がない」

▶ The teacher got mad at the students because they were talking about an **irrelevant** subject.

「生徒達が**関係のない**話題について話していたので先生は怒った。」

495 □ **mutual*** [mjúːtʃuəl]

形 **相互の** (↔ one-way)

▶ **Mutual** understanding is necessary for a long lasting relationship.

「長続きする関係には，**相互**理解が必要だ。」

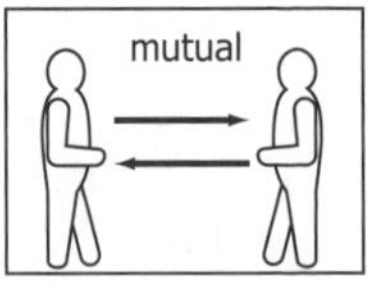

496 □ **associate**⁑ [əsóʊsɪeɪt]

他 〜を (…と) **関連づける** (with …)；**連想する**

★ soci (結びつける)；「結びつけて考える」→「連想する」；society 「社会」と同語源

◆ **associate A with B**「A を B と関連づける」

▶ Not until the discovery of the new evidence, did anyone **associate** the suspect with the murder.

「その新しい証拠が発見されるまで，誰もその容疑者を殺人と**結びつけて考え**なかった。」

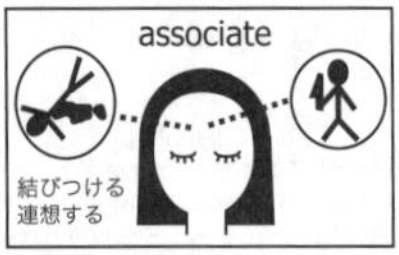

□ **evidence**⁑ [évɪdəns] 名 証拠 → **p.18**

□ **association**⁑ [əsoʊsiéɪʃn]

□ **suspect**⁑ [sʌ́spekt] 名 容疑者 → p.230

名 ①関連，連想 ②協会，団体

◆ **in association with A**「A と関連して，共同で」

▶ **the National Basketball Association**「全米バスケットボール協会，NBA」

Check!	● relevant のアクセント位置は？	rélevant

●次は「対立関係」を表す語を覚えましょう。 conflict 「争い」と friction 「摩擦・不和」は何となくスペルが似ていますが， conflict / friction の l と r の違いに注意してください。 confront は face と意味・用法が似ています。直接目的語をとるか， be confronted [faced] with ～ という形をとります。

「問題に直面する」	**be confronted with** a problem = **be faced with** a problem
	confront (~~with~~) a problem = **face** (~~with~~) a problem

対立

497 □ **conflict**⁑ [kάnflɪkt]

名 争い，衝突 自 対立する，衝突する

▶ a political **conflict** between two countries
「2 国間の政治的闘争」

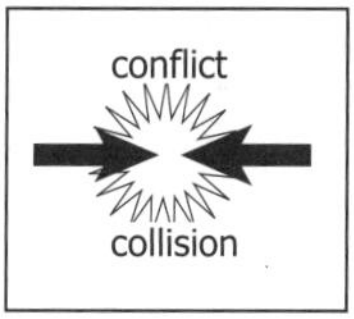

498 □ **collision**＊ [kəlíʒn]

名 衝突 (= crash)

▶ The war vessel had a **collision** with a fishing boat.
「その戦艦は漁船と衝突した。」

□ **vessel** [vésl] 名（大型の）船

□ **collide** [kəláɪd]

自（～と）衝突する (with ～)

499 □ **friction**⁑ [fríkʃn]

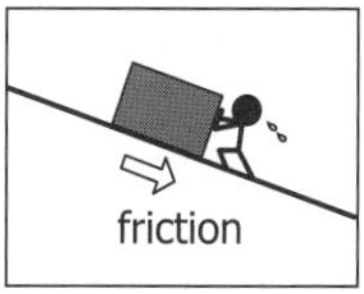

名 摩擦，不和

▶ **trade friction**「貿易摩擦」

▶ The daughter knew there was some **friction** between her parents because of the tension in the house.
「娘は家庭内の緊張から，両親の間に不和があることを知っていた。」

□ **tension**＊ [ténʃn] 名 緊張 → p.54

500 □ **confront**⁑ [kənfrʌ́nt]

他 ～に**直面する，立ち向かう** (= face)

★ face と同じく他動詞

◆ **be confronted with A**「A に**直面している**」(= be faced with A)

▶ **confront** (~~with~~) a problem (= face a problem)
「問題に**直面する**」

▶ He **was confronted with** a once in a lifetime challenge.
「彼は一生に一度の試練に**直面していた**。」

□ **confrontation** [kɑnfrʌntéɪʃn]

名 **直面**

Check!	● He is faced with a difficult problem. = He is (　) with a difficult problem. confronted

● oppose「～に反対する」の派生語には opposition と opposite があります。意味の違いに注意しましょう。SECTION #12 では「多義語」を学びましたが，object もまた代表的な多義語の 1 つです。「物体」「目的」「反対する」という 3 つの意味を覚えましょう。また oppose は他動詞なので前置詞を伴いませんが，object は自動詞なので object to ～という形で用います。

反対

501 □ **oppose**⁑ [əpóʊz]

他 ～に**反対する**

★ op-（～に対して）＋ pose（置く）→「対立して置く」→「反対する」；他動詞であることに注意

◆ **oppose A = be opposed to A**「A に**反対する**」

▶ The mother **opposed** (~~to~~) the daughter's backpacking trip to India.
「母親は娘のインドへのバックパック旅行に**反対した**。」

▶ The residents **are opposed to** the governmental plan to construct a dam.
「住民は政府のダム建設計画に**反対している**。」

□ **resident*** [rézɪdənt] 名 住民 → **p.447**

□ **construct**⁑ [kənstrʌ́kt] 他 ～を建設する → **p.24**

□ **opposition**⁑ [ɑpəzíʃn]

名 **反対，敵対**

◆ **in opposition to A**「A に**対立して**」

▶ **the opposition party**「**野党**」

□ **opposite**⁑ [ɑ́pəzɪt]

形 **反対側の，正反対の** 名 **正反対** 副 **反対側に** 前 ～の**反対側に**

▶ My parents have **opposite** tastes when it comes to ways of spending free time.
「暇な時間の使い方ということになると，私の両親は**正反対の**趣味を持っている。」

□ **opponent*** [əpóunənt]
名（試合や討論の）**相手，敵**
▶ Our team won against a strong **opponent**.
「我々のチームは手強い**敵**に勝った。」

---

502 □ **object**⁑
名 [ábdʒɪkt]
動 [əbdʒékt]

名 ①**物体，対象** ②**目的** 自（〜に）**反対する**（to 〜）
★ ob-（〜に対して）＋ ject（投げる）→「投げつける」→「反対する」；「投げつけられた物」→「対象」「目的」；アクセント注意：「名前動後」
◆ **object to A**「**A に反対する**」（A は名詞・動名詞）
▶ The police could not find the murder weapon which was said to be a round **object**.
「警察は丸い**物体**だと言われている凶器を見つけられなかった。」
▶ The boy **objected** to being left with a babysitter.
「男の子はベビーシッターと共に残されることに**反対した**。」

□ **objection**⁑ [əbdʒékʃn]
名 **反対，異議**

□ **objective**⁑ [əbdʒéktɪv]
形 **客観的な**（↔ subjective「主観的な」）名 **目的**
▶ The teacher evaluated his students' abilities from an **objective** viewpoint.
「先生は生徒の能力を**客観的な**視点から評価した。」
□ **viewpoint**⁑ [vjúːpɔɪnt] 名 視点 → **p.303**

object	**①物体**	⟶	objective	**客観的な**
	②反対する	⟶	objection	**反対**

Check! ● I object to (1. be / 2. being) treated like this. 2.

● 日本語にもなっている「コントラスト（＝対照）」(contrast) の contra- という接頭辞は「反対」を意味しています。contra- で始まる語をいくつか覚えましょう。on the contrary「それどころか」は，前の文の内容と反対の事ではなく，むしろ同じ内容を強めていることに注目してください。

contra- ：反対の

503 □ **contrary**⁑ [kántreri]
形（〜と）**反対の**（to 〜）
★ contra-（反対の）
◆ **contrary to A**「**A と反対に**」

▶ **Contrary** to common belief, washing your face too often can create pimples.
「通説とは**反対に**，顔を洗いすぎるとにきびができることがある。」

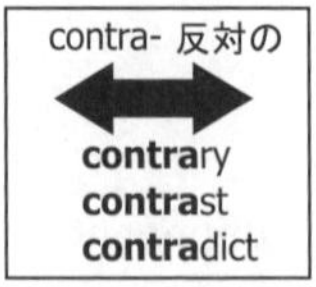

□ **pimple** [pímpl] 名 にきび

□ **on the contrary** ⁑
句 **それどころか**
★通例否定文を受け，前文と同趣旨の内容を強調する
▶ I'm not opposed to your opinion. **On the contrary**, I completely agree with you.
「私は君の意見に反対していない。**それどころか**，完全に賛成している。」

□ **to the contrary**
句 **反対の**
★通例直前の名詞にかかる
▶ He stuck with his belief despite all the evidence **to the contrary**.
「**反対の**証拠が沢山あるにもかかわらず，彼は考えを変えなかった。」

---

504 □ **contrast** ⁑ [kɑ́ntræst]
名 **対照**

□ **in contrast** ⁑
句 (～と) **対照的に** (to, with ～)
▶ **In contrast** to her shy twin sister, she was talkative and outgoing.
「恥ずかしがり屋の双子の姉とは**対照的に**，彼女はおしゃべりで社交的だった。」
□ **outgoing** * [aʊtgóʊɪŋ] 形 社交的な

---

505 □ **contradict** * [kɑntrədíkt]
他 ～を**否定する**，に**反論する**，と**矛盾する**
★contra- (反対に) ＋ dict (言う) →「否定・反論する」
▶ The student tried **contradicting** his teacher but realized that his argument was full of holes.
「その生徒は先生に**反論して**みたが，自分の議論が穴だらけだと悟った。」
▶ The results of the experiment **contradicted** the hypothesis.
「実験の結果は，仮説に**反していた**。」

□ **contradiction** * [kɑntrədíkʃn]
名 **矛盾**

□ **contradictory** * [kɑntrədíktəri]
形 **矛盾した**

Check! ● contradict oneself とは？ 自分で言ったことと矛盾する

● oppose / object 「反対する」の対義語, 「賛成・是認する」という意味の語はいくつかありますが, ここでは approve と consent を覚えてください。 approve は「～に賛成する, をよしとする」という意味で, 他動詞の用法と, 後に of ～ を伴う自動詞の用法とがあります。

賛成・是認

506 □ **approve**⁑ [əprúːv]	自（～に）**賛成する**,（～を良いと）**認める**（of ～） 他 **～を承認する** ★ ap-（～に対し）＋ prove（証明する）→「～の良さを証明する」→「賛成する・認める」 ◆ **approve of A**「A を（良いと）認める, A に賛同する」 ▶ My parents don't **approve** of my boyfriend. 「両親は私の彼氏を**良く思って**いない。」
□ **approval*** [əprúːvl]	名 **賛成, 是認** ▶ Susan returned home to ask for her parents' **approval** before marrying. 「スーザンは結婚する前に両親の**承認**を得るために実家に帰った。」
□ **disapprove*** [dɪsəprúːv]	他 ～に**反対する** 自（～に）**賛成しない**（of ～） ★ dis-〈否定〉＋ approve ▶ My parents **disapprove** of my boyfriend. 「両親は私の彼氏を**良く思っていない**。」
507 □ **consent**⁑ [kənsént]	自（～に）**同意する**（to ～） 名 **同意** ◆ **give consent to A**「A に同意する, を承諾する」 ▶ Until both sides (give) **consent** to the terms of the agreement, they cannot get divorced. 「両者が合意の条件に**同意する**までは, 離婚はできない。」 □ **term**⁑ [tə́ːrm] 名 折り合い, 条件 → **p.148**

Check! ● approve の名詞形は？ approval

● correspond は「一致する」と「対応する」の 2 つの意味を覚えてください。用いる前置詞はそれぞれ with / to です。 accord に関しては熟語表現を中心に覚えます。

対応・一致

508 □ **correspond**⁑ [kɑrəspɑ́nd]	自（～と）**一致する, 合致する**（with ～）;（～に）**対応する**（to ～）

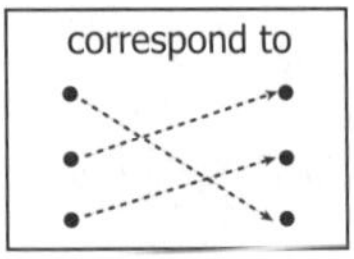

★ cor-（共に）＋ respond （反応する）→「共に応じ合う」

◆ **correspond with A**「A と一致する」

◆ **correspond to A**「A に対応する」

▶ The witness's testimony **corresponds** with the evidence.
「その証人の証言は証拠と**一致する**。」

▶ The red dot on the screen **corresponds** to the car we are tracing.
「画面の赤い点は我々が追跡している車に**対応する**。」

□ **testimony** [téstəmoʊni] 名 証言 → **p.282**

□ **correspondence** [kɑrəspɑ́ndəns]
名 **①一致 ②文通，通信**
★ ②の意味に注意

□ **correspondent** [kɑrəspɑ́ndənt]
形 **一致する** 名 **特派員**
★ 名 の意味に注意
▶ **a foreign correspondent**「海外特派員」

---

509 □ **accord**⁑ [əkɔ́ːrd]
自（～と）**一致する，調和する**（with ～）

□ **according to**⁑ [əkɔ́ːrdɪŋ —]
句 ～に**よると；**に**従って**
▶ **according to** the newspaper . . .「新聞に**よると**…」
▶ In a civil society, we must live **according to** set rules.
「市民社会では，決められた規則に**従って**生活しなくてはならない。」
□ **civil**⁑ [sívl] 形 市民の → **p.590**

□ **accordingly*** [əkɔ́ːrdɪŋli]
副 **それに応じて**

□ **of one's own accord***
句 **自発的に** (= voluntarily)
▶ The criminal confessed **of his own accord**, and no force was applied by the police.
「犯罪者は**自発的に**白状した。警察による強要はなかった。」
□ **confess**⁑ [kənfés] 自 白状する → **p.277**

□ **in accordance with** [— əkɔ́ːrdns —]
句 ～と**一致して，**に**合わせて**
▶ **In accordance with** his wishes, his heart was transplanted to a patient.
「彼の希望に**合わせて**，彼の心臓はある患者に移植された。」
□ **transplant*** [trænsplǽnt] 他 ～を移植する → **p.238**

---

510 □ **conform**⁑ [kənfɔ́ːrm]
自（～に）**従う，順応する，一致する**（to ～）
★ con-（共に）＋ form （形作る）→「共に形作る」→「形が合うように順応する」
◆ **conform to A**「A に従う，順応する」

▶ He had a hard time **conforming** to the new rules at school.
「彼は新しい校則に**順応する**のに苦労した。」

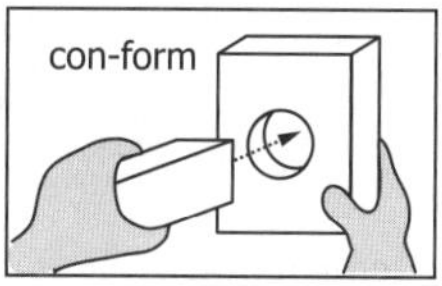

□ **conformity** [kənfɔ́ːrməti]
名 **順応，一致**

511 □ **compatible** [kəmpǽtəbl]
形 (〜と) **両立可能な，矛盾しない** (with 〜)
◆ **be compatible with A**「Aと両立可能である」
▶ Pleasure is not always **compatible** with work.
「仕事と楽しみは常に**両立する**わけではない。」

□ **incompatible** [ɪnkəmpǽtəbl]
形 (〜と) **両立できない，相容れない** (with 〜)

Check! ● a foreign correspondent とは？ 海外特派員

● 似た物が2つ以上あるときには，それらを「比較する」(compare) ことによって，違いがより明確に分かるようになります。一方で，それらを「混同して」(confuse) しまうと，とんでもない誤解へと繋がる可能性があります。 compare / confuse / equal / equivalent / resemble は，どれも最重要単語です。派生語，用法などを1つ1つ確実に覚えていってください。

比較・混同・同等

512 □ **compare**⁑ [kəmpéər]
他 〜を (…と) **比較する** (with, to …)
◆ **compare A with B**「AをBと比較する」
◆ **compare A to B**「AをBになぞらえる」
◆ **compared with A**「Aと比べると」
◆ **as compared to A**「Aと比較すると」
▶ **Compared** with rival companies, our price settings are reasonable.
「競合他社と**比べると**，我々の価格設定は手頃だ。」
□ **reasonable**⁑ [ríːznəbl] 形 納得がいく，手頃な → p.301

□ **comparison**⁑ [kəmpǽrɪsn]
名 **比較**
◆ **in comparison with A**「Aと比べて」(= compared with A)

□ **comparable*** [kɑ́mpərəbl]
形 (〜と) **比較できる，匹敵する** (to 〜)
◆ **be comparable to A**「Aに匹敵する」
▶ a soccer player **comparable** to Pelé「ペレに**匹敵する**サッカー選手」

□ **comparatively*** [kəmpǽrətɪvli]
副 **比較的に** (= relatively)

513 □ **confuse**⁑
[kənfjúːz]

他 ～を（…と）**混同する**（with ...）；を**混乱させる**
◆ **confuse A with B**「A を B と混同する」
▶ On the phone, the daughter's voice was often **confused** with that of her mother.
「電話だと，娘の声はしばしば母親の声と**混同された**。」

□ **confusion**⁑
[kənfjúːʒən]

名 **混同，混乱**

514 □ **equal**⁑
[íːkwəl]

形（～と）**等しい，匹敵する，するだけの能力がある**（to ～）他 ～に**等しい** 名 **等しいもの**
◆ **be equal to A**「A に等しい，に匹敵する」
▶ Everyone was certain that he was **equal** to the assignment.
「彼にその課題を**こなす能力がある**ことは皆確信していた。」
□ **assignment**⁑ [əsáɪnmənt] 名 課題 → **p.83**

□ **equality**⁑
[ɪkwɑ́ləti]

名 **同等，対等，平等**
▶ **equality** of opportunity「機会の**均等（平等）**」

515 □ **equivalent**⁑
[ɪkwívələnt]

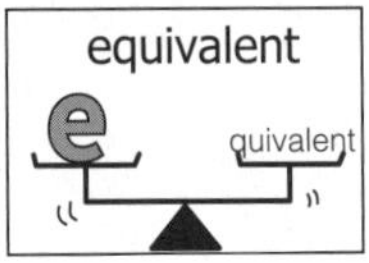

形（～と）**同等の**（to ～）名 **同等のもの**
★ equal と同語源；equal（等しい）＋ value（価値）→「等しい価値を持つ」
◆ **be equivalent to A**「A と同等である」
▶ His salary was said to be **equivalent** to that of a professional baseball player.
「彼の給料はプロの野球選手と**同等だ**と言われていた。」

516 □ **counterpart**＊
[káʊntərpɑːrt]

名 **相当するもの・人**
▶ The role of a Japanese newscaster is different from that of his or her Western **counterpart**.
「日本のニュースキャスターの役割は，西洋の**それ**の役割とは異なる。」

517 □ **resemble**⁑
[rɪzémbl]

他 ～に**似ている**（= take after）
★ 他動詞であることに注意
▶ Mike **resembles** (~~to~~) his mother more than his father.
「マイクは父親よりも母親に**似ている**。」

□ **resemblance**＊
[rɪzémbləns]

名 **類似**

Check!
● compare の名詞形は？ comparison
● He (1. resembles to / 2. resembles) his father. 2.

● 最後は「多様性」に関する語です。「文化の多様性」(cultural diversity) という言葉を耳にしたことがあるかもしれません。最近では，文化に限らず，言語・経済・生物種など様々な面で「多様性」(diversity) が失われ，世界が単一化しつつあるということが危惧されています。これは入試の長文問題でも頻出のトピックです。

多様性

518 □ **diverse**⁑ [daɪvə́ːrs/dɪvə́ːrs]
形 **多様な**
▶ The school welcomed students at **diverse** academic levels.
「その学校は**多様な**学力の生徒を歓迎した。」

□ **diversity**⁑ [daɪvə́ːrsəti/dɪvə́ːrsəti]
名 **多様性**
▶ **cultural diversity**「**文化の多様性**」
▶ In Australia there is **diversity** in the animals seen in the wild.
「オーストラリアでは野生動物に**多様性**がある。」
□ **in the wild*** 句 野生の

519 □ **differ**⁑ [dífər]
自 (〜と) (…の点で) **異なる** (from 〜) (in …)
◆ **differ from A**「**A と異なる**」(= be different from A)
◆ **differ in A**「**A の点で異なる**」(= be different in A)
▶ Humans **differ** from other animals in that they can never be satisfied.
「人間は決して満足できないという点で他の動物と**異なる**。」

□ **different**⁑ [dífərənt]
形 (〜と) (…の点で) **異なる** (from 〜) (in …)

□ **difference**⁑ [dífərəns]
名 **違い，差**
▶ Can you tell the **difference** between a picnic and hiking?
「ピクニックとハイキングの**違い**が分かりますか？」

520 □ **vary**⁑ [véəri/vǽri]
自 **異なる，変わる** (= differ)
▶ People's comments on the movie **varied**, but most of them did not find it interesting.
「その映画の評は人によって**様々だった**が，大半は面白くないと感じた。」

□ **variation** [veriéɪʃn]
名 **変化**

□ **variety**⁑ [vəráɪəti]
名 **多様性；種類，種類のもの**
★「多様であること」を表す場合と，「多様なものの中の，ある種」を表す場合がある

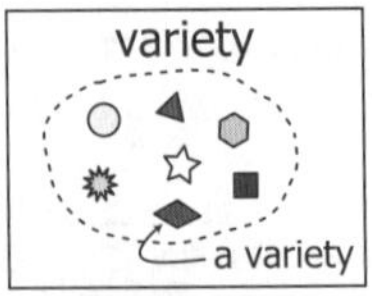

□ **various**⁑
[véəriəs/vǽriəs]

◆ **a (wide) variety of A**「様々なA」
▶ The supermarket sold **a variety of** [**various**] fresh organic vegetables and fruits.
「そのスーパーでは**様々な**新鮮な有機野菜や果物を売っていた。」
▶ This **variety** of frog is rarely seen around here.
「この種のカエルはこの辺りではめったに見られない。」
形 **様々な** (= a variety of)

□ **invariably***
[ɪnvéəriəbli]

副 **常に，いつも決まって**
★ in-〈否定〉＋ vary（変化する）＋ -able〈可能〉→「変化し得ない」→「常に，必ず」
▶ My husband **invariably** falls asleep while watching movies.
「私の夫は映画を見ていると**決まって**眠ってしまう。」

Check! ● various animals = a ( ) of animals …… variety

Review Test

● **Same or Opposite?**

□1 **relative** **absolute** …… **Opposite**
□2 **relate** **tell** …… **Same**
□3 **irrelevant** **related** …… **Opposite**
□4 **objective** **subjective** …… **Opposite**
□5 **objection** **approval** …… **Opposite**

□6 **contrary** **opposite** …… **Same**
□7 **oppose** **approve** …… **Opposite**
□8 **accord** **agree** …… **Same**
□9 **diverse** **various** …… **Same**
□10 **vary** **differ** …… **Same**

● **Yes or No?**

□11 Your uncle is a **relative** of yours. …… Yes
□12 If something is **relative**, it is complete on its own. …… No
□13 If something is **absolute**, it is likely to change. …… No
□14 Something **irrelevant** is usually essential. …… No
□15 **Mutual** understanding is from both sides. …… Yes

□16 An **association** is a group of people. …… Yes
□17 A **conflict** is the result of people living in harmony. …… No

□18 **Friction** is a story about imaginary people. ………… No
□19 A **collision** is a crash between two sides. ………… Yes
□20 **Opposition** is how consent is shown. ………… No

□21 When you **confront** an enemy, you are running away from him. ………… No
□22 When two things are **contrary**, they are alike. ………… No
□23 **Contradiction** is disagreement within an argument. ………… Yes
□24 **Approval** is the act of refusal. ………… No
□25 If two things are **compatible**, they can be used together. ………… Yes

ヒント on one's own「それ自身で」／in harmony「調和して」／imaginary「想像上の」／crash「衝突」

● **Multiple Choices**

□26 Is your talk ( ) to the conversation we are having?
a. absolute **b.** relative **c.** related ………… c.
□27 My relationship with my boss is ( ) to what we are talking about!
a. irrelevant **b.** mutual **c.** relevance ………… a.
□28 I always ( ) the colors red, white and blue when I think about the U.S.
a. dismiss **b.** associate **c.** conflict ………… b.
□29 There was a car ( ) in front of our building.
a. friction **b.** association **c.** collision ………… c.
□30 She was ( ) with a big problem.
a. objected **b.** opposed **c.** confronted ………… c.

□31 I knew my parents would express ( ) to my marriage.
a. collision **b.** tension **c.** objection ………… c.
□32 I need an ( ) point of view to settle this argument.
a. opponent **b.** object **c.** objective ………… c.
□33 ( ) to what the newspaper reported, it rained.
a. Contrary **b.** Oppose **c.** Object ………… a.
□34 He lives on the ( ) side of the street.
a. opposite **b.** opposition **c.** objective ………… a.
□35 There was a sharp ( ) in the colors of the wall and the sofa.
a. objection **b.** contradiction **c.** contrast ………… c.

□36 The son always desired ( ) from his father.
a. relevance **b.** contrast **c.** approval ………… c.
□37 Parental ( ) was needed since the boy was a minor.
a. accordance **b.** correspondence **c.** consent ………… c.

□38 The news was written by a ( ) in New York.
a. correspond b. correspondent c. correspondence ………………… b.

□39 ( ) to the news, the killer was still at large.
a. Accord b. Accordingly c. According ………………………… c.

□40 Settlers tried to ( ) the native people to their religion.
a. conform b. compare c. compatible ……………………… a.

□41 For a long time, many longed for an actress ( ) to Audrey Hepburn.
a. comparable b. reasonable c. various …………………………… a.

□42 Women's rights activists worked for ( ) rights for women.
a. equal b. diverse c. comparable ……………………… a.

□43 One must eat a ( ) of foods in order to maintain one's health.
a. variety b. equality c. correspondence ………………… a.

□44 The shop has ( ) types of T-shirts available.
a. variation b. vary c. various …………………………… c.

ヒント parental「親の」／minor「未成年者」／at large「逃走中で」／activist「活動家」／maintain「～を維持する」

日付： 年 月 日	得点： ／44
36点以上→SECTION #15へ	36点未満→もう一度復習

SECTION #15 「言語・文学」

●「言葉・言語」(language) は人間の営為全般を司るものといっていいでしょう。「言語論」は入試の論説文での頻出テーマですし，どんな分野の英文にも「言葉」に関する語は登場します。このセクションでは「言葉」に焦点を当てて単語を覚えていきます。まず最初に linguistic 「言語の」という語を覚えましょう。 language とのスペルの類似にも注目してください。2ヵ国語を話せる人のことを「バイリンガル」(bilingual) といいますが，同じ lingu というスペルが含まれています。

lingu ：言語

521 □ **linguistic** *
[lɪŋgwístɪk]

形 言語の
▶ Some **linguistic** studies show that languages are easier to learn at certain ages.
「いくつかの**言語学**研究によると，言語はある年齢ではより学びやすいという。」

□ **linguistics**
[lɪŋgwístɪks]

名 言語学

□ **linguist** *
[líŋgwɪst]

名 言語学者

□ **bilingual** *
[baɪlíŋgwəl]

名 2ヵ国語使用者
★bi- (2) ＋ lingua （言語）

linguistic
linguist
bi**lingu**al
language
言語

Check! ●［語源］ bi- の意味は？ 2

● literature 「文学」という単語に含まれる liter という語根は「文字・文学」という意味を表します。 letter 「手紙・文字」も同語源です。以下の単語は liter というスペルを含んでいます。非常に紛らわしいですが，受験では必ず乗り越えなくてはならない難所です。まず literary / literal / literate という3つの形容詞の意味の違いをはっきりと区別して，それぞれの派生形を覚えてください。

【語根】	【形容詞】	【名詞】	【副詞】
liter 文字・文学	literary **文学の**	literature **文学**	
	literal **文字通りの**	(+ly)	literally **文字通り**
	literate **読み書きができる**	literacy **読み書きの能力**	
	↕ il (否定)		
	illiterate **読み書きができない**		

liter ：文字・文学

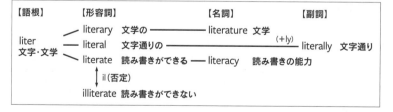

522 □ **literary** ⁑
[lítəreri]

形 文学の
▶ **literary works**「文学作品」

□ **literature**⁑ [lítrətʃər]
名 文字
▶ French **literature**「フランス**文学**」

523 □ **literal**＊ [lítərəl]
形 **文字通りの，字義通りの**
▶ the **literal** meaning of a word「単語の**文字通りの**意味」

□ **literally**⁑ [lítərəli]
副 **文字通り**
★ literal（文字通りの）＋ -ly〈副詞化〉
▶ After breaking up with George, Peggy was **literally** crying her eyes out.
「ジョージと別れてから，ペギーは**文字通り**目を腫らして泣いていた。」
□ **break up with**⁑　句 〜と別れる

524 □ **literate**＊ [lítərət]
形 **読み書きができる，教養のある**
▶ As public education spread throughout the country, more and more people became **literate**.
「国中に公教育が広まると，ますます多くの人が**読み書きができるように**なった。」
□ **throughout**⁑ [θruːáʊt]　前 〜の至る所に

□ **literacy**＊ [lítərəsi]
名 **読み書きの能力，運用能力，教養**
▶ Japan has the highest **literacy rate**.
「日本は最高の**識字率**を有する。」

□ **illiterate** [ɪlítərət]
形 **読み書きができない，教養のない**
★ il-〈否定〉＋ literate

525 □ **letter**⁑ [létər]
名 **①手紙 ②文字**
★ ②の意味に注意
▶ **a capital letter**「**大文字**」

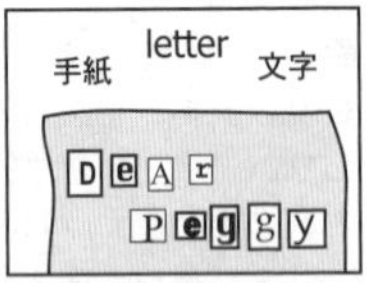

Check! ● literary / literal / literate **の意味は？**　文学の／文字通りの／読み書きができる

●「言葉」を表すもう１つの語根は log です。「言葉によって議論する」という意味を持ちます。日本語にもなっている「カタログ」（catalog）も同語源です。そして「言葉による議論」から生まれるのが「学問」です。-logy（学問）という語尾で終わる単語は多くありますが，ここではその一部を覚えましょう。

log ：言葉・学問

526 □ **dialogue**⁑ [dáɪəlɑg]
名 **対話**
★ dia-（横切って）＋ log（話す）；dialog というスペルもある
▶ a constructive **dialog(ue)**「建設的な**対話**」

527 □ **monologue**
[mánəlɑg]

名 **独白**
★ mono-（単独の）＋ log（話す）; monolog というスペルもある

528 □ **logic***
[lɑ́dʒɪk]

名 **論理，論理学**

□ **logical****
[lɑ́dʒɪkl]

形 **論理的な**
▶ a **logical** consequence「**論理的**帰結（必然的な結果）」

529 □ **apology****
[əpɑ́lədʒi]

名 **謝罪**
▶ I owe you an **apology**.
「あなたに**謝罪**しなくてはならない（**謝罪**の借りがある）。」

□ **apologize****
[əpɑ́lədʒaɪz]

自（～に）（…を）**謝る**（to ～）（for …）
◆ **apologize to A for B**「A（人）に B（過失）を謝る」
▶ Mary **apologized** to her father for driving his car without permission.
「メアリーは父親に車を無断で運転したことを**謝った**。」

530 □ **eloquent**
[éləkwənt]

形 **雄弁な**（= fluent）
★ loq = log（話す）
▶ an **eloquent** speech「**雄弁な**演説」

□ **eloquence**
[éləkwəns]

名 **雄弁**

531 □ **biology****
[baɪɑ́lədʒi]

名 **生物学**
★ bio（生命）＋ -logy（学問）

□ **biological****
[baɪəlɑ́dʒɪkl]

形 **生物学的な**
▶ **one's biological parent**「**生みの親**」

532 □ **psychology****
[saɪkɑ́lədʒi]

名 **心理学**
★ psycho（精神）＋ -logy（学問）; 発音・スペル注意

□ **psychological****
[saɪkəlɑ́dʒɪkl]

形 **心理学的な，精神的な**
▶ a **psychological** problem「**精神的な問題**」

533 □ **analogy***
[ənǽlədʒi]

名 **類推，類似**
▶ an **analogy** between animals and humans「動物と人間との**類似**」

analogy

A	B
king	queen
brother	sister
uncle	(?)

Check! ● 正しいスペルは？： 1. psycology / 2. psychology / 3. phycology　2.

●辞書などで「動詞」が「v」,「形容詞」は「adj」と表記されているのを目にしたことがあるでしょう。「v」は verb の略です。この verb という語も元々は「言葉」という意味を持っています。また,「言葉を発する」という意味の動詞 utter は,形容詞では「完全な」という全く別の意味を持ちます。こちらは utterly という副詞で使われることがほとんどです。

言葉・言葉を発する

534 □ **verb*** [vəːrb]
名 **動詞**
★原義は「言葉」

□ **verbal**⁑ [vəːrbl]
形 **言葉の,口頭の**
▶ **verbal exchanges**「**言葉のやりとり**」

535 □ **adjective** [ædʒɪktɪv]
名 **形容詞**
★アクセント注意

536 □ **proverb*** [právəːrb]
名 **ことわざ**
★pro-（共通の）+ verb （言葉）
▶ **As the proverb goes**, "Time is money."
「**ことわざにあるように**,『時は金なり』だ。」

537 □ **oral*** [ɔ́ːrəl]
形 **口頭の,口の**
▶ **oral communication**
「**口頭での意思疎通**」

538 □ **utter*** [ʌ́tər]
他 ～（言葉）を**発する** (= speak) 形 **完全な,全くの**
▶ The groom was so captured by the bride's beauty that he could not **utter** any words.
「新郎は新婦の美しさに捕らわれて言葉を**発せ**なかった。」
□ **groom*** [grúːm] 名 花婿
□ **capture**⁑ [kǽptʃər] 他 ～を捕らえる → **p.58**
□ **bride*** [bráɪd] 名 花嫁

□ **utterance*** [ʌ́tərəns]
名 **発話**

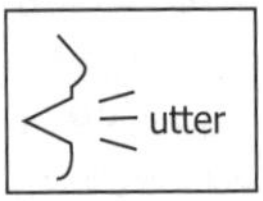

□ **utterly*** [ʌ́tərli]
副 **全く,完全に** (= completely)
▶ **utterly** impossible「**全く**不可能な」

Check! ● as the proverb (　)「**ことわざにあるように**」 goes

●分からない単語がある時には辞書や辞典を「参照する」(refer to, consult, look up)のが手っ取り早い方法です。 refer には「言及する」「参照する」「指す」という 3 つの語義がありますが,イラストを参考に,「ある物に視点を向ける」という 1 つのイメージで覚えてください。またアクセント位置とスペルにも注意しましょう。 prefer / infer / refer などは全て fer の部分にアクセントがあり，過去形／ -ing 形では -ferred / -ferring と r を重ねます。 look up / consult はどちらも「調べる」という意味がありますが， consult の目的語は辞書などの「本」， look up の目的語は「単語」などです。 *look up a dictionary は間違い，正しくは look up a word in a dictionary です。

言及・参照

539 □ **refer**⁑ [rɪfə́ːr]

自 (～に) **言及する**；(を) **参照する**；(を) **指す** (to ～)

★アクセント注意；動詞変化： referred, referring

◆ **refer to A**「A に言及する，を参照する，を指す」

◆ **refer to A as C**「A が C であると述べる」

▶ **refer** to an encyclopedia「百科事典を参照する」

▶ The figures on the graph **refer** to the number of smokers in the region.
「グラフの数字はその地域の喫煙者数を**指している**。」

▶ The president **referred** to those countries as an "axis of evil."
「大統領はそれらの国は『悪の枢軸』であると**述べた**。」

□ **encyclopedia**＊ [ensaɪkləpíːdiə] 名 百科事典

□ **figure**⁑ [fígjər] 名 数字 → **p.149**

□ **axis** [ǽksɪs] 名 軸 → **p.616**

□ **reference**＊ [réfrəns]

名 **言及；参照**

◆ **in [with] reference to A**「A に関して」

540 □ **consult**＊ [kənsʌ́lt]

他 ～に**相談する**；(辞書など) を**参照する**

▶ **consult** a dictionary「辞書を**調べる**」

541 □ **look up**⁑

句 ～ (単語など) を**調べる**

▶ **look up a word in a dictionary** (× look up a dictionary)
「辞書で単語を調べる」

542 □ **mention**⁑ [ménʃn]

他 ～に**言及する**，を**口にする** 名 **言及**

◆ **make mention of A**「A に言及する」 (= mention A)

▶ I do not know him in person, but I have heard his name **mentioned** many times before.
「彼を直接は知らないが，彼の名前が**口にされる**のを何度も聞いたことがある。」

□ **in person**⁑ 句 直接本人が (に) → **p.322**

Check! ● refer のアクセント位置は？ refér

●言葉の「意味」を表す語は SECTION #12 で学んだ meaning ですが，imply は「直接は言っていないが，暗に意味している」ということを表します。いわゆる「裏の意味」ですね。このような言外の意味は「推察する」(infer) 必要があります。infer という動詞は，前出の refer と同様のアクセント，動詞変化を持ちます。また，言葉をどのように「解釈する」(interpret) かは人によって様々です。10人いれば10通りの「解釈」(interpretation) が生じるということもあるでしょう。

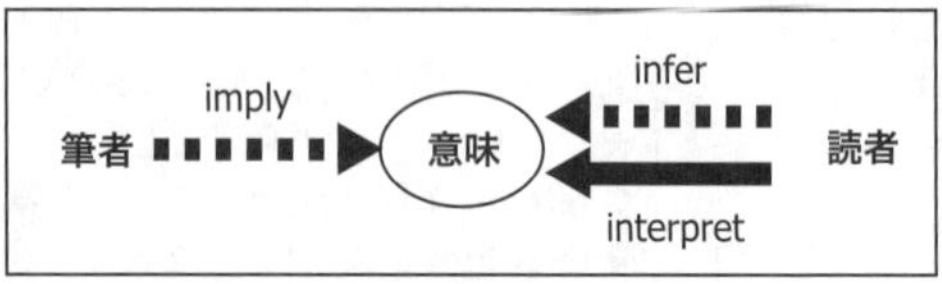

意味・解釈

543 □ **imply**⁑ [ɪmpláɪ]

他 ～を**暗に意味する，含意する** (= suggest)

▶ What does the author **imply** in the last paragraph?
「著者は最終段落で何を**暗に意味して**いますか？」

□ **author**⁑ [ɔ́ːθər] 名 著者，作者 → p.247

□ **paragraph**⁑ [pǽrəgræf] 名 段落

□ **implication**＊ [ɪmplɪkéɪʃn]

名 (裏の・言外の) **意味**；(予想される) **影響，結果**

▶ the ethical **implications** of human cloning「ヒトクローンがもたらす倫理的な**影響**」

□ **implicit**＊ [ɪmplísɪt]

形 **暗黙の，含意された**

▶ There was an **implicit** agreement between them.
「彼らの間には**暗黙の**了解があった。」

□ **explicit**＊ [ɪksplísɪt]

形 **明白な** (↔ implicit)

---

544 □ **infer**＊ [ɪnfə́ːr]

他 ～を**推察する**

★アクセント注意；動詞変化： inferred, inferring

▶ It can be **inferred** from this passage that . . .
「この文章から…ということが**推察**できる。」

□ **inference** [ínfərəns]

名 **推察**

---

545 □ **interpret**⁑ [ɪntə́ːrprɪt]

他 ～を**解釈する；通訳する**

▶ Everyone **interpreted** his silence as a "yes."
「誰もが彼の沈黙を『イエス』と**解釈した**。」

□ **interpretation**⁑ [ɪntəːrprɪtéɪʃn]

名 **解釈；通訳**

▶ The doctrine is based on a literal **interpretation** of the Bible.
「その教義は聖書の文字通りの**解釈**に基づいている。」

□ **doctrine** [dáktrɪn] 名 教義 → **p.392**

Check!	● interpret のアクセント位置は？	intérpret

●言語に関する3つの行為・能力は，「読む」「話す」ともう1つ，「書く」です。scribe という語根は「書く」という意味を持ちます。-scribe（動詞）／-scription（名詞）／-scriptive（形容詞）という語尾変化です。

scribe / script ：書く

546 □ **describe**⁑ [dɪskráɪb]
他 ～を**描写する，説明する**
★ scribe（書く）→「書いて描写・説明する」
▶ You must **describe** the scene of the accident to the insurance company.
「保険会社に事故の現場状況を**説明し**なくてはならない。」
□ **insurance**⁑ [ɪnʃʊ́ərəns] 名 保険 → **p.241**

□ **description**⁑ [dɪskrípʃn]
名 **描写，説明**
▶ In novels, **descriptions** of scenery are sometimes boring.
「小説においては，風景の**描写**は時に退屈だ。」

□ **descriptive** [dɪskríptɪv]
形 **描写の**

547 □ **subscribe** [səbskráɪb]
自（～を）**定期購読する**（to ～）
★ sub-（下に）＋ scribe（書く）→「下にサインする」→「定期購読する」
◆ **subscribe to A**「A を**定期購読する**」
▶ **subscribe to** a magazine「雑誌を**定期購読する**」

□ **subscription** [səbskrípʃn]
名 **定期購読**

548 □ **prescribe*** [prɪskráɪb]
他 ～（薬）を**処方する；指示する**
★ pre-（前もって）＋ scribe（書く）→「前もって書いて指示する」
▶ The young doctor **prescribed** the wrong antibiotics.
「若い医者は間違った抗生物質を**処方した**。」
□ **antibiotic** [æntɪbaɪátɪk] 名 抗生物質

□ **prescription** [prɪskrípʃn]
名 **処方，指示**

549 □ **manuscript*** [mǽnjəskrɪpt]
名 **原稿**
★ manu-（手）＋ script（書く）→「手で書かれたもの」

Check!	●［語源］ scribe の意味は？	書く
	●［語源］ manu の意味は？	手

●「批評」は criticism です。 crit / cris というスペルを含む以下の5つの単語は非常に紛らわしいので注意して覚えてください。原義はどれも「決定を下す」という意味です。「(善悪の) 決定を下す」＝「批判する」,「(生死の) 決定を下す」＝「決定的な, 危機」というように関連づけて覚えましょう。

crit ：決定を下す

550 □ **criticize**** [krítɪsaɪz]

他 ～を**批判する**

★「善悪の決定を下す」→「批判する」

◆ **criticize A for B**「**B（過失）のことでAを批判する**」

▶ The teacher was **criticized** for praising students too much.
「教師は生徒を誉めすぎると**批判された**。」

□ **criticism**** [krítɪsɪzm]

名 **批判**

▶ The female student could not bear **criticism** and started crying.
「女子学生は**批判**に耐えられずに泣き出した。」

□ **bear**** [béər] 他 ～に耐える → p.149

□ **critic**** [krítɪk]

名 **批評家**

◆ **A's critic**「**Aを批判する人**」

551 □ **critical**** [krítɪkl]

形 **①決定的な ②批評の**

★「生死の決定を下す」→「決定的な」

▶ The boxer received a **critical** blow and lost consciousness.
「ボクサーは**決定的な**一撃を受けて意識を失った。」

□ **consciousness*** [kánʃəsnəs] 名 意識 → p.305

552 □ **crisis**** [kráɪsɪs]

名 **危機**

★「生死の決定を下す」→「危機」; 複数形は crises [kráɪsiːz]

▶ The company faced a **crisis** when its main project failed.
「主力の計画が失敗すると, 会社は**危機**に直面した。」

Check!	● critic / crisis の意味は？	批評家／危機

● 頭の中にある「意見」は opinion ですが, それを言葉にしたものが remark / comment です。 opinion は動詞の express と, remark / comment は make とセットで覚えましょう。

意見

553 □ **opinion**⁑ [əpínjən]

名 **意見**

◆ **express one's opinion about [on] A**「A について自分の意見を言う」

554 □ **remark**⁑ [rɪmɑ́ːrk]

名 **意見，論評** (= comment) 自（意見を）**述べる**

◆ **make a remark on [about] A**「A について論評する」

▶ The girl was punched in the face after making cruel **remarks** about a classmate.
「少女は同級生に関する残酷な**意見**を述べて顔を殴られた。」

□ **cruel**⁑ [krúːəl] 形 残酷な → **p.176**

□ **remarkable**⁑ [rɪmɑ́ːrkəbl]

形 **著しい，目立った**

★「注目すべき」

▶ **remarkable** advances in technology
「科学技術の**著しい**進歩」

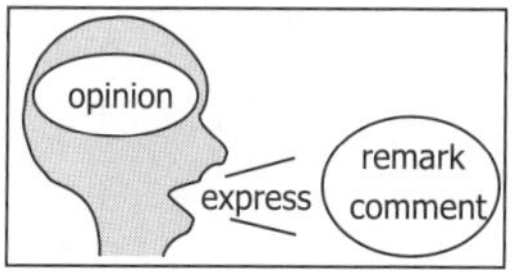

555 □ **comment**⁑ [kɑ́ment]

名 **意見，論評** (= remark) 自（意見を）**述べる**

◆ **make a comment on [about] A**「A について論評する」

▶ The teacher's severe **comment** on the test made the student cry.
「テストについての先生の厳しい**論評**を聞いて，学生は泣いた。」

Check! ● comment のアクセント位置は？ cóment

●書かれた文は，大きく分けると「韻文・詩」(verse, poetry) と，「散文（普通の文）」(prose) の 2 つに分類されます。また，言葉を用いた様々なテクニックは「修辞学」(rhetoric) と呼ばれます。metaphor「隠喩」，irony「皮肉」，paradox「逆説」などはその代表的なものです。

文の種類・技法

556 □ **prose** [próʊz]

名 **散文**

★「詩」(verse, poetry) 以外の普通の文

557 □ **verse*** [vɜ́ːrs]

名 **韻文，詩** (= poetry)

558 □ **poetry**⁑ [póʊətri]

名 **詩**

★「詩」全般を指す；「個々の詩」は poem，「詩人」は poet

□ **poetic*** [poʊétɪk]

形 **詩的な**

559 □ document⁑
[dάkjəmənt]

名 **文書，書類** (= paper)
★公式の書類のこと
▶ Please look over the **documents** and hand them in to the manager.
「**書類**に目を通して部長に提出してください。」
□ look over* 句 ～に目を通す → p.508
□ hand in⁑ 句 ～を提出する

560 □ narrative*
[nǽrətɪv]

名 **語り，物語** 形 **物語の**
▶ The author expressed his philosophical ideas in a **narrative** form.
「著者は自身の哲学的観念を**物語**形式で表現した。」

□ narration*
[næréɪʃn]

名 **語り**

561 □ plot*
[plάt]

名 ①（物語の）**筋書き** ②**策略，陰謀**
▶ the **plot** of a movie [novel]「映画［小説］の**筋書き**」
▶ a **plot** against the king「王に対する**陰謀**」

562 □ quote*
[kwóʊt]

他 ～を**引用する**
▶ Einstein was **quoted** as saying, "The hardest thing in the world to understand is the income tax."
「アインシュタインは『世の中で最も理解しがたいものは所得税だ』と言ったと**伝えられていた**。」

□ quotation*
[kwoʊtéɪʃn]

名 **引用**
▶ **quotation mark**「**引用符**」

563 □ rhetoric
[rétərɪk]

名 **修辞学，美辞麗句**
★言葉を巧みに使って表現する技法のこと
▶ It is essential for a politician to master the art of **rhetoric**.
「**修辞学**の技術を習得することは政治家にとって必要不可欠だ。」

564 □ metaphor*
[métəfər]

名 **比喩，隠喩**
★ある物を別の物にたとえること

565 □ irony*
[áɪrəni]

名 **皮肉**
★①「(0点をとった人に向かって) すばらしい成績だね！」など，わざと逆のことを言うこと ②予想されたものとは正反対の結果，運命のいたずら
▶ "You are so smart!" she said to me with **irony**.
「『あなたは賢いのね』と，彼女は**皮肉**をこめて私に言った。」

▶ It's an **irony** that the car salesman cannot afford to buy his own car.
「車のセールスマンが自分の車を買うお金がないというのは**皮肉だ**。」

□ **ironically*** [aɪránɪkəli]
副 **皮肉なことに**

566 □ **paradox*** [pǽrədɑks]
名 **逆説，矛盾**
★ 相反するはずの2つの要素が，実際には両立してしまっている状態
▶ It's a **paradox** that the Internet, which is designed to connect people, actually makes us more isolated.
「人々を結びつけることを目的とするインターネットが，実際には我々をますます孤立させるというのは，**逆説的だ**。」

paradox
I'm telling a lie!

□ **paradoxical** [pærədɑ́ksɪkl]
形 **逆説的な，矛盾した**

Check! ● paradox のアクセント位置は？ páradox

●最後に言葉に関する語をいくつか覚えましょう。grammar や vocabulary は，スペルを間違いやすい語の代表的なものです。何度も書いて正確に覚えるようにしましょう。

言葉に関する語

567 □ **dialect*** [dáɪəlekt]
名 **方言**
★ ある地域で話されている語彙・文法・発音
▶ English has countless regional **dialects**.
「英語には無数の地域**方言**がある。」

568 □ **accent*** [ǽksənt]
名 **訛り，方言**
★ ある地域に特有の発音の仕方
▶ He speaks English with a strong French **accent**.
「彼は強いフランス**訛り**で英語を話す。」

569 □ **pronounce*** [prənáʊns]
他 ～を**発音する**
★ pro-（前へ）＋ nounce（言う）；announce「告知する」と同語源
▶ The student **pronounced** the words perfectly and amazed his teacher.
「その生徒は単語を完璧に**発音して**先生を驚かせた。」

□ **pronunciation*** [prənʌnsiéɪʃn]
名 **発音**
★ スペル注意：pronunciation

570 □ **tongue**⁑
[tʌ́ŋ]

名 ①舌 ②言語，言葉

★ 発音注意：「タン」（「牛タン」は牛の「舌肉」）；②の意味に注意

◆ **one's mother [native] tongue**「母語」

◆ **hold one's tongue**「言わないでおく，口を慎む」

◆ **a slip of the tongue**「口を滑らせること，失言」

571 □ **text**⁑
[tékst]

名 ①（書かれた）**文章** ②（携帯・スマホの）**メール** 自（携帯・スマホで）**メールを送る** 他 ～に**メールを送る**

▶ **a text message**「（携帯・スマホの）メール」

▶ It's dangerous to **text** while walking.
「歩きながら**メールを打つ**のは危険だ。」

572 □ **context**⁑
[kántekst]

名 **文脈，前後関係，状況**

◆ **in context**「文脈の中で」↔ **out of context**「文脈を離れて」

▶ Memorizing new words is easier when they are **in context**.
「**文脈の中で**新しい単語を記憶する方が簡単だ。」

573 □ **grammar**⁑
[grǽmər]

名 **文法**

★ スペル注意：gramm<u>a</u>r

▶ **English grammar**「英文法」

▶ English education in Japan tends to place too much emphasis on **grammar**.
「日本の英語教育は**文法**を過度に重視する傾向にある。」

□ **grammatical**＊
[grəmǽtɪkl]

形 **文法の**

▶ **a grammatical error**「文法上の間違い」

574 □ **vocabulary**⁑
[voʊkǽbjəleri]

名 **語彙，ボキャブラリー**

★ スペル注意：vocabu<u>la</u>r<u>y</u>；単語の集まり全体を a vocabulary で表す；「豊富な語彙」は a(n) large [abundant, extensive] vocabulary が正しい。*many vocabularies としないこと

▶ He has a large English **vocabulary**.
「彼は英語の**語彙**が豊富だ。」

Check!		
	● 正しいスペルは？： 1. pronounciation / 2. pronunciation	2.
	● 正しいスペルは？： 1. gramer / 2. grammer / 3. grammar	3.
	● 正しいスペルは？： 1. vocaburary / 2. vocaburaly / 3. vocabulary	3.

Review Test

● Same or Opposite?

□1	**eloquent**	**fluent**	Same
□2	**utterly**	**completely**	Same
□3	**imply**	**suggest**	Same
□4	**remark**	**comment**	Same
□5	**verse**	**prose**	Opposite

● Match up each word with its definition.

□6	**narrative**	**a.**	form of language spoken in a particular area	b.
□7	**metaphor**	**b.**	process of telling a story	e.
□8	**irony**	**c.**	situation containing two opposite features	d.
□9	**paradox**	**d.**	way of saying the opposite of what you mean	c.
□10	**dialect**	**e.**	way of referring to something as something different	a.

● Yes or No?

□11 **Linguistic** means relating to language. ······ Yes
□12 If you are **bilingual**, you can speak three languages. ······ No
□13 **Literature** includes novels, plays and poems. ······ Yes
□14 If you are **literate**, you love literature. ······ No
□15 **Literacy** is the ability to read and write. ······ Yes

□16 Being **illiterate** means despising literary works. ······ No
□17 For a **dialogue** to happen, you need two people talking. ······ Yes
□18 **Logic** is a series of correct reasoning. ······ Yes
□19 **Biology** is a field of study on the number 2. ······ No
□20 **Psychology** is a study of people's minds. ······ Yes

□21 A **proverb** is a concise saying that is well-known. ······ Yes
□22 **Criticism** is the same as praise. ······ No
□23 If something is **critical**, it is insignificant. ······ No
□24 A **crisis** is something you welcome to your life. ······ No
□25 "When you lose, you actually win" is a **paradox**. ······ Yes

□26 An **accent** indicates which country the speaker is from. ······ Yes
□27 **Grammar** is a set of rules that control the formation of sentences. ······ Yes
□28 When writing a formal report, one must be **grammatically** correct. ······ Yes

ヒント reasoning「論理的思考」／concise「簡潔な」

Multiple Choices

□29 My father is a professor of ( ).
a. linguist b. linguistics c. linguistic .... b.

□30 She grew up in two different countries, so she is ( ).
a. literature b. literal c. bilingual .... c.

□31 The boy wanted to learn ( ) at the university.
a. literally b. literacy c. literature .... c.

□32 After breaking up with George, Peggy was ( ) crying her eyes out.
a. literally b. literary c. literacy .... a.

□33 I refused to ( ) for something I did not do.
a. monologue b. apologize c. break up .... b.

□34 In ( ) class we learn how the human mind works.
a. psychology b. biology c. analogy .... a.

□35 ( ) abuse can be as damaging as physical violence.
a. Reference b. Utterance c. Verbal .... c.

□36 A sentence is not complete without a ( ).
a. apology b. verb c. proverb .... b.

□37 He was so surprised that he couldn't ( ) a single word.
a. refer b. mention c. utter .... c.

□38 Don't you remember my ( ) his name?
a. interpreting b. mentioning c. describing .... b.

□39 I ( ) a dictionary to learn the meaning of the word "psychology."
a. looked up b. consulted c. interpreted .... b.

□40 What does the author ( ) in this passage?
a. refer b. imply c. subscribe .... b.

□41 Because she was bilingual, she could ( ) simultaneously for others.
a. mention b. refer c. interpret .... c.

□42 I tried to ( ) the dream I had, but I couldn't.
a. describe b. subscribe c. prescribe .... a.

□43 If you want to read this magazine, you have to ( ) to it.
a. describe b. prescribe c. subscribe .... c.

□44 I did not like the way she always ( ) others.
a. prescribed b. criticized c. apologized .... b.

□45 The patient was in a ( ) condition.
a. critic b. critical c. crisis .... b.

□46 The girl made a cruel ( ) about her classmate.
a. interpretation b. remark c. crisis .... b.

□47 The above passage is ( ) from the Bible.
a. interpreted b. quoted c. criticized ………… b.

□48 Your choice of topic is out of ( ).
a. context b. accent c. dialect ………… a.

□49 I love speaking French but hate learning the ( ).
a. grammar b. context c. interpretation ………… a.

□50 Because he has an extensive ( ), his comments are always sophisticated.
a. accent b. grammar c. vocabulary ………… c.

ヒント abuse「虐待」／the Bible「聖書」／sophisticated「洗練されている」

日付： 年 月 日	得点： ／50
40点以上→SECTION #16へ	40点未満→もう一度復習

接尾辞とアクセントの法則・2

練習問題

157ページ，158ページで学んだ①～⑥のルールを応用して，下の単語のアクセント位置を考えてみましょう。

1) appropriate
2) demonstrate, demonstration
3) hesitate, hesitation
4) economy, economical, economic
5) democracy, democratic
6) technology, technological
7) photograph, photography, photographic
8) optimistic
9) prefer, preference
10) labor, laborious

答え

1) apprópriate（ルール①）
2) démonstrate（ルール①），demonstrátion（ルール②）
3) hésitate（ルール①），hesitátion（ルール②）
4) ecónomy（ルール⑥），ecónómical（ルール②），ecónómic（ルール②）
5) demócracy（ルール⑥），democrátic（ルール②）
6) technólogy（ルール⑥），technológical（ルール②）
7) phótograph, photógraphy（ルール⑥），photográphic（ルール②）
8) optimístic（ルール②）
9) prefér（ルール④），préference
10) lábor，labórious（ルール③）

SECTION #16「調査・研究」

●大学入試では，特定の「研究・調査」をテーマとした英文が長文問題に出題されることがしばしばあります。理系の学問の「研究」という意味で最も一般的に用いられるのは research です。 investigate は「～を入念に調べる」という意味で，学術研究以外にも，警察の捜査などにも用いられます。 survey は「～をざっと見渡す」という意味ですが，主にアンケートによる調査などに用いられます。

調査・研究

575 □ **research**⁑
[ríːsəːrtʃ]

名 **研究，調査**
★類義語の study は可算名詞だが，research は不可算名詞
◆ **do research on A**「**A の研究をする**」
▶ Scientists continue to carry out **research** to find a cure for cancer.
「科学者達は癌の治療法を見つけるために**研究**を続けている。」
□ **carry out**⁑　句 ～を実行する　→ **p.84**
□ **cancer**⁑　[kǽnsər]　名 癌　→ **p.384**

576 □ **investigate**⁑
[ɪnvéstɪgeɪt]

他 ～を**調査する，研究する**
▶ The FBI was in charge of **investigating** the case.
「FBI がその事件の**調査**を担当した。」
□ **in charge of**⁑　[— tʃáːrdʒ —]　句 ～を担当して　→ **p.83**
□ **case**⁑　[kéɪs]　名 事件　→ **p.150**

□ **investigation**⁑
[ɪnvestəgéɪʃn]

名 **調査，研究，捜査**
▶ The police are busy with the **investigation** on the serial murders.
「警察は連続殺人の**捜査**に忙しい。」
□ **serial**　[síəriəl]　形 連続した　→ **p.550**
□ **murder**⁑　[mə́ːrdər]　名 殺人　→ **p.278**

577 □ **survey**⁑
動 [səːrvéɪ]
名 [sə́ːrveɪ]

他 ～を**見渡す；調査する**
名 **アンケート調査，測量**
★アクセント注意：名前動後

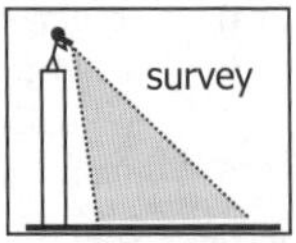

▶ The university took a **survey** to see if students were satisfied with their dorm life.
「大学は学生達が寮生活に満足しているかどうかの**アンケート調査**を行った。」

578 □ **inquire*** [ɪnkwáɪər]

自（～について）**尋ねる**（about ～）(= ask)；（～を）**調査する**（into ～）

★「尋ねる」は about，「調べる」は into を用いる

◆ **inquire about A**「**A について尋ねる**」

◆ **inquire into A**「**A を調査する**」

▶ The police came to **inquire** about the missing person.
「警察が行方不明の人物について**尋ね**にやって来た。」

▶ The police did not **inquire** into the missing person's report for two months.
「警察は行方不明の人物の報告書を 2 ヵ月間**調べ**なかった。」

□ **inquiry*** [ɪnkwáɪəri]

名 **質問；調査**

Check! ● inquire の名詞形は？ inquiry

●「研究・調査」(research) の一般的なプロセスを追ってみましょう。新たな「理論・学説」(theory) を打ち立てるためには，まず「仮説」(hypothesis) を立てます。さらに「データ」(data) や「統計」(statistics) をもとに「分析」(analysis) や「実験」(experiment) を行い，「結論」(conclusion) を導きます。

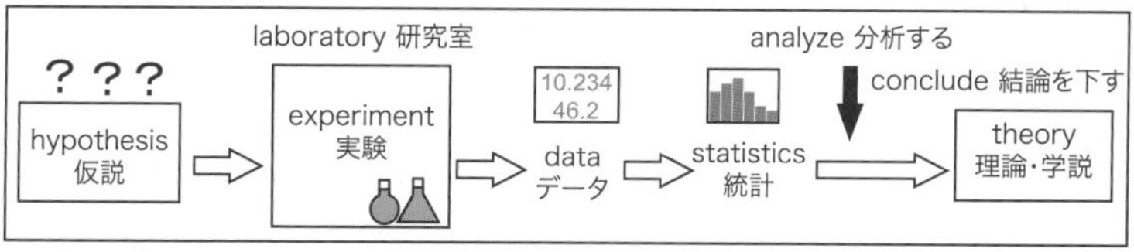

仮説から理論へ

579 □ **theory*** [θíːəri]

名 **理論，学説**

◆ **in theory**「**理論上は**」↔ **in practice**「**実際は**」

▶ Einstein developed the **theory** of relativity.
「アインシュタインは相対性**理論**を展開した。」

□ **relativity*** [relətívəti] 名 関係性，相対性 → **p.179**

□ **theoretical*** [θiːərétɪkl]

形 **理論上の**

□ **theoretically** [θiːərétɪkli]

副 **理論上は** (= in theory)

▶ It is **theoretically** possible, but practically impossible, to travel backward in time.
「時間を遡って過去に行くのは，**理論上は**可能だが，実践的には不可能だ。」

580 □ **method**⁑ [méθəd]

名 (体系的な) **方法**
★ 組織・体系的な方法論
▶ **methods of teaching**「**教授法**」
▶ The lab has introduced an efficient **method** of collecting data.
「研究所はデータを収集する効率的な**方法**を導入した。」

581 □ **hypothesis*** [haɪpάθəsɪs]

名 **仮説**
★ hypo- (下に) ＋ thesis (置く) →「下になる説」; 複数形 : hypothes<u>es</u>
▶ The scientist's theory was based on an incorrect **hypothesis**.
「科学者の理論は間違った**仮説**に基づいていた。」

582 □ **experiment**⁑ [ɪkspérɪmənt]

名 **実験**
▶ The scientist conducted numerous **experiments** to test his hypothesis.
「科学者は自身の仮説を試すために数多くの**実験**を行った。」
□ **conduct**⁑ [kəndʌ́kt] 他 ～を行う → **p.351**
□ **numerous**⁑ [njú:mərəs] 形 多数の → **p.290**

□ **experimental*** [ɪksperɪméntl]

形 **実験的な**
▶ an **experimental** approach「**実験的な**取り組み」

583 □ **detect**⁑ [dɪtékt]

他 ～を**検出する，見つける**
▶ A computer virus was **detected** in your message!
「あなたのメッセージにコンピュータ・ウィルスが**検出されました**！」

□ **detective*** [dɪtéktɪv]

名 **探偵，刑事**
★「犯人を <u>見つける</u> (detect) 人」
▶ **a detective story**「**推理小説**」

584 □ **thesis** [θí:sɪs]

名 **学位論文**
▶ write a **thesis**「**学位論文**を書く」

585 □ **statistics**⁑ [stətístɪks]

名 **統計**
▶ **Statistics** show that many people tend to feel depressed on Mondays.
「**統計**によると，多くの人は月曜日に憂鬱になる傾向にあるということだ。」
□ **tend to *do***⁑ 句 ～する傾向がある → **p.431**
□ **depressed**⁑ [dɪprést] 形 憂鬱な → **p.108**

□ **statistical** * [stətístɪkl]	形 **統計上の**
586 □ **analyze** * [ǽnəlaɪz]	他 ～を**分析する** ★スペル注意： analyze ▶ The archaeologists **analyzed** the rock to see how old it was. 「考古学者は，その岩がどのくらい古いものか**分析した。**」 □ **archaeologist** [ɑːrkɪɑ́lədʒɪst] 名 考古学者 → archaeology「考古学」→ **p.589**
□ **analysis** * [ənǽləsɪs]	名 **分析** ★複数形： analyses
587 □ **laboratory** ⁑ [lǽbrətɔːri]	名 **研究室** ★略称は lab
588 □ **conclude** ⁑ [kənklúːd]	他 …と**結論を下す** (that …) ▶ After going through six divorces, the man **concluded** that it is better to remain single. 「6回の離婚を経験した後で，男は独身でいる方がいいと**結論を下した。**」
□ **conclusion** ⁑ [kənklúːʒn]	名 **結論** ▶ **draw a conclusion**「結論を導く」

Check!	● 正しいスペルは？： 1. analize / 2. analyze	2.

●研究とは，上記のように，論を「証明する」(prove) 一連の過程だといえるでしょう。prove に関しては，自動詞と他動詞の用法を明確に区別してください。demonstrate は「具体的な推論・証拠を示して証明する」という意味です。そこから日本語の「デモ」(示威運動) の意味も派生しています。一方の illustrate は「図や例を用いて説明する」という意味です。estimate は主に「数値を見積もる」という意味で用いられます。

証明・見積もり

589 □ **prove** ⁑ [prúːv]	他 ～を**証明する** 自 (～であると) **分かる，判明する** (to be ～) (= turn out (to be) ～) ★自動詞としての用法に注意 ◆ **prove that …**「…であると証明する」 ◆ **prove A to be C**「A が C であると証明する」 ◆ **prove (to be) C**「C であることが分かる」 ▶ The scientist **proved** that his theory was correct. = The scientist **proved** his theory to be correct.

「科学者は自分の理論が正しいことを**証明した**。」
▶ The rumor **proved** (to be) true.
「そのうわさは本当であると**分かった**。」

□ **proof**⁑ [prú:f] | 名 **証明，証拠**

590 □ **demonstrate**⁑ [démənstreɪt]
他 ～を**実証する，実演する**
★具体的に何かを示して証明・説明すること
▶ The engineers **demonstrated** the robot's mechanism.
「技術者達はロボットの仕組みを**実演した**。」
□ **mechanism*** [mékənɪzm] 名 仕組み

□ **demonstration*** [demənstréɪʃn]
名 **実証，実演**

591 □ **illustrate**⁑ [íləstreɪt]
他 ～を**例証する**，（図や例などで）**説明する**
▶ The pie chart **illustrates** what fraction of the population is Christian.
「円グラフは人口の何割がキリスト教徒かを**示している**。」
□ **fraction*** [frækʃn] 名 一部分，断片 → **p.459**

□ **illustration*** [ɪləstréɪʃn]
名 **例証；挿し絵**

592 □ **estimate**⁑ 動 [éstɪmeɪt] 名 [éstɪmət]
他 ～を**見積もる** 名 **見積もり**
★主に数値に関する見積もり
◆ **it is estimated that ...** 「**…と見積もられている**」
▶ It is **estimated** that more than 100 people were killed in the landslide.
「土砂崩れで100人以上が死んだと**見積もられている**。」

□ **underestimate*** [ʌndəréstəmeɪt]
他 ～を**過小評価する**

Check! ● demonstrate / estimate **のアクセント位置は？**　démonstrate / éstimate

●研究の各分野に関する語を覚えます。「研究者」を表す一般的な語は researcher です。豊富な知識を持った「学者」という意味では scholar が用いられます。 scholastic / academic は「勉強に関する」という意味で広く使われる形容詞です。 academic [scholastic] achievement 「学業成績」, academic ability 「学力」というコロケーションは必ず覚えましょう。

専門・学術

593 □ **expert**⁑ 名 [ékspəːrt] 形 [ɪkspə́ːrt]
名 **専門家** 形（〜に）**熟達した** (at, in 〜)
◆ **be expert at [in] A**「A に熟達している」
▶ Surgical procedures must be performed by at least one experienced **expert** of that field.
「外科手術の処置は少なくとも1名のその分野の経験豊富な**専門家**によって行われなくてはならない。」
▶ My brother is **expert** at skiing.
「兄はスキーの**名手**だ。」
□ **surgical*** [sə́ːrdʒɪkl] 形 外科の → **p.380**
□ **procedure**⁑ [prəsíːdʒər] 名 処置 → **p.232**

□ **expertise** [ekspərtíːz]
名 **専門知識**

594 □ **scholar**⁑ [skɑ́lər]
名 **学者，奨学生**

□ **scholarship*** [skɑ́lərʃɪp]
名 **奨学金**
▶ win a **scholarship**「**奨学金**を得る」

□ **scholastic** [skəlǽstɪk]
形 **学校の，学術的な**
▶ **scholastic achievement**「**学業成績**」
▶ The **scholastic** [**academic**] **ability** of Japanese high school students used to be one of the highest in the world.
「かつては日本の高校生の**学力**は世界で最も高かった。」

595 □ **academic**⁑ [ækədémɪk]
形 **学問の，大学の**
▶ **academic achievement**「**学業成績**」
▶ **academic ability**「**学力**」

596 □ **specialize*** [spéʃəlaɪz]
自（〜を）**専攻する，専門にする** (in 〜)
▶ a professor **specializing** in economics「経済学を**専門にする**教授」

Check! ● He is expert ( ) tennis. at [in]

●研究・学問の分野に関する語をいくつか学習しましょう。前セクションで学んだ -logy（学問）という接尾辞を再確認してください。geo（土地・地面）という語根からは，geography「地理学」，geology「地質学」，geometry「幾何学」の３つが生まれます。「幾何学」は元来「土地を測量する学問」だったのです。astro（星）という語根からは astronomy「天文学」，astrology「占星術」が生まれます。各単語のアクセントにも注意しましょう。-graphy / -logy / -metry / -nomy の語尾で終わる語は，いずれも直前の音節にアクセントが置かれます。

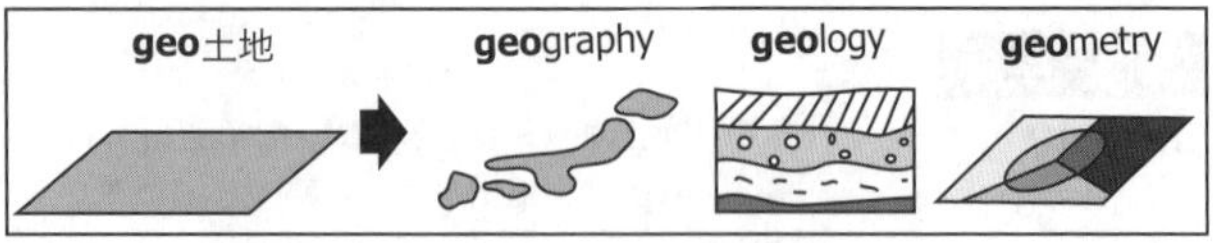

学問分野

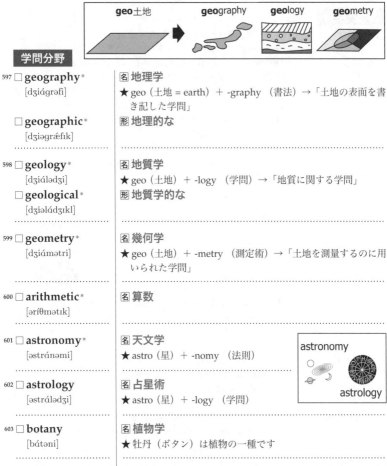

597 □ **geography*** [dʒiágrəfi]
名 地理学
★ geo（土地 = earth）＋ -graphy（書法）→「土地の表面を書き記した学問」

□ **geographic*** [dʒiəgrǽfɪk]
形 地理的な

598 □ **geology*** [dʒiálədʒi]
名 地質学
★ geo（土地）＋ -logy（学問）→「地質に関する学問」

□ **geological*** [dʒiəládʒɪkl]
形 地質学的な

599 □ **geometry*** [dʒiámətri]
名 幾何学
★ geo（土地）＋ -metry（測定術）→「土地を測量するのに用いられた学問」

600 □ **arithmetic*** [əríθmətɪk]
名 算数

601 □ **astronomy*** [əstránəmi]
名 天文学
★ astro（星）＋ -nomy（法則）

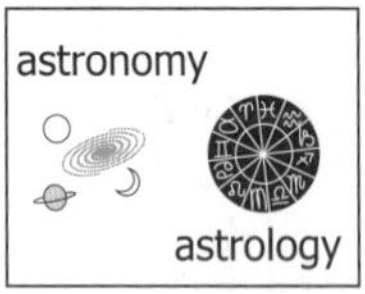

602 □ **astrology** [əstrálədʒi]
名 占星術
★ astro（星）＋ -logy（学問）

603 □ **botany** [bátəni]
名 植物学
★ 牡丹（ボタン）は植物の一種です

604 □ **anthropology*** [ænθrəpálədʒi]
名 人類学
★ anthropo（人間）→「人間に関する学問」；ピテカントロプス（pithecanthropus）も同語源

Check!
- ［語源］ geo の意味は？ 土地・地面
- ［語源］ astro の意味は？ 星
- geography / geology / astronomy のアクセント位置は？ geógraphy / geólogy / astrónomy

Review Test

● Same or Opposite?

□1	**inquire**	**ask**	Same
□2	**theoretical**	**practical**	Opposite
□3	**proof**	**evidence**	Same
□4	**expert**	**novice**	Opposite
□5	**scholastic**	**academic**	Same

ヒント novice 「初心者」

● Yes or No?

□6 To conceal the truth about something, you **investigate**. ………… No
□7 A **survey** is like a questionnaire. ………… Yes
□8 If something is **experimental**, it is full of old ideas. ………… No
□9 To **analyze** is to study more carefully. ………… Yes
□10 A type of room used for tests and experiments is a **laboratory**. ………… Yes

□11 A **conclusion** is the beginning of a story. ………… No
□12 To **demonstrate** is to show how something works. ………… Yes
□13 An **illustration** makes things clear. ………… Yes
□14 **Expertise** in a field means you know lots about it. ………… Yes
□15 A **scholarship** is a ship filled with students. ………… No

ヒント questionnaire 「アンケート調査」

● Match up the English and Japanese words.

□16	**botany**	**a.**	算数	d.
□17	**astronomy**	**b.**	天文学	b.
□18	**geometry**	**c.**	人類学	e.
□19	**geology**	**d.**	植物学	f.
□20	**geography**	**e.**	幾何学	h.
□21	**anthropology**	**f.**	地質学	c.
□22	**arithmetic**	**g.**	占星術	a.
□23	**astrology**	**h.**	地理学	g.

● Multiple Choices

□24 For school I had to do ( ) on water plants.
a. research **b.** theory **c.** conclusion ………… a.

□25 The police were ( ) my next door neighbor for the murder.
a. researching **b.** surveying **c.** investigating ………… c.

□26 I ( ) the area to see if anyone was around.
a. carried out **b.** surveyed **c.** inquired ·········· b.

□27 The interviewer ( ) about the truth on political campaigning.
a. inspected **b.** inquired **c.** researched ·········· b.

□28 According to the ( ), the feather would drop faster than the stone.
a. theory **b.** theoretical **c.** theoretically ·········· a.

□29 A virus was ( ) in your message!
a. inquired **b.** researched **c.** detected ·········· c.

□30 I took a class on ( ).
a. statistics **b.** thesis **c.** analysis ·········· a.

□31 The jurors ( ) that the accused was innocent in the end.
a. concluded **b.** experimented **c.** estimated ·········· a.

□32 The engineers ( ) the robot's mechanism.
a. concluded **b.** demonstrated **c.** specialized ·········· b.

□33 The plan ( ) to be impractical.
a. demonstrated **b.** illustrated **c.** proved ·········· c.

□34 The children's book was filled with ( ).
a. demonstrations **b.** illustrations **c.** expertise ·········· b.

□35 The owner tried to ( ) how much his used car was worth.
a. estimate **b.** specialize **c.** detect ·········· a.

□36 I am no ( ), so I can't tell what is wrong with you.
a. scholarship **b.** illustration **c.** expert ·········· c.

□37 I need to receive a ( ) in order to continue my schooling.
a. scholarship **b.** scholar **c.** stochastically ·········· a.

ヒント political campaigning 「政治活動」／juror 「陪審員」

解説・和訳

6 「ある事に関する真実を隠すために，調査する。」／8 「ある物が実験的なら，それは古い考え方に満ちている。」／24 「私は学校で水生植物の研究をしなくてはならなかった。」／25 警察が「捜査する」という場合には investigate を用いる／27 「インタビュアーは政治活動の真相について質問した。」／28 「その理論によると，羽根は石よりも速く落下するということだ。」／30 class on statistics 「統計学の授業」／33 prove to be C 「Cであることが分かる」／35 「中古車の所有者は，自分の車がどれくらいの価値があるかを見積もろうとした。」／36 「私は専門家ではないので，あなたのどこが具合が悪いのかは分かりません。」

日付： 年 月 日	得点： ／37
30点以上→SECTION #17へ	30点未満→もう一度復習

SECTION #17「議論・主張・要求」

● discuss は最も一般的な「話し合い」に用いられます。他動詞ですので about などの前置詞を介さずに目的語をとることに注意してください。話し合いの内容次第では,「意見の一致」(agree, agreement) や「意見の不一致」(disagree, disagreement) という結果に終わることが考えられるでしょう。 agree の派生語としては, agreeable の意味に注意しましょう。

話し合い・意見の一致/不一致

605 □ **discuss**⁑ [dɪskʌ́s]

他 ～を**話し合う,議論する** (= talk about ～)

★ 他動詞なので前置詞不要

▶ **discuss** (~~about~~) the matter「問題について**話し合う**」

▶ The family chose not to **discuss** matters on inheritance.
「家族は遺産についての事柄は**話し合わ**ないことに決めた。」

□ **inheritance*** [ɪnhérətəns] 名 遺産相続 → **p.320**

□ **discussion**⁑ [dɪskʌ́ʃn]

名 **話し合い,議論**

▶ The faculty held a **discussion** about the recent violence observed among students at school.
「学部会は最近学内で見られる暴力行為について**議論**した。」

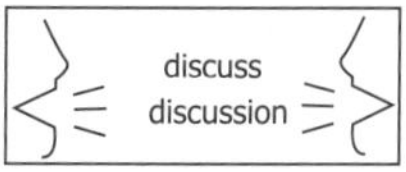

□ **faculty*** [fǽkəlti] 名 (大学の) 学部 → **p.566**

□ **violence**⁑ [váɪələns] 名 暴力 → **p.283**

606 □ **agree**⁑ [əgríː]

自 (～に) **賛成する,同意する;一致する** (with, to ～)

★「意見」「人」は with ,「提案」「要求」「申し出」は to

◆ **agree with A**「A (意見, 人) に賛成する」

◆ **agree to A**「A (提案, 要求, 申し出) に同意する」

▶ I **agree** with you [your opinion].
「あなた [あなたの意見] に**賛成です**。」

▶ I **agree** to your proposal [request, offer].
「あなたの提案 [要求, 申し出] に**同意します**。」

▶ My taste **agrees** with yours, so we should go shopping together.
「私の趣味は君のと**合う**から一緒に買い物に行こう。」

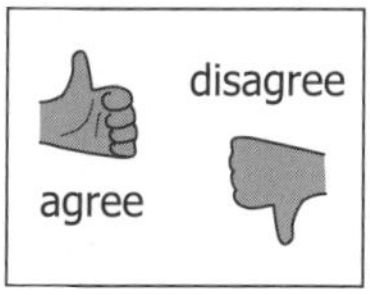

□ **agreeable*** [əgríːəbl]

形 **感じのいい**

▶ an **agreeable** person「**感じのいい**人」

□ **agreement**⁑ [əgríːmənt]

名 **賛成,合意;一致**

▶ reach an **agreement**「**合意**に至る」

□ **disagree**⁑ [dɪsəgríː] — 自（～と）**意見が合わない，一致しない** (with ～)

□ **disagreement**⁑ [dɪsəgríːmənt] — 名 **意見の相違，不一致**

Check!
- I agree (1. with / 2. to) you. 1.
- I agree (1. for / 2. to) your proposal. 2.
- an agreeable person とは？： 1. 同意できる人 / 2. 感じのいい人 2.

●「主張する」という意味の動詞はいくつかあります。ここでは argue / maintain / assert / claim の4つを覚えてください。まず，意見・学説などを「主張する」という場合には argue が用いられますが，しばしば「言い争う，ケンカする」という意味にもなります。maintain / assert はいずれも「意見を明確に主張する」という場合に用いられます。 claim には「(他人が何と言おうと) 自分の意見・権利を主張する」というニュアンスがこめられます。 insist は「要求・主張を押し通そうとする」という意味です。

主張する

607 □ **argue**⁑ [áːrgjuː]
他 ～を**主張する，論じる**（that ...） 自 **言い争う，ケンカする**
★「意見の主張」「ケンカ」
▶ The author **argues** that ...「著者は…と**主張している**」
▶ I never **argue** with my girlfriend.
「僕は彼女とは絶対に**ケンカはし**ません。」

□ **argument**⁑ [áːrgjumənt]
名 **主張，議論；言い争い**
▶ She hates any **argument** with her boyfriend, who is a lawyer, since she always loses.
「彼女は弁護士のボーイフレンドとの**言い争い**を嫌っている。いつも負けるからだ。」

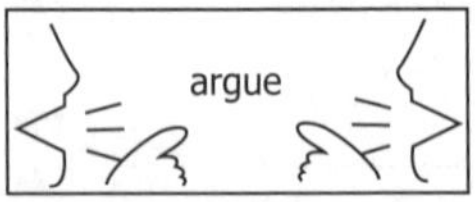

608 □ **maintain**⁑ [meɪntéɪn]
他 ①～を**維持する** ②～を**主張する**（that ...）(= assert)
★「意見を明確に主張する」；多義語
▶ It takes a lot of time and effort to **maintain** a good friendship.
「よき友情を**維持する**には多くの時間と努力を要する。」
▶ The author **maintains** that ...「著者は…と**主張している**」

□ **maintenance**⁑ [méɪntənəns]
名 ①**維持** ②**主張**
★ スペル注意： maintenance

609 □ **assert**＊ [əsə́ːrt]
他 ～を**主張する，言い張る**（that ...）(= maintain)
★「意見を明確に主張する」

▶ The maid **asserted** that she left the room untouched after she cleaned it up.
「メイドは掃除した後は部屋のものに触れていないと**主張した**。」

□ **assertion** [əsə́ːrʃn]
名 **主張，断言**

---

610 □ **claim**⁑ [kléɪm]

他 ①〜を**主張する，言い張る**（that ...）②〜の**所有権を主張する，が自分のものだと言う**
★「真実かどうか分からないことを主張する」「自分のものだと言う」；日本語の「クレーム（文句・不満）」という意味はない
▶ Tony **claims** that he is from Mars.
「トニーは自分が火星人だと**主張している**。」
▶ Has anyone **claimed** this umbrella?
「この傘の**持ち主は現れました**か。」

---

611 □ **insist**⁑ [ɪnsíst]

他 〜を**主張する**（that ...） 自（〜を）**主張する，要求する**（on 〜）
★「〜すべきだと主張する」
◆ **insist that A (should)** *do* = **insist on A('s)** *do***ing**「Aが〜すべきだと主張する」
▶ He **insisted** that she (should) come to the party.
= He **insisted** on her coming to the party.
「彼は彼女がパーティーに行くべきだと**主張した**。」

□ **insistent** [ɪnsístənt]
形（〜を）**主張する，要求する**（on 〜, that ...）

□ **insistence** [ɪnsístəns]
名 **主張**

Check!		
	● maintain の2つの意味は？	維持する／主張する
	● maintain の名詞形は？： 1. maintainance / 2. maintenance	2.

●上の claim「主張する」という語は語源的に「叫ぶ」という意味を持っています。これに ex-（外に）や pro-（前で）などの接頭辞を付けることで，exclaim「叫ぶ」，proclaim「宣言する」などの動詞が生まれます。proclaim の同義語として declare を覚えましょう。こちらは「clear なものにする」→「宣言する」と覚えます。announce は「アナウンス」という日本語にもなっていますが，「決定・予定などを正式に知らせる」という意味です。

宣言・告知

612 □ **exclaim*** [ɪkskléɪm]

他 〜と**叫ぶ** (that ...) (= shout, cry)
★ ex-（外に）＋ claim（叫ぶ）
▶ "This is it!" he **exclaimed**.

「それだ！」と彼は**叫んだ**。

613 □ **proclaim** *
[proʊkléɪm]

他 〜を**宣言する** (= declare)
★ pro-（前で）＋ claim （叫ぶ）
▶ The United States **proclaimed war** against Iraq.
「アメリカはイラクに**宣戦布告した**。」

614 □ **declare** **
[dɪkléər]

他 〜を**宣言する** (= proclaim)
★ clar = clear（明らかな）→「明らかにする」
▶ The United States **declared war** against Iraq.
「アメリカはイラクに**宣戦布告した**。」

□ **declaration** *
[dekləréɪʃn]

名 **宣言**
▶ **the Declaration of Independence**
「(アメリカの) **独立宣言**」

615 □ **announce** **
[ənáʊns]

他 〜を**告知する** (that ...)
★ 決定・予定を正式に知らせること
▶ The professor **announced** that a test would be given the following week.
「教授は翌週テストを行うと**告知した**。」

□ **announcement** *
[ənáʊnsmənt]

名 **告知**

Check! ● 正しいスペルは？： 1. declare / 2. declair 1.

●主張したいという気持ちが強すぎて，物事を「誇張する」(exaggerate)，「自慢する」(boast) 場合もあるでしょう。しかしこれをやりすぎると，他人からの反感を買うことになります。

誇張・自慢

616 □ **exaggerate** *
[ɪgzǽdʒəreɪt]

他 〜を**誇張する，大げさに言う**
▶ He is always **exaggerating** things, so take his stories with a grain of salt.
「彼はいつも物事を**大げさに言う**。だから話半分に聞きなさい。」(take A with a grain of salt: 「塩を一粒加えて食べる」→「そのままではなく，割り引いて聞く」)

□ **exaggeration** *
[ɪgzædʒəréɪʃn]

名 **誇張**
◆ **it is no exaggeration to say that ...**「**…と言っても過言ではない**」

617 □ **boast**⁂
[bóʊst]

[自] **自慢する，鼻にかける**
◆ **boast of [about] A**「Aを自慢する」
◆ **boast that …**「…と自慢げに言う」
▶ Don't **boast** about your accomplishments.
「自分の業績を**自慢するな**。」

Check! ● 正しいスペルは？： 1. exaggerate / 2. exagerate 1.

● controversy は「社会的に賛否両論を巻き起こすような論争」を指します。「死刑制度」(death penalty) や「妊娠中絶」(abortion) などは，controversy の代表的なテーマです。このような問題に関しては，その是非をめぐって「議論・討論」(dispute, debate) が交わされます。conference（会議）は「大規模で正式な meeting」と考えてください。「合意」(agreement) に達することを目標とする話し合いは「交渉」(negotiation) と呼ばれます。

論争・討論

618 □ **controversy***
[kάntrəvəːrsi]

[名] **論争，議論**
★「賛否両論の論争」
▶ The ethics of abortion is a **controversy** even today.
「妊娠中絶の倫理は今日でも**論争**となっている。」
□ **ethics*** [éθɪks] [名] 倫理 → **p.276**
□ **abortion** [əbɔ́ːrʃn] [名] 妊娠中絶 → **p.317**

□ **controversial***
[kɑntrəvə́ːrʃl]

[形] **論争中の，物議を醸す**
▶ a **controversial** issue「**論争中の**問題」

619 □ **dispute***
[名] [díspjuːt]
[動] [dɪspjúːt]

[名] **論争，議論**
[他] 〜に**異議を唱える**
★「賛否をめぐる議論」
◆ **dispute that …**「…ということに異を唱える」
▶ I think it is about time we settled this **dispute**.
「そろそろこの**論争**に決着をつけなくてはならない。」
□ **settle**⁂ [sétl] [他] 〜を解決する → **p.122**

620 □ **debate***
[dɪbéɪt]

[名] **討論**
★ ある議題について様々な意見を交わすこと
▶ The students gathered information on their topic for the **debate**.
「学生達は**討論**のトピックに関する情報を集めた。」
□ **gather**⁂ [gǽðər] [他] 〜を集める

621 □ **conference**⁑
[kánfərəns]

名 **会議** (= meeting)

★ 正式かつ規模の大きな会議

▶ The **conference** was scheduled for three o'clock in the afternoon.
「**会議**は午後3時の予定だった。」

622 □ **negotiate***
[nɪgóʊʃieɪt]

自 **交渉する**

◆ **negotiate with A**「A と交渉する」

▶ The FBI is professional at **negotiating** with terrorist members.
「FBI はテロリスト達と**交渉する**プロだ。」

□ **negotiation***
[nɪgoʊʃiéɪʃn]

名 **交渉**

▶ Because the **negotiation** did not come to a final agreement, the tension grew between the two parties.
「**交渉**は最終合意に達しなかったので，二党間の緊張が増した。」

□ **tension*** [ténʃn] 名 緊張 → **p.54**

□ **party**⁑ [pá:rti] 名 政党

Check!	● 正しいスペルは？： 1. negociate / 2. negotiate	2.

●複数の人間が集まれば，「不満」(complaint) や「口論」(quarrel) が生じるのはやむを得ないでしょう。そのまま物別れになるよりは，なんとか妥協点を見つけて「和解する」(reconcile) 方法を見いだすべきです。

不満・和解

623 □ **complain**⁑
[kəmpléɪn]

自 (～について) **不満を述べる** (about ～)

★ 自動詞であることに注意

◆ **complain to A about B [that ...]**「A（人）に B について［…と］不満を述べる」

▶ The wife **complained** to her husband about his low income [that his salary was low].
「妻は夫の安月給について**不満を述べた**。」

□ **complaint**⁑
[kəmpléɪnt]

名 **不満，文句**

★ 日本語の「クレーム」は claim ではなく complaint に該当する

▶ The youngest child always had some **complaint** about the food served to her.
「末っ子は出される食事にいつも**不満**を抱いていた。」

624 □ **grumble**
[grʌ́mbl]

自 **不満を言う** (= complain)

▶ The old man **grumbled** to his daughter about how he was being treated.
「老人は娘に自分の扱われ方について**不満を言った**。」

625 □ **quarrel** *
[kwɑ́rəl]

名 **口論，口喧嘩** 自 **口論する**

▶ Stop **quarreling** with your sister and eat your meal!
「お姉さんと**口喧嘩する**のはやめて食事をしなさい！」

626 □ **reconcile**
[rékənsaɪl]

他 ～を（…と）**和解させる；調和させる**（with ...）

▶ I was **reconciled** with my boyfriend after he brought me flowers with his apology.
「謝罪とともに花を持ってきてくれたので，私はボーイフレンドと**仲直りした**。」

□ **apology** ⁑ [əpɑ́lədʒi] 名 謝罪 → **p.195**

Check! ● complain の名詞形は？ complaint

●議論や話し合いの目的は，多くの場合，相手を「納得させ」(convince)，「説得する」(persuade) ことです。convince / persuade に関しては，convince 人 of ～ / that ...，persuade 人 to *do* という用法をしっかりと覚えましょう。また persuade 人 to *do* は talk 人 into *do*ing で書き換えることができます。

説得

627 □ **convince** ⁑
[kənvíns]

他 ～に（…を）**確信させる，納得させる**（of, that ...）

◆ **convince A of B [that ...]**「A に B を［…だと］確信させる」

▶ I'm **convinced** of his innocence.
「私は彼の無罪を**確信している**。」

▶ Before the divorce, it was hard for them to **convince** each other that their marriage was worthwhile.
「離婚の前に，結婚生活が価値のあるものだったということをお互いに**納得させる**のは難しかった。」

□ **innocence** [ínəsəns] 名 無罪 → **p.282**

□ **divorce** ⁑ [dɪvɔ́ːrs] 名 離婚 → **p.317**

□ **conviction** *
[kənvíkʃn]

名 **確信，信念**

▶ With a strong **conviction** and will power, one is able to achieve anything.
「強い**信念**と意志の力があれば，人は何事も達成する力がある。」

□ **convincing** ⁑
[kənvínsɪŋ]

形 **説得力のある**

▶ a **convincing** argument「**説得力のある**議論」

628 □ **persuade**⁑ [pərswéɪd]

他 ～を（…するよう）**説得する**（to *do*, into *do*ing）

★「説得して実際に～させる」までの意を含む；「説得したがダメだった」というような場合は try to persuade を用いる

◆ **persuade A to *do* [into *do*ing]**「Aを説得して～させる」(= **talk A into *do*ing**)

▶ I finally **persuaded** my uncle to stop smoking.

「私はついに叔父を**説得して**煙草をやめ**させた**。」

□ **persuasion** [pərswéɪʒn]

名 **説得**

□ **persuasive*** [pərswéɪsɪv]

形 **説得力のある**

□ **dissuade** [dɪswéɪd]

他 ～を（…）**しないように説得する**（from *do*ing）（↔ persuade）

◆ **dissuade A from *do*ing**「Aに～しないよう説得する」

▶ The sister tried to **dissuade** her brother from making a life out of gambling.

「姉は弟にギャンブルで生計を立て**ないよう説得し**ようとした。」

629 □ **talk ～ into *do*ing**⁑

句 ～に…するよう**説得する**

★ talk A out of *do*ing は「Aに～しないよう説得する」

▶ I **talked** my parents into buying me a car.

「両親を**説得して**車を買ってもらった。」

Check!		
	● I'm convinced (1. of / 2. with) his innocence.	1.
	● I talked my father ( ) buying me a car.	into

●一般に人は他人より優れた立場に立とうと望むものです。他と比べて有利な点は advantage，逆に不利な点は disadvantage で表されます。また「権利」を表す最も一般的な語は right ですが，特定の人にだけ与えられた権利は「特権」(privilege) と呼ばれます。entitle や qualify は用法をしっかりと覚えてください。しばしば受動態で be entitled [qualified] to *do* という形で用いられます。

権利・資格

630 □ **advantage**⁑ [ədvǽntɪdʒ]

名 **有利な点，長所；好都合**

◆ **advantage over A**「Aよりも有利な点」

◆ **to A's advantage**「Aの有利になるように」

▶ The use of language gave humans a huge **advantage** over other animals.

「言語の使用は他の動物に勝る大きな**利点**を人類に与えた。」

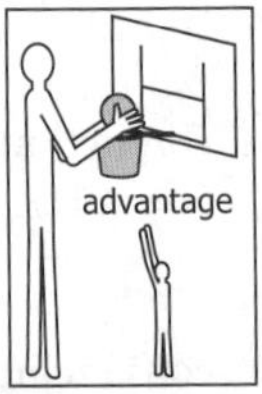

□ **take advantage of**⁑

句 ～を**利用する**

▶ **Take advantage of** every opportunity that comes up.
「巡ってきた機会は全て**利用しろ。**」
□ **opportunity**⁑ [ɑpətjúːnəti] 名 機会 → **p.175**

□ **disadvantage*** [dɪsədvǽntɪdʒ] 名 **不利な点，不都合**

□ **advantageous** [ædvæntéɪdʒəs] 形 **好都合な**

631 □ **right**⁑ [ráɪt]
名 **権利**
★「正しい，ふさわしい」「右（の）」などの意味もある
◆ **the [a] right to *do* [to A]**「**～する［A に対する］権利**」
▶ have a **right** to education「教育を受ける**権利**を有する」

632 □ **privilege*** [prívəlɪdʒ]
名 **特権**
★ privi < private（個人の） + lege < legal （法律の）→「個人のための法律」→「個人に認められた権利」
▶ All the members have the **privilege** of purchasing our products at a 5% discount.
「会員は当店の製品を 5 %割引で買う**特権**があります。」

633 □ **entitle*** [ɪntáɪtl]
他 ～に（…の）**資格・権利を与える**（to ..., to *do*）
★ en- ＋ title （称号）→「称号（＝資格）を与える」
◆ **be entitled to A [to *do*]**「**A の［～する］権利・資格がある**」
▶ If you are 18 or older, you are **entitled** to vote.
「18 歳以上なら投票する**権利がある。**」
□ **vote**⁑ [vóʊt] 自 投票する → **p.361**

634 □ **qualify*** [kwɑ́ləfaɪ]
他 ～に（…の）**資格を与える**（for ..., to *do*）
◆ **be qualified for A [to *do*]**「**A の［～する］資格がある**」
▶ If she can break her own record, it will **qualify** her for the Olympics.
「彼女が自己記録を破れば，オリンピック出場の**資格が得られる。**」

□ **qualification*** [kwɑləfɪkéɪʃn] 名 **資格**

Check!	● **正しいスペルは？：** 1. previlege / 2. privilege / 3. priviledge	2.

● require や call for は，主に〈人〉ではなく〈物〉を主語として，ある〈物〉が「～を要する」という文脈で用いられます。「この仕事は多くの知識を要する」なら This job requires [calls for] a lot of knowledge. となります。 desire は人間の持つ「強い欲求」を表します。 desire for ~ [to *do*] という形で覚えましょう。

要求

635 □ **require**⁑ [rɪkwáɪər]

他 ～を**必要とする，要求する**

◆ **be required to *do*** 「～するよう要求される」

▶ You are **required** to wear a helmet when driving a motorcycle.
「オートバイを運転する時にはヘルメットをかぶる**必要がある。**」

▶ She did not apply for the job since it **required** knowledge in mechanics.
「彼女はその職に応募しなかった。機械工学の知識を**必要としたからだ。**」

□ **apply**⁑ [əpláɪ] 自（～に）応募する (for ~) → **p.145**

□ **mechanics** [məkǽnɪks] 名 機械工学

□ **requirement**⁑ [rɪkwáɪərmənt]

名 **必要なもの，要求されるもの**

▶ He could not graduate this year because he did not meet the **requirements** for graduating.
「卒業に**必要なもの（単位）**を満たしていないので，彼は今年卒業できなかった。」

□ **request**⁑ [rɪkwést]

名 **要求**

▶ It was his deathbed **request** to bury his ashes near the sea.
「遺灰を海のそばに埋めてくれというのが彼の死に際の要求だった。」

636 □ **call for**⁑ [kɔ́ːl —]

句 ～を**必要とする，要求する** (= require)

▶ The tasks **call for** great discipline and skill.
「その任務は多大な訓練と技術を**必要とする。**」

□ **discipline**⁑ [dísəplɪn] 名 訓練，しつけ → **p.563**

□ **skill**⁑ [skíl] 名 技術 → **p.87**

637 □ **desire**⁑ [dɪzáɪər]

名（～に対する）**欲望，願望** (for ~, to *do*)

◆ **have a desire for A [to *do*]** 「Aが欲しいと［～したいと］強く思う」

▶ Her strong **desire** to help her sick mother made her a nurse.
「病気の母親を助けたいという強い**願望**が彼女を看護師にした。」

▶ It was his **desire** for power that made him fall.
「権力への**欲望**が，彼を失墜させた。」

□ **desirable**⁑ [dɪzáɪərəbl]
形 **望ましい**
▶ With such little effort, you cannot expect a **desirable** outcome.
「そんな小さな努力では**望ましい**結果は期待できない。」
□ **outcome**⁑ [áʊtkʌm] 名 結果 → **p.115**

638 □ **demand**⁑ [dɪmǽnd]
名 **要求** 他 **～を要求する**
▶ The son found it hard to meet his mother's **demands**.
「息子は母親の**要求**を満たすのが難しいと思った。」

□ **demanding*** [dɪmǽndɪŋ]
形 **要求の多い，厳しい**
▶ a **demanding** teacher「**厳しい**先生」

Check! ●(　) someone's demands **「要求を満たす」** meet

Review Test

● **Same or Opposite?**

□1	**agreeable**	**friendly**	Same
□2	**reconcile**	**tear apart**	Opposite
□3	**exclaim**	**whisper**	Opposite
□4	**proclaim**	**declare**	Same
□5	**advantageous**	**handicapped**	Opposite

● **Yes or No?**

□6 You can **discuss** on your own. ……… No
□7 If you **agree** with an idea, you show disapproval. ……… No
□8 In a **disagreement**, people have the same opinions. ……… No
□9 Do you **argue** when there is an agreement? ……… No
□10 **Maintenance** is the act of quitting. ……… No

□11 You **insist** on something you care little about. ……… No
□12 A certain subject is **controversial** because there are many disagreements. ……… Yes
□13 A **conference** is a meeting for people to discuss matters. ……… Yes
□14 In a **negotiation** you try to agree on something. ……… Yes
□15 You are satisfied if you are **complaining**. ……… No

□16 When you are pleased, you **grumble**. ……… No
□17 You have a **quarrel** when you have things to argue about. ……… Yes

□18 When you **convince** someone, you make him/her uncertain about something. ………… No
□19 **Conviction** is something you strongly doubt. ………… No
□20 If you want someone to be honest, you **persuade** him/her to lie. ………… No

□21 A **privilege** is a type of town. ………… No
□22 If you are **entitled** to vote, you have the right to vote. ………… Yes
□23 If you are **qualified** to do something, you have what it takes. ………… Yes
□24 If you have the right **qualifications**, you are fit for that job. ………… Yes
□25 If something is **required**, can you do without it? ………… No

□26 A **requirement** is something unnecessary. ………… No
□27 When you are making a **request**, you are asking for something. ………… Yes
□28 An emergency situation **calls for** immediate attention. ………… Yes
□29 If you are full, do you have the **desire** for more food? ………… No
□30 If you **demand** something, you need it. ………… Yes

ヒント on one's own 「1人で」／ what it takes 「それに必要なもの」

● **Multiple Choices**

□31 I greatly admired the scientist and ( ) with many of his ideas.
a. disagreed **b.** agreed **c.** discussed ………… b.
□32 I ( ) with my fiancé about where the wedding should be held.
a. maintained **b.** argued **c.** persuaded ………… b.
□33 The car needed ( ) and regular checks at the auto shop.
a. maintenance **b.** assertion **c.** claim ………… a.
□34 The boy ( ) that he had seen a monster behind the house.
a. persuaded **b.** discussed **c.** claimed ………… c.
□35 She ( ) on making her grandson a sweater.
a. insisted **b.** claimed **c.** maintained ………… a.

□36 He hated being trapped in discussions on ( ) issues.
a. controversial **b.** agreeable **c.** insistent ………… a.
□37 It's about time we settled the ( ).
a. conference **b.** announcement **c.** dispute ………… c.
□38 She could not answer the phone since she was in the middle of a ( ).
a. controversy **b.** tension **c.** conference ………… c.
□39 I ( ) with the bank for a loan.
a. negotiated **b.** complained **c.** disputed ………… a.
□40 The customer ( ) to the waiter that the dish was cold.
a. gathered **b.** complained **c.** complaint ………… b.

□41 I avoided talking to him since we always end up ( ).
a. negotiating **b.** reconciling **c.** quarreling ………………………… c.

□42 After the fight, Tom was ( ) with his wife.
a. persuaded **b.** convinced **c.** reconciled ………………………… c.

□43 He was ( ) that Santa Claus existed until he was in junior high school.
a. convinced **b.** conviction **c.** convincing ………………………… a.

□44 Even though she was ( ), she could not persuade him to stop smoking.
a. complained **b.** conviction **c.** convincing ………………………… c.

□45 Some people cannot take ( ) of opportunities for fear of making mistakes.
a. demand **b.** advantage **c.** requirement ………………………… b.

□46 I had a great ( ) to become a doctor, but I no longer feel that way.
a. desire **b.** request **c.** requirement ………………………… a.

□47 The job was so ( ) that I could not continue for long.
a. demand **b.** demanding **c.** persuasive ………………………… b.

ヒント be trapped in 「〜に陥る」／ end up *do*ing 「結局〜する」

解説・和訳

6 「議論する」(discuss) ためには２人以上が必要／7 disapproval 「不賛成」／23 「ある事をする資格があるなら，それに必要なものが備わっている。」／28 「緊急事態は，応急の措置を必要とする。」／33 「その車は自動車工場で保守整備と定期点検をする必要があった。」／35 「彼女は孫にセーターを作ってやると主張した。」／36 「彼は物議を醸すような問題に関する議論に陥るのは嫌だった。」／37 「そろそろその議論に決着をつけてもいいだろう。」／39 「私は貸し付けをしてくれるよう銀行と交渉した。」／43 be convinced that ... 「…と確信している」／44 be convincing 「説得力がある」／45 「失敗するのを恐れてチャンスを利用できない人もいる。」／46 「私は医者になりたいと強く思っていたが，そんな気はもうない。」／47 「その仕事は非常に厳しかったので，長く続けることはできなかった。」

日付： 年 月 日	得点： ／47
38点以上→SECTION #18へ	38点未満→もう一度復習

SECTION #18 「語源から覚える」

●語源に注目して単語を覚えるのは非常に有効な方法です。これまでのセクションでも，語源を示した単語は多くありました。このセクションでは，いくつかの語源にスポットを当てて，単語を覚えていきましょう。まずは spect 「見る」という語根からスタートします。 spic という形も同語源です。

spect ：見る

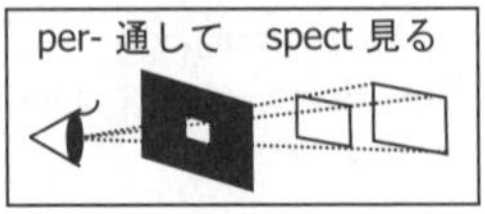

639 □ **perspective**⁑
[pərspéktɪv]

名 **展望，ものの見方**
★ per-（通して）＋ spect （見る）
▶ The daughter and mother never agreed on anything because they had different **perspectives**.
「母娘は何事にも意見が合わなかった。違った**ものの見方**をしていたからだ。」

640 □ **inspect***
[ɪnspékt]

他 ～を**詳しく調べる，検査する** (= examine)
★ in-（中を）＋ spect （見る） →「調べる」
▶ The police **inspected** the house for any hidden video cameras.
「警察は隠しカメラがないか家を**詳しく調べた**。」

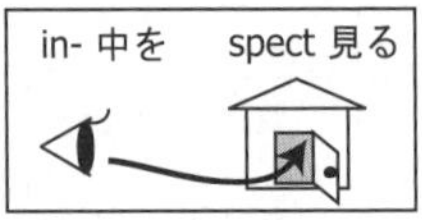

□ **inspection**
[ɪnspékʃn]

名 **調査，検査**

641 □ **prospect**⁑
[práspekt]

名 **見通し，展望**
★ pro-（前を）＋ spect （見る）→「前を見る」→「(先の) 見通し」
▶ The **prospect** of passing was so low that he decided not to take the exam.
「合格する**見通し**が小さいので，彼は試験を受けないことに決めた。」

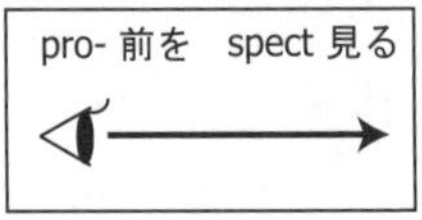

□ **prospective**
[prəspéktɪv]

形 **予想される，見込みのある**

642 □ **retrospect**
[rétrəspekt]

名 **追想，回想**
★ retro-（後ろを）＋ spect （見る）

643 □ **suspect**⁑
動 [səspékt]
名 [sʌ́spekt]

他 ～（の可能性）を**考える；疑う**
名 **容疑者**

★ sus- = sub-（下に）＋ spect （見る）→「下から見る」→「疑いをかける」; doubt that ...「…でない と思う」に対し，suspect that ... は「…である と疑う」

◆ **suspect that** ...**「…だろうと思う」**

◆ **suspect A of B「A に B（悪事）の嫌疑をかける」**

▶ From the way she talked, I **suspected** that she was lying.
「彼女の話し方から，嘘をついていると**疑った。**」

▶ The country is **suspected** of having nuclear weapons.
「その国は核兵器を持っているのではないかと**疑われている。**」

☐ **suspicious**＊ [səspíʃəs]
形 **疑わしい**

☐ **suspicion**＊ [səspíʃən]
名 **疑惑**

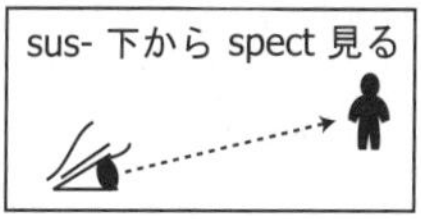

644 ☐ **speculate**＊ [spékjuleɪt]
自（〜を）**推測する，熟考する** (on 〜) 他 〜を**推測する** (that ...)

★ spect（見る）→「じっくり見て考える」

▶ Scientists **speculate** that HIV originated in wild chimpanzees.
「科学者達は HIV の起源は野生のチンパンジーだと**推測している。**」

☐ **originate**⁑ [ərídʒɪneɪt] 自 由来する → **p.100**

☐ **speculation** [spekjuléɪʃn]
名 **推測，憶測**

645 ☐ **spectacle**＊ [spéktəkl]
名 **①見世物，光景 ②眼鏡**

☐ **spectacular**＊ [spektǽkjələr]
形 **見世物の，目を見張るような**

▶ a **spectacular** sight「**目を見張る**光景」

646 ☐ **conspicuous** [kənspíkjuəs]
形 **目立つ**

★ con-〈強意〉= completely ＋ spic（見る）→「完全に見える」＝「目立つ」

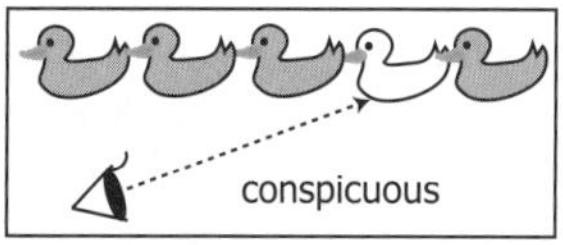

▶ a **conspicuous** feature「**目立った**特徴」

Check!	● [語源] pro- の意味は？ 前を ● I (1. doubt / 2. suspect) that she is lying.「彼女が嘘をついていると疑う。」 2.

● pro-（前を）+ spect（見る）＝「前を見る」→「見通し」という図式が理解できたでしょうか。さらに，SECTION #8 で学んだ precede「先行する」や SECTION #9 で学んだ recede「後退する」を思い出してください。cede / ceed という語根は「行く」（= go）という意味を持っています。では，proceed はどのような意味になるでしょうか？

cede / ceed ：行く・1

＊precede
他 ～より先行する → **p.101**
★ pre-（先に）+ cede（行く）

＊recede
自 後退する → **p.108**
★ re-（後ろに）+ cede（行く）

---

647 □ **proceed** *
[prousíːd]
自 **進む；さらに続けて～する**（to *do*）
★ pro-（前に）+ ceed（行く）

▶ I was instructed to **proceed** until I reached the door.
「ドアに到達するまで**進む**よう指示された。」

□ **process** ⁑
[práses]
名 **過程** 他 ～を**処理する，加工する**
▶ The aging **process** proceeds even when we are completely unaware of it.
「老化の**過程**は我々が全く気づかぬうちにも進行する。」
▶ **processed** foods「**加工**食品」

□ **procedure** ⁑
[prəsíːdʒər]
名 **手順，処置**
▶ You must go through various legal **procedures** to finalize a divorce.
「離婚を完了するためには様々な法的な**手続き**を経なくてはならない。」
□ **legal** ⁑ [líːgəl] 形 法的な → **p.283**

---

648 □ **exceed** ⁑
[ɪksíːd]
他 ～を**越える，に優る**
★ ex-（越えて）+ ceed（行く）
▶ As soon as he got into the ring, the boxer realized that his rival's ability **exceeded** his own.
「リングに上がるやいなや，ボクサーは相手の能力が自分のより**優っている**ことを理解した。」

---

649 □ **concede**
[kənsíːd]
他 ～を（しぶしぶ）**認める，譲歩する**
★ con-（共に）+ ceed（行く）

□ **concession** [kənséʃn]
名 **譲歩，容認**
▶ She refused to make any **concessions** until all her demands were granted.
「全ての要求が認められるまで彼女は**譲歩**するのを拒んだ。」

Check! ● **正しいスペルは？：** 1. procede / 2. proceed　　2.

● succeed 「成功する」という単語は知っているはずです。しかし，「successful と successive の違いは？」と問われて，即座に答えられるでしょうか？　この succeed という動詞は「成功する」「続く」という 2 つの意味を持っていて，派生形も大きく 2 つに分かれます。そしてこの succeed も ceed （行く）という語根を持っているのです。

【動詞】		【名詞】		【形容詞】	
succeed	**①成功する** ⟶	success	**成功** ⟶	successful	**成功した**
	②継続する ⟶	succession	**連続** ⟶	successive	**連続した**

cede / ceed ：行く・2

650 □ **succeed**⁑ [səksíːd]
自 **成功する** 他 **～のあとを継ぐ**
★ suc- = sub- (次に) ＋ ceed （行く）→「あとに続く」→「続いて成功する」
◆ **succeed in A**「A に成功する」
◆ **succeed (to) A**「A のあとを継ぐ」
▶ He **succeeded** in the Internet business.
「彼はインターネットビジネスで**成功した**。」
▶ He **succeeded** his father in the Internet business.
「彼はインターネットビジネスで父の**あとを継いだ**。」

□ **success**⁑ [səksés]
名 **成功**

□ **successful**⁑ [səksésfl]
形 **成功した**
▶ **a successful career**「輝かしいキャリア，出世」

□ **succession*** [səkséʃn]
名 **継続**
◆ **in succession**「**連続して**」
◆ **a succession of A**「一連の A」
▶ The writer had published three best sellers in **succession**.
「その作家は**連続して** 3 冊のベストセラーを出版した。」

□ **successive*** [səksésɪv]
形 **連続する，引き続いての**
▶ After receiving **successive** strong blows to the head, the boxer was knocked out.
「頭に**連続する**強打を受けて，ボクサーはノックアウトされた。」

successive numbers
23, 24, 25, 26, 27

□ **successor** [səksésər] | 名 後継者

Check! ● successful / successive の意味は？　成功した／連続する

● dictionary 「辞書」に含まれる dict という語根は,「言う・話す」という意味を持っています。predict なら pre-（前もって）+ dict（言う）→「予言する」となります。また,「ディクテーションの試験」と言えば「書き取り, 口述筆記」のことです。この dictation という語も dict という語根を含みます。dictate は「書き取らせる」→「(一字一句細かく）命令する」という意味を持ち, さらに dictator「独裁者」という名詞へと繋がります。

dict / dic ：言う・話す

＊**contradict**
他 ～を否定する, に反論する, と矛盾する → **p.184**
★ contra-（反対に）+ dict（言う）

651 □ **predict**⁑ [prɪdíkt]
他 ～を**予言する, 予測する**
★ pre-（前もって）+ dict（言う）
▶ The cancer spread more quickly than the doctor had **predicted**.
「癌は医者が**予測した**よりも速く広がった。」

□ **prediction**⁑ [prɪdíkʃn]
名 **予言, 予測**

□ **predictable**＊ [prɪdíktəbl]
形 **予測できる**

652 □ **indicate**⁑ [índɪkeɪt]
他 ～を**示す, 指示する**
★ in-（= to）+ dic（言う）
▶ The professor **indicated** the chart on the board to make his point clearer.
「教授は論点を明確にするため, ボードの図表を**指示した**。」

□ **indication**＊ [ɪndɪkéɪʃn]
名 **指示**

□ **indicative** [ɪndíkətɪv]
形 **指示する, 暗示する**

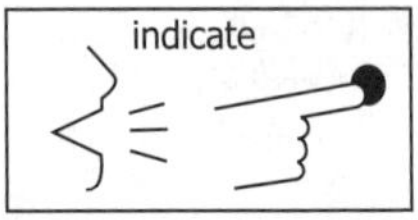

653 □ **dictate**＊ [díkteɪt]
他 ～を**書き取らせる；命令する**
自（～に）**口述する；命令する** (to ～)
★「書き取り試験」は「ディクテーション」;「書き取らせる」→「一字一句細かく指図する」

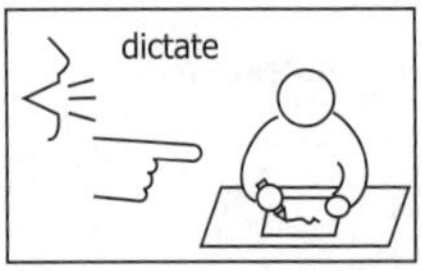

	▶ I hate being **dictated** to by a boss who does not know anything about finance. 「財務に無知な上司に**命令される**のは嫌いだ。」
□ **dictation** [dɪktéɪʃn]	名 **命令；書き取り**
□ **dictator** [díkteɪtər]	名 **独裁者** ★「全て細かく命令する人」→「独裁者」
654 □ **dedicate*** [dédɪkeɪt]	他 ～を（…に）**捧げる**（to ...） ★ de-（完全に）＋ dic （言う）→「神に完全に捧げると宣言する」 ◆ **dedicate A <u>to</u> B**「**A を B に捧げる**」 ▶ The mother **dedicated** herself <u>to</u> educating her only son. 「母親は一人息子の教育に身を**捧げた**。」
□ **dedication** [dedɪkéɪʃn]	名 **献身；献辞**

Check! ● indicate のアクセント位置は？ índicate

● mit は「送る」（send）の意味を持ちます。これまでに学んだ submit / emit / permit は，いずれも mit という語根を含んでいました。名詞形は全て -mission となります。下の admit / commit / omit などは，「送る」の意味に結びつけるのはやや厳しいかもしれません。ここではむしろ派生語の形を覚えるのに語源を利用しましょう。-mit / -miss / -mission という語尾に注目してください。-mit という形の動詞は，-mít にアクセントが置かれ，-mi<u>tt</u>ed，-mi<u>tt</u>ing と変化します。

mit ：送る

* **submit**	自 服従する 他 ①～を服従させる ②～を提出する → **p.28** ★ sub-（下に）＋ mit （置く）
* **emit**	他 ～を放出する，排出する → **p.41** ★ e- = ex-（外に）＋ mit （送る）
* **permit**	他 ～を許可する → **p.59**
655 □ **admit**** [ədmít]	他 ～を（しぶしぶ）**認める**（that ...）；（人［の入場・入学］）を**受け入れる** ★ ad-（～へ）＋ mit （送る）→「送り入れる」→「送り入れることを認める」；自分の過ちなどを「しぶしぶ」認めるの意；動詞変化： admi<u>tt</u>ed, admi<u>tt</u>ing ▶ It was hard for a proud man like him to **admit** that he was wrong.

「彼のようなプライドの高い人にとって，自分が間違っているのを**認める**ことは難しかった。」

□ **admission*** [ədmíʃn]

名 **入場，入学，入会；入場料**

▶ People over 60 need not pay **admission** to this theater.
「61歳以上の人は当劇場の**入場料**を払う必要はありません。」

656 □ **commit**** [kəmít]

他 ～（罪）を**犯す**

★com-（全く）＋ mit（送る）→「すっかり送り込む」→「何かに係わ（らせ）る」の意；動詞変化：committed, committing；スペル注意：commit

◆ **commit a crime「犯罪を犯す」**

◆ **commit oneself [be committed] to A「Aに取り組む，Aを（すると）約束する・明言する」**

▶ He **committed** himself to helping out the elderly, since he lost his grandparents when he was young.
「彼は若くして祖父母を失ったので，お年寄りを助けることに**取り組んだ**。」

□ **commitment*** [kəmítmənt]

名 **犯行，実行，関与，約束**

□ **committee*** [kəmíti]

名 **委員会**

▶ He was elected chairperson of the **committee**.
「彼は**委員会**の議長に選ばれた。」

□ **commission*** [kəmíʃn]

名 **委員会；委任**

657 □ **omit*** [əmít]

他 ～を**省く**

★o- = ob-（反対に）＋ mit（送る）→「除く」；動詞変化：omitted, omitting

▶ He **omitted** small details in order to make his point clear.
「伝えたいことを明確にするために彼は詳細を**省略した**。」

□ **omission** [əmíʃn]

名 **省略**

658 □ **dismiss*** [dɪsmís]

他 ①～を**解散する，解雇する** ②～を**退ける，却下する**

★dis-（離れて）＋ mit（送る）

▶ The worker was immediately **dismissed** after he was caught stealing the shop's products.
「職員は店の商品を盗んでいるところを捕まり，即座に**解雇された**。」

▶ They **dismissed** my proposal.「彼らは私の提案を**却下した**。」

659 □ **transmit**⁑
[trænzmít]

他 **～を送る，伝える**

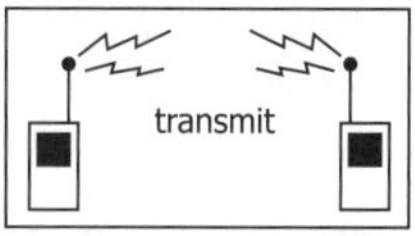

★ trans-（越えて）＋ mit（送る）；動詞変化：transmitted, transmitting

◆ **transmit A to B**「**A を B に伝える**」

▶ The boys **transmitted** messages to each other by using transceivers.
「少年達はトランシーバーを使ってお互いにメッセージを伝えた。」

□ **transmission***
[trænzmíʃn]

名 **送信，伝達**

660 □ **mission**⁑
[míʃn]

名 **使命，任務**

▶ carry out one's **mission**「使命を果たす」

Check! ● 正しいスペルは？： 1. comittee / 2. commitee / 3. committee　3.

●前ページの transmit に含まれる trans- という接頭辞は「～を越えて」という意味で，主に２つの物の間の「移動・変化」を表す語に用いられます。イラストを参考に，「A → B」というイメージを摑んでください。

trans- ：越えて

661 □ **transfer**⁑
動 [trænsfə́ːr]
名 [trǽnsfəːr]

他 **～を移動する** 自 **乗り換える，転勤（校）する** 名 **移動，乗り換え，転勤（校）**

★ trans-（越えて）＋ fer（運ぶ）；動詞変化：transferred, transferring

◆ **transfer A to B**「**A を B に移動する**」

▶ She **transferred** the money to a secret account.
「彼女は金を秘密口座に**移動した**。」

□ **account**⁑　[əkáʊnt]　名 口座 → **p.143**

662 □ **transport**⁑
動 [trænspɔ́ːrt]
名 [trǽnspɔːrt]

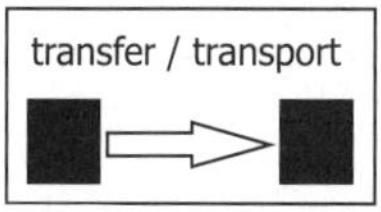

他 **～を輸送する** 名 **輸送，交通手段**

★ trans-（越えて）＋ port（運ぶ）

◆ **transport A to B**「**A を B に輸送する**」

◆ **public transport**「**（公共の）交通機関**」

▶ The time machine can **transport** people to the past and to the future.
「タイムマシンは人を過去や未来へ**輸送**できる。」

□ **transportation**⁑
[trænspɔːrtéiʃn]

名 **輸送，交通手段**

◆ **public transportation**「**（公共の）交通機関**」

663 □ **transform**⁑ [trænsfɔ́ːrm]

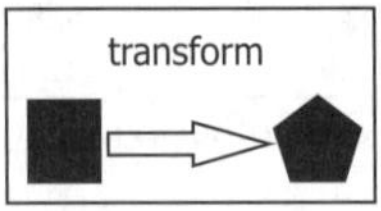

他 ～を**変形する，変化させる**

★ trans-（越えて）＋ form （形作る）

◆ **transform A into B**「AをBに変える」

▶ After getting involved in a life threatening car accident, his attitude toward life was **transformed**.

「生命に関わる交通事故に巻き込まれた後で，彼の人生観は**変わった**。」

□ **be involved in**⁑ 句 ～に巻き込まれる →**p.349**

□ **threaten**⁑ [θrétn] 他 ～を脅かす →**p.254**

□ **transformation*** [trænsfərméɪʃn] 名 **変形，変化**

664 □ **translate**⁑ [trænsléɪt]

他 ～を（…に）**翻訳する**（into ...）

◆ **translate A into B**「AをBに翻訳する」(= put A into B)

▶ His novels are **translated** into eleven different languages.

「彼の小説は11ヵ国語に**翻訳されている**。」

□ **translation**⁑ [trænsléɪʃn] 名 **翻訳**

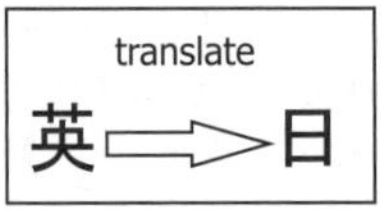

665 □ **transplant*** 動 [trænsplǽnt] 名 [trǽnsplænt]

他 ～を**移植する** 名 **移植**

★ trans-（越えて）＋ plant （植える）

◆ **transplant A to B**「AをBに移植する」

▶ The doctor **transplanted** a heart to a young boy.

「医者は幼い少年に心臓を**移植した**。」

666 □ **transparent*** [trænspǽrənt]

形 **透明な**

★ trans-（越えて）＋ par （見える）→「透けて見える」

▶ a **transparent** plastic bag「**透明な**ポリ袋」

667 □ **transition*** [trænzíʃn]

名 **移り変わり，過渡期**

★ trans-（越えて）→「2つの間を越えていくこと」

▶ Adolescents go through a **transition** from childhood to adulthood.

「思春期の若者たちは子供から大人への**過渡期**を経験する。」

□ **adolescent*** [ædlésnt] 名 思春期の若者 →**p.315**

□ **transit** [trǽnzɪt] 名 **通過，乗り継ぎ**

★ trans-（越えて）→「（飛行機などの）乗り継ぎ」

Check! ●［語源］ fer / port / form の意味は？ 運ぶ／運ぶ／形作る

● tribute は「与える（= give）」を表します。以下の 3 つの動詞の中で，最もやっかいなのは attribute でしょう。 attribute A〈結果〉 to B〈原因〉という形で，「A の原因が B であると考える」という意味になります。例えば attribute one's failure to bad luck なら「失敗の原因が不運であると考える」ということです。

tribute ：与える

668 □ **distribute**⁑ [dɪstríbjuːt]

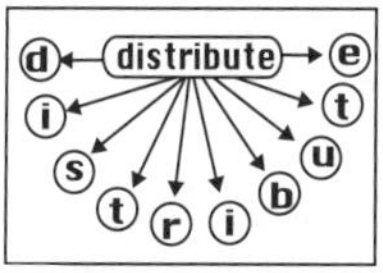

他 ～を**分配する，配布する**

★ dis-〈分離〉＋ tribute （与える）→「ばらばらに与える」

◆ **distribute A to B**「**A を B に分配する**」

▶ The community magazine is **distributed** to the entire population of the region.

「その地域誌は地域の人達全員に**配布されている。**」

□ **entire**⁑ [entáɪər] 形 全体の → **p.457**

□ **region**⁑ [ríːdʒən] 名 地域 → **p.119**

□ **distribution**⁑ [dɪstrɪbjúːʃn]

名 **分配，分布**

669 □ **contribute**⁑ [kəntríbjuːt]

自（～に）**貢献する，**（の）**原因となる**（to ～） 他 ～を（…に）**捧げる**（to …）

★ con-（共に）＋ tribute （与える）→「自分を全て与える」

◆ **contribute (oneself) to A**「**A に貢献する，A の原因となる**」

▶ His death has **contributed** to a better understanding of the deadly virus.

「彼の死は，致死性のウィルスをより理解するのに**貢献した。**」

▶ **contribute** to environmental problems「環境問題の**原因となる**」

□ **virus**⁑ [váɪərəs] 名 ウィルス → **p.385**

□ **contribution**⁑ [kɑntrɪbjúːʃn]

名 **貢献**

670 □ **attribute**⁑ 動 [ətríbjuːt] 名 [ǽtrɪbjuːt]

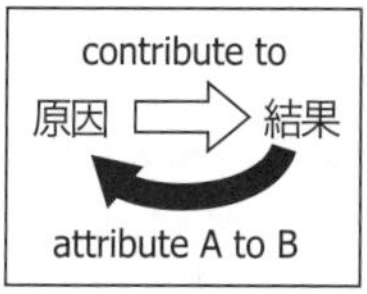

他（…に）～の**原因を帰す**（to …） 名 **属性，特質**

★ at-（～に）＋ tribute （与える）→「原因を割り与える」

◆ **attribute A to B**「**A（結果）を B（原因）に帰す，A の原因が B であると考える**」

▶ The teacher **attributed** the student's low grade to his lack of concentration.

「先生は，その生徒の成績が悪いのは，集中力の欠如に**原因があると考えた。**」

▶ One of the unique **attributes** of this new material is its resistance to heat.

「この新素材の独特の**特質**の１つは，耐熱性だ。」

□ **attribution** [ætrɪbjúːʃn] 　名 **帰因**

Check! ● attribute one's failure (　) bad luck　　to

● sure は「確かな」という意味を持っていますが，以下の３つの動詞は sure をスペルの中に含んでいます。いずれも「確かな」という意味から派生していることに注目してください。

-sure- を含む語

671 □ **assure**⁑ [əʃúər]

他 ～に（…を）**保証する，確信させる**（of, that ...）

★「確かな（sure）ものにする」

◆ **assure A of B [that ...]**「A に B を［…だと］保証する」

▶ The store's system **assures** customers of repair free of charge within a year of their purchase.

「店の制度は，購入から１年以内なら無料で客に修理を**保証している**。」

□ **customer**⁑ [kʌ́stəmər] 名 客

□ **assurance** [əʃúərəns] 　名 **保証，確信**

672 □ **reassure**＊ [riːəʃúər]

他 ～を（…に関して，…と言って）**安心させる**（of, that ...）

★ re-（再び）＋ assure（保証する）→「何度も保証して安心させる」

◆ **reassure A of B [that ...]**「B に関して［…だと言って］A を安心させる」

▶ The mother **reassured** the child that there was no monster in the closet.

「母親はタンスの中には怪物はいないわよと言って子供を**安心させた**。」

□ **reassurance** [riːəʃúərəns] 　名 **安心**

673 □ **ensure**⁑ [ɪnʃúər]

他 ～を**保証する，確保する**

▶ The government tried to **ensure** safety on public transportation after a terrorist attack.

「テロ攻撃のあと，政府は交通機関の安全を**確保し**ようとした。」

674 □ **insurance**⁑
[ɪnʃʊ́ərəns]

名 保険
★ insure (= ensure)（保証する）+ -ance ；事故・病気の際に支払いを保証する契約
▶ **an insurance company**「保険会社」

Check! ● assure / reassure の意味は？ 保証する／安心させる

Review Test

● **Same or Opposite?**

□1 **inspect** **examine** ……… **Same**
□2 **speculate** **guess** ……… **Same**
□3 **spectacles** **glasses** ……… **Same**
□4 **proceed** **recede** ……… **Opposite**
□5 **omit** **add** ……… **Opposite**

● **Yes or No?**

□6 An adult and a child have the same **perspective**. ……… **No**
□7 You feel anxious if there is good **prospect** in what you are pursuing. ……… **No**
□8 When you trust someone, you **suspect** him. ……… **No**
□9 Would something **spectacular** grab your attention? ……… **Yes**
□10 A wolf in a flock of sheep is **conspicuous**. ……… **Yes**

□11 You **predict** yesterday's weather. ……… **No**
□12 Would you **indicate** something you do not want others to notice? ……… **No**
□13 A cloudy sky and a distant thunderbolt are **indicative** of a coming storm. ……… **Yes**
□14 Servants usually **dictate** to their masters. ……… **No**
□15 **Dedicating** yourself to something means that you give it little of your time. ……… **No**

□16 The act of leaving out something is **commitment**. ……… **No**
□17 After an **omission**, much is added to the original. ……… **No**
□18 If an idea was **dismissed**, was its value accepted? ……… **No**
□19 You would **transmit** something you want to keep to yourself. ……… **No**
□20 To **transfer** is to change the size of something. ……… **No**

□21 If something is **transformed**, then its shape goes through changes. ……… **Yes**
□22 If something is **transparent**, you can see through it. ……… **Yes**
□23 **Transition** is the process of changing from one state to another. ……… **Yes**

□24 You **attribute** a cause to a result. ………… No
□25 You buy health **insurance** when you get sick. ………… No

ヒント a flock of ～「～の群れ」／thunderbolt「雷」／leave out「～を除く」／keep ～ to oneself「～を秘密にしておく」

● **Multiple Choices**

□26 The murder case was hard to solve since there were many ( ).
a. inspections **b.** spectacles **c.** suspects ………… c.
□27 In the ( ) of growing up, we experience many hardships.
a. process **b.** spectacle **c.** suspicion ………… a.
□28 His ability ( ) what his colleagues had expected.
a. exceeded **b.** proceeded **c.** conceded ………… a.
□29 The ( ) punches to the head left the boxer traumatized.
a. success **b.** succession **c.** successive ………… c.
□30 He is a ( ) businessman.
a. success **b.** successive **c.** successful ………… c.

□31 The weatherman had ( ) snow, but it was sunny all day.
a. dedicated **b.** predicted **c.** succeeded ………… b.
□32 The mother ( ) herself to educating her only son.
a. indicated **b.** dedicated **c.** dictated ………… b.
□33 He ( ) his first crime when he was in high school.
a. committed **b.** submitted **c.** emitted ………… a.
□34 The newspaper ( ) some details of the ongoing case.
a. attributed **b.** dedicated **c.** omitted ………… c.
□35 The girl was ( ) after she was repeatedly caught taking long breaks.
a. transferred **b.** transmitted **c.** dismissed ………… c.

□36 My car was at the shop, so I had to use public ( ).
a. account **b.** transport **c.** transfer ………… b.
□37 The clay was ( ) into a beautiful shape by the sculptor.
a. transformed **b.** transferred **c.** transported ………… a.
□38 I was reading a ( ) of a Russian novel.
a. translation **b.** transformation **c.** transportation ………… a.
□39 The patient was recovering from a heart ( ).
a. transform **b.** translate **c.** transplant ………… c.
□40 A booklet was being ( ).
a. community **b.** transparent **c.** distributed ………… c.

□41 The scientist has (　) lots of time and energy to the research.
a. transformed　**b.** attributed　**c.** contributed ………… c.

□42 The teacher (　) the student's low grade to his lack of effort.
a. attributed　**b.** contributed　**c.** distributed ………… a.

□43 The doctor (　) me that I would get well soon.
a. attributed　**b.** reassured　**c.** dismissed ………… b.

□44 The government tried to (　) safety on public transportation.
a. reassure　**b.** ensure　**c.** contributed ………… b.

ヒント traumatized 「精神的外傷を負った」／ongoing 「現在進行中の」／clay 「粘土」／booklet 「冊子」

解説・和訳

7 「追求していることによい見通しがあれば，不安を感じる。」／9 「目を見張るような物は注目を引くか？」／10 「羊の群れの中にいる1頭のオオカミは目立つ。」／12 「他人に気づいて欲しくないことを指し示すか？」／13 「曇り空と遠くの雷は，嵐が近いことを示す。」／15 「ある物に身を捧げることは，それに自分の時間をほとんどかけないことを意味する。」／16 「ある物を除外する行為は，関与である。」／17 「省略されると，元の物に多くが付け加えられる。」／24 attribute 〈結果〉 to 〈原因〉／28 「彼の能力は，同僚たちが予想していたよりも上回った。」／29 「頭に連続するパンチを受けて，ボクサーは精神的外傷を負った。」／30 successive 「連続した」と successful 「成功した」の意味の違いに注意／34 「進行中の事件について，新聞はいくつかの詳細を省略した。」／35 「その少女は何度も長い休憩をとっているのを見つかり，解雇された。」／36 public transport 「公共の交通機関」／37 「彫刻家の手により，粘土は美しい造形に形を変えられた。」／39 heart transplant 「心臓移植」／42 「先生は，その生徒の悪い成績は，努力不足に原因があると考えた。」／44 ensure safety 「安全を確保する」

日付：	年　月　日	得点：	／44
36点以上→SECTION #19へ		36点未満→もう一度復習	

SECTION #19 「力関係」

●「人と人」「国と国」など，2つ以上の「力・勢力」(force) が存在する時には，決まって両者間に力学的な関係が生じます。このセクションでは，このような「力関係」に焦点を当てて単語を覚えていきます。まずは「影響」から。influence / impact は have an influence [impact] on ～ という形で覚えましょう。日本語では，影響を「与える」と言いますが，動詞は give ではなく have を使うことに注意してください。

have a	{ great / major positive / negative }	{ influence impact }	on ～
	大きな 肯定的な／否定的な	影響を与える	

影響

675 □ **influence**⁑
[ínfluəns]

名 (～に対する) 影響 (on ～) 他 ～に**影響を及ぼす**

◆ **have an influence on A**「A に影響を及ぼす」

▶ The environment a child grows up in has a great **influence** on the development of his character.

「子供が育つ環境は，人格形成に大きな**影響**を及ぼす。」

□ **environment**⁑ [enváɪrənmənt] 名 環境 →**p.404**

□ **character**⁑ [kǽrəktər] 名 性格，人格 →**p.13**

□ **influential***
[ɪnfluénʃl]

形 **影響力のある**

▶ an **influential** person「**影響力のある**人物」

676 □ **impact**⁑
[ímpækt]

名 (～に対する) **影響，衝撃** (on ～) (= influence)

◆ **have an impact on A**「A に影響を及ぼす」

▶ My grandfather's experience in the war had a great **impact** on my decision to join the navy.

「祖父の戦争経験は，海軍に入ろうという私の決意に大きな影響を与えた。」

□ **navy*** [néɪvi] 名 海軍 →**p.593**

Check!

● influence / influential のアクセント位置は？　ínfluence / influéntial

● The teacher (1. had / 2. gave) a great influence on his students.　1.

● influence に似た動詞として affect があります。influence が思想や行動の面で「長期的に見て」影響を与える，という意味なのに対し，affect は「直接的に」影響・効果を及ぼすという意味です。ここで1つ大きな落とし穴があります。affection という語がありますが，これを「影響」という意味にとってはいけません。名詞の「影響」は effect で，affection は「愛情」です。affect には次のページの図のように3つの意味があり，そこから「影響」「愛情」「気取り」などの意味が生じてきます。この中では，affect / effect / effective / affection の4つをしっかりと覚えておきましょう。

【動詞】		【名詞】		【形容詞】	
affect	影響を及ぼす →	effect	影響・効果 →	effective	効果的な
	愛着を持つ →	affection	愛情 →	affectionate	愛情深い
	ふりをする →	affectation	気取り →	affected	気取った

affect とその派生語

677 □ **affect**⁑ [əfékt]

他 ～に（直接）**影響・効果を及ぼす**

★ 他に「愛情を持つ」「ふりをする」の意味もある

▶ Violence on TV **affects** children.

「テレビの暴力は子供に**影響を及ぼす。**」

□ **violence**⁑ [váɪələns] 名 暴力 → **p.283**

678 □ **effect**⁑ [ɪfékt]

名 **効果，影響**

★「直接的な影響」

◆ **have an effect on A**「A に影響を及ぼす」

▶ Stress in the workplace has a negative **effect** on productivity.

「職場でのストレスは生産性にマイナスの**効果**を及ぼす。」

□ **negative**⁑ [négətɪv] 形 否定的な，マイナスの → **p.534**

□ **productivity**＊ [proʊdʌktívəti] 名 生産性 → **p.371**

□ **effective**⁑ [ɪféktɪv]

形 **効果的な**

▶ What do you think is the most **effective** way of dealing with stress?

「ストレスに対処する最も**効果的な**方法は何だと思いますか？」

□ **deal with**⁑ 句 ～に対処する → **p.373**

679 □ **affection**＊ [əfékʃn]

名 **愛情，愛着**

▶ Generally, parents have a special kind of **affection** for [toward] their children.

「たいてい親は自分の子供に対し特別な**愛情**を持つ。」

□ **affectionate** [əfékʃnət]

形 **愛情を持った**

▶ **affectionate** parents「愛情深い親」

Check! ● affection とは？： 1. 影響 / 2. 愛情 　2.

●力の優劣を示す関係として最も分かりやすいのが，「支配」と「従属」です。「支配する」という意味の動詞はいくつかありますが，その内の dominate は「優位にたって支配する」という意味で，否定的なニュアンスを持つことが多いです。また支配する側は「規則・規制」(rule, regulation) を設けて，相手を「抑制，制御」(control) しようとします。

支配・規制

680 □ **dominate** ⁑
[dɑ́mənèɪt]
他 ～を**支配する**，より**優位にたつ**
▶ a **male-dominated** society「**男性優位の**社会」
▶ Some people are worried that the whole world will be **dominated** by American values.
「全世界がアメリカの価値観によって**支配されて**しまうだろうと心配する人たちもいる。」

□ **dominant** ⁑
[dɑ́mənənt]
形 **支配的な，優勢な**
▶ English has become the **dominant** language in the world.
「英語は世界で**最も有力な**言語になった。」

□ **predominant**
[prɪdɑ́mənənt]
形 **支配的な**

681 □ **rule** ⁑
[rúːl]
他 ～を**支配する** 名 **規則**
★「公的に支配する」
◆ **as a rule**「**概して，原則として**」(= generally)
◆ **rule out**「**～を除外する**」
▶ The Soviet Union was **ruled** by Stalin.
「ソ連はスターリンによって**支配されていた。**」

682 □ **regulate** ⁑
[régjəlèɪt]
他 ～を**規制する**
★「規制を設ける」
▶ There is a debate over whether to **regulate** use of the Internet by children.
「子供のインターネット利用を**規制す**べきかどうかに関しては議論がある。」
□ **debate*** [dɪbéɪt] 名 議論，討論 → **p.221**

□ **regulation** ⁑
[regjəléɪʃn]
名 **規制，規則**
▶ **school regulations**「**校則**」

683 □ **control** ⁑
[kəntróʊl]
他 ～を**抑制する，支配する，制御する** 名 **抑制，支配，制御**
★ 動詞変化：contro<u>ll</u>ed, contro<u>ll</u>ing
▶ The right side of the brain **controls** the left side of the body.
「右脳は身体の左半分を**制御する。**」
▶ The audience was excited and went out of **control**.
「観客は興奮し，**抑制**できなくなった。」

684 □ **bind** ⁑
[báɪnd]
他 ～を**縛る，拘束する**
★ 動詞変化： bind – bound – bound

◆ **be bound for A**「A 行きの」
◆ **be bound to *do***「決まって〜する」
▶ the train **bound** for Shinjuku Station「新宿行きの電車」
▶ Things **are bound to** get worse as time goes by.
「時がたつにつれて物事は**決まって**悪くなる。」

Check!	
● dominate / regulate **のアクセント位置は？**	dóminate / régulate
● dominate **の形容詞形は？**	dominant

●支配する側は，被支配者に対して「権力」(power, authority) を「働かせ」(exert, exercise) ます。exercise は「練習，運動」という意味でお馴染みでしょうが，動詞としての用法もしっかりと覚えてください。

権力・行使

685 □ **authority**⁑ [ɔːθɑ́rəti]
名 **権威，権力，権限；当局**
★ author「ものを生み出す人」から
▶ Even though she is young, she is already an **authority** on mathematics.
「彼女は若いが，すでに数学の**権威**だ。」
▶ I don't have the **authority** to make decisions on this matter.
「この件に関して私に決定する**権限**はありません。」

□ **authorize** [ɔ́ːθəraɪz]
他 〜に**権限を与える**

---

686 □ **author**⁑ [ɔ́ːθər]
名 **著者**
★ 原義は「ものを生み出す人」
▶ the **author** of a novel「小説の**著者**」

---

687 □ **exert*** [ɪgzə́ːrt]
他 〜（力など）を**行使する，働かせる** (= exercise)
▶ **exert** caution [power, authority]「注意力［力，権力］を**働かせる**」
▶ Japanese high schools **exert** strict control over students.
「日本の高校は生徒に対し厳しい統制を**働かせる**。」

□ **exertion** [ɪgzə́ːrʃn]
名 **行使**

---

688 □ **exercise**⁑ [éksərsaɪz]
名 **練習；運動** 他 〜（力など）を**行使する** (= exert)
▶ **get exercise**「**運動をする**」
▶ **exercise** caution [power, authority]「注意力［力，権力］を**働かせる**」

Check! ● exert [exercise] influence on A **とは？**　　A に影響を及ぼす

●「権力」による支配を受けたとき，とるべき手段は 2 つです。黙って「従う」(obey) か，あるいは「抵抗する」(resist) かです。 resist は他動詞です。 protest 「抗議する」や rebel 「反逆する」は後に前置詞の against を伴いますが， resist は直接目的語をとることに注意してください。

従属・抵抗

689 □ **obey**⁑
[oʊbéɪ]

他 ～に**従う**

▶ **obey** regulations「規則を**守る**」

□ **obedient**＊
[oʊbíːdiənt]

形 **従順な**

▶ Dogs are **obedient** animals.
「犬は**従順な**動物だ。」

690 □ **resist**⁑
[rɪzíst]

他 ～に**抵抗する**

★ 他動詞であることに注意

▶ The girl **resisted** (~~against~~) the temptation of eating junk food between meals.
「少女は食事と食事の間にジャンクフードを食べる誘惑に**抵抗した**。」

□ **temptation**＊ [temptéɪʃn] 名 誘惑 → **p.437**

□ **resistance**⁑
[rɪzístəns]

名 **抵抗**

▶ Women have stronger **resistance** to disease and live longer than men.
「女性は男性よりも病気に対する**抵抗力**が強く，長生きする。」

□ **resistant**＊
[rɪzístənt]

形 **抵抗する**

□ **irresistible**
[ɪrɪzístəbl]

形 **抵抗しがたい**

★ ir-〈否定〉＋ resist （抵抗する）＋ -ible 〈可能〉

691 □ **protest**⁑
名 [próʊtest]
動 [prətést]

名 **抗議** 自（～に対して）**抗議する** (against ～)

★「言葉による抗議」；いわゆる「デモ」を指すことが多い

▶ The association of car sellers and owners **protested** against the higher pricing of gasoline.
「車の販売者と所有者の協会がガソリンの値上げに**抗議した**。」

□ **association**⁑ [əsoʊsiéɪʃn] 名 協会 → **p.181**

692 □ **rebel**＊
名 [rébl] 動 [rɪbél]

名 **反逆者** 自（～に対して）**反逆する** (against ～)

★ 発音注意：「名前動後」；動詞変化： rebelled, rebelling

◆ **rebel against A**「A に対し反逆する」

▶ The government could not control the **rebel** forces.
「政府は**反逆者達**の勢力を抑制できなかった。」

□ **rebellion** [rɪbéljən]
名 **反乱**
▶ a **rebellion** against Britain「イギリスに対する**反乱**」

Check!		
	● obey の形容詞形は？	obedient
	● 正しいスペルは？： 1. resistence / 2. resistance	2.

●権力に対する抵抗もむなしく，支配者は弱者を「征服し」(conquer)，「うち負かす」(defeat, beat) のが世の常です。敗れた者は「降伏し」(surrender)，権力に「屈する」(yield, give in) という屈辱を受けます。win / lose は基本単語です。動詞の用法をしっかりと覚えてください。

征服・敗北

693 □ **conquer**⁑ [káŋkər]
他 ～を**征服する**
▶ If Hitler had not invaded the Soviet Union, he would have **conquered** all of Europe.
「もしヒットラーがソビエトを侵略していなかったら，ヨーロッパの全部を**征服してい**ただろう。」
□ **invade*** [ɪnvéɪd] 他 ～を侵略する → **p.121**

□ **conquest** [káŋkwest]
名 **征服**

694 □ **win**⁑ [wín]
自 **勝つ** 他 ～（試合など）に**勝つ**；を**獲得する**
★ 動詞変化：win – won – won；他動詞の用法に注意；「～（相手）に勝つ」という場合は defeat / beat を用いる
▶ **win** a game「試合に**勝つ**」
▶ **win** a scholarship [A's trust]「奨学金［A の信頼］を**得る**」

695 □ **defeat**⁑ [dɪfíːt]
他 ～を**うち負かす** 名 **敗北**
▶ Japan **defeated** Brazil in the World Cup.
「ワールドカップで日本はブラジルに**勝った**。」

696 □ **beat**⁑ [bíːt]
他 ～を（繰り返し）**叩く，うち負かす**
★ 動詞変化： beat – beat – beaten
▶ Japan was **beaten** by Brazil in the World Cup.
「ワールドカップで日本はブラジルに**負けた**。」

697 □ **lose**⁑ [lúːz]

自 **負ける** 他 ～を**失う**；(試合など) に**負ける**

★ 動詞変化：lose – lost – lost；他動詞の用法に注意；「～（相手）に負ける」という場合は前置詞の to を用いる

◆ **lose to A**「A（相手）に負ける」

▶ **lose a game**「試合に負ける」

▶ Japan **lost** to Korea by two points.
「日本は韓国に 2 点差で**負けた**。」

□ **loss**⁑ [lɔ́ːs]

名 **損失，紛失，敗北**

698 □ **surrender**＊ [səréndər]

自 **降伏する**

▶ Wave a white flag when you **surrender**.
「**降伏する**ときは白旗を振れ。」

699 □ **yield**⁑ [jíːld]

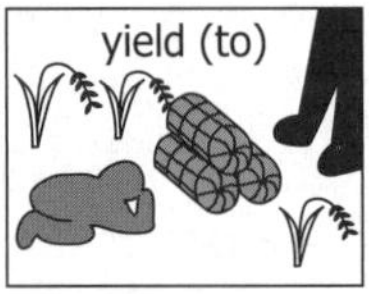

自 (～に) **屈する** (to ～) (= give in) 他 ～を**産出する**

★ 多義語；2 つの意味を覚えること

◆ **yield to A**「A に**屈する**」(= give in to A, succumb to A)

▶ The government finally **yielded** [gave in] to the demands of the terrorists.
「政府はついにテロリスト達の要求に**屈した**。」

▶ Good investment will **yield** satisfying revenue.
「優れた投資は満足な収入を**生み出す**。」

□ **investment**⁑ [ɪnvéstmənt] 名 投資 → **p.111**

□ **revenue**＊ [révənjuː] 名 収入，歳入 → **p.115**

Check!		
	● conquer の名詞形は？	conquest
	● yield の 2 つの意味は？	屈する／産出する

● 「人」と「人」，「国」と「国」との関係は，これまで見てきたような「支配↔従属」という関係ばかりではありません。「依存する」(depend)，「頼る」(rely, trust) ことで，より生産的な関係が生まれる可能性があります。 depend / dependent / rely などの語は，前置詞の on とセットで覚えましょう。ただし， independent の後に続く前置詞は on ではなく of です。

【動詞】		【形容詞】		【名詞】
depend on	→	be dependent on	→	dependence
		↕		↕
		be independent of		independence

依存

700 □ **depend**⁑ [dɪpénd]

自 (～に) **依存する；よる，左右される** (on ～)

◆ **depend on A for B**「B に関して A に依存する」

▶ It **depends** on your effort whether you will succeed or not.
「君が成功するかどうかは，君の努力**次第だよ**。」

□ **dependent**⁑ [dɪpéndənt]
形（〜に）**依存している，左右される** (on 〜)
◆ **be dependent on A**「A に依存している」
▶ Japan's economy is totally **dependent** on foreign imports.
「日本の経済は外国からの輸入に完全に**依存している**。」

□ **dependence**⁑ [dɪpéndəns]
名 **依存**

701 □ **independent**⁑ [ɪndɪpéndənt]
形（〜から）**独立している** (of 〜)
◆ **be independent of A**「A から独立している」
▶ The college student planned to be totally **independent** of his parents by the time he graduated from college.
「大学生は，大学を卒業するまでに親から完全に**独立し**ようと計画した。」

□ **independence**⁑ [ɪndɪpéndəns]
名 **独立**
▶ **the Declaration of Independence**「**独立宣言**」

702 □ **rely**⁑ [rɪláɪ]
自（〜に）**頼る，（を）あてにする** (on [upon] 〜)
◆ **rely on A**「A をあてにする」
▶ This information can be **relied** upon.
「この情報は**あてにできる**。」

□ **reliable**⁑ [rɪláɪəbl]
形 **信頼できる**
▶ **reliable** information「**信頼できる**情報」

□ **reliance*** [rɪláɪəns]
名 **依存**

703 □ **count on**⁑
句 〜を**あてにする，頼りにする**
★「数える（count）」→「勘定に入れる」→「あてにする」
▶ **You can count on me.**
「**任せてくれ（あてにしていいよ）**。」

704 □ **trust**⁑ [trʌ́st]
他 〜を**信用する** 名 **信用** (↔ distrust)
▶ It was stupid of me to **trust** (~~on~~) you.
「君を**信用する**なんて僕は馬鹿だった。」

□ **trustworthy** [trʌ́stwəːrði]
形 **信頼できる**

Check!		
	● He is independent (1. on / 2. of) his parents.	2.
	● You can (1. rely / 2. rely on) him.	2.
	● You can (1. trust / 2. trust on) him.	1.

●力関係が拮抗している場合には,「競争」(competition) が生じます。compete「競争する」という動詞の派生語には要注意です。「競争」の意での名詞は competition，形容詞は competitive ですが, competence は「能力」の意になります。

競争

705 □ **compete**⁑ [kəmpíːt]
自 **競争する**
◆ **compete with [against] A**「Aと競争する」
◆ **compete for A**「Aを求めて争う」
▶ Those who like to **compete** with others are more likely to succeed in life.
「他人と**競争する**ことを好む者は人生でより成功しやすい。」

□ **competition**⁑ [kɑmpətíʃn]
名 **競争；試合**
▶ There is fierce **competition** for customers among those cell phone companies.
「それらの携帯電話会社の間では激しい顧客獲得**競争**がある。」

□ **competitive**⁑ [kəmpétətɪv]
形 **競争の，競争力のある**
▶ **a competitive society**「競争社会」

□ **competence*** [kɑ́mpətəns]
名 **能力**
★「競争する上で必要なもの」→「能力」; competition「競争」と区別すること
▶ This book will help to develop your overall **competence** in English.
「この本は全般的な英語の**能力**を伸ばすのに役立つだろう。」

□ **competent*** [kɑ́mpətənt]
形 **有能な**
▶ a **competent** doctor「有能な医者」

Check!	● competence のアクセント位置は？	cómpetence

● press「押す」という動詞は知っているでしょう。この press というスペルを含む動詞はいくつかありますが，いずれも「押す，圧迫する」という意味を含んでいます。他者に対して何らかの力を働かせることに関係する動詞ばかりです。語尾は -pression (名詞), -pressive (形容詞) となるものが多いです。

press：圧迫する

706 □ **press**⁑ [prés]
他 ①～を**押す** ②～に (…するよう) **強く求める** (to *do*)
名 (the) **新聞・雑誌，報道**

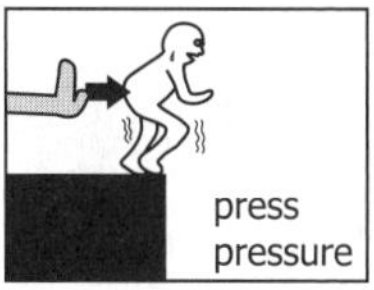

★ 他 ②の意味に注意；「押す」→「求める」
◆ **press A to *do***「Aに〜するよう強く求める」
▶ The environmental group **pressed** the government to take effective steps against air pollution.
「環境保護団体は，大気汚染に対し効果的な策を講じるよう政府に**求めた**。」
▶ freedom of **the press**「報道の自由」
□ **environmental**⁑ [envaɪrənméntl] 形 環境の →**p.404**
□ **take steps**⁑ 句 策を講じる
□ **pollution**⁑ [pəlúːʃn] 名 汚染 →**p.407**

□ **pressure**⁑ [préʃər]
名 **圧力，重圧**
◆ **under pressure**「重圧下にある」
◆ **exert pressure on A**「Aに圧力をかける」
▶ I have been feeling under **pressure** at work lately.
「私は最近仕事で**重圧**を感じている。」
□ **lately**⁑ [léɪtli] 副 最近

□ **pressing**＊ [présɪŋ]
形 **差し迫った，緊急の** (= urgent)
▶ a **pressing** problem「差し迫った問題」

---

707 □ **impress**⁑ [ɪmprés]
他 〜に**印象づける**，を**感動させる**
★ im-（中に）＋ press（押す）→「心に残るよう押しつける」
◆ **be impressed with [by] A**「Aに感動する」
◆ **impress A as C**「AにCという印象を与える」
▶ I was **impressed** with your speech.
「君のスピーチには**感動した**。」

□ **impression**⁑ [ɪmpréʃn]
名 **印象，感動**
▶ **make a good impression**「よい印象を与える」

□ **impressive**⁑ [ɪmprésɪv]
形 **印象的な，感動的な**
▶ an **impressive** remark「印象的な発言」

---

708 □ **express**⁑ [ɪksprés]
他 〜を**表に出す，表現する**
★ ex-（外へ）＋ press（押す）→「外へ押し出す」
◆ **express one's opinion**「意見を言う」

□ **expression**⁑ [ɪkspréʃn]
名 **表現，表情**
▶ **facial expressions**「顔の表情」

□ **expressive** [ɪksprésɪv]
形 **表現豊かな**

---

709 □ **oppress** [əprés]
他 〜を**圧迫する，虐げる**
★ op-（= to）＋ press（押す）→「押しつける」
▶ The Iraqi people were **oppressed** by a dictator.

「イラクの国民は独裁者によって**虐げられていた。**」
□ **dictator** [díkteɪtər] 名 独裁者 → **p.235**

□ **oppression** [əpréʃn]
名 **圧迫，抑圧**

□ **oppressive** [əprésɪv]
形 **圧政的な，重苦しい**
▶ **oppressive** atmosphere「**重苦しい**雰囲気」

710 □ **suppress*** [səprés]
他 ～を**抑える，抑圧する**
★ sup-（下へ）＋ press （押す）
▶ The teenager **suppressed** her sudden impulse to buy the expensive bag.
「若者は高価なカバンを買いたいという突然の衝動を**抑えた。**」

Check! ● His speech (1. gave / 2. made) a good impression on the audience. 2.

●相手を支配下におくための手段の１つとして，「脅し，脅威」(threat) をかけるということがあります。また，「飼い慣らす」(tame) ことによって，相手の反抗心をなくして骨抜きにするということも考えられます。

脅す・飼い慣らす

711 □ **threat**⁑ [θrét]
名 **脅し，脅威** (= menace)
◆ **a threat to A**「**A に対する脅威**」
▶ The rapid growth of Asian countries is a potential **threat** to Japan's economy.
「アジアの国々の急成長は，日本経済にとって潜在的な**脅威**である。」
□ **potential**⁑ [pətέnʃl] 形 潜在的な → **p.87**

□ **threaten**⁑ [θrétn]
他 ～を**脅かす**
★ threat（脅威）＋ -en 〈動詞化〉
▶ Some species of wild animals in Africa are **threatened** with extinction.
「アフリカには絶滅に**瀕している（脅かされている）**動物種がある。」

□ **species**⁑ [spíːʃiːz] 名（生物の）種 → **p.404**
□ **extinction**⁑ [ɪkstíŋkʃn] 名 絶滅 → **p.139**

712 □ **menace** [ménəs]
名 **脅威** (= threat)
◆ **a menace to A**「**A に対する脅威**」

713 □ **tame*** [téɪm]
他 ～を**飼い慣らす** 形 **飼い慣らされた**
▶ Human beings learned to **tame** animals and grow plants.
「人間は動物を**飼い慣らし**，植物を育てるようになった。」

Check! ● a tame animal **とは？** 飼い慣らされた動物

●最後に「優劣関係」を示す語を覚えましょう。superior / inferior は比較級の一種ですが，比較する対象は than ではなく to を用いて示します。surpass は，SECTION #18 で学んだ exceed の同義語として覚えましょう。excel という語には馴染みがないかもしれませんが，excellent の動詞形として考えれば覚えやすいでしょう。

優劣・優れる

714 □ **superior**⁑ [sʊpíəriər]
形（～より）**優れている** (to ～)
◆ **be superior to A**「A より優れている」
▶ This item is **superior** to that in quality.
「この品物は質においてあれよりも**優れている**。」

□ **superiority*** [sʊpɪəriɔ́:rəti]
名 **優越，優勢**
▶ **a sense of superiority**「優越感」

715 □ **inferior*** [ɪnfíəriər]
形（～より）**劣っている** (to ～)
◆ **be inferior to A**「A より劣っている」
▶ Our performance was **inferior** to that of the other team.
「我々のプレーは相手チームより**劣っていた**。」

□ **inferiority*** [ɪnfɪəriɔ́:rəti]
名 **劣等**
▶ **a sense of inferiority**「劣等感」

716 □ **surpass*** [sə:rpǽs]
他 ～より**優れる**，を**越える** (= exceed)
★ sur-（上を）＋ pass（通る）→「～よりも上に位置する」
▶ His most recent artwork **surpassed** every one of his other creations.
「彼の最新の作品は自身の他のどの創作よりも**優れていた**。」

717 □ **excel*** [ɪksél]
自 **優れる**
★ ex-（外に）＋ cel（昇る）；動詞変化： excelled, excelling
▶ The boy **excels** in sports.
「その少年はスポーツに**秀でている**。」

□ **excellent**⁑ [ékslənt]
形 **優秀な**

□ **excellence*** [éksləns]
名 **優秀さ**

Check!	
● This product is superior (1. than / 2. to) that.	2.
●正しいスペルは？ ： 1. excelent / 2. exellent / 3. excellent	3.

Review Test

● Same or Opposite?

□1	influence	impact	Same
□2	influential	important	Same
□3	affection	love	Same
□4	regulate	control	Same
□5	authority	expert	Same
□6	exert	exercise	Same
□7	obedient	resistant	Opposite
□8	surrender	resist	Opposite
□9	give in	yield	Same
□10	competent	capable	Same
□11	pressing	urgent	Same
□12	oppress	subdue	Same
□13	tame	wild	Opposite
□14	superior	inferior	Opposite
□15	surpass	exceed	Same

● Multiple Choices

□16 Violence on TV has a negative ( ) on children.
a. affection **b.** affectation **c.** effect ………… c.

□17 What is the most ( ) way of avoiding traffic jams?
a. effective **b.** affectionate **c.** influential ………… a.

□18 English is a ( ) language.
a. dominate **b.** dominant **c.** affectionate ………… b.

□19 The teenager tried to ( ) his girlfriend by forbidding her to see her friends.
a. dominate **b.** obey **c.** depend ………… a.

□20 Students have to obey school ( ).
a. regulations **b.** domination **c.** controls ………… a.

□21 This train is ( ) for Osaka.
a. ruled **b.** regulated **c.** bound ………… c.

☐22 Environmental groups are ( ) pressure on the government.
a. controlling **b.** obeying **c.** exerting ……… c.

☐23 It is difficult to ( ) the temptation of eating between meals.
a. resist **b.** protest **c.** rebel ……… a.

☐24 Teenagers often ( ) against their parents.
a. resist **b.** rebel **c.** obey ……… b.

☐25 Thousands of demonstrators ( ) against the rising fuel cost.
a. resisted **b.** protested **c.** obeyed ……… b.

☐26 Hitler ( ) Holland in 1940.
a. surrendered **b.** conquered **c.** depended ……… b.

☐27 Japan ( ) Korea in the World Cup.
a. won **b.** defeated **c.** lost ……… b.

☐28 Japan ( ) to Korea in the World Cup.
a. won **b.** defeated **c.** lost ……… c.

☐29 Wave a white flag when you ( ).
a. surrender **b.** defeat **c.** resist ……… a.

☐30 The boy ( ) to temptation and took illegal drugs.
a. resisted **b.** yielded **c.** defeated ……… b.

☐31 "Are you going fishing today?" "Well, it ( ) on the weather."
a. relies **b.** trusts **c.** depends ……… c.

☐32 The student is independent ( ) his parents.
a. on **b.** of **c.** with ……… b.

☐33 You can rely ( ) this information.
a. on **b.** of **c.** — ……… a.

☐34 You can trust ( ) this information.
a. on **b.** of **c.** — ……… c.

☐35 You can count ( ) me.
a. on **b.** of **c.** — ……… a.

☐36 There is severe ( ) in the job market.
a. competence **b.** competition **c.** competitive ……… b.

☐37 This is a ( ) problem, so you have to take care of it immediately.
a. impressive **b.** reliable **c.** pressing ……… c.

☐38 He was not allowed to ( ) his opinion freely.
a. impress **b.** express **c.** depress ……… b.

☐39 The dictator ( ) the people.
a. relied **b.** depended **c.** oppressed ……… c.

☐40 Large areas of the rain forest are ( ) with destruction.
a. impressed **b.** threatened **c.** surpassed ……… b.

□41 People learned to ( ) animals and grow plants.
a. fame b. lame c. tame ………………………… c.

□42 This product is far superior ( ) that.
a. than b. to c. from ………………………… b.

□43 His ability to do the job ( ) mine.
a. superior b. tamed c. surpassed ………………………… c.

□44 The boy ( ) in mathematics.
a. surpassed b. exceeded c. excelled ………………………… c.

解説・和訳

16 affection「愛情」と effect「影響」の意味の違いに注意／19「その10代の若者は，ガールフレンドに友達と会うのを禁じることによって，彼女を支配しようとした。」／20 school regulations「校則」／22 exert pressure on A「Aに圧力をかける」／23「間食する誘惑に抵抗するのは難しい。」／24 rebel against A「Aに対し反逆する」；resist は他動詞なので前置詞不要／25「何千ものデモ参加者たちが燃料費の高騰に対して抗議した。」／30 yield to temptation「誘惑に屈する」／33 rely on A「Aをあてにする」／34 trust は他動詞なので前置詞不要／36 competence「能力」と competition「競争」の意味の違いに注意／39「その独裁者は人民を抑圧した。」／40 be threatened with A「Aに脅かされている」／43「彼の仕事をする能力は私のよりも優れていた。」／44「その少年は数学に秀でていた。」

日付： 年 月 日	得点： ／44
36点以上→SECTION #20へ	36点未満→もう一度復習

SECTION #20「知覚・感覚・感情」

●このセクションでは「知覚・感覚・感情」に関する語を学びます。まずは perceive「知覚する」という動詞から。この語に含まれる ceive は「取る (= take)」という意味を持ちます。receive「受け取る」も同語源です。ceive という語根から，perceive / conceive / deceive という3つの動詞を覚えましょう。派生語もまとめて覚えます。いずれも名詞形は ceive → cept / ception となることに注目してください。

【動詞】		【名詞】		【形容詞】
ceive	→	**cept / ception**	→	**ceptive / ceptible / ceivable**
re**ceive**	→	re**ception**	→	re**ceptive**
per**ceive**	→	per**ception**	→	per**ceptive** / per**ceptible**
con**ceive**	→	con**cept** / con**ception**	→	con**ceivable**
de**ceive**	→	de**ception**	→	de**ceptive**

ceive：取る

718 □ **perceive**⁑ [pərsíːv]

他 ～を**知覚する，感じ取る** (= notice)；**認識する**

★ per-（完全に）+ ceive（取る）→「完全に摑む」

◆ **perceive A as C**「**AをCだと考える**」

▶ Didn't you **perceive** a change in her behavior?
「彼女の態度の変化に**気づか**なかったの？」

▶ His new theory was **perceived** as a breakthrough in medical science.
「彼の新理論は医学における大躍進だと**考えられた**。」

□ **breakthrough*** [bréɪkθruː] 名 大躍進 → **p.569**

□ **perception**⁑ [pərsépʃn]
名 **知覚；認識**

□ **perceptive** [pərséptɪv]
形 **知覚の**

□ **perceptible** [pərséptəbl]
形 **知覚できる**

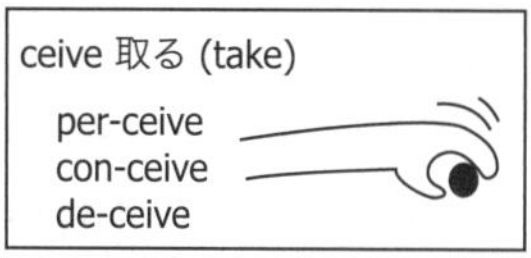

719 □ **conceive*** [kənsíːv]

他 ～を**考え出す，考案する；心に抱く**

★ con-（共に）+ ceive（取る）→「考え出す」

▶ The designer **conceived** a new idea for the advertisement.
「デザイナーは広告の新しい案を**考え出した**。」

□ **advertisement**⁑ [ædvərtáɪzmənt] 名 広告 → **p.370**

□ **conceivable** [kənsíːvəbl]
形 **考えられる，想像できる**

□ **concept**⁑ [kάnsept]
名 **概念**
★「考え出された（conceived）もの」
▶ The **concept** of beauty differs from culture to culture.
「美しさの**概念**は文化によって異なる。」

□ **conception*** [kənsépʃn]
名 **想像（力），概念**

---

720 □ **deceive**⁑ [dɪsíːv]
他 ～を**だます**
★de-（～から）＋ ceive （取る）→「人からものを取ってだます」
▶ The little girl tried to **deceive** her teacher by imitating a painful cry, but no tears came out.
「少女は痛々しい泣き顔を真似て先生を**だまそう**としたが，涙が全く出なかった。」
□ **imitate**⁑ [ímɪteɪt] 他 ～を真似る →**p.45**

□ **deception** [dɪsépʃn]
名 **だますこと**

□ **deceptive** [dɪséptɪv]
形 **人をだますような**

□ **deceitful** [dɪsíːtfəl]
形 **人をだますような**

Check! ● **正しいスペルは？**： 1. perceive / 2. percieve　　1.

●次は sense 「感覚」の派生語を覚えます。まずスペルに注意しましょう。 *sen<u>c</u>e ではなく sen<u>s</u>e です。名詞としては大きく分けると①「感覚」②「判断力」③「意味」の3つの意味があります。そして，①「感覚」の意味での形容詞形が sensitive，②「判断力」の意味での形容詞形が sensible です。③「意味」からは in a sense 「ある意味では」，make sense 「分かる」などの熟語が生まれます。

【名詞】		【形容詞】	【熟語】
	①感覚 →	sensitive **敏感な**	
sense	**②判断力** →	sensible **賢明な**	
	③意味 →		make sense **分かる** / in a sense **ある意味では**

sense ：感覚

721 □ **sense**⁑ [séns]
名 **①感覚 ②判断力，思慮 ③意味** 他 ～に**感づく**
◆ **in a sense**「ある意味では」
▶ I had to sharpen all my **senses** in the complete darkness.
「完全な暗闇の中で，全ての**感覚**を研ぎ澄まさなくてはならなかった。」

▶ **a sense of humor**「ユーモアのセンス・判断力」
▶ Life is, **in a sense**, a battle.
「人生とは，**ある意味では**闘いだ。」

□ **make sense** ⁑
句 **意味が分かる，道理にかなう**
▶ This sentence **doesn't make any sense** to me.
「この文の**意味がさっぱり分からない**。」

□ **come to one's senses**
句 **正気を取り戻す**
★ one's senses で「明晰に考える能力・正気」の意；come to one's senses「明晰に考えられるようになる」→「正気を取り戻す」；No one in his senses would believe it.「正気の奴ならそんなことは信じないさ」などの用法もある

▶ After six months, the boy finally **came to his senses** and returned home.
「6ヵ月後，少年はついに**正気に戻って**家に帰った。」

722 □ **sensitive** ⁑
[sénsətɪv]
形 (〜に対して) **敏感な** (to 〜)
◆ **be sensitive to A**「A に対して敏感である」
▶ The student was **sensitive** to criticism and was discouraged easily.
「その学生は批判に**敏感**で，すぐにくじけた。」
□ **criticism** ⁑ [krítɪsɪzm] 名 批判 → **p.200**

□ **sensitivity** *
[sensətívəti]
名 **感度，感受性**

723 □ **sensible** ⁑
[sénsəbl]
形 **分別のある，賢明な**
★ sense「判断力」→「判断力に優れている」
▶ It was **sensible** of her to bring an umbrella.
「彼女が傘を持ってきたのは**賢明**だった。」

□ **sensibility**
[sensəbíləti]
名 **感度，感受性**

724 □ **sensation** *
[senséɪʃn]
名 **感覚；物議，騒動**
▶ The news of the musician's sudden death caused a great **sensation**.
「その音楽家の突然の死の知らせは，大きな**騒動**を引き起こした。」

Check!		
	● 正しいスペルは？： 1. sence / 2. sense	2.
	● sensitive / sensible の意味は？	敏感な／賢明な

●「五感」(five senses) には,「視覚 (eyesight)」「聴覚 (hearing)」「嗅覚 (smell)」「味覚 (taste)」「触覚 (touch)」の5つが含まれます。この中で最も重要な位置を占める「視覚」に関する単語は数多くあります。まず語根としては vis (見る) を覚えてください。SECTION #18 で学んだ spect (見る) も復習しておきましょう。 see の名詞形 sight に関しては,熟語表現をしっかりと覚えてください。

視覚 1： vis 「見る」

725 □ **visual**⁑ [víʒuəl]
[形] **視覚の**
★ vis (見る) →「見ることに関する」
▶ a **visual** image「**視覚的な**イメージ」

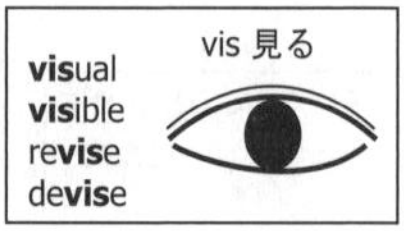

□ **vision**⁑ [víʒən]
[名] **像；視力；見通し**

726 □ **visible**⁑ [vízəbl]
[形] **目に見える**
★ vis (見る) + -ible 〈可能〉→「見ることができる」
▶ The damage from the earthquake is still **visible**.
「地震の被害はいまだに**目に見える**。」

□ **invisible**⁑ [ɪnvízəbl]
[形] **目に見えない**
★ in-〈否定〉+ visible (見える)

727 □ **revise*** [rɪváɪz]
[他] ～を**改訂する,修正する**
★ re- (再び) + vis (見る) →「見直す・改訂する」
▶ You need to review and **revise** your plans before you put them into practice.
「実行に移す前に,計画を再検討し**修正する**必要がある。」
□ **review**⁑ [rɪvjúː] [他] ～を再検討する →**p.303**
□ **put ~ into practice**⁑ [句] ～を実行に移す →**p.583**

□ **revision** [rɪvíʒən]
[名] **改訂,修正**

728 □ **devise*** [dɪváɪz]
[他] ～を**考案する**
★ de- (離れて) + vis (見る) →「分割する」→「考案する」
▶ The student **devised** a perfect method for cheating on exams.
「生徒はテストでカンニングする完璧な方法を**考案した**。」
□ **method**⁑ [méθəd] [名] 方法,理論 →**p.210**
□ **cheat**⁑ [tʃíːt] [自] ずる (カンニング) をする

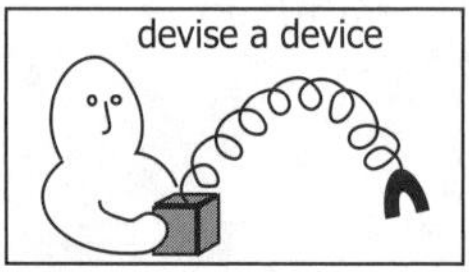

□ **device**⁑ [dɪváɪs]

名 **装置**

★「考案された（devised）物」

▶ The company introduced an electronic **device** that could detect chemical leakage.
「会社は化学物質の漏洩を検出する電子**装置**を導入した。」

□ **detect**⁑ [dɪtékt] 他 ～を検出する →**p.210**

□ **leakage** [líːkɪdʒ] 名 漏れ，漏洩 →**p.50**

729 □ **sight**⁑ [sáɪt]

名 **視覚；視力；光景；名所**

★ see の名詞形；見ること・見えるもの全般に関する名詞

◆ **catch [lose] sight of A**「**A を見かける［見失う］**」

◆ **lose one's sight**「**視力を失う**」

◆ **in sight**「**目に見える**」↔ **out of sight**「**目に見えない**」

◆ **at the sight of A**「**A を見て**」

▶ There was nobody <u>in</u> **sight** to help me.
「助けてくれる人は**見あたら**なかった。」

▶ She started to cry **at the sight of** a spider.
「彼女はクモを**見て**泣き出した。」

▶ **sight-seeing**「**観光**」

Check! ●［語源］ vis の意味は？ 見る

●「見る」という意味の動詞を覚えましょう。下のイラストを参考にしてください。stare は「（長時間）じろじろ見る，見つめる」の意味です。 gaze は「（感動・感心して）ぼーっと見る」， glance は「（意識的に）ちらっと見る」， glimpse は「偶然ちらりと目に入ってくる」という意味です。 stare / gaze / glance は前置詞の at とセットで覚えてください。

視覚２：視覚に関する動詞

730 □ **stare**⁑ [stéər]

自（～を）（じろじろ）**見つめる** (at ～)

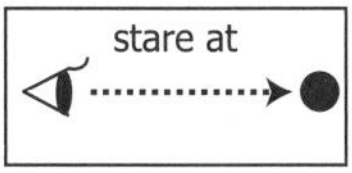

▶ The child was told not to **stare** <u>at</u> people.
「子供は人を**じろじろ見**ないように言われた。」

731 □ **gaze**＊ [géɪz]

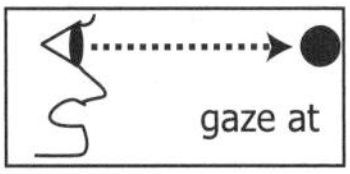

自（～を）（うっとりして・ぼーっと）**見つめる** (at ～)

▶ The girl **gazed** <u>at</u> the picture of the pop star for hours.
「少女はポップスターの写真を何時間も**うっとりして見つめた**。」

732 □ **glance** ⁑
[glǽns]

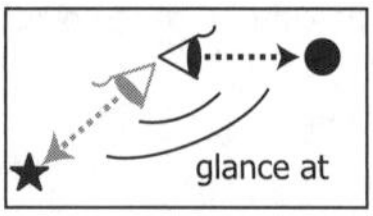

自（〜を）（意識的に）**ちらりと見る** (at 〜)
名 **ちらりと見ること**
◆ **take [have] a glance at A**「A をちらりと見る」
◆ **at a glance**「一目で」
▶ The man **glanced [took a glance] at** his watch.
「男は腕時計を**ちらりと見た**。」

733 □ **glimpse** *
[glímps]

他 〜を（偶然）**ちらりと見る，垣間見る**
名 **ちらりと見えること**
◆ **catch a glimpse of A**「A をちらりと見る」
▶ The girls waited outside the concert hall to **catch a glimpse of** the singer.
「少女達は歌手を**垣間見**ようと，コンサートホールの外で待った。」

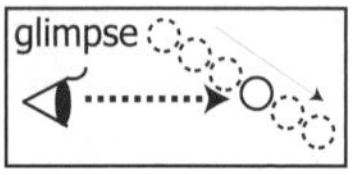

Check! ● Please take a glance (　) this paper.　　at

●「視覚」の次は「聴覚」「嗅覚」「味覚」です。「オーディオ」(audio) に含まれる audi という語根は「聞く」という意味を持っています。<u>audi</u>ence「聴衆・観客」も語源的には「聞く人」という意味です。その他「嗅覚」「味覚」に関する語を覚えましょう。

聴覚・嗅覚・味覚

734 □ **audible**
[ɔ́ːdəbl]

形 **聞こえる**
★ aud（聞く）＋ -ible〈可能〉→「聞くことができる」
▶ **audible** sounds「**聞こえる**音」

735 □ **audience** ⁑
[ɔ́ːdiəns]

名 **聴衆，観客**
★ audi（聞く）→「聞く人たち」; 聴衆・観客の全体を表す
▶ **a large audience**「**大勢の観客**」(× many audiences)
▶ There were over 800 people in the **audience**.
「800 人を超える**観客**がいた。」

736 □ **scent** *
[sént]

名 **香り**
▶ the **scent** of flowers「花の**香り**」

737 □ **odor**
[óʊdər]

名 **におい**
★ イギリス式では odour

738 □ **flavor** *
[fléɪvər]

名 **味**
▶ He put so much salt in the soup and spoiled its **flavor**.
「彼はスープに塩を入れすぎて**味**を台無しにした。」

□ **spoil*** [spɔ́ɪl] 他 ～を台無しにする →**p.333**

Check! ●**［語源］ audi の意味は？** 聞く

●「笑う」「泣く」などの反応は，感情を「呼び起こす」(arouse, evoke)，あるいは「刺激する」(stimulate) ことによって生まれます。このような感情の多くは「本能的な」(instinctive) ものです。そして，「何かをしたい」という本能的な欲求は「衝動」(impulse) と呼ばれます。

刺激・衝動

739 □ **arouse*** [əráʊz]

他 ～（感情など）を**呼び起こす，刺激する**

▶ The comedian's jokes **aroused** laughter among the audience.

「コメディアンのジョークは観客に笑いを**引き起こした**。」

740 □ **evoke*** [ɪvóʊk]

他 ～（感情など）を**引き起こす，呼び覚ます**

★ e- = ex-（外へ）＋ voke = voc （声・呼ぶ）→「呼び覚ます」；vocal 「声の」などと同語源

▶ The smell of my mother's apple pie **evoked** memories of my childhood.

「母のアップルパイの匂いは，子供時代の記憶を**呼び覚ました**。」

741 □ **provoke*** [prəvóʊk]

他 ～（反応など）を**引き起こす**

★ pro-（前へ）＋ voke = voc （声・呼ぶ）→「呼んで引き起こす」；主に「否定的な」反応を引き起こす

◆ **provoke A to *do***「**A を刺激して～させる**」

▶ The Senator's comment **provoked** outrage in China.

「上院議員の発言は中国で激しい反感を**引き起こした**。」

□ **Senator** [sénətər] 名 上院議員 →**p.360**

□ **outrage** [áʊtreɪdʒ] 名 怒り

742 □ **stimulate⁑** [stímjəleɪt]

他 ～を**刺激する；促進する**

▶ The sharp smell **stimulated** her eyes and made her cry.

「鋭い臭いが彼女の目を**刺激し**，彼女は泣いた。」

▶ **stimulate** the economy

「経済を**活性化する**」

□ **stimulus** [stímjələs]

名 **刺激**

★ 複数形： stimuli

743 □ **instinct⁑** [ínstɪŋkt]

名 **本能**

◆ **by instinct**「**本能的に**」(= instinctively)

▶ Even though the cat grew up indoors, she knew how to kill a bird **by instinct**.
「その猫は家の中で育ったのに**本能的に**鳥の殺し方を知っていた。」

□ **instinctive**⁑ [ɪnstíŋktɪv]
形 **本能的な**
▶ **instinctive** behavior「**本能的な**行動」
□ **behavior**⁑ [bɪhéɪvjər] 名 行動 → **p.351**

744 □ **impulse*** [ímpʌls]
名 (〜したいという) **衝動** (to *do*)
▶ Akiko couldn't resist the **impulse** to buy the expensive shoes.
「アキコは高価な靴を買いたいという**衝動**を抑えることができなかった。」
□ **resist**⁑ [rɪzíst] 他 〜に抵抗する → **p.248**

□ **impulsive** [ɪmpʌ́lsɪv]
形 **衝動的な**
▶ an **impulsive** act「**衝動的な**行為」

Check! ● instinct / impulse **のアクセント位置は？** ínstinct / ímpulse

●「恥ずかしい」という感覚にも色々あります。be [feel] embarrassed は「てれくさい，きまりが悪い」という意味ですが,「自分の過失や行動を恥じる」という場合には be ashamed を用います。また，人前に出て「あがる，緊張する」という場合には be [get] nervous を用います。

恥・恥ずかしい

745 □ **embarrass*** [embǽrəs]
他 〜に**恥ずかしい思いをさせる**，を**当惑させる**
▶ an **embarrassing** experience [situation]「**恥ずかしい**経験[状況]」
▶ The boy felt **embarrassed** when his parents treated him like a child in front of his friends.
「少年は，友達の前で親が子供のように扱うと，**恥ずかしい**思いをした。」

□ **embarrassment**⁑ [embǽrəsmənt]
名 **恥ずかしい思い，当惑**

746 □ **shame**⁑ [ʃéɪm]
名 **恥；残念なこと** (= pity)
◆ **It's a shame (that) ...** = It's a pity (that) ...「**…なのは残念だ**」
▶ **It's a shame [pity]** that you can't come to my birthday party.
「君が僕の誕生日パーティーに来られないのは**残念だ。**」

□ **ashamed**⁑ [əʃéɪmd]
形 (〜を) **恥じる** (of, that ...)
◆ **be ashamed of A [that ...]**「A を [...ということを] 恥じる」
▶ I'm **ashamed** of having been lazy when I was young.
「私は若い頃怠けていたことを**恥じている**。」

□ **shameful** [ʃéɪmfl]
形 **恥ずべき**
▶ **shameful** behavior「**恥ずべき**行い」

747 □ **nerve**⁑ [nə́ːrv]
名 **神経**
◆ **get on A's nerves**「A の神経にさわる」 (= irritate)
▶ The way you talk really **gets on my nerves**.
「君の話し方は本当に**癇にさわる**よ。」

□ **nervous**⁑ [nə́ːrvəs]
形 **神経質な，緊張している**
▶ I **get nervous** when I sing in front of people.
「人前で歌うと**緊張する**。」

Check! ● 正しいスペルは？： 1. embarassed / 2. embarrased / 3. embarrassed 3.

●「喜び」(joy, pleasure),「怒り」(anger),「悲しみ」(sorrow) といった,「喜怒哀楽」などの強い感情は emotion で表されます。一方， passion 「情熱」は主に「愛」(love) や「熱意」(enthusiasm) などの強い感情を表します。この語は語源的には「苦しむ・被る (suffering)」の意味を持ちます。 the Passion といえばキリストの「受難」です。passive 「受け身の」も同語源です。

感情・機嫌

748 □ **emotion**⁑ [ɪmóʊʃn]
名 **感情**
★「喜・怒・哀・楽」などの強い感情
▶ Don't express your **emotions** in public.
「人前で**感情**をあらわにするな。」
□ **express**⁑ [ɪksprés] 他 〜を表に出す → p.253
□ **in public**⁑ 句 人前で

□ **emotional**⁑ [ɪmóʊʃənl]
形 **感情的な**

749 □ **passion**⁑ [pǽʃən]
名 **情熱** (= love, enthusiasm)
★「愛・熱意」など；「苦しむ・被る (suffer)」が語源；「強い感情にとらわれる」→「情熱」
▶ His **passion** for books faded as time went by.
「彼の本に対する**情熱**は時がたつとともに消えていった。」
□ **fade*** [féɪd] 自 衰える → p.136

□ **passionate*** [pǽʃənət]
形 **情熱的な**

750 □ **compassion*** [kəmpǽʃən]
名 **同情，あわれみ** (= sympathy, pity)
★ com-（共に）＋ passion （苦しむ）→「あわれみ」
▶ Susan lent money to her ex-husband out of **compassion**.
「スーザンは**同情**から前の夫に金を貸した。」

751 □ **passive**⁑ [pǽsɪv]
形 **受け身の，受動的な** (↔ active)
★ passion（苦しむ・被る）→「受け身の」

752 □ **temper*** [témpər]
名 **機嫌；平常心**
◆ **lose one's temper「腹を立てる」**
◆ **have a bad [short] temper「機嫌が悪い［気が短い］」**
▶ **Don't lose your temper**. I was just kidding.
「**怒らないでよ**。冗談で言っていただけなんだ。」

□ **temperament** [témpərəmənt]
名 **気質**

Check!	● get angry = (　) one's temper	lose

●「喜・怒・哀・楽」の４つの「感情」(emotion) に関する語を順に覚えていきましょう。まずは「喜」からです。代表的な語は pleasure 「楽しみ」, joy 「喜び」などですが，ここではそれ以外の語を覚えます。 rejoice は joy の動詞形と考えてください。

喜

753 □ **delight**⁑ [dɪláɪt]
名 **喜び，楽しみ** (= joy, pleasure)
▶ It is his **delight** to teach music to high school students.
「高校生に音楽を教えるのが彼の**喜び**だ。」

□ **delightful*** [dɪláɪtfl]
形 **楽しい**
▶ a **delightful** atmosphere「**楽しい**雰囲気」

754 □ **rejoice** [rɪdʒɔ́ɪs]
自 **喜ぶ**
★ joy「喜び」の動詞形

755 □ **gratify** [grǽtəfaɪ]
他 ～を**喜ばせる**
▶ a **gratifying** result「**満足のゆく**結果」

Check!	● delightful news とは？	楽しい知らせ

●つぎは「怒」です。難単語も混じっていますが， * の付いた重要単語は最低限覚えるようにしましょう。

怒

756 □ **anger**⁑ [ǽŋgər]

名 **怒り**

★ angry の名詞形

▶ express **anger**
「**怒り**をあらわにする」

757 □ **rage** [réɪdʒ]

名 **怒り，熱狂**

□ **outrageous** [aʊtréɪdʒəs]

形 **とんでもない，常軌を逸した**

▶ an **outrageous** price [act]
「**とんでもない**値段［行為］」

rage
fury
resent
annoy
irritate

□ **all the rage**

句 **大流行している**

★ rage「熱狂」→「人々が熱狂している」

▶ This song is **all the rage** in Japan.
「この曲は日本で**大流行している**。」

758 □ **fury** [fjʊ́əri]

名 **怒り**

□ **furious*** [fjʊ́əriəs]

形 **激怒した**

▶ The father was **furious** at his daughter who lied to him.
「父親は嘘をついた娘に**激怒した**。」

759 □ **resent*** [rɪzént]

他 〜に**憤慨する，腹を立てる**

▶ He **resented** having his mistakes pointed out by others.
「彼は自分のミスを他人に指摘されるのに**腹を立てた**。」

□ **point out**⁑ 句 〜を指摘する

□ **resentment** [rɪzéntmənt]

名 **怒り**

760 □ **annoy**⁑ [ənɔ́ɪ]

他 〜を**怒らせる，むっとさせる**

◆ **be annoyed at [with] A**「A に腹を立てる」

▶ The waiter's rude attitude **annoyed** the customer.
「ウェイターの失礼な態度が客を**怒らせた**。」

□ **annoyance** [ənɔ́ɪəns]

名 **怒り**

761 □ **irritate**⁑ [írɪteɪt]

他 〜を**苛立たせる**

▶ The barking of the dogs started to **irritate** the neighbor.
「犬の吠え声が隣人を**苛立たせ**始めた。」

762 □ **frustrate**⁑
[frʌ́streɪt]

他 〜を**イライラさせる，失望させる**
★思うようにいかずに欲求不満がたまる状態
▶ I got more and more **frustrated** because my PC kept on freezing.
「パソコンがフリーズしてばかりいるので私はだんだん**イライラしてきた。**」
▶ a **frustrating** experience「**イライラする**経験」

□ **frustration***
[frʌstréɪʃn]

名 **欲求不満，失望**

Check!		
	● angry の名詞形は？	anger
	● He is (1. annoyed / 2. annoying).「彼は怒っている。」	1.

●喜怒哀楽の４つの感情の中で，最も長く続くのは「悲しみ」（sorrow, grief）かもしれません。

哀

763 □ **sorrow***
[sɑ́roʊ]

名 **悲しみ** (= grief)
★形容詞ではなく名詞であることに注意
▶ The **sorrow** of a break-up can easily be overcome by the arrival of a new partner.
「別れの**悲しみ**は，新しい相手が現れると簡単に乗り越えられる。」
□ **overcome**⁑ [oʊvərkʌ́m] 他 〜を乗り越える → **p.86**

764 □ **grief***
[gríːf]

名 **悲しみ** (= sorrow)
▶ The governor expressed his deep **grief** for the victims of the accident.
「知事は，事故の犠牲者達に深い**悲しみ**を表明した。」
□ **governor*** [gʌ́vərnər] 名 知事 → **p.362**

□ **grieve**
[gríːv]

自 **悲しむ**

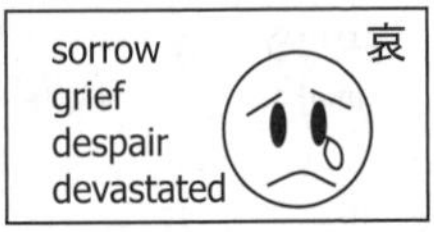

765 □ **lament**
[ləmént]

他 〜を**悲しみ嘆く**
▶ ↓

766 □ **mourn**
[mɔ́ːrn]

他 〜を**悲しみ嘆く**
▶ The people **mourned [lamented]** the death of the emperor.
「国民は皇帝（天皇）の死を**悲しみ嘆いた。**」
□ **emperor*** [émpərər] 名 皇帝，天皇 → **p.591**

767 □ **despair**⁑
[dɪspéər]
□ **desperate**⁑
[déspərət]

名 **絶望**
◆ <u>in</u> **despair**「絶望して」
形（〜を）**欲しくてたまらない** (for 〜) ；**必死の**
▶ The child was **desperate** <u>for</u> a Christmas present, but the family was too poor to give him one.
「子供はクリスマスプレゼントを**欲しくてたまらなかったが**，家族は貧しくて買ってあげられなかった。」

768 □ **devastate**＊
[dévəsteɪt]

他 〜を**打ちのめす**
▶ When I lost my grandmother, I was **devastated** by grief.
「祖母を失ったとき，私は悲しみに**打ちのめされた**。」

Check!	● I'm desperate (　) money.	for

●最後は「楽」です。 entertain / amuse は知っている人も多いでしょう。どちらも名詞形は -ment を付けた形になります。 entertain はまれに②の「心に抱く，考慮する」という意味で用いられるので注意しましょう。

楽

769 □ **entertain**⁑
[entərtéɪn]

他 ①〜を**楽しませる**②〜を**心に抱く，考慮する**
▶ This TV program aims to **entertain** the viewers as well as to educate them.
「このテレビ番組は視聴者を**楽しませ**，教育することを狙っている。」
▶ **entertain** a hope「希望を**抱く**」

□ **entertainment**⁑
[entərtéɪnmənt]

名 **娯楽**

770 □ **amuse**⁑
[əmjúːz]

他 〜を**面白がらせる**
▶ We were **amused** by his funny jokes.
「私達は彼の可笑しいジョークを**面白がった**。」

□ **amusement**⁑
[əmjúːzmənt]

名 **娯楽**

Check!	● 正しいスペルは？： 1. entertaiment / 2. entertainment	2.

Review Test

● **Same or Opposite?**

☐**1**	**perceive**	**notice**	**Same**
☐**2**	**concept**	**idea**	**Same**
☐**3**	**sensitive**	**dull**	**Opposite**
☐**4**	**arouse**	**evoke**	**Same**
☐**5**	**ashamed**	**proud**	**Opposite**
☐**6**	**compassion**	**sympathy**	**Same**
☐**7**	**delight**	**joy**	**Same**
☐**8**	**fury**	**anger**	**Same**
☐**9**	**grief**	**pleasure**	**Opposite**
☐**10**	**mourn**	**lament**	**Same**

● **Yes or No?**

☐**11** Things are **perceptible** when they are noticeable. ··········· Yes
☐**12** If something is **conceivable**, it is impossible to imagine. ··········· No
☐**13** You **deceive** when you want to be honest. ··········· No
☐**14** If you are always **deceptive**, people will trust you. ··········· No
☐**15** If you are **sensitive** to criticism, you are influenced easily by others' comments. ··········· Yes

☐**16** If you are **sensible**, you are illogical. ··········· No
☐**17** Is oxygen in the air **visible** to the naked eye? ··········· No
☐**18** You **gaze** at something you admire. ··········· Yes
☐**19** If something is **audible**, it can be tasted. ··········· No
☐**20** If you **embarrass** someone, he or she will appreciate what you have done. ··········· No

☐**21** **Emotion** is the way you move your body. ··········· No
☐**22** When you feel **delight**, you are happy. ··········· Yes
☐**23** **Fury** is a feeling of extreme happiness. ··········· No
☐**24** If you are **furious**, you are filled with uncontrollable anger. ··········· Yes
☐**25** To **resent** means to send again. ··········· No

☐**26** To **annoy** is to make someone glad. ··········· No
☐**27** When someone is **irritated**, he or she will become impatient. ··········· Yes
☐**28** When you feel **sorrow**, a smile naturally appears on your face. ··········· No
☐**29** **Despair** gives you much hope for the future. ··········· No
☐**30** If you are **amusing** others, then you are entertaining them. ··········· Yes

ヒント illogical 「非論理的な」

● Multiple Choices

☐**31** I ( ) visually a figure approaching me in the fog.
a. perceived **b.** conceived **c.** deceived ……… a.

☐**32** The store manager ( ) a new way to sell vegetables.
a. perceived **b.** conceived **c.** deceived ……… b.

☐**33** He could not fully gain others' trust since he often ( ) them.
a. perceived **b.** conceived **c.** deceived ……… c.

☐**34** After listening to loud music, I lost my ( ) of hearing for a while.
a. sense **b.** perceive **c.** concept ……… a.

☐**35** His plan did not ( ) to most of us.
a. see sense **b.** build sense **c.** make sense ……… c.

☐**36** A baby's skin is more ( ) compared with an adult's skin.
a. sensitive **b.** sensible **c.** sensation ……… a.

☐**37** When the news arrived, it caused a great ( ).
a. sensation **b.** deception **c.** perception ……… a.

☐**38** Signs of abuse were ( ) on the child's body.
a. visible **b.** audible **c.** sensible ……… a.

☐**39** He ( ) a new system for recycling solid waste.
a. deceived **b.** perceived **c.** devised ……… c.

☐**40** I just could not help ( ) at the handsome Frenchman.
a. staring **b.** conceiving **c.** perceiving ……… a.

☐**41** The fans tried to catch a ( ) of the pop star.
a. glare **b.** stare **c.** glimpse ……… c.

☐**42** The child hated chocolate cake because of its sweet ( ).
a. flavor **b.** sensation **c.** perception ……… a.

☐**43** The war photograph ( ) sorrow in the beholder.
a. aroused **b.** entertained **c.** amused ……… a.

☐**44** The massage ( ) his entire body.
a. stimulated **b.** stared **c.** deceived ……… a.

☐**45** The baby bird knew how to fly by ( ).
a. odor **b.** scent **c.** instinct ……… c.

☐**46** The way you talk really gets on my ( ).
a. embarrassment **b.** senses **c.** nerves ……… c.

☐**47** I was criticized for expressing too much ( ).
a. instinct **b.** stimulus **c.** emotion ……… c.

□48 She lost her ( ) and shouted, "Leave me alone!"
a. shame b. temper c. passion ………………………… b.

□49 The mother was so tired that even the baby's cry ( ) her.
a. conceived b. irritated c. overcame ………………………… b.

□50 He was filled with ( ) when his favorite grandmother died.
a. delight b. shame c. sorrow ………………………… c.

□51 After he lost his wife and job at the same time, he was in great ( ).
a. entertainment b. amusement c. despair ………………………… c.

ヒント beholder 「見る人」／ massage 「マッサージ」

解説・和訳

11 noticeable 「人目を引く」／15 「批判に対して敏感なら，あなたは他人の意見に影響を受けやすい。」／17 「空気中の酸素は肉眼で見えるか？」／20 appreciate 「～に感謝する」／31 「私は霧の中で人影が近づいてくるのを視覚的に知覚した。」／33 「彼はよく他人をだましたので，完全に信頼を得ることはできなかった。」／36 sensitive 「敏感な」と sensible 「賢明な」の違いに注意／38 「その子供の体には虐待の痕跡が見てとれた。」／39 「彼は固形廃棄物をリサイクルする新しいシステムを考案した。」／43 「その戦争の写真は，見る者に悲しみを抱かせた。」／45 by instinct 「本能的に」／48 lose one's temper 「腹を立てる」／49 「その母親は非常に疲れていたので，赤ん坊の泣き声にさえも苛ついた。」

日付： 年 月 日	得点： ／51
42点以上→SECTION #21へ	42点未満→もう一度復習

SECTION #21 「善悪・犯罪」

●人間社会には「善」と「悪」が渦巻いています。 vice という単語は “vice and virtue” 「悪と善」というフレーズで用いられます。 virtue 「美徳」と virtual 「事実上の」とは，語源は同じですが，別単語として考えた方がいいでしょう。 vice は「悪徳」です。ただし vice president は「悪徳社長」ではありません。「副社長」です。

善と悪

771 □ **virtue*** [və́ːrtʃuː]

名 **美徳，長所**

★語源は「力，男らしさ」;「力」→「美徳」;「力によって」→「〜のおかげで」(by virtue of)

◆ **by virtue of A「Aの理由で，Aのおかげで」**(= because of A)

▶ When you fall in love, everything about the person appears to be a **virtue**.
「恋に落ちると，その人の全てが**長所**に見える。」

▶ He succeeded as a lawyer **by virtue of** his constant efforts.
「彼はたゆまぬ努力**のおかげで**弁護士として成功した。」

772 □ **virtual⁑** [və́ːrtʃuəl]

形 **仮想の；事実上の**

★「実際・現実とは違うが，それに限りなく近い」

▶ a **virtual** world「**仮想の**世界」

□ **virtually⁑** [və́ːrtʃuəli]

副 **事実上，ほとんど** (= almost, practically)

▶ We see each other **virtually** every day.
「我々は**ほとんど**毎日会っている。」

773 □ **vice*** [váɪs]

名 **悪，悪徳** 接頭 **副〜，代理の**

▶ **vice** and **virtue**「**悪**と善」

▶ **vice** president「**副**大統領，副社長」

□ **vicious*** [víʃəs]

形 **悪意のある，悪性の**

▶ Those who borrow money to pay off debts are getting caught in a **vicious circle**.
「借金返済のためにお金を借りる者は，**悪循環**に陥ろうとしている。」

774 □ **evil⁑** [íːvl]

形 **邪悪な**

▶ My parents are worried that hanging out with eccentric people has an **evil** influence on me.
「風変わりな人達とたむろするのが私に**悪い**影響を与えると両親は心配している。」

□ **hang out*** 句 たむろする
□ **eccentric** [ɪkséntrɪk] 形 風変わりな
□ **influence**⁑ [ínfluəns] 名 影響 → p.244

Check! ● virtually every day とは？ ほとんど毎日

● sin は「神に対する冒涜，道徳に反する行い」を指します。一方の crime は「法律に反する罪」です。このように，人間社会には「していいこと」と「してはいけないこと」があります。それが法律で定められている場合もありますが，多くは「倫理」「道徳」の問題として考えられるでしょう。個人や社会における，「善悪に関する規範」は「倫理」(ethics) または「道徳」(morals) と呼ばれます。「尊厳死」や「人種差別」などは「倫理的な問題」(ethical problems) に含まれるでしょう。そして罪を犯した人間は自責の念にかられて罪状を「告白」(confess) したり，または第三者からの「罰」(punishment) を受けるのです。

罪・倫理・罰

775 □ **sin** [sín]

名 **罪**
★ 宗教・道徳上の罪
▶ The priest told the church members to repent their **sins**.
「司祭は教会の信者たちに**罪**を悔い改めよと言った。」
□ **repent** [rɪpént] 他 ～を悔い改める，償う

□ **sinful** [sínfl]

形 **邪悪な**

776 □ **crime**⁑ [kráɪm]

名 **犯罪**
★ 法律上の罪
▶ **commit a crime**「**罪を犯す**」
▶ My father was put in prison even though he did not commit any **crime**.
「父は何の**罪**も犯していないのに投獄された。」

□ **criminal**⁑ [krímɪnl]

名 **犯罪者，犯人** 形 **犯罪の**
▶ Five **criminals** have broken out of prison, and they are now at large.
「5人の**犯罪者**が脱獄し，現在逃走中である。」
□ **at large*** 句 逃走中の，捕まっていない → p.460

777 □ **ethics*** [éθɪks]

名 **倫理，倫理学**
▶ It's against **ethics** to discriminate against someone because of their skin color.
「肌の色を理由に差別するのは**倫理**に反する。」
▶ **medical ethics**「**医療倫理**」

□ **ethical** ⁑ [éθɪkl]	形 **倫理上の** ▶ an **ethical** issue「倫理的な問題」
778 □ **moral** ⁑ [mɔ́rəl]	形 **道徳上の；精神的な** 名 (-s) **道徳** ▶ **moral standards**「道徳的基準」 ▶ Many people deplore the decline in **moral standards**. 「道徳的水準の低下を嘆く人が多い。」 □ **deplore** [dɪplɔ́ːr] 他 ～を嘆く →**p.626**
□ **immoral** * [ɪmɔ́rəl]	形 **道徳に反する** ★ im-〈否定〉＋ moral
□ **morality** ⁑ [mərǽləti]	名 **道徳，倫理**
779 □ **confess** ⁑ [kənfés]	他 ～を**告白する** (that ...) 自（～［罪］を）**告白する，認める** (to ～) ◆ **confess that ...**「…と告白する」 ◆ **confess to A**「A（罪）を認める」 ▶ Mike **confessed** to his wife that he had been cheating on her. 「マイクは妻に浮気していたと**告白した**。」 ▶ **confess to a crime**「罪を認める」
□ **confession** ⁑ [kənféʃn]	名 **告白**
780 □ **punish** ⁑ [pʌ́nɪʃ]	他 ～を（…［過失］を理由に）**罰する** (for ...) ◆ **punish A for B**「B（過失）に関して A を罰する」 ▶ The boy was **punished** for hitting his sister. 「少年は妹を殴ったので**罰せられた**。」
□ **punishment** ⁑ [pʌ́nɪʃmənt]	名 **罰** ▶ **capital punishment** (= death penalty)「死刑」
781 □ **penalty** ⁑ [pénəlti]	名 **刑罰，罰金** ★ アクセント注意

Check!		
	● The suspect confessed ( ) the crime.	to
	● The thief was punished ( ) his crime.	for
	● penalty のアクセント位置は？	pénalty

●あなたは隣人のＶ氏のたび重なる騒音に悩まされ，ついに彼を「殺害」(murder) してしまいました。あなたは殺人犯です。「罪を犯して」(commit a crime) から，裁かれるまでを順を追って見ていきましょう。あなたが「犯罪者」(criminal) で，Ｖ氏が「被害者」

(victim) です。殺人は「刑事犯罪」(criminal offense) とされます。「動機」(motive) は「騒音」。しかし，もう１人殺害を目撃していたＷ氏がいました。Ｗ氏は「目撃者・証人」(witness) です。

犯罪・動機・目撃

782 □ **murder**⁑ [mə́ːrdər]

名 **殺人** 他 **～を殺害する**

▶ The girl **murdered** her boyfriend's next-door neighbor out of jealousy.
「少女は嫉妬心からボーイフレンドの隣人を**殺害した**。」

□ **jealousy*** [dʒéləsi] 名 嫉妬（心） → **p.330**

783 □ **victim**⁑ [víktɪm]

名 **犠牲者，被害者**

▶ Men can also become the **victims** of sexual harassment.
「男性もセクハラの**被害者**となりうる。」

□ **harassment** [hərǽsmənt] 名 悩ませること，嫌がらせ

784 □ **offend**⁑ [əfénd]

他 **～を怒らせる，の機嫌をそこねる**

▶ In the beginning of a relationship, both sides are extremely careful not to **offend** each other.
「付き合い始めは，両者が互いを**怒らせ**ないようにと極端に慎重になる。」

□ **offense*** [əféns]

名 **犯罪；侮辱**

▶ It is a **criminal offense** to trespass on private property.
「私有地に侵入するのは**犯罪**だ。」

□ **private**⁑ [práɪvət] 形 個人の → **p.322**

□ **property**⁑ [prápərti] 名 所有物（地） → **p.110**

□ **offensive*** [əfénsɪv]

形 **嫌な，不快な**

★「人を怒らせる（offend）ような」

▶ an **offensive** remark「**不快な**発言」

785 □ **defend**⁑ [dɪfénd]

他 **～を防御する，弁護する**

▶ I need a lawyer to **defend** me.
「**弁護して**くれる弁護士が必要だ。」

□ **defense*** [dɪféns]

名 **防御，弁護**

□ **defendant** [dɪféndənt]	名 **被告**
786 □ **motive*** [móʊtɪv]	名 **動機** ▶ Jealousy is a strong enough **motive** to kill someone. 「嫉妬心は誰かを殺すのに十分な**動機**だ。」
□ **motivate⁑** [móʊtəveɪt]	他 〜に**動機を与える，やる気を出させる** ▶ The student is highly **motivated** to study English. 「その学生は英語を勉強する**意欲が高い**。」
□ **motivation⁑** [moʊtəvéɪʃn]	名 **動機付け，やる気** ▶ Getting into a prestigious college was their **motivation** behind studying. 「一流大学に入ることが，彼らが勉強する**動機付け**だった。」 □ **prestigious*** [prestídʒəs] 形 一流の →**p.136**
787 □ **witness⁑** [wítnəs]	名 **証人，目撃者** 他 〜を**目撃する** ★「目撃した人」→「証人」 ▶ I accidentally **witnessed** my neighbor killing his wife. 「私は偶然隣人が彼の妻を殺すのを**目撃した**。」 □ **accidentally*** [æksɪdéntəli] 副 偶然に →**p.346**

Check!		
	● an offensive remark **とは？：「(　) な発言」**	不快
	● a highly motivated student **とは？：「(　) 生徒」**	非常にやる気のある

●当然の成り行きとして，あなたは警察に「逮捕」(arrest) され，「勾留」(detain) され，そして「告訴」(accuse) されます。accuse / blame に関しては，前置詞に注意して用法をしっかりと覚えてください。

arrest

逮捕・勾留・告訴

788 □ **arrest⁑** [ərést]	他 〜を**逮捕する** 名 **逮捕** ▶ "You are <u>under</u> **arrest**!" 「お前を**逮捕する**！」
789 □ **detain** [dɪtéɪn]	他 〜を**引き留める，勾留する** ▶ The suspect was **detained** at the police station for 24 hours. 「容疑者は 24 時間警察署に**勾留された**。」 □ **suspect⁑** [sʌ́spekt] 名 容疑者 →**p.230**
790 □ **accuse⁑** [əkjúːz]	他 〜を（…［過失］で）**非難する，告訴する** (of ...) ◆ **accuse A <u>of</u> B**「A を B（過失）で非難する」

▶ The female student **accused** a prominent professor of sexual harassment and caused a great scandal.
「女子学生は著名な教授をセクハラで**訴え**，大スキャンダルを巻き起こした。」
□ **prominent*** [prámɪnənt] 形 著名な →**p.9**

□ **accusation** [ækjuzéɪʃn]
名 **非難，告訴**

---

791 □ **blame**⁑ [bléɪm]
他（…［過失］に対して）～に**責任があるとする** (for …)；～（過失）を（…の）**せいにする** (on …)
★「～に過失の責任があると言う・考える」

◆ **blame A for B**「B（過失）に対してAに責任があるとする」
◆ **blame B on A**「B（過失）をAのせいにする」
◆ **be to blame for A**「A（過失）に対して責めを負うべき，悪い」
▶ Don't **blame** me for this. (= Don't **blame** this on me.)
「これを私の**せいにし**ないでくれ。」
▶ The driver, not the pedestrian, **was to blame** for the accident.
「歩行者ではなく運転者が事故の**責めを負うべき**であった。」
□ **pedestrian*** [pədéstriən] 名 歩行者 →**p.572**

---

792 □ **fault**⁑ [fɔ́ːlt]
名 **過失，責任；欠陥**
◆ **be at fault for A**「A（過失）に対して責任がある」
▶ **It's not my fault.**
「**私のせいではない（悪いのは私ではない）。**」

---

793 □ **condemn*** [kəndém]
他 ～を（…［過失］で）**責める** (for …)；～に（…の）**刑を宣告する** (to …)
◆ **condemn A for B**「AをB（過失）で責める」
◆ **condemn A to B**「AにB（刑）を宣告する」
▶ She was **condemned** for her selfish acts.
「彼女は自分勝手な行動を**非難された**。」
▶ The murderer was **condemned** to death.
「殺人犯は死刑の**判決を受けた**。」

□ **condemnation** [kɑndemnéɪʃn]
名 **非難，有罪判決**

Check!		
	● accuse a person (1. for / 2. of / 3. on) a crime	2.
	● blame a person (1. for / 2. of / 3. on) a crime	1.
	● blame a crime (1. for / 2. of / 3. on) a person	3.

●あなたは「法廷・裁判所」(court) で裁きを受けます。裁判所では「裁判，公判」(trial) が開かれ，「裁判官」(judge) や「陪審員」(jury, juror) から「有罪」(guilty) ／「無罪」(innocent) が「判決」(sentence) として言い渡されます。

裁判・判決

794 □ **court**⁑ [kɔ́ːrt]

名 **法廷，裁判所；宮廷**

★無冠詞・単数で用いられることが多い

▶ **appear in court**「**出廷する**」

795 □ **courtesy** [kə́ːrtəsi]

名 **礼儀，作法**

★「court （宮廷）で行われる作法」→「礼儀・作法」

▶ You are entitled to be treated with **courtesy** and respect.

「あなたには**礼儀**と敬意をもって扱われる権利がある。」

□ **be entitled to *do***＊　　句 ～する権利がある → **p.225**

□ **courteous** [kə́ːrtiəs]

形 **礼儀正しい**

796 □ **trial**⁑ [tráɪəl]

名 **①挑戦，試行 ②裁判，公判**

★try の名詞形

▶ the OJ Simpson **trial**「OJ シンプソン**裁判**」

797 □ **justice**⁑ [dʒʌ́stɪs]

名 **公正，正義；裁判**

□ **justify**⁑ [dʒʌ́stəfaɪ]

他 ～を**正当化する**

▶ The bully tried to **justify** his violence toward a fellow student.

「いじめっ子は仲間の学生に対する暴力を**正当化し**ようとした。」

□ **bully**＊　[búli]　　名 いじめっ子 他 ～をいじめる → **p.337**

□ **justification**⁑ [dʒʌstəfɪkéɪʃn]

名 **正当化**

798 □ **judge**⁑ [dʒʌ́dʒ]

他 ～を**判断する** 名 **裁判官**

◆ **judge A by B**「**B を基準に A を判断する**」

▶ You must not **judge** people by their appearances.

「人を外見で**判断し**てはいけない。」

□ **judgment**⁑ [dʒʌ́dʒmənt]

名 **判断**

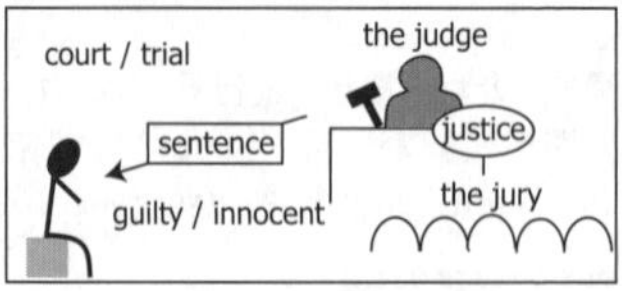

799 □ **jury*** [dʒʊ́əri]

名 **陪審員団**
★集合名詞； a jury は 12 人の陪審員（a juror, jury member）からなる
▶ The members of the **jury** appeared in court.
「**陪審員**たちが法廷に登場した。」

800 □ **testify** [téstəfaɪ]

自（法廷で）**証言する**
◆ **testify against [for] A**「A に不利な［有利な］証言をする」

□ **testimony** [téstəmoʊni]

名 **証言**

801 □ **guilty**⁑ [gílti]

形（～で）**有罪の** (of ～) (↔ innocent)
◆ **be guilty of A**「A の罪を犯している」
▶ The defendant was found **guilty** of murder.
「被告は殺人で**有罪**だとされた。」

□ **guilt** [gílt]

名 **罪，有罪，罪悪感**
▶ The man confessed to his crimes driven by a **sense of guilt**.
「男は**罪悪感**に駆られて罪を告白した。」

802 □ **innocent**⁑ [ínəsənt]

形 **無罪の；無邪気な** (↔ guilty)
▶ The **innocent** young girl opened up a stubborn old man's heart.
「**無邪気な**少女は頑固な老人の心を開いた。」
□ **stubborn*** [stʌ́bərn] 形 頑固な → **p.540**

□ **innocence** [ínəsəns]

名 **無罪；無邪気さ**

803 □ **sentence**⁑ [séntəns]

名 ①**文** ②**判決** 他 ～に**判決を下す**
◆ **sentence A to B**「A に B（刑）の判決を下す」
▶ The murderer was **sentenced** to death [to 20 years in prison].
「殺人犯は死刑［懲役 20 年］の**判決を下された。**」

804 □ **prison**⁑ [prízn]

名 **刑務所** (= jail)
★無冠詞で使われることが多い
◆ **go to [be sent to] prison**「刑務所に入る，投獄される」

□ **imprison*** [ɪmprízn]

他 ～を**投獄する**

□ **prisoner*** [príznər]

名 **囚人**

Check!		
	● guilty / innocent の名詞形は？	guilt / innocence
	● sentence の２つの意味は？	文／判決

●入試問題では「死刑制度」（death penalty, capital punishment）の是非を論じた文章がしばしば出題されます。死刑制度に賛成する側の主な主張は「死刑制度が犯罪抑止に繋がる」というものです。以下の deter 「抑止する」という語を覚えましょう。この語は「核兵器保有が戦争の発生を抑止する」という文脈でもよく用いられます。また，テレビやマンガなどの「暴力（的な描写）」（violence）が，「攻撃性」（aggressive behavior）を助長するのか，あるいは発散させる効果があるのかも議論されるところです。その他，「合法↔違法」に関する語を覚えます。

犯罪抑止・合法・違法

805 □ **deter** [dɪtə́ːr]
他 ～を**抑止する**
▶ **deter crime**「犯罪を抑止する」

□ **deterrent** [dɪtə́ːrənt]
名 **抑止するもの**
▶ Severe punishment is seen as a **deterrent** to crime.
「厳しい罰は犯罪を**抑止するもの**として考えられる。」

806 □ **violence**** [váɪələns]
名 **暴力**
▶ **domestic violence**「家庭内の暴力」

□ **violent**** [váɪələnt]
形 **暴力的な，激しい**
▶ There was a **violent** knocking at the door.
「ドアを**激しく**ノックする音があった。」

807 □ **aggressive**** [əgrésɪv]
形 **攻撃的な**
▶ Some computer games and comics promote children's **aggressive** behavior.
「一部のテレビゲームやマンガは子供達の**攻撃的な**行動を助長する。」

□ **aggression*** [əgréʃn]
名 **攻撃**

808 □ **legal**** [líːgəl]
形 **合法の，法律の**
▶ **legal procedures**「法的手続き」

□ **illegal**** [ɪlíːgəl]
形 **違法の**
★ il-〈否定〉＋ legal

809 □ **violate**** [váɪəleɪt]
他 ～に**違反する**，を**犯す**，**侵害する**
▶ The restaurant had to close since it **violated** many health regulations.

□ **violation**
[vaɪəléɪʃn]

「レストランは多くの衛生規則に**違反した**ので，閉店しなくてはならなかった。」
□ **regulation**⁑ [regjəléɪʃn] 名 規則 → **p.246**
名 **違反，侵害**

Check!	● legal の対義語は？	illegal

Review Test

● **Same or Opposite?**

□1 **vice** **virtue** ……… Opposite
□2 **evil** **bad** ……… Same
□3 **moral** **ethical** ……… Same
□4 **defend** **guard** ……… Same
□5 **aggressive** **defensive** ……… Opposite

● **Yes or No?**

□6 A person's **virtues** are the bad qualities in him/her. ……… No
□7 **Evil** influence is good for a person. ……… No
□8 If you are a **criminal**, you will be accused. ……… Yes
□9 You will be **punished** for doing good. ……… No
□10 **Murder** is the act of stealing. ……… No

□11 If you committed a murder, you are a **victim**. ……… No
□12 If you are **offended**, you should be glad. ……… No
□13 An **offense** means breaking the law. ……… Yes
□14 A **motive** is the reasoning behind one's action. ……… Yes
□15 **Accusing** is similar to praising. ……… No

□16 You **blame** someone because you think he or she is responsible. ……… Yes
□17 If you are **condemned**, are you proved innocent? ……… No
□18 A **court** is the place where you hold prisoners. ……… No
□19 Anyone can **arrest** a person. ……… No
□20 A **judge** is the person in control. ……… Yes

□21 If you are proven **guilty**, you are free. ……… No
□22 If you have a sense of **guilt**, then you feel sorry for what you have done. ……… Yes
□23 If you are **innocent**, you will be sent to jail. ……… No
□24 If something is **deterred**, then it is prevented. ……… Yes

☐25 If your action was **legal**, have you broken any laws? ································ No

Multiple Choices

☐26 Truthfulness is her most prominent ( ).
a. evil **b.** virtue **c.** vice ······································ b.

☐27 ( ) all the students knew that the teacher wore a wig.
a. Virtue **b.** Virtual **c.** Virtually ································ c.

☐28 It is considered ( ) to use God's name in vain.
a. virtual **b.** sinful **c.** eccentric ································ b.

☐29 My mother was sent to prison for committing a ( ).
a. virtue **b.** criminal **c.** crime ···································· c.

☐30 The professor specialized in ( ) psychology.
a. considerable **b.** sinful **c.** criminal ································ c.

☐31 The boy ( ) to his father that he had cut down the cherry tree.
a. punished **b.** witnessed **c.** confessed ······························ c.

☐32 "Crime and ( )" is a famous book by Dostoyevsky.
a. Punishment **b.** Sin **c.** Criminal ································ a.

☐33 The wife planned to ( ) the lover out of jealousy.
a. murder **b.** motive **c.** motivate ································ a.

☐34 I am a ( ) of sexual harassment at my workplace.
a. motive **b.** criminal **c.** victim ···································· c.

☐35 There was no ( ) at the scene so we could not prove what happened.
a. motivation **b.** offense **c.** witness ································· c.

☐36 The police officer ( ) the thief in broad daylight.
a. confessed **b.** testified **c.** arrested ································ c.

☐37 The man was accused ( ) murder.
a. on **b.** of **c.** for ·· b.

☐38 I blamed my mother ( ) my short height.
a. on **b.** of **c.** for ·· c.

☐39 You can expect to be treated with ( ) and respect.
a. court **b.** courtesy **c.** courtly ···································· b.

☐40 The teenager tried to ( ) his extravagant spending.
a. justify **b.** accuse **c.** condemn ······························· a.

☐41 He reserved ( ) since he wanted to hear different opinions first.
a. guilt **b.** judge **c.** judgment ······························· c.

☐42 The murderer was ( ) to death.
a. accused **b.** sentenced **c.** blamed ································ b.

□43 Experimentally, the color yellow was used to ( ) crime on street corners.
a. sentence **b.** accuse **c.** deter ………………………… c.

□44 A ( ) wind shook the house.
a. violent **b.** violence **c.** violation ………………………… a.

□45 If you ( ) the rule, you will be punished.
a. deter **b.** testify **c.** violate ………………………… c.

ヒント wig 「かつら」／in broad daylight「白昼に」／reserve 「～を慎む」

解説・和訳

14 「動機とは，行動の背後にある思考である。」／17 「あなたが刑を宣告されたら，無罪だと証明されるか？」／26 「誠実さが彼女の最も際だった長所だ。」／27 「先生がかつらを着けていることは生徒のほぼ全員が知っていた。」／28 「神の名をむやみに用いるのは罪悪だと考えられている。」／30 criminal psychology 「犯罪心理学」／31 「その少年は，自分が桜の木を切ったと父親に告白した。」／32 「『罪と罰』は，ドストエフスキーの書いた有名な本だ。」／33 「その妻は嫉妬から愛人を殺害しようと計画した。」／35 「現場に目撃者がいなかったので，何が起こったのか証明することはできなかった。」／37 accuse A of B 「A をB で告訴する」／38 「私は背が低いのを母のせいにした。」; blame A for B 「A を B で非難する」／40 「10 代の若者は自分の無駄遣いを正当化しようとした。」／41 「まず異なる意見を聞きたかったので，彼は判断を差し控えた。」／43 「犯罪を抑止するために，実験的に街角で黄色が使用された。」

日付：	年 月 日	得点：	／45
36 点以上→SECTION #22 へ		36 点未満→もう一度復習	

SECTION #22 「数・量」

●このセクションでは，「数」や「量」に関係する単語を学びます。まず uni というスペルを含む語からスタートします。「ユニセックス（男女共用の）」(unisex) や「ユニフォーム」(uniform) などは日本語にもなっていますが，全て数字の「1」に関する語です。 uniform には「制服」以外に「均一な」という意味もあるので注意してください。

uni ：1

＊ **unique** — 形 独特な，特有の → **p.14**

810 □ **unite**⁑ [junáɪt]
他 ～を**結びつける**
★ uni（1）→「1つにする」
▶ **the United States of America**「アメリカ合衆国」

□ **unity**＊ [júːnəti]
名 **統一，結束，統一体**
★「1つになったもの」
▶ The **unity** of the team led to victory.
「チームの**結束**が勝利をもたらした。」
□ **lead to**⁑ 句 ～につながる，をもたらす → **p.170**

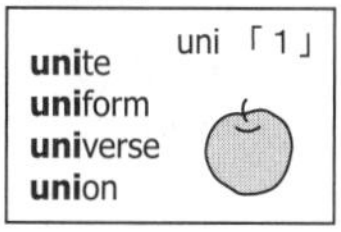

811 □ **unify**＊ [júːnəfaɪ]
他 ～を**統合する**
★ uni（1）→「1つにする」
▶ Some economists stress the need to create a **unified** Asian currency.
「一部の経済学者はアジアの**統合された**通貨を作る必要性を強調している。」
□ **stress**⁑ [strés] 他 ～を強調する → **p.8**
□ **currency**＊ [kə́ːrənsi] 名 通貨 → **p.108**

812 □ **uniform**⁑ [júːnəfɔːrm]
形 **一様な，均一の**（↔ diverse）名 **制服**
★ uni（1）＋ form（形）→「同じ形の」；全員が単一のものを着るのが「制服」

▶ These boxes are **uniform** in size and color.
「これらの箱は大きさも色も**均一だ**。」
▶ Students are required to wear **school uniforms**.
「学生は**制服**を着なくてはならない。」

□ **uniformity** [juːnəfɔ́ːrməti]
名 **統一性，均一性**

813 □ **universe**⁑ [júːnəvəːrs]
名 **宇宙，全世界**
★「全てが1つになったもの」→「宇宙・世界」；university「大

学」は「教授と学生が1つになったもの」
▶ The **universe** has been expanding since the Big Bang.
「ビッグバン以降，**宇宙**は膨張している。」
□ **expand**⁑ [ɪkspǽnd] 自 膨らむ，広がる → **p.47**

□ **universal**⁑ [juːnəvə́ːrsəl]
形 **普遍的な，万人に通じる，至る所に存在する**
▶ Falling in love and going crazy in it is a **universal** phenomenon seen all over the world.
「恋に落ちてのぼせるのは世界中で見られる**普遍的な**現象だ。」
□ **phenomenon**⁑ [fɪnɑ́mənən] 名 現象 → **p.411**

814 □ **union**⁑ [júːnjən]
名 **組合**
★ uni（1）→「利害を共にする人達が1つに集まったもの」
▶ **a labor union「労働組合」**

815 □ **reunion** [riːjúːnjən]
名 **再会，同窓会**
★ re-（再び）＋ uni （1）→「再び1つになる」
▶ **a school reunion「同窓会」**

Check!		
	●［語源］ uni の意味は？	1つ
	● 正しいスペルは？： 1. univercity / 2. university	2.

● uni と同じく sol も数字の「1」を意味します。 solo 「ソロ」は日本語にもなっていますね。また「モノクロ（monochrome）写真」は「色が単一の写真」のことです。mono というスペルもやはり「1」を表しているのです。そして bi は数字の「2」を意味します。bilingual は「2ヵ国語を話せる人」，「車輪を2つ持った乗り物」は bicycle です。また「デュエット（二重奏）」（duet）や「二重の」（double）などに含まれる du / do も「2」を表します。

sol , mono : 1, bi , du : 2

＊ **monologue** 名 独白 → **p.195**
＊ **bilingual** 名 2ヵ国語使用者 → **p.193**

816 □ **sole*** [sóʊl]
形 **唯一の** (= only)
★ sol（1）
▶ ↓ (console)

□ **solely*** [sóʊlli]
副 **単に，もっぱら，単独で** (= only)
▶ The students were evaluated **solely** on their grades, not on their extracurricular activities.
「生徒達は課外活動ではなく，成績**のみ**で評価された。」
□ **evaluate**⁑ [ɪvǽljueɪt] 他 ～を評価する → **p.341**
□ **grade**⁑ [gréɪd] 名 成績 → **p.567**

□ **extracurricular activity** 句 課外活動

817 □ **solitude** [sálətjuːd]
名 **孤独**
★「1人でいる」→「孤独」

□ **solitary*** [sáləteri]
形 **孤独な，寂しい；単独の**
▶ a **solitary** person「**孤独な**人」

818 □ **console*** [kənsóʊl]
他 ～を**慰める**
★「1人（sol）で寂しい人を慰める」と覚える
▶ The **sole** reason he came to the party was to **console** his broken heart.
「彼がパーティーに来た**唯一の**理由は，傷ついた心を**癒す**ためだった。」

□ **consolation** [kɑnsəléɪʃn]
名 **慰め**

819 □ **monotonous** [mənɑ́tənəs]
形 **単調な**
★ monotone「単調」の形容詞形；mono（1）＋ tone（色調）→「単調な」
▶ Working on an assembly line is extremely **monotonous** and boring.
「流れ作業で働くのは極めて**単調**で退屈である。」
□ **assembly line** 句 流れ作業

□ **monotony** [mənɑ́təni]
名 **単調さ**

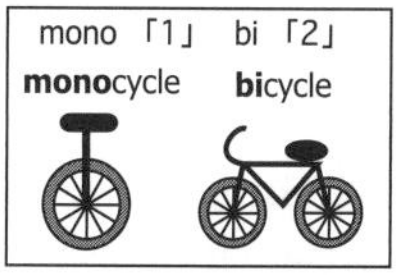

820 □ **monopoly** [mənɑ́pəli]
名 **独占，専売**
★ mono（1）＋ poly（販売）

821 □ **combine**⁑ [kəmbáɪn]
他 ～を（…に）**結合させる** (with ...)
★ com-（共に）＋ bi（2）→「2つのものを結びつける」
▶ If you **combine** effort with ability, you will get results.
「努力を能力に**結びつけ**れば，結果が得られる。」

□ **combination**⁑ [kɑmbɪnéɪʃn]
名 **組み合わせ，結合**

822 □ **dual** [dúːəl]
形 **2つの，二重の**
★ du（2）； duet「デュエット」と同語源
▶ **Dual** citizenship is not permitted under Japanese law.
「日本の法律では**二重**国籍は認められていない。」

823 □ **duplicate** [djúːplɪkeɪt]

他 ～を**複製する**

★du (2) →「同じ物を2つ作る」→「複製する」

▶ The DNA is **duplicated** every time a cell divides.
「細胞が分裂する際はいつもDNAが**複製される**。」

□ **cell**⁑ [sél] 名 細胞 → **p.386**

Check!	● [語源] sol / mono / bi の意味は？	1／1／2

● number「数，数字」という語に含まれる num は，「数」を意味しています。numerous / innumerable はいずれも num というスペルを含み，「非常に多い，無数の」という意味を表します。さらに「無限の」という場合には infinite を用います。

num：数・無限

num「数」
numerous
in**num**erable **7,896,401**

824 □ **numerous**⁑ [njúːmərəs]

形 **多数の**

★num (数) →「数が多い」

825 □ **innumerable** [ɪnjúːmərəbl]

形 **無数の**

★in-〈否定〉＋ numerable (数えられる) →「数え切れない」

826 □ **infinite**⁑ [ínfənət]

形 **無限の**

★in-〈否定〉＋ finite (限定された) →「限定されない」; define「限定する→定義する」と同語源

▶ There are **infinite** possibilities for the use of the Internet.
「インターネットの利用法には**無限の**可能性がある。」

□ **infinity** [ɪnfínəti]

名 **無限**

infinite / infinity
∞

Check!	● [語源] num の意味は？	数
	● infinite のアクセント位置は？	ínfinite

● 「質 (quality) をとるか，それとも量 (quantity) をとるか」で頭を悩ませたことはないでしょうか。ちなみに英語の勉強に関しては，量よりも質が大事だと思います。「量の合計」は amount，「数の合計」は sum で表します。amount / sum に関しては，動詞としての用法にも注意して覚えましょう。

総数・総量

827 □ **quantity**⁑ [kwάntəti]

名 **量**

★「質」は quality

▶ ↓

828 □ **quality**⁑
[kwɑ́ləti]

名 **質，品質，性質**

▶ What counts is not the **quantity** but the **quality** of time we spend together.
「大事なのは僕たちが一緒に過ごす時間の**量**ではなく，その**質**なんだ。」

□ **count**⁑ [káʊnt] 自 大事である → **p.5**

829 □ **volume**⁑
[vɑ́ljuːm]

名 ①**容積，量，かさ** ②（大型の）**本**，（本の）**1巻**

▶ **quite a volume of** work「**かなりの量の**仕事」

□ **voluminous**
[vəlúːmənəs]

形 **多量の，かさばった**

830 □ **amount**⁑
[əmáʊnt]

名 **量，総計，総額**

自（〜に）**達する，結局**（〜に）**なる** (to 〜)

★「量の和」

◆ **a large [great] amount of A**「**大量のA**」

◆ **amount to A**「**Aに達する**」

▶ **a large amount of** money「**多額の**金」

▶ It is estimated that the damage from the earthquake **amounts** to a million dollars.
「地震の被害は100万ドルに**達する**と見積もられている。」

□ **estimate**⁑ [éstɪmeɪt] 他 〜を見積もる → **p.212**

831 □ **sum**⁑
[sʌ́m]

名 **合計，総計** 他 ①〜を**合計する** ②〜を**要約する**

★ summit「頂上」と同語源；「数の和」；「合計する」→「まとめる・要約する」

◆ **a large sum of A**「**多額のA**」

◆ **to sum up**「**つまり，かいつまんで言えば**」

▶ **a large sum of** money「**多額の**金」

▶ **To sum up,** I just want to thank the guests for coming today.
「**つまり（かいつまんで言えば）**，今日来てくれたお客さんに感謝したいんだ。」

□ **summarize**＊
[sʌ́məraɪz]

他 〜を**要約する**

▶ Which one of the following sentences best **summarizes** the entire passage?
「次の文のうちどれが文章全体を最もよく**要約して**いますか？」

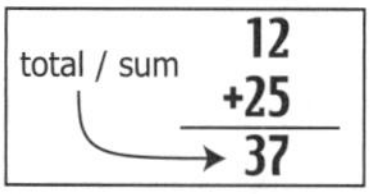

□ **summary**＊
[sʌ́məri]

名 **要約**

▶ Write a **summary** of this paragraph within 60 words.
「この段落の**要約**を60語以内で書きなさい。」

832 □ **total**⁑ [tóʊtl]
形 **完全な；合計の** 名 **合計**
◆ **in total**「合計で」
▶ Our school has 3,500 students in **total**.
「我が校は**合計で** 3,500 名の生徒がいる。」

□ **totally**⁑ [tóʊtəli]
副 **完全に**

Check!	
● volume のアクセント位置は？	vólume
● to sum up とは？	つまり（かいつまんで言えば）

●「大きい・多い」という意味を表す形容詞 vast / huge / enormous / immense を覚えてください。これらの語のニュアンスを正確に使い分けるのは難しいですが，とりあえずは「大きい」というイメージを摑んでおけば問題ないでしょう。

大きい

833 □ **vast**⁑ [vǽst]
形 **莫大な，広大な**
▶ **the vast majority of** people「**圧倒的多数の人々**」
▶ **vast** oceans「**広大な海**」

834 □ **huge**⁑ [hjúːdʒ]
形 **巨大な，でっかい**
▶ a **huge** building「**巨大な**建物」

835 □ **enormous**⁑ [ɪnɔ́ːrməs]
形 **非常に大きい，莫大な**
★ e- = ex-（外れた）＋ norm （基準）→「基準から外れるくらい大きい」
▶ **an enormous amount of** money「**莫大な額の金**」

836 □ **immense*** [ɪméns]
形 **巨大な，膨大な**
▶ An **immense** pyramid was built to bury the king.
「王を埋葬するため**巨大な**ピラミッドが建設された。」

Check!	
● immense fortune とは？	莫大な財産

●次は量や数が「豊富な・十分な」という意味の形容詞を覚えます。英作文では much / plenty of / enough などの簡単な表現を使えば十分ですが，その類義語として abundant や sufficient などを覚えると表現の幅が広がるでしょう。

豊富な・十分な

837 □ **abundant*** [əbʌ́ndənt]
形 **豊富な** (= plentiful, ample)
▶ The soil was fertile and **abundant** with minerals.
「土壌は肥えていて，鉱物が**豊富だった**。」

	□ **soil**⁑ [sɔ́ɪl] 名 土 → **p.366**
	□ **fertile*** [fə́ːrtl] 形 肥沃な → **p.366**
□ **abundance*** [əbʌ́ndəns]	名 **豊富さ**
□ **abound** [əbáʊnd]	自 **豊富にある** ▶ Natural resources **abound** in Australia. = Australia **abounds** in [with] natural resources. 「オーストラリアには天然資源が**豊富にある**。」
838 □ **ample** [ǽmpl]	形 **十分な，たっぷりの** (= enough, sufficient) ▶ We have **ample** time for discussion. 「話し合う時間は**たっぷり**あります。」
□ **amplify** [ǽmpləfaɪ]	他 ～を**増幅する** ★「アンプ（音を増幅する機械）」は amplifier の略
839 □ **affluent** [ǽfluənt]	形 **富裕な，豊富な** (= rich, wealthy) ★（語呂合わせ）「アフレンばかりの富」→「裕福な」 ▶ an **affluent** country like America 「アメリカのような**裕福な**国」
□ **affluence** [ǽfluəns]	名 **富，富裕** (= wealth)

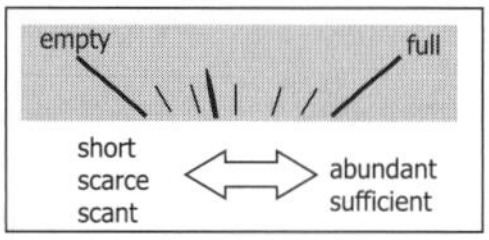

840 □ **sufficient**⁑ [səfíʃnt]	形（～に）**十分な** (for ～, to *do*) (= enough) ▶ The investigators could not find **sufficient** evidence to prove the man committed the murder. 「捜査官達は男が殺人を犯したと証明する**十分な**証拠を見つけられなかった。」 □ **evidence**⁑ [évɪdəns] 名 証拠 → **p.18**
□ **insufficient*** [ɪnsəfíʃnt]	形 **不十分な** ★ in-〈否定〉＋ sufficient（十分な）
841 □ **adequate**⁑ [ǽdɪkwət]	形（～に）**十分な，適当な** (for ～, to *do*) ★ ad-（～に）＋ equ = equal（等しい）→「必要とされる量や質に等しい」→「十分な，適切な」 ▶ Sleep, balanced diet and **adequate** exercise contribute to good health. 「睡眠，バランスの取れた食事，そして**十分な**運動が健康に貢献する。」 □ **diet**⁑ [dáɪət] 名 食事 → **p.443** □ **contribute**⁑ [kəntríbjuːt] 自 貢献する → **p.239**

□ **adequacy** [ǽdɪkwəsi]
名 **妥当性**

□ **inadequate** [ɪnǽdɪkwət]
形 **不適当な，不十分な**
★ in-〈否定〉＋ adequate （十分な）

Check! ● adequate のアクセント位置は？ ádequate

●オーディオなどのボリュームで max / min という表示を目にしたことがあるでしょう。max / magn / maj は「大きい」という意味の語根です。 major や majority も同じ語源です。一方の min / mini は「小さい」という意味を持ちます。

大・小

842 □ **major**⁑ [méɪdʒər]
形 **主要な，大きな** (↔ minor) 名 **専攻科目**
自（～を）**専攻する** (in ～)
★ maj（大きい）；「専攻」の意味に注意
◆ **major in A**「**A を専攻する**」
▶ a **major** issue [reason, impact, problem]
「**大きな（主要な）**問題［理由，影響，問題］」
▶ I'm **majoring** in economics at college.
「私は大学で経済学を**専攻している。**」

□ **majority**⁑ [mədʒɑ́rəti]
名 **大半，大多数**
◆ **the majority of A**「**A の大半**」
▶ **the majority of** the population「人口の**大半**」

843 □ **minor**⁑ [máɪnər]
形 **重要でない，小さい** (↔ major) ；**年少の**
★ min（小さい）
▶ a **minor** problem [change, crime]
「**小さな（重要でない）**問題［変化，犯罪］」

□ **minority**⁑ [maɪnɑ́rəti]
名 **少数（派）**
★ min（小さい）
▶ **the ethnic minority**「**少数民族**」
□ **ethnic**⁑ [éθnɪk] 形 民族の → **p.398**

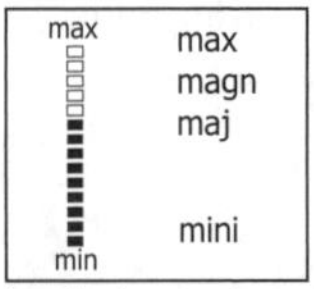

844 □ **maximum**＊ [mǽksəməm]
名 **最大** (↔ minimum)
★ max（大きい）

□ **maximize**＊ [mǽksəmaɪz]
他 **～を最大にする**
★ maxim（最大）＋ -ize〈動詞化〉
▶ To **maximize** profit, the company made their products where a low wage level could be maintained.
「利益を**最大にする**ために，会社は低賃金が維持できる場所で製品を作った。」

	□ **profit**⁑ [práfɪt] 名 利益 →**p.111** □ **wage**⁑ [wéɪdʒ] 名 賃金 □ **maintain**⁑ [meɪntéɪn] 他 ～を維持する →**p.218**
845 □ **minimum**＊ [mínəməm] □ **minimize**＊ [mínəmaɪz]	名 **最小** (↔ maximum) ★ mini（小さい） 他 ～を**最小にする** ★ minim（最小）＋ -ize 〈動詞化〉
846 □ **magnificent** [mægnífəsnt]	形 **壮大な** ★ magn（大きい） ▶ a **magnificent** view「**壮大な**眺め」
847 □ **diminish**＊ [dɪmínɪʃ]	他 ～を**減らす，小さくする** 自 **減る，小さくなる** ★ mini（小さい）→「小さくする」 ▶ The number of smokers has **diminished** since laws began forbidding smoking in public. 「公共の場での喫煙が法律によって禁止されてから，喫煙者の数が**減った**。」
848 □ **utmost** [ʌ́tmoʊst]	形 **最大の，最高の** ▶ Security is of **utmost** importance. 「安全が**何よりも**大切だ。」

Check! ● major / minor **の名詞形は？** majority / minority

●「増減」に関する語です。 increase / decrease は基本単語ですが，動詞としての用法だけでなく， on the increase [decrease] という表現も使えるようになると，英作文などの幅が広がります。

増減

＊ **decline**	自 衰退する，減る →**p.137**
849 □ **increase**⁑ 動 [ɪnkríːs] 名 [ínkriːs]	自 **増える** 他 ～を**増やす** 名 **増加** ◆ **be <u>on</u> the increase**「**増加している**」 ▶ Juvenile crimes are **<u>on</u> the increase** in Japan. 「日本では少年犯罪が**増えている**。」 □ **juvenile**＊ [dʒúːvənl] 形 少年少女の →**p.315**
□ **increasingly**⁑ [ɪnkríːsɪŋli]	副 **だんだんと**

850 □ **decrease**⁑
動 [dɪkríːs]
名 [díːkriːs]

自 **減る** 他 **〜を減らす** 名 **減少**
◆ **be on the decrease**「減っている」

851 □ **reduce**⁑
[rɪdjúːs]

他 **〜を減らす，削減する**
◆ **reduce A to B**「AをBに減らす，AをBにする」
▶ Five countries signed an agreement to **reduce** the total emission of CO_2 into the atmosphere.
「大気中への二酸化炭素放出を**減らす**合意に5ヵ国が署名した。」
□ **emission**⁑ [ɪmíʃn] 名 放出 → **p.41**
□ **atmosphere**⁑ [ǽtməsfɪər] 名 大気 → **p.407**

□ **reduction**⁑
[rɪdʌ́kʃn]

名 **削減**

852 □ **accumulate***
[əkjúːmjəleɪt]

他 **〜を蓄積する，積み上げる** 自 **蓄積する**
★ information「情報」，data「データ」，evidence「証拠」，wealth「富」などを目的語にとる
▶ It took five years to **accumulate** enough data to support my hypothesis.
「私の仮説を裏付けるデータを**蓄積する**のに5年かかった。」

□ **accumulation***
[əkjuːmjuléɪʃn]

名 **蓄積**

Check!		
	● The number of traffic accidents is (　) the increase.	on
	● reduce **の名詞形は？**	reduction

●最後に「算数・算術」(arithmetic) や，数の計算に関する語を覚えましょう。「足す，加える」は add です。 in addition to 「〜に加えて」は最重要の熟語です。また「掛ける」 は multiply ですが，「マルチメディア」(multimedia) や multiple choice 「多項選択」などでお馴染みの multi は「多くの・複数の」という意味です。

arithmetic	
＋	add / plus
−	subtract / minus
×	multiply
÷	divide

算数・数値

* **divide** 他 〜を分割する → **p.39**
* **division** 名 分割 → **p.39**

853 □ **add**⁑
[ǽd]

他 〜を（…に）**加える** (to …)
◆ **add A to B**「BにAを加える」

◆ **add to A**「Aを増やす」
▶ I **added** salt to the coffee by mistake.
「間違ってコーヒーに塩を**入れて（加えて）**しまった。」

□ **addition**⁑ [ədíʃən]
名 **追加**

□ **additional**⁑ [ədíʃənl]
形 **追加の**
▶ **additional charge**「追加料金」

□ **in addition to**⁑
句 〜に**加えて，だけでなく**
▶ **In addition to** the flight fare, the passenger had to pay for his heavy luggage.
「航空運賃に**加えて**，乗客は重い荷物に料金を払わなくてはならなかった。」
□ **fare**⁑ [féər] 名 運賃 → **p.116**

---

854 □ **subtract** [səbtrǽkt]
他 〜を（…から）**引く，減じる** (from …)
★ sub-（下に）+ tract（引く）
◆ **subtract A from B**「BからAを引く」

□ **subtraction** [səbtrǽkʃn]
名 **引き算**

---

855 □ **multiply** [mʌ́ltəplaɪ]
他 〜を**増やす，掛ける**
★ multi-（多く）+ ply（重ねる）
◆ **multiply A by B**「AにBを掛ける」
▶ Four **multiplied** by two is eight.
「4×2＝8」

□ **multiple*** [mʌ́ltəpl]
形 **複数の**
★ multi-（多く）；Multiple Choices「多項選択」でお馴染み
▶ The word "term" has **multiple** meanings.
「termという語には**複数の**意味がある。」

---

856 □ **multitude** [mʌ́ltətjuːd]
名 **多数**
★ multi-（多く）
▶ **a multitude of** people [problems]「多数の人間［問題］」

---

857 □ **calculate**⁑ [kǽlkjəleɪt]
他 〜を**計算する**

□ **calculation**⁑ [kælkjəléɪʃn]
名 **計算**
▶ a mathematical **calculation**「数学の計算」

---

858 □ **average**⁑ [ǽvərɪdʒ]
形 **平均の，普通の** 名 **平均**
◆ **on average**「平均して」

▶ On average, women live five years longer than men.
「平均して女性は男性より5年長生きする。」

859 □ **altogether**⁑
[ɔːltəgéðər]

副 **全部で；全く，完全に** (= completely, totally)
★ together「一緒に」の意味はない
▶ Smoking in public places is banned **altogether**.
「公共の場所での喫煙は**完全に**禁止されている。」
□ **ban**⁑ [bǽn] 他 ～を禁止する → **p.59**

860 □ **overall**⁑
[oʊvərɔ́ːl]

形 **全体の，全般の** 副 **概して**
▶ **overall** impression of a person「ある人についての**全般的な**印象」

861 □ **approximately**⁑
[əprάksəmətli]

副 **おおよそ** (= about)
★ ap-（～に）＋ proxim（近い）→「近い値の」; approach「～に近づく」と同語源
▶ **Approximately** one million people live in this city.
「この都市には**おおよそ**100万人が住んでいる。」

Check!		
	● 4 multiplied by 5 is ( ).	20
	● The average of 6, 7 and 8 is ( ).	7

Review Test

● **Same or Opposite?**

□1	unite	divide	Opposite
□2	uniform	diverse	Opposite
□3	sole	only	Same
□4	combine	separate	Opposite
□5	duplicate	copy	Same
□6	numerous	innumerable	Same
□7	infinite	limited	Opposite
□8	sum	total	Same
□9	vast	immense	Same
□10	huge	tiny	Opposite
□11	abundant	sufficient	Same
□12	affluent	wealthy	Same
□13	maximum	minimum	Opposite

☐14 **utmost** **greatest** .... Same

● Yes or No?

☐15 **Unity** is the result of disagreement. .... No
☐16 The **universe** is small. .... No
☐17 A **universal** fact is only true in certain situations. .... No
☐18 A labor **union** is an organization of workers. .... Yes
☐19 A **solitary** person spends a lot of time with others. .... No

☐20 You would want to be **consoled** when you are happy. .... No
☐21 The **quantity** shows how good something is. .... No
☐22 The first **volume** is only a part of the whole story. .... Yes
☐23 **Affluent** people can afford luxury. .... Yes
☐24 If there is an **insufficient** supply of food, you need to buy more. .... Yes

☐25 To **maximize** is to decrease. .... No
☐26 To **diminish** is to make more important. .... No
☐27 To **add** something is to take it away. .... No
☐28 If you **subtract** 4 from 8, the result is 2. .... No
☐29 6 **multiplied** by 3 is 2. .... No

● Multiple Choices

☐30 These products are ( ) in size and color.
a. unity **b.** universe **c.** uniform .... c.
☐31 Because he was the only son, he had to ( ) decide how to handle the inheritance.
a. sole **b.** solely **c.** solitude .... b.
☐32 It is often said that rabbits die from ( ).
a. unity **b.** solitude **c.** reunion .... b.
☐33 I returned home since I needed someone to ( ) me.
a. unite **b.** union **c.** console .... c.
☐34 The woman went to Las Vegas to escape the ( ) routine she was in.
a. monotonous **b.** bilingual **c.** monopoly .... a.

☐35 By ( ) the two approaches, the two companies reached an agreement.
a. combining **b.** subtracting **c.** multiplying .... a.
☐36 From the beehive, ( ) bees came flying out.
a. numerous **b.** quantity **c.** quality .... a.
☐37 To ( ), you need to thoroughly understand the material.
a. summary **b.** sum **c.** summarize .... c.
☐38 The baseball player owned a ( ) house in the countryside.
a. affluence **b.** scarce **c.** huge .... c.

□39 We have ( ) time for discussion.
a. ample b. huge c. major ……………………………… a.

□40 The food at the table was ( ) to serve ten people.
a. insufficient b. immense c. abundance ……………………………… a.

□41 He failed the test because he didn't have ( ) time to prepare.
a. adequate b. huge c. major ……………………………… a.

□42 My ( ) at the university is medical science.
a. profit b. maximum c. major ……………………………… c.

□43 The ( ) of teenagers in this region watch TV more than four hours every day.
a. majority b. minority c. majesty ……………………………… a.

□44 The politician's influence has ( ) after his scandal was revealed.
a. utmost b. diminished c. minor ……………………………… b.

□45 The woman ( ) her cholesterol intake to lose weight.
a. declined b. increased c. reduced ……………………………… c.

□46 Eight ( ) by two is four.
a. divided b. multiplied c. subtracted ……………………………… a.

□47 The train slowed down until it stopped ( ).
a. additional b. average c. altogether ……………………………… c.

□48 Our school has ( ) 2,000 students.
a. average b. abundant c. approximately ……………………………… c.

□49 ( ) average, women are paid lower than men.
a. In b. On c. Of ……………………………… b.

ヒント beehive 「ハチの巣」／cholesterol 「コレステロール」

解説・和訳

31 「彼は1人息子だったので，遺産をどのように扱うかを1人で決めなくてはならなかった。」／32 「ウサギは孤独で（1匹にしておくと）死ぬとよく言われる。」／34 monotonous routine 「単調な日常」／37 「要約するには，題材を完全に理解している必要がある。」／42 major 「専攻科目」／43 the majority of A 「Aの大半」／44 「スキャンダルが暴露されてから，その政治家の影響力は弱まった。」／45 「その女性はやせるためにコレステロールの摂取を減らした。」／47 stop altogether 「完全に止まる」

日付： 年 月 日	得点： ／49
40点以上→SECTION #23へ	40点未満→もう一度復習

SECTION #23「思考・認識・知」

●人間は「理性的な」(rational) 生き物です。本能のおもむくままに行動する他の「動物・獣」(beast, brute) には,「理性」(reason) は存在しません。reason は「理由」という意味で覚えているでしょうが,「理性」「論理的に考える」という意味があることに注意してください。

理性

862 □ **rational**⁑ [rǽʃənl]
形 **合理的な,理性的な** (↔ emotional)
★「感情よりも理性に基づく」
▶ Be **rational** when you make big purchases like a house.
「家のような大きな買い物をするときは**理性的に**なれ。」
□ **purchase**⁑ [pə́ːrtʃəs] 名 購入 → **p.112**

□ **irrational** [ɪrǽʃənl]
形 **非合理的な**
★ ir-〈否定〉+ rational (合理的な)

863 □ **reason**⁑ [ríːzn]
名 ①**理由,根拠** ②**理性** 自 **論理的に考える**
★ 名 ②と 自 の意味に注意; emotion「感情」や instinct「本能」の対概念として考える
▶ Greek philosophers relied on **reason** and observation, rather than on their religion.
「ギリシアの哲学者達は,宗教よりもむしろ,**理性**と観察に依拠した。」
▶ Your arguments should be based on logical **reasoning**.
「議論は論理的な**思考**に基づいていなくてはならない。」

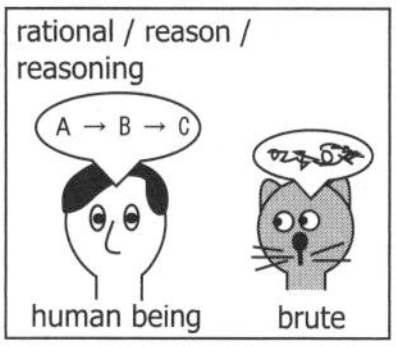

□ **reasonable**⁑ [ríːznəbl]
形 **理性的な,妥当な**;(値段が) **手頃な**
★ reason + -able〈可能〉→「論理的に考えられる」
▶ a **reasonable** price「**手頃な**価格」

864 □ **beast*** [bíːst]
名 **獣,動物**
▶ Human beings differ from **beasts** in that they can think in a logical way.
「論理的に考えられるという点で人間は**獣**とは異なる。」

865 □ **brute** [brúːt]
名 **獣,動物**

□ **brutal*** [brúːtl]
形 **野蛮な,残忍な**
▶ a **brutal** act「**野蛮な**行動」

Check! ● reason の「理由」以外の意味は? 理性/論理的に考える

●そして人間は，様々な事物に対する「概念」（concept, notion）を持ちます。「具体的な」（concrete）事物と結びついていないような概念は「抽象的」（abstract）と称されます。他人に物を説明するには，「抽象的な言葉」（abstract words）を用いるのはできるだけ避けるべきでしょう。また「日本人はカメラを提げて眼鏡をかけている」「秋葉原にいるのはオタクだ」というような型にはまった考え方を「固定観念」（stereotype）といいます。ステレオタイプな考え方は，「先入観・偏見」（prejudice, bias）と同様に，物事に対する正しい判断力を鈍らせてしまうものです。

概念・偏見

＊ **concept**
名 概念 → **p.260**

866 □ **notion**⁑ [nóʊʃn]
名 **概念，観念** (= concept)
▶ the **notion** of happiness「幸福の**概念**」

867 □ **abstract**⁑ [ǽbstrækt]
形 **抽象的な**
▶ If you try to persuade someone, do not use **abstract** words.
「誰かを説得しようとするなら，**抽象的な**言葉を使うな。」

868 □ **concrete**⁑ [kɑ́nkriːt]
形 **具体的な** (↔ abstract)
★「コンクリートのように固く明確な」と覚える

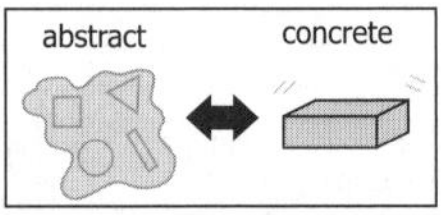

▶ At the meeting, everyone wanted to hear **concrete** ideas about the new project.
「会議では誰もが新計画に関する**具体的な**考えを聞きたがった。」

869 □ **stereotype**＊ [stérioʊtaɪp]
名 **固定観念，ステレオタイプ**
▶ People are sometimes discriminated against based on their racial **stereotypes**.
「人は人種的な**固定観念**をもとに差別されることがある。」
□ **discriminate**＊ [dɪskrímәneɪt] 自 差別する → **p.398**
□ **be based on**⁑ 句 ～に基づく → **p.30**
□ **racial**⁑ [réɪʃəl] 形 人種の → **p.398**

870 □ **prejudice**＊ [prédʒədəs]
名 **先入観，偏見**
★ pre-（前に）＋ judice（判断）→「前もって判断（judge）する」
▶ In societies of traditional values, young single mothers are treated with **prejudice**.
「伝統的な価値観の社会では，若いシングルマザーは**偏見**をもって扱われる。」
□ **traditional**⁑ [trədíʃənl] 形 伝統的な → **p.399**

871 □ **bias*** [báɪəs]

名 **偏見**

★「偏ったものの見方」

▶ a **biased** view「**偏った**考え方」

▶ My grandfather had a **bias** against women receiving higher education.
「祖父は女性が高等教育を受けることに対する**偏見**を持っていた。」

Check!	● abstract の対義語は？	concrete

● view は「ある場所からの眺め」という意味ですが，ある人の特定の「考え，意見」という意味も持ちます。そして，物を考える際の「視点・観点」となるのが viewpoint （= point of view）です。 view には前置詞の in， viewpoint / standpoint には from を用いることに注意しましょう。

考え・意見

872 □ **view⁑** [vjúː]

名 ①**眺め，景色** ②**意見** 他 ～を（…と）**みなす，考える** (as …)

◆ **in view of A**「**A を考慮して**」(= considering A)

◆ **with a view to *doing***「**～する目的・意図で**」(= with the intention of *doing*)

◆ **in my view**「**私の考えでは**」(= in my opinion)

▶ We bought the land **with a view to** building a house there.
「家を建てる**目的で**土地を買った。」

▶ Immigrants were not welcomed at first because the natives tended to **view** foreigners as criminals.
「移民は最初のうちは歓迎されなかった。というのも原住民は外国人を犯罪者と**みなす**傾向があったからだ。」

□ **immigrant⁑** [ímɪgrənt] 名 移民 → **p.122**

□ **criminal⁑** [krímɪnl] 名 犯罪者 → **p.276**

873 □ **review⁑** [rɪvjúː]

他 ～を**見直す** 名 ①**復習，見直し** ②**批評**

★ re-（再び）＋ view （見る）

▶ **review** today's lesson「今日の授業を**復習する**」

▶ **a book review**「**書評**」

874 □ **viewpoint⁑** [vjúːpɔɪnt]

名 **観点，見地** (= point of view)

◆ **from a ～ viewpoint**「**～の観点から**」

▶ from a historical **viewpoint [point of view]**
「歴史的な**見地**から」

▶ The child refused to understand things <u>from</u> the parents' **viewpoint**.
「子供は親の**視点**から物事を理解することを拒んだ。」

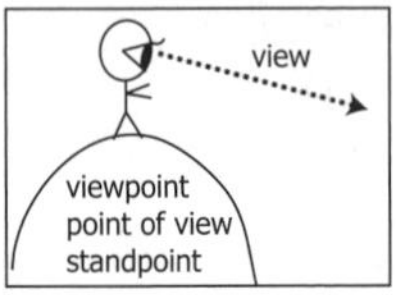

875 □ **standpoint**
[stǽndpɔɪnt]

名 **立場，観点**
◆ **<u>from</u> a ~ standpoint「~の立場から」**

876 □ **outlook**
[áʊtlʊk]

名 **見解，見方，見通し**
★ look out「見晴らす」→「物事・将来に対する見方」
▶ A positive **outlook** can help you overcome obstacles and achieve your goals.
「前向きな**ものの考え方**が，障害を乗り越えて目標を達成するのに役立つ。」

Check! ●( ) a historical point of view　from

●期末試験の前夜，「まだ準備が終わってない！」と不安で眠れない人，「まあなんとかなるだろう」とスヤスヤ眠る人の両タイプがいます。前者が「悲観的」(pessimistic) で後者は「楽観的」(optimistic) な人です。一般に pessimistic な人の方が試験の成績は良いようです。

楽観・悲観

877 □ **optimistic***
[ɑptəmístɪk]

形 **楽観的な** (↔ pessimistic)
★ 良い事が起こると思うこと
▶ an **optimistic** view [outlook]「**楽観的な**考え方［見方］」
▶ How can you be so **optimistic** when all possibilities seem to fail miserably?
「あらゆる可能性が無惨にも潰れそうなのに，どうしてそんなに**楽観的で**いられるんだ？」
□ **miserable**** [mízrəbl]　形 悲惨な

□ **optimism**
[ɑ́ptəmɪzm]

名 **楽観主義**

878 □ **pessimistic***
[pesəmístɪk]

形 **悲観的な** (↔ optimistic)
★ 悪い事が起こると思うこと

□ **pessimism**
[pésəmɪzm]

名 **悲観主義**

Check! ● optimistic **の対義語は？**　pessimistic

● aware「気づいている」は conscious とほぼ同義，alert は「警戒している」の意です。conscious の sci というスペルに注意してください。sci は「知る」という意味を持ちます。science「科学」という語は，元来は「万物について知ること」という意味です。また conscious と混同しやすい語として conscience があります。スペルは一見複雑そうに見えますが，science「科学」に con- を付けるだけです。発音にも注意してください。

意識・sci：知る

879 □ **aware**⁑ [əwéər]

形 (～を) **意識している**，(に) **気づいている** (of ～, that ...) (= conscious)

◆ **be aware of A**「A に気づいている」

▶ She suddenly became **aware** of the footsteps behind her.
「彼女は突然背後の足音に**気づいた**。」

□ **awareness**⁑ [əwéərnəs]

名 **意識**

---

880 □ **alert**⁑ [əlɚ́ːrt]

形 (～を) **警戒している** (to ～) 名 **警報**

◆ **be alert to A**「A に注意を払っている，A を警戒している」

◆ **be on alert**「警戒している」

▶ You should always remain **alert** to the possibility of an emergency.
「常に非常事態が起こる可能性を**警戒して**いなくてはならない。」

---

881 □ **conscious**⁑ [kánʃəs]

形 (～を) **意識している** (of ～) (= aware)

★ con-〈強調〉＋ sci (知る)；スペル注意：conscious

◆ **be conscious of A**「A を意識している」

▶ You can tell from the way she walks that she is **conscious** of men's gazes.
「彼女の歩き方から，男性達の視線を**意識しているの**が分かる。」

□ **consciousness**＊ [kánʃəsnəs]

名 **意識**

▶ **lose consciousness**「意識を失う」

□ **unconscious**⁑ [ʌnkánʃəs]

形 **無意識の**，(～を) **意識していない** (of ～)

▶ **the unconscious mind**「無意識」

□ **subconscious** [sʌbkánʃəs]

形 **潜在意識の**

▶ **the subconscious mind**「潜在意識」

---

882 □ **conscience**＊ [kánʃəns]

名 **良心，善悪の判断力**

★ con-〈強調〉＋ science (知っていること)；発音注意

▶ If you have any **conscience** at all, you will do the right thing.
「ちょっとでも**良心**があるのなら，正しいことをしなさい。」

Check!		
	●［語源］ sci の意味は？	知る
	● 正しいスペルは？ ： 1. consious / 2. concious / 3. conscious	3.

● ignore 「無視する」（→ **p.8**）という単語を思い出してください。このスペルに含まれる gn という語根は「知る」という意味を持ちます。g を k に入れ替えれば，know「知る」に繋がりますね。 gn / kn というスペルに注目して，以下の単語を覚えましょう。

gn / know ：知る

＊ignore
他 ～を無視する，知らないふりをする → **p.8**

883 □ **recognize**⁑ [rékəgnaɪz]
他 ①～を**識別する，それと分かる** ②～を**認める**
★ re-（再び）＋ co-（共に）＋ gn（知る）
▶ Do you **recognize** me?
「私が**誰か分かり**ますか？」

□ **recognition**⁑ [rekəgníʃn]
名 **認識，識別**

gn / kn 知る
reco**gn**ize
co**gn**ition
know
ac**kn**owledge

884 □ **cognition**＊ [kɑgníʃn]
名 **認識**

□ **cognitive**⁑ [kágnətɪv]
形 **認識に関する**
▶ **cognitive** science「**認知科学**」

885 □ **knowledge**⁑ [nálɪdʒ]
名 **知識**
★ 不可算名詞

886 □ **acknowledge**⁑ [əknálɪdʒ]
他 ～を（正しいと）**認める，承認する**
★ ac-（= to）＋ knowledge
▶ an **acknowledged** journalist「**著名な**新聞記者」
▶ The Hollywood star finally **acknowledged** that he was engaged to the young French model.
「ハリウッドスターは，若いフランス人モデルと婚約していることをついに**認めた**。」

□ **acknowledgment** [əknálɪdʒmənt]
名 **承認，謝辞**

Check!		
	● recognize の名詞形は？： 1. recognization / 2. recognition	2.

● recognize の類義語として identify があります。 identify の ident- という語根は「同一物」を表します。発見された身元不明の遺体が，X さんのものであることが確認されれば， identify されたことになります。「X = X′ を確認する」というイメージを摑んでください。また，日本語の「アイデンティティ」という言葉を耳にしたことがあるでしょう。国籍や出自などに絡んで「私は何者であるのか？」という問いはしばしば重要な意味を持ちます。ID （身分証明）はこれを略記したものです。

認識・同一性

887 □ **identify** ⁑ [aɪdéntəfaɪ]

他 ①～の**身元（正体）を特定する，識別する** ②～を（…と）**同一視する** (with …)

◆ **identify A <u>with</u> B**「A を B と同一視する」

◆ **identify <u>with</u> A**「A に親近感を持つ，A と一体感を持つ」

▶ The news program reported that the police have finally **identified** the body found in the river.

「ニュース番組は，警察がついに川で発見された死体の**身元を確認した**と報じた。」

▶ Children often **identify** <u>with</u> movie monsters.

「子供はよく映画に出てくる怪物に**親近感を持つ。**」

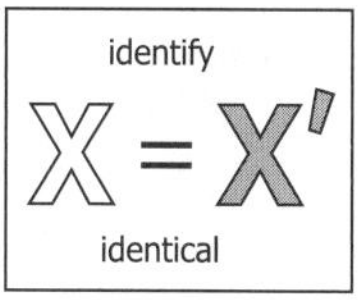

□ **identity** ⁑ [aɪdéntəti]

名 **身元，正体，アイデンティティ**

★「自分が何者であるのか？」

▶ When she found out that she was adopted, she faced a serious **identity** crisis.

「自分が養子だということが分かったとき，彼女は深刻な**アイデンティティ**の危機に直面した。」

□ **adopt** ⁑ [ədάpt] 他 ～を養子にする → **p.344**

□ **crisis** ⁑ [kráɪsɪs] 名 危機 → **p.200**

□ **identical** ⁑ [aɪdéntɪkl]

形（～と）**同一の** (to [with] ～)

◆ **be identical <u>to</u> [<u>with</u>] A**「A と同一である」

▶ The twins appear **identical** on the surface, but their personalities differ greatly.

「その双子は表面上は**同一**に見えるが，人格はかなり異なる。」

Check! ● identical twins **とは？** 一卵性双生児

●いわゆる「頭の良さ」にも様々あります。 intell- というスペルで始まる， intellect / intellectual / intelligence / intelligent は，いずれも「頭脳の明晰さ」を表す語です。一方の wise / wisdom は「経験や知識から正しい判断ができる」という意味です。他にも bright / brilliant / smart などの形容詞を覚えてください。

知性・頭の良さ

888 □ **intellect** [íntəlekt]
名 **知性**

□ **intellectual**⁑ [ɪntəléktʃuəl]
形 **知性の**
▶ **intellectual ability**「**知能**」

889 □ **intelligence**⁑ [ɪntélədʒəns]
名 **知性；諜報**
▶ **artificial intelligence**「**人工知能（AI）**」
▶ Still, women are evaluated in terms of their looks, not of their **intelligence**.
「未だに，女性は**知性**ではなく外見から評価されている。」
▶ **Central Intelligence Agency**「**中央情報局（CIA）**」
□ **evaluate**⁑ [ɪvǽljueɪt] 他 ～を評価する → **p.341**
□ **in terms of**⁑ 句 ～の観点から → **p.148**

□ **intelligent**⁑ [ɪntélədʒənt]
形 **知性的な，頭のいい**

890 □ **intelligible** [ɪntélɪdʒəbl]
形 **理解可能な，判読可能な**
▶ She was so drunk that she was hardly **intelligible**.
「彼女は酔っ払っていて言っていることがほとんど**理解できな**かった。」

891 □ **wisdom**⁑ [wízdəm]
名 **賢明さ，知恵**
★ wise「賢い」の名詞形；「経験・知識が豊富で判断力があること」
▶ Winston Churchill was a **man of wisdom**.
「ウィンストン・チャーチルは**賢人**だった。」

892 □ **bright**⁑ [bráɪt]
形 **①明るい ②頭のいい**
★「輝かしい」→「頭のいい」
▶ a **bright** student「**頭のいい**生徒」

893 □ **brilliant*** [bríljənt]
形 (極めて) **頭のいい，輝かしい**
★ bright と同語源；「輝かしい」→「頭のいい」
▶ a **brilliant** success「**輝かしい**成功」

894 □ **smart**⁑ [smάːrt]
形 **利口な** (= clever)
▶ He is a **smart** kid.
「彼は**頭のいい**子だ。」

895 □ **wit*** [wít]

名 **機転，知力**

★頭の回転の速さ

▶ His speech is always full of **wit** and humor.
「彼のスピーチはいつも**機知**とユーモアに満ちている。」

◆ **at one's wits' end**「**途方に暮れて**」(機転が限界に達する)

□ **witty*** [wíti]

形 **気の利いた**

▶ a **witty** remark「**気の利いた**発言」

---

896 □ **insight*** [ínsaɪt]

名 **洞察力，見識**

★in-（中を）＋ sight （見る）→「物事の中を見極める」;「物事・状況を理解する能力」

◆ **have an insight into [about] A**「Aに**対する洞察力（理解力）がある**」

▶ He has a deep **insight** into human nature.
「彼には人間性に対する深い**洞察力**がある。」

▶ His great **insight** and inspiration solved the problem.
「彼の優れた**洞察力**とひらめきが問題を解決した。」

---

897 □ **philosophy**⁂ [fəlάsəfi]

名 **哲学，考え方**

★世の中や人生に対する根本的な考え方

▶ My **philosophy** of life is to enjoy it to the fullest.
「私の人生**哲学**は，人生を最大限楽しむということだ。」

□ **philosopher**⁂ [fəlάsəfər]

名 **哲学者**

Check!	● 正しいスペルは？ ： 1. inteligent / 2. intelligent	2.

● comprehend は understand とほぼ同義ですが，②「含む」の意味もあります。comprehensible と comprehensive の2つの形容詞の意味の違いに注意してください。consider に関しては， 派生語に要注意です。considerable / considerate の意味の違いを明確にしてください。

理解・考慮

898 □ **comprehend*** [kɑmprɪhénd]

他 ①～を**理解する** (= understand) ②～を**含む**

★「完全に摑む」→「理解する・内包する」

▶ The child could not **comprehend** his grandfather's war stories.
「子供はお祖父さんの戦争の話を**理解**できなかった。」

□ **comprehension*** [kɑmprɪhénʃn]

名 **理解**

▶ **a listening comprehension test**「**聴解力テスト**」

□ **comprehensible*** [kɑmprɪhénsəbl]
形 **理解可能な**

□ **incomprehensible*** [ɪnkɑmprɪhénsəbl]
形 **理解不可能な**
▶ These sentences are virtually **incomprehensible**.
「これらの文章はほとんど**理解不可能**だ。」
□ **virtually**** [vəːrtʃuəli] 副 ほとんど → **p.275**

□ **comprehensive*** [kɑmprɪhénsɪv]
形 **包括的な，大局的な**
▶ **comprehensive** research「**幅広い**研究」

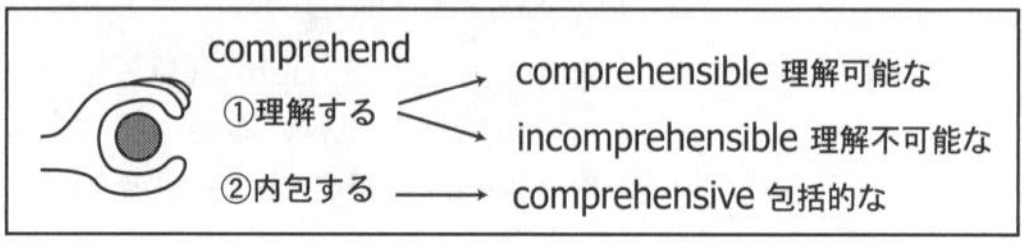

---

899 □ **consider**** [kənsídər]
他 〜を**考慮する**；を（…と）**みなす** (to be ...)
◆ **consider A (to be) C**「**AがCであるとみなす**」
▶ Good health is **considered** to be one of the necessary factors for a happy life.
「健康は幸せな生活に必要な要素の１つとして**考えられている**。」
□ **factor**** [fǽktər] 名 要素 → **p.169**

□ **considerable**** [kənsídərəbl]
形 **かなりの**（量・数の）
★「考慮すべき」→「かなりの」
▶ a **considerable** amount of time「**かなりの**時間」

□ **considerate*** [kənsídərət]
形（〜に対して）**思いやりのある** (of, toward 〜)
▶ She is **considerate** of [toward] others' feelings.
「彼女は他人の気持ちに対して**思いやりがある**。」

□ **consideration**** [kənsɪdəréɪʃn]
名 **①考慮 ②思いやり**
◆ **take A into consideration**「**Aを考慮に入れる**」(= take A into account)

□ **considering**** [kənsídərɪŋ]
前 接 〜を**考慮すれば** (= taking 〜 into consideration)
▶ **Considering** his lack of experience, he is doing the job very well.
「経験不足を**考慮すれば**，彼は仕事をとてもよくやっている。」

---

900 □ **contemplate** [kɑ́ntəmpleɪt]
他 〜を**熟考する，じっくり考える**

□ **contemplation** [kɑntəmpléɪʃn]
名 **熟考，沈思**
▶ My father often spends a few hours sitting in quiet **contemplation**.
「父はよく数時間座って静かに**物思いに耽る**。」

901 □ **meditate** [méditeit]
自 **瞑想する，深く考える**

□ **meditation** [medıtéıʃn]
名 **瞑想，熟考**
▶ Buddhists practice **meditation** as a way of purifying their minds.
「仏教徒は精神を浄化する手段として**瞑想**を実践する。」
□ **purify** [pjúrəfaı] 他 ～を浄化する ← pure「純粋な」

Check!	
● comprehensible / comprehensive **の意味は？**	理解可能な／包括的な
● considerable / considerate **の意味は？**	かなりの／思いやりのある

● remember の類義語として recollect / recall を覚えましょう。また inform / remind はいずれも「動詞＋O＋of ～ / that ...」という形をとります。日本語で「知る」「思い出す」という場合でも，英語では be informed / be reminded と受動態になることに注意しましょう。

思い出す・知らせる

902 □ **recollect** [rekəlékt]
他 ～を**思い出す，回想する** (= remember)
★ re-（再び）＋ collect（集める）→「記憶を再び集める」
▶ I can't **recollect** where I met her.
「どこで彼女に会ったのか**思い出せ**ない。」

□ **recollection** [rekəlékʃn]
名 **思い出，回想**

903 □ **recall**⁑ [rıkɔ́:l]
他 ～を**思い出す** (= remember)
★ re-（再び）＋ call（呼ぶ）→「記憶を呼び戻す」
▶ I'm sorry, but I can't **recall** your name.
「すみませんが，お名前が**思い出せ**ません。」

904 □ **inform**⁑ [ınfɔ́:rm]
他 ～に（…を）**知らせる**（of, that ...）
◆ **inform A <u>of</u> B [<u>that</u> ...]**「A（人）に B［…ということ］を知らせる」
▶ The letter **informed** her <u>of</u> her high school reunion.
「その手紙は彼女に高校の同窓会を**知らせた**。」
▶ I regret to **inform** you <u>that</u> your application has been rejected.
「残念ながらあなたの申し込みが受け付けられなかったことを**お知らせします**。」
□ **reunion** [ri:jú:njən] 名 再会，同窓会 → **p.288**

□ **information**⁑ [ınfərméıʃn]
名 **情報**
★ 不可算名詞

☐ **informative** [ɪnfɔ́ːrmətɪv]

形 **情報を提供する**

---

905 ☐ **remind**⁑ [rɪmáɪnd]

他 〜に（…を）**思い出させる** (of, that ...)

◆ **remind A of B [that ... / to *do*]**「A（人）にB［…ということ／〜すること］を思い出させる」

◆ **be reminded of A [that ... / to *do*]**「A［…ということ／〜すること］を思い出す」

▶ Karen **reminded** me of an assignment due tomorrow.
「カレンは私に明日提出の宿題を**思い出させた**。」

☐ **assignment**⁑ [əsáɪnmənt] 名 宿題，課題 → **p.83**

☐ **due**⁑ [djúː] 形 期限の → **p.147**

Check! ● I was reminded (1. of / 2. with) my promise. 1.

Review Test

● **Same or Opposite?**

☐1	**rational**	**emotional**	Opposite
☐2	**reasonable**	**sensible**	Same
☐3	**notion**	**concept**	Same
☐4	**abstract**	**concrete**	Opposite
☐5	**optimistic**	**pessimistic**	Opposite
☐6	**aware**	**conscious**	Same
☐7	**brilliant**	**bright**	Same
☐8	**intelligent**	**smart**	Same
☐9	**comprehend**	**understand**	Same
☐10	**recall**	**forget**	Opposite

● **Yes or No?**

☐11 A **stereotype** is an idea that many have of certain groups of people. ………… Yes

☐12 **Prejudice** is something you already have in you. ………… Yes

☐13 The **views** from the first floor and the 30th floor are the same. ………… No

☐14 If you are **optimistic**, you worry all the time. ………… No

☐15 If you are **pessimistic**, you are usually satisfied with your efforts. ………… No

☐16 Reading the newspaper will sharpen your **awareness** of current events. ………… Yes

☐17 Are you usually aware of your **unconscious** desires? ………… No

☐18 Your **conscience** forces you to act in a morally wrong way. ………… No

□19 It is possible to **recognize** someone in a crowd if you don't know their face. ……… No
□20 To **acknowledge** is to learn new facts. ……… No

□21 If you know someone, you can **identify** him. ……… Yes
□22 When you understand something, you have **comprehension** of it. ……… Yes
□23 Things that are easily understood are **comprehensive**. ……… No
□24 **Contemplating** calls for much serious thinking. ……… Yes
□25 You **recollect** future dreams. ……… No

● **Multiple Choices**

□26 Try to ( ) what you should do in situations like this.
a. rational **b.** reasonable **c.** reason ……… c.
□27 She bought the dress right away since it had a ( ) price.
a. rage **b.** brute **c.** reasonable ……… c.
□28 Do you have any ( ) plans for the future?
a. notion **b.** abstract **c.** concrete ……… c.
□29 Categorizing people into a ( ) is useless since people are unpredictable.
a. bias **b.** stereotype **c.** review ……… b.
□30 He has a strong ( ) against women.
a. bias **b.** abstract **c.** pessimistic ……… a.

□31 The ( ) from the hotel was magnificent.
a. standpoint **b.** view **c.** viewpoint ……… b.
□32 This book is written ( ) a woman's viewpoint.
a. in **b.** from **c.** by ……… b.
□33 She has a negative ( ) on her future.
a. optimism **b.** awareness **c.** outlook ……… c.
□34 She does not have any worries since she is ( ).
a. identical **b.** optimistic **c.** pessimistic ……… b.
□35 She was ( ) that someone was following her.
a. pessimistic **b.** optimistic **c.** aware ……… c.

□36 It's important to stay ( ) while driving.
a. identical **b.** alert **c.** unconscious ……… b.
□37 I couldn't ( ) him after a long separation.
a. recognize **b.** aware **c.** view ……… a.
□38 The student amazed his friends with his abundant ( ).
a. knowledge **b.** acknowledge **c.** recognition ……… a.
□39 The mother was called in to ( ) the dead body.
a. recollect **b.** recall **c.** identify ……… c.

□40 She was a sophisticated woman of ( ).
a. intellectual b. intellect c. intelligible ………………………… b.

□41 Many Chinese proverbs tell us to listen to the ( ) of the elders.
a. crisis b. wisdom c. identity ……………………………… b.

□42 This book will provide you with some ( ) into human nature.
a. insights b. intellects c. information ………………………… a.

□43 The man ( ) money to be evil.
a. meditated b. comprehended c. considered ………………………… c.

□44 The girl had already lost a ( ) amount of blood before reaching the hospital.
a. considerable b. consideration c. considerate ………………………… a.

□45 She was ( ) toward her friends but not to her family.
a. considerable b. consideration c. considerate ………………………… c.

□46 The letter informed the family ( ) their son's death.
a. for b. in c. of ……………………………………… c.

□47 I need more ( ) about the party tonight.
a. information b. assignment c. recollection ………………………… a.

□48 I was ( ) of my high school days at the reunion.
a. recalled b. informed c. reminded …………………………… c.

ヒント sophisticated 「洗練された」

解説・和訳

11 「固定観念とは，あるグループの人たちについて多くの人が持つ考え方である。」／26 動詞は c. の reason 「論理的に考える」のみ／29 「人は予測不能なのだから，人を決まった型に分類するのは無意味だ。」／40 「彼女は知性を持った洗練された女性だった。」; a person of intellect 「知性を持った人」

日付： 年 月 日	得点： ／48
40 点以上→ SECTION #24 へ	40 点未満→もう一度復習

SECTION #24 「人・人生」

●このセクションでは「人間・人生」に関する語を扱います。まずは，人間の一生を順を追って見ていきましょう。生まれてから数年間は「幼児期」(infancy) と呼ばれます。やがて「少年期」(childhood) を経て「大人」(adult, grownup) へと成長していく過渡期が「思春期・青春期」(adolescence) です。主に法律上で「少年の，未成年の」という場合には juvenile という語が用いられます。

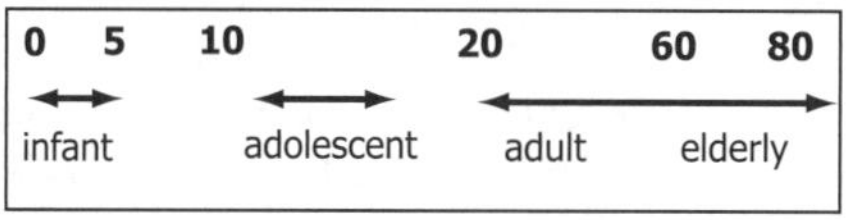

幼児から大人へ

906 □ **infant⁑** [ínfənt]
名 **幼児**
▶ **Infants** usually ride buses free of charge.
「**幼児**は通常無料でバスに乗れる。」

□ **infancy** [ínfənsi]
名 **幼児期**

907 □ **toddler** [tɑ́dlər]
名 (よちよち歩きの) **幼児**

908 □ **adolescent*** [ædlésnt]
形 **思春期の，十代の** 名 **十代の若者**

□ **adolescence*** [ædlésns]
名 **思春期，青春期**
▶ When a boy reaches **adolescence**, he attempts to rebel against his parents.
「少年は**思春期**になると親に反抗しようとする。」
□ **rebel*** [rɪbél] 自 反抗する →**p.248**

909 □ **juvenile*** [dʒúːvənl]
形 **少年少女の**
▶ **juvenile crime**「**少年犯罪**」

910 □ **adult⁑** [ədʌ́lt]
名 **大人** 形 **大人の**
▶ grow up to be an **adult**「成長して**大人**になる」

911 □ **elderly⁑** [éldərli]
形 **年配の，お年寄りの**
★ old よりも丁寧な表現
▶ The **elderly** population has been increasing in Japan.
「日本では**老人の**人口が増えている。」

Check! ● 最も年齢が低いのは？： infant / adolescent / adult　　infant

●このように，人間は年齢を重ねるとともに「成熟して」(mature) いきます。日本語でも「機が熟す」という表現がありますが，この mature という単語も，果物が「熟す」，計画が「十分考慮された」など，人間以外にも広く用いられます。

成熟

912 □ **mature**⁑ [mətʊ́ər]
形 **成熟した** 自 **成熟する**
▶ Girls usually **mature** faster than boys.
「通常女の子は男の子より早く**成熟する**。」
▶ One sign that young people have **matured** is their recognition of responsibility.
「若者が**成熟した**印の1つは，彼らが責任を認識していることだ。」
□ **recognition**⁑ [rekəgníʃn] 名 認識 → **p.306**

□ **maturity*** [mətʊ́rəti]
名 **成熟**

□ **immature** [ɪmətjʊ́ər]
形 **未熟な**
★ im-〈否定〉＋ mature →「成熟していない」

□ **premature** [priːmətjʊ́ər]
形 **時期尚早の，早すぎる**
★ pre-（前の）＋ mature →「熟す前の」

Check! ● mature の名詞形は？　　maturity

●人生の上で節目となる大きな出来事がいくつかあります。「結婚」(marriage) の他にも，「妊娠」(pregnancy) や，場合によっては「離婚」(divorce) を経験することもあるでしょう。そして，誕生日や結婚などのおめでたい出来事なら「お祝い」(celebration) をするでしょう。

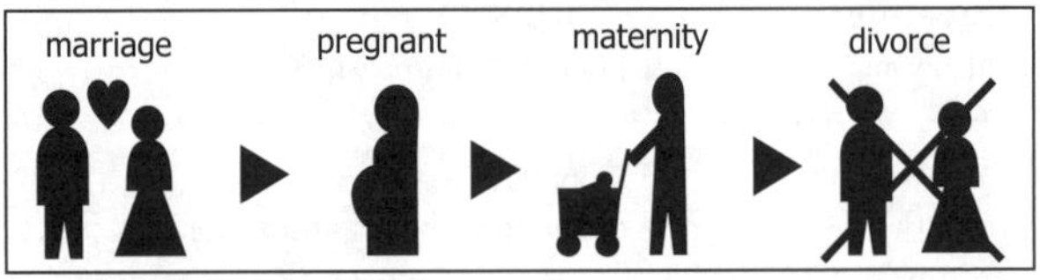

人生の節目

913 □ **pregnant**⁑ [prégnənt]
形 **妊娠している**
▶ The married couple visited their parents to announce that the wife was **pregnant**.
「結婚した夫婦は，妻が**妊娠した**ことを告げに両親を訪ねた。」

□ **pregnancy*** [prégnənsi]	名 **妊娠**
914 □ **maternity** [mətə́ːrnəti]	名 **母性** ▶ take **maternity leave**「**育児休暇**をとる」
□ **maternal** [mətə́ːrnl]	形 **母親の**（↔ paternal 「父親の」） ▶ **maternal instinct**「**母性本能**」
915 □ **birthrate**⁑ [bə́ːrθreɪt]	名 **出生率** ▶ **Birthrates** are decreasing in most developed countries. 「大半の先進国では**出生率**が低下している。」
916 □ **abortion** [əbɔ́ːrʃn]	名 **妊娠中絶** ★ abort「〜を中止する」の名詞形 ▶ The issue of **abortion** is controversial. 「**妊娠中絶**の問題に関しては賛否両論である。」 □ **controversial*** [kɑntrəvə́ːrʃl] 形 論議を呼ぶ，賛否両論の → **p.221**
917 □ **divorce**⁑ [dɪvɔ́ːrs]	名 **離婚** ▶ **get a divorce [get divorced]**「**離婚する**」
918 □ **celebrate**⁑ [séləbreɪt]	他 〜を**祝う** ★ congratulate は〈人〉を目的語にするのに対し，celebrate は〈日・出来事〉を目的語にする ▶ The other day, my grandmother **celebrated** her 101st birthday. 「先日，祖母は101回目の誕生日を**祝った**。」
□ **celebration*** [seləbréɪʃn]	名 **祝賀**

Check!		
	● pregnant **の名詞形は？**	pregnancy
	● **正しいスペルは？**：1. cereblate / 2. celebrate	2.

●多くの人は「職歴」(career) や「社会的地位」(status) を築き，やがては「引退」し (retire)，「年金」(pension) を糧に余生を暮らします。人間は「必ず死ぬ」(mortal) 生き物である以上は，最後に待ち受けているのは「死」(death) です。

職歴，引退，そして死へ

919 □ **career**⁑ [kəríər]	名 **職歴，キャリア** ★ アクセント注意

▶ His love affair destroyed his **career** and private life.
「浮気は彼の**キャリア（職歴）**と私生活を破壊した。」

920 □ **background**⁑
[bǽkgraʊnd]

名 **①背景 ②経歴，生い立ち**
★「家族・学歴」などを指す
▶ The man from a wealthy **background** had never worked for a living.
「裕福な**生い立ち**の男は生活のために働いたことがなかった。」

921 □ **status**⁑
[stéɪtəs]

名 **社会的地位**
▶ The scandal with his secretary made the politician lose his **status** as a successful leader.
「秘書とのスキャンダルによって政治家は成功した指導者としての**社会的地位**を失った。」

922 □ **resign**＊
[rɪzáɪn]

他 ～を（途中で）**辞職する；断念する** 自 **辞職する**
★ re-（再び）＋ sign （署名する）
◆ **resign oneself to A**「**諦めて A を受け入れる，甘受する**」（A は名詞・動名詞）
▶ He **resigned** from his position at a big company and started his own business.
「彼は大会社での職を**辞めて**自分でビジネスを始めた。」
▶ Emi **resigned herself to** living with her mother-in-law.
「エミは**諦めて**姑と同居する**ことにした**。」
□ **mother-in-law**⁑ 名 義理の母，姑

□ **resignation**
[rezɪgnéɪʃn]

名 **辞職，諦め**

923 □ **retire**⁑
[rɪtáɪər]

自（定年で）**退職する，引退する**
★ 定年で退職すること； resign 「辞職する」， quit 「辞める」と区別する
◆ **retire from A**「**A（職）から引退する**」
▶ My father has **retired** from work and now lives on a pension.
「父は仕事を**引退して**，今は年金で暮らしている。」

□ **retirement**＊
[rɪtáɪərmənt]

名 **退職，引退，余生**

924 □ **quit**⁑
[kwít]

他 ～を**やめる，中止する** (= stop)
★ 動詞変化： quit – quit – quit, quitting
▶ **quit** smoking「煙草を**やめる**」

▶ **quit** one's job「仕事を**辞める**」

925 □ **farewell** [feərwél]

名 **お別れ**

★ fare（旅）＋ well →「よい旅を！」という別れの言葉

▶ **a farewell party**「**お別れ会，送別会**」

926 □ **pension*** [pénʃn]

名 **年金**

▶ **pension** plan「**年金**制度」

▶ **live on a pension**「**年金で暮らす**」

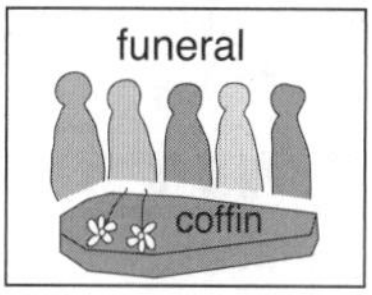

927 □ **funeral**** [fjúːnrəl]

名 **葬式**

928 □ **tomb*** [túːm]

名 **墓石，墓**

★ 発音注意：「トゥーム」；主に石でできた墓を指す；その他 grave「墓（穴）」，cemetery「墓地」など

929 □ **bury**** [béri]

他 ～を**埋める，埋葬する**

★ 発音注意

▶ The man was **buried** in the same grave in which his beloved wife was buried.
「男は最愛の妻と同じ墓に**埋葬された**。」

□ **grave*** [gréɪv] 名 墓 → **p.616**

930 □ **coffin** [kάfən]

名 **棺**

▶ She came home in a **coffin**.
「彼女は**棺**に入って帰宅した。」

931 □ **corpse** [kɔ́ːrps]

名 **死体** (= body)

▶ An unidentified **corpse** was discovered.
「身元不明の**死体**が見つかった。」

932 □ **mortal** [mɔ́ːrtl]

形 **死ぬ運命にある**

▶ We are **mortal** beings because we all will eventually die.
「我々は**死ぬ運命にある**存在だ。なぜなら誰でも結局は死ぬからだ。」

□ **eventually**** [ɪvéntʃuəli] 副 結局は → **p.458**

□ **mortality*** [mɔːrtǽləti]

名 **死ぬ運命，死亡率**

□ **immortal*** [ɪmɔ́ːrtl]
形 **不死の，不朽の**
★ im-〈否定〉＋ mortal（死ぬ運命にある）

Check!		
	● career のアクセント位置は？	caréer
	● Human beings are (1. mortal / 2. immortal).	1.

●死後，財産は子孫に「相続され」(inherit) ます。「遺産」は inheritance ですが，heritage はしばしば「文化的な遺産」を表します。同じ herit というスペルを含んでいることに注目してください。

死後・遺産

933 □ **inherit**** [ɪnhérət]
他 ～を**相続する**
◆ **inherit A from B**「B から A を相続する」
▶ The orphan found out that he had **inherited** money from a rich widow.
「孤児は金持ちの未亡人から金を**相続した**ことが分かった。」
□ **widow*** [wídoʊ] 名 未亡人

□ **inheritance*** [ɪnhérətəns]
名 **相続，遺産**

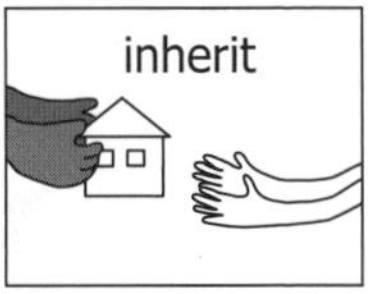

934 □ **heir** [éər]
名 **相続人，跡取り**
★ 発音注意：air と同音
▶ (the) **heir** to A「A の**相続人**」
▶ John was the sole **heir** to his father's vast fortune.
「ジョンは父親の巨額の財産の唯一の**相続人**だった。」

935 □ **heritage*** [hérətɪdʒ]
名（文化）**遺産**
▶ **cultural heritage**「**文化的遺産**」

936 □ **legacy** [légəsi]
名 **遺産，遺物**
▶ the **legacy** of the ancient Greeks「古代ギリシア人の**遺産**」

937 □ **offspring** [ɑ́fsprɪŋ]
名（人や動物の）**子，子孫**
★ 単複同形
▶ produce and raise **offspring**「**子孫**を産み育てる」

Check!		
	● cultural heritage とは？	文化的遺産

●これまで見てきたような人生の経過は，「避けることのできない」(inevitable)「運命」(fate) によって定められているとも考えられるでしょう。

運命

938 □ **inevitable**⁑ [ɪnévətəbl]

形 **避けられない，必然的な**

★ in-〈否定〉＋ evit（避ける）＋ -able〈可能〉→「避けることができない」

▶ Our encounter was **inevitable**, but I tried to avoid it as long as possible.

「我々が遭遇するのは**避けられなかった**が，私はできる限り避けようとした。」

□ **encounter**⁑ [enkáʊntər] 名 遭遇 → **p.469**

□ **inevitably**⁑ [ɪnévətəbli]

副 **必然的に**

939 □ **fate**⁑ [féɪt]

名 **運命，宿命**

▶ I believe it was **fate** that I met my wife at that bus stop ten years ago.

「私は10年前あのバス停で妻と会ったのが**運命**だったと信じている。」

□ **fatal**＊ [féɪtl]

形 **致命的な，決定的な**

▶ Doctors cannot make mistakes since even one can be **fatal** to a patient.

「医者はミスを犯せない。1つのミスでも患者にとって**致命的**となりうるからだ。」

Check! ● a fatal error **とは？**　　致命的な誤り

●さらに「人間」に関する語をいくつか覚えましょう。日本語の「個人の，個人的な」に対応する英語には individual / personal / private がありますが，3つの違いを明確に認識してください。まず individual は，語源的には「それ以上 divide（分割）できないもの」という意味で，人や物を個別に見る場合に用います。一方の personal は「人」(person) の派生語ですが，「(他の人ではなく) その人本人に関する」という意味です。 private は public の対義語として考えると分かりやすいでしょう。

個人

940 □ **individual**⁑ [ɪndəvídʒuəl]

名 **個人** 形 **個人の，個々の**

★スペル注意： individual ； in-〈否定〉＋ dividu（分割できる）→「分割（divide）できないもの」

▶ During the strike, workers spoke out to protect the rights of **individuals**.

「ストライキの間，労働者達は**個人**の権利を守ることを主張した。」

□ **individualism** *
[ɪndəvídʒuəlɪzm]

名 **個人主義**

941 □ **personal** ⁑
[pə́ːrsənl]

形 **個人的な**

★「person（人）に関する」→「(他の人でなく）その人本人に関する」

▶ She never answers **personal** questions, and she keeps a certain distance from her friends.
「彼女は**個人的な**質問には答えず，友達とは一定の距離をおいている。」

□ **in person** ⁑

句 **直接本人が（に），自分で**

▶ I know of him, but I have never met him **in person**.
「彼のことは聞いているが，**直接**会ったことはない。」

□ **personality** ⁑
[pəːrsənǽləti]

名 **人格，個性**

★ character (→ **p.13**) は「全般的な性格」，personality は「対人的な性格，人当たり」

▶ The new teacher was rumored to be a person lacking **personality**.
「新しい先生は，**個性**に欠けた人だといううわさだった。」

□ **impersonal**
[ɪmpə́ːrsənl]

形 **人間味のない**

942 □ **private** ⁑
[práɪvət]

形 **個人的な** (↔ public)

★ public の対概念として考える

▶ Can I talk to you **in private**?
「**内密に**お話できますか？」

□ **privacy** ⁑
[práɪvəsi]

名 **プライバシー**

▶ Some people express concerns about the invasion of **privacy** on the Internet.
「インターネット上での**プライバシー**の侵害に懸念を表明する人もいる。」

□ **concern** ⁑ [kənsə́ːrn] 名 懸念 → **p.143**
□ **invasion** * [ɪnvéɪʒn] 名 侵害 → **p.121**

943 □ **self** *
[sélf]

名 **自己**

▶ Children build up their concept of **self** through play.
「子供は遊びを通じて**自己**の概念を養う。」

□ **selfish** ⁑
[sélfɪʃ]

形 **自分勝手な**

▶ Kate was unpopular among her colleagues because of her **selfish** behavior.
「**自分勝手な**行動のせいで，ケイトは同僚の間で不評だった。」

科目ごとの使用例

活用法 **01**

ドットを利用して使いやすいようにノートを分割

活用法 **02**

暗記はチェックボックスで管理

活用法 **03**

板書とは別にメモ欄をつくる etc.

英語

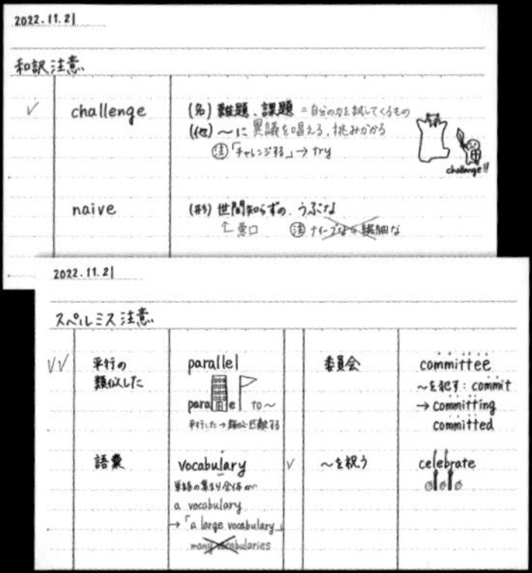

数学

国語

縦書きでも使いやすい！

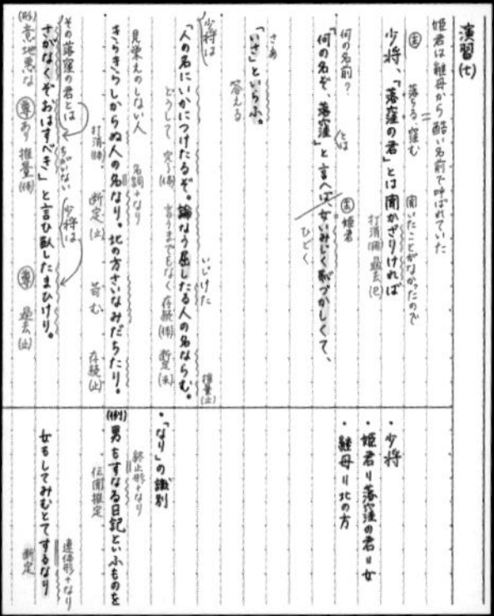

その他の教科の使用例やポイントを
鉄緑会式ノート術と共に、フルカラーで公開中▷▷▷

944 □ **fellow**⁑
[féloʊ]

名 **人，奴** 形 **仲間の，自分と同じ場にいる**
▶ **a fellow being**「**同胞，同じ人間**」

Check!	● 正しいスペルは？： 1. indivisual / 2. individual	2.

●最後は男性／女性の性差に関する語です。近年，生物学的な性（sex）に対し，社会的な性（gender）を重視するという観点から，brother / sister を sibling（きょうだい）で，husband / wife を spouse（配偶者）で表すことが多くなってきました。

男女

945 □ **male**⁑
[méɪl]

形 **男性の** 名 **男性**
▶ a **male-dominated** society「**男性中心の**社会」

946 □ **female**⁑
[fíːmeɪl]

形 **女性の** 名 **女性**
▶ the **female** brain「**女性の**脳」

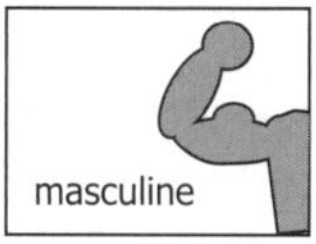

947 □ **masculine**
[mǽskjələn]

形 **男の，男らしい** (=manly)
▶ a **masculine** occupation「**男らしい**職業」

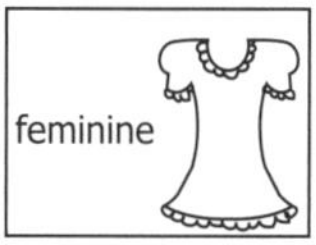

948 □ **feminine**
[fémənɪn]

形 **女の，女らしい** (=womanly)
▶ a **feminine** item of clothes「**女性らしい**服」

949 □ **gender**⁑
[dʒéndər]

名 **ジェンダー**
★社会的・文化的に見た性；生物学的な性は sex
▶ **gender differences**「(社会的に見た) **性差，男女差**」

950 □ **sibling***
[síblɪŋ]

名 (男女の区別なく) **きょうだい**
▶ Children with older **siblings** tend to have greater social skills.
「年上の**きょうだい**がいる子供は社交的な技術に長けていることが多い。」

951 □ **spouse***
[spáʊs]

名 **配偶者** (= partner)
▶ a foreign **spouse**「外国人の**配偶者**」

Check!	● masculine の対義語は？	feminine

Review Test

● **Same or Opposite?**

□1	**infant**	**baby**	Same
□2	**marriage**	**divorce**	Opposite
□3	**farewell**	**good-bye**	Same
□4	**public**	**private**	Opposite
□5	**masculine**	**feminine**	Opposite

● **Yes or No?**

□6 A teenager is an **adolescent**. ······ Yes
□7 Minors would be tried at **juvenile** court. ······ Yes
□8 Your grandparents are **adults**. ······ Yes
□9 Older wine is **maturer**. ······ Yes
□10 Old people are **immature** because they lack experience. ······ No

□11 If something is **premature**, the timing is perfect. ······ No
□12 Anyone can get **pregnant**. ······ No
□13 Men have **maternity**. ······ No
□14 **Birthrate** shows how soon a mother bears a child after marriage. ······ No
□15 **Abortion** ends a **pregnancy**. ······ Yes

□16 **Divorce** unites a couple. ······ No
□17 Being a student is a **career**. ······ No
□18 **Retirement** comes early in your career. ······ No
□19 When you start working for a company, you receive a **pension**. ······ No
□20 You have a **funeral** for someone who passed away. ······ Yes

□21 You **bury** someone who is still alive. ······ No
□22 Human beings are **mortal**. ······ Yes
□23 You usually **inherit** from your friends. ······ No
□24 **Heritage** is something new that one generation creates. ······ No
□25 **Fate** is something we can control. ······ No

□26 Something **fatal** should be regarded as unimportant. ······ No
□27 If something is **personal**, it is for everyone to see. ······ No
□28 Someone's **private** property is for everyone's use. ······ No
□29 A **male** can get pregnant. ······ No
□30 A frilly skirt is **masculine**. ······ No

ヒント minor「未成年」／pass away「亡くなる」／frilly「フリルのついた」

● Multiple Choices

☐**31** My sister is still ( ), since she is only three months old.
a. a teenager **b.** an adolescent **c.** an infant .... c.

☐**32** We should pay much respect to the ( ).
a. elderly **b.** adolescents **c.** juveniles .... a.

☐**33** I am often told that I am ( ) for my age.
a. mature **b.** maturity **c.** premature .... a.

☐**34** The couple was happy to find out that the wife was ( ).
a. immature **b.** pregnant **c.** maternity .... b.

☐**35** The statistics showed a decrease in the ( ).
a. infancy **b.** elderly **c.** birthrate .... c.

☐**36** She could not understand why her parents were getting a ( ).
a. maternity **b.** pregnancy **c.** divorce .... c.

☐**37** We ( ) Tom's birthday with a party.
a. matured **b.** buried **c.** celebrated .... c.

☐**38** Students of different religious ( ) went to the school.
a. careers **b.** backgrounds **c.** statuses .... b.

☐**39** You have to ( ) yourself to the fact that you lost the game.
a. celebrate **b.** resign **c.** retire .... b.

☐**40** My father ( ) and now he is at home most of the time.
a. passed away **b.** inherited **c.** retired .... c.

☐**41** My grandparents are currently living only on a ( ).
a. pension **b.** funeral **c.** retirement .... a.

☐**42** The Greek gods are ( ).
a. farewell **b.** immortal **c.** inevitable .... b.

☐**43** He refused to ( ) the money from his father, whom he hated.
a. inherit **b.** inevitable **c.** individual .... a.

☐**44** The enormous ( ) became his motive to kill his mother.
a. heritage **b.** offspring **c.** inheritance .... c.

☐**45** He was the only ( ) to his father's vast fortune.
a. heir **b.** inheritance **c.** heritage .... a.

☐**46** The car accident was ( ).
a. immortal **b.** mature **c.** inevitable .... c.

☐**47** The blow to the head was ( ), and it killed the boxer instantly.
a. mortal **b.** fate **c.** fatal .... c.

☐**48** For ( ) reasons, she quit her job.
a. personal **b.** self **c.** fellow .... a.

□49 ( ) rights of workers were emphasized at the negotiation.
a. Individual **b.** Personality **c.** Fatal .... a.

□50 Do you not have any respect for people's ( )?
a. privacy **b.** private **c.** personal .... a.

□51 Growing up with five sisters, the boy became ( ).
a. feminine **b.** gender **c.** self .... a.

□52 I grew up with three ( ).
a. spouses **b.** siblings **c.** feminine .... b.

ヒント for one's age 「年の割には」

解説・和訳

14「出生率は，母親が結婚後どれくらい早く子供を産むかを示す。」／24「遺産とは，ある世代が生み出す新しいものである。」／33「私は年の割には成熟しているとよく言われる。」／35 decrease in the birthrate「出生率の低下」／36 get a divorce「離婚する」／38「様々な宗教的な背景（宗旨）の生徒達がその学校に通っていた。」／39「あなたは試合に負けたという事実を諦めて受け入れなくてはならない。」；resign oneself to A「A を諦めて受け入れる」／41 live on a pension「年金で暮らす」／44「莫大な遺産が，彼が母親を殺す動機となった。」／47「頭へのパンチが致命的で，ボクサーは即死してしまった。」／49「交渉では，労働者の個人の権利が強調された。」／51「5人の姉妹と育ったので，その少年は女の子っぽくなった。」

日付： 年 月 日	得点： ／52
43点以上→SECTION #25へ	43点未満→もう一度復習

SECTION #25 「人間関係」

●複数の人間が一ヵ所に集まると，そこには人間同士の結びつきが生まれます。ある特定の場所に集まった人間の集まりを「社会」（society）といいます。数人の集団であっても，億を超える国家単位であっても society であることに変わりはありません。「社会」の中でもさらに地域・目的上限定されたものが community だと考えてください。

社会

952 □ **society**⁑
[səsáɪəti]

名 **社会；社交**
★ soci（結びつける）から； as<u>soci</u>ate (→ **p.180**) と同語源
▶ a democratic **society**「民主主義**社会**」

□ **social**⁑
[sóʊʃl]

形 **社会の；社交の**
▶ **social issues**「**社会問題**」

□ **sociable**＊
[sóʊʃəbl]

形 **社交的な，愛想のいい**
▶ a **sociable** person「**社交的な**人」

□ **socialize**＊
[sóʊʃəlaɪz]

自（～と）**親睦を深める，交際する** (with ～)
▶ The office party will provide a great opportunity to **socialize** <u>with</u> your colleagues.
「社内パーティーは同僚と**親睦を深める**いい機会を与えてくれるだろう。」

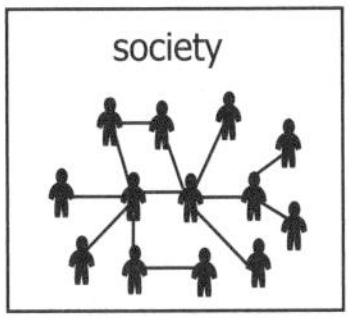

□ **provide**⁑	[prəváɪd]	他 ～を供給する →**p.70**
□ **opportunity**⁑	[ɑpətjúːnəti]	名 機会 →**p.175**
□ **colleague**⁑	[kɑ́liːg]	名 同僚 →**p.568**

953 □ **community**⁑
[kəmjúːnəti]

名 **地域社会，共同体**
★「地域・目的上限定された社会」
▶ **a local community**「**地域社会**」

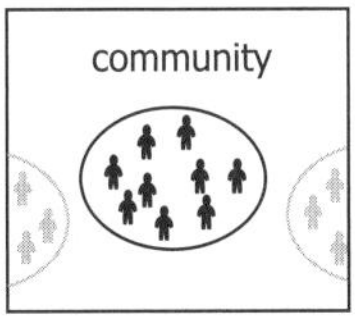

954 □ **communicate**⁑
[kəmjúːnɪkeɪt]

自 (～と) **意思の疎通をする** (with ～)
他 ～を（…に）**伝える** (to …) (= tell)
★「伝える（= tell)」の意味に注意
◆ **communicate <u>with</u> A**「**A と意思の疎通をする**」
◆ **communicate A <u>to</u> B**「**A を B に伝える**」
▶ By connecting to the Internet, you can **communicate** <u>with</u> people across the world.
「インターネットに接続することにより，世界中の人々と**意思の疎通をする**ことができる。」
▶ Humans have the instinct to **communicate** ideas <u>to</u> each other.
「人間には互いに考えを**伝え**たいという本能がある。」

□ **instinct**⁑ [ínstɪŋkt] 名 本能 → p.265

□ **communication**⁑ [kəmjuːnɪkéɪʃn]
名 **意思の疎通；(-s) 通信**
★「通信」の意味に注意
▶ **international communications**「国際通信」
(「国際交流」は international exchange)

Check!	
● social / sociable の意味は？	社会の／社交的な
● communicate / communication のアクセント位置は？	commúnicate / communicátion

●社会の中で人間同士は互いに「知り合い」(get acquainted)，そして「親密な」(intimate) 関係を築いていきます。しかし人間関係が常に友好的なものばかりとは限りません。自分に対して「敵意を持った」(hostile) 人達もいるということを忘れてはなりません。

知人・親密・敵対

955 □ **acquainted*** [əkwéɪntɪd]
形 (〜と) **知り合いである** (with 〜)
★acquaint「〜を知り合いにさせる」から
◆ **be [get] acquainted with A**「A と知り合いである［になる］」
▶ This is how I **got acquainted** with him.
「こんな風にして私は彼と**知り合いました**。」

□ **acquaintance*** [əkwéɪntəns]
名 **知人，面識，知識**
▶ I have no **acquaintance** with the subject.
「その話題に関しては全く**知識**がない。」

956 □ **intimate*** [íntəmət]
形 **親しい，親密な**
▶ He refused to go out with her because he was not ready for an **intimate** relationship.
「彼は**親密な**関係になる心の準備ができていなかったので，彼女とつき合うのを断った。」
□ **go out with**⁑ 句 〜とつき合う

□ **intimacy*** [íntəməsi]
名 **親密さ**

957 □ **hostile*** [hástl]
形 **敵意のある，敵対した**
▶ **a hostile country**「敵国」
▶ The neighbor has been **hostile** ever since we forgot to invite him to our Thanksgiving party.
「感謝祭のパーティーに招待するのを忘れてから，その隣人は**敵意を持っている**。」

□ **hostility*** [hɑstíləti]
名 **敵意**

958 □ **hospitality***
[hɑspətǽləti]

名 **歓待，もてなし**
★ hospital「病院」は「もてなす」が語源
▶ Thank you for your **hospitality** during my stay in Japan.
「日本にいる間に**もてなして**くれてありがとう。」

Check!		
	● intimate のアクセント位置は？	íntimate
	● intimate / hostile の名詞形は？	intimacy / hostility

●他人が不幸のどん底にいるときに，心から「同情」（sympathy, sympathize）できるのが本当の友達でしょう。一方で，他人が幸福の絶頂にあるときには，「うらやみ」（envy）「嫉妬する」（jealous）のが人間の性というものです。

同情・嫉妬

959 □ **sympathy***
[símpəθi]

名 **同情**
★ sym-（共に）＋ path（感情）→「感情を分かち合う」；気の毒だと思う気持ち
◆ **feel [have] sympathy for A**「A に同情する」↓

□ **sympathize***
[símpəθaɪz]

自（～に）**同情する，共感する** (with ～)
◆ **sympathize with A**「A に同情する」
▶ I **sympathize** with [**feel sympathy** for] the woman whose only son was killed in the accident.
「一人息子を事故で失った女性に**同情する**。」

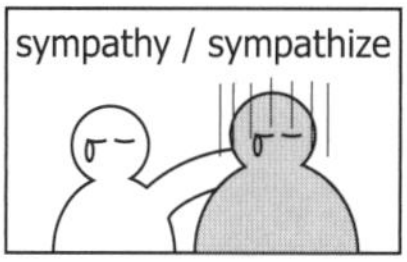

□ **sympathetic**
[sɪmpəθétɪk]

形 **同情的な**

960 □ **empathy***
[émpəθi]

名 **共感，感情移入**
★ 他人の気持ちになって考えられること
▶ I now have **empathy** for my parents.
「私は今では親の**気持ちが分かる**。」

961 □ **pity***
[píti]

名 **あわれみ；残念なこと** 他 ～を**あわれむ**
★ sympathy に比べて，自分より立場が弱い者に対する気持ちというニュアンスを持つ
◆ **feel pity for A**「A をあわれむ」
◆ **it's a pity that ...**「…は残念だ」(= it's a shame that ...)
▶ **It's a pity** that you cannot attend the party.
「君がパーティーに参加できないのは**残念だ**。」

962 □ **mercy***
[mə́ːrsi]

名 **慈悲，あわれみ**
★ 神や王などの権力者が持つもの

▶ God, have **mercy** on me!
「神よ，どうか**ご慈悲**を！」

□ **at the mercy of*** 　句 **～のなすがままに**
★「権力者の慈悲にすがって」→「完全に支配されて」
▶ The lifeboat drifted for days **at the mercy of** the wind and waves.
「救命ボートは風と波に**翻弄されて**何日も漂流した。」
□ **drift*** [dríft] 自 漂流する

---

963 □ **envy*** [énvi]
名 **うらやみ，ねたみ** 他 ～を**うらやむ**
▶ I really **envy** your success.
「君の成功が本当に**うらやましい**。」

□ **envious** [énviəs]
形（～を）**うらやましく思う** (of ～)
◆ **be envious of A**「A**をうらやましく思う**」

---

964 □ **jealous*** [dʒéləs]
形（～に）**嫉妬した** (of ～)
★ envious よりも否定的な感情
◆ **be jealous of A**「A**に嫉妬している**」
▶ He is just **jealous** of your success.
「彼は君の成功に**嫉妬している**だけなんだ。」

□ **jealousy*** [dʒéləsi]
名 **嫉妬**

Check!	● I'm jealous (1. for / 2. of) your success.	2.

●嫌な相手に対してはどうでしょうか。「軽蔑」(contempt, scorn, despise）や「嫌悪」(disgust, hatred）を抱きますね。そして「侮辱」(insult）や「ののしり」(curse）の言葉を吐くこともあるでしょう。

軽蔑・嫌悪

965 □ **contempt*** [kəntémpt]
名 **軽蔑**
◆ **feel contempt for [toward] A**「A**を軽蔑する**」
▶ The daughter felt **contempt** toward her drunken father, who hit her mother.
「娘は母親を殴る飲んだくれの父親を**軽蔑**した。」

□ **contemptuous** [kəntémptʃuəs]
形 **軽蔑している**

---

966 □ **scorn** [skɔ́ːrn]
名 **軽蔑** 他 ～を**軽蔑する**

□ **scornful** [skɔ́ːrnfl]	形 **軽蔑している** ▶ He gave a **scornful** look to me. 「彼は私を**軽蔑した**目で見た。」
967 □ **despise*** [dɪspáɪz]	他 ～を**軽蔑する** (= look down on) ▶ My father **despises** those who make sounds when they eat. 「父はものを食べる時に音を立てる人を**軽蔑する**。」
968 □ **look down on***	句 ～を**見下す，軽蔑する** (↔ look up to) (= despise) ▶ **look down on** the homeless「ホームレスの人たちを**見下す**」
969 □ **disgust*** [dɪsgʌ́st]	名 **嫌悪** 他 ～を**むかつかせる** ◆ **be disgusted by [at, with] A**「A **にむかつく**」 ▶ Your attitude truly **disgusts** me. 「君の態度は本当に**むかつくよ**。」
□ **disgusting*** [dɪsgʌ́stɪŋ]	形 **不快な，実に嫌な** ▶ Picking your nose in public is **disgusting**. 「人前で鼻をほじるのは**不快だ**。」 □ **in public*** 句 人前で
970 □ **hatred*** [héɪtrɪd]	名 **憎悪** ★ hate の名詞形
971 □ **insult*** 名 [ínsʌlt] 動 [ɪnsʌ́lt]	名 **侮辱** 他 ～を**侮辱する** ▶ He was arrested for **insulting** a police officer. 「彼は警官を**侮辱した**として逮捕された。」 □ **arrest*** [ərést] 他 ～を逮捕する → **p.279**
972 □ **humiliate** [hjuːmílieɪt]	他 ～に**屈辱を与える，恥をかかせる** ★ humil（低い）から；humble「謙遜した」と同語源 ▶ a **humiliating** experience「**屈辱的な**経験」
973 □ **curse*** [kə́ːrs]	名 **呪い，ののしり** 他 ～を**呪う，ののしる** ▶ He **cursed** his bad luck. 「彼は自分の不運を**ののしった**。」

Check!
- I'm (1. disgusting / 2. disgusted) with his behavior. 2.
- The smell in this room is (1. disgusting / 2. disgusted). 1.

●相手に不快なことをされた場合，黙って「耐える」(endure, put up with) のは体に良くありません。また，自分の要求を突きつけるだけでなく，ある程度の「妥協」(compromise) をすることも時には必要でしょう。

耐える・妥協

974 □ endure*
[endjʊ́ər]

他 ～に**耐える，我慢する** (= bear, put up with, stand)
自 **持ちこたえる，持続する**
★en-（中に）＋ dure （持続する）→「持ちこたえて耐える」
▶ The patient had to **endure** the pain until the doctor arrived.
「患者は医者が到着するまで痛みに**耐え**なくてはならなかった。」

□ endurance*
[endjʊ́ərəns]

名 **耐久，辛抱**

975 □ durable
[djʊ́rəbl]

形 **耐久性のある**
★dur（持続する）＋ -able 〈可能〉

□ duration*
[djʊréɪʃn]

名 **持続，期間**
★dur（持続する）＋ -ation 〈名詞化〉

976 □ put up with**

句 ～に**耐える，我慢する** (= bear, endure, stand)
▶ During my flight, I had to **put up with** endless snoring from the man seated next to me.
「飛行中，私は隣席の男の絶え間ないいびきに**耐え**なくてはならなかった。」
□ snore [snɔ́ːr] 自 いびきをかく → p.527

977 □ compromise*
[kɑ́mprəmaɪz]

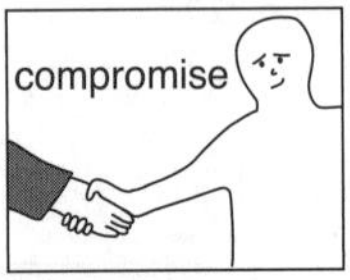

名 **妥協，譲歩** 自 **妥協する，折り合う**
★com-（共に）＋ promise （約束）→「共に約束し合って譲り合う」
▶ You must **compromise** and give up some of your own demands in order to work in a group.
「集団の中で働くには，**妥協して**自分の要求を諦めなくてはならない。」

Check! ● put up with **の類義語は？（3 つ）** bear / endure / stand

●一方，他人の功績に対しては，率直に「賞賛」(praise) したり，正当な「報酬」(reward) を与え，「祝福する」(congratulate) べきでしょう。ただし，賛辞が行きすぎて「おだて」(flatter) になると，今度は周囲の反感を買ったり，相手を「甘やかす」(spoil) 結果になります。

賞賛・お世辞・祝福

978 □ **praise**⁑ [préɪz]

名 **賞賛** 他 ～を（…のことで）**ほめる** (for ...)

◆ **praise A for B**「**AをBのことでほめる**」

▶ The mother spoiled her son by **praising** him too much.

「母親は息子を**ほめ**すぎて甘やかした。」

979 □ **award**⁑ [əwɔ́ːrd]

名 **賞** 他 ～に**賞を与える**

◆ **award O_1 O_2 = award O_2 to O_1**「**O_1 に O_2 を授与する**」

▶ Hideki Yukawa was **awarded** the Nobel Prize in Physics in 1949.

「湯川秀樹は1949年にノーベル物理学賞を**与えられた**。」

□ **physics**⁑ [fízɪks] 名 物理学 → **p.381**

980 □ **reward**⁑ [rɪwɔ́ːrd]

名 **報酬** 他 ～に**報いる**

▶ a **rewarding** job「**やりがいのある仕事**」

981 □ **compliment*** 名 [kɑ́mpləmənt] 動 [kɑ́mpləment]

名 **ほめ言葉，賛辞** 他 ～を**ほめる**

★ complete「～を完全にする」と同語源；「相手の心を満たす」

▶ I take it as a **compliment** when people tell me I look older than I am.

「実際より年上に見えると人から言われるとき，私はそれを**ほめ言葉**と解釈している。」

982 □ **flatter*** [flǽtər]

他 ～を**おだてる，得意がらせる**

▶ I was **flattered** to hear the compliment.

「お世辞を聞いて私は**得意気**になった。」

□ **flattery** [flǽtəri]

名 **お世辞**

983 □ **spoil*** [spɔ́ɪl]

他 ～を**甘やかす，台無しにする**

▶ The father **spoiled** his only daughter by giving her everything she asked for.

「父親は娘が欲しがる物を何でも与えて**甘やかした**。」

984 □ **congratulate**⁑ [kəngrǽtʃəleɪt]

他 ～を（…のことで）**祝う，にお祝いを述べる** (on ...)

★ celebrate（→ **p.317**）が〈日・出来事〉を目的語にするのに対し，congratulate は〈人〉を目的語にする

◆ **congratulate A on B**「**BのことでAにお祝いを述べる**」

▶ We **congratulated** him on winning the first prize in the contest.

「我々はコンテストで優勝したことで彼に**おめでとうを言った。**」

□ **congratulation**⁑ [kəngrætʃəléɪʃn]
名 **祝辞，祝賀**
▶ **Congratulations!**「おめでとう！」

Check! ● I congratulate you (　) your recent wedding.　on

●他人の親切な行為に対しては「感謝し」(grateful, appreciate),「感謝の意」(gratitude)を表明します。appreciate には①②③の訳語がありますが，いずれも「正しく評価する」という意味に関連づけて覚えてください。

感謝

985 □ **grateful*** [gréɪtfl]
形 (～に) (…を) **感謝している** (to ～) (for …)，**ありがたく思う**
◆ **be grateful to A for B**「A（人）に B を感謝している」
▶ I'm **grateful** to my mother for bringing me up.
「私を育ててくれたことで母に**感謝している。**」

986 □ **appreciate**⁑ [əpríːʃieɪt]
他 ①～を**正しく評価する** ②～を**感謝する** ③～を**鑑賞する**
★「相手の行為を正しく評価する」→「感謝する」;「作品を正しく評価する」→「鑑賞する」
◆ **I would appreciate it if you could …**「…していただけたらありがたいのですが」
▶ **I really appreciate it.**「本当に感謝します。」
▶ I would **appreciate** it if you could respond to this letter as soon as possible.
「できるだけ早くこの手紙に返事をいただけたら**ありがたいです。**」
▶ The art student frequented museums and **appreciated** works of masters.
「美術の学生は美術館に頻繁に通って，巨匠達の作品を**鑑賞した。**」

□ **appreciation**⁑ [əpriːʃiéɪʃn]
名 ①**評価** ②**感謝** ③**鑑賞**

987 □ **gratitude*** [grǽtətuːd]
名 **感謝** (= thanks)
◆ **express one's gratitude to A**「A に感謝の意を表明する」

Check!
● I'm grateful (1. to / 2. for) my mother (1. to / 2. for) bringing me up.　1. / 2.
● I would appreciate (　) if you could . . .　it

●優れた人物・行為に対しては，「感心」し（admire, admiration），「尊敬」（esteem），さらには「敬愛」の念を抱きます（adore）。esteem という単語は，しばしば self-esteem「自尊心」という形で用いられます。特に教育においては，子供に self-esteem を養わせることが非常に重要だとされています。そして「自尊心」が発達すれば，それはやがて「威厳」（dignity）へと繋がっていきます。

感心・敬愛

988 □ **admire**⁑
[ədmáɪər]

他 ～に**感心する**，を**賞賛する**
★「スゴい！」と思うこと
▶ I could not help **admiring** Jack's ability to deal with difficult situations.
「難しい状況に対処するジャックの能力には**感心**せずにはいられなかった。」

□ **admiration**⁑
[ædməréɪʃn]

名 **感心，賞賛**

□ **admirable***
[ǽdmərəbl]

形 **見事な，賞賛に値する**
★アクセント注意

989 □ **esteem***
[ɪstíːm]

他 ～を**尊敬する，尊重する** (= respect) 名 **尊敬，尊重**
◆ **self-esteem「自尊心，自己評価」**
▶ The feeling of being an essential part of a group builds your **self-esteem**.
「集団の中の重要な一員であるという感情が，**自尊心**を養う。」

990 □ **adore**
[ədɔ́ːr]

他 ～を**崇拝する，敬愛する**
▶ Mrs. Prescott is a teacher we all **adore**.
「プレスコット先生は我々が皆**敬愛している**先生だ。」

991 □ **dignity**
[dígnəti]

名 **威厳**
▶ The old man couldn't walk on his own any more, but he never lost his **dignity**.
「その老人はもはや1人で歩くこともできなかったが，決して**威厳**を失わなかった。」

□ **dignify***
[dígnəfaɪ]

他 ～に**威厳を持たせる**

Check!	● self-esteem **とは？**	自尊心

●１人では無力な人間も，「協力する」（cooperate）ことによって，個々の能力以上の結果を得る可能性を秘めています。しかし，世の中は「忠実な」（loyal）人間ばかりではありません。協力者だと思っていた人があなたを「裏切る」（betray）こともありえるのです。

協力・裏切り

992 □ **cooperate**⁑ [kouápəreɪt]

自（～に）**協力する** (with ～)

★ co-（共に）＋ operate（働く）

◆ **cooperate with A**「A に協力する」

▶ Parents should **cooperate** with teachers for the overall development of students.

「子供の総合的な発育のために，親は教師と**協力**すべきだ。」

□ **cooperation**⁑ [kouɑpəréɪʃn]

名 **協力**

□ **cooperative** [kouáprətɪv]

形 **協力的な，協同の**

993 □ **loyal*** [lɔ́ɪəl]

形 **忠実な** (= faithful)

▶ Dogs are great as pets because they are **loyal**.

「犬は**忠実な**のでペットとしてすばらしい。」

□ **loyalty*** [lɔ́ɪəlti]

名 **忠誠**

994 □ **betray*** [bɪtréɪ]

他 ①～を**裏切る** ②～（秘密・欠点など）を**漏らす，暴露する** (= reveal)

▶ The researcher **betrayed** his company by leaking confidential information to a rival company.

「研究者は極秘情報を敵の会社に漏らすことで，自分の会社を**裏切った**。」

□ **leak*** [líːk] 他 ～を漏らす → **p.50**

□ **confidential** [kɑnfɪdénʃl] 形 極秘の → **p.393**

□ **betrayal** [bɪtréɪəl]

名 **裏切り，暴露**

Check! ● loyal / betray **の名詞形は？** loyalty / betrayal

●あなたのクラス中を見回してみましょう。人をからかったり（make fun of），「いじめ」たり（tease, bully）して，絶えず他人を「悩まして」（bother）いるような人がいるでしょう。そのような人は「迷惑な人」（nuisance）と呼ばれます。学校における「いじめ」（bullying）は日本のみならず，海外においても深刻な問題となっています。

いじめ・迷惑

995 □ **make fun of**⁑

句 ～を**からかう** (= make a fool of)

▶ Everyone in the class **made fun of** the girl's hairstyle, but she didn't seem to care.

「クラスの皆が少女の髪型を**からかった**が，彼女は気にしていないようだった。」

996 □ **tease*** [tíːz]

他 ～を**いじめる，からかう**

▶ My husband always **teases** me about being fat.
「私の夫は，太っているといっていつも私を**いじめる**。」

997 □ **bully*** [búli]

他 ～を**いじめる** 名 **いじめっ子**

▶ The school board discussed the problem of **bullying**.
「教育委員会は**いじめ**の問題を話し合った。」

□ **the school board** 句 教育委員会 → **p.171**

998 □ **bother**** [báðər]

他 ～を**悩ます，**に**迷惑をかける**

▶ I'm sorry to **bother** you, but could you tell me where the nearest post office is?
「**ご迷惑をおかけ**しますが，一番近い郵便局を教えていただけませんか？」

999 □ **nuisance** [njúːsəns]

名 **迷惑行為，迷惑な人**

▶ What a **nuisance** he is!
「彼はなんて**迷惑な奴**なんだ！」

Check! ● I was made fun ( ) by my sister. of

Review Test

● **Same or Opposite?**

□1	intimate	hostile	Opposite
□2	hospitality	welcome	Same
□3	sympathy	pity	Same
□4	jealous	envious	Same
□5	contempt	esteem	Opposite
□6	scorn	despise	Same
□7	insult	praise	Opposite
□8	hatred	love	Opposite
□9	endure	give up	Opposite
□10	betrayal	loyalty	Opposite

● **Yes or No?**

☐11 If you are **sociable**, you avoid talking with others. ········ No
☐12 In order to **socialize**, you need to stay indoors. ········ No
☐13 One form of **communication** is talking. ········ Yes
☐14 **Acquaintances** are famous people. ········ No
☐15 **Hostility** is felt toward those you respect. ········ No

☐16 When you **sympathize**, do you feel sorry? ········ Yes
☐17 **Envy** is felt toward those you believe to be inferior. ········ No
☐18 Will you feel **contempt** toward those you love? ········ No
☐19 If you **despise** someone, you dislike him. ········ Yes
☐20 If you are **scornful** of something, then you admire it. ········ No

☐21 Skunks emit **disgusting** smells. ········ Yes
☐22 A **reward** is given as a penalty. ········ No
☐23 You **flatter** someone when you want to make him or her feel unpleasant. ········ No
☐24 You **congratulate** those who recently have lost a loved one. ········ No
☐25 You would be **grateful** to those you do not want to thank. ········ No

☐26 **Gratitude** is felt toward things you appreciate. ········ Yes
☐27 **Cooperation** calls for solitary work. ········ No
☐28 In **betraying**, you strengthen the trust you have with others. ········ No
☐29 You **tease** someone you greatly admire and respect. ········ No
☐30 A **nuisance** is welcomed by everyone. ········ No

● **Multiple Choices**

☐31 My father was known to be ( ), but at home he was never talkative.
a. sociable **b.** society **c.** socialize ········ a.
☐32 In a foreign country I was unable to ( ) my feelings smoothly.
a. provide **b.** acquaintance **c.** communicate ········ c.
☐33 I was surprised to hear that he was acquainted ( ) the president.
a. to **b.** with **c.** of ········ b.
☐34 She is my ( ) friend.
a. hostile **b.** intimate **c.** social ········ b.
☐35 The speaker faced a ( ) crowd that hated his controversial ideas.
a. intimate **b.** sympathetic **c.** hostile ········ c.

☐36 I sympathize ( ) his idea, but it is hard to convince others.
a. to **b.** with **c.** of ········ b.
☐37 What a ( )!
a. jealous **b.** envy **c.** pity ········ c.

□38 The man looked down ( ) blue collar workers.
a. to **b.** on **c.** of ········· b.

□39 The smell of the room was ( ).
a. disgusted **b.** disgusting **c.** insulting ········· b.

□40 She could not ( ) another minute with her father.
a. endure **b.** insult **c.** arrest ········· a.

□41 The student received lots of ( ) for his project.
a. endurance **b.** praise **c.** flatter ········· b.

□42 In order to reach an agreement, we will have to ( ).
a. appreciate **b.** compromise **c.** congratulate ········· b.

□43 The only child was ( ) by her parents and grandparents.
a. spoiled **b.** cooperated **c.** awarded ········· a.

□44 The locals were told to ( ) with the local police to solve the case.
a. depend **b.** betray **c.** cooperate ········· c.

□45 My dog is ( ) to the person who gives him food.
a. confidential **b.** loyal **c.** deceptive ········· b.

□46 The student hated school because she was being ( ).
a. bullied **b.** influenced **c.** obeyed ········· a.

□47 I'm sorry to ( ) you, but could you do me a favor?
a. flatter **b.** insult **c.** bother ········· c.

□48 He was being such a ( ).
a. sympathy **b.** nuisance **c.** mercy ········· b.

解説・和訳

11 sociable 「社交的な」／17 「自分より下だと思う人間に対してねたみを感じる。」／21 「スカンクは不快な臭いを発する。」／27 「協力には，孤独な作業が必要だ。」／28 「裏切ると，他人との信頼が強まる。」／35 「演説者は，物議を醸す彼の見解を嫌う敵意に満ちた群衆を目の前にしていた。」／38 look down on A = despise A 「A を軽蔑する」／40 「彼女は父親とそれ以上一緒にいることに耐えられなかった。」／43 「その 1 人っ子は両親や祖父母に甘やかされた。」／44 「その事件を解決するために，地元民は地元の警察と協力するように言われた。」

日付： 年 月 日	得点： ／48
39 点以上→SECTION #26 へ	39 点未満→もう一度復習

SECTION #26 「価値・基準・選択・出来事・参加」

●物の「値打ち・価値」は value で表されます。派生語の invaluable の意味に注意してください。「価値がある」という意味の単語としては，worth / worthy / worthwhile / deserve がありますが，使い方はやや煩雑です。worth は前置詞として用いられますが，一方の deserve は動詞であることに注意してください。下の「この記事は読む価値がある」という例文で，各々の用法を確認しましょう。

This article	is	worth	reading.
This article	is	worthy of	being read.
It is		worthwhile	reading this article.
			to read this article.
This article		deserves	reading.

価値

1000 □ **value**⁑
[vǽljuː]

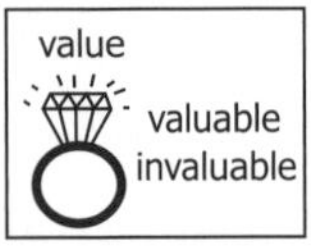

名 **価値；価値観** 他 **～を重んじる**
★ 複数形（values）では主に「価値観」の意
▶ people with different **values** and opinions
「様々な**価値観**や意見を持った人々」
▶ Leisure and recreation are highly **valued** in the economically advanced countries.
「経済的に発展した国々では余暇と娯楽が**重視されている**。」
□ **leisure**⁑ [líːʒər] 名 余暇 → **p.554**

□ **valuable**⁑
[vǽljuəbl]
形 **貴重な，価値のある**

□ **invaluable**
[ɪnvǽljuəbl]
形 **計り知れない**（ほど貴重な）
★ in-〈否定〉＋ value（価値）＋ -able〈可能〉→「価値を計ることができない」；valueless「価値のない」と混同しないこと

1001 □ **worth**⁑
[wɔ́ːrθ]
前 **～の価値のある** 名 **価値**
◆ **be worth A [*doing*]**「A の［～する］価値がある」
▶ This article is **worth** reading.
「この記事は読む**価値がある**。」

□ **worthy**＊
[wɔ́ːrði]
形（～の）**価値のある** (of ～)
◆ **be worthy of A**「A の価値がある」
▶ This article is **worthy** of being read.
「この記事は読む**価値がある**。」

□ **worthwhile**＊
[wəːrθwáɪl]
形 **価値のある**
◆ **it is worthwhile *doing* [to *do*]**「～する価値がある」

▶ It is **worthwhile** reading [to read] this article.
「この記事は読む**価値がある**。」

1002 □ **deserve**⁑
[dɪzə́ːrv]

他 ～に**値する**
★ 否定・肯定両方のニュアンスで用いられる（下の2つの例文を参照）
◆ **deserve A [*doing*]**「Aに［～するに］値する」
▶ This article **deserves** reading.
「この記事は読む**価値がある**。」
▶ You **deserve** the punishment.
「君は罰を**受けて当然だ**。」

Check!	
● invaluable **の意味は？：1. 価値のない / 2. 価値のある**	2.
● This photo is worth (1. looking / 2. looking at / 3. being looked at).	2.

●「価値がある」(valuable, worth) ものは,「大事にする」(cherish, treasure) 必要があります。cherish や treasure は, 具体的な「物」だけでなく, 抽象的な「思想」「思い出」なども目的語にとることができます。

大事にする

1003 □ **cherish***
[tʃérɪʃ]

他 ～を**大事にする** (= treasure, value)
▶ Americans **cherish** freedom, while Japanese value harmony.
「アメリカ人は自由を**大事にする**。一方で日本人は調和を重んじる。」

1004 □ **treasure**⁑
[tréʒər]

他 ～を**大事にする** (= cherish, value) 名 **宝**
▶ Every single day I spent with my wife is my most **treasured** memory.
「妻と過ごした1日1日が私の最も**大切な**思い出だ。」

Check!	
● cherish a memory **とは？**	思い出を大事にする

●物の「価値」(value) を知りたければ, それを「評価・測定・査定する」(evaluate, measure, assess) 必要があります。measure は多義語です。特に②「手段」③「程度」の意味に注意しましょう。

評価・測定

1005 □ **evaluate**⁑
[ɪvǽljueɪt]

他 ～（の良し悪し）を**評価する**
★ e- ＋ value （価値）→「価値を測定する」

▶ You should not **evaluate** people by their appearances.
「人を外見で**評価して**はならない。」

□ **evaluation*** [ɪvæljuéɪʃn]
名 **評価**

1006 □ **measure⁑** [méʒər]
他 ～を**測定する** 名 ①（測定の）**基準** ②**手段** ③**程度**
◆ **take measures**「**手段を講じる**」(= take steps)
◆ **in large [some] measure**「**大部分は［いくぶん］, かなりの［ある］程度まで**」
▶ Success is **measured** by results.
「成功は結果に基づいて**測られる**。」

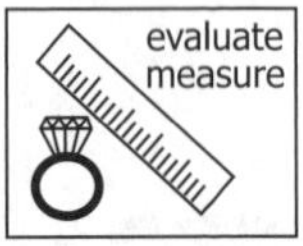

1007 □ **assess⁑** [əsés]
他 ～を**査定する**
▶ The value of the house was **assessed** at $400,000.
「家の価値は40万ドルと**査定された**。」

□ **assessment*** [əsésmənt]
名 **査定**

Check! ● take effective measures **とは？** 効果的な手段を講じる

●評価を下す際には，指標にすべき「基準」が必要となるでしょう。norm は「社会の中で通常とされている行動」を指します。形容詞の normal はお馴染みでしょう。criterion は「判断・評価のための基準」で，複数形は criteria です。また test の「判断基準」という意味に注意してください。

基準

1008 □ **standard⁑** [stǽndərd]
名 **基準，水準，標準**
★ しばしば複数形で用いられる
▶ People in the region struggled to improve their **living standards**.
「その地域の人達は**生活水準**を向上させるために奮闘した。」

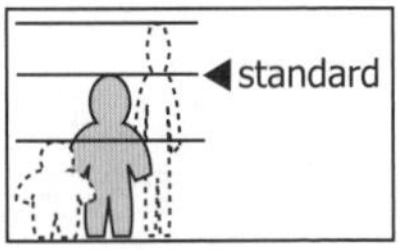

1009 □ **norm*** [nɔ́ːrm]
名 **基準，規範**
★「通常とされている行動」
▶ Hair coloring is becoming the **norm** in Japan.
「日本では髪を染めるのが**標準**となりつつある。」

□ **normal⁑** [nɔ́ːrml]
形 **普通の，標準の**

□ **abnormal*** [æbnɔ́ːrml]
形 **異常な**

1010 □ **criterion*** [kraɪtíəriən]

名（評価・判断のための）**基準，指標**

★ 複数形： criteria （phenomenon – phenomena 「現象」と同じ）

▶ We select our staff members according to very strict **criteria**.

「我々は社員を非常に厳しい**基準**に沿って選んでいる。」

1011 □ **test*** [tést]

名 **①テスト ②判断基準**

★ ②の意味に注意；「判断するもの」→「テスト」

▶ The **test** of a good movie is that you want to see it again and again.

「良い映画の**判断基準**は，それを何度も見たくなるということだ。」

Check!		
	● standard **のアクセント位置は？**	stándard
	● the test of intelligence **とは？**	**知性の判断基準**

●価値を測定したものは，その評価に従って「分類」（classify, sort）されます。 class は元々「分類されたもの」という意味で，そこから「(学校の）クラス」「階級」などの意味が生まれてきます。

分類

1012 □ **class*** [klǽs]

名 **クラス，授業；階級；分類**

▶ **the working class「労働者階級」**

□ **classify*** [klǽsəfaɪ]

他 ～を**分類する**

◆ **classify A into [as] B「A を B に分類する」**

▶ Aristotle **classified** organisms into two groups: plants and animals.

「アリストテレスは生物を植物と動物の 2 種に**分類した。**」

□ **organism*** [ɔ́ːrgənɪzm] 名 生物 → **p.386**

□ **classification*** [klæsəfɪkéɪʃn]

名 **分類**

1013 □ **sort*** [sɔ́ːrt]

名 **種類** (= kind) 他 ～を**分類する**

◆ **a ～ sort of A「～な種類の A」**(= a ～ kind of A)

▶ All the files are **sorted** according to their size.

「全てのファイルはサイズに沿って**分類されている。**」

□ **according to*** [əkɔ́ːrdɪŋ —] 句 ～に沿って → **p.186**

Check!		
	● the ruling class **とは？**	支配階級

●物事を決定する上では，いくつかの「選択肢」(alternative, option) から選ばなくてはならないこともあるでしょう。alter「変える」という動詞から，alternate「交代する，交互の」という形容詞が生まれ，alternative「選択肢」という名詞に派生します。alternative の類義語 option と，同じ opt（選ぶ）という語根を持つ adopt を覚えましょう。

選択肢

1014 □ **alter**⁑ [ɔ́ːltər]

他 ～を**変える** (= change)

▶ This potato is **genetically altered**.
「このジャガイモは**遺伝子組み換えされている**。」

□ **genetically*** [dʒənétɪkəli] 副 遺伝学的に → **p.386**

□ **alteration*** [ɔːltəréɪʃn]

名 **変更**

□ **alternate** [ɔ́ːltərnət]

形 **交互の，交代の**

★「交流」の AC は alternating current

1015 □ **alternative**⁑ [ɔːltə́ːrnətɪv]

名（取りうる）**選択肢**，（～の）**代案** (to ～) 形 **代わりの**

◆ **have no alternative but to *do***「**～するより他にない**」(= have no choice but to *do*)

▶ We had no **alternative** but to accept the fact.
「事実を受け入れるより他に**選択肢**はなかった。」

▶ **alternative energy sources**「（石油・ガスに代わる）**代替エネルギー源**」

1016 □ **option**⁑ [ápʃn]

名 **選択肢**

★ opt（選ぶ）→「選びうる選択肢」

▶ I only had two **options**: kill him or get killed myself.
「奴を殺すか，自分が殺されるか，**選択肢**は２つしかなかった。」

1017 □ **adopt**⁑ [ədápt]

他 ①～（政策など）を**採用する** ②～を**養子にする**

★ ad-（～を）+ opt（選ぶ）→「選んで採用する」「養子として選ぶ」; adapt「順応する」と混同しないこと

▶ Our company has decided to **adopt** a four-day work week.
「我が社は週休３日制を**採用する**ことに決定した。」

▶ The couple **adopted** an orphan.
「その夫婦は孤児を**養子にした**。」

□ **orphan**⁑ [ɔ́ːrfn] 名 孤児

□ **adoption*** [ədápʃn]

名 ①**採用** ②**養子縁組**

Check!	
● alternative のアクセント位置は？	altérnative
●［語源］ opt の意味は？	選ぶ

●選択肢を検討したら，今度は「決定」します（decide, determine）。determine は decide と同義で使われる動詞ですが，特に be determined to *do* という形では「固い決意」を表します。また resolve には「決意」と「解決」の2つの意味があります。

決定

1018 □ **decide**⁑ [dɪsáɪd]
他 ～を**決定する**
◆ **decide on A**「A に決める」

□ **decision**⁑ [dɪsíʒən]
名 **決定**
◆ **make a decision**「決定する」

□ **decisive*** [dɪsáɪsɪv]
形 **決定的な，断固たる**
▶ Language plays a **decisive** role in the formation of thought.
「言語は思考の形成に**決定的な**役割を果たす。」

1019 □ **determine**⁑ [dɪtə́ːrmɪn]
他 ～を**決定する**（= decide）
★ term（境界・限界）→「境界・限界を定める」

□ **determined**⁑ [dɪtə́ːrmɪnd]
形（～しようと固く）**決意している**（to *do*）
◆ **be determined to *do***「～しようと固く決意している」
▶ Susan was **determined** to break up with Paul, and nothing could change her mind.
「スーザンはポールと別れる**決意をしていて**，彼女の決意を変えることはできなかった。」
□ **break up with**⁑　句 ～と別れる

□ **determination*** [dɪtəːrmənéɪʃn]
名 **決定，決意**

1020 □ **resolve**⁑ [rɪzálv]
他 ①～を**決意する**（= make up one's mind）②～を**解決する**（= settle）
◆ **resolve to *do***「～しようと決意する」
▶ Many people **resolve** to quit smoking on New Year's Day, but only a few succeed.
「元旦には多くの人が禁煙する**決意をする**が，成功する人は少ない。」
▶ I strongly hope that this conflict will be **resolved** soon.
「この闘争が早く**解決される**ことを強く願う。」
□ **New Year's Day**⁑　句 元日，元旦

□ **conflict**⁑ [kɑ́nflɪkt] 名 闘争 → **p.181**

□ **resolution*** [rezəlúːʃn]
名 **①決意 ②解決**
▶ **New Year's resolution「新年の決意」**

Check!		
	● decide の名詞形は？	decision
	● resolve の名詞形は？	resolution

●「事件」「出来事」を表す単語は数多くあります。まず event は「重要な出来事」という意味を含みます。歴史的な事件も，またクリスマスも， event の１つと言えるでしょう。 incident は event よりも小さな，付随的な出来事を指します。 accident は交通事故などを指しますが，「偶然」というニュアンスが含まれることに注意してください。 affair は「人々が関心を持つ出来事」の意ですが， have an affair で「浮気をする」の意にもなります。

出来事

1021 □ **event**⁑ [ɪvént]
名 (重要な) **出来事，事件**
▶ a historic **event**「歴史的な**事件**」

1022 □ **incident**⁑ [ínsɪdənt]
名 (付随する) **出来事，事件**
▶ We didn't want to report the **incident** to the police, but there was no alternative.
「その**出来事**を警察に通報したくはなかったが，選択の余地はなかった。」

□ **incidental** [ɪnsɪdéntl]
形 **付随する**

1023 □ **accident**⁑ [ǽksɪdənt]
名 (偶然の) **事故，事件；偶然**
◆ **by accident「偶然に」** (= accidentally, by chance)
▶ **a traffic accident「交通事故」**

□ **accidentally*** [æksɪdéntəli]
副 **偶然に** (= by accident [chance])
▶ The boy **accidentally** witnessed his mother's murder.
「少年は母親が殺害されるのを**偶然に**目撃した。」

1024 □ **affair**⁑ [əféər]
名 **出来事，事件；関心事；情事**
▶ **the Watergate Affair「ウォーターゲート事件」**
▶ **foreign affairs「外交問題」**

Check!		
	● event のアクセント位置は？	evént
	● accidentally = (　) accident	by
	● My husband is having an affair. 「夫は (　) をしている。」	浮気

●「事件・出来事」が「起こる」という場合には happen を使うのが一般的ですが，他にも occur などがあります。take place は通例「予定されていたことが起こる」という場合に用いられます。〈人〉ではなく〈出来事〉が主語になることに注意してください。

起こる

1025 □ **occur**⁑ [əkə́ːr]

自 **起こる** (= happen) ；(〜に) **思い浮かぶ** (to 〜)

★ 動詞変化： occur – occurred, occurring

◆ **it occurs to A that ...**「**A に…ということが思い浮かぶ**」

▶ The explosion **occurred** at midnight.
「爆発は真夜中に**起こった**。」

▶ It never **occurred** to me that she was lying.
「彼女が嘘をついているなんて**思いも**しなかった。」

□ **occurrence**＊ [əkə́ːrəns]

名 **出来事**

1026 □ **take place**⁑

句 (予定されていたことが) **起こる，行われる**

★ 受動態にしないこと

▶ Nobody came to the party since it **took place** on April Fool's Day.
「エイプリルフールに**行われた**ので，誰もそのパーティーに来なかった。」

Check!	● The event (1. took place / 2. was taken place).	1.

●事件や出来事が起きる場合には，それを取り巻く「状況」(situation，condition，circumstance) が存在します。この3つの単語はいずれも前に in / under を置いて用いることが可能です。condition は「状況」「条件」の2つに分けて覚えましょう。

状況・環境

1027 □ **situation**⁑ [sɪtʃuéɪʃn]

名 (物・人が置かれている) **状況**

▶ John liked Cindy, but she fell in love with John's best friend, which made the **situation** complicated.
「ジョンはシンディが好きだったが，彼女はジョンの親友に恋し，**状況**を複雑にした。」

1028 □ **condition**⁑ [kəndíʃn]

名 **①状況，体調 ②条件** 他 〜を**条件付ける，制約する**

★②「条件」の訳語に注意；「状況」の意では in，under，「条件」の意では on を用いる

◆ **in [under] 〜 condition**「**〜の状況（下）で**」

◆ **on condition that ...**「**…という条件で**」

▶ The tennis player is in his **best condition** today.

「テニス選手は今日は**絶好調**だ。」

▶ the **condition** of employment
「雇用の**条件**」

▶ I'll let you use my car **on condition that** you will return it tomorrow.
「明日返してくれる**という条件で**車を使わせてあげよう。」

1029 □ **circumstance** [sə́ːrkəmstæns]

名 **状況，環境**

★circum-（周りに）＋ stance （立つ）→「周囲の状況」；複数形で用いられることが多い

◆ **in [under] ~ circumstances**「**～の環境（下）で**」

◆ **under no circumstances**「**どんなことがあっても…ない**」

▶ Nancy Meyers was brought up in affluent **circumstances**.
「ナンシー・マイヤーズは裕福な**環境**で育った。」

▶ **Under no circumstances** are you allowed to go out.
「**絶対に**外出してはなら**ない**。」

□ **affluent** [ǽfluənt] 形 裕福な →**p.293**

Check! ● 名詞 condition の 2 つの意味は？ 状況／条件

●「事件」や「出来事」に対しては，傍観者としてではなく，実際に「参加する」(participate, take part) ことも選択肢として考えられるでしょう。「関与・従事」に関する involve / engage / indulge / devote を覚えてください。 involve には「伴う」「もたらす」「必要とする」など，様々な訳語があてられますが，「何かを必然的に含む・関与させる」という 1 つの意味に結びつけて考えましょう。 engage / indulge には他動詞として be engaged [indulged] in ~ という形と， engage [indulge] in ~ という自動詞としての用法があります。

参加・従事

1030 □ **participate** [pɑːrtísəpeɪt]

自 (～に) **参加する** (in ~)

◆ **participate in A**「**A に参加する**」(= take part in A)

▶ ↓

1031 □ **take part**

句 (～に) **参加する** (in ~) (= participate)

◆ **take part in A**「**A に参加する**」(= participate in A)

▶ More than 2,000 people **participated [took part]** in the marathon race.
「2000 人以上がマラソンに**参加した**。」

1032 □ **involve** [ɪnválv]

他 ～を（必然的に）**含む，関与させる，巻き込む，伴う，必要とする，もたらす**

★in-（中に）＋ volve （巻く，回転する）→「巻き込む」;「必然的に含む・関与させる」→「(労力など）を伴う・必要とする」;「(結果）をもたらす」

◆ **be involved in A**「Aに関与している」

▶ Kelly is **involved** in activities outside of school.
「ケリーは学外の様々な活動に**関与している**。」

▶ Developing software **involves** a lot of brain work.
「ソフトウェアの開発は多くの頭脳労働を**伴う（必要とする）**。」

□ **involvement*** [ɪnválvmənt]
名 **関与**

1033 □ **entail*** [entéɪl]
他 ～を**伴う，必要とする** (= involve) ；を**含意する**
★involve に近い意味を持つ
▶ This job **entails** certain risks.
「この仕事にはある種の危険が**伴う**。」

1034 □ **engage**** [engéɪdʒ]
他 ～を**従事させる** 自（～に）**従事する** (in ～)
◆ **be engaged [engage] in A**「Aに従事している」
▶ The scientist is **engaged** in research on biotechnology.
「科学者はバイオテクノロジーの研究に**従事している**。」

□ **engagement**** [engéɪdʒmənt]
名 **約束，婚約；関与**
▶ I'm sorry, but I have a **previous engagement** on that day.
「すみません，その日は**先約**があります。」

1035 □ **indulge*** [ɪndʌ́ldʒ]
他 ～を**没頭させる，甘やかす**
自（～に）**没頭する，耽る** (in ～)
★通例「良くない事に没頭する」の意
◆ **be indulged [indulge] in A**「Aに没頭している」
▶ After winning the championship, the boxer **indulged** in alcohol and women.
「チャンピオンになってから，ボクサーは酒と女に**耽った**。」

□ **indulgence** [ɪndʌ́ldʒəns]
名 **道楽，耽溺**

1036 □ **devote**** [dɪvóʊt]
他 ～（金・時間・労力）を（…に）**捧げる，割く** (to ...)
◆ **devote A to B [*do*ing]**「AをB［～すること］に捧げる」
◆ **devote oneself to A**「Aに専念する」
▶ She **devoted** her life to bringing up her six children.
「彼女は6人の子供を育てるのに生涯を**捧げた**。」
▶ The student **devoted** himself to his studies.
「学生は勉学に**専念した**。」

□ **devotion** [dɪvóʊʃn] | 名 **献身**

Check!
● a previous engagement とは？ — 先約
● She devoted herself to (1. read / 2. reading). — 2.

●最後は「行動」に関する語です。 action / active / activity などはいずれも基本単語ですが，全て act 「行動する」からの派生語として覚えましょう。また behave / behavior / attitude も超基本単語です。 behavior が不可算名詞であること，attitude の後に前置詞の toward が置かれることなどを確認してください。

行動

1037 □ **act**⁑ [ǽkt]
自 **行動する** 名 **行動；法令**
▶ the Animal Welfare **Act**「動物福祉法」

□ **action**⁑ [ǽkʃn]
名 **行動**
◆ **take action**「行動を起こす」
▶ Nothing will be gained if you just wait; you must **take action**.
「待っているだけでは何も得られない。**行動に出**なくてはならない。」

□ **active**⁑ [ǽktɪv]
形 **活動的な** (↔ inactive)
▶ Part of your brain is still **active** while you are sleeping.
「眠っている間も脳の一部はまだ**活動している**。」

□ **activist**＊ [ǽktɪvɪst]
名 **活動家**

□ **activity**⁑ [æktívəti]
名 **活動**
▶ **extracurricular activities**「課外活動，部活」

1038 □ **enact** [enǽkt]
他 ～（法律）を**制定する**
★ en- = make ＋ act （法令）→「法令を作る」
▶ I think the U.S. should **enact** laws to restrict gun ownership.
「米国は銃の保有を制限する法律を**制定する**べきだと思う。」

1039 □ **behave**⁑ [bɪhéɪv]
自 **行動する，ふるまう**
◆ **behave oneself**「行儀良くふるまう」
▶ Students are expected to **behave** in a responsible way, both to themselves and to others.
「学生は自分に対しても他人に対しても，責任を持って**行動する**ように。」
▶ **Behave yourself!**「お行儀良くしなさい！」

□ **behavior**⁑
[bɪhéɪvjər]

名 **行動，ふるまい**
▶ strange **behavior**「奇妙な**行動**」
▶ Didn't you notice something unusual in his **behavior**?
「彼の**行動**にいつもと違うところがあるのに気づきませんでしたか？」

1040 □ **conduct**⁑
動 [kəndʌ́kt]
名 [kɑ́ndəkt]

他 ～（研究・実験・業務など）を**行う** 名 **行為**
★ アクセント注意：名前動後
▶ **conduct** experiments [research]「実験［研究］を**行う**」

1041 □ **attitude**⁑
[ǽtɪtjuːd]

名 **態度，考え方**
◆ **attitude toward A**「Aに対する**考え方**」
▶ **Attitudes** toward homosexuality differ greatly between cultures.
「ホモセクシュアリティに対する**考え方**は文化によってかなり異なる。」

Check!
● You must ( ) action.「行動に出ろ。」 take
● behave oneself とは？ 行儀良くする

Review Test

● **Same or Opposite?**

□1	worth	value	Same
□2	invaluable	useless	Opposite
□3	cherish	hate	Opposite
□4	evaluate	assess	Same
□5	norm	standard	Same
□6	classify	categorize	Same
□7	alter	change	Same
□8	option	choice	Same
□9	determined	hesitating	Opposite
□10	resolution	decision	Same
□11	accidental	expected	Opposite
□12	occur	happen	Same
□13	participate	observe	Opposite
□14	involve	entail	Same
□15	active	passive	Opposite

● **Yes or No?**

□**16** A student cheated in exams. Does he **deserve** punishment? ········· Yes
□**17** Living **standards** in most developing nations are very high. ········· No
□**18** The plural form of **criterion** is criteria. ········· Yes
□**19** Wearing shoes inside the house has become the **norm** in Japan. ········· No
□**20** If you have **altered** a plan, it means there is no change in it. ········· No

ヒント plural form 「複数形」

● **Multiple Choices**

□**21** Harmony is especially ( ) in Japanese culture.
a. evaluated **b.** valued **c.** deserved ········· b.

□**22** This book is ( ) of being read.
a. worth **b.** worthy **c.** worthwhile ········· b.

□**23** Since you worked so hard, you ( ) the praise and success.
a. worth **b.** deserve **c.** value ········· b.

□**24** Authorities have to take effective ( ) to prevent discrimination.
a. values **b.** measurement **c.** measures ········· c.

□**25** The damage from the earthquake was ( ) at 100 million dollars.
a. valued **b.** assessed **c.** classified ········· b.

□**26** Botanically, tomatoes are ( ) as a fruit.
a. classified **b.** altered **c.** valued ········· a.

□**27** He had ( ) his appearance so much that I couldn't recognize him at first.
a. decided **b.** determined **c.** altered ········· c.

□**28** I had no ( ) but to agree.
a. alteration **b.** alternate **c.** alternative ········· c.

□**29** The government ( ) a radical policy to combat recession.
a. adapted **b.** adopted **c.** decided ········· b.

□**30** My mother was ( ) to carry out the wishes of her dead husband.
a. determined **b.** altered **c.** participated ········· a.

□**31** The conflict between the two countries was ( ) after all.
a. decided **b.** resolved **c.** determined ········· b.

□**32** She was shocked to hear that her husband was having an ( ) with his secretary.
a. event **b.** incident **c.** affair ········· c.

□**33** Suddenly a good idea ( ) to me.
a. occurred **b.** decided **c.** resolved ········· a.

□**34** The World Cup ( ) place every four years.
a. takes **b.** is taken **c.** happens ········· a.

□35 I'll lend you my car on ( ) that you return it in three days.
a. situation b. condition c. circumstances …………………… b.

□36 Under no ( ) are you allowed to go out after 11 o'clock.
a. events b. involvements c. circumstances …………………… c.

□37 She took ( ) in the speech contest.
a. involvement b. engagement c. part ………………………………… c.

□38 My next-door neighbor is rumored to have been ( ) in a crime.
a. involved b. participated c. devoted …………………………… a.

□39 ( ) yourself to your studies!
a. Debate b. Devote c. Determine ………………………… b.

□40 He has recently ( ) in drinking late at night.
a. devoted b. indulged c. involved …………………………… b.

□41 I'm sorry I have a previous ( ) on that day.
a. engagement b. involvement c. indulgence ………………………… a.

□42 The government was compelled to take strong ( ) against the terrorists.
a. situation b. action c. act …………………………………… b.

□43 The student was deeply involved in extracurricular ( ).
a. activities b. acts c. actions ……………………………… a.

□44 The mother scolded her little son because he did not ( ) himself.
a. occur b. indulge c. behave ……………………………… c.

□45 His boss wasn't happy with his negative ( ) toward work.
a. attitude b. behavior c. option ……………………………… a.

解説・和訳

17 living standards 「生活水準」／21 「日本文化では協調が特に重視される。」／24 「当局は差別が起こらないようにするために，効果的な対策を講じるべきだ。」／26 「植物学的には，トマトは果物に分類される。」／29「政府は不況と闘うために急進的な政策を採用した。」／30 「私の母は，死んだ夫の願いを果たそうと決意していた。」／32 have an affair 「浮気をする」／34 take place 「行われる」は受動態にならない／41 previous engagement 「先約」／42 take action 「行動を起こす」／43 extracurricular activity 「課外活動，部活」／44 behave oneself 「行儀良くふるまう」

日付：	年 月 日	得点：	／45
37点以上→SECTION #27へ		37点未満→もう一度復習	

SECTION #27 「政治」

●人が2人以上いればそこには必ず「政治」(politics) が生じると言われています。人間どうし，あるいは集団や国どうしの間で働く力学が politics なのです。そして政治には「主義」(principle) が必要です。政治に限らず，物事の根本になる考え方のことを principle といいます。政治の世界では「主義，信条」，思想や理論の分野では「原理」と訳されることが多いでしょう。

政治・主義

1042 □ **politics**⁑ [pάlətɪks]

名 **政治，政治学**

▶ The low voting rate reflects the people's declining interest in **politics**.

「低い投票率は国民の**政治**に対する興味の低下を反映している。」

□ **vote**⁑ [vóʊt] 自 投票する → **p.361**

□ **political**⁑ [pəlítɪkl]

形 **政治の**

▶ The **political** situation in this country is very unstable.

「この国の**政治**情勢は非常に不安定だ。」

□ **unstable**⁑ [ʌnstéɪbl] 形 不安定な → **p.26**

1043 □ **principle**⁑ [prínsəpl]

名 **主義，原理，信条**

★「根本となる考え方」

▶ the **principle** of democracy「民主主義の**原理**」

▶ A person without any **principles** will not accomplish anything.

「**信条**を持たない者は何事も達成できない。」

Check! ● politics / political **のアクセント位置は？** pólitics / polítical

●政治的な主義には，現体制を維持しようという「保守的な」(conservative) 立場や，「自由主義的」(liberal) 立場 (→ **p.58**)，「改革」(reform) を押し進めていく「進歩的な」(progressive) 立場，そして現状を根本的に変えていこうとする「急進的な」(radical) 立場などがあります。

保守・革新

1044 □ **conserve*** [kənsə́ːrv]

他 ～を**保存する，守る** (= preserve)

▶ **conserve** the environment「環境を**保全する**」

▶ **conserve energy**「**省エネをする**」

□ **conservative*** [kənsə́ːrvətɪv]

形 **保守的な，右翼の**

★ 現状を「保つ (conserve)」→「保守的な」

▶ **the conservative party**「**保守政党**」

▶ a **conservative** way of thinking「**保守的な**考え方」

□ **conservation**⁑ [kɑnsəːrvéɪʃn]
名 **保存，保全**

1045 □ **progress**⁑ 名 [prɑ́gres] 動 [prəgrés]
名 **進歩** 自 **進歩する，前進する**
★不可算名詞；アクセント注意：名前動後
◆ **make (~~a~~) progress**「**進歩する**」
▶ We are not making any **progress** toward the goal.
「我々は目標に向けて全く**進歩**していない。」

□ **progressive*** [prəgrésɪv]
形 **進歩的な**
▶ a **progressive** approach
「**進歩的な**取り組み」

1046 □ **radical*** [rǽdɪkl]
形 **徹底的な，根本的な；急進的な，過激な**
▶ We need a **radical** change in our policy.
「政策の**根本的な**変更が必要だ。」

1047 □ **reform**⁑ [rɪfɔ́ːrm]
名 **改革**
★re-（再び）＋ form （形作る）；「建物の改装」という意味での「リフォーム」は renovation
▶ Radical **reform** is needed to boost the productivity of our company.
「我が社の生産性を高めるには根本的な**改革**が必要だ。」
□ **boost*** [búːst] 他 ～を高める，増進する → **p.73**

保守 ←→			革新
conservative	liberal	progressive	radical
保守的な	自由主義の	進歩的な	急進的な

Check! ● a radical change とは？ 根本的（劇的）な変化

●各国の「政治体制」（regime）には様々なものがあります。現代の多くの国は「民主主義」（democracy）国家です。アメリカ合衆国の2大政党は「民主党」（the Democratic Party）と「共和党」（the Republican Party）です。「共和国」（republic）とは，国民が選んだ代表者と国家元首によって治められる国家です。これに対し国王などの世襲による「君主」（monarch）が統治する政治体制が「君主制」（monarchy）です。 -cracy という接尾辞は「統治」を表します。 cracy – cratic – crat という語尾変化とアクセントの位置に注意してください。

政治体制

1048 □ **regime** [rəʒíːm]

名 **政治体制**

▶ The Tokugawa **regime** lasted for more than 250 years.
「徳川**政治体制**は250年以上続いた。」

1049 □ **democracy**** [dɪmákrəsi]

名 **民主主義**

★ demo（人民の）＋ -cracy（統治）

□ **democratic**** [deməkrǽtɪk]

形 **民主主義的な**

□ **Democrat** [déməkræt]

名（米国の）**民主党員**

1050 □ **republic*** [rɪpʌ́blɪk]

名 **共和国**

▶ **the People's Republic of China**「**中華人民共和国**」

□ **Republican** [rɪpʌ́blɪkn]

名（米国の）**共和党員**

1051 □ **monarchy*** [mánərki]

名 **君主政治**

□ **monarch** [mánərk]

名 **君主**

1052 □ **aristocracy** [ærɪstákrəsi]

名 **貴族階級，貴族社会**

★ aristo（最上の）＋ -cracy（統治）

□ **aristocratic** [ərɪstəkrǽtɪk]

形 **貴族の**

□ **aristocrat** [ərístəkræt]

名 **貴族**

1053 □ **bureaucracy** [bjʊrákrəsi]

名 **官僚，官僚主義**

★ bureau（局）＋ -cracy（統治）

□ **bureaucratic** [bjʊrəkrǽtɪk]

形 **官僚的な，お役所的な**

□ **bureaucrat** [bjʊ́rəkræt]

名 **官僚**

	【主義】		【形容詞】		【人】
民主	demócracy	→	democrátic	→	démocrat
貴族	aristócracy	→	aristocrátic	→	arístocrat
官僚	buréaucracy	→	bureaucrátic	→	búreaucrat

Check! ● democracy / democratic のアクセント位置は？ demócracy / democrátic

●政治体制の基盤となる「イデオロギー」(ideology) には，「共産主義」(communism) や「社会主義」(socialism) など様々あります。用語の正確な意味はともかくとして，ここでは， -ism / -ist という変化形をしっかりと覚えましょう。-ist という形には，「主義者」という意味の他に，形容詞としての用法があることに注意してください。例えば「共産党」は the Communist Party となります。

イデオロギー

1054 □ **ideology*** [aɪdiɑ́lədʒi]
名 **イデオロギー，思想傾向**
★ ideo (観念) ＋ -logy (学問)
▶ Confucianism was the dominant **ideology** in China.
「儒教は中国で主流となる**イデオロギー**だった。」
□ **dominant**⁑ [dɑ́mənənt] 形 主流の → p.246

1055 □ **communism*** [kɑ́mjunɪzm]
名 **共産主義**
□ **communist*** [kɑ́mjunɪst]
名 **共産主義者** 形 **共産主義の**
▶ **the Communist Party**「共産党」

1056 □ **socialism** [sóʊʃəlɪzm]
名 **社会主義**
□ **socialist** [sóʊʃəlɪst]
名 **社会主義者** 形 **社会主義の**

1057 □ **nationalism** [nǽʃənəlɪzm]
名 **国家主義，国粋主義**
★ nation「国家」から
□ **nationalist** [nǽʃənəlɪst]
名 **国家主義者，国粋主義者** 形 **国家（国粋）主義の**
▶ A Chinese government official expressed concern about the recent **nationalist** movement in Japan.
「中国の政府高官は，日本での最近の**国家主義**運動に懸念を表明した。」

共産	commun-	-ism	**主義**
社会	social-	-ist	**主義者／主義の**
国家	national-		
人種	rac-		

1058 □ **patriotism** [péɪtriətɪzm]
名 **愛国主義**
□ **patriotic** [peɪtriɑ́tɪk]
形 **愛国的な**
▶ A lot of young people join the military for **patriotic** reasons.
「多くの若者は**愛国的な**理由から軍隊に入る。」
□ **patriot** [péɪtriət]
名 **愛国主義者**

Check! ● the Communist Party とは？ 共産党

●一般に国を「治める」という場合には govern という動詞を用います。これに対し rule (→ **p.246**) には「専制的に支配する」という意味が含まれます。また王や皇帝がその地位に就いて国を治める場合には reign を用います。君主が不当に権力を行使すると，「専制政治」(tyranny) が生まれます。

統治する

1059 □ **govern**⁑
[gʌ́vərn]

他 ①〜（国など）を**統治する** ②〜を**決定する，左右する**
★②の意味に注意；「決定する」→「支配する」
▶ Our country is **governed** by the will of the people.
「我が国は国民の意思によって**統治されている**。」

□ **government**⁑
[gʌ́vərnmənt]

名 **政府**
★スペル注意： gover<u>n</u>ment
▶ **the Japanese government**「**日本国政府**」

1060 □ **reign***
[réɪn]

名 **統治，治世** 自 **君臨する**
▶ The sovereign **reigns** but does not rule.
「君主は**君臨すれ**ども統治せず。(君主の地位に就いているが，実質的な支配権はない。)」
□ **sovereign** [sάvərən] 名 君主

1061 □ **tyranny**
[tírəni]

名 **専制政治，暴政**
▶ The people fought against the **tyranny** of the king.
「国民は国王の**専制政治**に対して戦った。」

□ **tyrant**
[táɪrənt]

名 **暴君，専制君主**

Check!	● 正しいスペルは？： 1. goverment / 2. government	2.

●次に，政府の機能を個別に見ていきましょう。まず「行政」(administration) です。この administration という語は，政治以外にも，学校や会社の運営全般に使われます。行政は「改革」(reform) や「福祉」(welfare) などのプランを盛り込んだ政府の「政策」(policy) に沿って執り行われます。

行政

1062 □ **administer**
[ədmínɪstər]

他 〜を**管理する，運営する**

□ **administration**⁑
[ədmɪnɪstréɪʃn]

名 **行政，管理，運営**
▶ **the local administration**「**地方行政**」
▶ The first task the new presidential **administration** took on was establishing democracy in the Middle East.

「新しい大統領の**行政**が請け負った最初の仕事は，中東に民主主義を確立することだった。」

1063 □ **policy**⁑
[pɑ́ləsi]

名 **政策，方針**
▶ The school **policy** did not allow male students to have long hair.
「その学校の**方針**は，男子学生に長髪を許可しなかった。」

1064 □ **welfare***
[wélfeər]

名 **福祉；幸福**
▶ Sweden is famous for its **social welfare system**.
「スウェーデンは**社会福祉制度**で有名だ。」

Check!		
	● the welfare state **とは？**	福祉国家
	● welfare **の 2 つの訳語は？**	福祉／幸福

●行政の仕事は各「省庁」（ministry）に分担されます。省庁の名称を全て覚える必要はありませんが，入試問題では国際関係がテーマとして出題されることが多いので，以下の外交関連の単語は覚えておいてください。

省庁・外交

1065 □ **ministry***
[mínəstri]

名 **省庁**
▶ **the Ministry of Foreign Affairs**「外務省」

1066 □ **minister**⁑
[mínəstər]

名 **①大臣 ②牧師**
▶ **Prime Minister**「首相」

1067 □ **diplomat**
[dípləmæt]

名 **外交官**

□ **diplomatic***
[dɪpləmǽtɪk]

形 **外交の**
▶ **diplomatic negotiations**「外交交渉」

□ **diplomacy**
[dɪplóʊməsi]

名 **外交（術）**

1068 □ **embassy**
[émbəsi]

名 **大使館**
▶ **the British Embassy**「英国大使館」

1069 □ **ambassador**
[æmbǽsədər]

名 **大使**
▶ **an American ambassador to Japan**「駐日アメリカ大使」

1070 □ **treaty***
[tríːti]

名 **条約** (= agreement, pact)
▶ The two countries signed a peace **treaty**.

「2つの国は平和**条約**に署名した。」

Check!	● the Ministry of Health, Labour and Welfare **とは？**	**厚生労働省**

●「立法」(legislation) も政府の仕事の１つです。法律を制定するには，通常は「議会」(congress, parliament) で「法案」(bill) が提出され，それが「可決される」(passed) と「法令」(act) になります。「議会」を表す語は国によって異なり，米国では Congress，英国では Parliament，日本では the Diet です。議会に関する以下の単語を覚えましょう。

立法

1071 □ **legislate** [lédʒɪsleɪt]
自 **法律を制定する**
★ leg (法律) から；legal「法律の」(→ **p.283**) と同語源

□ **legislature** [lédʒɪsleɪtʃər]
名 **立法府，議会**

□ **legislation*** [ledʒɪsléɪʃn]
名 **立法**
▶ Strong **legislation** will be needed to protect children from sexual abuse.
「子供を性的虐待から守るための強力な**法の制定**が必要だろう。」
□ **abuse*** [əbjúːs] 名 虐待 → **p.519**

□ **legislative** [lédʒɪsleɪtɪv]
形 **立法の**

1072 □ **congress*** [káŋgres]
名 **国会，議会；会議**
★ 米国の議会は Congress (大文字・無冠詞)

1073 □ **Senate** [sénət]
名 **上院**
▶ The First Lady ran for **the Senate** in New York.
「大統領夫人はニューヨークで**上院**選に出馬した。」
□ **run for*** 句 ～に出馬する，立候補する → **p.362**

□ **Senator** [sénətər]
名 **上院議員**

1074 □ **parliament*** [páːrləmənt]
名 **国会**
★ 英国の国会は Parliament (大文字・無冠詞)

1075 □ **Diet*** [dáɪət]
名 **国会，議会**
★ 日本の国会は the Diet (大文字・定冠詞を付ける)；小文字の diet は「食事」

1076 □ **council***
[káʊnsəl]

名（地方自治体の）**議会；評議会，審議会**
▶ **a student [city] council**「生徒会［市議会］」

1077 □ **federal***
[fédərəl]

形（米国）**連邦の**
★「各州単位ではなく，アメリカ合衆国全体の」
▶ **the Federal Bureau of Investigation**「米連邦捜査局，FBI」

1078 □ **bill**⁑
[bíl]

名 ①**請求書** ②**紙幣** ③**法案**
★ 多義語
▶ **pay a bill**「請求書の支払いをする」
▶ **pass a bill**「法案を可決する」
▶ The State Assembly passed a **bill** that would ban holding and talking on a cell phone while driving.
「州議会は，運転中に携帯電話を手に持って話すことを禁止する**法案**を可決した。」

1079 □ **abolish***
[əbálɪʃ]

他 ～を**廃止する**
★ 制度や法律を廃止すること
▶ I strongly believe that the death penalty should be **abolished**.
「私は死刑制度を**廃止す**べきだと強く考える。」

□ **abolition**
[æbəlíʃn]

名 **廃止**

Check!	● bill の 3 つの意味は？	請求書／紙幣／法案

●民主主義国家では，「選挙」（election）によって議員などの政府の構成人員が選ばれます。一定年齢以上の国民は「投票する」（vote）また「出馬する」（run for）権利を持ちます。

選挙

1080 □ **elect**⁑
[ɪlékt]

他 ～を**選出する**
◆ **elect A (as [to be]) C**「A を C に選出する」
▶ He was **elected** (as) chairperson.「彼は議長に**選出された**。」

□ **election**⁑
[ɪlékʃn]

名 **選挙**

1081 □ **vote**⁑
[vóʊt]

自（～に）**投票する** (for ～) 名 **投票**
◆ **vote for A**「A に投票する」
▶ I'll **vote** for whoever promises to reduce taxes.
「減税を約束する人なら誰にでも**投票する**つもりだ。」

1082 □ **poll*** [póʊl]

名 **投票；世論調査**
▶ **go to the polls**「投票に行く」
▶ **Opinion polls** show that 90% of Japanese regard themselves as middle-class.
「**世論調査**によると，日本人の 90 %が自分を中流階級だとみなしている。」

1083 □ **run for***

句 ～に**出馬する**
▶ **run for** the Senate [presidency]「上院［大統領］選に**出馬する**」

1084 □ **mayor*** [méɪər]

名 **市長**

1085 □ **governor*** [gʌ́vərnər]

名 **知事**

Check!		
	● Who did you vote (　)?	for
	● He ran (　) Parliament.	for

Review Test

● **Same or Opposite?**

□1	**conservative**	**radical**	**Opposite**
□2	**bureaucrat**	**official**	**Same**
□3	**govern**	**rule**	**Same**
□4	**policy**	**plan**	**Same**
□5	**abolish**	**create**	**Opposite**

● **Yes or No?**

□6 One acts upon one's own **principles**. ……… **Yes**
□7 If you are **conservative**, you cherish traditional values. ……… **Yes**
□8 **Progressive** thinking welcomes new ideas. ……… **Yes**
□9 In a **democracy**, people choose members who will govern the country. ……… **Yes**
□10 In a **monarchy**, a president rules the country. ……… **No**

□11 **Ideology** is the study of cultures of the past. ……… **No**
□12 In **communism**, the government controls the production of goods. ……… **Yes**
□13 A **patriot** hates his or her own country. ……… **No**
□14 A **government** is made up of people who are governed. ……… **No**

☐15 Can a president **reign**? ………… No

☐16 Under **tyranny**, wealth would be divided equally among the people. ………… No
☐17 An **administration** changes when a president changes. ………… Yes
☐18 **Welfare** helps people who are in need. ………… Yes
☐19 A **ministry** is a governmental department. ………… Yes
☐20 When you lose your passport in a foreign country, you go to the **embassy**. ………… Yes

☐21 To **legislate** means to make a law. ………… Yes
☐22 A **bill** is needed in proposing a new law. ………… Yes
☐23 A **mayor** is the head of a town or city. ………… Yes
☐24 In Japan, a five-year-old boy has the right to **vote**. ………… No
☐25 A **governor** is the head of a country. ………… No

● **Multiple Choices**

☐26 The student is majoring in ( ).
a. politics **b.** political **c.** progress ………… a.
☐27 The ( ) of democracy is equality among all citizens.
a. principle **b.** communism **c.** socialism ………… a.
☐28 The theme of today's debate is: "How to ( ) the environment."
a. conserve **b.** progress **c.** legislate ………… a.
☐29 Medical science has made remarkable ( ) in the past decade.
a. democracy **b.** progress **c.** ideology ………… b.
☐30 To gain more profit, we need a ( ) change in the management structure.
a. conservative **b.** democratic **c.** radical ………… c.

☐31 The Prime Minister accomplished radical ( ) in the government.
a. conservation **b.** reform **c.** principle ………… b.
☐32 The People's ( ) of China
a. Public **b.** Republic **c.** Democratic ………… b.
☐33 The United States is a ( ) country.
a. communist **b.** anarchist **c.** democratic ………… c.
☐34 The Soviet Union was a ( ) country.
a. communism **b.** communist **c.** racism ………… b.
☐35 The sovereign ( ) but does not rule.
a. rains **b.** reins **c.** reigns ………… c.

☐36 They fought against the ( ) of the dictator.
a. tyrant **b.** tyranny **c.** welfare ………… b.

□37 The Trump ( ) launched a trade war against China.
a. administration b. ministry c. reign ………………………… a.
□38 As the proverb goes, honesty is the best ( ).
a. policy b. democracy c. aristocracy ………………………… a.
□39 Sweden is famous for its generous ( ) system.
a. administer b. tyrant c. welfare ………………………… c.
□40 The ( ) of Foreign Affairs
a. Ministry b. Diplomat c. Embassy ………………………… a.

□41 ( ) negotiations are necessary in maintaining peace.
a. Legislative b. Conservative c. Diplomatic ………………………… c.
□42 The separation of the three powers: executive, ( ) and judicial.
a. congress b. legislative c. authority ………………………… b.
□43 The Diet passed a ( ) to raise the consumption tax up to 10%.
a. council b. bill c. congress ………………………… b.
□44 The First Lady ran ( ) the Senate.
a. to b. after c. for ………………………… c.

ヒント management structure 「経営構造」／ judicial 「司法の」／ consumption tax 「消費税」

解説・和訳

6 「人は自分の信条に基づいて行動する。」／10 monarchy 「君主制」では，国王などの君主が統治する／12 「共産主義では，政府が物品の生産を統制する。」／14 「政府とは，統治されている人たちから成る。」／15 reign 「君臨する」のは，国王や皇帝など／16 「専制政治においては，富は平等に人民に分配される。」／22 bill 「法案」／26 major in A 「A を専攻する」／27 「民主主義の原理は全ての市民の間の平等だ。」／30 radical change 「根本的な変更」／32 「中華人民共和国」／34 communist には「共産主義の」という形容詞の意がある／36 「彼らは独裁者の専制政治に反抗して闘った。」／37 「トランプ政権は中国に対する貿易戦争を始めた。」／38 「ことわざにあるように，正直は最良の策である。」／40 「外務省」／41 diplomatic negotiations 「外交交渉」／42 「行政，立法，司法の三権分立。」／43 「国会は消費税を 10% まで上げる法案を通過させた。」

日付：　　年　月　日	得点：　／44
36 点以上→ SECTION #28 へ	36 点未満→もう一度復習

SECTION #28 「産業」

●このセクションでは農業，広告，メディアなどの「部門」（sector）ごとに「産業」（industry）に関する語を扱います。industry は稀に「勤勉」という意味で用いられることがあり，その派生形が industrious です。industrial / industrious を混同しないように注意してください。

産業

1086 □ **industry**⁑ [índəstri]
名 ①**産業，工業** ②**勤勉**
▶ Tourism is the major **industry** in Hawaii.
「ハワイでは観光が主要な**産業**だ。」

□ **industrial**⁑ [ɪndʌ́striəl]
形 **産業の，工業の**
▶ **the Industrial Revolution**「**産業革命**」

□ **industrious** [ɪndʌ́striəs]
形 **勤勉な** (= diligent, hardworking)
▶ an **industrious** worker「**勤勉な**労働者」

1087 □ **sector*** [séktər]
名（産業・経済の）**部門**
▶ the service [agricultural] **sector**「サービス［農業］**部門**」
▶ the public [private] **sector**「公共［民間］**部門**」

Check! ● industrial / industrious **の意味は？** 産業の／勤勉な

●産業の筆頭に挙げられるのが「農業」（farming, agriculture）です。この agriculture の中には culture という語が含まれていることに注目してください。人類が土を「耕した」（cultivate）ところから「文化」（culture）が生まれたのです。また cultivate / culture に関しては，②の意味にも注意してください。

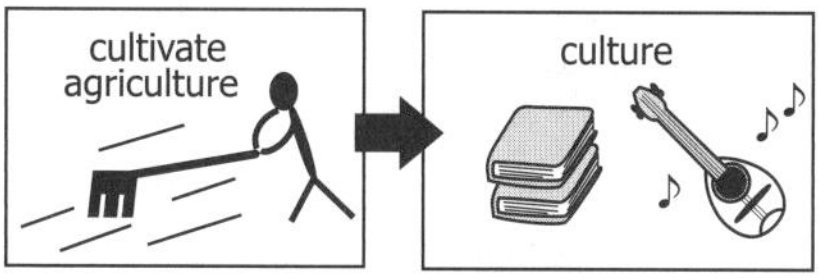

農業・農耕

1088 □ **agriculture**⁑ [ǽgrɪkʌltʃər]
名 **農業** (= farming)
★ agri-（畑）＋ culture （耕作）
▶ The number of people engaged in **agriculture** has been decreasing.
「**農業**に従事する人の数が減少している。」

□ **agricultural**⁑ [ægrɪkʌ́ltʃərəl]
形 **農業の**
▶ **agricultural products**「**農産物**」

1089 □ **cultivate**⁑
[kʌ́ltəveɪt]

他 ①～を**耕す** ②～（才能など）を**磨く・養う**
★②の意味に注意；「心を耕す」→「磨く」
▶ Daily reading **cultivates** the mind.
「日々の読書が精神を**磨く**。」

1090 □ **culture**⁑
[kʌ́ltʃər]

名 ①**文化** ②**教養** ③**栽培**
★②③の意味に注意

□ **cultural**⁑
[kʌ́ltʃərəl]

形 **文化の，文化的な**
▶ **cultural** differences between Asia and Europe
「アジアとヨーロッパの**文化的な**違い」

Check! ●［語源］ culture の語源は？　　cultivate（耕す）

●「衣・食・住」の３要素の中でも，人間の生存に最も深く関わるのが「食」の問題でしょう。人類は農耕を開始してから，最大限の「作物」（crop, harvest）を得られるよう，常に「肥沃な土」（fertile soil）を求め，「肥料」（fertilizer）を開発し，水が十分に得られない地域では「灌漑」（irrigation）施設を整えるなど，創意工夫を凝らしてきたのです。

農業関連・1

1091 □ **crop**⁑
[krɑ́p]

名 **作物，収穫**
▶ The whole town suffered from having **bad crops** due to the flood.
「洪水のため，町全体が**不作**に悩んだ。」

1092 □ **harvest**⁑
[hɑ́ːrvɪst]

名 **収穫，収穫高** 他 ～を**収穫する**
▶ Thanksgiving began as a day to celebrate the **harvest**.
「感謝祭は**収穫**を祝う日として始まった。」

1093 □ **soil**⁑
[sɔ́ɪl]

名 **土，土壌**
▶ ↓

1094 □ **fertile***
[fə́ːrtl]

形 **肥沃な**（↔ infertile, barren）
▶ Without **fertile soil**, the colonists had no desire to continue living on the new land.
「**肥沃な土壌**がなかったので，入植者は新たな土地で生活を続けたいとは思わなかった。」

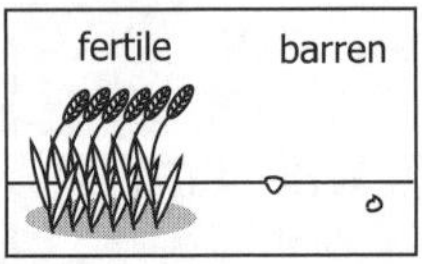

□ **fertility***
[fəːrtíləti]

名 **肥沃，多産**

□ **fertilizer***
[fə́ːrtəlaɪzər]

名 **肥料**
▶ organic **fertilizer**「有機**肥料**」

1095 □ **barren**
[bǽrən]

形 **不毛な**

▶ **barren** land「**不毛の**地」

▶ To involve yourself in a **barren** argument is a waste of time.
「**不毛な**議論に関わるのは時間の無駄だ。」

1096 □ **irrigation**
[ɪrəgéɪʃn]

名 **灌漑**

▶ **the irrigation system**「**灌漑設備**」

Check! ● fertile の対義語は？ barren

●農業の中心となるのは，「米」(rice) や「小麦」(wheat) などの「穀物」(grain) の栽培です。農作業には畑を「耕す」(plow)，「雑草」(weed) を抜く，「種をまく」(sow seeds) などの行為が含まれます。

農業関連・2

1097 □ **grain**⁑
[gréɪn]

名 **穀物**

▶ ↓

1098 □ **wheat**⁑
[hwíːt]

名 **小麦**

▶ **Wheat** is the principal **grain** in North America and Europe.
「北米と欧州では**小麦**が主要な**穀物**だ。」

1099 □ **weed***
[wíːd]

名 **雑草**

▶ **seaweed**「**海草**」

▶ **Weeds** rob crops of vital nutrients.
「**雑草**は作物から生育に必要な栄養素を奪う。」

□ **nutrient*** [núːtriənt] 名 栄養素 → **p.444**

1100 □ **seed**⁑
[síːd]

名 **種**

▶ ↓

1101 □ **sow**
[sóʊ]

他 ～（種）を**まく**

★ 動詞変化： sow – sowed – sown [sowed]

▶ Farmers **sow seeds** in spring.
「農民は春に**種をまく**。」

1102 □ **plow**
[pláʊ]

名 **犂**（すき） 他 ～を**耕す**

★ イギリス式は plough

▶ **plow** the field「畑を**耕す**」

1103 □ **peasant**
[péznt]

名 **小作農，農夫**

▶ Most of the population in 18th-century Japan were **peasants**.
「18 世紀の日本の人口の大半は**農民**だった。」

Check! ● sow の動詞変化は？ sow – sowed – sown [sowed]

●農業の中には「畜産」も含まれます。「牧場」(ranch) での主な仕事は，「家畜」(livestock) に「エサを与え」(feed) たり「繁殖させ」(breed) たりすることです。「牛」を表す語は cow / bull / ox / calf など様々なものがありますが，家畜用の牛を総称して cattle といいます。 a herd of cattle 「牛の群れ」というフレーズを覚えてください。

農業関連・3

1104 □ **feed**⁑
[fíːd]

他 ～に**エサ・食物を与える**

★動詞変化： feed – fed – fed

▶ We have more than enough food to **feed** the entire population of the world.
「世界の全人口に**食物を与える**のに十分以上の食糧がある。」

□ **be fed up with**⁑

句 ～に**うんざりする**

▶ I'm **fed up with** your sexist attitudes.
「あなたの性差別的な態度には**うんざりだ**。」

1105 □ **breed**⁑
[bríːd]

他 ～を**繁殖させる** 名 **品種，血統**

★動詞変化： breed – bred – bred

▶ They **breed** a variety of tropical fish in the aquarium.
「水族館では様々な熱帯魚を**繁殖させている**。」

□ **aquarium** [əkwéəriəm] 名 水族館

1106 □ **cattle***
[kǽtl]

名（集合的に）**牛**

★cow, bull などをまとめていう言葉

▶ ↓ (ranch)

1107 □ **herd***
[hə́ːrd]

名（牛などの）**群れ**

▶ ↓ (ranch)

1108 □ **flock***
[flák]

名（動物の）**群れ** 自 **群れる**

▶ Birds of a feather **flock** together.
「同じ羽根をした鳥は**群れる**（類は友を呼ぶ）。」

1109 □ **ranch***
[rǽntʃ]

名 **牧場**

▶ The boy grew up with a **herd** of **cattle** on the **ranch**.

「少年は**牧場**で**牛の群れ**と共に育った。」

Check! ● a herd of cattle **とは？** 牛の群れ

●テレビ・ラジオ・新聞などの「媒体」(media) は，日本では通例「マスコミ」(the mass media) と称されます。 mass という語は「巨大なかたまり」という意味を持ちますが，そこから「大衆」「大量」などの意味が派生します。また article は通常①「記事，論文」の意味で用いられますが，②③の意味も覚えておいてください。

新聞・メディア

1110 □ **media**
[mí:diə]
名 **メディア，媒体**
★「テレビ，ラジオ，新聞，雑誌」の総称；単数形は medium
◆ **the mass media**「**マスメディア，マスコミ**」

1111 □ **mass**
[mǽs]
名 **集団，大衆，多数**
◆ **mass production**「**大量生産**」
▶ **weapons of mass destruction**「**大量破壊兵器**」

□ **massive**
[mǽsɪv]
形 **大量の**

1112 □ **broadcast**
[brɔ́:dkæst]
他 ～を**放送する** 名 **放送**
▶ a television **broadcast**「テレビ**放送**」

1113 □ **journalism**
[dʒə́:rnəlɪzm]
名 **ジャーナリズム，報道** (= the press)
▶ I have been in **journalism** for twenty years.
「私は 20 年間**ジャーナリズム**界にいる。」

□ **journalist**
[dʒə́:rnəlɪst]
名 **新聞記者，報道関係者**

1114 □ **article**
[á:rtɪkl]
名 ①**記事，論文** ②（1つの）**品物** ③**冠詞**
★ 多義語
▶ a newspaper **article**「新聞**記事**」
▶ an **article** of clothing「衣服**1つ**」(= a piece of clothing)

1115 □ **headline**
[hédlaɪn]
名 **見出し**
▶ a newspaper **headline**「新聞の**見出し**」

1116 □ **Internet**
[íntərnet]
名 (the) **インターネット**
★ 通例 the を付けて大文字で始める
▶ The school library provides free access to the Internet.

「学校の図書館は**インターネット**への無料のアクセスを提供する。」

Check!	● article の 3 つの意味は？	記事，論文／品物／冠詞

●次は「広告・出版」業界です。advertisement はやや長い単語ですが，しばしば ad / ads と略されます。TV ads といえば「テレビ広告」のことです。publish は public「公の」と関連させて覚えましょう。

広告・出版

1117 □ **advertisement**⁑ [ædvərtáɪzmənt]
名 **広告**
★ ad / ads と略される
▶ The new shop owner put an **advertisement** in the paper.
「新しい店主は新聞に**広告**を出した。」

□ **advertise**⁑ [ǽdvərtaɪz]
他 ～を**広告する，宣伝する**
▶ The new billboard **advertised** the upcoming movie.
「新しい広告看板は次の映画を**宣伝した**。」
□ **billboard** [bílbɔːrd] 名 広告看板

1118 □ **publish**⁑ [pʌ́blɪʃ]
他 ～を**出版する，公表する**
★「public（公の）なものにする」→「出版・公表する」
▶ The book became a best-seller as soon as it was **published**.
「その本は**出版される**とすぐにベストセラーになった。」

□ **publication**⁑ [pʌblɪkéɪʃn]
名 **出版，公表**

1119 □ **edit**⁑ [édɪt]
他 ～を**編集する**
▶ **edit** a book「本を**編集する**」

□ **editor**⁑ [édɪtər]
名 **編集者**

□ **edition*** [ɪdíʃn]
名（本の）**版**
▶ the fifth **edition**「第 5 **版**」

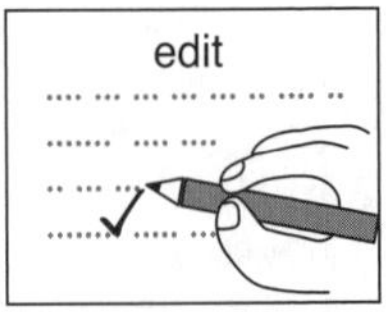

1120 □ **compile*** [kəmpáɪl]
他 ～を**編集する，1 つに集める**
★ com-（共に）+ pile（積み重ねる）
▶ The students' essays were **compiled** into a booklet.
「学生達の論文は小冊子に**編集された**。」

1121 □ **cartoon*** [kɑːrtúːn]
名 **漫画，アニメ**
▶ a **cartoon** character「**漫画［アニメ］**の登場人物」

Check!	
● TV ads とは？	テレビ広告
● publish の名詞形は？	publication

● manufacture「製造する」という語に含まれる manu は「手」を表します。manuscript「原稿」（→ **p.199**）や manicure「マニキュア」，manual「手動の」なども同語源です。produce / create や consume に関しては，派生語をしっかりと覚えましょう。

製造・消費

1122 □ **manufacture**⁑ [mænjəfǽktʃər]
名 **製造，生産** 他 **～を製造する**
★ manu（手）＋ fact（作る）
▶ The government encouraged the people to buy products **manufactured** in the country.
「政府は国内で**製造された**製品を買うよう国民に奨励した。」

□ **manufacturer**⁑ [mænjəfǽktʃərər]
名 **製造会社，メーカー**
▶ If there is a problem with the item you purchased, please complain to the **manufacturer**.
「ご購入になった製品に問題があれば，**メーカー**に苦情を言ってください。」

1123 □ **produce**⁑ [prədjúːs]
他 **～を生産する，生み出す**
▶ Idaho is known to **produce** the majority of potatoes grown in the United States.
「アイダホはアメリカ産のジャガイモの大半を**生産している**として知られている。」

□ **production**⁑ [prədʌ́kʃn]
名 **生産**
★ produce すること
▶ ↓

□ **product**⁑ [prɑ́dəkt]
名 **産物，製品**
★ produce されたもの；アクセント注意
▶ **Production** of the new **products** is falling behind.
「新しい**製品**の**生産**は遅れている。」
□ **fall behind*** 句 遅れる →**p.507**

□ **productive**⁑ [prədʌ́ktɪv]
形 **生産的な**
▶ If you don't get enough sleep, your life can become more stressful and you will be less **productive**.
「十分な睡眠をとらないと，ストレスの多い生活になり，**生産的**でなくなる。」

□ **productivity*** [proʊdʌktívəti]
名 **生産性**
▶ increase [decrease] **productivity**「**生産性**を向上する［低下させる］」

□ **reproduction*** [riːprədʌ́kʃn]	名 **複製（品）**（= copy）；**生殖** ★ re-（再び）＋ production（生産）→「同じ物を再び作る」
1124 □ **create**⁑ [kriéɪt]	他 〜を**創造する，生み出す** ★「無から何かを生み出す」というニュアンスを持つ ▶ The scientist **created** a terrible monster and kept it in his laboratory. 「科学者は恐ろしい怪物を**造り出し**，研究室で飼っていた。」
□ **creation**⁑ [kriéɪʃn]	名 **創造** ▶ **the Creation**「（神による）**天地創造**」
□ **creative**⁑ [kriéɪtɪv]	形 **創造的な** ▶ **creative thinking [power]**「**創造的な思考［創造力］**」
□ **creativity**⁑ [kriːeɪtívəti]	名 **創造性**
□ **creature**⁑ [kríːtʃər]	名 **生き物** ★「神が造ったもの」 ▶ **living creatures**「**生き物**」
1125 □ **consume**⁑ [kənsúːm]	他 〜を**消費する** ▶ The girl **consumed** high-calorie food every day and became obese. 「少女は毎日高カロリーの食べ物を**摂取し**，肥満した。」 □ **obese*** [oʊbíːs] 形 肥満の → **p.443**
□ **consumer** [kənsúːmər]	名 **消費者**
□ **consumption**⁑ [kənsʌ́mpʃn]	名 **消費** ▶ **consumption tax**「**消費税**」

Check!		
	● production / product **のアクセント位置は？**	prodúction / próduct
	● consume **の名詞形は？**	consumption

●製造された製品は，市場に出ることで消費者の手に渡ります。市場では活発な「取引」(trade, deal) がなされ，「通商・貿易」(commerce) を形成していきます。国家間の通商には import / export が用いられますが，動詞と名詞でアクセント位置が異なることに注意しましょう。

貿易・販売

1126 □ **trade**⁑ [tréɪd]	名 ①**貿易，取引** ②…**業，業界** ③（職人的技術を要する）**職業** ★ 多義語：③の意味に注意 ▶ the **trade friction** between Japan and the United States 「日米間の**貿易摩擦**」

▶ the tourist [book] **trade**「観光業［出版業］」
▶ I'm a plumber **by trade**.
「私の**職業は**配管工です。」
□ **plumber** [plʌ́mər] 名 配管工

1127 □ **deal**⁑ [dí:l]
名 ①取引 ②量
▶ **"Deal!"**「**取引成立！**」
◆ **a good [great] deal of A**「**大量の** A」（A は原則として不可算名詞）
▶ **a great deal of** money「**沢山の**お金」

□ **deal with**⁑
句 ～に**対処する**，を**扱う**
▶ **deal with** stress「ストレスに**対処する**」
▶ I am **dealing with** a complex situation and need help.
「私は複雑な状況に**対処していて**助けが必要だ。」
□ **complex**⁑ [kámpleks] 形 複雑な → **p.35**

1128 □ **commerce**＊ [kámə:rs]
名 **通商，貿易**

□ **commercial**⁑ [kəmə́:rʃl]
形 **商業的な，通商の**
▶ The film was a **commercial** success, but it did not receive any awards for its artistic value.
「その映画は**商業的な**成功を収めたが，芸術的価値に対して何の賞も受けなかった。」

1129 □ **merchant**＊ [mə́:rtʃənt]
名 **商人**
▶ a wine **merchant**「ワイン**商人**」

□ **merchandise** [mə́:rtʃəndaɪz]
名 **商品，製品**

1130 □ **commodity**＊ [kəmádəti]
名 **商品；日用品**
▶ In general, the prices of **commodities** that are in demand go up.
「一般に，需要のある**商品**の価格は上昇する。」

1131 □ **retail**＊ [rí:teɪl]
形 **小売りの**
▶ a **retail** price [store]「**小売り**価格［店］」

1132 □ **import**⁑ 動 [ɪmpɔ́:rt] 名 [ímpɔ:rt]
他 ～を**輸入する** 名 **輸入（品）**
★アクセント注意：名前動後
▶ Japan is totally dependent on foreign **imports** for natural resources.

「天然資源に関して，日本は**輸入品**に完全に依存している。」

1133 □ **export**⁑
動 [ɪkspɔ́ːrt]
名 [ékspɔːrt]

他 ～を**輸出する** 名 **輸出（品）**
★ アクセント注意：名前動後

Check! ● a foreign import のアクセント位置は？ ímport

●どの分野の産業であれ，通常は「雇用」（employ, employment）の問題が発生します。「失業率」（unemployment rate）や「労働市場」（labor market）の状況は，その国の経済状況を最も端的に反映する指標といえるでしょう。また「労働（者）」（labor）と「経営」（management）は「契約」（contract）によって成立し，その関係は会社を運営する上で重要な要素となります。

労働・雇用

1134 □ **employ**⁑
[ɪmplɔ́ɪ]

他 ①～を**雇う** ②～を**用いる**
★ ②の意味に注意
▶ The sculptor **employed** a new technique to make his artwork more realistic.
「彫刻家は芸術作品をより写実的にするために新しい技術を**使った**。」
□ **sculptor** [skʌ́lptər] 名 彫刻家 → sculpture 「彫刻」

□ **employment**⁑
[ɪmplɔ́ɪmənt]

名 **雇用**
▶ It is urgent that the government create more **employment** opportunities for young people.
「政府が若者の**雇用**機会をより多く作ることが急を要する。」

□ **unemployment**＊
[ʌnɪmplɔ́ɪmənt]

名 **失業**
▶ The nation's **unemployment rate** rose to 15%.
「国民の**失業率**は 15 %に上昇した。」

□ **employee**⁑
[ɪmplɔ́ɪiː]

名 **従業員**

1135 □ **labor**⁑
[léɪbər]

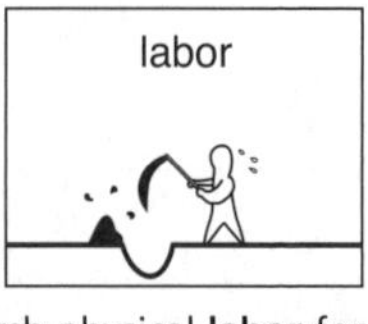

名 **労働**
★「つらい・肉体の」労働
▶ **the labor force**「**労働力**」
▶ **the labor market**「**労働市場**」
▶ The slaves were forced to endure harsh physical **labor** for as long as their bondage continued.
「奴隷達は拘束が続く限りずっとつらい肉体**労働**に耐えなくてはならなかった。」

□ **endure*** [endjúər] 他 ～に耐える →**p.332**
□ **harsh*** [hɑ́ːrʃ] 形 厳しい，つらい →**p.541**
□ **bondage** [bɑ́ndɪdʒ] 名 拘束，束縛

□ **laborious** [ləbɔ́ːriəs]
形 **労力を要する**
▶ a **laborious** task「**労力を要する**仕事」

1136 □ **manage*** [mǽnɪdʒ]
他 ～を**経営する；なんとかやり遂げる**
◆ **manage to *do*「なんとか（苦労・工夫）して～する」**
▶ My mother was upset to hear the news, but I **managed** to calm her down.
「母は知らせを聞いて動転していたが，**なんとかして**落ち着かせた。」
□ **upset*** [ʌpsét] 形 動転している →**p.49**
□ **calm*** [kɑ́ːm] 他 ～を落ち着かせる →**p.175**

□ **management*** [mǽnɪdʒmənt]
名 **経営，管理**
▶ Communication between labor and **management** is very important for higher productivity.
「生産性を高めるためには**経営側**と労働者の間のコミュニケーションが非常に大事だ。」

□ **manager*** [mǽnɪdʒər]
名 **経営者，店長**

1137 □ **contract***
名 [kɑ́ntrækt]
動 [kəntrǽkt]
名 **契約** 他 ①～を**契約する** ②～（病気）に**かかる**
自 **収縮する**
★ con-（共に）＋ tract（引く）→「両者を共に引きつける」→「契約する」;「病気を引きつける」→「かかる」;「引き締まる」→「収縮する」
▶ sign a **contract** with A「A との**契約**に署名する」
▶ **contract** a disease「病気に**かかる**」
▶ Metal **contracts** as it cools.
「金属は冷えると**収縮する**。」

1138 □ **agent*** [éɪdʒənt]
名 **代理店，代理人，行為者**
★「行う人」が語源；その他に「スパイ」「捜査官」などの意もある
▶ **travel agent「旅行代理店」**

□ **agency*** [éɪdʒənsi]
名 **代理店，官庁**
▶ **Central Intelligence Agency「中央情報局（CIA）」**

Check!		
	● unemployment rate **とは？**	失業率
	● labor **の形容詞形は？**	laborious

Review Test

● **Same or Opposite?**

□1	**industrious**	**lazy**	Opposite
□2	**agriculture**	**farming**	Same
□3	**crop**	**harvest**	Same
□4	**plow**	**cultivate**	Same
□5	**fertile**	**barren**	Opposite
□6	**the media**	**the press**	Same
□7	**compile**	**assemble**	Same
□8	**produce**	**consume**	Opposite
□9	**create**	**generate**	Same
□10	**trade**	**commerce**	Same
□11	**deal**	**agreement**	Same
□12	**commodity**	**product**	Same
□13	**export**	**import**	Opposite
□14	**labor**	**management**	Opposite
□15	**contract**	**shrink**	Same

● **Yes or No?**

□16 You can **cultivate** your mind. ······ Yes
□17 If you have **culture**, you only have limited knowledge. ······ No
□18 **Barren** land will make farmers happy. ······ No
□19 **Fertile** land will produce a large crop. ······ Yes
□20 **Irrigation** dries up land. ······ No

□21 Flour is made out of **wheat**. ······ Yes
□22 A person alone can make a **mass**. ······ No
□23 You **broadcast** something you want to keep secret. ······ No
□24 A sweater can be an **article** of clothing. ······ Yes
□25 A **headline** is the least obvious thing on the front page. ······ No

□26 "**Advertisements**" can be shortened to "ads." ······ Yes
□27 Billboards are used to **advertise**. ······ Yes
□28 If you leave an article untouched, you have **edited** it. ······ No
□29 A **manufacturer** is the object made. ······ No
□30 **Product** is the process of manufacturing. ······ No

□31 **Consumption** is the act of creating new things. ······ No

☐**32** You have a job if you are **unemployed**. ········· No
☐**33** Wages are paid for your **labor**. ········· Yes
☐**34** Carpentry is a **trade**. ········· Yes
☐**35** **Commercial** success would mean profit. ········· Yes

● **Multiple Choices**

☐**36** The disposal of ( ) waste has become a serious social problem.
a. industrious **b.** industrial **c.** cultural ········· b.
☐**37** Nowadays, farmers use special tractors to ( ) their fields.
a. cultivate **b.** fertile **c.** industrialize ········· a.
☐**38** In Japan, rice is ( ) in the autumn.
a. harvested **b.** plowed **c.** sown ········· a.
☐**39** The soil was so ( ) that it produced an abundant crop.
a. barren **b.** irrigation **c.** fertile ········· c.
☐**40** Farmers ( ) the seeds in late March.
a. sew **b.** saw **c.** sow ········· c.

☐**41** I'm ( ) up with your constant complaints.
a. put **b.** bred **c.** fed ········· c.
☐**42** In the zoo, they ( ) a large variety of wild animals.
a. breed **b.** sow **c.** plow ········· a.
☐**43** A ( ) of cattle was eating grass.
a. hard **b.** herd **c.** heard ········· b.
☐**44** He has been in ( ) for fifteen years.
a. journalist **b.** journalism **c.** journals ········· b.
☐**45** By giving out free samples, the company ( ) its new drink.
a. produced **b.** advertised **c.** consumed ········· b.

☐**46** The fans waited anxiously for the ( ) of the third book of the series.
a. consumption **b.** media **c.** publication ········· c.
☐**47** The salesman tried to persuade the old lady to purchase an expensive ( ).
a. produce **b.** production **c.** product ········· c.
☐**48** Toyota is one of the biggest car ( ) in the world.
a. manufacturers **b.** products **c.** imports ········· a.
☐**49** What should I do to ( ) with stress?
a. come up **b.** deal **c.** trade ········· b.
☐**50** To the single mother, getting pregnant meant ( ).
a. employment **b.** employee **c.** unemployment ········· c.

☐**51** The scientist ( ) a new method to examine the unknown element.
a. edited **b.** employed **c.** exported ········· b.

解説・和訳

37「今日では農民は畑を耕すのに特別なトラクターを用いる。」／50「そのシングルマザーにとって，妊娠するということは失業を意味した。」

日付：	年　月　日	得点：	／51
41点以上→SECTION #29へ		41点未満→もう一度復習	

接頭辞とスペルの法則

英語を学習していて単語のスペルに悩まされることは多いでしょう。「面会の約束」の正しいスペルは apointment なのか， appointment なのか……。「慣れている」は acustomed だったか，それとも accustomed だったか……。このような悩みは，接頭辞とスペルの法則を知ることで大幅に解消されます。接頭辞の多くは，その後の語根の最初の文字に合わせて「同化」（assimilation）する傾向があります。例えば a- という接頭辞を point の前に付けると，p という文字につられて ap- となり， appoint という語が生まれます。同様に tract （引く）に付ければ attract となります。では， quire （求める）という語根はどうでしょう。今度は「q の前では ac- に」というルールがあり，それに従って acquire となります。名詞形の acquisition も同様です。このようなルールを知っておくと，一見複雑そうに見えるスペルも，思いのほか楽に覚えることができます。

● a-, ad- ：「～へ」「～に」「～を」；〈方向性〉〈対象〉を表す

- ・ルール1：c, f, g, l, n, p, r, s, t の子音字の前では，子音字を重ねる。
- ・ルール2：k, q の前では ac- となる。
- ・ルール3：上記以外（母音字， d, h, j, m, v などの前）では ad- になる。

ac-	＋	custom （習慣）	→	accustom 「習慣づける」
af-	＋	flict （打つ）	→	afflict 「苦しめる」
ap-	＋	point （指す）	→	appoint 「指定する」
at-	＋	tract （引く）	→	attract 「引きつける」
ac-	＋	quire （求める）	→	acquire 「獲得する」
ac-	＋	knowledge （知識）	→	acknowledge 「認める」
ad-	＋	apt （合わせる）	→	adapt 「適合させる」
ad-	＋	opt （選ぶ）	→	adopt 「採用する」
ad-	＋	equate （等しい）	→	adequate 「十分な量の」
ad-	＋	just （近く）	→	adjust 「適合させる」

● in-, im- ：①「中に」②〈否定〉
・ルール１：b, m, p の前では im- になる。
・ルール２：l , r の前では il-, ir- になる（子音字を重ねる）。

in-	＋	clude （閉じる）	→	include 「含む」
im-	＋	mature （成熟した）	→	immature 「未熟な」
im-	＋	press （押す）	→	impress 「印象づける」
il-	＋	legal （法的な）	→	illegal 「違法の」
ir-	＋	regular （規則的な）	→	irregular 「不規則な」

● e-, ex- ：「外に」
・ルール１：母音字， c, p, q, t の前では ex- になる。
・ルール２：上記以外の子音字の前では e- になる。

ex-	＋	clude （閉じる）	→	exclude 「除外する」
ex-	＋	tend （伸ばす）	→	extend 「延長する」
e-	＋	min （突き出る）	→	eminent 「著名な」

● co-, con-, com- ：①「共に」②〈強意〉
・ルール１：b, m, p の前では com- になる。
・ルール２：母音， h, gn, w の前では co- になる。
・ルール３：l, r の前では col-, cor- になる（子音字を重ねる）。
・ルール４：その他は con- になる。

com-	＋	passion （感情）	→	compassion 「共感」
com-	＋	pel （追いやる）	→	compel 「強制する」
co-	＋	operate （働く）	→	cooperate 「協力する」
col-	＋	league （同盟）	→	colleague 「同僚」
cor-	＋	respond （反応する）	→	correspond 「対応・一致する」
con-	＋	front （面）	→	confront 「直面する」

● o-, ob- ：「反対して」「向かって」；〈対立関係〉を表す
・ルール１：c, f, g, p の前では子音字を重ねる。
・ルール２：それ以外は ob- になる。

of-	＋	fend （打つ）	→	offend 「攻撃する」
op-	＋	pose （置く）	→	oppose 「反対する」
ob-	＋	ject （投げる）	→	object 「反対する」

● sub- ：「下に」「副次的に」
・ルール１：t の前では sus- になる。
・ルール２：c の前では suc- または sus- になる。
・ルール３：f の前では suf-, g の前では sug- になる（子音字を重ねる）。
・ルール４：上記以外は sub- になる。

sus-	＋	tain （保つ）	→	sustain 「支える」
suc-	＋	ceed （行く）	→	succeed 「引き継ぐ」
suf-	＋	fer （運ぶ）	→	suffer 「苦しむ」
sub-	＋	mit （送る）	→	submit 「提出する」

SECTION #29 「医学・化学」

●このセクションでは「医学・化学」に関する語を扱います。まず一般的に「医学」という場合は medicine か medical science で表します。medicine には「薬」の意味もあるので注意してください。医者は勿論 doctor ですが，さらに「外科医」(surgeon) や「内科医」(physician) という分類も覚えましょう。「物理学」は physics ですが，physician は「内科医」の意味になります。「物理学者」は physicist です。間違いやすいので気を付けましょう。

医学

1139 □ **medicine**⁑ [médəsn]
名 ①薬 ②医学 (= medical science)
▶ take **medicine**「薬を飲む」
▶ Modern **medicine** [**medical science**] has remarkably increased our life expectancy.
「現代医学は平均寿命を著しく伸ばした。」
□ life expectancy⁑ 句 平均寿命 → p.161

□ **medical**⁑ [médɪkl]
形 医学の
▶ **medical science**「医学」(= medicine)

□ **medication*** [medɪkéɪʃn]
名 薬剤，薬剤治療

1140 □ **pharmacy** [fáːrməsi]
名 薬局；薬学
▶ a **pharmacy** student「薬学を学ぶ学生」

1141 □ **surgery**⁑ [sə́ːrdʒəri]
名 外科，外科手術
▶ plastic **surgery**「形成外科」

□ **surgical*** [sə́ːrdʒɪkl]
形 外科の
▶ **surgical procedures**「外科手術」
□ procedure⁑ [prəsíːdʒər] 名 手順，処置 → p.232

□ **surgeon*** [sə́ːrdʒən]
名 外科医

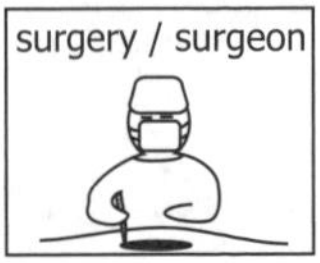

1142 □ **vein** [véɪn]
名 血管，静脈
▶ The nurse tried to find a **vein** in the patient's arm.
「看護師は患者の腕に血管を探した。」

1143 □ **artery** [áːrtəri]
名 動脈

1144 □ physical **
[fízɪkl]

形 **身体の；物理的な**
★２つの訳語を覚えること
▶ Our school does not allow any **physical** punishment.
「我が校ではいかなる**身体的な**罰（体罰）も認めない。」

□ physics **
[fízɪks]

名 **物理学**

□ physician **
[fɪzíʃn]

名 **医師，内科医**

□ physicist *
[fízɪsɪst]

名 **物理学者**

Check!		
	● medicine の２つの意味は？	薬／医学
	● 物理学者は？： 1. physician / 2. physicist	2.

●「病気」(disease) にかかったときは，「痛い」(ache, sore)，「めまいがする」(dizzy)，「咳」(cough) や「熱」(fever) が出る，などの「症状・兆候」(symptom) が出ます。

症状

1145 □ disease **
[dɪzíːz]

名 **病気**
★スペル注意： di**sea**se ；個々の病気を指す；「病気の状態」は illness, sickness
▶ ↓

1146 □ symptom **
[símptəm]

名 **兆候，症状**
▶ The widespread **disease** showed obvious **symptoms**, one of which appeared as red dots on the face.
「蔓延したその**病気**は明らかな**症状**を示し，その１つは顔に赤い斑点として現れた。」

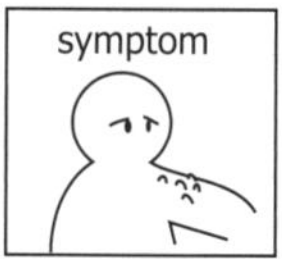

1147 □ ache **
[éɪk]

自 (ずきずき) **痛む**
★headache「頭痛」，stomachache「腹痛」など
▶ My head **aches**.「頭が**痛む**。」(= I have a headache.)

1148 □ acute *
[əkjúːt]

形 (痛み・感情などが) **鋭い，激しい**
▶ I felt an **acute** pain in my back.
「背中に**鋭い**痛みを感じた。」

1149 □ sore *
[sɔ́ːr]

形 (喉，筋肉などがヒリヒリ) **痛い**
▶ I have a **sore** throat.「喉が**痛い**。」

1150 □ **dizzy** [dízɪ]

形 **めまいがする**

▶ I felt **dizzy** due to the heat and humidity.
「暑さと湿気のせいで**めまいがした。**」

□ **humidity*** [hjuːmídəti] 名 湿気 → **p.411**

1151 □ **cough*** [kɔ́ːf]

名 **咳** 自 **咳をする**

★「コッホン」と咳が出る

▶ ↓

1152 □ **fever⁑** [fíːvər]

名 **熱**

▶ I have a **fever** and **cough** today.「今日は**熱**と**咳**がある。」

1153 □ **paralyze** [pǽrəlaɪz]

他 ～を**麻痺させる**

▶ The car crash left him partly **paralyzed**.
「自動車事故で彼の身体は一部**麻痺した**状態になった。」

Check!
● **正しいスペルは？：** 1. disease / 2. desease　1.
● **正しいスペルは？：** 1. paralize / 2. paralyze　2.

●上記のような症状が出たらすぐに病院に行くべきです。急病なら「救急車」(ambulance) で運ばれることもあるでしょう。病院では専門医が「患者」(patient) を「診断・診察」(diagnosis) し，そして適切な「治療」(cure, heal, treatment) を施します。場合によっては「手術」(operation) が必要になるかもしれません。

治療

1154 □ **patient⁑** [péɪʃnt]

名 **患者** 形 **我慢強い**

★ 発音注意；「患者」は「我慢しなくてはならない人」

▶ The **patient** has not regained consciousness since the incident.
「事件以来，**患者**はまだ意識を回復していない。」

□ **regain*** [rɪɡéɪn] 他 ～を取り戻す → **p.90**

□ **patience⁑** [péɪʃns]

名 **我慢，忍耐**

▶ Our teacher doesn't have much **patience** with lazy students.
「先生は怠け者の生徒に対しあまり**我慢**しない。」

□ **impatient⁑** [ɪmpéɪʃnt]

形 **我慢できない，イライラしている**

★ im-〈否定〉＋ patient（我慢強い）

▶ I'm getting **impatient** with your lengthy explanation.
「君の長ったらしい説明に**イライラして**きたよ。」

1155 □ **ambulance***
[ǽmbjələns]

名 **救急車**

▶ The boy was taken to the hospital in an **ambulance**.
「少年は**救急車**で病院に運ばれた。」

1156 □ **diagnose***
[dáɪəgnoʊs]

他 ～を**診断する**

◆ **diagnose A as C**「A を C だと診断する」

▶ The man was **diagnosed** as having terminal cancer.
「男は末期癌だと**診断された**。」

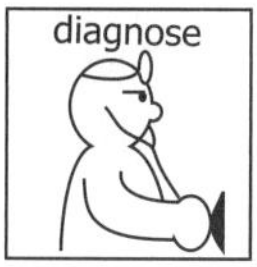

□ **diagnosis***
[daɪəgnóʊsɪs]

名 **診断**

1157 □ **cure**⁑
[kjʊ́ər]

他 ～（病気）を**治す，治療する** 名 **治療法**

◆ **cure A of B**「A（人）の B（病気）を治す」

▶ The doctor has **cured** my father of his stomachache.
「医者は父の腹痛を**治した**。」

1158 □ **heal**⁑
[híːl]

他 ～（傷）を**治す** 自（傷が）**治る**

▶ Time **heals** all wounds.「時があらゆる傷を**治す**。」

1159 □ **treat**⁑
[tríːt]

他 ①～を**扱う，に接する** ②～を**治療する** ③～に（…を）**おごる** (to …) 名 **ごちそう，もてなし**

★ 多義語：③の意味に注意

▶ Your own behavior affects how other people **treat** you.
「君自身の行動が，他人が君にどう**接する**かに影響を与える。」

◆ **treat A to B**「A に B（食事など）をごちそうする」

▶ I'll **treat** you to dinner.「夕食を**ごちそうする**よ。」

□ **treatment**⁑
[tríːtmənt]

名 ①**取り扱い** ②**治療**

▶ **medical treatment**「**医療**」

1160 □ **recover**⁑
[rɪkʌ́vər]

自（～から）**回復する** (from ～) 他 ～を**取り戻す**

★ 自動詞と他動詞の意味の違いに注意

▶ **recover** from illness「病気から**回復する**」

▶ **recover** one's health「健康を**取り戻す**」

□ **recovery**⁑
[rɪkʌ́vəri]

名 **回復**

1161 □ **operate**⁑
[ápəreɪt]

自 ①**作動・作用する** ②（～に）**手術する** (on ～)
他 ～を**操作する**

□ **operation**⁑ [ɑpəréɪʃn]

名 ①操作，働き ②手術

▶ My father went through a difficult **operation.**
「父は難しい**手術**を受けた。」

□ **go through**⁑ 句 ～を経験する

1162 □ **remedy*** [rémədi]

名 **治療法，救済策**

▶ They say the best **remedy** for a sore throat is a hot drink with ginger.
「喉が痛い時の最良の**治療法**は，ショウガを入れた熱い飲み物だと言われている。」

Check!		
	● patient の 2 つの意味は？	患者／我慢強い
	● She was cured ( ) cancer.	of
	●「病気が治る」は？： 1. recover illness / 2. recover from illness	2.

●病気の種類には様々なものがありますが，最低限「癌」(cancer) は覚えておきましょう。病気を「発症する」という場合の動詞は develop です。病気の原因となるのが「ウィルス」(virus) や「ばい菌」(germ) による「感染」(infection) です。広範囲に蔓延すると「伝染病」(epidemic) になる可能性もあります。「ワクチン」(vaccine) の目的は，体内にウィルスに対する「免疫」(immunity) を作り上げることです。

病気の種類・原因

1163 □ **cancer**⁑ [kǽnsər]

名 **癌**

▶ **lung [breast] cancer**「肺［乳］癌」

▶ develop **cancer**「**癌**になる，**癌**を発症する」

□ **lung** [lʌ́ŋ] 名 肺

□ **breast** [brést] 名 乳房

1164 □ **tumor*** [túːmər]

名 **腫瘍**

▶ a brain **tumor**「脳**腫瘍**」

1165 □ **diabetes*** [daɪəbíːtiːz]

名 **糖尿病**

▶ suffer from **diabetes**「**糖尿病**を患う」

1166 □ **stroke*** [stróʊk]

名 **脳卒中**

★「なでる」「ひとかき，一打」などの意味もある

▶ Those who have high stress are more likely to die from a **stroke** or a heart attack.
「ストレスの多い人は**脳卒中**や心臓発作で死ぬ可能性がより高い。」

1167 □ **virus** ⁑
[váɪərəs]

名 **ウィルス**
★ 発音注意：「ヴァイラス」
▶ a computer **virus**「コンピュータ・**ウィルス**」

1168 □ **germ** *
[dʒə́ːrm]

名 **ばい菌，細菌**
▶ ↓（infection）

1169 □ **infect** *
[ɪnfékt]

他 ～に**感染させる**
★ in-（中に）＋ fect （作る）
◆ **be infected with A**「A **に感染している**」
▶ In some countries in Africa, almost one-third of the adult population is **infected** with HIV.
「アフリカの一部の国では，成人人口のほぼ3分の1がHIVに**感染している**。」

□ **infection** *
[ɪnfékʃn]

名 **感染**
▶ Hand washing is one of the easiest and most effective ways to kill **germs** and prevent **infection**.
「手を洗うのは，**ばい菌**を殺し**感染**を防ぐ最も簡単で効果的な方法の１つだ。」

1170 □ **epidemic** *
[epɪdémɪk]

名 **伝染病**
▶ An outbreak of malaria spread quickly and became an **epidemic**.
「マラリアの発生が急速に蔓延し，**伝染病**になった。」
□ **outbreak** [áʊtbreɪk] 名 発生，勃発

1171 □ **plague** *
[pléɪg]

名 **疫病；災難**
★ epidemic よりも大規模なもの
▶ **the Great Plague**「**ロンドンの大疫病**」

1172 □ **vaccine**
[væksíːn]

名 **ワクチン**
★ 発音注意：「ヴァクスィーン」
▶ An effective **vaccine** against HIV is not yet available.
「HIV に対する効果的な**ワクチン**はまだ入手不可能だ。」

1173 □ **defect** *
[díːfekt]

名 **欠陥，欠点，障害**
▶ **birth defects**「**出生異常，先天性欠損**」
▶ mental [genetic] **defects**「精神［遺伝性］**障害**」

1174 □ **immune** ⁑
[ɪmjúːn]

形（～に対して）**免疫のある** (to ～) (↔ susceptible)
★ 比喩的な意味でも用いられる

◆ **be immune to A**「A に対して免疫がある」
▶ **the immune system**「免疫系」
▶ Insects can become **immune** to insecticides.
「昆虫は殺虫剤に対し**免疫ができて**しまうことがある。」
□ **insecticide** [ɪnséktəsaɪd] 名 殺虫剤

□ **immunity** [ɪmjúːnəti]
名 **免疫（性）**

1175 □ **allergy*** [ǽlərdʒi]
名 **アレルギー**
★ 発音注意
◆ **have an allergy to A = be allergic to A**「A に対してアレルギーがある」

□ **allergic*** [ələ́ːrdʒɪk]
形（〜に対して）**アレルギーの** (to 〜)
▶ I'm **allergic** to pollen.
「私は花粉**アレルギーだ**。」

Check!	● He is immune (　) criticism.	to

●入試の長文問題では，最新の医学・生物学をテーマにした文章がよく出題されます。「遺伝子工学」(genetic engineering) や「バイオテクノロジー」(biotechnology) などは花形の分野と言えるでしょう。「クローン技術」(cloning) に関しては，「倫理」(ethics) に反しているかどうかが議論となります。

最新医学・生物学

1176 □ **gene**** [dʒíːn]
名 **遺伝子**
★ gen（発生させる）から；「生物を発生させるもとになるもの」；generate「発生させる」(→ **p.134**) と同語源
▶ A person's character is not wholly determined by his or her **genes**.
「人の性格は**遺伝子**によって全て決定されるわけではない。」

□ **genetic**** [dʒənétɪk]
形 **遺伝子の**
▶ **genetic engineering**「遺伝子工学」

1177 □ **cell**** [sél]
名 **細胞**
▶ Living **organisms** are made of **cells**.
「**生物**は**細胞**でできている。」

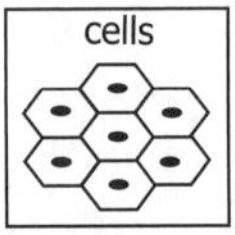

1178 □ **organism**** [ɔ́ːrgənɪzm]
名 **生物**
★ organize「組織する」(→ **p.34**) と同語源；「組織された物」→「生物」
▶ ↑

□ **organ**⁑ [ɔ́ːrgən]
名 **臓器，組織**
▶ **organ transplant**「**臓器移植**」

□ **organic**⁑ [ɔːrgǽnɪk]
形 **有機性の**
▶ **organic** farming「**有機農業**」

1179 □ **clone*** [klóʊn]
名 **クローン** 他 **～のクローンを作る**
▶ The scientists performed **cloning** even though the majority thought it was against ethics.
「大半の人が倫理に反していると考えたにもかかわらず，科学者達は**クローン化**を実行した。」
□ **ethics*** [éθɪks] 名 倫理 → **p.276**

1180 □ **anatomy*** [ənǽtəmi]
名 **解剖学；生体構造**
★杉田玄白の「解体新書」は「ターヘル・アナトミア」

Check! ● genetically altered foods **とは？** **遺伝子組み換え食品**

●最後は「化学」(chemistry) に関する語です。物質の3つの状態は，「固体」(solid)，「液体」(liquid)，そして「気体」(gas, vapor) です。水 (＝H_2O) の H は hydrogen，O は oxygen を表します。また atom / nuclear などは，理系以外の人も必ず覚えるべき単語でしょう。

化学

1181 □ **chemistry**⁑ [kémɪstri]
名 **化学**

□ **chemical**⁑ [kémɪkl]
形 **化学の** 名 **化学物質**
▶ Some say plastic bags are harmful to the environment since they are made of **toxic chemicals**.
「ビニール袋は**有毒な化学物質**でできているので環境に有害だと言う人もいる。」
□ **plastic bag*** 句 ビニール袋

1182 □ **toxic*** [tɑ́ksɪk]
形 **有毒な** (= poisonous)
▶ ↑

1183 □ **solid**⁑ [sɑ́ləd]
形 **固体の，堅い，堅固な**
▶ ↓

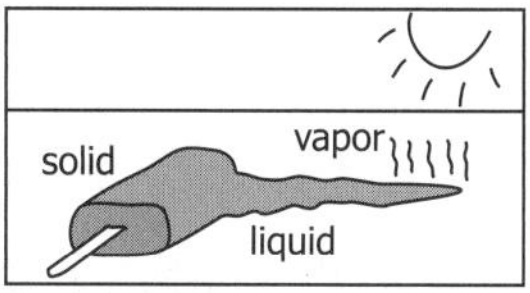

1184 □ **liquid**⁑ [líkwɪd]
形 **液体の**
▶ Water is in a **solid** state below 0 ℃ and becomes **liquid** above 0 ℃.

「水は0℃未満では**固体の**状態で，0℃を超えると**液体**になる。」

□ **state**⁑ [stéɪt] 名 状態 → **p.149**

1185 □ **vapor** [véɪpər]
名 **蒸気，気体** (= gas)

□ **evaporate*** [ɪvǽpəreɪt]
自 **蒸発する**
★ e-（外へ）＋ vapor（蒸気）→「蒸気を外に出す」
▶ Remove the lid and cook gently until all the water has **evaporated**.
「蓋を外して水分が完全に**蒸発する**までゆっくりと加熱してください。」

1186 □ **hydrogen*** [háɪdrədʒən]
名 **水素**
▶ ↓

1187 □ **oxygen*** [ɑ́ksɪdʒən]
名 **酸素**
▶ Water is made up of **hydrogen** and **oxygen**.
「水は**水素**と**酸素**からなる。」

1188 □ **atom**⁑ [ǽtəm]
名 **原子**

□ **atomic**⁑ [ətɑ́mɪk]
形 **原子の**
▶ **an atomic bomb**「**原子爆弾**」

1189 □ **nuclear**⁑ [núːkliər]
形 **核の，原子力の**
▶ **a nuclear weapon**「**核兵器**」

1190 □ **molecule*** [mɑ́ləkjuːl]
名 **分子**
▶ **a DNA molecule**「DNA **分子**」

1191 □ **radiation*** [reɪdiéɪʃn]
名 **放射，放射能**

□ **radioactive*** [reɪdioʊǽktɪv]
形 **放射性の**
▶ **radioactive** materials「**放射性物質**」

Check! ● **物質の3つの状態は？** solid / liquid / vapor

Review Test

● **Same or Opposite?**

□1	**physical**	**mental**	Opposite
□2	**symptom**	**indication**	Same
□3	**remedy**	**cure**	Same
□4	**immune**	**susceptible**	Opposite
□5	**solid**	**soft**	Opposite

● **Yes or No?**

□6 Do you take **medicine** daily when you are healthy? ………… No
□7 Do you need **surgery** for a tiny cut on your finger? ………… No
□8 **Veins** carry blood to the heart. ………… Yes
□9 You go to your **physician** when you need money. ………… No
□10 **Physicists** are people who tell you what kind of sickness you have. ………… No

□11 You need **treatment** for your **disease**. ………… Yes
□12 **Symptoms** of a disease will increase when you are healing. ………… No
□13 Your muscles can be **sore** from too much exercise. ………… Yes
□14 When you are **dizzy**, you can run. ………… No
□15 A **fever** usually makes you hot. ………… Yes

□16 When a part of your body is **paralyzed**, you lose sense there. ………… Yes
□17 **Ambulances** take criminals away. ………… No
□18 Doctors usually give a **diagnosis** of your sickness. ………… Yes
□19 When you are **cured** of your disease, you will need to go to the hospital. ………… No
□20 If there is no **remedy** for your disease, can you be cured? ………… No

□21 Smoking cigarettes can cause lung **cancer**. ………… Yes
□22 **Viruses** can cause and spread diseases. ………… Yes
□23 You wash your hands to get rid of **germs** on your hands. ………… Yes
□24 Pollen **allergies** torture many every spring in Japan. ………… Yes
□25 If you are **immune** to a virus, it is harmful to your body. ………… No

□26 A **clone** is like a copy. ………… Yes
□27 Milk is something **solid**. ………… No
□28 Ice cubes are **liquid**. ………… No
□29 **Vapor** has definite shape. ………… No
□30 We breathe in **oxygen**. ………… Yes

ヒント torture 「〜を苦しめる」

Multiple Choices

□31 The doctors carried out brain ( ).
a. surgeon b. surgical c. surgery ······ c.

□32 The baseball player has remarkable ( ) strength.
a. surgical b. physical c. physics ······ b.

□33 ( ) of depression are seen in his behavior.
a. Diseases b. Symptoms c. Aches ······ b.

□34 I didn't go to school yesterday because I had a ( ).
a. dizzy b. fever c. symptom ······ b.

□35 He listened to the boring lecture with ( ).
a. patient b. patience c. impatient ······ b.

□36 He got badly injured and was taken to hospital in an ( ).
a. operation b. infection c. ambulance ······ c.

□37 She was miraculously cured ( ) cancer.
a. for b. of c. in ······ b.

□38 This vase is fragile and should be ( ) with care.
a. cured b. treated c. operated ······ b.

□39 There is no ( ) for love but to love more.
a. remedy b. cancer c. allergy ······ a.

□40 The PC is seriously ( ) with computer viruses.
a. cured b. treated c. infected ······ c.

□41 A computer ( ) hinders the normal operation of a computer.
a. germ b. vaccine c. virus ······ c.

□42 Cholera can result in a major ( ).
a. vaccine b. epidemic c. allergy ······ b.

□43 When you are tired, your ( ) is low.
a. immunity b. allergy c. infection ······ a.

□44 I'm allergic ( ) pollen.
a. for b. in c. to ······ c.

□45 The student is majoring in ( ) engineering.
a. epidemic b. genetic c. immune ······ b.

□46 Continue to cook until about half of the water has ( ).
a. melted b. hardened c. evaporated ······ c.

□47 Water is in a ( ) state below 0 ℃.
a. liquid b. solid c. vapor ······ b.

□48 Water consists of hydrogen and ( ).
a. oxygen b. carbon c. protein ······ a.

□**49** The use of ( ) weapons is banned in Japan.
a. nuclear **b.** genetic **c.** immune ………………………… a.

解説・和訳

10 physicist「物理学者」と physician「内科医」の意味の違いに注意／24「日本では毎春，花粉アレルギーが多くの人を苦しめる。」／25「もしあなたがウィルスに対して免疫があるなら，それはあなたの体を害する。」／33 symptoms of depression「鬱の兆候」／37 be cured of A「A（病気）が治る」／38「この花瓶は壊れやすいので，注意して扱わねばならない。」／39「愛に治療法はない。もっと多く愛する以外には。」／42「コレラは大規模な伝染病になりうる。」／43「疲れているときには免疫力が低くなる。」／44 be allergic to A「A に対してアレルギーがある」／45 genetic engineering「遺伝子工学」／49 nuclear weapons「核兵器」

スペルミスしやすい単語 Top 15

英作文などで見かけるスペルミスのランキングです。やはり日本人にとって r と l の区別は難しいようです。global や vocabulary などは，声に出して正しく発音することで，スペルミスを避けることができます。

正しいスペル			よくある間違い
第 1 位	**global**	「地球全体の」	*grobal
第 2 位	**sense**	「感覚」	*sence
第 3 位	**grammar**	「文法」	*gramar, *grammer
第 4 位	**comfortable**	「快適な」	*confortable
第 5 位	**vocabulary**	「語彙」	*vocaburaly
第 6 位	**conscious**	「意識している」	*concious
第 7 位	**research**	「研究」	*reseach
第 8 位	**government**	「政府」	*goverment
第 9 位	**disease**	「病気」	*desease
第 10 位	**professor / profession**	「教授」「職業」	*proffessor / *proffession
第 11 位	**divide**	「分割する」	*devide
第 12 位	**individual**	「個人の」	*indivisual
第 13 位	**correct**	「正しい」	collect「集める」との混同
第 14 位	**embarrass**	「恥ずかしがらせる」	*embarass
第 15 位	**opportunity**	「機会」	*oppotunity

日付： 年 月 日	**得点：** ／49
40 点以上→ SECTION #30 へ	40 点未満→もう一度復習

SECTION #30 「宗教・民族・慣習」

●「宗教」(religion) は日本人にあまり馴染みのない話題かもしれませんが，英語の長文のテーマとしては頻出します。特定の宗教に属している人は，「信仰心」(faith) を持ち，神を「崇拝」(worship) しています。また宗教上の教えは「教義」(doctrine) といいます。

宗教・信仰

1192 □ **religion**⁑ [rɪlídʒən]
名 **宗教，信仰**
★ スペル注意：religion
▶ It is against the law for an employer to discriminate against employees because of **religion**.
「雇用主が被雇用者を**宗教**を理由に差別するのは法に反する。」

□ **religious**⁑ [rɪlídʒəs]
形 **宗教の，信心深い**

1193 □ **faith**⁑ [féɪθ]
名 **信頼，信仰，信念**
◆ **have faith in A**「Aを信じる」
▶ His **faith** in himself helped him succeed in the new business.
「自分に対する**信念**のおかげで，彼は新事業で成功した。」

□ **faithful*** [féɪθfl]
形 **忠実な，信心深い；信用できる**
▶ The key to a long-lasting relationship is to become **faithful**.
「人間関係を長続きさせる秘訣は**誠実に**なることだ。」

1194 □ **worship*** [wə́ːrʃəp]
名 **崇拝** 他 ～を**崇拝する**
★ worth「価値のある」と同語源；「価値のある状態 (ship) のものとして崇拝する」
▶ The Egyptians **worshiped** the sun god.
「古代エジプト人は太陽神を**崇拝していた**。」

1195 □ **doctrine** [dɑ́ktrɪn]
名 **教義，学説**
★ 宗教上・学術上の教え・理論
▶ The Christian **doctrine** regards suicide as a sin.
「キリスト教の**教義**は自殺を罪とみなしている。」
□ **sin** [sín] 名 罪 → **p.276**

Check!	● 正しいスペルは？： 1. religion / 2. religeon / 3. relision	1.

●上の faith に近い意味を持つのが confidence「信用・信頼」です。fide (信じる) という語根を持っています。形容詞形は confident ですが，confidential は「極秘の」とい

う意味を表します。「信じる」を表すもう 1 つの語根が cred です。 credit は「クレジットカード」などの日本語にもなっています。カード 1 枚で高額の買い物ができてしまうのは，後できちんと金を支払うという「信用」（credit）があるからです。

信用

1196 □ **confidence**⁑ [kánfɪdəns]

名 **信頼，自信**

★ con-（完全に）＋ fide （信頼する）

◆ **have confidence in A**「**A を信頼する**」

◆ **self-confidence**「**自信**」

▶ To persuade someone else, you must have **confidence** in yourself.

「他の人を説得するには，自分に**自信**を持たなくてはならない。」

□ **confident**⁑ [kánfɪdənt]

形（～を）**確信している** (of, about, that …)

◆ **be confident of [about] A [that …]**「**A を［…ということを］確信している**」

▶ I'm **confident** of his success. (= I'm **confident** that he will succeed.)

「彼の成功を**確信している**。」

□ **confidential** [kɑnfɪdénʃl]

形 **極秘の**

★ confide（信頼する）→「相手を信頼して秘密を打ち明ける」→「極秘の」

▶ This document should be kept **confidential**.

「この文書は**極秘に**しておかなくてはならない。」

□ **confide** [kənfáɪd]

自（～を）**信頼する** (in ～)；**打ち明ける**

1197 □ **credit**⁑ [krédɪt]

名 **功績，称賛；信用** 他 **～の功績を認める**

★「功績」に基づいた「信用」「称賛」

◆ **give A credit for B**「**B に関して A の功績を認める**」

◆ **be credited with A**「**A をしたと認められる**」

▶ He should be given more **credit** for what he has done.

「彼のやったことに対してもっと**功績**が認められるべきだ。」

▶ Shakespeare is **credited** with writing more than 30 plays.

「シェイクスピアは 30 以上の戯曲を書いた**とされている**。」

1198 □ **incredible**⁑ [ɪnkrédəbl]

形 **信じられない**

★ in-〈否定〉＋ cred （信用する）＋ -ible 〈可能〉→「信用できない」；「信じられないくらいすばらしい」の意味でも用いられる

▶ Many thought the child's story was **incredible**, and that he was making it up.
「多くの人はその子の話は**信じられない**，作り話だと思った。」
▶ The audience applauded the pianist's **incredible** performance.
「観客はピアニストの**すばらしい**演奏に拍手喝采した。」

□ **make up**⁂		句 〜をでっち上げる → **p.480**
□ **applaud**⁂	[əplɔ́:d]	他 〜に拍手喝采する

Check!
- ●［語源］ fide の意味は？ 信用する
- ●［語源］ cred の意味は？ 信用する
- ● I'm confident (　) your innocence. of [about]

●世界の3大宗教は「仏教」(Buddhism)，「イスラム教」(Islam)，そして「キリスト教」(Christianity) です。またキリスト教に関する語として Catholic / Protestant も必須です。アメリカ大陸に最初にキリスト教を伝道した人達は the Pilgrim Fathers と呼ばれています。

宗教関連

1199 □ **Buddhism**＊ [búdɪzm]
名 **仏教**

1200 □ **Muslim**＊ [mʌ́zlɪm]
名 **イスラム教徒** 形 **イスラム教の**

1201 □ **Christianity**＊ [krɪstʃiǽnəti]
名 **キリスト教** (= the Christian religion)

1202 □ **Catholic**＊ [kǽθəlɪk]
形 **カトリックの** 名 **カトリック教徒**
▶ **the Catholic Church**「カトリック教会」

1203 □ **Protestant** [prɑ́təstənt]
形 **プロテスタントの** 名 **新教徒**

1204 □ **priest**＊ [prí:st]
名 **聖職者，司祭**

1205 □ **clergy** [klə́:rdʒi]
名 (集合的に) **聖職者**
★個々の聖職者は clergyman

□ **clergyman** [klə́:rdʒimən]
名 **聖職者，牧師**

1206 □ **preach**
[príːtʃ]

他 **～を説く，説教する**

1207 □ **pilgrim**
[pílgrɪm]

名 **巡礼者**
◆ **the Pilgrim Fathers「ピルグリム・ファーザーズ」**（1620年に米国に渡った清教徒の一団。アメリカ建国の祖とされる。）

Check! ● Buddhism とは？ 仏教

●「神」は God ですが，「神に関する」という意味の形容詞は divine / sacred / holy などがあります。「歌姫」を diva（ディーバ）と称することがありますが，これは divine と同語源。また sacred / sacrifice / saint も「神聖な」という意味の共通語源を持ちます。

神

1208 □ **divine***
[dɪváɪn]

形 **神の，神々しい**
★ div（神）→「神の，神のような」
▶ The poet described his mistress as having **divine** beauty.
「詩人は，自分の愛人を**神々しい**美しさを持っていると表現した。」

□ **divinity**
[dɪvínəti]

名 **神性，神**

1209 □ **sacred***
[séɪkrɪd]

形 **神聖な** (= holy)
▶ In India, cows are **sacred** animals.
「インドでは牛は**神聖な**動物だ。」

1210 □ **sacrifice****
[sǽkrəfaɪs]

他 **～を犠牲にする** 名 **犠牲；生け贄**
★ sacred「神聖な」と同語源；「神に生け贄を捧げる」→「犠牲にする」
▶ The brave firefighter **sacrificed** his own life to save the little girl.
「勇敢な消防士は少女を救うために自らの命を**犠牲にした**。」

1211 □ **saint***
[séɪnt]

名 **聖人；聖人のような人**
★ 略称は St. ； sacred「神聖な」と同語源；カトリック教会から死後与えられる称号
▶ **St. Valentine「聖バレンタイン」**

1212 □ **holy***
[hóʊli]

形 **神聖な** (= sacred)
▶ **pilgrimage to holy sites「聖地巡礼」**

Check! ●［語源］ div の意味は？ 神

●キリスト教の「教会」は church ですが，その他，宗教的な建造物としては shrine や temple があります。日本では仏教の「寺」が temple，神をまつった「神社」が shrine で表されます。宗教上の「儀式」は ritual と呼ばれます。 ceremony も本来は宗教的なものだったのですが，現在では広く結婚式や卒業式などの式典を表すのに用いられます。

神社・儀式

1213 □ **shrine*** [ʃráɪn]

名 **神社**

▶ ↓

1214 □ **temple**** [témpl]

名 **寺院，神殿**

▶ Kyoto attracts tourists because of its many old **shrines** and **temples**.
「京都には古い**神社**や**寺**が沢山あるので観光客を惹きつける。」

1215 □ **ritual*** [rítʃuəl]

名 **儀式**

★「習慣的に行われる行為」の意もある

▶ Baptism is a religious **ritual** performed to welcome someone into the Christian Church.
「洗礼とは，人をキリスト教会に迎えるために行われる宗教**儀式**である。」

□ **baptism** [bǽptɪzm] 名 洗礼

1216 □ **ceremony**** [sérəmoʊni]

名 **儀式，式典**

▶ **a graduation ceremony**「**卒業式**」

▶ **a wedding ceremony**「**結婚式**」

1217 □ **swear*** [swéər]

他 **～を誓う** 自 **ののしる**

★動詞変化： swear – swore – sworn；自 の意味に注意：「汚い言葉を使うこと」

▶ I'll never do this again. I **swear**.
「もう二度としない。**誓う**よ。」

▶ Don't **swear** in front of the children.
「子供たちの前で**汚い言葉を使わ**ないで。」

1218 □ **bless*** [blés]

他 **～を祝福する**

◆ **God bless you!**「**神の祝福がありますように！（幸運を祈る）**」

◆ **be blessed with A**「**A に恵まれている**」

▶ I'm so happy to be **blessed** with such nice kids.

「よい子供たちに**恵まれて**とても幸せだ。」

Check!	● swear の動詞変化は？	swear – swore – sworn

●古代・中世は「魔術・魔法」(magic) に縛られた世界でした。邪悪な力を持つとされる「魔女」(witch) は迫害され，古い屋敷や城には幽霊が「出没する」(haunt) ということがまことしやかに囁かれました。現代では，これらの話題は小説や映画のテーマとして名残をとどめています。

魔術

1219 □ **enchant** [entʃǽnt]

他 ～に**魔法をかける**；を**魅了する**

★en-（中に）＋ chant （歌う）→「歌を歌って魔法をかける」

▶ The beautiful princess was **enchanted** and slept for a hundred years.

「美しい姫は**魔法をかけられ**，100年間眠った。」

1220 □ **witch** [wítʃ]

名 **魔女**

◆ **witchcraft**「**魔法，魔術**」(= magic, sorcery)

▶ ↓

1221 □ **spell**＊ [spél]

名 **呪文**

★「綴る」「期間」の意もあり

◆ **spellbound**「**魔法にかけられた**」

▶ The **witch** cast a **spell** on the prince and turned him into a frog.

「**魔女**は王子に**魔法**をかけ，カエルに変えてしまった。」

□ **turn A into B**⁑ 句 AをBに変える

1222 □ **haunt** [hɔ́ːnt]

他 ～に**出没する**

▶ The castle was **haunted** by ghosts.

「その城には幽霊が**出没した**。」

Check!	● spell の「綴る」以外の意味は？	呪文，期間

●「宗教」と並んで，「民族」や「人種」(race) も，長文問題の頻出テーマです。アメリカのような「多民族社会」(multiethnic society) では，「アフリカ系アメリカ人」(African Americans)，「ヒスパニック」(Hispanics)，「アメリカ先住民」(Native Americans) などの「少数民族」(ethnic minorities) の人権をいかに守るかが問題となります。また人種を元にした「差別」(racism, discrimination) は常に社会問題として論じられます。

人種・民族

1223 □ **race**⁑ [réɪs]
名 ①人種 ②競争
◆ the human race「人類」

□ **racial**⁑ [réɪʃəl]
形 人種の
◆ racial discrimination「人種差別」

□ **racism*** [réɪsɪzm]
名 人種差別（主義）
▶ ↓

1224 □ **discriminate*** [dɪskrímənèɪt]
自（～を）差別する (against ～)，区別する
★ 自動詞
◆ discriminate against A「A を差別する」
▶ **Racism** means **discriminating** against people on the basis of their race.
「**人種差別**とは，人種を基準に人を**差別する**ことである。」

□ **discrimination*** [dɪskrɪmənéɪʃn]
名 差別

1225 □ **tribe*** [tráɪb]
名 部族
★ 主に未開の部族を指す
▶ There were a lot of different **tribes** of Native Americans in the United States.
「アメリカには数多くの先住民の**部族**がいた。」

□ **tribal*** [tráɪbl]
形 部族の

1226 □ **ethnic**⁑ [éθnɪk]
形 民族的な
▶ African Americans are the largest **ethnic minority** in the United States.
「アフリカ系アメリカ人はアメリカで最大の**少数民族**だ。」

1227 □ **nationality*** [næʃnǽləti]
名 国籍
▶ People of many different **nationalities** have immigrated to the United States.
「多くの異なる**国籍**の人達がアメリカに移住してきた。」
□ **immigrate** [ímɪgrèɪt]　自 移住する → p.122

1228 □ **native**⁑ [néɪtɪv]
形 出生地の，原住民の
◆ one's native country「祖国」
◆ a native speaker of English「英語を母国語とする人」

◆ **Native Americans「アメリカ先住民」**

Check! ● the human race とは？： 1. 人間競走 / 2. 人類　2.

●民族の中で長期間にわたって培われてきた思想や「慣習」(custom) が「伝統」(tradition) です。「早起きする」などの個人的な習慣は habit ですが，「屋内で靴を脱ぐ」など，社会全体の慣習は custom で表します。さらに convention 「因習，しきたり」は，その社会でよしとされている行為・考え方を指します。

伝統・慣習

1229 □ **tradition**⁑ [trədíʃn]
名 **伝統**
▶ Japan has a long **tradition** of comics, or manga.
「日本にはコミック，すなわち漫画の長い**伝統**がある。」

□ **traditional**⁑ [trədíʃənl]
形 **伝統的な，昔ながらの**
▶ **traditional** Japanese food「**伝統的な**日本料理」

1230 □ **custom**⁑ [kʌ́stəm]
名 **慣習**
★社会で広く行われている行為；個人の習慣・癖は habit

□ **customary**＊ [kʌ́stəmeri]
形 **慣習の**
▶ It's **customary** for Japanese to take off their shoes when entering someone's house.
「日本人は誰かの家に上がる時は靴を脱ぐのが**慣習である**。」

1231 □ **accustomed**⁑ [əkʌ́stəmd]
形 (〜に) **慣れている** (to 〜) (= used)
★ ac- (〜に) ＋ custom (慣習) →「慣習となっている，慣れている」；to の後は名詞・動名詞
◆ **be accustomed to A**「**A に慣れている**」(= be used to A)
▶ I'm not **accustomed** to sitting up late at night.
「私は夜更かしには**慣れて**いない。」
□ **sit up late**⁑　句 夜更かしする

1232 □ **convention**＊ [kənvénʃn]
名 **慣習，因習，しきたり；大会**
★その社会で良いとされているしきたり・ならわし；しばしば「型にはまったもの・古くさいもの」というニュアンスを持つ
▶ The young prince wanted to be free of **convention**, which prevented him from marrying a commoner.
「若き王子は，庶民との結婚を阻んでいる**しきたり**から自由になりたいと望んだ。」

□ **conventional**⁑ [kənvénʃənl]
形 **因習的な，伝統的な**
▶ Newton challenged the **conventional** views of his day and established his own theories.

「ニュートンは当時の**因習的な**考え方に**異議を唱え**，自分の理論を打ち立てた。」

1233 □ **hierarchy*** [háɪərɑːrki]

名 **階級制，上下関係**

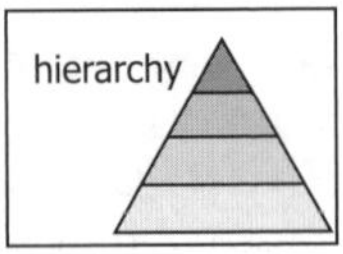

★ピラミッド型の階級構造

□ **hierarchical** [haɪərɑ́ːrkɪkəl]

形 **階級の，上下関係の**

▶ Japanese firms are known to have strict **hierarchical** structures.
「日本企業は，厳格な**上下関係の**構造があるとして知られている。」

Check! ● I'm not accustomed ( ) being questioned. to

●言葉による伝統・伝承という観点から見ると，各民族の間では様々な「民間伝承」(folklore) や「神話」(myth)，「伝説」(legend) が伝わります。folk は一般の民衆のことを指します。皆さんが小学校で踊ったフォークダンスは，「民衆の間に伝わる踊り」だったのです。

伝承・神話

1234 □ **folk*** [fóʊk]

名 **民衆** 形 **民俗の**

▶ **folk tales**「民話，昔話」

□ **folklore** [fóʊklɔːr]

名 **民間伝承**

1235 □ **myth**** [míθ]

名 **神話；俗説**

★しばしば「広く信じられているが，実際には真実ではないこと」を表す

▶ **Greek myth**「ギリシア神話」

▶ There is a **myth** saying that left-handed people are more intelligent.
「左利きの人の方が頭がいいという**俗説**がある。」

□ **mythical** [míθɪkl]

形 **神話の**

1236 □ **legend**** [lédʒənd]

名 **伝説**

▶ Some local heroes become **legends** after people pass on their stories.
「一部の地元の英雄たちは，人々が話を伝えてから**伝説**となる。」

□ **pass on*** 句 ～を（…に）伝える (to ...) → **p.509**

□ **legendary** [lédʒənderi]	形 **伝説の**
1237 □ **tragedy*** [trǽdʒədi]	名 **悲劇，惨劇** (↔ comedy 「喜劇」) ▶ It was a **tragedy** that the musician died so young. 「その音楽家がそんなに若くして死んだのは**悲劇**だった。」
□ **tragic*** [trǽdʒɪk]	形 **悲劇の，悲惨な** ▶ The movie's **tragic** ending brought tears to the audience. 「その映画の**悲劇的な**結末で観客は涙を流した。」

Check! ● folk music **とは？** 民族音楽（民謡）

Review Test

● **Same or Opposite?**

□1 **faith** **confidence** ······ **Same**
□2 **faithful** **loyal** ······ **Same**
□3 **credit** **praise** ······ **Same**
□4 **divine** **human** ······ **Opposite**
□5 **holy** **sacred** ······ **Same**

□6 **bless** **curse** ······ **Opposite**
□7 **witchcraft** **magic** ······ **Same**
□8 **traditional** **new** ······ **Opposite**
□9 **accustomed** **used** ······ **Same**
□10 **legend** **myth** ······ **Same**

● **Yes or No?**

□11 Would you trust a friend who is **faithful**? ······ Yes
□12 Does a religious person **worship** God? ······ Yes
□13 A **doctrine** is a set of ideas one believes in. ······ Yes
□14 If a file is **confidential**, is it available to the general public? ······ No
□15 You should get **credit** for what someone else has done. ······ No

□16 **Christianity** is based on the teachings of Jesus. ······ Yes
□17 If you are **Catholic**, your leader is the Pope. ······ Yes
□18 A **priest** is a member of the **clergy**. ······ Yes
□19 Young people like to be **preached** to by adults. ······ No
□20 **Pilgrims** are those who settle in one place. ······ No

□21 If something is ordinary, is it **divine**? ………… No
□22 A **saint** is a person who has magical powers. ………… No
□23 A **ritual** can be a religious ceremony. ………… Yes
□24 You attend a **ceremony** when you graduate. ………… Yes
□25 When you **swear**, you use dirty words. ………… Yes

□26 We all belong to a certain **race**. ………… Yes
□27 A **tribe** is usually headed by a chief. ………… Yes
□28 **Tradition** has existed only for a short period. ………… No
□29 **Conventions** can be invented in a short period of time. ………… No
□30 If you have power, you would be at the bottom of a **hierarchy**. ………… No

ヒント Pope 「ローマ教皇」

● Multiple Choices

□31 My grandfather was a deeply (　) person.
a. regional　**b.** relative　**c.** religious ………… c.
□32 The Christian (　) forbids suicide.
a. doctrine　**b.** credit　**c.** confidence ………… a.
□33 He has (　) in Christianity.
a. divine　**b.** faith　**c.** credit ………… b.
□34 I'm (　) of his innocence.
a. confidence　**b.** confidential　**c.** confident ………… c.
□35 You deserve (　) for your best effort.
a. credit　**b.** doctrine　**c.** clergy ………… a.

□36 They applauded the pianist's (　) performance.
a. credible　**b.** incredible　**c.** confidential ………… b.
□37 He seems to have (　) power when it comes to winning the lottery.
a. divine　**b.** ritual　**c.** customary ………… a.
□38 Cows are (　) animals for Hindus.
a. racial　**b.** sacred　**c.** ritual ………… b.
□39 The soldiers (　) themselves for the sake of their country.
a. haunted　**b.** sacrificed　**c.** accustomed ………… b.
□40 The couple had a wedding (　) in Hawaii.
a. ceremony　**b.** sacrifice　**c.** tribe ………… a.

□41 It is a (　) for my father to read the morning paper before breakfast.
a. divinity　**b.** pilgrimage　**c.** ritual ………… c.
□42 He (　) never to return to his native country.
a. enchanted　**b.** blessed　**c.** swore ………… c.

☐43 This country is ( ) with vast natural resources.
a. sworn b. blessed c. accustomed ………………………… b.
☐44 The old house is said to be ( ) by ghosts.
a. haunted b. blessed c. preached ………………………… a.
☐45 We cannot tolerate ( ) discrimination in any sense.
a. racial b. saint c. divine ………………………… a.

☐46 African Americans are the largest ( ) minority in the U.S.
a. sacred b. ethnic c. tribal ………………………… b.
☐47 Passports are issued according to one's ( ).
a. tribe b. race c. nationality ………………………… c.
☐48 You have no right to ( ) against people because of their race.
a. discuss b. discredit c. discriminate ………………………… c.
☐49 I'm a ( ) speaker of English.
a. accustomed b. conventional c. native ………………………… c.
☐50 I'm not ( ) to working late at night.
a. accustomed b. conventional c. native ………………………… a.

☐51 My grandmother always told me to respect old ( ).
a. conventions b. nationalities c. divinity ………………………… a.
☐52 The ( ) tale has been passed on from generation to generation.
a. fork b. fall c. folk ………………………… c.
☐53 According to the ( ), the knight died after slaying the dragon.
a. convention b. custom c. legend ………………………… c.

ヒント lottery 「くじ」／slay 「～を殺す」

解説・和訳

13 「教義とは，人が信じる一連の考えである。」／14 「あるファイルが極秘なら，それは一般大衆に利用可能か？」／27 「部族は，たいてい首長を長としている。」／32 the Christian doctrine 「キリスト教の教義」／33 have faith in A 「A を信じる」／35 「あなたは最大限努力した功績を認められるに値する。」／42 swore は swear 「誓う」の過去形／43 be blessed with A 「A に恵まれている」／45 「いかなる意味においても人種差別を許容することはできない。」／53 「伝説によると，その騎士はドラゴンを殺した後で死んだという。」

日付：	年 月 日	得点：	／53
43 点以上→ SECTION #31 へ		43 点未満→もう一度復習	

SECTION #31 「自然・環境」

●「環境問題」(environmental problems) は近年避けて通れない課題となっています。一般的に「自然環境」は the environment で表します。慣用的に定冠詞の the が付くことに注意してください。人間を含めた「生物種」(species) は，環境に順応しながら「進化して」(evolve) きました。また「エコロジー」という日本語をよく耳にするでしょう。ecology は元来「生態系」という意味ですが，最近では「環境保護」一般を指す言葉としても用いられます。

環境・進化

1238 □ **environment**⁑ [enváɪrənmənt]
名 **環境**
★ environ (周囲) →「周囲を取り巻くもの」; the environment「自然環境」
▶ ↓ (evolve)

□ **environmental**⁑ [envaɪrənméntl]
形 **環境の**
▶ **environmental problems**「環境問題」

□ **environmentalism** [envaɪrənméntəlɪzm]
名 **環境保護主義**

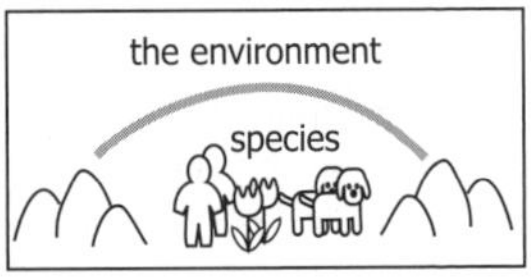

1239 □ **species**⁑ [spíːʃiːz]
名 (生物の) **種；人類**
★ 単複同形
◆ **the human species**「人類」
▶ ↓

1240 □ **evolve**⁑ [ɪválv]
自 **進化する，発展する** (= develop)
★ e- (外に) + volve (回転する) →「回りながら進化していく」
▶ Many **species** have **evolved** to adjust to the **environment** they live in.
「多くの**生物種**は，住んでいる**環境**に適応するよう**進化した**。」

□ **evolution**⁑ [evəlúːʃn]
名 **進化，発展**
★ revolution「革命」と混同しないこと
▶ **the theory of evolution**「(ダーウィンの) **進化論**」
▶ The economic **evolution** helped the country adjust to globalization.
「経済**発展**によって，その国はグローバル化に適応した。」

□ **evolutionary**⁑ [evəlúːʃneri]
形 **進化した，進化の**

1241 □ **ecology*** [ɪkálədʒi]
名 **生態 (系)，自然環境，環境保護**
▶ People are becoming more and more concerned about

ecology.
「人々は**環境保護**についてますます懸念するようになっている。」

□ **ecological*** [ekəládʒɪkl]
形 **生態の，環境保護の**

Check!		
	● 正しいスペルは？： 1. enviroment / 2. environment	2.
	● species の単数形は？	species
	● evolution の意味は？： 1. 革命 / 2. 進化	2.

●人の手が加えられていない，そのままの状態が「自然」（nature）です。 nature は，いわゆる「大自然」を指す場合もありますし，また人・物に「本来的に備わった」（inherent, intrinsic）「性質」をも表します。 nature / natural / naturally に関しては「自然」「性質」「当然」「生まれつき」などの訳語を覚えてください。そして nature に人間の手が加わったものが「人工の」（artificial）です。

自然 vs 人工

1242 □ **nature**⁑ [néɪtʃər]
名 **自然；本質；性質**
★ 人の手の加わらない状態；「大自然」の意では通常 無冠詞単数；「本質」「性質」の訳語に注意
◆ **human nature**「**人間性（人間の性質）**」
▶ If we continue to destroy **nature**, as we do now, it will eventually lead to our own extinction.
「もし今のように**自然**を破壊し続ければ，結局は我々自身の絶滅を招くだろう。」
▶ The murderer had always been considered a person with a violent **nature**.
「殺人犯は暴力的な**性質**を持った人であるとずっと考えられていた。」
□ **extinction**⁑ [ɪkstíŋkʃn] 名 絶滅 → **p.139**

□ **natural**⁑ [nǽtʃərəl]
形 **自然の；当然の；生まれつきの**
◆ **it is natural for A to *do* = it is natural that A (should) *do***
「**A が〜するのは当然だ**」
▶ It's **natural** for a baby to cry when it's hungry.
「お腹が空いたときに赤ん坊が泣くのは**当然だ**。」

□ **naturally**⁑ [nǽtʃrəli]
副 **当然；生まれつき**

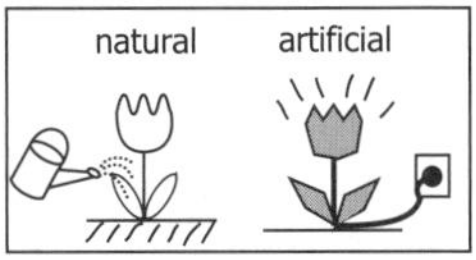

□ **by nature**⁑
句 **生まれつき，元来**
▶ Human beings are **by nature** social animals.
「人間は**元来**社交的な動物である。」

1243 □ **inherent** *
[ɪnhíərənt]

形（〜に）**本来備わっている** (in 〜) (= intrinsic)

◆ **be inherent in A**「Aに本来備わっている」

▶ Certain risks are **inherent** in everyday life.
「日常生活にはある種の危険が**本来備わっている。**」

1244 □ **artificial** ⁑
[ɑːrtɪfíʃl]

形 **人工の**

◆ **artificial intelligence**「人工知能」(= AI)

▶ His new **artificial leg** enabled him to walk longer distances.
「新しい**義足**で彼はより長い距離を歩けるようになった。」

Check! ● Humans are social (　) nature. by

●我々の使命は地球の自然環境を「守る」(protect, preserve) ことです。しかし，発展途上国が貧困から抜け出すためには「開発」(development) も必要です。そこで「環境保護」と「開発」をどのように両立させていくかが最大のテーマとなるのです。単に資源を使い尽くすのではなく，「持続可能な開発」(sustainable development) を進めていくことが必要になります。

環境 vs 開発

1245 □ **preserve** ⁑
[prɪzə́ːrv]

他 〜を**保護する，保存する** (= conserve)

▶ Before the invention of the refrigerator, people had only limited means of **preserving** food.
「冷蔵庫が発明される以前は，食料を**保存する**手段は限られていた。」

□ **refrigerator** ⁑ [rɪfrídʒəreɪtər] 名 冷蔵庫

□ **preservation** ⁑
[prezərvéɪʃn]

名 **保護，保存**

1246 □ **develop** ⁑
[dɪvéləp]

他 〜を**発達させる，開発する；発症する**

自 **発達する，発育する**

◆ **a developing country**「発展途上国」

◆ **a developed country**「先進国」

▶ **develop** cancer「癌を**発症する**」

▶ Public transport is well **developed** in Tokyo.
「東京では交通機関が高度に**発達している。**」

□ **public transport** ⁑ 句 交通機関 → **p.237**

□ **development** ⁑
[dɪvéləpmənt]

名 **発達，発育，開発**

▶ The **development** of light bulbs shortened people's average daily sleep.

「電球の**開発**は，人の1日の平均睡眠時間を減らした。」

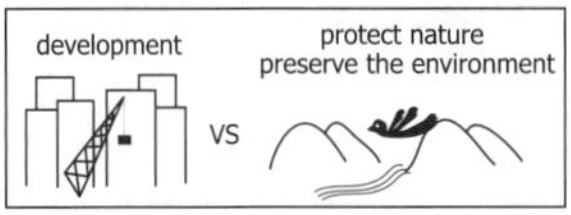

1247 □ **sustain***
[səstéɪn]

他 ～を**支える，維持する** (= maintain)

▶ The shelf cannot **sustain** the weight of a computer and a printer.
「その棚はコンピュータとプリンタの重さを**支え**られない。」

□ **sustainable***
[səstéɪnəbl]

形 **持続可能な** (= endurable)

▶ **sustainable development**「**環境維持開発**」

Check! ● develop の名詞形は？ development

●開発によって「汚染」(pollute) されるのは地球を取り巻く「大気」(atmosphere) だけではありません。「ゴミ」(waste, garbage) の廃棄によって，河川や土壌も汚染を受けます。そして心ない汚染や開発によって，我々の周囲の「風景」(landscape) は急激に変化してしまいます。 garbage / trash / rubbish はいずれも不可算名詞だということに注意してください。

大気・汚染

1248 □ **atmosphere**⁑
[ǽtməsfɪər]

名 **大気；雰囲気**

★ アクセント注意

▶ Certain gases in the **atmosphere** damage the ozone layer.
「**大気**中の特定のガスがオゾン層にダメージを与える。」

□ **atmospheric***
[æ̀tməsférɪk]

形 **大気の**

▶ **atmospheric pollution**「**大気汚染**」

1249 □ **pollute**⁑
[pəlúːt]

他 ～を**汚染する**

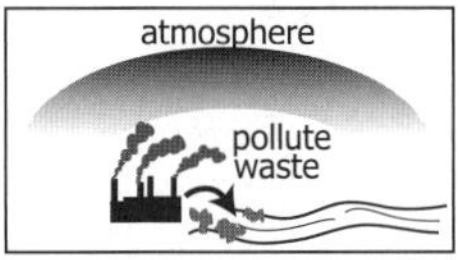

□ **pollution**⁑
[pəlúːʃn]

名 **汚染**

▶ **air pollution**「**大気汚染**」

▶ Environmental **pollution** can be reduced through awareness of environmental protection.
「環境保護を意識することで，環境**汚染**は減らすことができる。」

1250 □ **waste**⁑
[wéɪst]

名 **無駄，浪費；廃棄** 他 ～を**浪費する**

▶ **industrial waste**「**産業廃棄物**」

▶ **It's a waste of time.**「**時間の無駄だ。**」

1251 □ **garbage**⁑
[gɑ́ːrbɪdʒ]

名 **ゴミ**
★ 不可算名詞；複数形にしないこと；主に台所から出るゴミ
▶ My chore is taking out the **garbage** three times a week.
「私の雑用は週に3回**ゴミ**を出すことだ。」
□ **chore*** [tʃɔ́ːr] 名 雑用 → **p.450**

1252 □ **trash**⁑
[træʃ]

名 **ゴミ**
★ 不可算名詞；複数形にしないこと；主に紙くずなどのゴミ

1253 □ **rubbish***
[rʌ́bɪʃ]

名 **ゴミ；くだらないこと**
★ 不可算名詞；「くだらないこと」の意で使われる
▶ What you are saying is **rubbish**; I will not trust one word of it.
「君の言うことは**くだらない**。一言も信じないぞ。」

1254 □ **litter***
[lítər]

他 ～（場所）を**散らかす** 名（公共の場所に捨てられる）**ゴミ**
★ 公共の場所でのゴミを表す
▶ Tons of plastic bags end up as **litter** every day.
「毎日大量のビニール袋が**放置されたゴミ**となっている。」

1255 □ **landscape**⁑
[lǽndskeɪp]

名 **風景** (= scenery)
★ land（土地）＋ scape（風景）；snowscape は「雪景色」；見渡せる広大な風景
▶ Japan's rural **landscapes** are rapidly disappearing.
「日本の田舎の**風景**は急速に消えつつある。」

Check!		
	● **正しいスペルは？：** 1. polution / 2. pollution	2.
	● atmosphere **のアクセント位置は？**	átmosphere
	● **「ゴミ」の正しいスペルは？：** 1. trush / 2. trash	2.

●地球の「資源」(resources) には限りがあります。「石油」(petroleum) や天然ガスなどの「化石燃料」(fossil fuel) を消費し続ければ，いずれは「使い尽くす」(exhaust) 可能性もあります。

資源

1256 □ **resource**⁑
[ríːsɔːrs]

名 **資源，財源**
★ 複数形で用いられることが多い；天然資源以外にも，人材，財源など，活動の原動力になるもの一般を指す
▶ **natural resources**「**天然資源**」
▶ **human resources**「**人材**」

□ **resourceful** [risɔ́ːrsfl]

形 **機知に富んだ**
★臨機応変に対応できること
▶ a **resourceful** person「**機知に富んだ**人物」

1257 □ **fossil** ⁑ [fɑ́sl]

名 **化石**
▶ ↓

1258 □ **fuel** ⁑ [fjúːəl]

名 **燃料** 他 ～に**燃料を供給する**；を**あおる**
▶ To produce energy, most large power stations burn **fossil fuels** like **petroleum** and coal.
「エネルギーを生産するために，大半の大きな発電所は**石油**や石炭など**化石燃料**を燃やしている。」
▶ Printing more money **fuels** inflation.
「紙幣を増刷するとインフレを**あおる**ことになる。」

1259 □ **petroleum** * [pətróʊliəm]

名 **石油**
▶ ↑

1260 □ **exhaust** ⁑ [ɪgzɔ́ːst]

他 ～を**使い果たす，疲れさせる**
▶ The supply of oil and gas will be **exhausted** in the future.
「石油やガスの貯蔵は将来**使い果たされる**だろう。」
▶ I was **exhausted** after a day's work.
「1日の仕事で**疲れ果てた**。」

□ **exhaustion** * [ɪgzɔ́ːstʃn]

名 **使い果たすこと**，（極度の）**疲労**

Check!		
	● natural resources **とは？**	**天然資源**
	● fossil fuel **とは？**	**化石燃料**

●地球環境問題をテーマにした長文で頻出のキーワードです。大気中の「二酸化炭素」（carbon dioxide）量の増加は「温室効果」（greenhouse effect）を引き起こし「地球温暖化」（global warming）の原因になっていると言われています。二酸化炭素量の増加は「熱帯雨林」（tropical rain forest）の伐採や自動車による「排気」（emission）が原因です。またフロンガスなどの「化学物質」（chemical）の使用により「オゾン層」（ozone layer）が破壊されると，人体に有害な紫外線を防ぐことができなくなります。

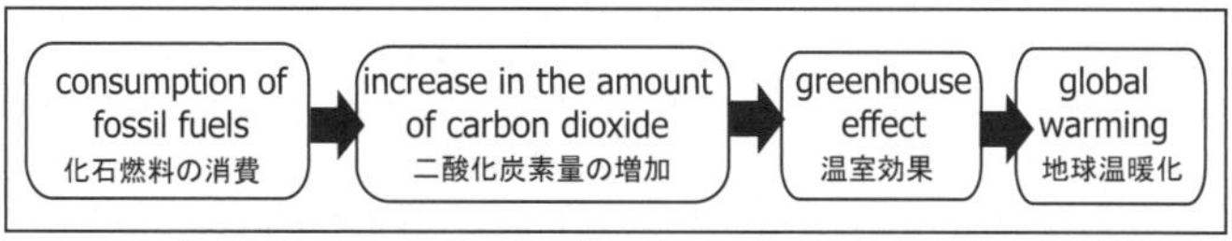

環境キーワード

1261 □ **global warming**⁑
句 **地球温暖化**
▶ ↓ (carbon dioxide)

1262 □ **greenhouse effect***
句 **温室効果**

1263 □ **carbon dioxide**⁑
句 **二酸化炭素**
★carbon (炭素) + di (2) + oxide (酸)
▶ The increasing amount of **carbon dioxide** in the atmosphere is said to be one of the causes of **global warming**.
「大気中の**二酸化炭素**量の増加は，**地球温暖化**の原因の１つと言われている。」

1264 □ **tropical rain forest**
句 **熱帯雨林**
▶ The destruction of **tropical rain forests** has an adverse effect on global ecosystems and climates.
「**熱帯雨林**の破壊は，地球の生態系と気候に悪影響を及ぼしている。」

1265 □ **acid rain**
句 **酸性雨**
▶ The main causes of **acid rain** are air pollution from factories and exhaust gases from automobiles.
「**酸性雨**の主要な原因は，工場からの大気汚染と，自動車からの排気ガスだ。」

1266 □ **ozone layer**
句 **オゾン層**
▶ CFCs emitted from spray cans destroy the **ozone layer**, which protects us from ultraviolet radiation.
「スプレー缶から放出されるフロンガスが，我々を紫外線の放射から守る**オゾン層**を破壊する。」
□ **ultraviolet** [ʌltrəváɪələt] 形 紫外線の
□ **radiation*** [reɪdiéɪʃn] 名 放射 → **p.388**

Check! ● layer とは？ 層

●自然に関連する語を覚えましょう。 climate / weather の違いに注意してください。毎日の天気が weather で，年間を通したその土地の気候が climate です。また雨や雷などの「自然現象」(natural phenomenon) は，時に人間に刃を向けることもあります。「地震」(earthquake) や「干ばつ」(drought) などの「災害」(disaster) は, テクノロジーが発展した現在でも我々を脅かしています。いつの時代でも, 人間は自然の一部でしかないということを痛感させられるのです。

自然関連

1267 □ **climate**⁑
[kláɪmət]

名 **気候**
★日々変化する「天気」は weather，年間を通じての土地の気候は climate
▶ Florida is known for its tropical **climate**.
「フロリダは熱帯性の**気候**で知られている。」
▶ More and more people are concerned about **climate change**.
「**気候変動**を懸念する人が増えている。」

1268 □ **temperature**⁑
[témpərətʃər]

名 **温度，気温**
★「摂氏」は Celsius,「華氏」は Fahrenheit
◆ **take one's temperature「体温を測る」**
▶ Today's highest **temperature** is 23 degrees Celsius.
「今日の最高**気温**は摂氏 23 度です。」

1269 □ **humid***
[hjúːmɪd]

形 **湿った** (= damp, moist)
★ damp, humid は不快な湿気， moist には不快感はない
▶ Summer in Japan is hot and **humid**.
「日本の夏は暑くて**湿気が多い**。」

□ **humidity***
[hjuːmídəti]

名 **湿気**

1270 □ **moist**
[mɔ́ɪst]

形 **湿った**

□ **moisture***
[mɔ́ɪstʃər]

名 **湿気**
▶ Bacteria like warmth and **moisture**, so you should preserve food in a cold, dry place.
「細菌は暖かさと**湿気**を好むので，食料を寒く乾燥した場所で保存すべきだ。」

1271 □ **phenomenon**⁑
[fɪnɑ́mənən]

名 **現象**
★複数形： phenomena
▶ **natural phenomenon「自然現象」**
▶ A rise in atmospheric temperature is a worldwide **phenomenon**.

「気温の上昇は世界的な**現象**である。」

1272 □ **drought** *
[dráʊt]

名 **干ばつ**
★ 発音注意：ドゥラウト
▶ There was a severe **drought** in Australia.
「オーストラリアで深刻な**干ばつ**があった。」

1273 □ **disaster** ⁑
[dɪzǽstər]

名 **災害，惨事**
★ dis-〈分離〉＋ aster （星）→「星の巡りが悪い」
▶ **a natural disaster**「自然災害」
▶ The couple's anniversary turned into a **disaster** after they ran into the man's ex-girlfriend at a restaurant.
「レストランで男の元彼女に遭遇して，2人の記念日は**大惨事**になった。」
□ **run into** ⁑ 句 〜に出くわす

□ **disastrous** *
[dɪzǽstrəs]

形 **災害を招く，悲惨な**

Check!		
	● phenomenon の複数形は？	phenomena
	● drought の下線部と同じ発音は？： 1. crowd / 2. bought	1.
	● disaster の形容詞形は？： 1. disasterous / 2. disastrous	2.

●最後は「地球」(globe, Earth) に関する語です。図を見て各名称を覚えてください。

地球

1274 □ **hemisphere** *
[hémɪsfɪər]

名 **半球**
★ hemi- (= half) ＋ sphere （球）→「球の半分」
◆ **the Northern [Southern] Hemisphere**「北［南］半球」

□ **sphere** *
[sfíər]

名 **球；分野，領域**

1275 □ **continent** ⁑
[kάntənənt]

名 **大陸**
▶ **the North American [Australian] continent**
「北アメリカ［オーストラリア］大陸」

□ **continental** *
[kɑntənéntl]

形 **大陸の**

1276 □ **Arctic** *
[άːrktɪk]

名 (the) **北極地方**
★ 北極点は the North Pole

□ **Antarctic** *
[æntάːrktɪk]

名 (the) **南極地方**
★ ant-（反対の = anti）＋ arctic ；南極点は the South Pole

1277 □ **pole*** [póʊl]
名 **極**
◆ **the North [South] Pole「北［南］極点」**

□ **polar*** [póʊlər]
形 **極の**
▶ **a polar bear「北極グマ」**

□ **polarization** [poʊlərəzéɪʃn]
名 **分極化**

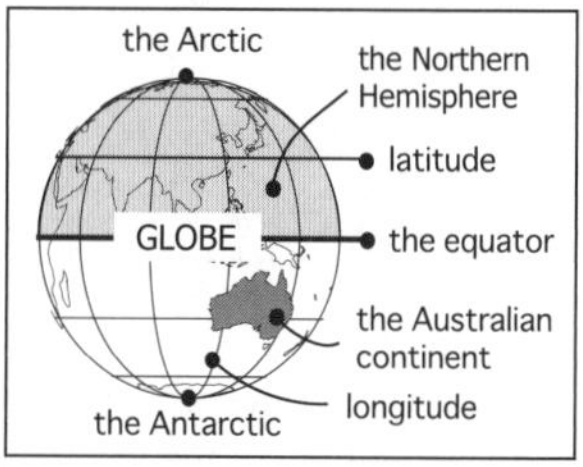

1278 □ **latitude** [lǽtətju:d]
名 **緯度**

1279 □ **longitude** [lɑ́ndʒətju:d]
名 **経度**
★ long（長い）から

1280 □ **altitude** [ǽltətju:d]
名 **高度**
★ alti（高い）から；exalt「〜を高める」, alto「（声楽の）アルト」と同語源

1281 □ **equator** [ɪkwéɪtər]
名 **赤道**
★ equal（等しい）と同語源；地球を等しく二分する線

Check! ● continent のアクセント位置は？ cóntinent

Review Test

● **Same or Opposite?**

□1	evolve	develop	Same
□2	natural	artificial	Opposite
□3	inherent	intrinsic	Same
□4	preserve	conserve	Same
□5	sustainable	endurable	Same
□6	garbage	trash	Same
□7	litter	clean	Opposite
□8	landscape	scenery	Same
□9	exhausted	worn out	Same
□10	humid	dry	Opposite

Fill in the blanks.

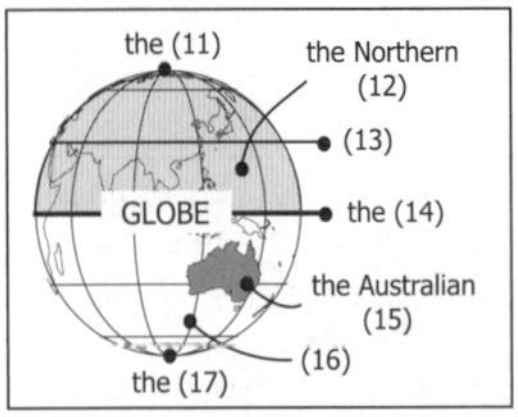

a. **equator**
b. **Antarctic**
c. **continent**
d. **Hemisphere**
e. **longitude**
f. **Arctic**
g. **latitude**

□**11** ………………… f.
□**12** ………………… d.
□**13** ………………… g.
□**14** ………………… a.
□**15** ………………… c.
□**16** ………………… e.
□**17** ………………… b.

Yes or No?

□**18** An **environmental** problem affects only a few people. ………………… No
□**19** **Evolution** means radical change in a political system. ………………… No
□**20** **Ecology** is about protecting the environment. ………………… Yes

□**21** An **artificial** flower needs watering. ………………… No
□**22** The refrigerator is for **preserving** food. ………………… Yes
□**23** If an idea is **developing** in your head, it is about to disappear. ………………… No
□**24** **Atmospheric** pollution refers to damage on the surface of the Earth. ………………… No
□**25** To **pollute** is to make environmentally dirty. ………………… Yes

□**26** Abundant **natural resources** can make a country wealthy. ………………… Yes
□**27** Coal is a type of **fossil fuel**. ………………… Yes
□**28** **Temperature** can be measured. ………………… Yes
□**29** **Drought** occurs when it rains a lot. ………………… No
□**30** An earthquake can be a **disaster**. ………………… Yes

Multiple Choices

□**31** Darwin developed the theory of ( ).
a. revolution **b.** evolution **c.** recreation ………………… b.

□**32** All the ( ) on the Earth have evolved from a single-celled organism.
a. species **b.** environment **c.** evolution ………………… a.

□**33** People are becoming more concerned about recycling and ( ).
a. species **b.** ecology **c.** evolution ………………… b.

□**34** It's human ( ) to forget.
a. environment **b.** inherent **c.** nature ………………… c.

□**35** Humans are social animals ( ) nature.
a. for **b.** by **c.** to ………………… b.

□**36** Creativity is ( ) in human beings.
a. inherent **b.** coherent **c.** artificial ………………… a.

□37 "AI" stands for ( ) Intelligence.
a. Artistic b. Artificial c. Accurate ………………………… b.

□38 In order to ( ) the environment, we all need to take some action.
a. pollute b. waste c. preserve ………………………… c.

□39 The ( ) of hybrid engines leads to a reduction of carbon dioxide.
a. development b. disaster c. resource ………………………… a.

□40 There are different types of gas in the Earth's ( ).
a. humidity b. atmosphere c. temperature ………………………… b.

□41 The river is ( ) by toxic chemicals emitted from the factories.
a. sustained b. polluted c. exhausted ………………………… b.

□42 The five-year-old boy is in charge of taking out the ( ).
a. atmosphere b. pollution c. garbage ………………………… c.

□43 What you are saying is absolute ( ).
a. rubbish b. fuel c. fossil ………………………… a.

□44 Consumption of fossil ( ) is the major cause of the greenhouse effect.
a. forest b. exhaust c. fuels ………………………… c.

□45 ( ) warming means a general increase in world temperatures.
a. Grobal b. Global c. Globar ………………………… b.

□46 The ( ) protects us from ultraviolet light.
a. carbon dioxide b. greenhouse effect c. ozone layer ………………………… c.

□47 The nurse took the patient's ( ).
a. climate b. humidity c. temperature ………………………… c.

□48 Foreigners visiting Japan in summer suffer from its hot and ( ) climate.
a. temperature b. humid c. drought ………………………… b.

□49 The earthquake in Kobe was a terrible ( ).
a. disaster b. pollution c. drought ………………………… a.

解説・和訳

18「環境問題はごく少数の人にのみ影響する。」／19 evolution「進化」と revolution「革命」を混同しないこと／23「ある考えが頭の中でふくらんでいるなら，それは消えようとしている。」／24「大気汚染とは，地球の表面への損害を指す。」／31 the theory of evolution「進化論」／32「地球上の全ての生物種は，単細胞生物から進化した。」／34「ものを忘れるのは人間の性だ。」／36「人間には本来創造力が備わっている。」／39「ハイブリッド・エンジンの開発により，二酸化炭素は減る。」／42「その5歳児はゴミ出しを担当している。」／43「君の言っていることは全くもってくだらない。」／44「化石燃料の消費は，温室効果の主要な原因である。」／46「オゾン層は紫外線から我々を守る。」

日付： 年 月 日	得点： ／49
40点以上→SECTION #32へ	40点未満→もう一度復習

「名前動後」

名詞では前に，動詞では後にアクセントがある語をリストアップしました。アクセント問題では特に狙われやすいので，しっかりと覚えておきましょう。

	名詞		動詞	
present	présent	「贈り物」	presént	「示す」
object	óbject	「物体」	objéct	「反対する」
import	ímport	「輸入品」	impórt	「輸入する」
export	éxport	「輸出品」	expórt	「輸出する」
increase	íncrease	「増加」	incréase	「増える」
decrease	décrease	「減少」	decréase	「減る」
insult	ínsult	「侮辱」	insúlt	「侮辱する」
conduct	cónduct	「ふるまい」	condúct	「実施する」
record	récord	「記録」	recórd	「記録する」
project	próject	「計画」	projéct	「投影する」
protest	prótest	「抗議」	protést	「抗議する」
suspect	súspect	「容疑者」	suspéct	「疑う」
desert	désert	「砂漠」	desért	「見捨てる」

SECTION #32 「短い単語」

●このセクションでは，1音節，スペルが5文字以内の短い単語を学習します。「短い単語は覚えるのが簡単だ」という先入観があるかもしれませんが，実はこれが思わぬ落とし穴となることが多いのです。短い単語ほど「ど忘れ」しやすく，しかもスペルから意味を類推することが難しいため，読解などではお手上げ状態になることもあるでしょう。
●まずは身体の動作を表す動詞からです。スペルを見て，直感的に意味をイメージできるようにしましょう。

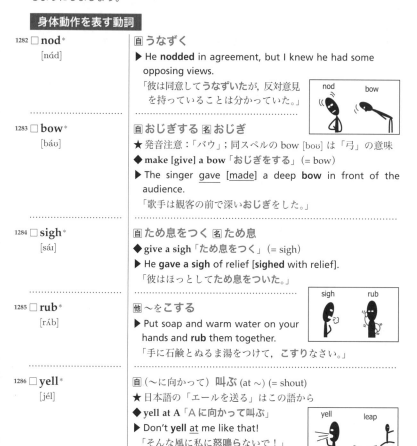

身体動作を表す動詞

1282 □ **nod*** [nɑ́d]

自 **うなずく**

▶ He **nodded** in agreement, but I knew he had some opposing views.
「彼は同意して**うなずいたが**，反対意見を持っていることは分かっていた。」

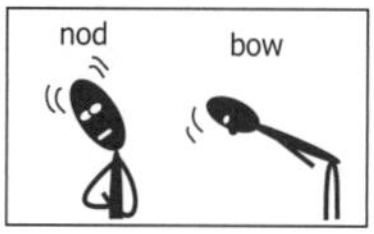

1283 □ **bow*** [báʊ]

自 **おじぎする** 名 **おじぎ**

★ 発音注意：「バウ」；同スペルの bow [boʊ] は「弓」の意味
◆ **make [give] a bow**「**おじぎをする**」(= bow)
▶ The singer gave [made] a deep **bow** in front of the audience.
「歌手は観客の前で深い**おじぎ**をした。」

1284 □ **sigh*** [sáɪ]

自 **ため息をつく** 名 **ため息**

◆ **give a sigh**「**ため息をつく**」(= sigh)
▶ He **gave a sigh** of relief [**sighed** with relief].
「彼はほっとして**ため息をついた**。」

1285 □ **rub*** [rʌ́b]

他 ～を**こする**

▶ Put soap and warm water on your hands and **rub** them together.
「手に石鹸とぬるま湯をつけて，**こすり**なさい。」

1286 □ **yell*** [jél]

自 (～に向かって) **叫ぶ** (at ～) (= shout)

★ 日本語の「エールを送る」はこの語から
◆ **yell at A**「**A に向かって叫ぶ**」
▶ Don't **yell** at me like that!
「そんな風に私に**怒鳴ら**ないで！」

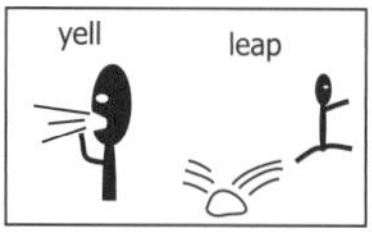

1287 □ **leap***
[líːp]

自 **跳ぶ** 名 **跳躍，飛躍** (= jump)
▶ The frog **leaped** from stone to stone.
「蛙は石から石へと**跳んだ**。」

Check! ● bow「おじぎ」と同じ発音の母音は？ ： 1. cow / 2. bowl 1.

●次の語も，ある「動き」を表すものばかりです。不規則変化する動詞が多いので注意してください。

動きを表す動詞

1288 □ **fix**⁑
[fíks]

他 ①〜を**固定する** ②〜を**修理する** (= repair)
▶ The audience's eyes were all **fixed** on the presenter as he was about to give a speech.
「発表者がスピーチを始めようとすると，観客の目は皆彼に**釘付けになった**。」
□ **be about to *do***⁑ 句 今にも〜しそうである → **p.434**

1289 □ **pour**⁑
[pɔ́ːr]

他 〜を**注ぐ** 自 **流れ出る**
◆ **pour into A**「A に**なだれ込む**」
▶ **pour** hot tea into a cup「カップに熱いお茶を**注ぐ**」

1290 □ **dip***
[díp]

他 〜を（軽く）**浸す**
▶ **dip** biscuits into coffee「ビスケットをコーヒーに**浸す**」

1291 □ **soak***
[sóʊk]

他 〜を**浸す，びしょ濡れにする** (= drench)
◆ **get soaked**「**びしょ濡れになる**」(= get drenched)
▶ I got **soaked** in the pouring rain.
「土砂降りの雨で**ずぶ濡れに**なった。」

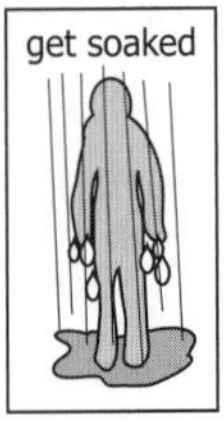

1292 □ **sip**
[síp]

他 〜を**一口飲む**
▶ **sip** coffee [wine]「コーヒー［ワイン］を**一口飲む**」

1293 □ **cast***
[kǽst]

他 〜を**投げる，投げかける**
★ 動詞変化： cast – cast – cast
◆ **cast a glance at A**「A を**ちらりと見る**」
▶ The witch **cast** a spell on the beautiful princess.
「魔女は美しい王女に魔法を**かけた**。」
□ **spell*** [spél] 名 魔法 → **p.397**

1294 □ **shed** *
[ʃéd]

他 ～を**流す，こぼす**
★動詞変化： shed – shed – shed ；目的語は tears「涙」，blood「血」など
▶ **shed tears [blood]**「**涙［血］を流す**」

1295 □ **spur**
[spə́ːr]

他 ～に**拍車をかける，駆り立てる**
★動詞変化： spurred, spurring
▶ The new development project **spurred** the economic growth of the region.
「新しい開発計画は地域の経済成長に**拍車をかけた。**」

1296 □ **blur**
[bləːr]

他 ～を**ぼやけさせる** 自 **ぼやける**

★動詞変化： blurred, blurring
▶ Tears welled up in my eyes and **blurred** my vision.
「目が涙で溢れて視界が**ぼやけた。**」
□ **well** [wél] 自 わき出る → well「井戸」から

Check!		
	● fix の 2 つの意味は？	固定する／修理する
	● cast の動詞変化は？	cast – cast – cast

●さらに動詞が続きます。cite「引用する」は site「場所」（→ **p.129**）や sight「光景」（→ **p.263**）と同音ですが，スペルが c で始まることに注意してください。rear「育てる」は bring up / raise と同義です。

その他の短い動詞

1297 □ **cite** *
[sáɪt]

他 ～を**引用する**
★原義は「呼び起こす (call)」
▶ President Lincoln's famous words have been **cited** over and over again.
「リンカーン大統領の有名な言葉は繰り返し**引用されてきた。**」

□ **recite** *
[rɪsáɪt]

他 ～を**暗唱する**
★re-（再び）＋ cite（呼び起こす）
▶ The boy can **recite** the names of all the presidents in order.
「その少年は全ての大統領の名前を順に**暗唱する**ことができる。」

□ **recital**
[rɪsáɪtl]

名 **独奏会**
▶ a piano **recital**「ピアノ**独奏会**」

1298 □ **rear** *
[ríər]

他 ～を**育てる** (= bring up, raise)
★名詞「後部」の意味もあり→「リア・シート」
◆ **child rearing**「**育児**」

▶ The mother devoted all her life to **rearing** her five children.
「母親は5人の子供を**育てる**のに生涯を捧げた。」
□ **devote**⁑ [dɪvóʊt] 他 ～を捧げる → **p.349**

1299 □ **beg*** [bég]
他 ～を**懇願する，請う**
▶ **I beg your pardon.**
「**すみません。／もう一度言っていただけますか。**」(「あなたの許しを請う」→「すみません」)

1300 □ **bet*** [bét]
他 ～を**賭ける；きっと…だと思う**
★「賭ける」→「絶対そうだと思う」
◆**I bet ...**「**きっと…だと思う**」
▶ I **bet** he won't come to the party.
「彼は**きっと**パーティーに来ないと**思うよ**。」

1301 □ **sue*** [súː]
他 ～を**告訴する**
▶ The company was **sued** for dumping industrial waste into the river near their manufacturing plant.
「その会社は，製造工場の付近の川に産業廃棄物を捨てたとして**告訴された**。」
□ **dump*** [dʌ́mp] 他 ～を捨てる

1302 □ **dread*** [dréd]
他 ～を**恐れる** 名 **恐怖** (= fear)
▶ I'm really **dreading** the upcoming exams.
「私は今度の試験を本当に**恐れている**。」

□ **dreadful*** [drédfl]
形 **恐ろしい** (= fearful)
▶ I had a **dreadful** nightmare.
「**恐ろしい**悪夢を見た。」
□ **nightmare*** [náɪtmeər] 名 悪夢

1303 □ **vow** [váʊ]
他 ～を**誓う** (= swear) 名 **誓い**
▶ You **vowed** never to forget my birthday, didn't you?
「私の誕生日を絶対に忘れないって**誓った**でしょう？」

1304 □ **chill*** [tʃíl]
他 ～を**冷やす，に寒気を感じさせる** 名 **寒気，冷たさ**
★「冷やす」→「悪寒を感じるくらいぞっとさせる」
▶ The sound of scratching a blackboard **chills** me to the bone.
「黒板を引っ掻く音を聞くと**ぞっとする**。」
▶ a **chilling** conclusion「**身の毛もよだつような結論**」

Check!	●「育てる」という意味の動詞（句）は？（3つ）	rear / bring up / raise

● staff / stuff,　crash / clash / crush など，スペルが似通っていて混同しやすい語を集めました。特に r と l の違いは日本人が苦手とするところです。 fresh と flesh,　grow と glow ではまるで意味が違うので要注意です。

混同しやすい語

1305 □ **staff**
[stǽf]

名 **社員，職員**
★職員全体を指す；1人1人は a member of staff / a staff member
▶ **the medical staff**「**医療スタッフ**」

1306 □ **stuff**
[stʌ́f]

名 **もの** 他 **〜を詰め込む**
★不可算名詞； things と同じように「もの全般」に用いる
◆ **stuff A with B = stuff B into A**「**AにBを詰め込む**」
▶ I've got some **stuff** to buy at the supermarket.
「スーパーでちょっと買う**もの**があるんだ。」
▶ The thief **stuffed** money into his pocket and ran away.
「泥棒はポケットに金を**詰め込み**逃げた。」

1307 □ **crash**
[krǽʃ]

自 **衝突する**
★ぶつかって壊れる
▶ The airplane exploded and **crashed** to the ground.
「飛行機は爆発し地面に**墜落した**。」

1308 □ **clash**
[klǽʃ]

自 **衝突する** 名 **衝突**
★「カチン」とぶつかる
▶ The two opposing armies **clashed** at the battle of Okehazama.
「対立する両軍は桶狭間の戦いで**衝突した**。」

1309 □ **crush**
[krʌ́ʃ]

他 **〜を潰す**
★「ぐしゃっ」と潰す
▶ **crushed** ice「**砕いた氷**」

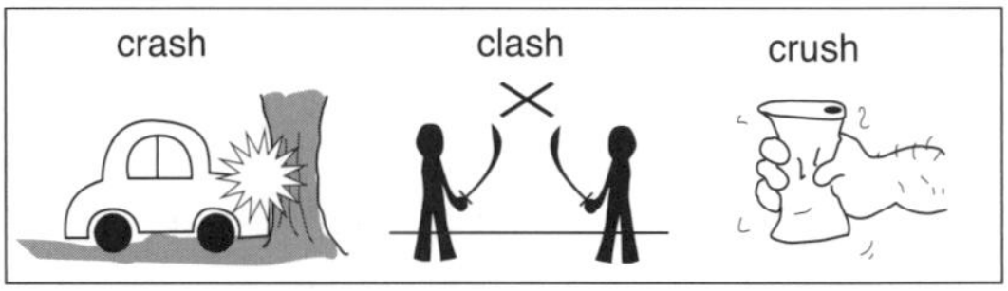

1310 □ **flesh** *
[fléʃ]

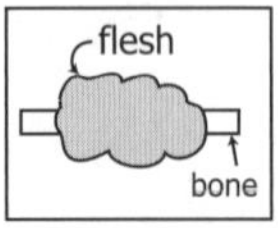

名 **肉**
★ fresh「新鮮な」と混同しないように
◆ **in the flesh「生身の，実物の」**
▶ A crowd of fans were gathering to see the movie star **in the flesh**.
「映画スターを**生身で**見ようと大勢のファンが集まっていた。」
▶ Lions are **flesh-eating** animals.
「ライオンは**肉食**動物だ。」

1311 □ **glow** *
[glóʊ]

自 **輝く** 名 **輝き**
★ grow「育つ」と混同しないように
▶ The boy's face was **glowing** with happiness.
「少年の顔は幸福で**輝いていた。**」

1312 □ **load** *
[lóʊd]

名 **荷物，負担** 他 ～に（荷物を）**積む**
★ road「道」や lord「神，君主」と混同しないように
◆ **load A with B「A に B を積む」**
▶ The truck was **loaded** with illegal drugs.
「トラックには違法ドラッグが**積まれていた。**」

1313 □ **pray** *
[préɪ]

自 **祈る**
★ play「遊ぶ」，prey「えじき」と混同しないように
◆ **say prayers「お祈りをする」**
▶ **say prayers** before going to bed「寝る前に**お祈りをする**」
▶ Let's **pray** for world peace.
「世界平和のために**祈り**ましょう。」

1314 □ **prey** *
[préɪ]

名 **獲物，えじき** 自 **捕食する**
★ 不可算名詞；pray「祈る」と混同しないように
▶ The hungry cheetah looked for **prey** in its territory.
「飢えたチーターは縄張りの**獲物**を探した。」
▶ **The strong prey upon the weak.「弱肉強食。」**

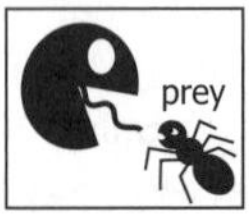

1315 □ **flee** *
[flíː]

自 **逃げる** 他 ～から**逃げる**
★ 動詞変化：flee – fled – fled；free「自由な」と混同しないように；ちなみに flea は「蚤（のみ）」→ flea market「のみの市，フリーマーケット」
▶ During the war, thousands of civilians were forced to **flee** their homes.
「戦争の間，何千もの市民が家を捨てて**逃げ**なくてはならなかった。」

1316 □ **dose**＊
[dóʊs]

名（薬の1回の）**服用量**
★ does と混同しないように
◆ **a dose of A**「**1回分のA（薬）**」
▶ **Small doses of** narcotics were given to the patient to reduce pain.
「苦痛を減らすために**少量の**麻酔薬が患者に投与された。」
□ **narcotics** [nɑːrkátɪks] 名 麻酔薬

1317 □ **role**⁑
[róʊl]

名 **役割**
★ roll と同じ発音
◆ **play a role**「**役割を果たす，役を演じる**」
▶ Humor plays a significant **role** in interpersonal communication.
「ユーモアは人とのコミュニケーションにおいて重要な**役割**を果たす。」

1318 □ **roll**⁑
[róʊl]

自 **転がる** 他 ～を**転がす，巻く**
★ role と同じ発音
▶ The ball gained speed as it **rolled** down the slope.
「ボールは斜面を**転がる**につれて速度を増した。」

1319 □ **tale**⁑
[téɪl]

名 **話，物語**
★ tail「尻尾」と同じ発音
▶ **a fairy tale**「**おとぎ話**」

Check!		
	● Our company has 90 (1. stuff / 2. staff) members.	2.
	● The light bulb (1. grows / 2. glows).	2.
	● The ship is (1. roaded / 2. loaded) with gold and silver.	2.

●次は名詞です。awe は「尊敬」（respect）と「恐怖」（fear）が入り交じった感情です。形容詞形の awful は「ひどい」という否定的な意味ですが，awesome は通常「すばらしい」という誉め言葉として使われます。

短い名詞・1

1320 □ **awe**＊
[ɔ́ː]

名 **畏怖，畏敬** 他 ～を**畏怖させる**
★「尊敬」と「恐怖」が入り交じった感情
▶ The tourists were **awed** by the enormous pyramids.
「観光客たちは巨大なピラミッド群に**畏怖の念を感じた**。」

□ **awful**＊
[ɔ́ːfl]

形 **恐ろしい，ひどい**
▶ The movie was **awful**.
「その映画は**ひどかった**。」

□ **awesome**
[ɔ́ːsəm]

形 **すごい，すばらしい**
▶ The movie was **awesome**.
「その映画は**すごかった**。」

1321 □ **feat**
[fíːt]

名 **偉業，離れ業**
▶ Everyone was amazed by the gymnast's miraculous **feat**.
「誰もが体操選手の奇跡的な**離れ業**に驚嘆した。」

1322 □ **deed**
[díːd]

名 **行動，行為**
▶ a brave **deed**「勇敢な**行動**」

1323 □ **clue***
[klúː]

名 **手掛かり，鍵** (= hint)
▶ a **clue** to the mystery「謎を解く**鍵（手掛かり）**」

1324 □ **path****
[pǽθ]

名 **小道，道筋**
▶ The party followed the **path** that led to the village.
「一行は村へ通じる**道**をたどった。」

1325 □ **aisle***
[áɪl]

名 **通路**
★ 座席と座席の間，棚と棚の間に作られる通路
▶ Would you like an **aisle seat** or a window seat?
「**通路側の席**と窓側の席のどちらがよろしいですか？」

1326 □ **ray***
[réɪ]

名 **光線，放射線**
▶ **X-ray**「X 線」

Check! ● He looked at the man in awe. とは？ 彼は畏れおののいて男を見た。

●さらに 1 音節の短い名詞が続きます。 lump は「小さなかたまり」を意味します。 a lump of sugar なら「角砂糖 1 つ」ということです。次の bulk は，もっと大きなかたまりをイメージしてください。しばしば the bulk of ～ という形で用いられますが，これは the majority of ～ とほぼ同義です。 mess / fuss に関しては， make a mess [fuss] という熟語として覚えましょう。

短い名詞・2

1327 □ **lump**
[lʌ́mp]

名 （小さな） **かたまり**
▶ a **lump** of gold「金の**かたまり**」

1328 □ **bulk**
[bʌ́lk]

名 **容積，かさ；巨大なもの**
◆ **the bulk of A**「**A の大部分**」 (= the majority of A)

▶ The **bulk** of the world's wealth is in the hands of few.
「世界の富の**大部分**は少数の人の手中にある。」

1329 □ **pile***
[páɪl]

名（積み重なった）**山**
★ 綺麗に積み上げたのが pile，雑然と積み上げたのが heap
▶ a **pile [heap]** of books
「本の**山**」

1330 □ **heap**
[híːp]

名（積み重なった）**山**

1331 □ **mess***
[més]

名 **混乱，乱雑**
◆ **make a mess of A**「**Aを汚す，台無しにする**」
▶ My sister always **makes a mess** in the kitchen when she cooks.
「姉は料理をするといつも台所を**散らかす**。」

□ **messy**
[mési]

形 **散らかった**

1332 □ **fuss***
[fʌ́s]

名 **大騒ぎ**
★ たいして重要でもないのに騒ぎ立てること
◆ **make a fuss**「**大騒ぎする**」
▶ What are you all **making a fuss** about?
「みんないったい何を**大騒ぎしている**の？」

Check!	● a lump of sugar **とは？**	角砂糖1つ

●次に形容詞に移ります。「全裸の」という形容詞は naked ですが，体の一部分がむき出しになっている場合は bare を用います。barefoot「裸足で」は，副詞として用いられます。その他，deaf / dumb に関しては，発音に注意してください。

短い形容詞

1333 □ **mere****
[míər]

形 **単なる，ほんの**
▶ At the **mere** sight of a spider, she jumped and screamed out.
「彼女はクモを見た**だけ**で跳び上がって悲鳴を上げた。」

□ **merely****
[míərli]

副 **ただ単に** (= only)

1334 □ **dull***
[dʌ́l]

形 ①**退屈な** (= boring) ②**頭の鈍い**
★「ダルい」→「退屈な」

▶ The movie was so **dull** that I soon felt sleepy.
「映画は**退屈**だったのですぐに眠くなった。」

1335 □ **ripe** [ráɪp]

形 **熟した，成熟した** (= mature)
▶ **ripe** fruit「熟した果実」

1336 □ **bare*** [béər]

形 **①裸の，むき出しの ②最低限の，ぎりぎりの**
◆ **bare necessities of life「最低限の生活必需品」**
▶ I walked in the river **in bare feet**.
「**裸足で**川の中を歩いた。」

□ **barely**⁑ [béərli]

副 **かろうじて，ぎりぎり**
▶ His salary is **barely** high enough to get by.
「彼の給料はやりくりしていくのに**かろうじて**足りる程度だ。」
□ get by* 句 なんとかやりくりする → **p.489**

1337 □ **raw*** [rɔ́ː]

形 **生の，加工していない**
◆ **raw material「原材料」**
◆ **raw fish「生の魚，さしみ」**

1338 □ **net** [nét]

形 **正味の，掛け値なしの** (↔ gross)
★「付加的な物を取り除いた」の意
▶ **net** weight「**正味重量**」(容器などを除いた重さ)
▶ The **net** weight of a product is usually stated on its label.
「製品の**正味重量**は通常ラベルに書かれている。」

1339 □ **gross*** [gróʊs]

形 **総計の** (↔ net)
★「付加的な物も含めた」の意
▶ **gross** weight「**総重量**」(容器なども含めた重さ)
▶ **gross domestic product「国内総生産，GDP」**

1340 □ **dim** [dím]

形 **薄暗い，ぼんやりした**
▶ I couldn't see the girl's face in the **dim** light.
「**薄暗い**明かりの中で少女の顔が見えなかった。」

1341 □ **deaf*** [déf]

形 **耳が聞こえない**
★ 発音注意：「デフ」

1342 □ **dumb*** [dʌ́m]

形 **①口がきけない ②馬鹿な**
★ 発音注意：「ダム」
▶ How could you ask me such a **dumb** question?
「よくもそんな**馬鹿な**質問ができるね。」

1343 □ **weird** [wíərd]

形 **変な，奇妙な** (= strange)

▶ Something really **weird** happened to me yesterday.
「昨日私にとても**変な**ことが起こりました。」

Check! ● dumb の下線部の発音は？ 発音されない

● sake / vain は，ほとんどの場合は for the sake of ～ / in vain という熟語表現の中で用いられます。 in vain は「無駄に」という意味ですが，日本語では，例文のように「…したが無駄だった（できなかった）」というように訳されることがしばしばあります。また dawn は「夜明け」から「物事のはじまり」というイメージを摑んでください。さらに dawn on ～ で「～に分かり始める」という表現を覚えましょう。

熟語表現

1344 □ **sake** [séɪk]

名 **ため，目的**

□ **for the sake of A / for A's sake****

句 **A のために，A の利益となるように**

▶ **For the sake of** his children [**For** his children's **sake**], the father decided to remarry.
「子供の**ために**，父親は再婚しようと決意した。」

1345 □ **vain** [véɪn]

形 **無駄な，虚しい**

□ **in vain***

句 **無駄に**

▶ He tried **in vain** to extinguish the fire with a bucket of water.
「彼はバケツ１杯の水で火事を消そうとしたが，**無駄だった**。」

□ **extinguish*** [ɪkstíŋgwɪʃ] 他 ～を消す → **p.138**

1346 □ **dawn*** [dɔ́ːn]

名 **夜明け** (= sunrise, daybreak)；**はじまり** 自 **夜が明ける**

★「夜明け」→「物事のはじまり」

▶ **from dawn to dusk**「**明け方から夕暮れまで**」

▶ the **dawn** of a new age「新しい時代の**幕開け**」

□ **dawn on***

句 ～に**分かり始める**

◆ **It dawns on [upon] A that …**「…ということが A に分かり始める」

▶ It gradually **dawned** on me that I was going in the wrong direction.
「間違った方向に進んでいることがだんだん**分かってきた**。」

Check!	
● He looked for the keys ( ) vain.	in
● It dawned ( ) me that she was telling a lie.	on [upon]

Review Test

● **Same or Opposite?**

□1	**yell**	**shout**	Same
□2	**fix**	**loosen**	Opposite
□3	**blurred**	**vague**	Same
□4	**rear**	**bring up**	Same
□5	**dread**	**fear**	Same
□6	**vow**	**swear**	Same
□7	**flee**	**capture**	Opposite
□8	**messy**	**tidy**	Opposite
□9	**merely**	**only**	Same
□10	**dull**	**boring**	Same
□11	**ripe**	**mature**	Same
□12	**bare**	**covered**	Opposite
□13	**dim**	**bright**	Opposite
□14	**dumb**	**eloquent**	Opposite
□15	**dawn**	**sunset**	Opposite

● **Yes or No?**

□16	You **nod** when you disagree.	No
□17	You **bow** when you show respect for someone.	Yes
□18	You **sigh** when you feel relieved.	Yes
□19	The **net** weight includes wrapping.	No
□20	**Deaf** people usually use sign language.	Yes

● **Match each word with its meaning.**

□21	**rub**	a. 浸す	d.
□22	**pour**	b. もの	g.
□23	**dip**	c. 離れ業	a.
□24	**bet**	d. こする	i.
□25	**stuff**	e. 行動	b.
□26	**feat**	f. えじき	c.
□27	**deed**	g. 注ぐ	e.

□28 **prey** h. 畏怖 ……… f.
□29 **awe** i. 賭ける ……… h.
□30 **pile** j. 山 ……… j.

● Multiple Choices

□31 I had to ( ) because the music was so loud.
a. bow **b.** yell **c.** leap ……… b.
□32 The rabbit swiftly ( ) over the fence and escaped.
a. leaped **b.** sued **c.** cited ……… a.
□33 I got ( ) to the skin in the pouring rain.
a. dipped **b.** soaked **c.** shed ……… b.
□34 The girl ( ) tears when her pet kitten died.
a. cast **b.** shed **c.** spurred ……… b.
□35 She ( ) the passage from a famous poem.
a. fixed **b.** bowed **c.** cited ……… c.

□36 The foster mother ( ) many children who had no one to depend on.
a. reared **b.** leaked **c.** yelled ……… a.
□37 My friend ( ) her former boyfriend for stalking.
a. betted **b.** cast **c.** sued ……… c.
□38 Our company currently employs 30 ( ) members.
a. stuff **b.** staff **c.** stiff ……… b.
□39 The car ( ) into a dump truck.
a. crushed **b.** crashed **c.** clashed ……… b.
□40 Tigers are ( )-eating animals.
a. flesh **b.** fresh **c.** flash ……… a.

□41 The boy's face was ( ) with happiness.
a. growing **b.** growling **c.** glowing ……… c.
□42 Let's ( ) for world peace!
a. prey **b.** play **c.** pray ……… c.
□43 The criminal tried to ( ) from the country but was captured at the border.
a. flee **b.** fix **c.** shed ……… a.
□44 There was no ( ) to solve the puzzle.
a. fuss **b.** glue **c.** clue ……… c.
□45 The huge monster destroyed everything in its ( ).
a. heap **b.** pile **c.** path ……… c.

□46 The baby made a ( ) of the food put in front of her.
a. fuss **b.** mess **c.** ray ……… b.

□47 The girl made a ( ) when she forgot her favorite doll on the train.
a. lump **b.** fuss **c.** mess ………………………… b.

□48 The chemical liquid should not be touched with ( ) hands.
a. bare **b.** rare **c.** care ………………………… a.

□49 I cannot eat ( ) fish.
a. law **b.** raw **c.** row ………………………… b.

□50 The room had little lighting so it was ( ).
a. dim **b.** raw **c.** bare ………………………… a.

□51 He tried to put out the fire in ( ).
a. sake **b.** bare **c.** vain ………………………… c.

□52 It ( ) on me that she was telling a lie.
a. awed **b.** dawned **c.** vowed ………………………… b.

解説・和訳

36「育ての母親は，頼るあてのない多くの子供達を育てた。」／37「私の友人は，以前のボーイフレンドをストーカーとして訴えた。」／43「その犯罪者は国から逃げようとしたが，国境で捕まった。」／48「その液体薬品を素手で触ってはならない。」

日付： 年 月 日	得点： ／52
42点以上→SECTION #33へ	42点未満→もう一度復習

間違えやすいアクセント・1 im- / in- で始まる名詞

im- / in- で始まる名詞は，第1音節にアクセントがあるものが多いのが特徴です。 image や impact など，日本語化しているものは特に注意してください。

image	「イメージ，像」	ímage
impact	「影響」	ímpact
impulse	「衝動」	ímpulse
industry	「産業」	índustry
influence	「影響」	ínfluence
input	「入力」	ínput
insect	「昆虫」	ínsect
instinct	「本能」	ínstinct
instrument	「道具」	ínstrument
intake	「摂取」	íntake
intellect	「知性」	íntellect
interest	「興味，利益」	ínterest
interval	「間隔」	ínterval

SECTION #33 「傾向・可能性・反応」

●このセクションでは「傾向」「可能性」「反応」など，ある一定の方向性を持った動詞や形容詞を扱います。

●「傾向」を表す最も一般的な動詞は tend です。名詞形は tendency で，tend to *do* / have a tendency to *do* ～ という形で覚えてください。be apt to *do* は tend to *do* に近い意味を持ちますが，通例「悪い傾向」を表します。liable / prone は「その物・人に備わった悪い傾向・性質」を表します。これらの語はいずれも to 不定詞を伴います。また，apt / liable / prone は形容詞ですが，tend は動詞だということに注意してください。

傾向

1347 □ **tend**⁑ [ténd]

自（～する）**傾向がある** (to *do*)

★動詞なので *be tend to *do* としないこと

◆ **tend to *do*「～する傾向がある」**

▶ Parents **tend** to interfere too much with their children's lives.

「親は子供の生活に干渉しすぎる**傾向がある。**」

□ **interfere**⁑ [ɪntərfíər] 自 干渉する → **p.66**

□ **tendency**⁑ [téndənsi]

名 **傾向**

◆ **have a tendency to *do*「～する傾向がある」** (= tend to *do*)

▶ Children have a natural **tendency** to imitate their parents.

「子供には親を真似する生まれつきの**傾向**がある。」

1348 □ **trend**⁑ [trénd]

名 **傾向，風潮**

▶ The recent **trend** is to invest your money in space exploration.

「最近の**風潮**は金を宇宙開発に投資することだ。」

1349 □ **apt*** [ǽpt]

形（～）**しがちである** (to *do*)

★通例「悪い傾向」を表す

◆ **be apt to *do*「～しがちである」**

▶ Students are **apt** to procrastinate when they must do long-term assignments.

「長期の宿題をしなくてはならない時には，学生は先延ばし**にしがちである。**」

□ **procrastinate** [proʊkrǽstɪneɪt] 自 先延ばしにする

□ **aptitude** [ǽptətuːd]

名 **適性**

▶ **an aptitude test「適性テスト」**

1350 □ **liable** [láɪəbl]

形 (～) **しがちである** (to *do*)；(～に対して) **法的責任がある** (for ～)

★通例「悪い傾向・性質」を表す

◆ **be liable to *do***「**～しがちである**」

▶ You are **liable** to ignore others when you concentrate.
「集中している時は他人を無視**しがちである**。」

▶ Who is **liable** for accidents caused by autonomous cars?
「自律走行車が起こした事故の**法的責任を**誰が**負う**のか。」

□ **autonomous** [ɔːtánəməs] 形 自律の → **p.641**

1351 □ **prone*** [próʊn]

形 (～) **しがちである** (to *do*), (を) **こうむりがちである** (to ～) (= subject)

★通例「悪い傾向・性質」を表す

◆ **be prone to *do* [to A]**「**～しがちである［A にかかりやすい］**」

▶ Women are said to be more **prone** to mental disorders than men.
「女性は男性よりも心の病に**かかりやすい**と言われている。」

1352 □ **susceptible** [səséptəbl]

形 (～の) **影響を受けやすい**, (を) **こうむりがちである** (to ～)

★sus-（下に）＋ cept（受ける）＋ -ible〈可能〉→「下にあって影響を受けやすい」

▶ Young children are especially **susceptible** to disease.
「幼い子供は特に病気に**かかりやすい**。」

Check!
● She (1. is tend / 2. tends) to interfere with other people's business. 2.
● tend **の名詞形は？** tendency

● tend / apt が「傾向」を表すのに対し，likely / probable は「可能性」を表します。用法に注意してください。likely / probable ともに It is likely [probable] that . . . という形はとりますが，to 不定詞をとるのは likely のみです。possibly は can(not) / could (not) とセットで用いられて疑問や否定を強調します。

probability **確率・可能性**

10%	50%	80%	100%
possibly	perhaps maybe	probably likely	definitely

可能性

1353 □ **likely**** [láɪkli]

形 (～) **しそうである** (to *do*) 副 **たぶん，おそらく**

◆ **be likely to *do***「**～しそうである**」

◆ **It is likely that . . .**「**…しそうである**」

▶ It's **likely** to rain in the afternoon.

「午後には雨が降り**そうだ**。」
▶ It is **likely** that our oil supply will be used up in the near future.
= Our oil supply is **likely** to be used up in the near future.
「近い将来石油の備蓄は使い果たされ**そうである**。」

□ **unlikely** ⁑ [ʌnláɪkli]
形 (〜) **しそうにない** (to *do*) (↔ likely)
◆ **be unlikely to *do***「〜しそうにない」
◆ **It is unlikely that ...**「…しそうにない」
▶ It is very **unlikely** that human beings are the only intelligent creatures in the universe.
「人間が宇宙で唯一の知性を持った生物であるというのは，**ありそうにない**。」

1354 □ **probable** ⁑ [prɑ́bəbl]
形 **じゅうぶんありえる**
★「十中八九起こりそうな」の意
◆ **It is probable that ...**「たぶん…だろう」
▶ It is **probable** that John and Nancy will break up soon.
= Probably John and Nancy will break up soon.
(*John and Nancy are probable to break up ... は不可)
「ジョンとナンシーは**たぶん**すぐ別れるだろう。」

□ **probably** ⁑ [prɑ́bəbli]
副 **たぶん，十中八九**

□ **probability** * [prɑbəbíləti]
名 **可能性，確率**

□ **improbable** * [ɪmprɑ́bəbl]
形 **ありそうもない** (↔ probable)
◆ **It is improbable that ...**「…しそうにない」

1355 □ **possibly** ⁑ [pɑ́səbli]
副 **ことによると；いったい；絶対に** (…ない)
★ can(not) / could (not) と共に疑問や否定を強調する
◆ **cannot possibly *do***「絶対に〜できない（ありえない）」
▶ How could it **possibly** happen?
「**いったい**なんでそんなことが起こりうるんだ？」
▶ You cannot **possibly** trust him.
「彼のことは**絶対に**信頼できない。」

Check!	● likely / probable の対義語は？	unlikely / improbable

● be about to *do* は，ある動作が直後に起ころうとしている状態を表します。また，verge / brink は「縁，崖っぷち」という意味の単語ですが，多くの場合は on the verge [brink] of ～「今にも～しそうである」というフレーズで用いられます。まさに「崖っぷち」という感じですね。

今にも…

1356 □ **be about to *do*⁑**

句 **今にも～しそうである**

★「動作の直前」を表す

▶ The concert **is about to** start.
「コンサートは**今にも**始まろ**うとしている**。」

1357 □ **on the verge of***
[― vəːrdʒ ―]

句 **今にも～しそうである** (= on the point of)

★ verge「縁」にいる→「今にも～しそう」

▶ The Roman Empire was **on the verge of** collapsing.
「ローマ帝国は**今にも**崩壊**しそう**だった。」

□ **collapse⁑** [kəlǽps] 自 崩壊する → **p.138**

1358 □ **on the brink of***
[― bríŋk ―]

句 **今にも～しそうである** (= on the point of)

▶ Some species are **on the brink of** extinction.
「一部の生物種は絶滅に**瀕している**。」

□ **extinction⁑** [ɪkstíŋkʃn] 名 絶滅 → **p.139**

Check!	● She is ( ) the brink of bursting into tears.	on

●「～したい／したくない」という表現を学びましょう。eager / willing / reluctant はいずれも形容詞で，後に to 不定詞を伴います。be willing to *do* は，相手からの依頼などを「しても構わない」というニュアンスで，それほど積極性はありません。

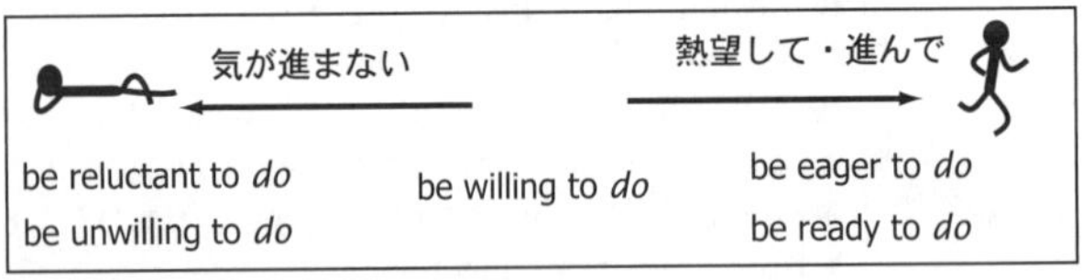

したい・したくない

1359 □ **eager⁑**
[íːgər]

形 (～することを) **熱望している，しきりに～したがっている** (to *do*, for ～)

◆ **be eager to *do* [for A]**「**しきりに～したがっている［A を望んでいる］**」

▶ The young journalist was **eager** to get to the top of his profession.
「若きジャーナリストはその道のトップに立つことを**熱望していた**。」

□ **eagerness** [íːgərnəs]	名 **熱望**
1360 □ **willing**⁑ [wílɪŋ]	形（～することを）**いとわない，快く～する** (to *do*) ★「しても構わない」というニュアンス ◆ **be willing to *do*「～することをいとわない」** ▶ The boy was **willing** to help out in the kitchen. 「少年は台所の手伝いを**いとわなかった**。」
□ **willingly**＊ [wílɪŋli]	副 **快く**
□ **unwilling**＊ [ʌnwílɪŋ]	形（～する）**気が進まない** (to *do*)
1361 □ **reluctant**⁑ [rɪlʌ́ktənt]	形（～する）**気が進まない** (to *do*) ◆ **be reluctant to *do*「～する気がしない」** ▶ The president was **reluctant** to declare war, but the decision could not be delayed any longer. 「大統領は宣戦布告することに**乗り気ではなかった**が，決定はそれ以上延期できなかった。」
□ **reluctance** [rɪlʌ́ktəns]	名 **気が進まないこと**

Check! ● eager / willing / reluctant **の中で最も熱意があるのは？** eager

● eager と同じように「熱意」を表す形容詞が enthusiastic です。スペルが長くて覚えにくい単語ですが，頻出単語の 1 つです。何度も書いて覚えてください。keen は「熱心な」と「(感覚などが) 鋭い」の 2 つの意味があります。

熱意

1362 □ **enthusiastic**＊ [enθuːziǽstɪk]	形（～に対し）**熱意のある，熱心な** (about ～) ◆ **be enthusiastic about A「A に対して熱意がある」** ▶ Women have become more and more **enthusiastic** about taking active roles in the workplace. 「女性は職場で積極的な役割を担うことにますます**熱心に**なってきている。」
□ **enthusiasm**＊ [enθúːziæzm]	名 **熱意** ▶ One must show **enthusiasm** in his or her job. 「人は自分の仕事に**熱意**を見せなくてはならない。」 ▶ talk with **enthusiasm**「**熱中**して話す」

1363 □ **keen***
[kíːn]

形 ①（～に）**熱心な** (on [upon] ～) ②**鋭い**
◆ **be keen on A**「**A に熱心である**」
▶ My father is very **keen** on fishing.
「父は釣りに**熱中している**。」
▶ Dogs have an extremely **keen** sense of smell.
「犬は極めて**鋭い**嗅覚を持つ。」

□ **keenly**
[kíːnli]

副 **痛切に**
★ feel, realize, understand, be aware などを修飾する
▶ Through the volunteer activity, I became **keenly** aware of environmental problems.
「ボランティア活動を通じて，私は環境問題を**痛切に**意識するようになった。」

1364 □ **intent**
[ɪntént]

形（～に）**熱心な，一生懸命の** (on [upon] ～)
◆ **be intent on A**「**A に熱中している**」
▶ All the team members were **intent** on winning.
「チーム全員が勝つことに**懸命に**なっていた。」

1365 □ **earnest**
[ə́ːrnɪst]

形 **まじめな，真剣な**
◆ **in earnest**「**まじめに，真剣に**」
▶ After idling away for years, he has at last begun to work **in earnest**.
「何年も怠けたあげく，彼はやっと**まじめに**働くようになった。」

Check!		
	● I'm keen ( ) fishing.	on [upon]
	● We are intent ( ) winning.	on [upon]

●「熱望」を表す動詞（句）です。通常の英作文では hope や wish などを使えばいいのですが，ここでは aspire / yearn / long for を覚えます。

熱望

1366 □ **aspire**
[əspáɪər]

自（～することを）**熱望する** (to *do*, for ～)
◆ **aspire to *do* [for A]**「**～することを［A を］熱望する**」
▶ The girl **aspired** to become an opera singer.
「少女はオペラ歌手になることを**熱望していた**。」

□ **aspiration**
[æspəréɪʃn]

名 **熱望**

1367 □ **yearn**
[jə́ːrn]

自（～することを）**熱望する** (to *do*, for ～)
◆ **yearn to *do* [for A]**「**～することを［A を］熱望する**」

1368 □ **long for***

句 ～を**待ち望む；懐かしく思う**

★首を「長く」(long) して待つ

▶ People in Afghanistan **longed** for peace and security.

「アフガニスタンの人々は平和と安全を**待ち望んだ。**」

Check! ● long ( ) peace　for

●自分から望まなくても，他の人の「誘惑」(temptation) によって，何かをしたいという衝動にかられることがあるでしょう。tempt は誰かにある行動をするよう「誘惑する，そそのかす」という意味を持ちます。そして，人が誘惑にかられるのは，その物に「魅力」(fascination, appeal, charm) があるからです。appeal は日本語（アピール）にもなっている単語ですが，「魅力，人気」という意味も覚えてください。「訴えかける」という意味から「人の心に訴える」→「魅力，人気」という意味が生まれます。

誘惑・魅力

1369 □ **tempt*** [témpt]

他 ～を（…するよう）**誘惑する** (to *do*, into *do*ing)

◆ **tempt A to *do* [into *do*ing]**「～するようAを誘惑する」

▶ I'm **tempted** to buy a new PC, though I already have one.

「新しいパソコンを買いたい**誘惑にかられている**。すでに持っているのだが。」

□ **temptation*** [temptéɪʃn]

名 **誘惑**

1370 □ **fascinate*** [fǽsəneɪt]

他 ～を**魅了する**

▶ I was completely **fascinated** by her divine beauty.

「私は彼女の神々しい美しさにすっかり**魅了された。**」

▶ a **fascinating** experience「**魅力的な**体験」

□ **fascination*** [fæsənéɪʃn]

名 **魅力，引きつけられること**

1371 □ **appeal*** [əpíːl]

名 **魅力，人気；訴え，要請** 自（～に）**訴える，要請する** (to ～)

★「人気」の訳語に注意；「人の心に訴える」→「魅力・人気」

◆ **appeal to A to *do***「Aに～するよう訴えかける」

▶ The group **appealed** to the government to take urgent steps to protect human rights.

「その団体は，人権を守るための緊急の対策を講じるよう政府に**訴えかけた。**」

▶ Shakespeare's plays have wide **appeal** among people of all generations.

「シェイクスピアの戯曲はあらゆる世代の人々に幅広い**人気**がある。」

1372 □ **charm***
[tʃɑ́ːrm]

名 **魅力；呪文**
★「呪文・まじないをかけて魅了する」→「魅力」
▶ Sarah had a special **charm**, and hundreds of men fell victim to it.
「サラには特別な**魅力**があって，多くの男がそのとりことなった。」

Check! ● have wide appeal **とは？** 幅広い人気を持つ

●予期せぬ状況や環境の変化などに対して，どのように「反応する」(respond, react) かによって，その人の資質が問われることがあるでしょう。respond / react は前置詞の to を後に伴います。

反応

1373 □ **respond****
[rɪspɑ́nd]

自 (〜に) **反応する，返事をする** (to 〜)
◆ **respond** <u>**to**</u> **A**「A に反応する，返事をする」
▶ The government is slow to **respond** <u>to</u> the dangers of climate change.
「政府は気候変動の危険に**対応する**のが遅い。」

□ **response****
[rɪspɑ́ns]

名 **反応，返事**
▶ I hope to have your **response** as soon as possible.
「できるだけ早く**返事**をください。」

1374 □ **react****
[riǽkt]

自 (〜に) **反応する** (to 〜)
★ re- (再び) ＋ act (行動する)
◆ **react** <u>**to**</u> **A**「A に反応する」
▶ A computer does not think on its own, so it cannot **react** <u>to</u> unexpected situations.
「コンピュータは自分で考えない。だから予期せぬ状況に**反応**できない。」

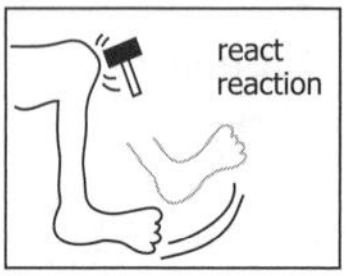

□ **reaction****
[riǽkʃn]

名 **反応**

1375 □ **interact****
[ɪntərǽkt]

自 (〜と) **相互に作用する，交流し合う** (with 〜)
★ inter- (相互に) ＋ act (行動する)
◆ **interact** <u>**with**</u> **A**「A と相互に作用する，交流する」
▶ At the university, I **interacted** <u>with</u> a wide range of people.
「大学で私は幅広い人達と**交流した**。」

□ **interaction**⁑ [ɪntərǽkʃn] | 名 **相互作用，交流**

Check! ● 正しいスペルは？： 1. responce / 2. response　2.

●様々な「反応」(reaction) を示しながらも，人は徐々に新しい環境に「順応し」(adjust, adapt)，「変化して」(shift) いきます。

適合・順応

1376 □ **adjust**⁑ [ədʒʌ́st]

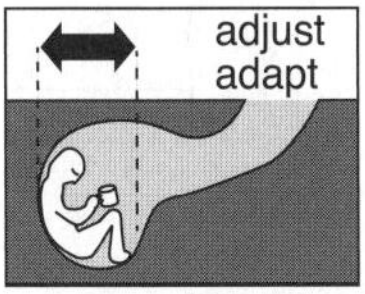

自 (〜に) **順応する，適応する** (to 〜)
他 〜を (…に) **適合させる** (to …)
★ ad- (〜に) + just (ちょうど) →「ぴったりにする」
◆ **adjust to A**「A に順応する」
◆ **adjust A to B**「A を B に合わせる」
▶ The girl quickly **adjusted** to the new environment and made new friends.
「その少女は新しい環境にすぐに**順応し**，新しい友達を作った。」

□ **adjustment**⁑ [ədʒʌ́stmənt] | 名 **順応，適応**

1377 □ **adapt**⁑ [ədǽpt]

自 (〜に) **順応する，適応する** (to 〜)
他 〜を (…に) **適合させる** (to …)
◆ **adapt to A**「A に順応する」
◆ **adapt A to B**「A を B に適合させる」
▶ **adapt** to the environment「環境に**適応する**」

□ **adaptation**⁑ [ædæptéɪʃn] | 名 **順応，適応**

1378 □ **shift**⁑ [ʃíft]

名 ①**変化，移行** ② (勤務の) **シフト，交代勤務時間**
自 **移る，変わる**
◆ **be on the night [day] shift**「夜勤 [日勤] に入っている」
◆ **shift from A to B**「A から B に変化する」
▶ The economy of the region **shifted** from heavy industry to service.
「その地域の経済は重工業からサービス業へと**変化した**。」

Check! ● adjust [adapt] (　) the environment　to

●日本語で「服が合う」という場合，3 通りの英語を使い分けなくてはなりません。「サイズが合う」は fit，「似合う」は suit，「組み合わせが合う」という場合には match / go with を用います。

合う

1379 □ **fit**⁑
[fít]

自 **合う，はまる** 他 ～に（サイズが）**合う**
形 **健康な，体調がよい** (= in shape)
◆ **fit in (with) A**「Aと調和する，とけ込む」
▶ This dress is so tight that it doesn't **fit** me.
「このドレスはきつすぎて私には**サイズが合わ**ない。」
▶ Which of the following words best **fits** in the blank?
「次の単語のうちどれが空欄に最も**適合し**ますか？」
▶ I'm not physically **fit** today.
「今日は身体の**調子がよく**ない。」

□ **fitness**＊
[fítnes]

名 **順応；健康**
▶ **physical fitness**「**身体の健康**」

1380 □ **suit**⁑
[sú:t]

他 ～に**似合う**；(都合が) **合う**
▶ Black really **suits** you.「君は本当に黒が**似合う**ね。」
▶ Then we'll meet on August 2. What time **suits** you best?
「では8月2日に会いましょう。何時がいちばん**都合がいい**ですか？」

□ **suitable**⁑
[sú:təbl]

形（～に）**適した** (to, for ～)
▶ I think Greg is the most **suitable** person for this job.
「グレッグがこの仕事に最も**適した**人物だと思う。」

1381 □ **match**⁑
[mætʃ]

他 ～と（組み合わせが）**合う** (= go with)；に**匹敵する** (= equal)
★「試合」の意味もあり
▶ This tie **matches** [**goes with**] the shirt.
「このネクタイはシャツに**合う**。」
▶ No one can **match** him in intelligence.
「頭の良さでは誰も彼に**敵わ**ない。」

1382 □ **go with**⁑

句 ①～と（組み合わせが）**合う** (= match)
②～に**同意する**，を**受け入れる**

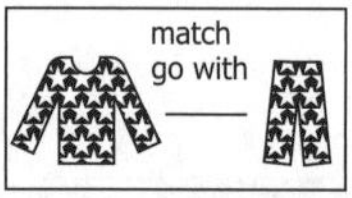

▶ ↑
▶ I think I'll **go with** your suggestion, then.
「では，あなたの提案に**従い**ましょう。」

Check!	● These shoes (1. match with / 2. match) your dress.	2.

Review Test

● Same or Opposite?

□1	trend	tendency	Same
□2	aptitude	talent	Same
□3	prone to	subject to	Same
□4	probable	unlikely	Opposite
□5	on the brink	on the verge	Same
□6	willing	reluctant	Opposite
□7	enthusiastic	eager	Same
□8	keen	dull	Opposite
□9	in earnest	seriously	Same
□10	aspire	yearn	Same
□11	fascinate	disgust	Opposite
□12	react	respond	Same
□13	adapt	adjust	Same
□14	fit	healthy	Same
□15	suitable	inappropriate	Opposite

● Yes or No?

□16 If there is no cloud in the sky, is it **likely** to rain soon? ······ No
□17 If you **are about to** do something, you have already finished it. ······ No
□18 A lazy person often shows **enthusiasm**. ······ No
□19 The aim of advertising is to **tempt** people to buy something. ······ Yes
□20 A black formal dress **matches** pink sneakers. ······ No

● Multiple Choices

□21 I'm ( ) to forget things in the morning.
a. apt **b.** probable **c.** reluctant ······ a.

□22 Young children are ( ) to catch cold.
a. tend **b.** liable **c.** probable ······ b.

□23 Tom is ( ) to get well soon.
a. probable **b.** likely **c.** possible ······ b.

□24 It is highly ( ) that the criminal will be sentenced to death.
a. apt **b.** liable **c.** probable ······ c.

□25 He is a liar. How could I ( ) believe what he said?
a. probably **b.** likely **c.** possibly ······ c.

□26 The old building is on the ( ) of collapse.
a. increase b. verge c. intent ………………………… b.

□27 The boy was ( ) to go to school, but his father forced him to go.
a. willing b. eager c. reluctant ………………………… c.

□28 The eager student is intent ( ) his studies.
a. of b. on c. from ………………………… b.

□29 All people ( ) for world peace.
a. short b. long c. tall ………………………… b.

□30 The student could not resist the ( ) to cheat on the exam.
a. tempt b. temptation c. fascination ………………………… b.

□31 This TV program has wide ( ) among young people.
a. appeal b. range c. response ………………………… a.

□32 You can ( ) with people from different countries on the Internet.
a. react b. respond c. interact ………………………… c.

□33 It will take a long time for me to ( ) to the new environment.
a. adjust b. react c. adopt ………………………… a.

□34 These pants don't ( ) me. They are too tight.
a. suit b. match c. fit ………………………… c.

□35 What time will ( ) you best?
a. adjust b. fit c. suit ………………………… c.

解説・和訳

20「黒のフォーマルドレスは，ピンク色のスニーカーと合う。」／21 be apt to *do*「～しがちである」; *be probable to *do* は不可／22 tend は動詞なので *be tend to *do* とはならない／24「その犯罪者が死刑の宣告を受けるのは，ほぼ確実である。」／30「その生徒は試験でカンニングをする誘惑に抵抗できなかった。」／31 have wide appeal「幅広い人気がある」／33「私が新しい環境に順応するには長い時間がかかるだろう。」／34「サイズが合う」という意では fit を用いる／35「都合が合う」という意では suit を用いる

日付： 年 月 日	得点： ／35
27点以上→SECTION #34へ	27点未満→もう一度復習

SECTION #34 「衣食住・日常」

●「衣食住」(food, clothing and shelter) は，人間の生活を支える基本要素です。この3つのうち，人間の生命維持に最も直結するのが「食」でしょう。食べ物・料理は food，1回の食事は meal で表しますが，健康面などから見て「日々何を食べるか」という意味での「食事」は diet です。近年，特に米国では，ジャンクフードの食べ過ぎによる「肥満」(obesity) が問題化しています。健康を維持するには，「栄養」(nutrition) のある食べ物を食べなくてはなりません。

food：**食べ物・料理**
meal：**1回の食事**［breakfast / lunch / dinner］
diet：**毎日何を食べるか**

食・栄養

1383 □ **diet**⁑ [dáɪət]

名 **食事，食習慣**

★「(健康面から) 日々何を食べるか」

◆ **go on a diet**「**ダイエットする，食事療法をはじめる**」

▶ You should have a well-balanced **diet** in order to stay in shape.
「健康を維持するためには，バランスの取れた**食事**をとらなくてはならない。」

□ **in shape**⁑ 句 体調が良い，健康な

1384 □ **obese*** [oʊbíːs]

形 **肥満の**

□ **obesity*** [oʊbíːsəti]

名 **肥満**

▶ Fast food restaurants are most responsible for growing **obesity** among children.
「ファーストフード店は子供たちの**肥満**の増加の主な原因である。」

1385 □ **weight**⁑ [wéɪt]

名 **重さ，体重**

◆ **lose weight**「**やせる**」

◆ **gain [put on] weight**「**太る**」

□ **weigh**⁑ [wéɪ]

自 (～の) **重さがある**

▶ I **weigh** 55 kilograms.
「私は55キロの**体重があります**。」

□ **outweigh*** [aʊtwéɪ]

他 ～より**重要である，に勝る**

★ out- (より優れて) ＋ weigh (重さがある)

▶ The benefit **outweighs** the risks.
「リスクよりも利益の方が**勝る**。」

1386 □ **nutrition*** [nuːtríʃn]
名 **栄養**
★「授乳する」が語源
▶ Millions of children die from poor **nutrition** each year.
「毎年何百万人もの子供たちが**栄養**不足で死んでいる。」

□ **nutrient*** [núːtriənt]
名 **栄養素**

□ **nutritious*** [nuːtríʃəs]
形 **栄養のある**
▶ People in developed countries are eating food that is far from **nutritious**.
「先進国の人々は決して**栄養がある**とは言えない食べ物を食べている。」

Check! ● Why don't you go (　) a diet? on

●人間が生まれて初めて摂取する栄養は，多くの場合，母親の母乳によるものです。母乳は栄養の根源だと言えるでしょう。上で学んだ nutrition「栄養」という語は「授乳する」という語源を持っています。nourish / nurture「～を養育する」や nurse「乳母，看護師」も同語源です。nur- / nour- というスペルに注目して「栄養を与える」→「育てる」というイメージを摑んでください。nourish / nurture / foster は，「子供を育てる」以外にも，思想などを「育む」という場合にも用いられます。

育てる

1387 □ **nourish** [nə́ːrɪʃ]
他 ～に**栄養を与える，養育する；育む**
★「授乳する」が語源；「栄養を与える」→「育てる」
▶ **nourishing** food「**栄養のある**食べ物」
▶ The wife was upset when the puppy ruined the flowerbed she had **nourished** for a whole year.
「丸一年間**育ててきた**花壇を子犬が壊したとき，妻は動転した。」

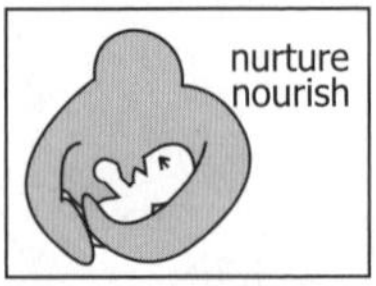

□ **nourishment** [nə́ːrɪʃmənt]
名 **栄養；育成**

1388 □ **nurture*** [nə́ːrtʃər]
他 ～を**養育する，育てる** (= bring up)；**育む，促進する**
▶ **Nurtured** by her loving parents, the girl had a perfectly happy childhood.
「愛情に満ちた両親に**育てられ**，少女は完璧に幸せな子供時代を過ごした。」

1389 □ **foster*** [fɔ́ːstər]
他 ～を**養育する；育む，促進する**
★主に「養子・孤児などを育てる」の意
▶ **a foster mother**「**養母**」

▶ **foster** global cooperation「国際協力を**促進する**」

Check! ●［語源］nutr- / nour- / nurt- の意味は？ 授乳する

●美味しい「ごちそう」(feast) を前にして「食欲」(appetite) を感じれば，あなたはひとまず健康だと言えるでしょう。食料や飲料が足りないときには，「飢え」(starve)，「空腹」(hunger)，「喉の渇き」(thirst) を感じます。さらに，食欲や金銭欲などが行き過ぎると「貪欲」(greed) となります。また，ある地域で長期間の「飢え」が発生すると，「飢饉」(famine) となります。

食欲

1390 □ **feast*** [fíːst]
名 **ごちそう**
▶ a Thanksgiving **feast**「感謝祭の**ごちそう**」

1391 □ **appetite*** [ǽpətaɪt]
名 **食欲**
▶ No dish on the menu could please the **appetite** of the gourmet.
「メニューにあるどの料理も美食家の**食欲**を満たすことはできなかった。」

1392 □ **starve*** [stáːrv]
自 **飢える，空腹である**
▶ I'm **starving** to death.
「**お腹が空いて**死にそうだ。」

□ **starvation*** [stɑːrvéɪʃn]
名 **飢餓**

1393 □ **hunger*** [hʌ́ŋgər]
名 **空腹**
★形容詞形は hungry
▶ ↓

1394 □ **thirst*** [θə́ːrst]
名 **喉の渇き**
★形容詞形は thirsty
▶ The refugees suffered from **hunger** and **thirst**.
「避難民たちは**空腹**と**喉の渇き**に苦しんだ。」

1395 □ **greed** [gríːd]
名 **貪欲**

□ **greedy** [gríːdi]
形 **貪欲な**
◆ **be greedy for A**「A に対して貪欲である」
▶ The young politician was **greedy** for power and money.
「若き政治家は権力と金に対し**貪欲だった**。」

1396 □ **famine*** [fǽmɪn]

名 **飢饉**

▶ Because of the drought, many people died from **famine**.
「干ばつのため，多くの人が**飢饉**で死んだ。」

□ **drought*** [dráʊt] 名 干ばつ → **p.412**

Check! ● hungry / thirsty の名詞形は？ hunger / thirst

●「食」に関する語です。キッチンに輸入物の缶詰などがあったら，ラベルを見てみてください。ingredients「成分」という表示があるはずです。その他，digest「消化する」や beverage「飲料」を覚えましょう。

食関連

1397 □ **ingredient**** [ɪngríːdiənt]

名 **食材，成分**

▶ The health-conscious girl always checked the **ingredients** of the food she ate.

「健康を意識した少女は食べる物の**成分**を常にチェックした。」

1398 □ **digest*** [daɪdʒést]

他 ～を**消化する**

★ 名詞（[dáɪdʒest]）は「要約，ダイジェスト」の意

▶ When you are sick, you should eat food that can be easily **digested**.
「病気の時には，**消化し**やすい物を食べよ。」

□ **digestion** [daɪdʒéstʃn]

名 **消化**

1399 □ **beverage** [bévərɪdʒ]

名 **飲料**

▶ alcoholic **beverages**「アルコール**飲料**」

Check! ● digest「消化する」のアクセント位置は？ digést

●「食」の次は「住」です。「住む」という意味の動詞はもちろん live ですが，inhabit や dwell も覚えてください。live は自動詞ですが，inhabit は他動詞だということに注意しましょう。dwell はやや文語的な表現です。日本語で言うと「住まう，宿る」というニュアンスでしょう。しばしば dwell on ～「～にこだわる」というフレーズで用いられます。また reside にも「住む」という意味があります。こちらは residence / residential という名詞・形容詞を中心に覚えましょう。

住む

1400 □ **inhabit*** [ɪnhǽbət]

他 ～に**住んでいる** (= live in)

★ in-（中に）＋ habit（住む）；他動詞

▶ Many stray cats **inhabit** (~~in~~) abandoned buildings.
「多くの野良猫は廃墟となった建物に**住んでいる。**」

□ **inhabitant*** [ɪnhǽbətənt]
名 **住民**

□ **habitat*** [hǽbɪtæt]
名 **生息地**
▶ wildlife **habitats**「野生動物の**生息地**」

1401 □ **dwell*** [dwél]
自 **住む，宿る** (= live)
★動詞変化： dwell – dwelt – dwelt
◆ **a city dweller**「**都会人**」
▶ A healthy mind **dwells** in a healthy body.
「健全な精神は健全な身体に**宿る。**」

□ **dwell on***
句 ～に**こだわる，**に**ついて長々と話す**
★「ある場所に住む」→「そこから離れない，こだわる」
▶ It's a waste of time to **dwell <u>on</u>** small details.
「細かな点に**こだわる**のは時間の無駄だ。」

1402 □ **residence*** [rézɪdəns]
名 **住居，居住**
▶ He divides his time between London and New York, so he has two **residences**.
「彼は自分の時間をロンドンとニューヨークで分けている。だから2つの**住居**を持っている。」

□ **residential*** [rezɪdénʃəl]
形 **住居の**
▶ a **residential** district「**住宅**区域」

□ **resident*** [rézɪdənt]
名 **住民**
▶ a **resident** of Tokyo「東京の**住民**」

□ **reside** [rɪzáɪd]
自（～に）**住む** (= live)；**存在する，備わる** (in ～)
★「存在する・備わる」の意に注意
◆ **reside <u>in</u> A**「**A の中にある，存在する**」
▶ Rumor has it that a dragon **resides** <u>in</u> that cave.
「その洞窟には竜が**住んでいる**といううわさだ。」
□ **Rumor has it that ...**** 句 …といううわさである → **p.174**

Check!		
	●［語源］ habit **の意味は？**	住む
	● Let's not dwell (　) this topic any longer.	on

●住居は，人間的な生活を営む上で基本となるものです。旅行中はまず「宿泊施設」(accommodation) を確保することが先決ですし，また祖国から亡命した「難民」(refugee) たちが何よりも必要とするのは「宿，避難所」(refuge, shelter) なのです。

宿泊・避難

1403 □ **accommodate*** [əkάmədeɪt]
他 ～を宿泊させる，収容する；順応させる
▶ The hotel can **accommodate** three guests maximum per room.
「そのホテルは1部屋につき最大3人を**宿泊させ**られる。」

□ **accommodation*** [əkɑmədéɪʃn]
名 宿泊施設
▶ There was no **accommodation** available in the small village.
「その小さな村には利用可能な**宿泊施設**がなかった。」

1404 □ **refuge*** [réfjuːdʒ]
名 避難，避難所 (= shelter)
◆ **take refuge**「避難する」
▶ During the war, the Jewish scientist <u>took</u> **refuge** in the United States.
「戦争中，ユダヤ人の科学者はアメリカに**避難**した。」

□ **refugee*** [refjudʒíː]
名 避難民
▶ ↓

1405 □ **shelter*** [ʃéltər]
名 避難所，住まい 他 ～を保護する，住まわせる
◆ **take shelter**「避難する」
▶ The **refugees** needed food, clothes, **shelter** and medical care.
「**難民たち**は食料，衣服，**住まい**，そして医療を必要としていた。」

Check!
● 正しいスペルは？： 1. acomodate / 2. accomodate / 3. accommodate　3.
● refuge のアクセント位置は？　réfuge

●「衣食住」の最後は「衣」です。「衣服」一般は clothes / clothing で表します。wear に関しては be worn out「疲れ果てている」という熟語表現に注意してください。日本語の「ファッション」は「流行の服装」の意味で用いられますが，英語の fashion は服装に限らず，幅広い意味を持っています。

衣

1406 □ **clothes**** [klóʊz]
名 衣服
★ 複数扱い；集合的に用いる； cloth [klɔ́ːθ] は「布」

□ **clothing**** [klóʊðɪŋ]
名 衣服

1407 □ **fabric*** [fǽbrɪk]

名 **布地**
▶ ↓

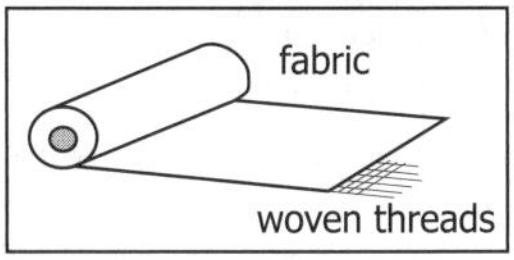

1408 □ **thread*** [θréd]

名 **糸**
▶ ↓

1409 □ **weave*** [wíːv]

他 ～を**織る**
★ 動詞変化： weave – wove – woven
▶ Silk **threads** were **woven** into the **fabric**.
「絹**糸**を**織って布地**が作られた。」

1410 □ **wear**** [wéər]

他 ～を**着ている**；を**すり減らす**
★ 動詞変化： wear – wore – worn
◆ **be worn out**「**疲れ果てている**」 (= be exhausted)
▶ I will **wear** these shoes for years.
「この靴は何年も**履ける**だろう。」

1411 □ **disguise*** [dɪsgáɪz]

他 ～を**変装させる，隠す** 名 **変装，隠蔽**
◆ **in disguise**「**変装して**」
▶ He wears cheap cologne to **disguise** his body odor.
「彼は体臭を**隠す**ために安いオーデコロンをつけている。」
□ **odor** [óʊdər] 名 におい → **p.264**

1412 □ **naked*** [néɪkɪd]

形 **裸の，むき出しの**
★ 発音注意
◆ **with the naked eye**「**裸眼で**」

1413 □ **fashion**** [fǽʃn]

名 ①**流行** ②**方法，やり方** (= way)
★ ②の意味に注意
◆ **in fashion**「**流行の**」
◆ **old-fashioned**「**時代遅れの**」
▶ Three people were found murdered in a similar **fashion**.
「3人がよく似た**方法**で殺害されているのが見つかった。」

Check!	● **正しいスペルは？：** 1. fashon / 2. fashion	2.

●「家庭」や「日常生活」(daily life) に関わる単語を見ていきましょう。「家庭内暴力」(domestic violence) は，近年の社会問題に関するキーワードの1つです。domestic には「国内の」という意味もあることに注意してください。また「ゴミを出す」「食器を洗う」などの「雑用」(chore) は，「日課」(routine) の1つといえるでしょう。その他「通勤する」(commute) や「挨拶する」(greet) など，日常生活に関わる語を覚えましょう。

家庭・日常

1414 □ **household**⁑
[háʊshoʊld]

形 **家庭の** 名 **家庭**
▶ **household** appliances「家庭用電化製品」
▶ Nowadays there is a television set for every **household**.
「今日ではどの**家庭**にもテレビがある。」

1415 □ **domestic**⁑
[dəméstɪk]

形 **家庭内の；国内の**
◆ **domestic animals**「家畜」
◆ **domestic violence**「家庭内暴力」
◆ **Gross Domestic Product**「国内総生産（GDP）」

□ **domesticate***
[dəméstɪkeɪt]

他 ～を**飼い慣らす**

1416 □ **routine**⁑
[ruːtíːn]

形 **日常の，お決まりの** 名 **日課**
▶ It was her daily **routine** to jog in the park and swim at the gym before going to work.
「仕事に行く前に公園でジョギングをしてジムで泳ぐのが彼女の**日課**だった。」

1417 □ **chore***
[tʃɔ́ːr]

名 **雑用**
▶ The children obeyed their mother and helped with the household **chores**.
「子供達は母親に従って家庭の**雑用**の手伝いをした。」

1418 □ **commute***
[kəmjúːt]

自 **通勤・通学する**
▶ Most people use public transport to **commute** to work.
「大半の人は**通勤する**のに公共の交通機関を使う。」

□ **commuter***
[kəmjúːtər]

名 **通勤者・通学者**

1419 □ **grocery**⁑
[gróʊsəri]

名 **食料雑貨品**
◆ **a grocery store**「食料雑貨品店」
◆ **do the grocery shopping**「日用品の買い物をする」

1420 □ **greet**⁑
[gríːt]

他 ～に**挨拶する**，を**出迎える**
◆ **greeting**「挨拶」
▶ Thousands of fans were at the airport to **greet** the Korean actor.
「韓国の俳優を**出迎え**に何千ものファンが空港にいた。」

1421 □ **souvenir*** [suːvəníər]

名（主に自分のための）**お土産，記念品**
★他人にあげるお土産は gift
▶ a **souvenir** of one's trip to Paris「パリ旅行の**お土産**」

Check!	● domestic violence **とは？**	家庭内暴力

Review Test

● **Same or Opposite?**

□1 **obese** **slim** ……… Opposite
□2 **nutrition** **nourishment** ……… Same
□3 **nurture** **bring up** ……… Same
□4 **starving** **full** ……… Opposite
□5 **thirsty** **dry** ……… Same

□6 **residence** **house** ……… Same
□7 **refuge** **shelter** ……… Same
□8 **dwell** **live** ……… Same
□9 **fabric** **cloth** ……… Same
□10 **worn out** **exhausted** ……… Same

□11 **naked** **dressed** ……… Opposite
□12 **fashion** **way** ……… Same
□13 **domesticated** **wild** ……… Opposite
□14 **domestic** **foreign** ……… Opposite
□15 **greet** **welcome** ……… Same

● **Yes or No?**

□16 If you eat too much and get little exercise, you are likely to **lose weight**. ……… No
□17 Junk food is very **nutritious**. ……… No
□18 A **foster** mother is someone who gives birth to a child. ……… No
□19 A **feast** is something you eat every day. ……… No
□20 You will lose your **appetite** in front of your favorite food. ……… No

□21 A **greedy** person wants money and power. ……… Yes
□22 Plastic can be **digested** in your stomach. ……… No
□23 Coffee is a **beverage**. ……… Yes
□24 A **chore** is a task that you do regularly. ……… Yes
□25 A computer is a kind of **grocery**. ……… No

● Multiple Choices

□26 A well-balanced ( ) is essential for a healthy life.
a. diet b. greed c. famine ································ a.

□27 They got lost in a desert and suffered from ( ) and thirst.
a. hanger b. hungry c. hunger ································ c.

□28 Due to the drought, people in the region suffered from ( ).
a. appetite b. famine c. disguise ································ b.

□29 The ( ) of bread are flour, water and salt.
a. inhabitants b. beverages c. ingredients ···························· c.

□30 The island is ( ) by more than 20,000 people.
a. lived b. dwelt c. inhabited ······························ c.

□31 It's a waste of time to ( ) on small details.
a. dwell b. reside c. digest ································ a.

□32 This hotel can ( ) 200 guests.
a. inhabit b. dwell c. accommodate ························ c.

□33 I had nowhere to take ( ) from the pouring rain.
a. shelter b. routine c. disguise ······························ a.

□34 What type of ( ) are you looking for? Formal or casual wear?
a. clothing b. cloth c. clothe ································ a.

□35 Fine silk threads are ( ) into cloth.
a. waven b. weaven c. woven ································ c.

□36 I will ( ) this leather jacket for many years.
a. wear b. wore c. worn ································ a.

□37 At first I couldn't recognize the Hollywood star because he was in ( ).
a. naked b. disguise c. fashion ································ b.

□38 It has become my daily ( ) to jog in the park before going to work.
a. chore b. routine c. commute ···························· b.

□39 ( ) animals are different from the ones born in the wild.
a. Domestic b. Routine c. Naked ································ a.

□40 I ( ) to work by train.
a. communicate b. commute c. community ·························· b.

解説・和訳

39 「家畜は，野生の動物とは異なる。」

日付： 年 月 日	得点： ／40
34 点以上→ SECTION #35 へ	34 点未満→もう一度復習

SECTION #35 「程度・割合」

●「程度・規模」を表す語はいくつかありますが，前に置く前置詞とセットで覚えてください。まず degree / extent は to ～ degree / extent というように，前置詞の to を用います。一方の scale は on とセットで覚えましょう。to some extent「ある程度」や on a large scale「大規模に」などは，しばしば文中で挿入句として用いられます。カッコでくくってしまうと構文が把握しやすくなるでしょう。

程度・規模

1422 □ **degree**⁑
[dɪgríː]

名 ①程度 ②学位

◆ **to a certain degree / to some degree**「ある程度まで」

◆ **by degrees**「徐々に」

▶ The success of this project will depend to a large **degree** on your contribution.
「この計画の成功は，かなりの**程度**君たちの貢献にかかっている。」

▶ a college **degree**「大学の**学位**」

1423 □ **extent**⁑
[ɪkstént]

名 程度，範囲

★ extend（伸ばす →**p.54**）→「伸ばす範囲・程度」

◆ **to a certain extent / to some extent**「ある程度まで」

▶ To what **extent** can you trust this information?
「この情報をどの**程度**まで信用できますか？」

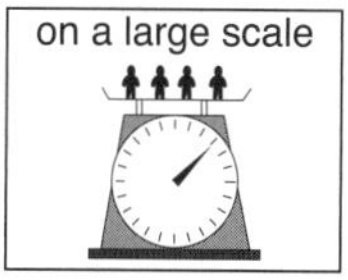

1424 □ **scale**⁑
[skéɪl]

名 規模，程度

◆ **on a large scale**「大規模に」

▶ Tropical forests have been cut down **on a large scale**.
「熱帯林が**大規模に**伐採されている。」

Check!		
	●（　）some degree [extent]**「ある程度」**	to
	●（　）a large scale**「大規模に」**	on

●「程度」を表す語を順に覚えていきましょう。SECTION #22 で学んだ adequate「適切な」を思い出してください。これよりやや「控えめ」なのが moderate です。また，極限ギリギリまで行ってしまった状態が extreme「極端・極限」，さらに規定の量を超えた場合は excessive「過度の」となります。追加で生じたものは extra で表します。

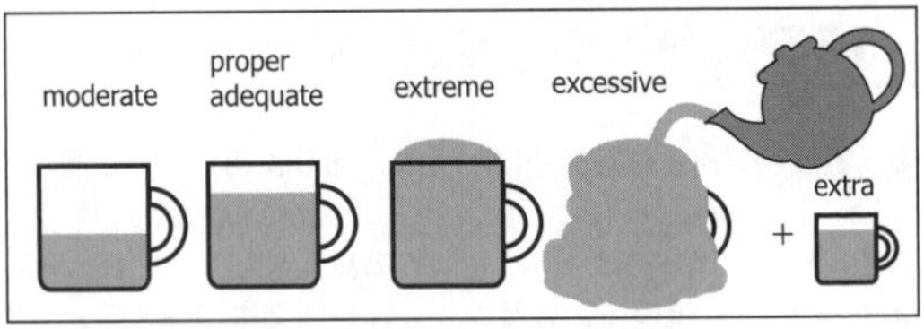

程度を表す語

1425 □ **moderate*** [mάdərət]

形 **適度の，控えめな；穏やかな**

▶ **Moderate** drinking is good for one's health.
「**適度の**飲酒は健康に良い。」

▶ The forecast stated that the season's temperatures would be **moderate**.
「予報では季節の気温は**穏やか**だろうということだった。」

1426 □ **temperate** [témpərət]

形 **適度の，節度のある** (= moderate)

▶ a **temperate** climate「**温暖な**気候」

1427 □ **proper**⁑ [prάpər]

形 **適度の，適切な**

▶ What are the **proper** words to say when declining an offer?
「申し出を断るのに**適切な**言葉は何ですか？」

□ **decline**⁑ [dɪkláɪn] 他 ～を断る → **p.137**

□ **properly**⁑ [prάpərli]

副 **適度に，適切に**

1428 □ **appropriate**⁑ [əpróʊpriət]

形 **適切な**

★ proper と同語源

▶ Fill in the blank with the most **appropriate** word.
「最も**適切な**単語で空欄を埋めよ。」

1429 □ **extreme**⁑ [ɪkstríːm]

形 **極端な** 名 **極端，極限**

◆ **go to extremes**「**極端に走る**」

□ **extremely**⁑ [ɪkstríːmli]

副 **極度に，極端に**

▶ **extremely** important「**極めて**重要な」

1430 □ **tremendous*** [trɪméndəs]

形 **すさまじい，莫大な**

★ tremble「震える」と同語源：「震えるほどすさまじい」

▶ Space travel costs a **tremendous** amount of money.
「宇宙旅行には**莫大な**お金がかかる。」

1431 □ **excess*** [ɪksés]

名 **超過** 形 **過剰な**

★exceed（超える →**p.232**）→「超過」
→p.232

◆**to excess**「**過度に**」

▶ Jogging can be harmful if you do it **to excess**.
「ジョギングは**過度に**やると害になることがある。」

▶ The **excess** of fat in your body needs to be eliminated if you want better health.
「もっと健康になりたいのなら，身体の**余分**な脂肪を取り除かなくてはならない。」

□ **eliminate**⁑ [ɪlímənèɪt] 他 〜を取り除く →**p.68**

□ **excessive**⁑ [ɪksésɪv]

形 **過度の**

▶ **excessive** smoking「**過度の**喫煙」

□ **excessively*** [ɪksésɪvli]

副 **過度に**

1432 □ **extra**⁑ [ékstrə]

形 **余分な，臨時の**

▶ Is there an **extra** charge for wrapping?
「包装に**追加**料金はかかりますか？」

Check! ● moderate のアクセント位置は？ móderate

●程度を表す副詞や形容詞は，動詞や名詞とのコロケーションで覚えると，英作文などでの応用の幅が広がります。ここでは下の図を参考にして increase「増加／増える」という語との組み合わせで，各々の「程度」を比べてみましょう。これらの語は increase だけでなく，同義語の rise / go up や，decrease / fall / drop「減少／減少する」などとも組み合わせて使うことができます。

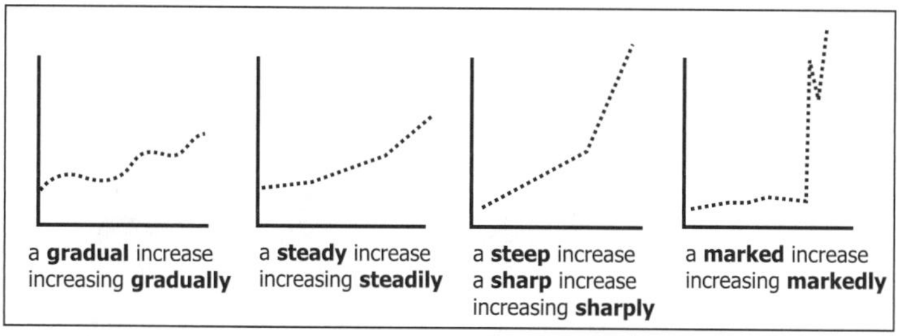

＊＊な増加

1433 □ **gradual**⁑ [grǽdʒuəl]

形 **徐々の**

▶ a **gradual** increase [decrease]「**徐々の**増加［減少］」

□ **gradually**⁑
[grǽdʒuəli]

副 **徐々に，次第に**
▶ **Gradually**, children want independence and hate parental interference.
「**徐々に**子供たちは自立を求め，親の干渉を嫌がるようになる。」

1434 □ **steady**⁑
[stédi]

形 **安定した，着実な**
▶ a **steady** increase [decrease]「**着実な**増加［減少］」
▶ Going slow and **steady** is the surest way to achieve your goals.
「ゆっくり**着実に**やるのが，目的を果たす最も確実な方法だ。」

□ **steadily**⁑
[stédɪli]

副 **着実に**

1435 □ **sharply**⁑
[ʃɑ́:rpli]

副 **急速に**
▶ The world population increased **sharply** in the late 20th century.
「世界の人口は20世紀後半に**急激に**増加した。」

1436 □ **steep**＊
[stí:p]

形（勾配が）**急な，険しい**
▶ a **steep** slope「**急な**坂」
□ **slope**＊ [slóʊp] 名 坂

1437 □ **marked**＊
[mɑ́:rkt]

形 **著しい，顕著な** (= remarkable)
★「mark（印）を付けた」→「著しい」
▶ a **marked** difference「**顕著な**差異」

Check! ● Slow and steady wins the race. **とは？** 急がば回れ

●程度の次は understand「理解する」という動詞を例に，理解の「度合い」の違いを比べていきましょう。I scarcely [hardly] understand ～.「ほとんど理解していない」からスタートして，partly / entirely / thoroughly と，理解の度合いが高まっていきます。

＊＊に理解する

1438 □ **partly**⁑
[pɑ́:rtli]

副 **部分的に，一部は**
★ part（部分）→「部分的に」

◆ It is **partly** because ..., but mainly because ～.
「それは**1つには**…だからだが，主には～だからだ。」

▶ The mechanism of the human brain is only **partly** clarified.
「人間の脳の仕組みは**部分的に**しか明らかにされていない。」

□ **mechanism*** [mékənɪzm] 名 仕組み
□ **clarify*** [klǽrɪfaɪ] 他 ～を解明する

1439 □ **entire**** [entáɪər]

形 **全体の** (= whole)
▶ the **entire** population of the United States
「アメリカの全人口」

□ **entirely**** [entáɪərli]

副 **全く，完全に** (= completely)
▶ **entirely** different「**全く**異なる」

1440 □ **fully**** [fʊ́li]

副 **全く，完全に** (= completely)
▶ I'm not sure I **fully** understand the meaning of this sentence.
「この文の意味を**完全に**理解しているか分からない。」

1441 □ **thorough*** [θə́ːroʊ]

形 **完全な，徹底的な**
★スペル，発音注意；through と混同しないこと
▶ **thorough** investigation「**徹底的な**調査」

□ **thoroughly*** [θə́ːroʊli]

副 **徹底的に，完全に**
▶ It was silly of you to undertake the job without **thoroughly** understanding the risk involved.
「伴う危険を**完全に**理解せずに仕事を引き受けるとは，君は馬鹿だった。」

Check!	● We need a (1. through / 2. thorough) and objective report.	2.

●「程度」を突き詰めると，ultimate「究極の」という単語に行き当たります。「ウルトラ」(ultra) は日本語にもなっていますが，この ultimate とは同語源です。また，事の成り行きの果てとして，「結局…する」という表現を覚えましょう。end up は後に動名詞を伴います。

究極・最終

1442 □ **ultimate*** [ʌ́ltəmət]

形 **究極の，最終の**
★ ultra と同語源
▶ The **ultimate** luxury to her was staying at the Ritz.
「彼女にとっての**究極の**贅沢はリッツホテルに泊まることだった。」

□ **ultimately*** [ʌ́ltəmətli]
副 **結局は，最終的に**

1443 □ **terminal*** [tə́ːrmənəl]
形 **終点の，最終の**
★ term（終点）→「終点の」
▶ **terminal** cancer「**末期癌**」

□ **terminate** [tə́ːrmənèɪt]
他 **～を終わらせる**

1444 □ **eventually*** [ɪvéntʃuəli]
副 **結局は，ゆくゆくは** (= in the end)
▶ The scientist continued his search, hoping that **eventually** he would find the cure for cancer.
「科学者は，**ゆくゆくは**癌の治療法を見つけることを望んで研究を続けた。」

1445 □ **end up***
句 **結局～になる** (*doing*)
◆ **end up *doing* [in A]「結局～することになる［A（の状態）になる］」**
▶ **end up** in failure「**結局**失敗する」
▶ After fifteen years of marriage, they **ended up** getting divorced.
「15 年間の結婚生活の後，彼らは**結局**離婚した。」

1446 □ **in the long run***
句 **長い目で見れば，結局は**
▶ The money you invest in education will pay off **in the long run**.
「教育に投資する金は，**長い目で見れば**割に合う。」

1447 □ **for good***
句 **永遠に** (= forever)
▶ At the age of 18, he left his homeland **for good**.
「18 歳の時に彼は祖国を**永遠に**去った。」

Check!		
	●［語源］ term の意味は？	終点
	● forever = for (　)	good

●「程度」を考える上で，「割合」も重要な要素です。まず rate は，前置詞の at と共に用いられることに注意してください。日本語の「プロポーション」は「身体の均整」の意味で用いられますが，英語の proportion は「割合・比率」が第一義です。

割合・比率

1448 □ **rate**** [réɪt]

名 (at) **割合，速度** 他 **～を評価する**

▶ This airplane flies at the **rate** of 300 kilometers per hour.
「この飛行機は時速 300 キロの**速度**で飛ぶ。」

◆ **at any rate「いずれにせよ，ともかく」**(= anyway)

1449 □ **proportion**** [prəpɔ́ːrʃn]

名 **割合，比率**

▶ A large **proportion** of Japanese traveling overseas are young single women.
「海外旅行をする日本人のかなりの**割合**が若い独身女性である。」

◆ **in proportion to A「A に比べて，比例して」**

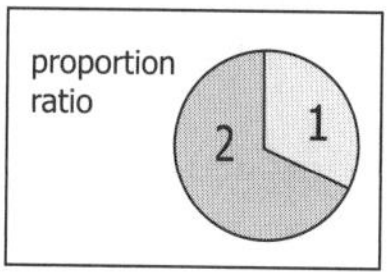

1450 □ **ratio*** [réɪʃoʊ]

名 **比率**

▶ The **ratio** of men to women is 2 to 1.
「男女の**比率**は 2 対 1 である。」

Check!	● anyway = (　) any rate	at

●全体の中の「一部分」を表す語は part が代表的ですが，他にも fraction / portion などがあります。fraction / fragment はともに frac / frag（= break）という語根を持ち，segment は seg（= cut）という語根を持ちます。「割れたもの，切り取られたもの」というイメージで覚えてください。partial / impartial は，part「部分」→「一部分に偏った／偏らない」→「不公平な／公平な」と覚えましょう。

部分

1451 □ **fraction*** [frǽkʃn]

名 **一部分** (= part)

★ frac = break（こわす）→「分割されたもの」; fragment と同語源

▶ Twitter users are still a small **fraction** of the world's population.
「ツイッターの利用者はまだ世界人口の**一部**である。」

1452 □ **portion*** [pɔ́ːrʃn]

名 **一部分** (= part)

▶ **a large portion** of the population「人口の**大部分**」

1453 □ **fragment*** [frǽgmənt]

名 **断片，破片** (= piece)

★ frag = break（こわす）→「割られたもの」; fraction と同語源

▶ The window was broken, and **fragments** of glass were scattered on the floor.

「窓が割れてガラスの**破片**が床に散乱していた。」

1454 □ **segment** [ségmənt]

名 (区分された) **部分**
★ seg = cut (切る) →「切り取られたもの」; section「部門」と同語源

1455 □ **cluster** [klʌ́stər]

名 **群れ，集まり**
★ 同種の物が集まった集合体
▶ **a cluster of** grapes [stars]「**一房の**ブドウ［**星団**］」

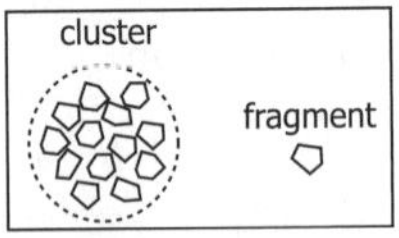

1456 □ **partial*** [pɑ́ːrʃl]

形 **部分的な；偏った，不公平な** (= biased)
★ part (部分) に偏った→「不公平な」

□ **impartial*** [ɪmpɑ́ːrʃl]

形 **公平な，偏らない** (= fair)
▶ **impartial** judgment「**公平な**判断」

Check! ● a fraction of a second **とは？** ほんの一瞬

● all / large / whole などを用いた熟語表現を覚えましょう。all in all / on the whole / by and large は，いずれも generally / in general とほぼ同義です。SECTION #2 で学んだ (in) general ↔ (in) particular も復習しておきましょう。at large / at length は 2 つの意味を覚えてください。

熟語表現

1457 □ **all in all***

句 **全般的に見て，概して** (= all things considered)
▶ **All in all,** the Japanese are a hardworking people.
「**全般的に見て，**日本人は勤勉な国民だ。」

1458 □ **on the whole****

句 **概して，全般的に** (= generally, by and large)
▶ ↓

1459 □ **by and large***

句 **概して，全般的に**
▶ **On the whole** [**By and large**], women are more jealous than men.
「**概して**女性は男性より嫉妬深い。」

1460 □ **at large***

句 ①**全体の** (= as a whole) ②**逃走中で**
▶ The president was respected by the population **at large.**
「大統領は国民**全体**から尊敬されていた。」
▶ The terrorist suspect is still **at large.**

「テロの容疑者はいまだに**逃走中だ。**」

1461 □ **at length***

句 **①長々と，詳細にわたって ②ついには** (= at last)
▶ talk **at length**「**長々と**話す」

Check! ●(　) the whole = (　) and large　　on / by

● lack「欠く，欠如」という単語は知っていると思いますが，正しく使える人は意外と少ないようです。まず他動詞としての「～を欠く」という用法，そして名詞としての lack of ～「～の欠如」という 2 つの用法をはっきりと分けて理解してください。形容詞形は lacking ですが，be lacking in ～「～に欠けている」という形で用いられます。lacking / short / run short / run out は，〈人〉も〈物〉も主語にすることができます。例えば「砂糖が不足している」なら〈人〉を主語にして，We are short of sugar. とも書けますし，また〈物〉を主語にして Sugar is running short. とも書けるのです。

欠如・欠乏

1462 □ **lack****
[lǽk]

他 ～を**欠く** 名 **欠如**
◆ **lack A**「**A を欠く**」(= be lacking in A)
◆ **lack of A**「**A の欠如**」
▶ He **lacks** prudence and common sense.
= He is **lacking** in prudence and common sense.
「彼には慎重さと常識が**欠けている。**」
▶ **Lack** of sleep can cause fatigue.
「睡眠**不足**は疲労の原因となる。」
□ **prudence**　[prúːdəns]　名 慎重さ　→ **p.542**
□ **fatigue***　[fətíːg]　名 疲労　→ **p.522**

□ **lacking***
[lǽkɪŋ]

形 **欠けている**
◆ **be lacking in A**「**A が欠けている**」
▶ Your argument is **lacking** in clarity and logic.
「君の議論は明晰さと論理に**欠ける。**」

1463 □ **devoid**
[dɪvɔ́ɪd]

形 (～が) **欠けている** (of ～)
★ de-〈分離〉＋ void（からっぽの）; avoid（「からにする」→「避ける」）や vacant「からの」と同語源
◆ **be devoid of A**「**A が欠けている**」
▶ His works are **devoid** of originality.
「彼の作品は独創性に**欠ける。**」

1464 □ **run out of****

句 ～を**切らす，使い果たす**
★ run out は〈人〉〈物〉の両方を主語にすることができる

▶ We were **running out of** gas and hurried to the gas station.
「ガソリンが**切れてきた**のでスタンドに急いだ。」

1465 □ **short of**⁑

句 ～が**不足している**
★be short は〈人〉〈物〉の両方を主語にすることができる
◆ **run [be] short of A**「Aが不足する［している］」
◆ **fall short of A**「A（期待・基準）に達しない」
▶ We are **short of** sugar. = Sugar is **running short**.
「砂糖が**不足している**。」
▶ I'm **running short of** change.
「小銭が**不足している**。」
□ **change**⁑ [tʃéɪndʒ] 名 小銭，釣り銭 → **p.580**

□ **shortage*** [ʃɔ́ːrtɪdʒ]
名 **不足**
▶ The town is suffering from **water shortages**.
「その街は**水不足**に苦しんでいる。」

1466 □ **deficit*** [défəsɪt]
名 **不足，赤字**
▶ **a trade deficit**「貿易赤字」

1467 □ **scarce*** [skéərs]
形 **乏しい，不十分な**
▶ Because of the flood, crops will be **scarce** this year.
「洪水のため，今年は収穫が**乏しい**だろう。」
□ **flood**⁑ [flʌ́d] 名 洪水
□ **crop**⁑ [krɑ́p] 名 収穫，作物 → **p.366**

□ **scarcely*** [skéərsli]
副 **ほとんど～ない** (= hardly)

1468 □ **vacant** [véɪkənt]
形 **空いている**
★vac（からっぽの）; vacation「休暇（空いた日）」と同語源
▶ There was no **vacant** seat on the bus.
「バスには**空いている**席がなかった。」

□ **vacancy** [véɪkənsi]
名 **空室，空席**

1469 □ **for want of**
句 ～が**ないので，不足して**
★want「欲しがる」→「不足している」
▶ I failed **for want of** experience.
「経験が**不足していた**ので失敗した。」

1470 □ **dense*** [déns]
形 **密集した，密度の濃い**（↔ sparse「まばらな」）
▶ **a dense forest**「密林」

□ **density*** [dénsəti]
名 密度，密集
▶ **population density**「人口密度」

Check!		
	● He is lacking ( ) common sense.	in
	● He is devoid ( ) common sense.	of

Review Test

● **Same or Opposite?**

□1	**degree**	**extent**	Same
□2	**moderate**	**extreme**	Opposite
□3	**appropriate**	**suitable**	Same
□4	**gradually**	**sharply**	Opposite
□5	**steady**	**stable**	Same
□6	**steep**	**gradual**	Opposite
□7	**marked**	**remarkable**	Same
□8	**entirely**	**slightly**	Opposite
□9	**ultimate**	**final**	Same
□10	**eventually**	**in the end**	Same
□11	**for good**	**forever**	Same
□12	**ratio**	**proportion**	Same
□13	**fraction**	**part**	Same
□14	**fragment**	**piece**	Same
□15	**partial**	**whole**	Opposite
□16	**impartial**	**fair**	Same
□17	**on the whole**	**in particular**	Opposite
□18	**devoid**	**lacking**	Same
□19	**vacant**	**occupied**	Opposite
□20	**dense**	**sparse**	Opposite

● **Yes or No?**

□21	If the climate is **moderate**, it is not too hot or too cold.	Yes
□22	You earn **extra** money regularly.	No
□23	An **ultimate** decision is the least important.	No
□24	If something happens **eventually**, it happens in the beginning.	No
□25	If something is **scarce**, you have a lot of it.	No

Multiple Choices

□26 To a certain ( ), I understand what you are talking about.
a. scale b. measure c. degree ································ c.

□27 ( ) some extent, what you did was selfish.
a. To b. On c. In ······································ a.

□28 They carried out research ( ) a large scale.
a. to b. on c. in ·· b.

□29 What is the ( ) attire when attending a relative's wedding?
a. excessive b. proper c. slight ································· b.

□30 His opinion is ( ). It is never extreme.
a. ultimate b. excessive c. moderate ···························· c.

□31 The math problem was ( ) difficult, so no one in the class could solve it.
a. slightly b. extremely c. eventually ···························· b.

□32 The tornado gathered strength ( ), so people had enough time to escape.
a. rapidly b. gradually c. sharply ································ b.

□33 The demand increased so ( ) that supply could not catch up.
a. gradually b. slightly c. sharply ································ c.

□34 They carried out ( ) research on the subject.
a. through b. thorough c. though ································ b.

□35 She loved Charles dearly, but ( ) up marrying another man.
a. started b. ended c. made ····································· b.

□36 Your effort will pay off in the long ( ).
a. time b. walk c. run ·· c.

□37 The ( ) of boys to girls in this class is two to one.
a. ratio b. number c. amount ··································· a.

□38 Some people don't like Jim as a boss, but all ( ) all I think he does a good job.
a. of b. in c. for ·· b.

□39 ( ) and large, Japanese are shy and don't give their opinions too often.
a. Small b. All c. By ··· c.

□40 We talked at ( ) about our future.
a. length b. depth c. height ···································· a.

□41 He is ( ) common sense.
a. lack of b. lacking in c. lacking of ···························· b.

□42 He is devoid ( ) common sense.
a. of b. in c. for ·· a.

□43 The car stopped because it had run ( ) of gas.
a. out b. risk c. about ·································· a.

□**44** I couldn't accomplish the task for (　) of skills.
a. need　**b.** hope　**c.** want ………………………………… c.

ヒント attire「服装」／ tornado「竜巻」

解説・和訳

28 scale の前に置く前置詞は on ／ 32「竜巻は徐々に勢いを増していったので，人々は逃げる時間の余裕があった。」／ 33「需要がとても急速に増加したので，供給が追いつかなかった。」／ 37 ratio of A to B「A 対 B の比率」／ 40 この at length は「長々と，詳細にわたって」の意

日付：　年　月　日	得点：　／44
36 点以上→ SECTION #36 へ	36 点未満→もう一度復習

派生語の意味の違いに注意

これまでに登場した語の中から，派生語の意味の違いに注意すべきものをリストアップしました。

attend	「出席する，注意する」	→	**attendance**	「出席」
		→	**attention**	「注意」
emerge	「出現する」	→	**emergence**	「出現」
		→	**emergency**	「緊急事態」
compete	「競争する」	→	**competition**	「競争」
		→	**competence**	「能力」
confide	「信頼する」	→	**confident**	「確信している」
		→	**confidential**	「極秘の」
consider	「考慮する」	→	**considerable**	「かなりの」
		→	**considerate**	「思いやりのある」
economy	「経済」	→	**economic**	「経済に関する」
		→	**economical**	「経済的な，お得な」
liter（文字）		→	**literary**	「文学の」
		→	**literal**	「文字通りの」
		→	**literate**	「読み書きができる」
observe	「観察する，守る」	→	**observation**	「観察」
		→	**observance**	「順守」
respect	「尊敬，点」	→	**respectful**	「礼儀正しい」
		→	**respectable**	「ちゃんとした」
		→	**respective**	「それぞれの」
succeed	「成功する，続く」	→	**successful**	「成功した」
		→	**successive**	「連続する」

SECTION #36 「動詞をイメージする・2」

● SECTION #4 では「動詞をイメージする」というテーマに沿って，イラストを見ながら基本的な動詞のイメージを摑む練習をしました。このセクションでも同じ方法で動詞を覚えていきます。ただし，今回はやや難しい動詞も含まれます。イラストや語源を確認しながら，各動詞の「イメージ」を頭の中で作り上げていきましょう。まずは「与える・伝える」という意味の動詞からです。

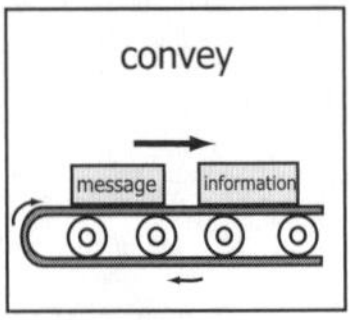

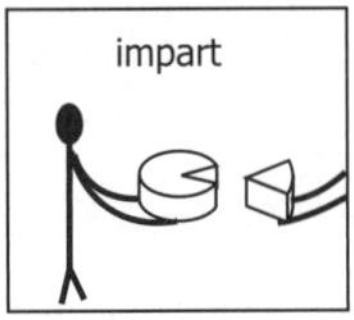

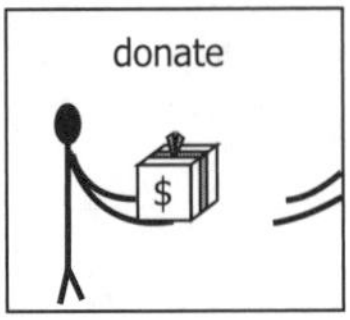

与える・伝える

1471 □ **convey**⁑
[kənvéɪ]

他 ～（情報・意味など）を**伝える；運搬する**
★「ベルトコンベヤー（conveyor belt）」は物を「運ぶ」機械；「(情報を）運ぶ」→「伝える」
▶ Newspapers are a powerful medium to **convey** messages.
「新聞はメッセージを**伝える**強力な媒体だ。」
□ **medium**⁑ [míːdiəm] 名 媒体 → **p.369**

1472 □ **impart**
[ɪmpɑ́ːrt]

他 ～を（…に）**与える，伝える** (to …)
★ im-（中に）＋ part（分ける）→「分け与える」
◆ **impart A to B**「A を B に与える，伝える」
▶ Helen **imparted** her husband's secret to her neighbor.
「ヘレンは夫の秘密を隣人に**伝えた**。」

1473 □ **donate***
[dóʊneɪt]

他 ～を（…に）**寄付する，贈与する** (to …)
◆ **donate A to B**「A を B に寄付する」
▶ He **donated** 10,000 dollars to the Red Cross.
「彼は赤十字に1万ドルを**寄付した**。」

□ **donation***
[doʊnéɪʃn]

名 **寄付，贈与**

1474 □ **endow**
[endáʊ]

他 ～に**与える，授ける**
◆ **be endowed with A**「生まれつき A を持っている」
▶ The boy was **endowed** with a special power to heal others by just touching them.

「少年は触れただけで他人を治療する特殊な力を**生まれつき持っていた**。」

Check! ● convey information **とは？** 情報を伝える

● distract / evade / divert は，いずれも「(方向性を) そらす」という意味を持っています。SECTION #4 の attract「引きつける」や extract「抜き出す」を見直してください。tract（引く）という語根から，今回は distract という動詞を学びます。

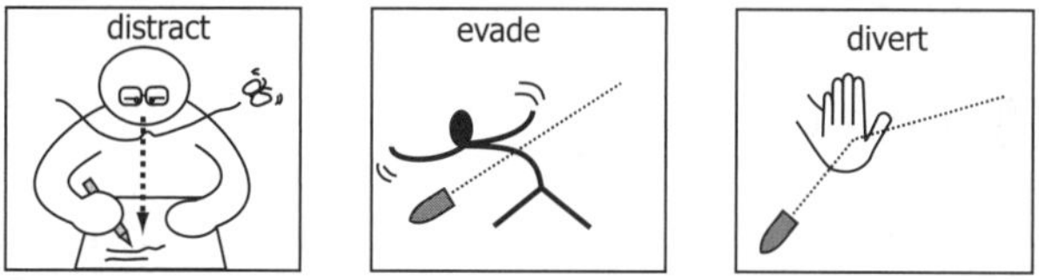

そらす

1475 □ **distract*** [dɪstrǽkt]

㊗ ～を**そらす**，の**気をそらす**

★ dis-（離れて）＋ tract（引く）→「そらす」

▶ I was **distracted** by the noise from next door and couldn't concentrate on my studies.
「隣からの騒音に**気をそらされて**勉強に集中できなかった。」

□ **distraction*** [dɪstrǽkʃn]

㊔ **気を散らすもの；気晴らし**

1476 □ **evade** [ɪvéɪd]

㊗ ～を**避ける，回避する** (= avoid)

▶ The boy tried to **evade** his responsibility by blaming his younger brother.
「少年は弟のせいにすることで責任を**回避し**ようとした。」

□ **evasion** [ɪvéɪʒən]

㊔ **回避**

1477 □ **divert** [dɪvə́ːrt]

㊗ ～を**そらす**

★ di-（離れて）＋ vert（回る）→「向きを変える」

◆ **divert oneself**「**気分転換する**」

▶ The government tried to **divert** public attention from domestic problems.
「政府は国内問題から国民の注意を**そらそう**とした。」

□ **domestic**** [dəméstɪk] ㊒ 国内の → **p.450**

□ **diversion** [dɪvə́ːrʒən]

㊔ **方向転換；気分転換**

1478 □ **convert***
[kənvə́ːrt]

他 ～を**転換する，改宗・転向させる**
★ con-（共に）＋ vert （回る = turn）
▶ Under the Roman Catholic Church, heretics were persecuted and often **converted**.
「ローマ・カトリック教会のもとで，異教徒たちは迫害され，しばしば**改宗させられた**。」
□ **heretic** [hérətɪk] 名 異教徒
□ **persecute** [pə́ːrsɪkjuːt] 他 ～を迫害する

□ **conversion**
[kənvə́ːrʒən]

名 **転換，改宗・転向**

Check! ●［語源］ tract の意味は？ 引く（= pull）

● compel「強制する」（→ **p.56**）という動詞を思い出してください。pel という語根は「駆り立てる」（= drive）という意味を持っています。expel / repel は，どちらも「駆り立てて追いやる」という意味です。compel と同じく，動詞変化は -pelled / -pelling と，l が重なることに注意してください。 また circulate は circle「円」と同語源です。円を描いて「循環する」イメージを摑んでください。

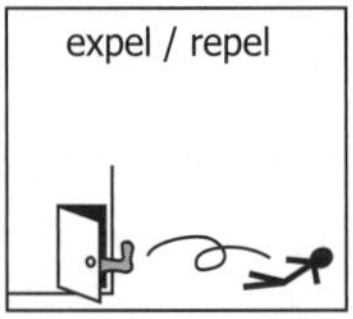

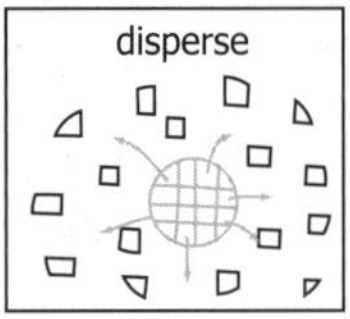

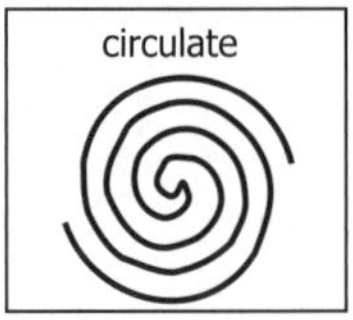

追い出し・分散・循環

1479 □ **expel**
[ɪkspél]

他 ～を**追い出す**
★ ex-（外に）＋ pel（駆り立てる）；動詞変化：expel – expelled, expelling
▶ After he was caught using drugs, the student was immediately **expelled** from school.
「学生は薬物を使っているのを見つかり，即座に**退学になった**。」

1480 □ **repel**
[rɪpél]

他 ～を**追い払う，退ける**
★ re-（後ろに）＋ pel（駆り立てる）；動詞変化：repel – repelled, repelling
▶ The army was ready to **repel** the enemy.
「軍隊は敵を**追い払う**準備ができていた。」

1481 □ **disperse**
[dɪspə́ːrs]

他 ～を**散らす** (= scatter)
▶ The police fired in the air to **disperse** the crowd.

「警察は群衆を**散らす**ために空中に発砲した。」

1482 □ **circulate***
[sə́ːrkjəleɪt]

自 **循環する** 他 ～を**循環させる；流通させる**
★ circle（円）と同語源；「円を描いて回る」→「循環する」
▶ The function of the heart is to **circulate** blood throughout the body.
「心臓の機能は，血液を体中に**循環させる**ことだ。」

□ **circulation***
[səːrkjəléɪʃn]

名 **循環；流通，発行部数**
▶ The newspaper has a large **circulation**.
「その新聞は**発行部数**が多い。」

Check! ● a newspaper with a large circulation **とは？** 発行部数の多い新聞

● 人生は，思いがけない人や出来事との「遭遇」(encounter) に満ちています。encounter / bump into / come across は，「偶然出会う，見つける」という意味を持っています。

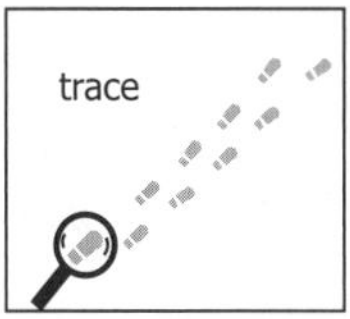

出くわす・たどる

1483 □ **encounter****
[enkáʊntər]

他 ～（人・問題など）に**出くわす，遭遇する** 名 **遭遇**
▶ I **encountered** a long-lost high school friend in the most unexpected place.
「最も思いがけない場所で，音信不通だった高校時代の友達に**出くわした**。」

1484 □ **bump into***
[bʌ́mp ―]

句 ～に**ばったり出会う** (= run into)
★「バン！と衝突して出会う」
▶ I was trying to avoid meeting Charles, but I **bumped into** him in the cafeteria.
「チャールズと会うのを避けていたが，学食で彼に**ばったり出会った**。」

1485 □ **come across****

句 ～に**偶然出会う**，を**偶然見つける**
▶ I **came across** an interesting article in the newspaper.
「私は新聞で面白い記事を**偶然見つけた**。」

1486 □ **trace**⁑
[tréɪs]

他 ～を**たどる；さかのぼる** 名 **痕跡**

◆ **trace back A to B**「A を B までさかのぼる」

▶ The origin of tea can be **traced** back to 4000 years ago in China.
「茶の起源は 4000 年前の中国まで**さかのぼる**ことができる。」

▶ The famous chess player disappeared one day **without a trace**.
「有名なチェス選手は，ある日**跡形もなく**消えた。」

Check!	● trace back とは？	さかのぼる

● over- / under- で始まる語は結構多いですね。しかも最重要単語ばかりなので，しっかりと意味の違いを整理しておく必要があります。これまで学んだものを復習すると，undertake「～を引き受ける」(→ **p.81**)，overlook「～を見逃す，見落とす」(→ **p.60**)，overcome「～を克服する」(→ **p.86**) などがあります。下の overwhelm / overtake / undergo も，イラストを参考にイメージを掴んでください。

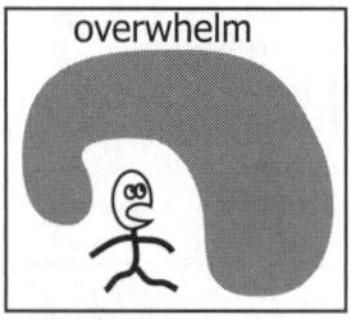

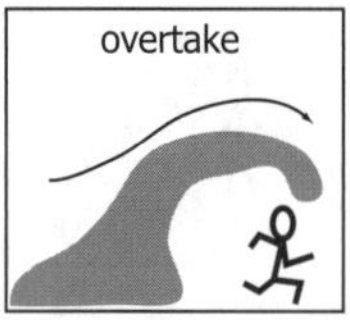

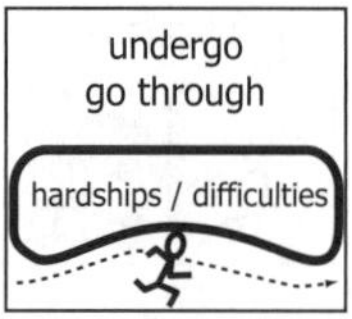

over / under

1487 □ **overwhelm**⁑
[oʊvərwélm]

他 ～を**圧倒する，打ちのめす**

▶ I was **overwhelmed** by her sublime beauty.
「私は彼女の崇高な美しさに**圧倒された**。」

□ **sublime** [səbláɪm] 形 崇高な

□ **overwhelming***
[oʊvərwélmɪŋ]

形 **圧倒的な**

▶ the **overwhelming** majority「**圧倒的**多数」

1488 □ **overtake***
[oʊvərtéɪk]

他 ～に**追いつく，**を**追い越す**；(災難が) を**襲う**

★「上から取る」→「追いつく」; 動詞変化：overtake – overtook – overtaken

▶ The runners were very competitive and kept on **overtaking** each other.
「走者たちは競争が激しく，絶えず互いに**追い越し**あった。」

▶ We were **overtaken** by a sudden earthquake.
「我々は突然の地震に**襲われた**。」

1489 □ **undergo***
[ʌndərgóʊ]

他 ～（悪いこと・辛いこと・変化）を**経験する** (= go through)
★「困難」(hardship, difficulty) や「手術」(operation, surgery) などを経験する；動詞変化：undergo – underwent – undergone
▶ The old man had to **undergo** surgery in order to remove the tumor.
「老人は腫瘍を取り除くために手術を**受け**なくてはならなかった。」

Check! ● undergo = go (　)　　through

●「上昇」「下降」を表す3つの動詞です。descend は，2つの派生語 descendant「子孫」と descent「下降，家系」をしっかり区別して覚えてください。

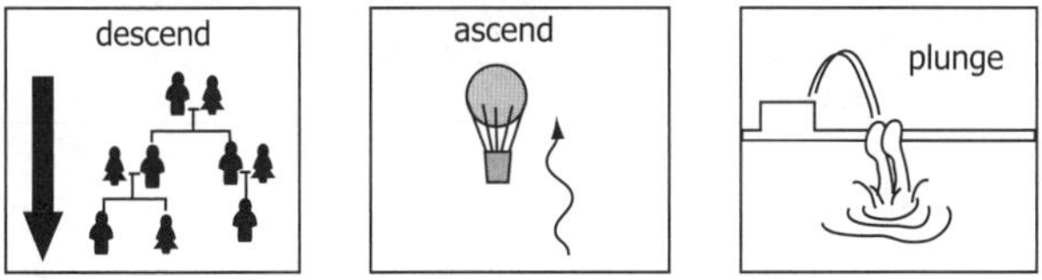

上昇・下降

1490 □ **descend***
[dɪsénd]

自 **下りる；由来する** 他 ～を**下りる**
★ de-（下へ）＋ scend（上る）
▶ She tripped on her own skirt as she **descended** the stairs.
「彼女は階段を**下りる**時に自分のスカートに引っかかってつまずいた。」

□ **descendant***
[dɪséndənt]

名 **子孫**

□ **descent***
[dɪsént]

名 **下降；家系**
◆ **of ～ descent**「～（の家）系である」
▶ She is of European **descent**.
「彼女はヨーロッパの**家系**だ。」

1491 □ **ascend**
[əsénd]

自 **上る**
★ a-（～へ）＋ scend（上る）
▶ The balloon **ascended** to the height of 1,000 feet.
「気球は 1000 フィートの高さまで**上がった**。」

□ **ascent**
[əsént]

名 **上昇**

1492 □ **plunge**
[plʌ́ndʒ]

自 **落ちる，飛び込む**
▶ A frog **plunged** into the old pond.

「蛙が古池に**飛び込んだ。**」

Check!	● descend の 2 つの派生語は？：1.「子孫」/ 2.「家系」 1. descendant / 2. descent

● embrace は，元来「抱く」という意味ですが，思想や制度を「信奉する，採用する」という意味でも用いられます。「思想を抱く」→「信奉・採用する」というイメージを摑んでください。また render は第 5 文型（SVOC）で用いられます。render O C = make O C「O を C にする」です。

信奉・具体化

1493 □ **embrace**＊ [embréɪs]

他 ～を**抱く**；（思想など）を**信奉する，採用する**

▶ The gentleman reached out and **embraced** the boy.
「紳士は手を伸ばして少年を**抱いた。**」

▶ Today, 29 states **embrace** capital punishment.
「今日では 29 の州が死刑制度を**採用している。**」

□ **reach out**⁑ 句 手を伸ばす → **p.509**

1494 □ **embody**＊ [embɑ́di]

他 ～を**具体化する**

★ em- ＋ body →「体（body）を持たせる」→「具体化する」

▶ The Statue of Liberty **embodies** the spirit of freedom.
「自由の女神像は，自由の精神を**具体化している。**」

1495 □ **render**＊ [réndər]

他 ～を（…に）**する**

★ 第 5 文型（SVOC）で用いる

◆ **render O C**「**O を C にする**」(= make O C)

▶ The traffic accident **rendered** [made] it impossible for us to arrive on time.
「交通事故は，我々が定刻に到着するのを不可能に**した。**」

Check!	● render O C = (　) O C　　make

● 計画や法律などは，状況の変化に応じて適宜「修正する」（modify）必要があります。また，損害を受けた物は，オリジナルの状態に「復元する」（restore）必要があるでしょう。relieve は最重要動詞です。「解放する」「安心させる」の 2 つの意味を覚えてくださ

い。名詞形の relief は「救援」という意味も持っています。「リリーフの投手」と言えば「救援」投手のことですね。

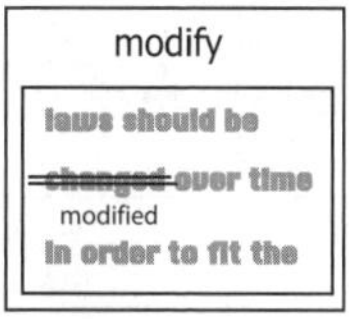

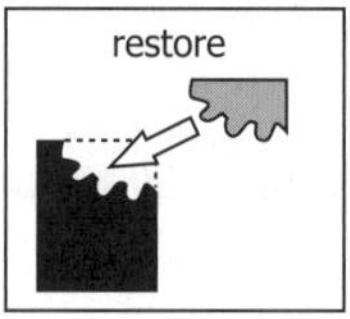

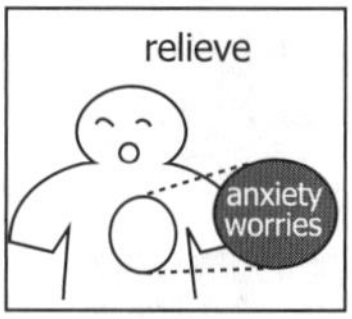

修正・回復・解放

1496 □ **modify**⁑
[mάdəfaɪ]

他 ～を**修正する，変更する**

▶ Some laws should be **modified** in order to fit the needs of the people.

「国民の必要に合わせるために，一部の法律は**修正する**べきだ。」

□ **modification***
[mɑdəfɪkéɪʃn]

名 **修正，変更**

1497 □ **restore***
[rɪstɔ́ːr]

他 ～を**復元する，回復する**

★ re-（再び）＋ store（修理する）

▶ After the war, the devastated city of Tokyo was quickly **restored**.

「戦後，荒廃した東京は急速に**復興した**。」

□ **devastated*** [dévəsteɪtɪd] 形 荒廃した → **p.271**

□ **restoration***
[restəréɪʃn]

名 **復元，返還**

1498 □ **relieve**⁑
[rɪlíːv]

他 ～を**解放する；安心させる**

★ re-（再び）＋ lieve（軽くする）→「持ち上げて軽くする」→「安心させる」；lev / leiv は「持ち上げて軽くする」；elevator は同語源

▶ I'm quite **relieved** to hear that.

「それを聞いて本当に**安心しました**。」

□ **relief**⁑
[rɪlíːf]

名 **安堵；救援**

◆ **to one's relief**「**ほっとしたことには**」

Check! ● relieve **の名詞形は？** relief

●前出の restore や relieve と同じく，re-（「再び」「後ろへ」）という接頭辞で始まる語を覚えます。resume には「再開する」以外に，「履歴書」の意もあります。resumé と綴られることもあり，動詞の resume とは発音も異なる全くの別単語です。

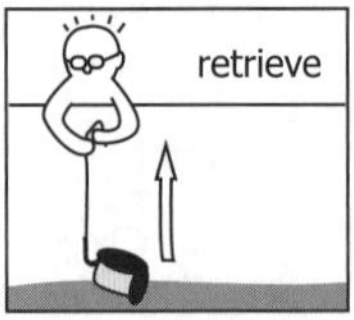

退却・回収・再開

1499 □ **retreat*** [rɪtríːt]

自 **退却する** 名 **退却**

★ re-（後ろへ）＋ treat（引く）

▶ The heavy defeat forced the army to **retreat**.

「大敗を喫し，軍は**退却せ**ざるを得なかった。」

1500 □ **retrieve*** [rɪtríːv]

他 ～を**回収する，取り戻す**

★ re-（再び）＋ trieve（見つける）；犬の「レトリバー」（retriever）は，獲物を回収するよう訓練された犬

▶ I went to the lost property office to **retrieve** my bag.

「カバンを**取り戻し**に遺失物案内所へ行った。」

□ **retrieval** [rɪtríːvl]

名 **回収**

1501 □ **resume*** 動 [rɪzúːm] 名 [rézəmeɪ]

他 ～を**再開する** 自 **再開する** 名 **履歴書，要約**

★ re-（再び）＋ sume（取る）→「いったん中断したことを再び始める」；「履歴書，要約」の意では resumé とも綴る；発音は全く異なる別単語

▶ The meeting **resumed** after a short break.

「短い休憩の後で，会合は**再開した**。」

▶ Interested candidates should send a **resume** to the following address.

「興味を持った志願者は下記の住所に**履歴書**を送ること。」

Check! ● retrieve の名詞形は？　retrieval

● SECTION #4 で学んだ melt は「熱などで溶ける」ですが，dissolve は「液体中で溶ける」の意です。またズボンを「吊る」ものを「サスペンダー」と言いますが，suspend は「宙吊りにする」→「いったん中止する」という意味を持ちます。首に吊す「ペンダント」（pendant）も同語源です。完全に中止する場合には cancel を用います。

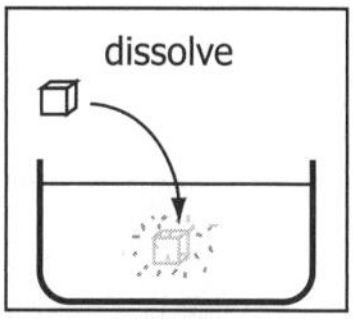

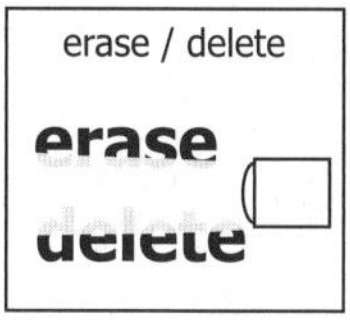

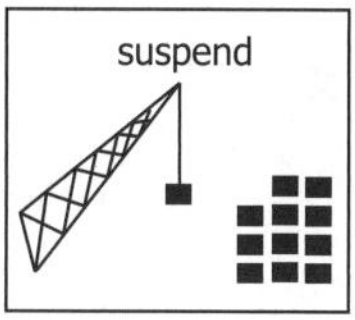

溶解・消去・中止

1502 □ **dissolve***
[dɪzάlv]

自 **溶解する** 他 ～を**解散する**
★ 発音注意：ディゾルヴ
▶ Salt **dissolves** in water.
「塩は水に**溶ける。**」
▶ **dissolve** the Diet「国会を**解散する**」

1503 □ **erase***
[ɪréɪs]

他 ～を**消す，消去する**
▶ Before recycling your computer, make sure all the data are **erased**.
「コンピュータをリサイクルする前に，全てのデータを必ず**消去し**なさい。」

1504 □ **delete**
[dɪlíːt]

他 ～を**消す，消去する** (= erase)
▶ All the files in the PC were accidentally **deleted**.
「パソコン内の全てのファイルが誤って**削除された。**」

1505 □ **wipe out***

句 ～を**消し去る，絶滅させる** (= extinguish)
▶ It is argued that a huge meteor may have **wiped out** the dinosaurs.
「巨大な隕石が恐竜を**絶滅させた**かもしれないと論じられている。」
□ **meteor** [míːtiər] 名 隕石
□ **dinosaur**⁑ [dáɪnəsɔːr] 名 恐竜 → **p.588**

1506 □ **suspend***
[səspénd]

他 ～を**宙吊りにする**；を（いったん）**中止する，中断する**
★ sus- = sub-（下に）＋ pend（吊す）→「宙ぶらりんにする」→「一時中止する」
▶ The game was **suspended** due to the blackout.
「停電のため，試合は**中断された。**」
□ **blackout** [blǽkaʊt] 名 停電

□ **suspension**
[səspénʃn]

名（一時的な）**中止**

Check!	● Sugar (1. melts / 2. dissolves) in water. 2.

●最後に「窒息させる」「絞る」「こぼす」という動詞を覚えます。イラストをよく見てイメージを描いてください。choke は人を「窒息させる」という他にも，水道管などを「詰まらせる」という意味でも用いられます。spill は動詞変化に注意してください。

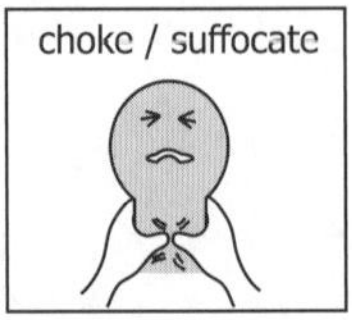

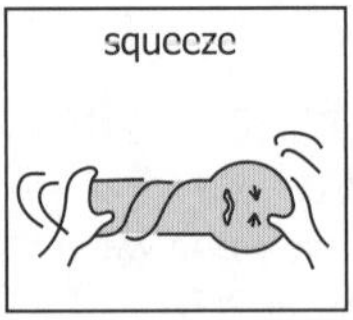

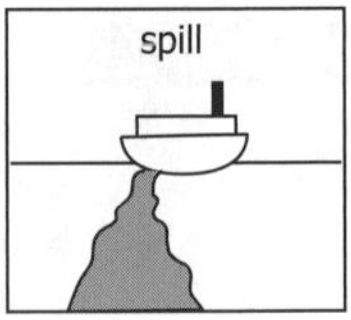

窒息させる・絞る・こぼす

1507 □ **choke*** [tʃóʊk]
他 ～を**窒息させる，詰まらせる** 自 **窒息する**
▶ The man **choked** his wife to death.
「男は妻を**絞め**殺した。」

1508 □ **suffocate** [sʌ́fəkeɪt]
他 ～を**窒息させる** (= choke)

1509 □ **squeeze*** [skwíːz]
他 ～を**絞る，絞り出す** 自（～に）**割り込む** (into ～)
▶ I **squeezed** juice out of an orange.
「私はオレンジから果汁を**絞り出した**。」
▶ He **squeezed** into a crowded subway car.
「彼は混雑した地下鉄の車両の中に**割り込んだ**。」

1510 □ **spill**⁂ [spíl]
他 ～を**こぼす**
★動詞変化：spill – spilled/spilt – spilled/spilt
▶ The oil tanker **spilt** millions of gallons of oil into the sea.
「オイルタンカーは何百万ガロンもの石油を海に**流出させた**。」

Check!	● It's no use crying over spilt milk.（ことわざ）とは？ 覆水盆に返らず（済んだことを嘆くな）

Review Test

● **Same or Opposite?**

□1 **impart** **deprive** ……… **Opposite**
□2 **donate** **give** ……… **Same**

□3	**distract**	**divert**	Same
□4	**evade**	**avoid**	Same
□5	**expel**	**accept**	Opposite
□6	**disperse**	**scatter**	Same
□7	**encounter**	**separate**	Opposite
□8	**bump into**	**run into**	Same
□9	**overtake**	**catch up with**	Same
□10	**undergo**	**experience**	Same
□11	**descend**	**go up**	Opposite
□12	**ascend**	**go up**	Same
□13	**plunge**	**fall**	Same
□14	**embody**	**represent**	Same
□15	**render**	**make**	Same
□16	**modify**	**change**	Same
□17	**restore**	**destroy**	Opposite
□18	**retrieve**	**recover**	Same
□19	**delete**	**add**	Opposite
□20	**choke**	**suffocate**	Same

● **Yes or No?**

□21 If you are **endowed** with some talent, then you have it. ………… Yes
□22 Loud noises from outside can be **distracting**. ………… Yes
□23 Magnets **repel** iron. ………… No
□24 If you **bumped into** someone, then you had expected it. ………… No
□25 You need air if you are **choking**. ………… Yes

● **Multiple Choices**

□26 I'm here to ( ) to you an important message from Mr. O'Brien.
a. convey **b.** donate **c.** divert ………… a.

□27 Street noise ( ) his attention from his studies.
a. evaded **b.** diverted **c.** imparted ………… b.

□28 Tear gas was used to ( ) the crowd.
a. encounter **b.** gather **c.** disperse ………… c.

□29 The Yomiuri has the largest ( ) in Japan.
a. diversion **b.** circulation **c.** distraction ………… b.

□30 Searching the drawer, I came ( ) an old picture of my father.
a. up **b.** along **c.** across ………… c.

□31 The rich widow disappeared one day without a ( ).
a. trace **b.** plunge **c.** ascent ······ a.

□32 The boxer looked ( ) by his opponent from the beginning.
a. undergone **b.** overcome **c.** overwhelmed ······ c.

□33 He got so badly injured that he had to ( ) an operation at the hospital.
a. undertake **b.** undergo **c.** overtake ······ b.

□34 She is of Chinese ( ).
a. descend **b.** descendant **c.** descent ······ c.

□35 The father warmly ( ) and kissed his son.
a. embraced **b.** evaded **c.** restored ······ a.

□36 We made some slight ( ) to the original plan.
a. restorations **b.** modifications **c.** suspensions ······ b.

□37 We need to ( ) peace in the Middle East as soon as possible.
a. restore **b.** render **c.** plunge ······ a.

□38 To my great ( ), all the members came back safe and sound.
a. relieve **b.** relief **c.** release ······ b.

□39 After the fierce battle, the army was forced to ( ).
a. relieve **b.** resume **c.** retreat ······ c.

□40 He took a short coffee break and then ( ) his work.
a. resumed **b.** retrieved **c.** released ······ a.

□41 Sugar ( ) in water.
a. melts **b.** dissolves **c.** bursts ······ b.

□42 Nuclear war would ( ) the human race.
a. wipe out **b.** restore **c.** dissolve ······ a.

□43 The game was ( ) due to the blackout.
a. suspended **b.** wiped out **c.** deleted ······ a.

□44 She ( ) a lemon and mixed the juice with hot water.
a. choked **b.** spilled **c.** squeezed ······ c.

□45 It's no use crying over ( ) milk.
a. spit **b.** split **c.** spilt ······ c.

解説・和訳

26「私はオブライエン氏からの重要な伝言をあなたに伝えに来ました。」／29 circulation「発行部数」／32「そのボクサーは最初から敵に圧倒されているように見えた。」／34 of ～ descent「～系の」／38「ほっとしたことに，メンバーは全員無事に帰ってきた。」／41 melt は「熱で溶ける」，dissolve は「液体の中で溶ける」の意／45「こぼれたミルクを嘆いても無駄だ（覆水盆に返らず）。」

日付：	年　月　日	得点：	／45
36点以上→SECTION #37へ		36点未満→もう一度復習	

間違えやすいアクセント・2 試験で狙われやすい語

アクセントの法則に関しては，まず「接尾辞とアクセントの法則」(157，158，207ページ)を参照してください。ここでは，この法則に該当しないもので，特に入試問題で狙われやすい単語をリストアップします。

admirable	「見事な」	ádmirable
alternative	「選択肢」	altérnative
ancestor	「先祖」	áncestor
atmosphere	「大気」	átmosphere
colleague	「同僚」	cólleague
comment	「意見」	cómment
consequence	「結果」	cónsequence
control	「抑制する」	contról
fatigue	「疲労」	fatígue
infinite	「無限の」	ínfinite
interpret	「解釈する」	intérpret
manage	「なんとかやり遂げる」	mánage
nevertheless	「それにもかかわらず」	nevertheléss
pattern	「模範」	páttern
penalty	「刑罰」	pénalty
product	「製品」	próduct
standard	「標準」	stándard
technique	「技術」	techníque
volume	「量」	vólume

SECTION #37 「基本動詞を用いた熟語表現・1」

●このセクションでは，get や make などの基本動詞を用いた熟語表現を中心に学習します。make out や take in など，「動詞＋副詞・前置詞」というセットで１つの意味を成すものは「句動詞」と呼ばれます。句動詞は非常に使用頻度が高く，かつ覚えるのがやっかいな代物です。例えば put on / put out / put off / put up の４つの句動詞の違いが分かりますか？　put on「身につける」は分かっても，put out は何だったか？　put on「着る」の対義語の「脱ぐ」は put off だったか，あるいは take off だったか？ …等々。あやふやな人も案外多いのではないでしょうか。句動詞を覚えるコツは，ズバリ次の２つです。

①前置詞／副詞のイメージを掴む

②同義語の動詞とセットで覚える

以下に，代表的な前置詞・副詞のイメージを挙げておきます。例えば make out なら，out の「解明する」というイメージから，「理解する」という意味に結びつけてください。

up:	「ふさぐ」 make up / take up 「出現」 turn up
out:	「解明」 make out / figure out 「終了」 put out
to:	「対象」 take to / turn to
for:	「方向」 make for
off:	「分離」 give off
on:	「身につける」 take on 「継続」 go on
away:	「除去」 do away with / give away
about:	「発生」 come about / bring about

また句動詞の多くは，別の動詞で言い換えることが可能です。make up for = compensate for，put out = extinguish など，同義語をセットで覚えることが，句動詞をマスターする最大のコツだと言えるでしょう。

●最初は「make ＋副詞・前置詞」からです。make =「作る」とだけ覚えていると，make out「理解する」や make for「向かう」などの意味はなかなか出てこないでしょう。やはり out〈解明〉，for〈方向〉というように，副詞・前置詞のイメージを中心に覚える必要があるのです。

make

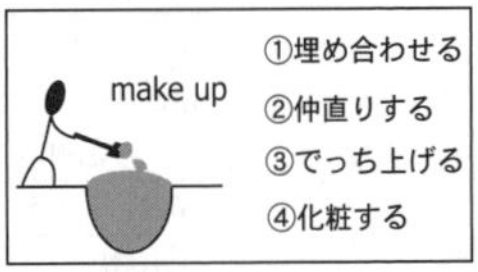

1511 □ **make up**⁑

句 ①（～を）**埋め合わせる，取り戻す** (for ～) (= compensate for)
②（～と）**仲直りする** (with ～)
③～（話）を**でっち上げる** (= invent)
④**化粧する**
★基本イメージは「埋めてふさぐ」(①②)「作り上げる」(③④)；「埋める」→「関係を修復する」；「作り上げる」→「化

粧する」
◆ **make up for A**「Aの埋め合わせをする」
◆ **make up with A**「Aと仲直りする」
▶ We worked hard to **make up** for lost time.
「我々は失った時間を**埋め合わせる**ために一生懸命働いた。」
▶ Edgar **made up** with his ex-girlfriend.
「エドガーは前の彼女と**よりを戻した**。」
▶ Most of his stories are **made up**.
「彼の話のほとんどは**でっち上げだ**。」

1512 □ **compensate*** [kɑ́mpənseɪt]
自 (〜を) **埋め合わせる，補償する** (for 〜) (= make up for)
◆ **compensate for A**「Aの埋め合わせをする」
▶ This year's good harvest will **compensate** [**make up**] for last year's bad one.
「今年の豊作は，去年の不作の**埋め合わせとなる**だろう。」

□ **compensation*** [kɑmpənséɪʃn]
名 **補償，償い**

1513 □ **make out***
句 〜を**理解する，判読する** (= understand)
★ make + out 〈解明〉→「理解する」
▶ I can't **make out** what is written on the blackboard from my seat.
「私の席からは黒板に書いてあることが**判読**できない。」

1514 □ **make for***
句 〜へ**向かう** (= head for)；〜（の実現）に**役立つ**，を**可能にする**
★ make + for 〈方向〉→「へ向かう」

▶ It's time we **made for** his house, or else we will be late.
「彼の家へ**向かう**時間だ。さもないと遅刻するぞ。」
▶ What **makes for** a happy marriage?
「何が幸せな結婚生活を**可能にし**ますか？」

Check!		
	● make up for = ( ) for	compensate
	● make ( ) = understand	out

● turn の基本イメージは「方向を変える」「変化させる」です。これに副詞・前置詞を組み合わせることで，様々な句動詞が生まれます。まずは＊印のついた基本的な句動詞を確認してから，turn out / up / to / down の4つを覚えてください。

turn

＊ **turn on**	句 ～（ラジオ・テレビ・明かり）をつける
＊ **turn off**	句 ～（ラジオ・テレビ・明かり）を消す
＊ **turn into**	句 ～に変化する

1515 □ **turn out**⁑

句 ～であることが**分かる，判明する** (to be ～) (= prove)

★ turn ＋ out〈解明〉→「判明する」：第２文型（SVC）をとる

▶ The rumor **turned out** [proved] (to be) false.
「うわさは誤りだと**分かった**。」

1516 □ **turn up**⁑

句 **現れる，登場する** (= appear)

★ turn ＋ up（上がる）→「登場する」

▶ She **turned up** at the party at 8 o'clock sharp.
「彼女は８時きっかりにパーティーに**現れた**。」

□ **sharp*** [ʃáːrp] 副 きっかりに

1517 □ **turn down**⁑

句 ～（誘い・要求）を**断る** (= decline)；の**音量を下げる**

★ turn ＋ down（下へ）→「却下する」「下げる」

▶ **turn down** a job offer「仕事の口を**断る**」

▶ **turn down** an invitation「招待を**断る**」

▶ Could you **turn down** the music?
「音楽の**音量を下げて**くれませんか？」

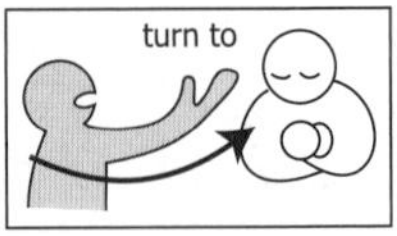

1518 □ **turn to***

句 ～に**頼る** (= depend on)

★ turn ＋ to〈対象〉；「対象に向かう」
→「頼る」

▶ When I faced financial difficulties, I had no choice but to **turn to** my father for help.
「経済難に直面して，助けを求めて父に**頼る**より他になかった。」

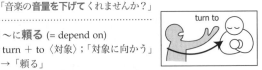

Check! ● decline an offer = turn (　) an offer　　down

● take は「取る」が基本的なイメージです。やはりここでも，前置詞・副詞のイメージを手がかりに句動詞を覚えましょう。例えば on の「身につける」というイメージから (put on など)，take on ～の「(ある性質を) 帯びる」「(仕事を) 引き受ける」という意味に結びつけてください。

take

＊ **take away**	句 ～を奪う
＊ **take off**	句 ～を脱ぐ (↔ put on)；離陸する

1519 □ **take in***

句 ～を**取り入れる**；**理解する** (= understand)；を**だます**

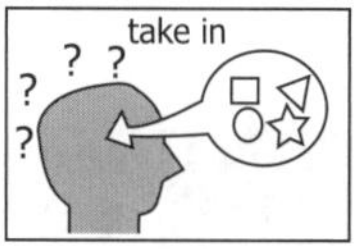

★ take ＋ in（中に）；「中に取り入れる」→「意味を取り入れて理解する」；「罠に入れて捕らえる」→「だます」

▶ Why don't we open the windows and **take in** some fresh air?
「窓を開けて新鮮な空気を**入れ**ませんか。」

▶ At first I couldn't **take in** what was going on.
「最初のうちは，何が起こっているのか**理解**できなかった。」

1520 □ **take on***

句 ～（意味・重要性）を**帯びる**；（仕事）を**引き受ける** (= assume)

★ take ＋ on（身につける）→「性質を帯びる」「引き受ける」

▶ **take on** a meaning [importance]
「意味［重要性］を**帯びる**」

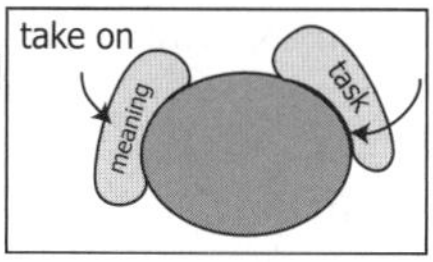

▶ **take on** a task [the responsibility]
「仕事［責任］を**引き受ける**」

▶ Words **take on** new meanings as they are used over long periods.
「長期間使われているうちに，言葉は新しい意味を**帯びてくる**。」

1521 □ **take after***

句 ～に**似る** (= resemble)

★ take ＋ after（ちなむ）→「似る」；この after は name A after B「Bにちなんで A を名付ける」と同じ

▶ Sarah **takes after** her grandmother.
「サラは祖母に**そっくりだ**。」

1522 □ **take up***

句 ～を**占める** (= occupy)；を**取り上げる**

★ take ＋ up（ふさぐ）→「場所を占める」

▶ This sofa **takes up** too much room.
「このソファは場所を**取り**すぎる。」

□ **room**** [rúːm] 名 場所，空間 → **p.577**

1523 □ **take over****

句 ～（仕事）を**引き継ぐ**

★ take ＋ over〈移行〉→「引き継ぐ」

▶ After my father died, I decided to **take over** his business.
「父が死んだ後，私は彼の仕事を**引き継ご**うと決めた。」

1524 □ **take to**

句 ～が**好きになる**，**習慣になる**

★ take ＋ to〈対象〉→「～が好きになる・習慣化する」

▶ He **took to** drinking after the death of his beloved wife.
「彼は愛妻が死んでから酒に**溺れる**ようになった。」

Check!		
	● put on「身につける」↔（ ）off「脱ぐ」	take
	● take（ ）a task = assume a task	on
	● take（ ）= occupy	up

● put に関して注目すべきなのは，To put it simply [Put simply], . . .「簡単に言うと，…」という表現です。put には「置く」以外に，「言う，表現する」という意味があるのです。他にも To put it another way, . . .「別の言い方をすると，…」など，いくつかのバリエーションがあります。

put

＊ **put on**	句 ～を身につける（↔ take off「脱ぐ」）
＊ **put off**	句 ～を延期する (= postpone) → **p.103**
＊ **put together**	句 ～を合わせる，合計する
＊ **put up with**	句 ～に耐える → **p.332**

1525 □ **put out**＊

句 ～を**消す** (= extinguish)
★ put ＋ out〈終了〉→「消す」
▶ The fire was **put out** quickly by the firefighters.
「消防士たちによって火事はすぐに**消された**。」

1526 □ **to put it . . . / put . . .**＊

句 …**言うと**
◆ **to put it another way**「**別の言い方をすると**」(= in other words)
◆ **to put it simply [put simply]**「**簡単に言うと**」

Check!		
	●「(火を) 消す」は？ ： 1. put off / 2. put out	2.
	● in other words = to（ ）it another way	put

● do は通常他動詞ですが，自動詞として「間に合う，足りる」という意味を持つことがあります。do with ～「～で済ませる」や do without ～「～なしで済ませる」なども，この do から生じた句動詞と考えられます。さらに使役動詞の make を用いて make do という形になると，「間に合わせる」という意味になります。

do

＊ **do with**	句 ～を扱う；～で済ませる
＊ **do without**	句 ～なしで済ませる
＊ **do away with**	句 ～を廃止する，処分する → **p.69**

1527 □ **do**⁑ [dúː]

自 **よい，間に合う**

★助動詞 will と共に用いられることが多い

▶ I'll come at ten. Will that **do**? (= Is that OK?)
「10時に来ます。それで**いい**ですか？」

1528 □ **make do with***

句 ～で**間に合わせる** (= manage with)

★make〈使役〉＋ do（間に合う）→「間に合わせる」

▶ Since I bought a new car, I have to **make do with** $40 a month.
「新しい車を買ったので，ひと月 40 ドルで**やっていか**なくてはならない。」

Check! ● Anything will (　). **「なんでもいいよ。」** do

● give「与える」も，away〈除去〉や off〈分離〉といった副詞・前置詞と結びつくことで，様々な句動詞が作られます。give in「屈する」の同義語として，SECTION #19 で学んだ yield を再確認しておきましょう。

give

＊**give up**

句 ～を諦める

1529 □ **give away***

句 ～を（ただで）**譲る**；（秘密・気持ち）を**明かす**

★give ＋ away〈除去〉→「譲る・明かす」

▶ When I left the apartment, I sold or **gave away** most of my possessions.
「アパートを去るとき，持ち物の大半を売るか**譲った**。」

▶ **give away** a secret「秘密を**明かす**」

1530 □ **give way***

句（～に）**屈する，取って代わられる** (to ～)

★「道を譲る」→「屈する，取って代わられる」

▶ The cloudy sky **gave way** to bright sunshine.
「曇り空は明るい日差しに**取って代わられた**。」

1531 □ **give in***

句（～に）**屈する** (to ～) (= yield to, succumb to)

◆ **give in to A**「A **に屈する**」

▶ In the end, the government **gave in** to the terrorists' demands.
「結局は，政府はテロリストの要求に**屈した**。」

1532 □ **give off***

句 ～（光・熱・気体）を**発する** (= emit)
★ give ＋ off〈分離〉→「発する」
▶ Plants **give off** oxygen and take in carbon dioxide.
「植物は酸素を**発し**，二酸化炭素を取り入れる。」

Check!	● give (　) to = yield to	in [way]

● come true「実現する」など，come には「(ある状態）になる」という意味があります。come about / come into being / come to / come in handy などは，「来る」という意味よりもむしろ「～になる（= become)」というイメージを摑むと理解しやすいでしょう。

come

＊ **come true** — 句 実現する
＊ **come across** — 句 ～にでくわす → **p.469**

1533 □ **come up with⁑**

句 ～を**思いつく** (= hit on [upon])
★ come ＋ up（作り上げる）→「思いつく」
▶ I **came up with** a great way to spend the evening.
「その晩を過ごすすばらしい方法を**思いついた**。」

1534 □ **come about⁑**

句 **生じる，起こる** (= happen)
★ come ＋ about〈発生〉→「生じる」
◆ **How does it come about that ...?**
= **How come ...?** 「**どうして…？**」
▶ How did such a thing **come about**?
「どうしてそんな事が**起こった**んだ？」
▶ **How did it come about that** [**How come**] you came so late?
「**どうして**そんなに遅く来たんだ？」

1535 □ **come into being***

句 **生じる**
★ being「存在」している状態になる； come into existence ともいう
▶ A number of conflicting theories have been developed as to how the universe **came into being**.
「どのようにして宇宙が**生まれた**かに関して，いくつかの対立する理論が展開されてきた。」
□ **as to⁑** — 句 ～に関して

1536 □ **come to***

句 ①**意識が戻る** ②（全部で）～に**なる**
★ ①は come to one's senses「意識が戻る」（→ **p.261**）の略

▶ When he **came to**, he found himself wrapped in newspapers.
「彼は**意識が戻る**と新聞にくるまっていた。」
▶ "How much does it all **come to**?" "Twelve dollars."
「**全部で**いくらに**なり**ますか？」「12 ドルです。」

1537 □ **come in handy**

句 **便利である，役に立つ**
▶ Read this book. It might **come in handy** someday.
「この本を読め。いつか**役に立つ**かもしれない。」

1538 □ **Come on.**⁑

句 **おいおい，冗談だろ**
★相手の発言や行動を軽く非難する表現
▶ **Come on**! Don't be so mean to me.
「**おいおい！**　そんな意地悪しないでくれよ。」

Check!	● come ( ) with = hit upon	up

● come の次は go です。go on *do*ing と go on to *do* の違いに注意してください。go on talking は「話し続ける」ですが，go on to talk は「さらに続けて話す」という意味になります。

go

* **go with** 句 〜と合う → **p.440**
* **go on *do*ing** 句 〜し続ける
* **go through** 句 〜を経験する

1539 □ **go on to *do****

句 **さらに続けて〜する** (= proceed to *do*)
★ go ＋ on〈継続〉→「続ける」; go on *do*ing「〜し続ける」と区別する
◆ **go on to university**「**大学に進学する**」
▶ They **went on to** talk about the next topic.
「彼らは**続けて**次の話題について話し合った。」

1540 □ **go off***

句 **爆発する** (= burst) ; (アラームなどが) **鳴る**
★ go ＋ off〈分離〉→「爆発する」
▶ The bomb **went off** and killed thousands of people.
「爆弾が**爆発し**，何千もの人を殺した。」

1541 □ **Go ahead.**⁑

句 **どうぞ**
★許可を求める問いかけに対する返答

▶ "Do you mind if I smoke here?" "No, **go ahead**."
「ここでタバコを吸っていいですか？」「ええ，**どうぞ**。」

Check!	● go to university / go on to university **の意味は？** **大学へ通う／大学へ進学する**

● bring の基本イメージは「持ってくる」「もたらす」です。bring about は bring「もたらす」＋ about〈発生〉→「引き起こす」，bring oneself to *do* は，「自分自身を〜の方に持っていく」→「〜する気になる」と覚えてください。bring home to ～ はやや難しい表現です。home「家にいる」→「自分のこととして実感する」というイメージを掴みましょう。

bring

＊ bring up — 句 ①〜を育てる (= raise) ②〜（話題など）を持ち出す

1542 □ **bring about**⁑

句 〜を**引き起こす，もたらす** (= cause)
★bring ＋ about〈発生〉→「引き起こす」
▶ Technological advances **brought about** improvements in food production and health care.
「科学技術の進歩が食糧生産と医療の進歩を**もたらした**。」

1543 □ **bring oneself to *do***＊

句 〜**する気になる** (= feel inclined to *do*)
★「自分自身を持っていく」→「気持ちを持っていく」；通常は can't [couldn't] とともに用いられる
▶ Even though I mostly agreed, somehow I couldn't **bring myself to** say yes.
「大方賛成はしていたが，どういうわけかイエスと言う**気になれ**なかった。」

1544 □ **bring A home to B**

句 **AをBに分からせる，実感させる**
★bring ＋ home（家）→「自分のこととして実感させる」；bring A home to B = bring home to B A
▶ My three years' experience overseas **brought home to** me the importance of intercultural exchanges.
「3年間の海外経験は，異文化交流の重要性を私に**実感させた**。」

Check!	● I couldn't bring (　) to agree with him.　　myself

● get に関しては，まず get on ↔ get off / get out といった基本熟語を確認してください。get at や get ～ across は，それぞれ at〈方向〉，across「向こう側に」というイメージから意味を覚えてください。

get

＊**get on**	句 ～（乗り物）に乗る
＊**get off**	句 ～（乗り物）から降りる
＊**get out**	句 外に出る
＊**get to**	句 ～に着く

1545 □ **get at***

句 ～を**言おうとする** (= mean)

★ get ＋ at〈方向〉→「～を言おうとする」

▶ I still don't see your point. What are you **getting at**?

「要点がまだ分かりません。何を**言おうとしている**のですか？」

1546 □ **get by***

句 **なんとかやりくりする** (= manage)

▶ I'll **get by** on the wages from my temporary job.

「臨時の仕事からの賃金で**なんとかやりくりし**よう。」

1547 □ **get ～ across***

句 ～を**伝える，分かってもらう**

★ get ＋ across（向こう側に）→「向こう側に伝える」

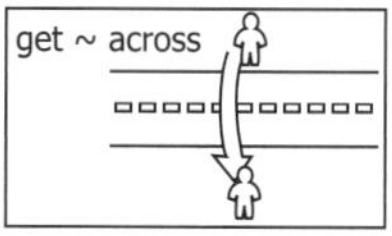

▶ The professor tried to **get** the point **across** to the students.

「教授は要点を学生に**伝え**ようとした。」

1548 □ **get away with***

句 ～（悪事）をして（罰を受けずに・ばれずに）**逃げおおせる**

★「～を持ったまま逃げる」→「ばれずに済む」

▶ He cheated on the exam and **got away with** it.

「彼は試験でカンニングをして**ばれずに済んだ。**」

Check! ● get (　) = manage　　by

● let の基本的な用法は let O do ～「O に～させてやる」です。let him go なら「彼に行かせてやる」となり，ここから let go of ～「～を手放す」という句が生まれます。let alone は通例否定文の後で「ましてや…ない」という意味の副詞句として用いられます。

let / pull

1549 □ **let go of**＊

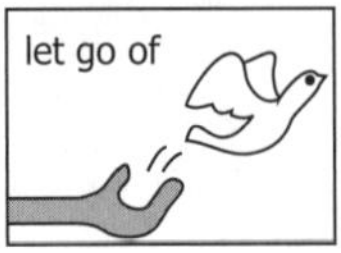

句 ～を**手放す** (= release)

★ let ＋ go（行く）→「行かせてやる」→「手放す」

▶ The little girl held on to her mother's hand and would not **let go of** it.

「少女は母親の手をしっかり握って，**放そう**としなかった。」

□ **hold on to**⁑　句 ～にしがみつく

1550 □ **let ～ in**＊

句 ～を**中に入れる**

★ let ＋ in（中に）→「中に入れる」

▶ The door is locked. Please **let** me **in**.

「ドアに鍵がかかっています。**中に入れて**ください。」

1551 □ **let alone**＊

句 **ましてや…ない** (= still less)

★ 否定文の後で用いる

▶ The baby can't even crawl, **let alone** walk.

「その赤ん坊は這うことすらできない。**ましてや歩けない。**」

□ **crawl**　[krɔ́ːl]　自 這う

1552 □ **pull up [over]**

句 **車を止める**

▶ **pull up** at a red light「赤信号で**車を止める**」

Check!	● let go (　) a bird = release a bird	of

● it や that を用いた慣用表現で，特に注意が必要なものを集めました。make it や That's it. などの it は，特定の名詞を受けているわけではなく，漠然とした状況全般を指します。というわけで，このセクションも That's it!「終了！」です。

it / that

1553 □ **make it**⁑

句（約束・予定通り）**やり遂げる，都合がつく，間に合う**

▶ I **made it** to the appointment barely in time.

「時間ぎりぎりに約束に**間に合った**。」

□ **barely**⁑　[béərli]　副 かろうじて → **p.426**

1554 □ **That's it.**⁑

句 ①**もう終わりだ** ②**まさにそれだ，その通りだ**

▶ **That's it** for today's lesson.

「今日の授業は**これでおしまい**です。」

▶ **That's it!** That's exactly what I have been looking for.

「**まさにそれだ！**　それこそまさに私が求めていたものだ。」

1555 □ **That is that.**

句 **それでおしまい，それだけのこと**

▶ We just broke up, and she left my apartment, and **that was that**.

「僕たちは別れて彼女がアパートを去った，**それでおしまいさ。**」

Check! ● That's it for today. とは？ 今日はこれでおしまい。

Review Test

● Match the words closest in meaning.

□1	make up for	a. head for	e.
□2	make out	b. appear	c.
□3	make for	c. understand	a.
□4	turn up	d. prove	b.
□5	turn out	e. compensate for	d.
□6	turn to	a. resemble	b.
□7	turn down	b. depend on	d.
□8	take in	c. understand	c.
□9	take on	d. decline	e.
□10	take after	e. assume	a.
□11	take up	a. extinguish	d.
□12	take over	b. abolish	e.
□13	take to	c. come to like	c.
□14	put out	d. occupy	a.
□15	do away with	e. succeed	b.
□16	make do	a. manage	a.
□17	give away	b. emit	d.
□18	give in to	c. hit upon	e.
□19	give off	d. reveal	b.
□20	come up with	e. yield to	c.
□21	come about	a. become of use	d.
□22	come in handy	b. cause	a.
□23	go on to	c. burst	e.
□24	go off	d. happen	c.
□25	bring about	e. proceed to	b.

□26	**bring oneself to *do***	**a. still less**	………… c.
□27	**get at**	**b. stop**	………… d.
□28	**let go of**	**c. feel inclined to *do***	………… e.
□29	**let alone**	**d. try to say**	………… a.
□30	**pull up**	**e. release**	………… b.

● **Multiple Choices**

□**31** Don't believe him since most of his stories are ( ).
a. fed up **b.** put up **c.** made up ………… c.

□**32** The rumor ( ) to be true.
a. turned up **b.** turned out **c.** turned down ………… b.

□**33** To ( ) it simply, the attempt was a failure.
a. talk **b.** tell **c.** put ………… c.

□**34** "I'll give it back to you by Monday morning. Will that ( )?"
a. make **b.** go **c.** do ………… c.

□**35** How life ( ) into being on Earth still remains a mystery.
a. came **b.** went **c.** brought ………… a.

□**36** How much does it come ( )? — Thirty dollars.
a. about **b.** up **c.** to ………… c.

□**37** Can I use this pen? — ( ) ahead.
a. Come **b.** Go **c.** Take ………… b.

□**38** This book will bring ( ) to you the need to expand your vocabulary.
a. it **b.** about **c.** home ………… c.

□**39** I cannot possibly get ( ) on my low salary.
a. off **b.** by **c.** across ………… b.

□**40** With my poor vocabulary, it's hard to get this point ( ) in English.
a. off **b.** by **c.** across ………… c.

□**41** The party starts at seven o'clock on April 1st. Can you make ( )?
a. it **b.** that **c.** this ………… a.

□**42** That's ( ) for this section.
a. this **b.** that **c.** it ………… c.

解説・和訳

35「地球上にどのように生命が生まれたのかは，いまだに謎のままである。」／38「この本は，語彙を増やす必要性を実感させるだろう。」／39「私の安月給ではとてもやりくりできない。」／42「このセクションはこれで終わりです。」

日付：　　年　月　日	**得点：**　／42
34点以上→SECTION #38へ	**34点未満→もう一度復習**

SECTION #38「熟語表現・2」

●引き続き熟語表現を学習します。前セクション同様に，前置詞・副詞の持つ意味，同義語に注意しながら学習を進めてください。

● make には make ~ of A という形の熟語がいくつかあります。前セクションで学んだ make out は「理解する」という意味でしたが，この make ~ of は，「評価する・判断する」という意味を持っています。~ の部分には，much / nothing / light / little や疑問詞の what などが入り，make much of A なら「A を重視する」，make nothing of A なら「A を何とも思わない，軽視する」という意味になります。次の make the most [best] of も同じ make ~ of という形をとりますが，こちらは「～から最大限のものを作り出す・引き出す」という意味を持ちます。

make ~ of

1556 □ **make ~ of A**

句 A を～と**評価する，判断する**

◆ **make much of A**「A を重視する」

◆ **make nothing [light, little] of A**「A を軽視する」

◆ **What do you make of A?**「A をどう思うか？」

▶ The royal family was criticized for **making much of** only male heirs.

「王室は男性の継承者ばかりを**重視している**として批判された。」

▶ **What do you make of** this message from John?

「ジョンからのこのメッセージを**どう思う？**」

□ **heir** [éər] 名 相続人 → **p.320**

make much / nothing / little / light **of**

what do you **make of** ~?

1557 □ **make the most of**

句 ～を**最大限利用する**

▶ What's important is to **make the most of** your abilities and talents.

「大事なのは自分の能力と才能を**最大限に利用する**ことだ。」

1558 □ **make the best of**

句 ～を**できる限り利用する**

★「不利な状況ながらもできる限り…」というニュアンス

▶ **make the best of** a bad situation

「悪い状況で**なんとか最善を尽くす**」

Check! ● What do you make (1. out / 2. of) this? 2.

● make を用いた熟語です。make sure には 2 つの意味があります。どちらの用法なのか，文脈から判断できるようにしてください。make (both) ends meet は，収支表の「支出」「収入」両方の「端」(ends) を合わせる→「帳尻（端）を合わせる」と覚えましょう。

make

1559 □ **make sure**⁑

句 ①**確実に…する** (= see to it) ②…を**確かめる**

★2つの意味に注意（下の例文は2つの意味にとることができる）；make sure S V ...の形をとる

▶ **Make sure** he is dead before calling the police.

「警察に電話する前に**確実に**彼を殺せ／死んでいることを**確認しろ**。」

1560 □ **make ends meet***

句 **やりくりする，帳尻を合わせる**

★make both ends meet ともいう；「収入」「支出」の両方の「端」(ends) を合わせる→「帳尻を合わせる，収入内でやりくりする」

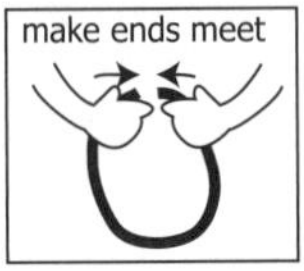

▶ With my six children and the housing loan, it's really hard to **make ends meet**.

「子供が6人いて家のローンがあるので，**やりくりする**のは本当に大変だ。」

1561 □ **make believe**

句 ～の**ふりをする，真似をする** (= pretend)

★「信じさせる」→「ふりをする」

▶ The kids **made believe** they were doctors and nurses.

「子供たちは医者と看護師**ごっこをした**。」

1562 □ **make a scene**

句 **ひと騒ぎする，醜態をさらす**

★「公共の場で人目をはばからず口論などをする」

▶ Jessica **made a scene** in the restaurant when she found a hair in her soup.

「スープに髪の毛が入っているのを見つけて，ジェシカはレストランで**ひと騒動を起こした**。」

Check! ● make sure **の2つの意味は？** 確実に…する／…を確かめる

● think / thought を用いた熟語表現です。think much of ～は，上で学んだ make much of ～に似た表現です。think ～ of の～には much / highly / nothing / little などが入ります。think twice / on second thought は，どちらも「2」という要素が入っています。「2度考える」→「考え直す」と覚えましょう。

think / thought

1563 □ **think much of***

句 ～を**高く評価する，重視する**

◆ **think much [highly] of A**「Aを高く評価する」

◆ **think nothing [little] of A**「Aを何とも思わない」

▶ I don't **think much of** this film.
「この映画は**あまりいいと思わ**ない。」

think	much / highly / nothing / little	of

1564 □ **think better of** *

句 ～を**考え直す，見直す**

▶ Fred was about to say something but seemed to **think better of** it.
「フレッドは何かを言おうとしたが，それを**考え直した**ようだった。」

1565 □ **think twice** *

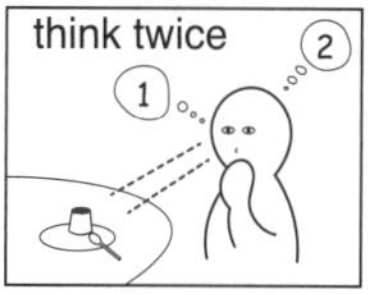

句 **よく考える**

★「2度考える」→「よく考える」

▶ **Think twice** before you act.
「行動する前に**よく考えろ**。」

1566 □ **on second thought** *

句 **考え直して，やっぱり**

★「2度考えて」→「考え直して」

▶ I'll have a Coke. No, **on second thought**, I'll have a Pepsi.
「コカコーラにします。いや**やっぱり**ペプシにします。」

Check!	● think (1. high / 2. highly) of	2.

● show の基本イメージは「見せる」です。そこから show off「見せびらかす」や show up「姿を見せる」→「現れる」といった句動詞が生まれます。また，see「見る・見える」からは see to や see through などの熟語が生まれます。

show / see

1567 □ **show off** **

句 ～を**見せびらかす，誇示する**

★ show（見せる）＋ off（目立って）→「見せて目立たせる」

▶ Nicole went to the party just to **show off** her new boyfriend.
「ニコルは新しい彼氏を**見せびらかす**ためだけにパーティーに行った。」

1568 □ **show up** **

句 **現れる，登場する** (= appear, turn up)

★ show（見せる）→「姿を見せる」

▶ I waited for two hours, but she didn't **show up**.
「2時間待ったが，彼女は**来**なかった。」

1569 □ **see to** *

句 ～に**対処する**，の**世話をする**，を**手配する**

★ see（見る）→「気をつける・配慮する」

◆ see to it that ...「…するように取り計らう」
▶ We'll **see to** it that your suitcase is in your room as soon as possible.
「お客様のスーツケースを早急にお部屋に運ぶよう**手配します。**」

1570 □ **see through***

句 ①〜（嘘など）を**見抜く** ②〜を**最後までやり通す**；（人）を**最後まで助ける**
★ ①は see through 〜 の語順（through は前置詞），②は see 〜 through の語順（through は副詞）
★ see（見る）＋ through（〜を通して・最後まで）
▶ I **saw through** her obvious lie.
「私は彼女の見え透いた嘘を**見抜いた。**」
▶ I wonder if I can **see** this job **through**.
「私にこの仕事を**やり通す**ことができるだろうか。」

Check! ● Don't show ( ) your knowledge. off

● way からは数多くの熟語が作られます。way の基本的な意味は「道」「方法」の２つ。in the way / make one's way / find one's way / go out of one's way / by way of はいずれも「道」という意味に結びつけて覚えます。

way

＊ have one's own way 句 自分の思い通りにやる
＊ on the [one's] way to 句 〜に向かっている

1571 □ **in the way of A / in A's way⁑**

句 A**の邪魔になって**
★「道をふさいで」→「邪魔な」；on the way「向かっている」と混同しないこと
▶ You are standing **in the [my] way**. Please step aside.
「あなたは**邪魔です。**どいてください。」
▶ He tries to eliminate anything that gets **in the way of** pursuing his dream.
「彼は自分の夢を追う**邪魔になる**ものは何でも排除しようとする。」

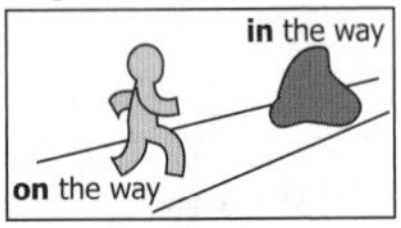

1572 □ **make one's way***

句 **前進する** (= proceed)
★「道を作る」→「進む」
▶ He slowly **made his way** to the door and got out.
「彼はゆっくりドアまで**進んで**，外に出た。」

1573 □ **find one's way***

句 **たどり着く，入ってくる**

★「道を見つける」→「たどり着く」

▶ Christianity **found its way** into Japan in the 16th century.
「キリスト教は16世紀に日本に**入ってきた**。」

1574 □ **go out of one's way to *do*** *

句 **わざわざ〜する** (= bother to *do*)

★「自分の道を外れて〜する」→「わざわざ〜する」

▶ My neighbor **went out of her way to** take care of my kids when I was ill in bed.
「私が病気で寝ている時，隣人が**わざわざ**子供の面倒を見てくれた。」

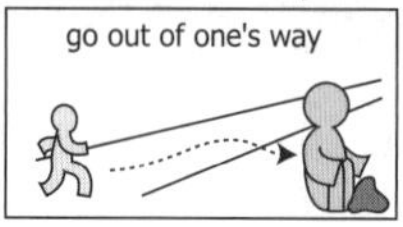

1575 □ **by way of** *

句 〜を**経由して** (= via)，〜**によって**

★「道によって」→「経由して」

▶ Buddhism came to China **by way of** the Silk Road.
「仏教はシルクロードを**通って**中国に伝来した。」

1576 □ **have a way of *doing***

句 〜**する癖・傾向がある** (= tend to *do*)

▶ My grandpa **has a way of** exaggerating things.
「僕のおじいさんは物事を大げさに言う**癖がある**。」

1577 □ **under way**

句 **進行中で** (= in process)

▶ Our new project is now **under way**.
「我々の新しい計画は現在**進行中です**。」

Check!	● You are standing ( ) my way.	in

● true は「正しい」の他に「あてはまる」「そっくりの」という訳語を覚えましょう。true for [of] 〜 や true to life の前置詞に注意してください。

true

∗ **come true**

句 実現する

1578 □ **true for [of]** **

句 〜に**あてはまる**

▶ Japan has been in a long-term recession, but the same is **true for [of]** many other countries.
「日本は長期の不況下にあるが，同じことが他の多くの国に**もあてはまる**。」

1579 □ **hold true [good]** *

句 **あてはまる，通用する** (= be valid)

▶ What the Greek philosopher said thousands of years ago still **holds true [good]** today.

「ギリシアの哲学者が何千年も前に言ったことは，今日でも通用する。」

1580 □ **true to life**

句 **実物そっくりの**

▶ The wax dolls were extremely **true to life**.
「蝋人形は極めて**実物そっくり**だった。」

Check! ● The doll is true (1. of / 2. to) life. 2.

● give rise [birth] to ～ は「～を生む」，その逆が put an end to ～「～を終わらせる」です。どちらも前置詞の to を用いることに注目してください。

give / put ～ to

1581 □ **give rise to***

句 **～を生じる，引き起こす** (= create, cause)

▶ The earthquake **gave rise to** a tsunami.
「地震が津波を**引き起こした**。」

1582 □ **give birth to***

句 **～を産む；生じる，引き起こす** (= create, cause)

▶ On average, a Japanese woman **gives birth to** 1.42 children in her lifetime.
「平均して，日本人女性は生涯で 1.42 人の子供を**産む**。」

1583 □ **put an end to***

句 **～を終わらせる** (= end, terminate)

▶ **put an end to** the war「戦争を終結させる」

▶ Why don't we **put an end to** this fruitless conversation?
「この実りのない会話を**終わりにし**ないか？」

give	rise birth	**to**
put	an end	**to**

Check! ● create = give (　) to rise [birth]

●前セクションでは，動詞としての turn 「方向を変える」「変化させる」を用いた熟語を扱いましたが，turn には名詞として Now, it's your turn.「さあ，君の番だ。」というように，「番，順番」という意味があります。

turn / return

1584 □ **take turns***

句 **交替する，順番にやる**

▶ During the long trip we **took turns** driving.
「長旅の間私達は**交替で**運転した。」

1585 □ **in turn****

句 **それが今度は**

★ A in turn B で「A から連鎖的に B が生じる」の意
▶ Lack of sleep causes stress, which **in turn** leads to lower efficiency in one's work.
「睡眠不足がストレスを引き起こし，**それが今度は**仕事の能率の低下を招く。」

1586 □ **in return***

句（〜の）**お返しに** (for 〜)
▶ Parents often encourage children with a small allowance **in return for** simple chores.
「親はしばしば，ちょっとした雑用の**お返しに**少額のお小遣いをあげて子供を励ます。」

Check!	● take (1. turn / 2. turns) driving	2.

● question「問題」からは，2 つの熟語を覚えましょう。out of the question「論外である」は「ありえない，論ずる価値もない」の意，in question「問題となっている」は「議論の対象となっている」の意です。どちらも覚えやすいはずですが，out of the question には the が付き，in question は無冠詞であることに注意してください。

question

1587 □ **out of the question***

句 **論外である，話にならない**
★ out of（〜の外）＋ the question（問題）→「問題外，話にならない」
▶ It's **out of the question** to raise the consumption tax to 30%.
「消費税を 30 % に上げるなんて**論外だ。**」

1588 □ **in question***

句 **問題になっている，当の**
★「議論の対象となっている」
▶ The name of the artist **in question** is George Winston.
「**問題になっている**アーティストの名前はジョージ・ウィンストンだ。」

Check!	● It's (1. in / 2. out of) the question.「論外だ。」	2.

● on end / in a row は「続けて」(= successively) の意です。ついでに SECTION #18 で学んだ，successive / successful の違いも確認しておきましょう。up to は多義語です。3 つの意味を確実に覚えてください。

続けて・〜まで

1589 □ **on end***

句 **続けて** (= successively)

▶ We had rain for weeks **on end**.
「何週間も**続けて**雨が降った。」

1590 □ **in a row***

句 **続けて** (= successively)
★「row（列）になって」→「続けて」
▶ He sneezed three times **in a row**.
「彼は3回**続けて**くしゃみをした。」

1591 □ **so far**⁑

句 **これ（それ）までのところは**
◆ **So far so good.**「**これまでのところは順調だ。**」
▶ The marriage is going fine **so far**.
「結婚生活は**今のところ**うまくいっている。」

1592 □ **go so far as to *do****

句 **～までする**
▶ I wouldn't **go so far as to say** it's impossible, but I think it's very difficult to carry out the plan.
「不可能だと**までは言い**ませんが，その計画を実行するのはかなり難しいでしょう。」

1593 □ **up to**⁑

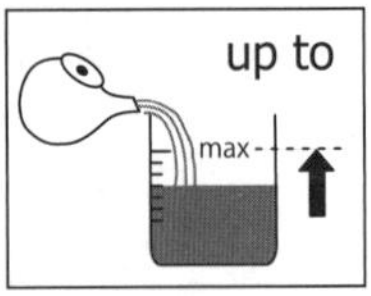

句 ①（最大で）**～まで** ②**～次第で** ③～（良くないこと）に**従事して**，を**企んで**
★ 多義語
◆ **live up to A**「**A を信条として生きる，A（期待など）に添う**」
▶ He is so generous that he can lend me **up to** $2,000 without interest.
「彼はとても気前がよく，利子なしで2000ドル**まで**貸してくれる。」
▶ It's **up to** you to decide which restaurant we will be dining at.
「どのレストランで夕飯を食べるかは君が**決めていいよ**。」
▶ God knows what he has been **up to** recently.
「彼が最近何を**企んでいる**のか分かったもんじゃない。」

Check!		
	● successively = (　) end = (　) a row	on / in
	● You must be up to something.「**君は何か（　）に違いない。**」	企んでいる

● leave は「出発する」の他に「残す，置いていく」という意味を持ちます。leave behind なら「後に残す」→「置き忘れる」という意味になります。leave out / rule out は，副詞 out〈除外〉から「除外する」という意味に結びつけてください。

leave / rule

1594 □ **leave behind**⁑

句 ～を**置き忘れる，残していく**

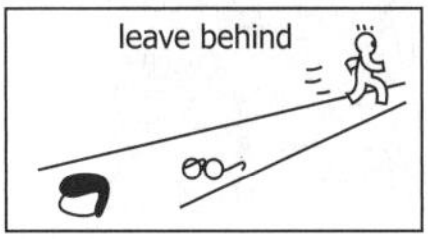

★ leave（残す）＋ behind（後に）

▶ Please do not **leave behind** any of your belongings when you leave.

「出ていくときに身の回りのものを**置き忘れ**ないようにしてください。」

1595 □ **leave out***

句 ～を**省く，除外する，のけ者にする** (= exclude)

★ leave（残す）＋ out（除く）

▶ The girl student felt **left out** by her classmates.

「女子生徒はクラスメイトから**のけ者にされた**気がした。」

1596 □ **rule out***

句 ～を**除外する** (= exclude)

★ rule（決定する）＋ out（除く）

▶ The possibility that the medicine may have some side effects cannot be **ruled out**.

「その薬品が副作用を持つ可能性は**否定**できない。」

Check! ● rule out the possibility **とは？** 可能性を除外する

●最後は back and forth「行ったり来たり」や upside down「上下逆さまに」などの対句表現です。声に出して発音してみて，リズムで覚えましょう。

対句表現

1597 □ **back and forth***

句 **行ったり来たり**

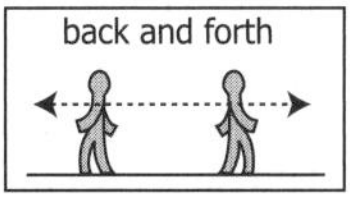

▶ A lot of people go **back and forth** between Japan and Korea every day.

「毎日多くの人が日本と韓国を**行き来して**いる。」

1598 □ **upside down***

句 **上下逆さまに**

▶ I knew he was illiterate since he was reading the book **upside down**.

「彼は本を**上下逆さまに**読んでいたので，字が読めないのだと分かった。」

1599 □ **inside out**

句 **裏返しに**

▶ The shirt is **inside out**.

「シャツが**裏返しだ**。」

1600 □ **vice versa**

句 **その逆，逆もまた同様**

▶ Whenever I say yes, my wife says no, and **vice versa**.
「私がイエスと言うといつも妻はノーと言うし，**その逆もまた同様だ**。」

1601 □ **other way around***

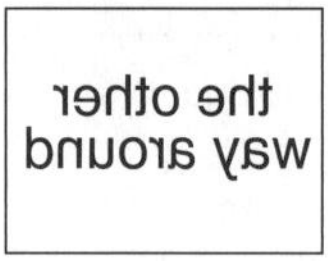

句 (the) **あべこべ，逆**

★ the other way <u>round</u> という形もある

▶ Will you take a bath and then have dinner, or **the other way around**?
「まずお風呂に入ってそれから夕食にしますか？　それとも逆にしますか？」

1602 □ **this and that***

句 **あれこれ，様々なこと**

★ this or that という形もある

▶ We talked about **this and that** in the café.
「私達はカフェで**あれこれ**話した。」

Check! ● go back and (　) between two countries　forth

Review Test

● **Match the words closest in meaning.**

□1	make much of	a. manage	c.
□2	make light of	b. ignore	b.
□3	make sure	c. put a high value on	e.
□4	make ends meet	d. pretend	a.
□5	make believe	e. see to it	d.
□6	make one's way	a. bother	d.
□7	go out of one's way	b. be valid	a.
□8	by way of	c. via	c.
□9	under way	d. proceed	e.
□10	hold good	e. in process	b.
□11	give rise to	a. create	a.
□12	put an end to	b. terminate	b.
□13	on end	c. exclude	d.
□14	rule out	d. successively	c.

☐15 **this and that** **e. various things** ……… e.

● Multiple Choices

☐16 You have to make ( ) of your abilities.
a. fun **b.** better **c.** the most ……… c.

☐17 Make ( ) the door is locked before you leave.
a. a scene **b.** sure **c.** fun ……… b.

☐18 My wife often makes ( ) in public places.
a. a scene **b.** sure **c.** believe ……… a.

☐19 The book is a best-seller, but I don't think ( ) of it.
a. high **b.** much **c.** better ……… b.

☐20 He was going to give away a secret, but then thought ( ) of it.
a. high **b.** highly **c.** better ……… c.

☐21 On ( ) thought, I'll have the crab sandwich.
a. first **b.** second **c.** third ……… b.

☐22 Stop showing ( ) your knowledge!
a. off **b.** in **c.** around ……… a.

☐23 You must show ( ) on time for the job interview.
a. off **b.** up **c.** in ……… b.

☐24 Please ( ) to it that you finish this job today.
a. make **b.** put **c.** see ……… c.

☐25 I saw ( ) the magician's trick.
a. off **b.** in **c.** through ……… c.

☐26 You are standing ( ) my way. Please move aside.
a. on **b.** in **c.** of ……… b.

☐27 Buddhism ( ) its way into Japan in the 6th century.
a. went **b.** lost **c.** found ……… c.

☐28 I went to Bali ( ) way of Hong Kong.
a. by **b.** on **c.** in ……… a.

☐29 He has a ( ) of forgetting important things.
a. way **b.** road **c.** street ……… a.

☐30 Japan is in a recession. The same is true ( ) many other countries.
a. on **b.** of **c.** to ……… b.

☐31 The portrait is true ( ) life.
a. for **b.** of **c.** to ……… c.

☐32 My grandmother ( ) birth to seven children in her life.
a. made **b.** took **c.** gave ……… c.

□33 We (　) turns driving during the long trip.
a. made　　b. took　　c. gave ………… b.

□34 If your grades drop, you will hate studying, which (　) leads to even lower grades.
a. in turn　　b. in return　　c. so far ………… a.

□35 That's absolutely out of the (　)!
a. problem　　b. question　　c. thought ………… b.

□36 Where were you and what were you doing on the night (　) question?
a. of　　b. on　　c. in ………… c.

□37 They have been working for two weeks in a (　).
a. row　　b. raw　　c. law ………… a.

□38 It's (　) to you to decide which way to go.
a. up　　b. down　　c. on ………… a.

□39 Please make sure you didn't (　) behind your belongings.
a. fall　　b. leave　　c. rule ………… b.

□40 He went back and (　) between Japan and France.
a. front　　b. force　　c. forth ………… c.

□41 He was reading the newspaper (　) down.
a. inside　　b. upside　　c. outside ………… b.

□42 The boy claimed he was hit by a classmate, but in fact it was (　) way round.
a. another　　b. others　　c. the other ………… c.

□43 We spent the evening talking about this and (　).
a. this　　b. that　　c. these ………… b.

解説・和訳

19「その本はベストセラーだが，私はあまり評価していない。」／20「彼は秘密を明かそうとしたが，それから考え直した。」／27「仏教は6世紀に日本に入ってきた。」／30「日本は不況である。同じ事が他の多くの国にもあてはまる。」／34「成績が落ちると勉強が嫌いになり，それが今度はさらに悪い成績へと繋がる。」／36「問題の晩に君はどこにいて何をしていたんだ？」／42「その少年は同級生に殴られたと言い張ったが，実はその逆だった。」

日付：　　　　年　　月　　日	得点：　　　／43
36点以上→SECTION #39へ	36点未満→もう一度復習

SECTION #39 「熟語表現・3」

●熟語表現の3回目です。気を抜かずに学習を進めましょう。
● good には名詞として「利益」(= benefit）の意味があります。for the good of ～ は「～の利益になるように」という意味で，SECTION #32 で学んだ for the sake of ～ とほぼ同義となります。次の as good as は，字義通りには「～と同じくらい良い」ですが，例えば This watch is as good as new. なら「新品と同じくらい良い」→「新品も同然」という意味になります。このように，as good as は「～も同然」(= almost）という意味を持つことがあるのです。

good

＊do ～ good　句 ～のため・利益になる (↔ do ～ harm)

1603 □ **for the good of***　句 ～の**ために，利益となるように** (= for the sake [benefit] of)
★「good（利益）となるように」
▶ I jog every morning **for the good of** my health.
「健康の**ために**毎朝ジョギングをしている。」

1604 □ **as good as***　句 ～**も同然** (= almost)

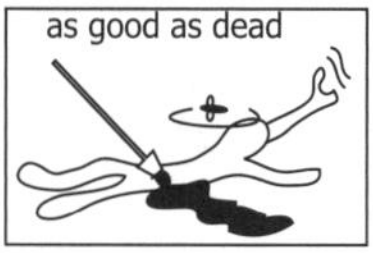

★「～と同じくらい良い」→「～も同然」
◆ **as good as one's word**「**約束を守る**」
▶ He is **as good as his word**.「彼は**約束を守る**人だ。」
▶ He **as good as** promised to come.
「彼は来ると約束した**も同然だ**。」

Check!	
● for the sake of = for the ( ) of	good
● as ( ) as dead = almost dead	good

● good / well の比較級は better ですね。比較級であるからには，「～よりも優れている」という比較の意味を持っていることに注目してください。get the better of ～ は「～よりも優れる」→「打ち勝つ」，know better than ～ は「～よりもよく知っている」→「～しないくらいの分別はある」と覚えます。前セクションの think better of ～ も再確認しておきましょう。to the best of my knowledge に関しては，やはり前セクションの make the best of を再確認してください。the best には消極的なニュアンスがあり，「(はっきりとは分からないけれど）私の知る限りでは」という意味合いになります。

better / best / least

1605 □ **get the better of***　句 (感情などが)～(人) に**勝る，打ち勝つ**
★ better（より優れる）→「～に打ち勝つ」

▶ Curiosity **got the better of** me, and I opened her diary.
「好奇心に**負けて**，僕は彼女の日記を開いた。」

1606 □ **know better (than to *do*)***

句 **～するほど馬鹿ではない，もっと分別がある**
★ know（知る）＋ better than ～（～より良く）→「～より良く知っている」→「～しないくらいの分別はある」
▶ You should have **known better than** that.
「そんな**馬鹿なことはすべきではなかった**のに。」
▶ You should **know better than** to pick up a hitchhiker.
「ヒッチハイカーを車に乗せるような**馬鹿な真似はするな**。」

1607 □ **to the best of my knowledge***

句 **私の知る限りでは** (= as far as I know)
▶ **To the best of my knowledge**, Kate has nothing to do with the crime.
「**私の知る限りでは**，ケイトは犯罪と無関係だ。」

1608 □ **to say the least***

句 **控えめに言っても** (= to put it mildly)
▶ The film was boring, **to say the least**.
「その映画は，**控えめに言っても**退屈だった。」

Check!	● as far as I know = to the (　) of my knowledge	best

● take を含む動詞句は SECTION #37 で学習しました。take には「～を受け止める」という用法があります。以下の3つの熟語は，いずれも「受け止める」というイメージから発展させて覚えてください。

take ：受け止める

1609 □ **take ～ for granted****

句 ～を**当然とみなす**
★ grant（認める）→「認められたものとして受け止める」
◆ **take it for granted that ...**「…を**当然とみなす**」
◆ **it is taken for granted that ...**「…は**当然とみなされている**」
▶ I hope you don't **take** my help **for granted**.
「私が助けてあげるのを**当たり前だと思わ**ないでほしい。」
▶ I **took** it **for granted** that you would accept the offer.
「君は当然申し出を受け入れる**ものだと思っていた**。」

1610 □ **take A's word for it***

句 **Aの言うことを信じる** (= believe)
★「it（それ）に関して～の言葉を受け止める」
▶ That's what really happened. **Take my word for it**.
「本当に起こったことなんだよ。**信じてくれよ**。」

1611 □ **take it easy**⁑

句 **気楽にやる**

★ it は漠然とした状況を指す；easy（気楽な）→「気楽に受け止める」

▶ We still have a long way to go, so **let's take it easy**.
「まだ先は長い。だから**気楽にやろうぜ**。」

Check! ● Believe me. = Take my (　) for it.　word

● keep [catch] up with ～ は「付いていく／追いつく」という意味を持ちます。反意語は fall behind 「遅れる」です。また，形が類似している come up with / put up with はすでに学習済みですので再確認しましょう。keep [stay] in touch with ～ は touch「接触」から，「接触を取る」→「連絡を取り合う」と覚えましょう。

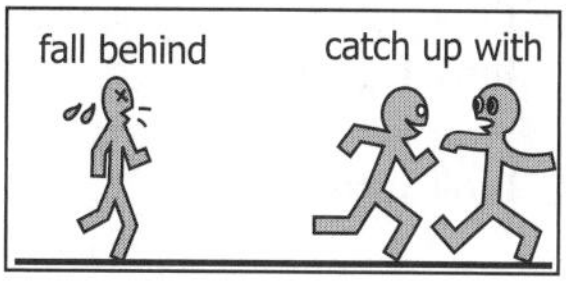

追いつく・遅れる

＊ **come up with**　句 ～を思いつく → **p.486**

＊ **put up with**　句 ～に耐える → **p.332**

1612 □ **keep up with**⁑

句 ～に**遅れずに付いていく**

▶ I'm 70 years old, and it is rather difficult for me to **keep up with** the times.
「私は 70 歳で，時代に**遅れずに付いていく**のはかなり難しい。」

1613 □ **catch up with**⁑

句 ～に**追いつく** (= overtake)

▶ After missing school for a week, she had lots of schoolwork to **catch up with**.
「一週間学校を休んで，彼女は**追いつく**べき学校の勉強が沢山あった。」

1614 □ **fall behind**＊

句 **遅れる** (↔ keep up with)

★ fall（落ちる）＋ behind（後ろに）→「遅れる」

▶ I **fell behind** in school and failed to hand in assignments.
「私は学校の勉強が**遅れて**，宿題を出さなかった。」

□ **hand in**⁑　句 ～を提出する

1615 □ **keep [stay] in touch with**⁑

句 ～と**連絡を取り合う**

★「touch（接触）を取り続ける」

◆ **get in touch with A**「**A と連絡を取る**」

▶ While I was studying abroad, I **kept in touch with** my family through email.
「留学中は，E メールを使って家族と**連絡を取り合った**。」

Check! ● overtake = catch ( ) with　　up

●次は look を用いた動詞句を覚えます。look の基本イメージは「見る」です。into「～の中を」や over「～一面を」と結びつくと，「調べる」「ざっと目を通す」などの意味が生まれます。

look ：見る

＊ **look after**	句 ～の面倒を見る
＊ **look up to**	句 ～を尊敬する (= respect) (↔ look down on, despise)
＊ **look forward to**	句 ～を楽しみにする

1616 □ **look into***

句 ～を**調べる，検討する** (= investigate)
★look（見る）＋ into（中を）→「覗き込んで調べる」
▶ I promise to **look into** the matter and give you an answer one of these days.
「その件を**検討して**近日中に返事すると約束します。」
□ **one of these days**** 　句 近日中に

1617 □ **look over***

句 ～に**ざっと目を通す**
★look（見る）＋ over（一面に）→「ざっと見る」
▶ She quickly **looked over** the catalogue and placed an order.
「彼女は急いでカタログに**ざっと目を通し**，注文した。」

1618 □ **look on [upon]***

句 ～を（…と）**みなす** (as …) (= regard)
◆ **look on A as C**「**A が C であるとみなす**」(= regard [think of] A as C)
▶ I **look upon** these hardships not as obstacles, but as a challenge.
「私はこの苦境を障害ではなく，挑むべき課題と**みなしている**。」

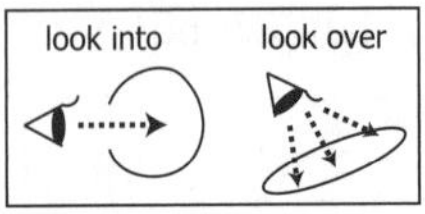

Check! ● I regard it as a challenge. = I look (1. at / 2. on) it as a challenge.　2.

● pass の基本的イメージは，他動詞としては「～を手渡す」，自動詞としては「(時間などが) 過ぎる，通る」です。やはり前置詞・副詞が持つ意味に注目して覚えましょう。

pass：渡す／過ぎる

＊**pass by** | 句（時が）過ぎる，通り過ぎる

1619 □ **pass on [down]**＊

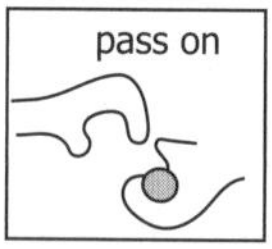

句 ～を（…に）**手渡す，伝える** (to …)

★ pass（渡す）＋ on〈継続〉; hand down ともいう

◆ **pass on [down] A to B**「**A を B に伝える**」

▶ The folk tale has been **passed on** from generation to generation.

「その民間伝承は代々**伝わっている**。」

1620 □ **pass for [as]**＊

句 ～として（世間に）**通る，通用する**

★ pass（通る）＋ for [as]〈資格〉

▶ My mother could **pass for** thirty, though actually she is in her mid-fifties.

「私の母は 30 歳で**通用する**。実年齢は 50 代半ばだが。」

1621 □ **pass out**

句 **気絶する** (= faint) (↔ come to)

★ pass（過ぎる）＋ out（なくなる）→「意識がなくなる」

▶ They **passed out** one after another from the heat.

「彼らは熱さで次々と**気を失った**。」

1622 □ **pass away**＊

句 **亡くなる** (= die)

★ pass（過ぎる）＋ away（去って）→「この世から去る」; die「死ぬ」の婉曲表現

▶ My father **passed away** at the age of 88.

「私の父は 88 歳で**亡くなった**。」

Check!		
	● pass (　) = faint	out
	● pass (　) = die	away

● reach は他動詞で reach the mountaintop「山頂に到着する」のように，前置詞を介さず直接目的語をとります。しかし，この reach の後に out や for をつけると，何かを取ろうとして「手を伸ばす」という意味になります。hand という語が使われていないのに「手」という要素が入ってくることに注意してください。同じように set や work にも out を付けることができます。out（出る）のニュアンスから，set out「出発する」や work out「考え出す，うまくいく」に結びつけてください。

reach / set / work

1623 □ **reach (out) for**⁂ | 句 ～に**手を伸ばす**

★ reach + out（出る）+ for（〜を求めて）

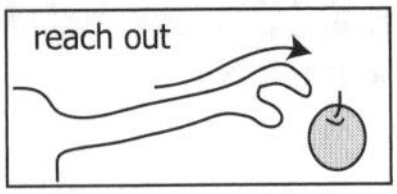

▶ He **reached (out) for** the phone and picked up the receiver.
「彼は電話に**手を伸ばして**受話器を取った。」

1624 □ **set out [off]**⁑

句（〜へ）**出発する** (for 〜) (= leave)
★ set + out（出る）／ off〈分離〉

▶ We **set out** for the mountain at 6 a.m.
「我々は朝6時に山へ向けて**出発した**。」

1625 □ **set 〜 free**

句 〜を**解放する** (= release)
▶ The bank robber **set** the hostage **free** and came out of the building with his hands up.
「銀行強盗は人質を**解放し**，両手を上げて建物から出てきた。」
□ **hostage** [hɑ́stɪdʒ] 名 人質 → **p.593**

1626 □ **work out**⁑

句 ①〜を**解く，考え出す** ②**うまくいく** ③**トレーニングをする**
★ ①は他動詞，②③は自動詞；work + out（出る）→「考え出す」「結果が出る」
▶ We'll **work out** the best possible solution.
「可能な限り最良の方法を**考え出し**ましょう。」
▶ Don't worry. Everything is going to **work out** fine.
「心配するな。全て**うまくいく**さ。」
▶ I **work out** at the gym twice a week.
「私は週に2回ジムで**トレーニングをして**います。」

1627 □ **work on**⁑

句 〜（仕事）に**取り組む**
★ work + on〈従事〉
▶ They have been **working on** this project for years.
「彼らはこの計画に長年**取り組んでいる**。」

Check!	● leave for = set (　) for	out [off]

● pick up は多義語です。基本イメージは「拾う，取り上げる」ですが，そこから「車に乗せる」「買う」「身につける」など様々な意味が派生します。意味はバラバラに見えますが，どれも「取り上げる」という基本イメージに結びつけて覚えてください。また part「部分」からは「一部を切り離す」という意味が生じ，part with A「A を手放す，A と別れる」という熟語表現が生まれます。

pick / part

1628 □ **pick up**⁂

句 ①〜を**拾う，取り上げる** ②〜を**車に乗せる，車で迎える** ③〜を**買う** ④〜（言語・知識など）を**身につける**

★ 多義語；「拾う」→「車で拾う」

▶ Please **pick** me **up** at the airport at ten.
「10時に空港で**車に乗せて**ください。」

▶ I **picked up** milk at the supermarket.
「スーパーで牛乳を**買った**。」

▶ **pick up** French「フランス語を**身につける**」

1629 □ **part with***

句 〜を**手放す**，と**別れる**

★ part「部分」→「部分に分ける」→「切り離す，手放す」

▶ For lack of room, I had to **part with** some of my books.
「スペースが足りないので，本の一部を**手放さ**なくてはならなかった。」

Check! ● Can you pick me up at my place? **「私の家に（　）くれますか？」**
車で迎えに来て

● count on 〜「〜をあてにする」や depend on 〜「〜を頼る」など，on には「依存する」という意味があります。live on / fall back on / rest on は，いずれも〈依存・依拠〉のイメージを摑んでください。

on：依存

1630 □ **live on**⁂

句 〜に**頼って生きる**；を**主食とする**

★ live ＋ on〈依存〉→「依存して生きる」

▶ I can hardly **live on** 20,000 yen a month.
「1ヵ月2万円ではとても**生活**できない。」

▶ The Japanese **live on** rice.
「日本人は米を**主食としている**。」

1631 □ **fall back on**

句 〜に**頼る**，を**最後の拠り所とする** (= turn to)

★ fall back（後ろに倒れる）＋ on（上に）→「上にもたれかかる」→「頼る」

▶ As I'm unemployed, I have to **fall back on** my savings.
「失業中なので，貯金に**頼ら**なくてはならない。」

1632 □ **rest on***

句 〜に**頼る**；に**基づく** (= be based on)

★ rest（休憩する）＋ on（上に）→「もたれて休憩する」→「頼る」

▶ His argument **rests on** a false assumption.

「彼の議論は誤った想定に**基づいている**。」

1633 □ **cut down on***

句 ～を**減らす，削減する** (= reduce)

▶ You should **cut down on** fatty foods for the sake of your health.

「健康のために油っこい食べ物は**減らす**べきだ。」

Check! ● rest (　) = be based on　　on

● point に定冠詞の the や所有格の my / your などが付くと，「大事な点，言いたい点」などの意味になります。 I don't get the point. とは「話の要点が分からない」ということです。

point

1634 □ **point**** [pɔ́ɪnt]

句 (the [one's]) **要点，言いたいこと**

▶ I just don't get **the point**. What exactly are you trying to say?

「話の**要点**が分かりません。いったい何が言いたいのですか？」

1635 □ **to the point***

句 **的を射ている** (↔ off the point)

★「the point（要点）を突いている」

▶ His presentation was brief and **to the point**.

「彼の発表は簡潔で**的を射ていた**。」

□ **brief****　[bríːf]　形 簡潔な

1636 □ **make a point of****

句 **必ず～することにしている** (= make it a rule to *do*)；～を**重視する**

★「a point（大事な点）にする」→「必ず～する」

▶ I **make a point of** sleeping at least ten hours a day.

「1日最低10時間寝る**ことにしている**。」

Check! ● get one's point across **とは？**　　言いたいことを伝える

● eyes「目」や ears「耳」などは2つ1組なので通常は複数形で用いられますが，「見る能力」「聞く能力」など，抽象的な意味で用いられる時には an eye [ear] と単数形になります。

a ＋顔のパーツ

1637 □ **keep an eye on***

句 ～を**見張る** (= watch)

▶ Please **keep an eye on** my boy while I'm away.

「私がいない間息子を**見張って**いてください。」

1638 □ **have an eye for**

句 ～を**見る目がある，鑑賞眼がある**

★ have an ear for は「～（音楽など）を聞く耳がある」

▶ Pablo **has an eye for** beauty.

「パブロは美しいものを**見る目がある。**」

1639 □ **turn a deaf ear to**

句 ～を**聞こうとしない**

★ turn（向ける）＋ deaf（耳の不自由な）→「聞こえない耳を向ける」

▶ The boy **turned a deaf ear to** his father's preaching.

「少年は父の説教を**聞こうとしなかった。**」

1640 □ **make a face**

句 **顔をしかめる** (= grimace)

★ 特定の表情（主にしかめっ面）をすること

▶ He **made a face** at the disgusting smell in the room.

「部屋の嫌な臭いに彼は**顔をしかめた。**」

Check! ● Please keep ( ) eye ( ) the baby. an / on

● remain「～のままである」や yet「まだ」は，それ自体では〈否定〉の意を含んではいませんが，これに to 不定詞を組み合わせると，「今後～すべき」〈予定〉→「まだ～していない」というように，not なしでも〈否定〉を含意します。

まだ～していない

1641 □ **remain to *do***⁂

句 **まだ～していない**

★ remain to be *done* という形で用いられる；「今後～されるべき」→「まだ～していない」；否定の意が含まれることに注意

◆ **remain to be seen**「**まだ分からない，不明である**」

▶ It **remains to be seen** whether our project will work out or not.

「我々の計画がうまくいくかどうかは**まだ分からない。**」

1642 □ **have [be] yet to *do***⁂

句 **まだ～していない**

★ 否定の意が含まれることに注意

▶ Scientists **have [are] yet to** find any clear evidence that mobile phones are harmful to one's health.

「科学者達は携帯電話が健康に有害であるという明確な証拠を**まだ**見つけて**いない。**」

Check! ● Consensus is ( ) to be reached. **「合意にはまだ達していない。」** yet

●以下は，入試で狙われやすい頻出熟語です。on behalf of や once and for all，at stake などは，単語の形から意味を類推するのは難しいでしょう。しっかりと覚えておいてください。

諸々の熟語表現

1643 □ **on behalf of****

句 ～に代わって，を代表して

▶ Bill gave a speech **on behalf of** all the graduating students.

「全卒業生を代表して，ビルがスピーチを行った。」

1644 □ **second to none****

句 誰にも負けない

★「誰に対しても2番でない」→「誰にも負けない」

▶ When it comes to mathematics, Bill is **second to none** in the class.

「数学となると，ビルはクラスで誰にも負けない。」

1645 □ **once and for all***

句 これを最後に，きっぱりと

▶ "I quit smoking **once and for all,**" said my father for the fifth time this month.

「『きっぱりと煙草は止めた。』と父が言ったのは今月5回目だ。」

1646 □ **for once**

句 今回だけは，1回でいいから

▶ I hope you won't be late **for once**.

「今回だけは遅刻しないでね。」

1647 □ **at stake***

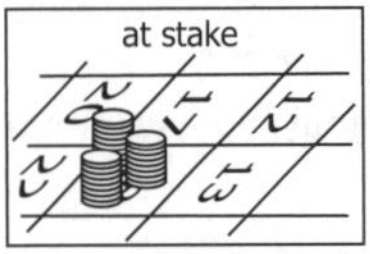

句 危険にさらされて；問題となって (= at risk)

★ stake は「火あぶりの柱，賭け金」の意；「処刑台にかけられて」→「危険にさらされて」／「賭け金として賭けられて」→「問題となって」

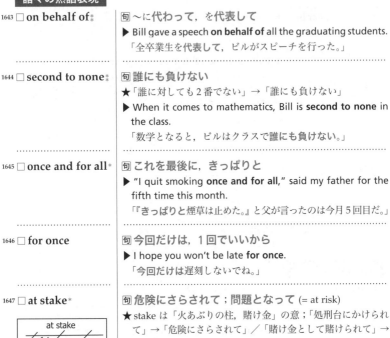

▶ The future of our company is now **at stake**.

「我が社の将来が危機にさらされている。」

1648 □ **in the wake of**

句 ～の後に続いて

★ wake は「船が通った後に水面に残る跡」のこと；「目を覚ます」の wake とは別単語

▶ The country faced a financial crisis **in the wake of** the massive earthquake.

「巨大地震の後でその国は経済危機に直面した。」

Check! ● He is (　) to none in mathematics.　second

●最後は会話などで使われる定型表現を学びましょう。Beats me.「分からない」や Serves you right.「ざまあみろ」などに三単現の s が付いているのは，主語の It や That が省略されているからです。

会話の定型表現

1649 □ **Beats me.**

句 **分からない** (= I don't know.)

▶ "When will we arrive?" "**Beats me.**"

「いつ着くの？」「**分からないね。**」

1650 □ **Serves you right.**

句 **ざまあみろ，当然の報いだ** (= You asked for it.)

★ serve + right （正しく）→「正しい報いを与える」

▶ You cheated on the exam and failed. **(It) Serves you right.**

「お前は試験でカンニングをして落第した。**当然の報いだ。**」

1651 □ **Give me a break.***

句 **よしてくれよ**

▶ "I forgot my homework because my dog ate it." "**Give me a break,** boy."

「犬が食べてしまったので宿題を忘れました。」「**冗談はよしなさい。**」

1652 □ **call it a day***

句 **今日はもう終わり**

★「それで a day（1日）とする」→「その日は終わりにする」

▶ We have learned a lot. Let's **call it a day**!

「もう沢山学びました。**今日はもう終わり**にしましょう！」

Check! ● Let's call it a day. **とは？** 今日はもう終わりにしよう。

Review Test

● **Same or Opposite?**

□1	keep up with	fall behind	Opposite
□2	look on	regard	Same
□3	pass on to	hand down to	Same
□4	pass out	come to	Opposite
□5	set free	capture	Opposite
□6	set off	arrive	Opposite
□7	work out	devise	Same
□8	pick up	throw away	Opposite
□9	part with	obtain	Opposite
□10	at stake	at risk	Same

● Match the words closest in meaning.

□11	for the good of	a. overtake	.... d.
□12	get the better of	b. defeat	.... b.
□13	take one's word for it	c. as the representative of	.... e.
□14	on behalf of	d. for the benefit of	.... c.
□15	catch up with	e. believe	.... a.
□16	as good as	a. die	.... b.
□17	to say the least	b. almost	.... e.
□18	look into	c. faint	.... d.
□19	pass out	d. investigate	.... c.
□20	pass away	e. to put it mildly	.... a.
□21	set out	a. watch	.... b.
□22	rest on	b. leave	.... d.
□23	cut down on	c. reduce	.... c.
□24	make a point of *do*ing	d. be based on	.... e.
□25	keep an eye on	e. make it a rule to *do*	.... a.
□26	to the best of my knowledge	a. the best	.... e.
□27	turn a deaf ear to	b. ignore	.... b.
□28	make a face	c. be a good judge of	.... d.
□29	second to none	d. grimace	.... a.
□30	have an eye for	e. as far as I know	.... c.
□31	Beats me.	a. You asked for it.	.... b.
□32	Serves you right.	b. I have no idea.	.... a.
□33	Give me a break.	c. Come on.	.... c.
□34	Take it easy.	d. That's not for sure yet.	.... e.
□35	That remains to be seen.	e. Relax.	.... d.

● Multiple Choices

□36 You should have known ( ) than to trust him.
a. better **b.** more **c.** less .... a.

□37 I found the movie boring, to say the ( ) of it.
a. most **b.** worst **c.** least .... c.

□38 Freedom of speech is taken for ( ) today.
a. granted **b.** surprise **c.** success .... a.

□39 I keep in ( ) with friends in my hometown by email.
a. harmony **b.** touch **c.** accordance .... b.

□40 He looked ( ) the wine list and ordered a Chateau Margaux.
a. after **b.** upon **c.** over ………… c.

□41 Smoking can be looked ( ) as a crime against other people.
a. after **b.** upon **c.** over ………… b.

□42 She is forty, but could pass ( ) twenty.
a. for **b.** by **c.** out ………… a.

□43 He reached ( ) for the money and grabbed it.
a. out **b.** off **c.** to ………… a.

□44 If I get unemployed, I will have to fall back ( ) my savings.
a. in **b.** off **c.** on ………… c.

□45 His remark was brief and ( ) the point.
a. on **b.** in **c.** to ………… c.

□46 Consensus is ( ) to be reached.
a. yet **b.** what **c.** which ………… a.

□47 Let's get this straight ( ) and for all.
a. all **b.** once **c.** never ………… b.

□48 I completely agree with you for ( ).
a. never **b.** once **c.** twice ………… b.

□49 This is the end of the section. Why not call it a ( )?
a. break **b.** time **c.** day ………… c.

ヒント reach consensus「合意に達する」／ get ~ straight「~をはっきりさせる」

解説・和訳

37「その映画は，控え目に言っても，退屈だった。」／38「今日では言論の自由は当然のものとみなされている。」／40「彼はワインリストに目を通してシャトー・マルゴーを注文した。」／41「喫煙は他人に対する犯罪だとみなすことができる。」／44「私は失業したら貯金に頼らなくてはならない。」／47「これを最後にこの点をはっきりさせましょう。」／49「これでセクションは終わりです。今日はこれでやめにしませんか？」

日付：	年 月 日	得点：	／49
42点以上→SECTION #40へ		42点未満→もう一度復習	

SECTION #40 「心・身体」

● A sound mind in a sound body.「健全な心は健全な身体に宿る」という言葉がありますが，人間の mind「精神・心」と body「身体」は，互いに切り離せない密接な関係にあります。body を形容詞にしたものが SECTION #29 で学んだ physical だとすれば，mind の形容詞形は mental です。mind はしばしば「頭（の働き）」と訳されますが，mental にも「頭の働きに関する」という意味があることに注意してください。spirit や soul は人間の死後にも存在し続ける「霊魂」という意味から，「精神の力」という意味まで，幅広く用いられます。そして spiritual 「精神的な」と対比されるのが material「物質的な」という語です。人生の中では，material comfort「物質的な快楽」を求めるか，それとも spiritual well-being「精神的な幸福」をとるか，大きな岐路に立たされることがあるかもしれません。

精神・心

1653 □ **mental**⁑ [méntl]

形 **頭の，知力の；精神の，心の** (↔ physical)

★ mind（頭の働き，心）の形容詞形と考える

◆ **mental ability**「知的な能力，知力」

◆ **mental disease**「心の病」

▶ Diet affects not only your physical but also **mental** health.

「食事は身体の健康だけでなく**心の**健康にも影響を及ぼす。」

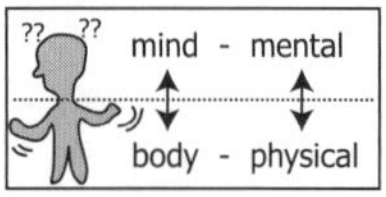

□ **mentality** [mentǽləti]

名 **思考法，精神構造**

▶ A woman's **mentality** is difficult to understand.

「女性の**精神構造**は理解しにくい。」

1654 □ **spirit**⁑ [spírət]

名 **精神（力）；気分；霊魂**

▶ A competitive **spirit** is the key to success.

「競争の**精神**（競争心）が成功への鍵だ。」

□ **competitive**⁑ [kəmpétətɪv] 形 競争の → p.252

□ **spiritual**＊ [spírɪtʃuəl]

形 **精神の；霊魂の**

1655 □ **soul**⁑ [sóʊl]

名 **①魂，精神 ②人**

★ ②の意味に注意：否定文で「1 人も…ない」の意

▶ Ancient people believed that one's **soul** left one's body during sleep.

「昔の人は**魂**は睡眠中に身体を離れると信じていた。」

▶ I traveled the desert for days without meeting a **soul**.

「私は**だれにも**出会わずに何日間も砂漠を旅した。」

1656 □ **material**⁑
[mətíəriəl]

名 **素材，原料；題材；教材** 形 **物質的な** (↔ spiritual)
★「製品・活動の元となるもの」；形容詞としては spiritual「精神的な」の対概念
◆ **raw material**「**原材料**」
◆ **teaching material**「**教材**」
▶ **Material** comfort does not necessarily bring spiritual well-being.
「**物質的な**快適さは必ずしも精神的な幸福をもたらさない。」
□ **well-being*** 名 幸福

□ **materialism**
[mətíəriəlɪzm]

名 **物質主義**
★精神よりも金銭など物質的なものを重視する考え方

Check!	● I won't tell a soul. = I won't tell ( ).	anybody

● 現代社会では「鬱」(depression → **p.108**) などの「心の病」(mental disease) が増えてきています。精神に異常をきたした状態は insane という形容詞で表されます。また，薬物の abuse「乱用」による addiction「中毒」なども，心と身体の健康に計り知れないダメージを与えます。

精神の異常

1657 □ **sane**
[séɪn]

形 **正気の**

□ **sanity**
[sǽnəti]

名 **正気**

□ **insane**
[ɪnséɪn]

形 **精神異常の** (= mentally disordered)
◆ **go insane**「**頭がおかしくなる**」
▶ The man has **gone insane** and says incoherent things.
「その男は**頭がおかしくなって**，支離滅裂なことを話す。」
□ **incoherent** [ɪnkoʊhíərənt] 形 支離滅裂な → **p.641**

1658 □ **abuse**⁑
名 [əbjúːs]
動 [əbjúːz]

名 **乱用，虐待** 他 **～を乱用する，虐待する**
★ abnormal (異常な) ＋ use (使用) →「乱用，虐待」
◆ **drug abuse**「**麻薬の乱用**」
◆ **child abuse**「**児童虐待**」
▶ The politician **abused** power and tried to pass laws for his own good.
「その政治家は権力を**乱用して**自分のために法律を通そうとした。」

1659 □ **addict***
動 [ədíkt]
名 [ǽdɪkt]

他 ～を**中毒にさせる** 名 **麻薬中毒者**
◆ **be addicted to A**「**A の中毒である**」

▶ be **addicted** <u>to</u> drugs「ドラッグ**中毒である**」

▶ People can become **addicted** <u>to</u> television and the Internet, just as they can to drugs.
「人はドラッグと同様に，テレビやインターネットに**中毒になる**ことがある。」

□ **addictive**＊ [ədíktɪv]
形 **中毒性の**
▶ **addictive** drugs「**中毒性の**ドラッグ」

□ **addiction**＊ [ədíkʃn]
名 **中毒**

Check! ● parental abuse **とは？** 親による虐待

● 事故等により身体へのダメージを受け「怪我をする」という時は，be hurt の他に be injured / be wounded で表します。hurt / injure / wound の３つはどれも「怪我をさせる」という他動詞です。日本語の「怪我をする」は，英語では受動態で表すことに注意しましょう。

負傷

1660 □ **injure**⁑ [índʒər]
他 ～に**怪我をさせる** (= hurt, wound)
★ アクセント注意：「<u>イ</u>ンジャ」
▶ More than 200 citizens were killed or **injured** in the terrorist attack.
「200 名以上の市民がテロ攻撃で死亡もしくは**負傷した。**」

□ **injury**⁑ [índʒəri]
名 **怪我，負傷**

1661 □ **wound**＊ [wúːnd]
他 ～を**負傷させる** (= hurt, injure)
★ wind [wáɪnd]「～を巻く」の過去形・過去分詞 wound [wáʊnd] と同形；発音注意；通常は武器による負傷を表す
◆ <u>**the**</u> **wounded**「**負傷者**」
▶ The soldier was **badly wounded**.
「兵士は**重傷を負った。**」

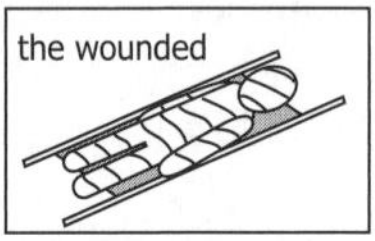

1662 □ **bleed**＊ [blíːd]
自 **出血する**
★ 動詞変化：bleed – bled – bled ；名詞は blood 「血」
▶ ↓

1663 □ **scratch**＊ [skrætʃ]
名 **引っかき傷，かすり傷** 他 ～を**引っかく** (= scrape)
▶ "What happened? Your hand is **bleeding.**" "Don't worry. It's only a **scratch.**"

「どうしたの？　手から**出血している**よ。」「心配するな，ほんの**かすり傷**だよ。」

□ **from scratch**　　句 **最初から，ゼロから**

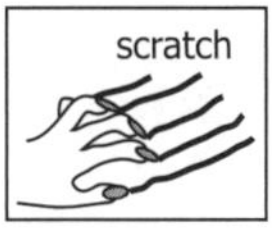

★「地面を引っかいて描いたスタートラインから」→「最初から」

▶ I made the pie **from scratch**.
「そのパイを**ゼロから（生地から）**作りました。」

1664 □ **bruise** [brúːz]

名 **あざ，打撲傷** 他 ～に**打撲を負わせる**

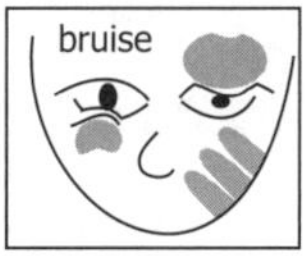

▶ Gabriel wore sunglasses to conceal the **bruise** around his eye.
「ガブリエルは目のまわりの**あざ**を隠すためにサングラスをかけていた。」

Check!		
	● injure のアクセント位置は？	ínjure
	● a wounded soldier の下線部と同じ発音は？： 1. mood / 2. about	1.

● 今度は身体への「苦痛」を考えてみましょう。suffer には自動詞として（suffer from ～）と他動詞として（suffer ～）の用法があります。この2つの使い分けは難しいですが，前者は「苦しむ」，後者は「経験する」というニュアンスです。torture「拷問」や torment「苦痛」の語根は tor / tort（ねじる）です。「ねじって拷問する」→「苦痛」と関連づけてください。SECTION #4 の distort「歪める」も再確認しておきましょう。

苦痛

1665 □ **suffer**⁑ [sʌ́fər]

自（～で）**苦しむ，悩む** (from ～)
他 ～（悪いこと）を**経験する**

◆ **suffer from A**「Aで苦しむ」
◆ **suffer A**「A（悪いこと）を経験する」
▶ **suffer from** poverty [food shortage]「貧困［食糧不足］で**苦しむ**」
▶ **suffer from** cancer「癌を**患う**」
▶ **suffer** a defeat [disaster]「敗北［災難］を**経験する**」

1666 □ **torture*** [tɔ́ːrtʃər]

名 **拷問** 他 ～を**拷問する，ひどく苦しめる**

★ tort（ねじる）= twist →「ねじって拷問する」; distort「歪める」（→ **p.46**）と同語源

▶ Most of those who spoke against the regime were imprisoned, **tortured** and murdered.
「政治体制に反対を表明した人のほとんどが，投獄され，**拷問を受け**，殺害された。」

□ **speak against**⁑　　句 ～に反対する

□ **regime** [rəʒíːm] 名 政治体制 → **p.356**

1667 □ **torment**
名 [tɔ́ːrment]
動 [tɔːrmént]

名 **苦痛** 他 **～を苦しめる**
★ tor（ねじる = twist）から；distort「歪める」，torture「拷問する」と同語源；アクセント注意：名前動後
▶ The boy has been **tormented** by guilt since he stole his father's money.
「父親の金を盗んで以来，少年は罪悪感に**苦しめられている。**」

Check!		
	● suffer (　) poverty	from
	● **[語源]** tor / tort **の意味は？**	ねじる

● 心と身体のエネルギーとなるのは「活力」(vigor) です。これが失われると「疲労」(fatigue) が生じます。tired の類義語として weary，boring の類義語として tedious / dreary を覚えましょう。

疲労・退屈

1668 □ **vigor**
[vígər]

名 **活力** (= energy)

□ **vigorous***
[vígərəs]

形 **活力のある** (= energetic)
▶ a **vigorous** debate「**活気のある**討論」

1669 □ **feeble**
[fíːbl]

形 **弱々しい** (= extremely weak)
▶ The old man was so **feeble** that he couldn't so much as stand up on his own.
「老人は非常に**弱々しく**，自分で立ち上がることすらできなかった。」

1670 □ **pale***
[péɪl]

形 (顔が) **青白い，血色が悪い**；(色が) **淡い**
▶ You look **pale**. Are you OK?
「**顔色が悪い**よ。大丈夫？」

1671 □ **fatigue***
[fətíːg]

名 (極度の) **疲労** (= extreme tiredness)
★ 発音・アクセント注意：ファティーグ
▶ Maintaining good posture is essential in preventing **fatigue**.
「良い姿勢を保つことは**疲労**を防ぐのに重要だ。」
□ **posture*** [pɑ́stʃər] 名 姿勢

1672 □ **weary**
[wíəri]

形 (～に) **疲れている，飽き飽きしている** (of ～) (= very tired)

◆ **be weary of A**「Aに飽き飽きしている」(= be tired of A)
▶ I'm **weary** of answering the same question over and over again.
「何度も同じ質問に答えるのに**飽き飽きしている**。」

1673 □ **tedious** [tíːdiəs]
形 **退屈な** (= boring)
▶ a **tedious** speech「**退屈な**スピーチ」

1674 □ **dreary** [dríəri]
形 **退屈な** (= boring) ; **ものわびしい**
▶ a wet, **dreary** Saturday afternoon
「雨降りの，**退屈な**土曜の午後」

Check!		
	● (f　　) = extremely weak	feeble
	● (w　　) = very tired	weary
	● fatigue のアクセント位置は？	fatígue

●自分の身体の各部位くらいは英語で言えるようになりたいものです。hand や leg などの基本単語以外で重要なものをリストアップしました。図を見て，そして自分の身体に実際に触ってみて，イメージを掴むようにしてください。

身体のパーツ

1675 □ **thumb*** [θʌ́m]
名 **親指**
★発音注意：「サム」

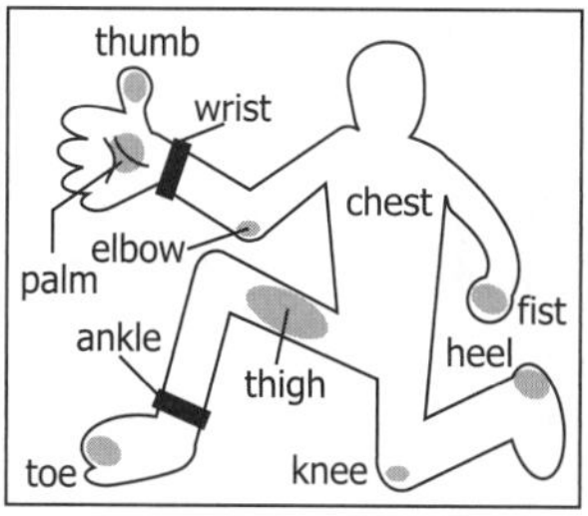

1676 □ **palm*** [pɑ́ːm]
名 **手のひら**

1677 □ **wrist*** [ríst]
名 **手首**
▶ **a wrist watch**「**腕時計**」

1678 □ **fist*** [físt]
名 **握りこぶし**

1679 □ **elbow*** [élbou]
名 **ひじ**

1680 □ **muscle**** [mʌ́sl]
名 **筋肉**
★スペル・発音注意

1681 □ **thigh** [θáɪ]
名 **太股**

1682 □ **knee***
[níː]
名 **膝**
◆ **on one's hands and knees「四つん這いになって」**

□ **kneel**
[níːl]
自 **ひざまずく**
★ 動詞変化： kneel – knelt [kneeled] – knelt [kneeled]
▶ She **knelt down** and prayed.「彼女は**ひざまずいて**祈った。」

1683 □ **heel***
[híːl]
名 **かかと**

1684 □ **ankle***
[ǽŋkl]
名 **足首**
▶ twist one's **ankle**「**足首**をひねる」

1685 □ **toe***
[tóʊ]
名 **足の指，つま先**
★ finger は「手の指」のみを指す
◆ **one's big toe「足の親指」**

1686 □ **to one's feet***
句 **立って，立った状態に**
◆ **get to one's feet「立ち上がる」**

1687 □ **chest***
[tʃést]
名 **①胸 ②タンス**

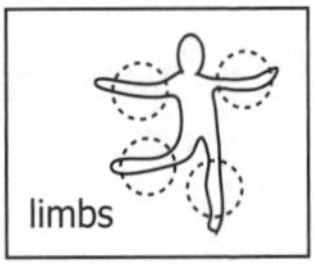

1688 □ **limb***
[lím]
名 **手足，四肢**
★ 発音注意：「リム」； arm / leg のいずれかを指す

Check!
● thumb / palm / limb の下線部の発音は？ 発音されない
● 正しいスペルは？： 1. mustle / 2. muscle 2.

●今度は顔のパーツです。nose / mouth / lip などの基本単語以外でおさえておくべきものをピックアップします。やはりこれも自分の顔に触るか，鏡を見るなどしてイメージを摑んでください。

顔のパーツ

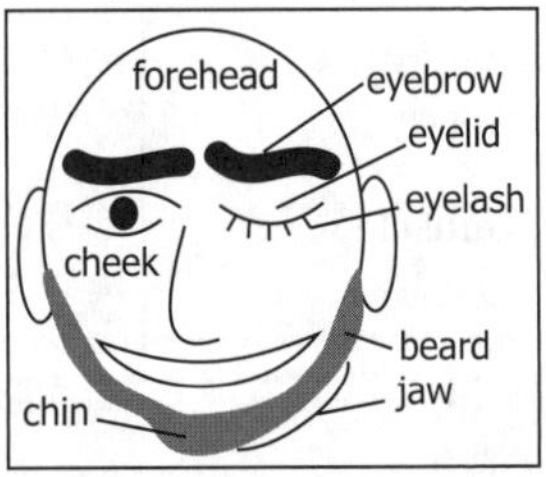

1689 □ **forehead***
[fɔ́ːrhed]
名 **ひたい**
★ fore = before（前の）+ head（頭）

1690 □ **eyebrow***
[áɪbraʊ]
名 **眉毛**
★ 発音注意：アイブラウ

1691 □ **eyelid** [áılıd]
名 **まぶた**
★ eye（目）＋ lid（蓋）

1692 □ **eyelash** [áılæʃ]
名 **まつげ**

1693 □ **beard*** [bíərd]
名 **あごひげ**
★ 鼻の下の「口ひげ」は mustache [mʌ́stæʃ],「頬ひげ」は whisker [wískər]

1694 □ **jaw*** [dʒɔ́ː]
名 **あご**

1695 □ **chin*** [tʃín]
名 **あご**（の先端）

1696 □ **cheek*** [tʃíːk]
名 **頬**

Check!	● eyebr<u>ow</u> の下線部の発音と同じものは？： 1. b<u>ow</u>l / 2. c<u>ow</u>	2.

● 次は身体の動作です。まずは「震える」からです。人が震える原因としては,「寒さ」「興奮」「恐怖」などがあります。

震える

1697 □ **tremble*** [trémbl]
自（恐怖・興奮などで）**震える；震動する**
★「(トレン) ブルブル震える」
▶ Susan **trembled** with fear when she noticed someone was following her.
「誰かが後を付けているのに気づき，スーザンは恐怖で**震えた**。」

1698 □ **shiver** [ʃívər]
自（寒さなどで）**震える**
★「シバれるような寒さで震える」
▶ He stood **shivering** in the cold.
「彼は寒さで**震えながら**立っていた。」

Check!	●「恐怖で震える」: tremble (　) fear	with

●その昔，猿が「直立歩行」(walk upright) を始めた時から，人類の長い歴史が始まりました。人間は「歩く動物」です。 walk 以外にも「歩く」に関連した動詞はいくつかあります。

歩く

1699 □ **wander**** [wándər]

自 (目的もなく) **さまよう，歩き回る**

★ wonder [wʌ́ndər] と混同しないこと

▶ My grandfather often wakes up in the middle of the night and **wanders** around the house.

「祖父はよく真夜中に起きて家の中を**歩き回っている**。」

1700 □ **roam** [róʊm]

自 **歩き回る，徘徊する** 他 **〜を徘徊する**

▶ 65 million years ago, dinosaurs **roamed** the Earth.

「6500万年前，恐竜が地球を**歩き回っていた**。」

1701 □ **stroll*** [stróʊl]

自 (ぶらぶら) **歩く**

▶ We ate dinner and **strolled** back to the hotel.

「私達は夕食を食べて，ホテルまで**ぶらぶら歩いて**戻った。」

1702 □ **stride** [stráɪd]

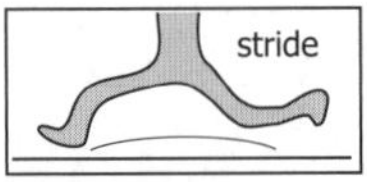

名 **ひとまたぎ；進歩** 自 **大またで歩く**

★ 動詞変化：stride – strode – stridden

▶ With the spread of the Internet, information technology has made a great **stride forward**.

「インターネットの普及とともに，情報科学技術は大きく**前進した**。」

◆ **take ~ in (one's) stride**「**〜を冷静に処理する**」(「自分の足並みを乱さずに受け止める」から)

1703 □ **stumble*** [stʌ́mbl]

自 **つまずく；(〜に) 偶然でくわす** (on [upon] ~)

★「石などにつまずく」→「偶然でくわす・見つける」

◆ **stumble on A**「**A につまずく，偶然でくわす**」

▶ **stumble on** a stone「石に**つまずく**」

▶ I **stumbled upon** a wallet while walking along the street.

「道を歩いていると財布を**偶然見つけた**。」

1704 □ **creep*** [kríːp]

自 **這う，こっそり進む**

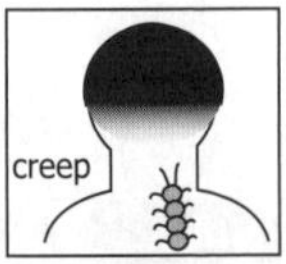

★ 動詞変化： creep – crept – crept

◆ **creep in**「**しのび込む**」

▶ The mother **crept** out of the room so that she wouldn't wake her baby up.

「赤ん坊を起こさないように，母親は部屋を**こっそり出た**。」

1705 □ **linger** [líŋgər]

自 (立ち去らずに) **ぐずぐずする，残存する**

▶ Even after she left, her sweet scent **lingered** on my pillow

for days.
「彼女が去った後も，その甘い香りが何日も僕の枕に**残った**。」

Check! ● The girl (1. wondered / 2. wandered) into a strange world. 2.

●鼻に関する動詞には sn- というスペルで始まるものがいくつかあります。「鼻」は nose ですので，やはり s / n の文字が含まれていますね。

鼻

1706 □ **sniff**
[sníf]
自 **くんくん嗅ぐ** 他 ～の**においを嗅ぐ**
▶ This dog is trained to **sniff** out drugs.
「この犬は麻薬を**嗅ぎ分ける**よう訓練されている。」

1707 □ **sneeze***
[sníːz]
自 **くしゃみをする**
▶ The dust made me **sneeze**.
「埃で**くしゃみが出た**。」

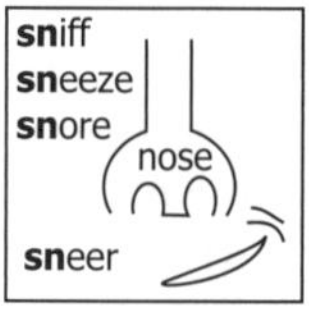

1708 □ **snore**
[snɔ́ːr]
自 **いびきをかく**
▶ Wake up! You're **snoring**.
「起きて！　**いびきをかいて**いるわよ。」

1709 □ **sneer**
[sníər]
自（～を）**あざ笑う，鼻で笑う** (at ～)
▶ Tom **sneered** at my proposal.
「トムは私の提案を**あざ笑った**。」

Check! ● sneer (　) someone's clothes at

● 他人とコミュニケーションをする上で，言葉を使わずに，身体の動作や顔の表情で何かを伝えることがあります。それぞれの動作が伝えようとしているメッセージに注意してください。

ジェスチャー・表情

1710 □ **shrug***
[ʃrʌ́g]
自 **肩をすくめる** 他 ～（肩）を**すくめる**
★ 無関心（indifference）を表す
◆ **shrug one's shoulders**「**肩をすくめる**」
▶ He **shrugged** his shoulders as if to say he didn't care a bit.
「彼は全く関心がないとでも言うように**肩をすくめた**。」

1711 □ **clear one's throat***
句 **咳払いをする**
★ 話を始める前などに他人の注意を引く
▶ The man **cleared his throat** before he began his speech.

「男はスピーチを始める前に**咳払いをした。**」

1712 □ **frown*** [fráʊn]

自 **しかめ面をする** 名 **しかめ面**

★怒り（anger）や不満（unhappiness）を表す

▶ **frown** to show disapproval
「非難を示すために**しかめ面をする**」

1713 □ **grimace** [gríməs]

自 **しかめ面をする** 名 **しかめ面** (= frown)

★苦痛（pain）や嫌悪（disgust）を表す

▶ **make a grimace** with pain「苦痛で**顔をしかめる**」

1714 □ **blink*** [blíŋk]

自 **まばたきする** 名 **まばたき**

▶ I always **blink** when my photo is being taken.
「私は写真を撮られている時にいつも**まばたきをしてしまう。**」

1715 □ **yawn*** [jɔ́ːn]

自 **あくびをする**

★退屈や眠気を表す；「ヨーン」と発音してみると，「あくび」に近い音だと分かる

Check! ● frown = make a (　)　　face [grimace]

●最後は声を出した動作の表現です。mutter / murmur / mumble は，いずれも「小声でつぶやく」という意味です。形も似ているし意味も大差ないのでまとめて覚えてしまいましょう。

声

1716 □ **mutter** [mʌ́tər]

自 **つぶやく**

▶ ↓

1717 □ **murmur** [mə́ːrmər]

自 **つぶやく**

▶ ↓

1718 □ **mumble** [mʌ́mbl]

自 **つぶやく**

▶ What are you **muttering [murmuring, mumbling]**? I can't even hear you.
「何を**つぶやいている**んだい？　聞こえないよ。」

1719 □ **whisper*** [hwíspər]

自 **ささやく**

1720 □ **shriek** [ʃríːk]
自 **金切り声を上げる，叫ぶ** (= scream)

1721 □ **sob** [sáb]
自 **すすり泣く** (= weep)
▶ She fell down on the floor and started **sobbing**.
「彼女は床にくずおれて**すすり泣き**始めた。」

Check! ● mumble = ( ) = mutter — murmur

Review Test

● **Match each part with its name.**

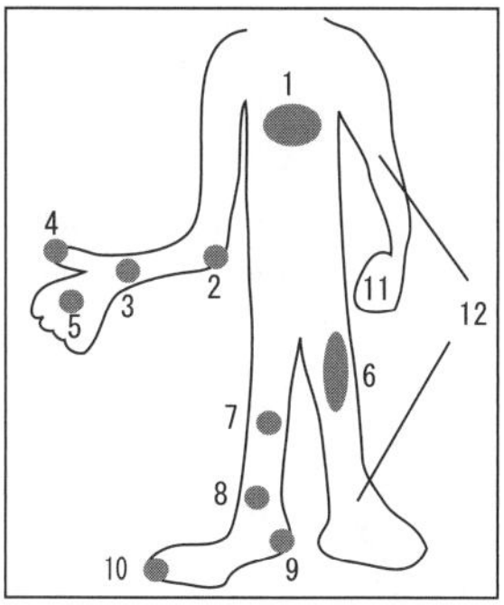

a. **thumb**	□**1**	j.
b. **heel**	□**2**	i.
c. **thigh**	□**3**	k.
d. **limbs**	□**4**	a.
e. **palm**	□**5**	e.
f. **toe**	□**6**	c.
g. **knee**	□**7**	g.
h. **ankle**	□**8**	h.
i. **elbow**	□**9**	b.
j. **chest**	□**10**	f.
k. **wrist**	□**11**	l.
l. **fist**	□**12**	d.

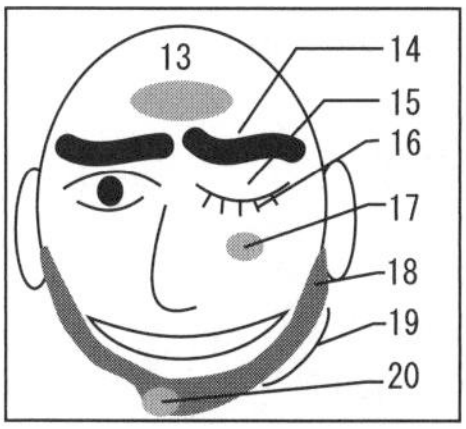

a. **beard**	□**13**	d.
b. **eyebrow**	□**14**	b.
c. **cheek**	□**15**	g.
d. **forehead**	□**16**	f.
e. **jaw**	□**17**	c.
f. **eyelash**	□**18**	a.
g. **eyelid**	□**19**	e.
h. **chin**	□**20**	h.

● **Same or Opposite?**

□21	**mental**	**physical**	Opposite
□22	**material**	**spiritual**	Opposite
□23	**spirit**	**soul**	Same
□24	**insane**	**crazy**	Same

□25 injure wound ······ Same

□26 vigor energy ······ Same
□27 feeble strong ······ Opposite
□28 torment pain ······ Same
□29 fatigue tiredness ······ Same
□30 weary tired ······ Same

□31 tedious exciting ······ Opposite
□32 dreary boring ······ Same
□33 tremble shiver ······ Same
□34 stroll run ······ Opposite
□35 linger vanish ······ Opposite

□36 grimace frown ······ Same
□37 murmur shout ······ Opposite
□38 mutter mumble ······ Same
□39 shriek scream ······ Same
□40 sob weep ······ Same

● Complete the sentences.

□41 To show disapproval, you ... a. snore ········· e.
□42 When you are sleepy, you ... b. shrug ········· c.
□43 To draw attention, you ... c. yawn ········· f.
□44 During sleep, you ... d. shiver ········· a.
□45 To show indifference, you ... e. frown ········· b.
□46 When it is very cold, you ... f. clear your throat ········· d.

□47 When you are scared, you ... a. sneeze ········· e.
□48 When you have a cold, you ... b. sob ········· a.
□49 To smell something, you ... c. linger ········· f.
□50 When you don't want to leave, you ... d. blink ········· c.
□51 When you are sad, you ... e. tremble ········· b.
□52 When you look into strong light, you ... f. sniff ········· d.

● Multiple Choices

□53 I was a victim of child ( ).
a. addiction b. abuse c. torment ······ b.

□54 I'm addicted ( ) drugs.
a. in b. to c. of ······ b.

□55 Our town ( ) from water shortages this summer.
a. scratched b. tortured c. suffered ………… c.

□56 The soldier was captured and ( ) by the enemy.
a. tortured b. inflicted c. suffered ………… a.

□57 I made this cake from ( ).
a. scratch b. wounds c. injury ………… a.

□58 I'm weary ( ) repeating the same thing over and over again.
a. on b. for c. of ………… c.

□59 He spent the afternoon ( ) around the town.
a. wondering b. wandering c. winding ………… b.

□60 He reached the door in one long ( ).
a. stroll b. stride c. stumble ………… b.

□61 The girl ( ) out of the house quietly.
a. stumbled b. trembled c. crept ………… c.

□62 Someone knocked on the door, and I jumped up ( ) my feet.
a. for b. to c. in ………… b.

□63 Dinosaurs were ( ) the Earth.
a. roaming b. stumbling c. lingering ………… a.

□64 He ( ) on a stone while walking along the street.
a. wandered b. strolled c. stumbled ………… c.

解説・和訳

53「私は児童虐待の被害者だった。」／59 wonder「不思議に思う」と wander「さまよう」の意味の違いに注意／61 crept は creep「這う」の過去形／63「恐竜は地球を歩き回っていた。」

日付：	年 月 日	得点：	／64
52 点以上→ SECTION #41 へ		52 点未満→もう一度復習	

SECTION #41 「コロケーションで覚える形容詞」

● このセクションでは，これまでに登場しなかった形容詞をまとめて学習します。英作文などで，正しい形容詞を選ぶのは難しいものです。訳語だけを暗記しても，なかなか使いこなせるようにはなりません。そこで，このセクションでは，「結合する名詞に注目する」という観点から，形容詞の持つイメージにより近づく練習をしましょう。例えばgenuine という形容詞を，diamond「ダイヤモンド」，desire「願望」，interest「興味」，respect「尊敬」という名詞と結びつけてみてください。「本物のダイヤモンド」「心からの願望」「純粋な興味」「心からの尊敬」…徐々に頭の中に genuine という語のイメージが出来上がってくるでしょう。このような単語と単語の結びつきを「コロケーション」といいます。形容詞に限らず多くのコロケーションを身につけることが，英語の表現力の幅を広げる秘訣なのです。

本物・偽物

1722 □ **genuine*** [dʒénjuɪn]

形 **本物の，純粋な，心からの** (↔ fake, false)

■ 結合：diamond「ダイヤ」desire「願望」interest「興味」respect「尊敬」

★「〈物・感情〉が偽物でない」の意

▶ a **genuine** diamond「**本物の**ダイヤモンド」

▶ Our school welcomes anyone who has a **genuine** desire to learn.
「我が校は学びたいという**心からの**願望を持つ人は誰でも歓迎する。」

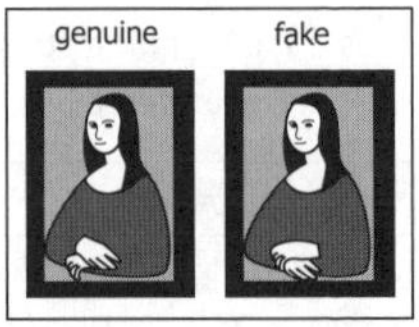

1723 □ **authentic** [ɔːθéntɪk]

形 **本物の，本場の** (↔ fake)

■ 結合：signature「署名」Chinese restaurant「中華料理店」

▶ an **authentic** signature「**本物の**（本人の）署名」

□ **signature*** [sígnətʃər] 名 署名

1724 □ **fake*** [féɪk]

形 **偽物の** (↔ genuine)

■ 結合：diamond「ダイヤ」fur「毛皮」smile「笑顔」

▶ a **fake** diamond [fur]「**偽物の**ダイヤモンド［毛皮］」

1725 □ **false**** [fɔ́ːls]

形（わざと）**間違った，偽の** (↔ true)

■ 結合：statement「陳述」idea「考え」information「情報」

★「わざと間違っている」を含意することが多い；単に「間違っている」は wrong で表す

▶ He was convicted of making a **false** statement in court.
「彼は法廷で**虚偽の**陳述をしたとして有罪判決を受けた。」

□ **convict*** [kənvíkt] 他 〜に有罪の判決を下す

1726 □ **sincere*** [sɪnsíər]
形 **心からの，誠実な**
■ 結合：gratitude「感謝」thanks「感謝」apology「謝罪」
▶ Please accept my **sincere** apologies.
「どうか私の**心からの**お詫びを受け入れてください。」

□ **sincerely*** [sɪnsíərli]
副 **心から，誠実に**

1727 □ **sheer*** [ʃíər]
形 **全くの** (= utter)
■ 結合：luck「幸運」delight「喜び」
★「余計な要素を取り除いた，完全な状態の」
▶ It was only by **sheer** luck that I survived the plane crash.
「私が飛行機事故で生き残ったのは**全くの**幸運だった。」

Check! ● a genuine Picasso **とは？** 本物のピカソの絵

● 下の５つの形容詞 elaborate / intricate / exquisite / sophisticated / proficient も，名詞との結合からイメージを摑んでください。elaborate はスペルに含まれる labor「労働」から，「一生懸命働いて作った」→「手の込んだ」という流れで覚えましょう。

精巧・精緻・熟達

1728 □ **elaborate*** [ɪlǽbərət]
形 **手の込んだ，精巧な** (= complex)
■ 結合：system「体系・システム」machine「機械」device「装置」
★ e- ＋ labor（労働）→「苦労して作った」
▶ Bees are known to have an **elaborate** communication system.
「ミツバチは**精巧な**意思伝達のシステムを持っているとして知られている。」

1729 □ **intricate** [íntrɪkət]
形 **複雑な，込み入った** (= complicated, complex)
■ 結合：pattern「模様」plot「話の筋」
▶ an **intricate** pattern「**複雑な模様**」

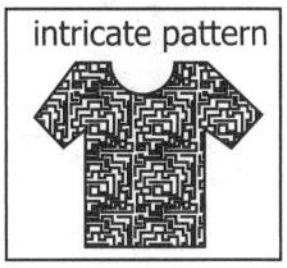

1730 □ **exquisite** [ɪkskwízɪt]
形 **精緻な，すばらしい**
■ 結合：painting「絵画」taste「趣味」
▶ an **exquisite** piece of artwork「**精緻な**芸術作品」

1731 □ **sophisticated**** [səfístəkeɪtɪd]
形 **洗練された；精巧な**
■ 結合：taste「趣味」understanding「理解」technology「科学技術」

▶ The girl from a wealthy background had **sophisticated** tastes.
「裕福な家庭環境で育ったその少女は**洗練された**趣味を持っていた。」

1732 □ **proficient***
[prəfíʃnt]

形（～に）**熟達した** (at [in] ～) (= highly skilled)
■ 結合：pianist「ピアノ奏者」
★「プロ（pro）並の」と覚える
▶ Paul is **proficient** at all kinds of sports.
「ポールはあらゆる種類のスポーツに**熟達している。**」

□ **proficiency**
[prəfíʃnsi]

名 **熟達**

Check! ● He is very good at French. = He is (　) in French. proficient

● 形容詞のイメージを摑むには，対義語・類義語に注目するのも効果的です。negative ↔ affirmative / positive や vertical ↔ horizontal など，対比関係がはっきりしているものは，2 語 1 組でまとめて覚えるようにしましょう。下の形容詞に限らず，「対義語・類義語」は常にチェックするようにしてください。また vertical や horizontal の関連語として parallel を覚えます。スペルに要注意。para<u>ll</u>el の 2 つの l が「平行している」という風に覚えましょう。

対義語

1733 □ **negative***
[négətɪv]

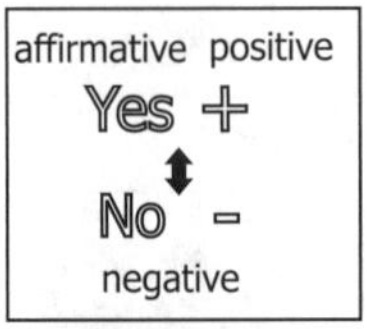

形 **否定の，否定的な，消極的な，マイナスの** (↔ positive, affirmative)
■ 結合：answer「返答」attitude「態度」thinking「考え」influence / effect「影響」
▶ The man has a **negative** attitude toward life and sees everything in a pessimistic way.
「その男は人生に対し**否定的な**態度で，全てのものを悲観的に見る。」
▶ Smoking has a **negative** effect on your health.
「喫煙は健康に**マイナスの**影響を与える。」
□ **pessimistic*** [pesəmístɪk] 形 悲観的な → **p.304**

1734 □ **affirmative**
[əfə́ːrmətɪv]

形 **肯定の，積極的な** (↔ negative)
■ 結合：answer「返答」action「行動」
★ affirm「～を断言する」（→ **p.154**）から
◆ **in the affirmative**「**肯定で，イエスで**」(↔ in the negative)
▶ I'll give you several questions, all of which you must answer **in the affirmative**.

「君にいくつかの質問をするが，全て**イエスと**答えなくてはならない。」

1735 □ **positive**⁑ [pázətɪv]

形 **積極的な，プラスの** (↔ negative)；**確信している** (= sure)
■ 結合：attitude「態度」thinking「考え」influence / effect「影響」
▶ have a **positive** effect on A「A に**プラスの**影響を及ぼす」

1736 □ **vertical*** [vә́ːrtɪkl]

形 **垂直の，縦の** (↔ horizontal)
■ 結合：line「線」axis「軸」society「社会」relationship「人間関係」
▶ the **vertical** society of Japan「日本の**縦型の**社会」

1737 □ **horizontal*** [hɔrəzántl]

形 **水平の** (↔ vertical)
■ 結合：line「線」axis「軸」row「列」relationship「人間関係」
★ horizon「水平線」から
▶ The **horizontal** axis shows the time and the **vertical** axis shows the amount.
「**横の**軸は時間を表し**縦の**軸は量を表す。」

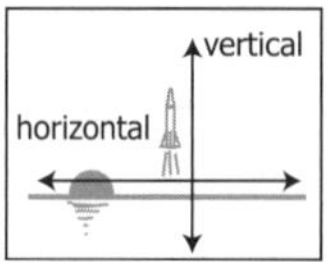

1738 □ **parallel*** [pǽrəlel]

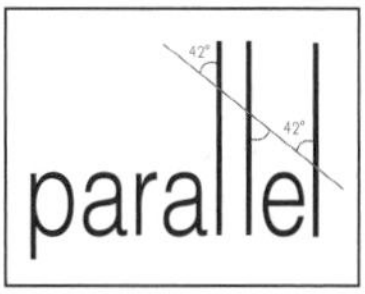

形 (〜と) **平行の，類似した** (to 〜)
名 **類似（物），匹敵するもの**
■ 結合：line「線」
★ スペル要注意：「para<u>ll</u>el の 2 つの l が平行になっている」と覚える；「平行した」→「類似・匹敵する」
▶ I swam **parallel** <u>to</u> the seashore.
「私は海岸と**平行に**泳いだ。」
▶ The 20th century saw a great leap in technology that **has no parallel** in human history.
「20 世紀には，人類の歴史上**類を見ない**科学技術の進歩が起こった。」

Check!		
	● say yes = answer in the ( )	affirmative
	● **正しいスペルは？**： 1. pararrel / 2. palallel / 3. paralell / 4. parallel	4.

● <u>un</u>happy / <u>in</u>capable など，in- や un- という接頭辞の多くは対義語を作りますが，<u>in</u>different / <u>in</u>famous / <u>un</u>easy に関してはやや注意が必要です。indifferent は different「違う」の反対だから「同じ」と考えてはいけません。同様に infamous は「有名な」の反対で「無名な」，uneasy は「容易な」の反対で「難しい」ではありません。またここでも，infamous = notorious，uneasy = awkward，awkward = clumsy などの類義語を整理しておきましょう。

in- / un-

1739 □ **indifferent*** [ɪndífərənt]

形（〜に対して）**無関心な** (to 〜)

★ in-〈反意〉＋ different（違う）→「違いを生じないから無関心な」

◆ **be indifferent to A**「Aに対して無関心である」

▶ The professor tried to convince the students, but most of them were **indifferent** to his arguments.
「教授は学生たちを納得させようとしたが，彼らの大半は教授の議論に**無関心**だった。」

□ **indifference*** [ɪndífərəns]

名 **無関心**

1740 □ **infamous** [ínfəməs]

形 **悪名高い，評判が悪い** (= notorious)

★ アクセント注意；「悪い意味で有名な（famous）」

▶ ↓

1741 □ **notorious*** [noʊtɔ́:riəs]

形 **悪名高い，評判が悪い** (= infamous)

◆ **be notorious [infamous] for A**「Aで悪名高い」

▶ Japanese students are **notorious [infamous]** for being too shy and reluctant to speak in language classes.
「日本人の学生は語学の授業で恥ずかしがって話そうとしないと**評判が悪い**。」

1742 □ **uneasy*** [ʌní:zi]

形 **落ち着かない，不安な** (= worried, awkward)

★ un-〈反意〉＋ easy（気楽な）→「落ち着かない」

▶ The child seemed **uneasy** in front of many adults.
「その子は多くの大人の前で**落ち着かない**様子だった。」

1743 □ **awkward*** [ɔ́:kwərd]

形 **落ち着かない，気まずい** (= uneasy) (↔ comfortable)；**不器用な，ぎこちない** (= clumsy)

■ 結合：situation「状況」silence「沈黙」

▶ The two men sat opposite each other, drinking coffee in an **awkward** silence.
「2人の男は向かい合って座り，**気まずい**沈黙のままコーヒーを飲んでいた。」

1744 □ **clumsy** [klʌ́mzi]

形 **不器用な，ぎこちない** (= awkward)

▶ The novice surgeon cut open the patient's body in a **clumsy** way.
「新米の外科医は患者の身体を**不器用な**やり方で切り開いた。」

□ **novice** [nάvəs] 名 新人

Check!		
	● uneasy の意味は？： 1. 難しい ／ 2. 落ち着かない	2.
	● infamous の意味は？： 1. 無名な ／ 2. 評判の悪い	2.

● careless や ceaseless などの -less という接尾辞は，もちろん「～がない」という意味を表します。restless は「rest（休憩）がない」→「落ち着かない」と覚えます。ただし，relentless / ruthless / reckless は relent / ruth / reck 自体がかなりマイナーな単語です。最初から less を付けた形で覚えてしまいましょう。

-less

1745 □ **restless*** [réstləs]

形 **落ち着きがない，せわしない** (= uneasy)

★ rest（休憩）＋ less →「休憩がない」

▶ The young singer was **restless** behind the stage as she waited for her turn.

「若い歌手は自分の番を待つ間，舞台裏で**落ち着かなかった**。」

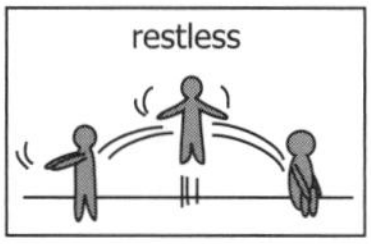

1746 □ **relentless** [rɪléntləs]

形 **執拗な，情け容赦のない**

■ 結合：attack「攻撃」enemy「敵」

★ relent（和らぐ）＋ less →「和らぐことのない」

▶ **relentless** search for truth

「**執拗な**真実の探究」

1747 □ **ruthless** [rúːθləs]

形 **情け容赦のない，冷酷な**

■ 結合：killing「殺し」enemy「敵」

★ ruth（同情）＋ less →「相手に同情しない」

▶ Mr. Palmer is known as a **ruthless** lawyer who attacks without any mercy or compassion.

「パーマー氏はいかなる慈悲も同情もなく攻撃する**冷酷な**弁護士として知られている。」

□ **compassion*** [kəmpǽʃən] 名 同情 → **p.268**

1748 □ **reckless** [rékləs]

形 **向こう見ずな**

■ 結合：driving「運転」behavior「行動」

★ reck（構う）＋ less →「危険を構わない」

▶ **reckless** driving「**無謀な**運転」

Check!		
	● 接尾辞 -less の意味は？	～がない

●「ばかげた」という意味の形容詞は沢山あります。人・行為が「愚かな」という場合に一般的に用いられるのが stupid で，silly もほぼ同義ですが「判断力・分別に欠けた」という意味合いが強くなります。absurd は「常識・理屈に反している」，ridiculous は「嘲笑をかうような」というニュアンスを持ちます。ただ，これらの差は非常に微妙なものなので，それほど神経質になる必要はありません。英作文などで語の選択に迷った場合には，最も広く使える stupid を選ぶのが得策でしょう。

ばかげた

1749 □ **stupid**⁑ [stjúːpəd]

形 **ばかな，愚かな** (= foolish, silly)

■ 結合：question「質問」behavior「行動」

▶ How **stupid** [**silly**] it was of you to believe what he said!

「彼の言うことを信じるとは，君は何て**ばか**だったんだ！」

1750 □ **silly**⁑ [síli]

形 **ばかな** (= foolish, stupid)

■ 結合：question「質問」

★「判断力・分別に欠けた」

▶ ↑

1751 □ **absurd*** [əbsə́ːrd]

形 **ばかげた，理に適わない** (↔ logical, sensible)

■ 結合：idea「考え」

★「常識・理屈に反した」の意

▶ It's **absurd** to believe that your blood type determines your character.

「人の血液型が性格を決定すると信じるなんて**ばかげている**。」

□ **blood type*** 句 血液型

1752 □ **ridiculous*** [rɪdíkjələs]

形 **ばかばかしい**

★「話にならない・嘲笑をかうような」というニュアンス

▶ **Don't be ridiculous!**「**バカなこと言わないで！**」

□ **ridicule** [rídɪkjuːl]

他 ～を**あざ笑う** (= make fun of) 名 **嘲笑**

▶ People **ridiculed** Columbus when he claimed that the world was round.

「コロンブスが世界は丸いと言ったとき，人々は彼を**あざ笑った**。」

▶ become an object of **ridicule**「**嘲笑**の対象になる」

Check!	● It was silly (　) you to believe his story.	of

● 段ボールの箱などで "Fragile" という表示を見たことがあるかもしれません。fragile は「壊れやすい」という意味で，グラスなどの〈物〉だけでなく，「人間関係」など抽象

的な事柄をも形容します。delicate は「デリケート」という日本語にもなっていますが，英語では「病弱な」という意味でも使われることに注意してください。stiff / rigid「堅い」という形容詞のイメージを掴むには，やはり名詞と結合させてみるのが良いでしょう。rigid は「変えにくい，融通が利かない」という意味で，その対義語は flexible です。

強度・柔軟性

1753 □ **fragile*** [frǽdʒəl]

形 **壊れやすい，もろい** (↔ tough)

■ 結合：antique「骨董品」relationship「関係」

★ frag（壊す）から；fragment「断片」fraction「部分」（→ **p.459**）と同語源

▶ These antiques are **fragile**, so handle them with care.
「これらの骨董品は**壊れやすい**ので注意して扱ってください。」

□ **antique** [æntíːk] 名 骨董品 → **p.648**

1754 □ **vulnerable*** [vʌ́lnərəbl]

形（～に対して）**傷つきやすい，弱い** (to ～)

◆ **be vulnerable to A**「**A に対して弱い**」

▶ People become extremely **vulnerable** after they break up with their loved ones.
「人は愛する人と別れた後は非常に**傷つきやすく**なる。」

▶ **vulnerable** to diseases「病気に**かかりやすい**」

1755 □ **delicate**** [délɪkət]

形 **繊細な，微妙な，優美な，病弱な**

■ 結合：balance「バランス」health「健康」

★「繊細で壊れやすい」の意；「病弱な」の意味に注意

▶ The **delicate** balance of the ecosystem can be very easily lost.
「生態系の**微妙な**バランスは極めて失われやすい。」

▶ His health is **delicate**.「彼は身体が**病弱である**。」

1756 □ **stiff*** [stíf]

形 **堅い，凝っている；堅苦しい** (= formal)

■ 結合：muscle「筋肉」paper「紙」attitude「態度」

▶ My shoulders are **stiff**.「肩が**凝っている**。」

▶ **stiff** formalities「**堅苦しい**挨拶」

1757 □ **rigid*** [rídʒɪd]

形 **堅い；厳格な，融通が利かない** (↔ flexible)

■ 結合：rule「規則」view「意見」

▶ **rigid** grammatical rules「**厳密な**文法規則」

▶ The teacher was criticized for being too **rigid** in his teaching methods.
「その教師は教授法があまりに**厳格だ**として非難された。」

1758 □ **flexible**⁑ [fléksəbl]
㊊ **曲がりやすい，柔軟性のある** (↔ rigid)
■ 結合：arm「腕」joint「関節」attitude「態度」
▶ The store offers **flexible** service according to customer needs.
「その店は客の要求に応じて**柔軟な**サービスを提供する。」

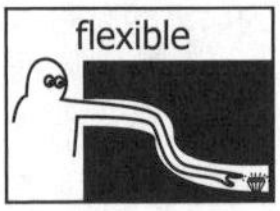

□ **flexibility*** [fleksəbíləti]
㊔ **柔軟性**

Check! ● delicate のアクセント位置は？ délicate

● 自分に「誇りを持つ」(proud) ことは大切ですが，それが行き過ぎて「傲慢」「うぬぼれ」となると，他からの反感を買うでしょう。arrogant「傲慢な」は，proud を過剰にした状態と考えてください。逆に，自分をへりくだった状態が humble です。また他人が何と言おうと自分の意思を曲げない「頑固な」(stubborn, obstinate) のも困りものです。こちらは先ほどの flexible の対義語と考えることができます。

傲慢・うぬぼれ・頑固

1759 □ **arrogant*** [ǽrəgənt]
㊊ **傲慢な** (↔ modest, humble)
★ プライドが高く，自分が他人よりも優れていると考えていること
▶ The tennis player is so **arrogant** that he thinks he will never lose.
「そのテニス選手は非常に**傲慢**で決して負けないと思っている。」

□ **arrogance*** [ǽrəgəns]
㊔ **傲慢**

1760 □ **humble*** [hʌ́mbl]
㊊ **謙虚な，つつましい；質素な**
★ modest「謙虚な」よりも度合いが強い
▶ a **humble** attitude「**謙虚な**態度」
▶ The president comes from a **humble** background.
「大統領は**質素な**生い立ちである。」

1761 □ **stubborn*** [stʌ́bərn]
㊊ **頑固な** (= obstinate)
★ 自分の考えを曲げないこと
▶ The old man was so **stubborn** [**obstinate**] that he refused any help from his sons.
「老人は非常に**頑固**で，息子たちからのいかなる援助も断った。」

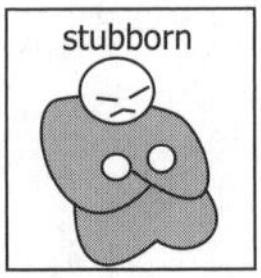

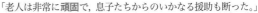

1762 □ **obstinate** [ɑ́bstənət]
㊊ **頑固な** (= stubborn)
▶ ↑

Check! ● stubborn のアクセント位置は？ stúbborn

● fierce「激しい」や harsh「厳しい」などは，訳語だけを覚えても意味がありません。fierce debate / harsh climate など，必ず名詞との連結からイメージを掴むようにしてください。brave / bold / timid は〈人〉やその〈行為〉を形容します。危険や困難に対して，それをものともしないのが brave / bold，尻込みしてしまうのが timid です。

激しさ・厳しさ・勇敢さ

1763 □ **fierce*** [fíərs]

形 **激しい**
■ 結合：argument / debate「議論」battle / fight「闘い」
▶ a **fierce** argument「**激しい**議論」

1764 □ **harsh*** [hɑ́ːrʃ]

形 **厳しい**
■ 結合：climate「気候」punishment「罰」professor「教授」
▶ Plants and animals in the desert have to survive the **harsh** environment.
「砂漠の動植物は**厳しい**環境を生き抜かなくてはならない。」

1765 □ **stern** [stə́ːrn]

形 **厳格な，険しい**
■ 結合：look「表情」teacher「教師」punishment「罰」
▶ Returning home at midnight, Sarah saw her father standing in front of the door with a **stern** look.
「サラが真夜中に帰宅すると，父親がドアの前で**険しい**表情で立っているのが見えた。」

1766 □ **brave*** [bréɪv]

形 **勇敢な** (= courageous) (↔ cowardly)
■ 結合：act「行動」soldier「兵士」
▶ a young and **brave** soldier「若くて**勇敢な**兵士」

□ **bravery** [bréɪvəri]

名 **勇敢さ**

1767 □ **bold*** [bóʊld]

形 **大胆な** (↔ timid)
■ 結合：action「行動」plan「計画」decision「決定」
★ 主に人目につくような行為を指す
▶ Sometimes you need to be **bold** enough to take risks.
「時にはリスクを負うくらい**大胆に**なる必要がある。」

1768 □ **timid** [tímɪd]

形 **臆病な**
▶ Japanese are too **timid** when speaking foreign languages.
「日本人は外国語を話す時に**臆病**すぎる。」

□ **intimidate** [ɪntímɪdeɪt] 他 〜を**怯えさせる**

Check! ● brave の名詞形は？ bravery

● 大胆に（bold）なるのは重要ですが，一方でよく考えて慎重に行動することも大切です。deliberate には「意図的な」「慎重な」という 2 つの訳語が与えられますが，どちらも「よく考えている」という意味では同じです。

慎重さ

1769 □ **deliberate*** [dɪlíbərət]
形 **①意図的な，故意の** (= intentional) **②慎重な**
■ 結合：mistake「間違い」attempt「試み」
★「よく考えている」→「意図的な」「慎重な」
▶ The math teacher made a **deliberate** mistake to check whether the students were paying attention.
「数学の先生は，生徒が注意して聞いているか確かめるためにわざと間違いを犯した。」

□ **deliberately*** [dɪlíbərətli]
副 **①意図的に，わざと ②慎重に**

1770 □ **discreet** [dɪskríːt]
形 **慎重な** (= careful)；**控え目な，目立たない**
▶ I watched from a **discreet** distance, trying to figure out what was going on.
「私は**慎重に**距離を置いて眺め，何が起こっているのか理解しようとした。」

1771 □ **prudent** [prúːdənt]
形 **慎重な** (= careful)
▶ a **prudent** decision「**慎重な**決定」

Check! ● deliberate の 2 つの訳語は？ 意図的な／慎重な

● 最後にいくつかの形容詞を学習します。subtle / drastic は，どちらも change「変化」という名詞と結合させて覚えてください。腐敗した政治体制などを抜本的に改革するためには，drastic measures [reform]「徹底的な策［改革］」が必要となります。decent / neat はどちらも「きちんとした」と訳されますが，結合する名詞に注目して，2 つの形容詞の使い分けを覚えましょう。valid は「クレジットカード」や「議論」などの名詞と結合しますが，いずれも「効力を持つ」という意味に結びつけてください。

微妙な・劇的な・不可欠な・有効な

1772 □ **subtle**** [sʌ́tl]
形 **微妙な，かすかな**
■ 結合：difference「差異」change「変化」nuances「意味の違い」

▶ These two birds look similar, but there are **subtle** differences.
「この2羽の鳥は同じように見えるが，**微妙な**違いがある。」

1773 □ **drastic** *
[dræstɪk]

形 **劇的な，徹底的な**
■ 結合：change「変化」reform「改革」measure「対策」
▶ During his long life as an artist, Picasso went through several **drastic** changes in style.
「芸術家としての長い人生の間に，ピカソはいくつかの**劇的な**スタイルの変化を遂げた。」

1774 □ **integral** *
[íntəgrl]

形 **必要不可欠な** (= indispensable)；**完全な**
■ 結合：part「部分」
★「統合された・完全な」→「不可欠な」
▶ The original members formed an **integral** part of the organization.
「初期のメンバーが組織の**不可欠な**部分を形成した。」

□ **integrate** *
[íntəgreɪt]

他 ～を（…に）**統合する** (into ...)
▶ **integrated** English learning「**統合型の**英語学習」

□ **integrity**
[ɪntégrəti]

名 **完全な状態；高潔**
▶ a person of **integrity**「**高潔な**人」

1775 □ **decent** *
[díːsnt]

形 **まともな，きちんとした，上品な**
■ 結合：meal「食事」life「生活」education「教育」
▶ Many working parents do not have enough time to prepare **decent** meals for their children.
「多くの共働きの親は子供に**まともな**食事を用意する時間がない。」

1776 □ **neat** *
[níːt]

形 **こぎれいな** (= tidy)；**すばらしい**
■ 結合：room「部屋」appearance「身なり」idea「考え」
◆ **neat and tidy**「**きちんと整えられた**」
▶ You must keep your room **neat and tidy**.
「自分の部屋は**きちんと整えて**おきなさい。」
▶ **That's neat!**「**それはすばらしい！**」

1777 □ **tidy** *
[táɪdi]

形 **きちんとした，こぎれいな** (= neat)
■ 結合：room「部屋」person「人」

□ **untidy** [ʌntáɪdi]	形 だらしない
1778 □ **crude*** [krúːd]	形 生の，天然の，粗野な ◆ **crude oil**「原油」
1779 □ **valid*** [vǽlɪd]	形 有効な，正当な (= good) ■ 結合：credit card「クレジットカード」passport「パスポート」argument「議論」 ★「公的に・論として有効な」 ▶ Your passport is not **valid**; it expired three weeks ago. 「あなたのパスポートは**有効**ではありません。3週間前に期限が切れました。」 □ **expire*** [ɪkspáɪər] 自 期限が切れる
□ **validity** [vəlídəti]	名 有効性
□ **invalid** [ɪnvǽlɪd]	形 無効な；病弱な ★「病弱な」の意では [ínvəlɪd]

Check! ● take drastic measures とは？ 徹底的な策を講じる

Review Test

● **Same or Opposite?**

□1	genuine	false	Opposite
□2	authentic	fake	Opposite
□3	sheer	utter	Same
□4	elaborate	simple	Opposite
□5	intricate	complex	Same
□6	exquisite	beautiful	Same
□7	proficient	skilled	Same
□8	negative	positive	Opposite
□9	vertical	horizontal	Opposite
□10	infamous	notorious	Same
□11	uneasy	worried	Same
□12	clumsy	awkward	Same
□13	ruthless	cruel	Same
□14	reckless	safe	Opposite

□15	stupid	silly	Same
□16	absurd	logical	Opposite
□17	fragile	tough	Opposite
□18	vulnerable	prone	Same
□19	stiff	soft	Opposite
□20	rigid	flexible	Opposite
□21	stubborn	obstinate	Same
□22	harsh	mild	Opposite
□23	bold	timid	Opposite
□24	deliberate	impulsive	Opposite
□25	prudent	reckless	Opposite
□26	discreet	careful	Same
□27	subtle	remarkable	Opposite
□28	drastic	radical	Same
□29	integral	essential	Same
□30	valid	invalid	Opposite

● Adjective - noun combinations

□31	genuine	a. effect	d.
□32	sincere	b. driving	c.
□33	negative	c. apology	a.
□34	reckless	d. diamond	b.
□35	intricate	e. pattern	e.
□36	awkward	a. taste	e.
□37	sheer	b. background	d.
□38	fierce	c. battle	c.
□39	exquisite	d. delight	a.
□40	humble	e. silence	b.

● Multiple Choices

□**41** John is (　) at all kinds of sports.
a. genuine　**b.** valid　**c.** proficient ……… c.

□**42** I asked him a question, and he answered in the (　).
a. affirmative　**b.** positive　**c.** vertical ……… a.

□**43** He is a great poet who has no (　) in history.
a. parallel　**b.** paralell　**c.** pararell ……… a.

□44 He is indifferent ( ) what is going on around him.
a. from **b.** of **c.** to ………… c.

□45 The boy is ( ) for coming late for class.
a. clumsy **b.** notorious **c.** silly ………… b.

□46 It was stupid ( ) you to believe him.
a. for **b.** of **c.** to ………… b.

□47 I felt ( ) and couldn't sleep well before the exam.
a. ruthless **b.** relentless **c.** restless ………… c.

□48 That's a ( ) question! It's not worth answering.
a. ridiculous **b.** rigid **c.** stern ………… a.

□49 The settlers had to survive ( ) living conditions.
a. stern **b.** harsh **c.** brave ………… b.

□50 The student is so ( ) that he thinks he has nothing more to learn at school.
a. fierce **b.** brave **c.** arrogant ………… c.

□51 The boy hasn't had a ( ) meal for weeks.
a. neat **b.** valid **c.** decent ………… c.

□52 The kitchen was always kept ( ) and tidy.
a. neat **b.** crude **c.** decent ………… a.

□53 Your credit card is not ( ). It has expired.
a. integral **b.** drastic **c.** valid ………… c.

解説・和訳

42 answer in the affirmative 「肯定の答えをする（イエスと答える）」／43 「彼は歴史上に比類のない偉大な詩人だ。」／49 「移民たちは厳しい生活条件の中で生き残らなくてはならなかった。」／50 「その学生は非常に傲慢で，学校で学ぶべき事はもうないと考えている。」／51 「その少年は何週間もまともな食事をとっていない。」／52 neat and tidy 「きちんと整って」／53 「あなたのクレジットカードは有効ではありません。期限が切れています。」

日付：	年　月　日	得点：	／53
43 点以上→SECTION #42 へ		43 点未満→もう一度復習	

SECTION #42 「カタカナ英語」

●「インターネット」「グローバリズム」「マニフェスト」果ては「セレブ」まで，新聞や雑誌を賑わすカタカナ英語は日々増え続けています。このような風潮をどう捉えるかは別として，英語学習者としては，カタカナ英語を利用することで一気に語彙をパワーアップすることができます。大いに歓迎し，最大限利用すべきでしょう。ただ，日本語と英語とで意味・発音などにズレがある場合があるので注意が必要です。

● まずは比較的覚えやすいものから。以下の単語は，原語と日本語の意味にそれほど大きな差はありません。テンポよくスイスイ覚えていきましょう。日本語の例文・用法を見てから，英語での意味を確認していってください。

カタカナ英語・1

1780 □ **initiative*** [ɪníʃətɪv]

「政治活動での**イニシアチブ**をとる」

名 **主導権，率先**

★ initial「最初の」(→ **p.100**) と同語源；「最初に始める」→「主導権・率先」；アクセント注意

◆ **take the initiative**「**主導権をとる**」

▶ Japan should take the **initiative** in promoting international cooperation.

「国際協力を促進する上で，日本は**主導権**をとるべきだ。」

□ **initiate*** [ɪníʃieɪt]

他 ～を**始める，創始する**

▶ The Great Cultural Revolution was **initiated** by Mao Tse-tung.

「文化大革命は毛沢東によって**始められた**。」

1781 □ **security**⁑ [sɪkjʊ́rəti]

「家の**セキュリティ**を強化する」

名 **安全性**

▶ Everybody longs for peace and **security**.

「誰もが平和と**安全**を待ち望んでいる。」

□ **secure**⁑ [sɪkjʊ́ər]

形 **安全な** 他 ～を**確保する，保障する**

▶ **secure** peace「平和を**保障する**」

1782 □ **merit**⁑ [mérət]

「彼と結婚しても何の**メリット**もない」

名 **長所，利点** (= advantage) (↔ demerit)

▶ We have to consider the **merits** and demerits of developing nuclear power generation.

「原子力発電の開発の**長所**と短所を考慮しなくてはならない。」

1783 □ **access**⁑
[ǽkses]

「このマンションは都心への**アクセス**がよい」

名 **交通の便，入手，利用**

★〈場所・設備〉に近づいて利用すること

◆ **have access to A**「A を利用・入手できる」

▶ Today most Japanese have **access** to the Internet at home.
「今日ではほとんどの日本人が家庭でインターネットを**利用できる。**」

□ **accessible**＊
[æksésəbl]

形（場所へ）**行ける**，（設備・物が）**入手・利用可能な**

★ access ＋ -ible （可能な）

▶ The small island is **accessible** only by boat.
「その小さな島には船でしか**行けない**。」

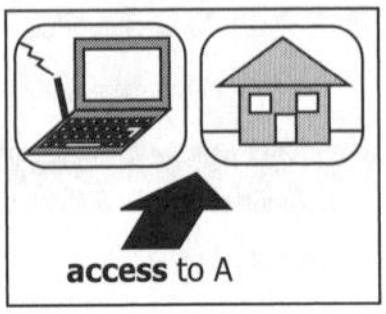

1784 □ **technique**⁑
[tekníːk]

「高度な**テクニック**を要する」

名（専門的な）**技術**

★ アクセント注意

▶ medical [teaching] **technique**「医療［教授］**技術**」

Check! ● initiative / technique **のアクセント位置は？** inítiative / techníque

●カタカナ英語が続きます。horror / terror は -ible / -ify という派生形が同じなので，まとめて覚えましょう。 gap / barrier は gap between A and B / barrier to A という前置詞の用法に注意してください。

カタカナ英語・2

1785 □ **horror**＊
[hɔ́ːrər]

「**ホラー**映画」

名 **恐怖** (= fear, terror)

◆ **to one's horror**「**恐ろしいことには**」

□ **horrible**＊
[hɔ́ːrəbl]

形 **恐ろしい，ひどい**

▶ That was the most **horrible** experience I've ever had in my life.
「それは人生で最も**ひどい**経験だった。」

□ **horrify**＊
[hɔ́ːrəfaɪ]

他 ～を**怖がらせる**

1786 □ **terror**＊
[térər]

「中東で**テロ**発生」

名 **恐怖** (= fear, horror)

▶ Under the tyranny of her husband, Melanie lived in **terror** for a long time.
「夫の暴虐の下で，メラニーは長い間**怯えて**暮らした。」

□ **terrible**⁑ [térəbl]
形 **恐ろしい，ひどい**

□ **terrific*** [tərífɪk]
形 **ものすごい，すばらしい**
★ terrible と異なり，通常ほめ言葉として用いられる

□ **terrify*** [térəfaɪ]
他 ～を**怖がらせる**

□ **terrorism*** [térərɪzm]
名 **テロ**
▶ war against **terrorism**「**テロ**に対する戦い」

1787 □ **symbol**⁑ [símbl]
「ハトは平和の**シンボル**です」
名 **象徴**
▶ The dove is a **symbol** of peace.
「ハトは平和の**象徴**である。」

□ **symbolic*** [sɪmbálɪk]
形 **象徴的な**

□ **symbolize*** [símbəlaɪz]
他 ～を**象徴する** (= represent)
▶ The dove **symbolizes** peace.
「ハトは平和を**象徴する**。」

1788 □ **barrier**⁑ [bǽriər]
「お年寄りに優しい**バリア**・フリーの住宅」
名 **障壁，障害** (= obstacle)
◆ **a barrier to A**「A に**対する障壁**」
▶ a great **barrier** to international trade
「国際貿易の大きな**障壁**」

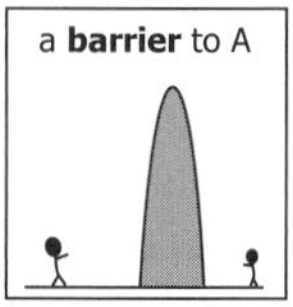

1789 □ **gap**⁑ [gǽp]
「2人は年齢の**ギャップ**を越えてつき合っている」
名 **隔たり，差**
◆ **a gap between A and B**「A と B **との隔たり**」
▶ There is a wide **gap** between the demand and supply of goods.
「商品の需要と供給には大きな**隔たり**がある。」

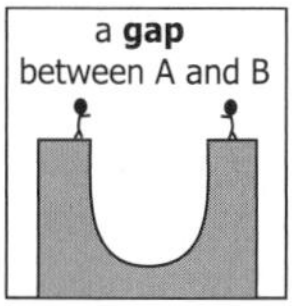

1790 □ **dilemma*** [dɪlémə]
「**ジレンマ**に苦しむ」
名 **ジレンマ，板挟み，難題**
★ 主に2つの問題の選択で苦しむこと

1791 □ **stretch**⁑ [strétʃ]
「激しい運動をした後は**ストレッチ**体操で体をほぐす」
他 ～を**伸ばす** 自 **伸びる，広がる**
★「ストレッチ」は手足を「伸ばす」運動

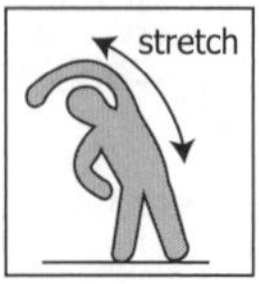

▶ The wilderness **stretches** as far as the eye can see.
「荒野は見渡す限り**広がっている。**」
□ **wilderness*** [wíldərnəs] 名 荒野

Check!		
	● the gap ( ) demand and supply	between
	● the barrier ( ) trade	to

●さらにカタカナ英語が続きます。ビデオやCD機器などの「ポーズボタン」といえば「一時停止ボタン」，カメラの前でピースサインをするのもやはり「ポーズ」ですね。この2つの「ポーズ」は英語では pause / pose と，スペルも発音も異なります。同様に「シリアル」も，serial「連続した」と cereal「穀物加工食品」とでは別単語です。

カタカナ英語・3

1792 □ **elite*** [ɪlíːt]
「**エリート**商社マン」
名 **エリート，精鋭** 形 **エリートの**
▶ the social **elite**「社会の**エリート（集団）**」

1793 □ **series**⁑ [síəriːz]
「人気**シリーズ**」
名 **連続**
◆ **a series of A**「**一連の** A」(= a succession of A)
▶ **a series of** incidents「**一連の**事件」

1794 □ **serial** [síəriəl]
「**シリアル**ナンバーを入力してください」
形 **連続した**
★ 朝食に食べる「シリアル」は cereal「穀物」
▶ a **serial** murder「**連続**殺人」

1795 □ **cereal*** [síəriəl]
「朝食には**シリアル**」
名 **穀物，穀物加工食品**
★ wheat「小麦」barley「大麦」oats「カラス麦」rice「米」など

1796 □ **irregular*** [ɪrégjələr]
「ボールの**イレギュラー**なバウンド」
形 **不規則な** (↔ regular)
★ ir-〈否定〉＋ regular
◆ **irregular verbs**「**不規則動詞**」
▶ **irregular** heartbeat「**不規則な**心臓の鼓動」

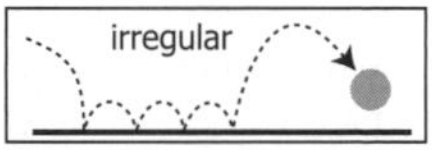

1797 □ **item**⁑ [áɪtəm]
「最新のファッション・**アイテム**」
名 **品目，項目**
★「商品」「ニュース」などの１つが an item

▶ a news **item**「ニュース**記事**」

1798 □ **relax**⁑ [rılǽks]

「**リラックス**した**ムード**で話し合う」

他 ～を**くつろがせる** 自 **くつろぐ**

▶ ↓

1799 □ **mood**⁑ [mú:d]

名 **気分，雰囲気**

▶ talk with a **relaxed mood**「**くつろいだ気分**で話す」

1800 □ **tight*** [táıt]

「**タイト**・スカート」「**タイト**なスケジュール」

形 **きつい** (↔ loose)

▶ **tight** jeans「**きつい**ジーンズ」

▶ **tight** restriction「**きつい**制約」

1801 □ **severe**⁑ [səvíər]

「**シビア**な意見」

形 **厳しい**

▶ **severe** punishment「**厳しい**罰」

▶ **severe** cold [pain]「**厳しい**寒さ［痛み］」

1802 □ **puzzle*** [pʌ́zl]

「**パズル**を解く」

他 ～を**戸惑わせる**

★難解なパズルを前にして「分からない」というニュアンス

▶ Foreigners are often **puzzled** that Japanese apologize so much.

「外国人は日本人が非常によく謝罪することに**戸惑う（何故だか分からない）**。」

1803 □ **pause*** [pɔ́:z]

「一時停止は**ポーズ**ボタン, 巻き戻しは**リバース**ボタンを押す」

名 **一時休止** 自 **一時休止する**

▶ He resumed his speech after a **pause**.

「彼は**一呼吸**してスピーチを再開した。」

□ **resume*** [rızú:m] 他 ～を再開する → **p.474**

1804 □ **reverse**⁑ [rıvə́:rs]

他 ～を**逆にする，覆す** 形 **逆の** 名 **逆**

▶ **reverse** the trend「流行を**覆す**」

▶ Lowering prices should increase sales; but in most cases the **reverse** is true.

「価格を下げれば売り上げが伸びるはずだ。しかし多くの場合その**逆**が正しい。」

□ **reversal** [rıvə́:rsəl]

名 **反転，逆転**

1805 □ **pose***
[póʊz]

「カメラの前で**ポーズ**をとる」
名 **姿勢** 自 **ポーズをとる** 他 ～（問題・質問）を**提起する**
★ pause「一時休止」と混同しないこと
▶ **pose** for a picture「写真の**ポーズをとる**」
◆ **pose a problem [question]**「**問題を提起する［質問を投げかける］**」

1806 □ **random***
[rǽndəm]

「**ランダム**に選ばれた数字」
形 **無作為の，でたらめな**
◆ **at random**「**無作為に，でたらめに**」(= randomly)
▶ The chairperson was selected **at random** by lottery.
「議長はくじ引きで**無作為に**選ばれた。」
□ **lottery*** [lɑ́təri] 名 くじ引き，抽選

Check!	● "No," he said after a (1. pause / 2. pose).	1.

●まだまだカタカナ英語が続きます。bitter「苦い」は，食べ物の味だけでなく experience「経験」，criticism「批評」なども形容します。また recipe「調理法」も，a recipe for success「成功の秘訣」というように，字義通りの意味から発展して使われることがあります。

カタカナ英語・4

1807 □ **bitter***
[bítər]

「**ビター**・チョコレート」
形 **苦い，つらい**
▶ a **bitter** experience「**つらい**経験」

1808 □ **float***
[flóʊt]

「コーヒー・**フロート**」
自（水中・空中に）**浮く** 他 **～を浮かべる**
★ コーヒーにアイスクリームが浮いている
▶ Ice **floats** on water.「氷は水に**浮く**。」

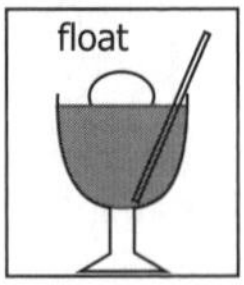

1809 □ **recipe***
[résəpi]

「トマトソースの**レシピ**」
名 **レシピ，調理法；秘訣**
▶ a **recipe** for pumpkin pie「カボチャパイの**調理法**」
▶ a **recipe** for success「成功の**秘訣**」

1810 □ **luxury***
[lʌ́kʃəri]

「一流ホテルの**ラグジュアリー**・ルーム」
名 **贅沢，贅沢品**
▶ Only a few decades ago, the car was regarded as a **luxury**.
「わずか数十年前，車は**贅沢品**とみなされていた。」

□ **luxurious***
[lʌgʒúəriəs]

形 **贅沢な**

1811 □ **charity***
[tʃǽrəti]

「人気歌手の**チャリティ**コンサート」
名 **慈悲，慈善**
▶ raise money for **charity**「**慈善**のために資金を集める」

1812 □ **athlete****
[ǽθliːt]
□ **athletic***
[æθlétɪk]

「M 選手は希有の**アスリート**だ」
名 **運動選手**
形 **運動の**
▶ **the athletic meeting**「**運動会**」

1813 □ **laundry***
[lɔ́ːndri]

「コイン・**ランドリー**」
名 **洗濯物**
◆ **do the laundry**「**洗濯をする**」

Check! ● athlete / athletic **のアクセント位置は？** áthlete / athlétic

●以下の単語は，カタカナ英語になった段階で発音が原音から変化しています。日本語のまま発音しても全く通じないようなものもあります。この手の単語は発音問題として出題される頻度が高いので要注意です。

発音要注意！

1814 □ **label****
[léɪbl]

「**ラベル**を貼る」→発音は「**レイ**ブル」
他 ～に（…という）**レッテルを貼る** (as ...)
◆ **label A as C**「**A に C というレッテルを貼る**」
▶ He was **labeled** as a troublemaker after he set fire to his neighbor's cat.
「隣人の猫に火をつけてから，彼はトラブルメーカーという**レッテルを貼られた。**」

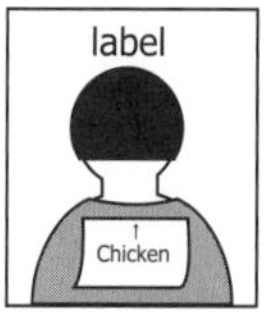

1815 □ **loose****
[lúːs]

「時間に**ルーズ**な人」「**ルーズ**ソックス」→発音は「ルース」
形 **ゆるんだ，だらしない** (↔ tight)
◆ **come loose**「**ゆるむ**」
▶ My shoe laces came **loose**.
「靴のひもが**ゆるんだ。**」

□ **loosen****
[lúːsn]

他 ～を**ゆるめる**

1816 □ **humor****
[hjúːmər]

「**ユーモア**のある人」→発音は「**ヒュー**マ」
名 ①**ユーモア** ②**機嫌**
★ ②の意味に注意；イギリス式は humour
◆ **a sense of humor**「**ユーモアのセンス**」

◆ **be in a good [bad] humor**「機嫌がいい［悪い］」
▶ He is in a bad **humor**.「彼は機嫌が悪い。」

□ **humorous**⁑
[hjúːmərəs]
形 **ユーモアのある**

1817 □ **image**⁑
[ímɪdʒ]
「歪んだ**イメージ**」→発音は「**イミジ**」
名 **イメージ，画像，映像**
▶ a visual **image**「視覚イメージ」

1818 □ **amateur***
[ǽmətʃʊər]
「**アマチュア**のカメラマン」→発音は「**アマチャー**」
名 **アマチュア，素人** (↔ professional, expert)

1819 □ **thrill**⁑
[θríl]
「**スリル**満点の映画」→「ス」は th の発音
他 ～を**わくわくさせる** (= excite) 名 **興奮**
▶ I'm **thrilled** about the prospect of working with you.
「あなたと一緒に働けるということで**わくわくして**います。」

1820 □ **theme***
[θíːm]
「愛と平和を**テーマ**とした作品」→発音は「**シーム**」
名 **テーマ，主題**
▶ the main **theme** of an essay「エッセイの主要な**テーマ**」

1821 □ **leisure**⁑
[líːʒər]
「**レジャー**」→発音は「**リージャ**」
名 **余暇**
★「仕事から解放された時間」の意；「娯楽」の意味はない。
▶ More and more Japanese tend to think **leisure** time is more important than work.
「仕事よりも**余暇**が大事だと考える日本人が増えている。」

1822 □ **alcohol**⁑
[ǽlkəhɔːl]
「**アルコール**」→発音は「**アルコホル**」
名 **アルコール，酒**
▶ drink **alcohol**「酒を飲む」

1823 □ **vitamin**⁑
[váɪtəmɪn]
「**ビタミン**」→発音は「**ヴァイ**タミン」
名 **ビタミン**

1824 □ **liver***
[lívər]
「**レバ**ニラ炒め」→発音は「**リヴァー**」
名 **肝臓**

1825 □ **kidney***
[kídni]
名 **腎臓**

1826 □ **chaos*** [kéɪɑs]

「**カオス**」→発音は「**ケイ**アス」

名 **混沌，無秩序** (= confusion)

▶ The earthquake brought **chaos** to the metropolis.
「その地震は大都市に**大混乱**をもたらした。」

□ **metropolis** [mətrɑ́pəlɪs] 名 大都市 → **p.592**

Check! ● loose socks の下線部の発音は？： 1. [s] / 2. [z] 1.

● 「パーソナル・コンピュータ」(personal computer) は「パソコン」，「スマートフォン」(smartphone) は「スマホ」など，何でも語呂よく略してしまうのもカタカナ英語の特徴です。「コネ」「アポ」「ギャラ」など，元の英語が何だか分かりますか？ 調べてみると意外な意味があったりするかもしれません。

略形

1827 □ **connect*** [kənékt]

「あの会社には強力な**コネ**がある」

他 ～を**繋げる**

◆ **connect A with B**「A を B と繋げる」

▶ Mary did not have the slightest suspicion that her husband was **connected** with the crime.
「メアリーは，夫が犯罪に**関係している**とは少しも疑っていなかった。」

□ **connection*** [kənékʃn]

名 **繋がり，関係**

▶ the **connection** between mind and body「精神と身体の関係性」

1828 □ **appoint*** [əpɔ́ɪnt]

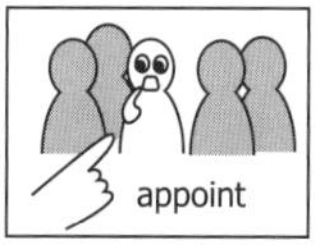

「**アポ**をとる」

他 ～を**指名する，指定する**

★ ap-（～を）＋ point（指す）→「指名する」

▶ Mr. Lee was **appointed** as chairperson of the committee.
「リー氏が委員会の議長に**指名された**。」

▶ He showed up at the **appointed** time and place.
「彼は**指定された**時間と場所に現れた。」

□ **appointment*** [əpɔ́ɪntmənt]

名（人と会う）**約束，予約**

★「人と会う約束」には promise ではなく appointment を用いる

◆ **make an appointment with A**「A と会う約束をする」

▶ I have an **appointment** to see Mr. O'Brien at 3 o'clock.
「3時にオブライエン氏と会う**約束**をしています。」

1829 □ **guarantee**⁑
[gærəntíː]

「ギャラがまだ支払われていない」
他 ～を**保証（保障）する**
★ 文書などで正式に約束すること；「出演料」の意味はない
▶ Freedom of expression is **guaranteed** by the constitution.
「表現の自由は憲法によって**保障されている**。」

1830 □ **aesthetic**
[esθétɪk]

「エステ・サロン」
形 **美的な，美学の**
▶ **aesthetic** values「**美的価値**」

1831 □ **celebrity***
[səlébrəti]

「セレブな奥さん」
名 **有名人**
▶ He became a **celebrity** overnight.
「彼は一夜にして**有名人**になった。」

1832 □ **animate**
[ǽnəmeɪt]

「アニメのキャラクター」
他 ～を**活気づける，に生命を与える**
★ 静止した絵に「命を与えて動かす」→「アニメ」；animal「動物」も同語源
▶ engage in **animated** conversation「**生き生きした**会話をする，会話に**花を咲かせる**」

□ **animation***
[ænəméɪʃn]

名 **アニメーション**

1833 □ **department**⁑
[dɪpáːrtmənt]

「デパートでお買い物」
名 **部署，部門，省**
★「デパート（百貨店）」は a department store の略；「part（部分）に分けられたもの」
▶ **the police department**「**警察署**」

1834 □ **depart**⁑
[dɪpáːrt]

自 **出発する**

□ **departure**⁑
[dɪpáːrtʃər]

名 **出発** (↔ arrival)
▶ **the departure lobby**「（空港の）**出発ロビー**」

Check!	● I have (1. a promise / 2. an appointment) with John at 6.	2.

●以下の単語は要注意です。まずカタカナの日本語を読んで，どのような意味なのかイメージしてみてください。そして語義を見てみると，思わぬ意味・用法があることに気づくでしょう。このような日本語と英語の意味のズレがある単語は，入試問題で特に狙われやすいので注意しましょう。

意味に要注意！・1

1835 □ **casual** ⁑
[kǽʒuəl]

「**カジュアル**な服装」

形 ①**何気ない，偶然の** ②**略式の** (↔ formal)

★「意図的でない，形式ばらない」の意；「カジュアルな服装」は②の意味

▶ I took a **casual** glance at the page.
「そのページを**何気なく**見た。」

▶ a **casual** acquaintance「**ちょっとした**知り合い」

▶ **casual** clothes「**略式の**服」

1836 □ **challenge** ⁑
[tʃǽlɪndʒ]

「**チャレンジ**精神」

名（やりがいのある）**難題，課題**

他 ～に**異議を唱える，挑む**

★名詞では「自分の力を試してくるもの」，動詞では「挑みかかる」；日本語の「チャレンジ（する）」は trial / try に相当することが多い

▶ Our **challenge** is to meet the varying needs of our customers.
「我々の**課題**はお客様の様々な要望に応えることです。」

▶ Copernicus **challenged** the accepted theory that the Earth was the center of the universe.
「コペルニクスは地球は宇宙の中心であるという定説に**異議を唱えた**。」

1837 □ **naive**
[naɪíːv]

「**ナイーブ**な性格」

形 **世間知らずの，うぶな**

★ 英語では悪口になる

1838 □ **alien** ⁑
[éɪliən]

「**エイリアン**の襲来」

形 **異質な，外国の** (= foreign) 名 **外国人**

★「異質なもの・よそから来た人」

▶ Everything in the country seemed **alien** to me.
「その国の全てが**異質**に思えた。」

□ **alienate**
[éɪliəneɪt]

他 ～を**遠ざける**

1839 □ **resort** *
[rɪzɔ́ːrt]

「ハワイの**リゾート**」

自（～［手段］に）**訴える** (to ～) 名 **行楽地**

★ 動詞としての用法に注意

◆ **resort to A**「A（手段）に訴える，A を行使する」

▶ **resort** to violence「暴力に**訴える**」

1840 □ **web**⁑
[wéb]

「**ウェブ**サイト」

名 ①**クモの巣** ②(インターネット上の) **ネットワーク，ウェブ**

★ もともとは「クモの巣」(= cobweb) の意；「クモの巣のように構成されたネットワーク」から，the Web (= the World Wide Web) として，インターネット上の世界規模のネットワークを指す

▶ **on the Web**「**ウェブ上で**」

1841 □ **faint***
[féɪnt]

「**フェイント**をかける」

形 **かすかな，ぼんやりした** 自 **失神する**

★「フェイント（見せかけの行動）をかける」は feint で別の単語；「意識がぼんやりしていく」→「失神する」

▶ a **faint** signal [smile]「**かすかな**信号［笑顔］」

▶ The news made her **faint**.
「彼女はその知らせを聞いて**失神した**。」

Check! ● They had to resort ( ) violence. to

●さらに「意味に注意すべき」カタカナ英語が続きます。例えば，日本語の「インタビュー」は通常「テレビや雑誌等の会見取材」という意味で用いられますが，英語の interview は一般人の「面接」にも用いられます。その他，「ボンド」「ボス」「カフェテリア」など，英語と日本語の間にイメージのズレがあると思われるものが多々あります。訳語や用例から，正しい意味を確認しておきましょう。

意味に要注意！・2

1842 □ **interview**⁑
[íntərvjuː]

「**インタビュー**」

名 **インタビュー，面接**

★「面接」の意味もある；アクセント注意

▶ **a job interview**「**就職面接**」

1843 □ **bond**⁑
[bɑ́nd]

「**ボンド**で接着する」

名 **きずな，結束**

★「接着する」→「(人間同士の) きずな」；「拘束するもの」を含意

▶ There is an unbreakable **bond** between a mother and her child.
「母と子の間には分かちがたい**きずな**がある。」

1844 □ **tissue*** [tíʃuː]

「ティッシュ・ペーパー」

名 ①（細胞の）**組織** ②（ガーゼなどの）**布，繊維**

▶ Walking strengthens the muscles and **tissue** around joints.
「歩くことで関節の周りの筋肉や**細胞組織**を強化できる。」

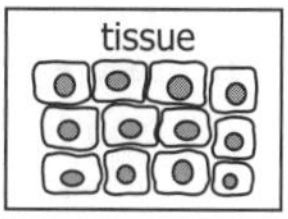

1845 □ **campaign**⁑ [kæmpéɪn]

「キャンペーン」

名 **選挙活動，政治運動，軍事行動，販売促進**

★「政治・軍事・経済における組織的な活動」のこと

◆ **election [political, military] campaign**「**選挙活動［政治運動，軍事行動］**」

1846 □ **boss**⁑ [bɔ́ːs]

「ボス」

名 **上司**

1847 □ **cafeteria*** [kæfətíəriə]

「カフェテリア」

名 **社員食堂，学食**

★ たいしてムードのあるところではない

1848 □ **companion*** [kəmpǽnjən]

「コンパニオン」

名 **仲間，旅の連れ**

▶ **a traveling companion**「**旅の連れ**」

1849 □ **mode*** [móʊd]

「上映中は携帯電話をマナー・**モード**にしてください」

名 **様式，方式，形態**

▶ **mode of life**「**生活様式**」

1850 □ **mineral*** [mínərəl]

「**ミネラル**・ウォーター」

名 **鉱物**

★「鉱物を含んだ水」が「ミネラル・ウォーター」

□ **mine*** [máɪn]

名 **鉱山**

★ 所有代名詞の mine「私のもの」と混同しないこと

▶ **a coal mine**「**炭鉱**」

1851 □ **foul** [fáʊl]

「**ファウル**フライ」

形（臭いなどが）**不快な，汚い；反則の** 名 **反則**

▶ **foul** water「汚い水」

Check! ● election campaign **とは？** 選挙活動

Review Test

● Same or Opposite?

□1	secure	safe	Same
□2	merit	fault	Opposite
□3	accessible	reachable	Same
□4	terror	fear	Same
□5	symbolize	represent	Same
□6	gap	difference	Same
□7	stretch	extend	Same
□8	tight	loose	Opposite
□9	random	systematic	Opposite
□10	bitter	sweet	Opposite
□11	float	sink	Opposite
□12	luxurious	plain	Opposite
□13	humor	temper	Same
□14	amateur	expert	Opposite
□15	chaos	confusion	Same
□16	connection	link	Same
□17	departure	arrival	Opposite
□18	casual	formal	Opposite
□19	alien	foreign	Same
□20	faint	strong	Opposite

● Yes or No?

□21	A **challenge** is an easy task.	No
□22	A **naive** person can easily be deceived.	Yes
□23	If you **resort** to violence, you avoid it at all cost.	No
□24	When you apply for a job, usually there is an **interview**.	Yes
□25	A **cafeteria** is a popular place couples go to on dates.	No

● Which syllable is stressed?

□26	in-i-ti-a-tive	(1-2-3-4-5)	2.
□27	ath-lete	(1-2)	1.
□28	am-a-teur	(1-2-3)	1.
□29	im-age	(1-2)	1.
□30	lux-u-ri-ous	(1-2-3-4)	2.

- □31 **al-co-hol** **(1-2-3)** ······ 1.
- □32 **vi-ta-min** **(1-2-3)** ······ 1.
- □33 **ce-leb-ri-ty** **(1-2-3-4)** ······ 2.
- □34 **chal-lenge** **(1-2)** ······ 1.
- □35 **in-ter-view** **(1-2-3)** ······ 1.

● **Multiple Choices**

□**36** Cindy always takes the ( ) in decision making.
a. initiative **b.** security **c.** access ······ a.

□**37** The most urgent problem of our time is how to ( ) peace in the Middle East.
a. terrify **b.** secure **c.** symbolize ······ b.

□**38** Most people have access ( ) the Internet at home.
a. at **b.** in **c.** to ······ c.

□**39** There is a large trade ( ) between exports and imports in Japan.
a. gap **b.** barrier **c.** label ······ a.

□**40** I eat ( ) at breakfast.
a. serial **b.** cereal **c.** serious ······ b.

□**41** Models are used to ( ) for pictures.
a. posing **b.** pausing **c.** hosing ······ a.

□**42** Even though there was no proof, the man was ( ) as a thief.
a. loosened **b.** labeled **c.** rebelled ······ b.

□**43** He is so busy with his work that he has little ( ) time.
a. leisure **b.** appointment **c.** resort ······ a.

□**44** I have a very important ( ) to see someone.
a. promise **b.** appointment **c.** chaos ······ b.

□**45** Freedom of religion is ( ) by the constitution.
a. challenged **b.** alienated **c.** guaranteed ······ c.

□**46** Organs and ( ) can be damaged by high blood pressure.
a. bonds **b.** tissues **c.** gaps ······ b.

解説・和訳

22 naive は「世間知らずの」という意／24 この interview は「面接」の意／25 cafeteria「学食，社員食堂」はデートに使うような場所ではない／36「シンディはいつも意思決定において主導権をとる。」／37 secure peace「平和を確保する」／39 gap between A and B「AとBの隔たり」；barrier は to を用いる／41「モデルたちは写真のポーズをとるのに慣れている。」／42「証拠はなかったが，その男は泥棒のレッテルを貼られた。」／44「人と会う約束」には promise ではなく appointment を用いる／45「宗教の自由は憲法で保障されている。」／46「臓器や細胞組織は高血圧によって損傷を受けることがある。」

日付：	年　月　日	得点：　／46
38点以上→SECTION #43へ		38点未満→もう一度復習

スペルミスをなくそう・1

英作文問題でスペルミスを重ねると，あっという間に得点がなくなってしまいますよね。やはりどの単語も正確に書けるようにしておきたいものです。391ページの「スペルミスしやすい単語 Top 15」も確認しておきましょう。＊で示したのが，よく見られる間違いの例です。

●まずは基本単語を正確に

salt「塩」(*solt)，**sugar**「砂糖」(*suger)，**guitar**「ギター」(*guiter)
calendar「カレンダー」(*calender)，**elevator**「エレベーター」(*elevater)
umbrella「雨傘」(*umbrela)，**convenient**「便利な」(*convinient)
library「図書館」(*libraly)，**salary**「給料」(*saraly)
restaurant「レストラン」(*restorant)

●数字はちゃんと書けますか？

fourteen「14」(*forteen)，**forty**「40」(*fourty)，**ninety**「90」(*ninty)
fourth「4番目」(*forth)，**ninth**「9番目」(*nineth)
21st「21番目」(*21th)，**22nd**「22番目」(*22th)，**23rd**「23番目」(*23th)

●aとuを間違えないこと

truck「(車の) トラック」(track は「進路」の意)，**trash**「ゴミ」(*trush)

●lを重ねる？ 重ねない？

intelligent「知性的な」(*inteligent)，**pollution**「汚染」(*polution)
diligent「勤勉な」(*dilligent)

●mを重ねよ！

immediately「即座に」(*imediately)，**immigrant**「移民」(*imigrant)
common「共通の」(*comon)，**commit**「(罪を) 犯す」(*comit)
comment「意見」(*coment)，**command**「命令する」(*comand)
commute「通勤する」(*comute)，**recommend**「勧める」(*recomend)
committee「委員会」(*comitee)；tとeも重ねること
accommodate「収容する」(*accomodate)；cも重ねること

●rを抜かさないこと

survive「生き残る」(*suvive)，**research**「研究」(*reseach)，**surprise**「驚かせる」(*suprise)，**opportunity**「機会」(*oppotunity)

SECTION #43「教育・テクノロジー」

●「国家」(nation) とは国民の総体です。国家の質を向上させるためには，まずその構成員である人の質を改善しなくてはなりません。その意味で「教育」(education) は，国の将来を大きく左右する要素と言えるでしょう。教育の場においては，「しつけ・規律」(discipline) が重要視されます。また educate / education は総合的な「教育」ですが，個々の具体的な「指導」「指示」という場合には instruct / instruction を用います。

教育・しつけ

1852 □ **educate**⁑ [édʒəkeɪt]
㊀ ～を**教育する**
▶ an **educated** person「**教養のある人**」

□ **education**⁑ [edʒəkéɪʃn]
㊔ **教育，教養**
◆ **receive education**「**教育を受ける**」
◆ **compulsory education**「**義務教育**」

□ **educational**⁑ [edʒəkéɪʃənl]
㊮ **教育の**
▶ the American **educational system**「アメリカの**教育制度**」

1853 □ **discipline**⁑ [dísəplɪn]
㊔ ①**しつけ，規律** ②**学問分野** ㊀ ～を**しつける，訓練する** (= train)
★「disciple（弟子，門弟）を教えること」→「しつけ」
▶ The high school is known for its strict **discipline**.
「その高校は厳しい**規律**で知られている。」
▶ The child was so **disciplined** that he did not require much babysitting.
「その子供はよく**しつけられていた**のであまり子守をする必要がなかった。」
▶ **an academic discipline**「**学問分野**」

1854 □ **instruct**⁑ [ɪnstrʌ́kt]
㊀ ～に（…するよう）**教える，指示する** (to *do*)
◆ **instruct A to *do***「**A に～するよう指示する**」
▶ Don't leave your post unless you are **instructed** to do so.
「**指示され**ない限り持ち場を離れるな。」

□ **instruction**⁑ [ɪnstrʌ́kʃn]
㊔ **教育，指示**
▶ Read the **instructions** on the package carefully before use.
「使用前に包装に書かれた**指示**をよく読むこと。」

□ **instructive*** [ɪnstrʌ́ktɪv]
㊮ **教育的な，ためになる**
▶ I found the book both interesting and **instructive**.
「その本は面白くかつ**ためになった**。」

Check! ●正しいスペルは？： 1. disipline / 2. dicipline / 3. discipline　3.

●単に知識を供給するだけが教育ではありません。教育の真の目的は，人を「啓蒙・啓発する」(enlighten) ことだとも言えます。「啓蒙」という日本語は難しいですが，このenlighten という動詞のスペルに注目してください。無知でぼんやりとした頭の中に「光」(light) を与え，教え導くという意味なのです。また inspire は「息をする」という語源から「息＝意気を吹き込む」→「行動・創作の意欲をかき立てる」という意味が生まれます。incentive は，「やる気をおこさせるもの」という意味の名詞です。「テストで良い点を取ったら＊＊を買ってあげよう」という約束も，一種の incentive です。

啓蒙・啓発・意欲

1855 □ **enlighten*** [enláɪtn]

他 ～を**啓蒙・啓発する**，に**知らせる**

★en- ＋ light →「光（light）を与える」

▶ **enlighten** the public「大衆を**啓蒙する**」

▶ The government launched a campaign to **enlighten** teenagers on the dangers surrounding AIDS.

「政府は若者たちにエイズの危険を**知らせる**ための運動を起こした。」

□ **enlightenment*** [enláɪtnmənt]

名 **啓蒙・啓発**

1856 □ **illuminate*** [ɪlúːmənerɪt]

他 ～を**照らす**；(問題) を**明らかにする** (= clarify)

★lumin (光) →「光を当てて照らす」→「明らかにする」

▶ The results of our research will **illuminate** the origin of life on Earth.

「我々の研究の結果は，地球上の生命の起源を**明らかにして**くれるだろう。」

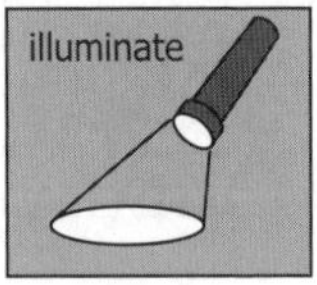

□ **illumination** [ɪluːmənéɪʃn]

名 **照明；解明**

1857 □ **inspire**⁑ [ɪnspáɪər]

他 ～を（…するよう）**奮起させる**，の**創作意欲をかき立てる** (to *do*)

★in- (中に) ＋ spire (息をする) →「ひらめきを吹き込む」

◆ **inspire A to *do***「A に～するよう**奮起させる，意欲を与える**」

▶ The latest news on the government conspiracy **inspired** him to write a spy story.

「政府の陰謀に関する最新のニュースが，彼にスパイ小説を書く**創作意欲を与えた**。」

□ **conspiracy** [kənspírəsi] 名 陰謀

□ **inspiration**⁑ [ɪnspəréɪʃn]

名 **ひらめき**，(創作・行動の) **意欲**

▶ Genius is one percent **inspiration** and ninety-nine percent perspiration.

「天才とは1％のひらめきと99％の努力（発汗）だ。」

1858 □ **incentive**＊ [ɪnséntɪv]

名 **動機付け，やる気を出させるもの** (= motivation)

▶ As an **incentive**, there is a special prize for the student with the highest score.
「**動機付け**として，最高得点を出した生徒には特別賞がある。」

Check! ●［語源］ spire の意味は？ 息をする

●ある学校の生徒になるためには，まず「登録する」(enroll, register, sign up) 必要があります。そして「授業料」(tuition, school fee) を払わなくてはなりません。また，大学は「法学部」(the faculty of law) や「理学部」(the faculty of science) などの「学部」(faculty) に分かれています。この faculty という語は「学部」と「能力」という2つの訳語を覚えましょう。似た単語として facility がありますが，こちらは通常「設備，施設」の意で用いられます。その他，アメリカの高校や大学では，学年を表すのに freshman / sophomore / junior / senior という呼び方があります。

学校関連

1859 □ **enroll** [enróʊl]

他 ～を**登録する，入学・入会させる** 自 **入学する** (= register)

◆ **be enrolled in A**「A に登録・在籍している」

▶ ↓

□ **enrollment** [enróʊlmənt]

名 **登録，入学，入会**

1860 □ **register**＊ [rédʒɪstər]

他 ～を**登録する，記録する；書留にする** 自 **登録する**

★「記録する」が原義；「名前を記録する」→「登録する」；店などの「レジ」は cash register（現金を記録する機械）

▶ In the U.S., about 10 percent of students are **enrolled [registered]** in private schools.
「アメリカでは約10％の学生が私立校に**在籍している**。」

▶ Will you send this parcel by regular mail or **registered**?
「この包みを普通郵便で送りますか，**書留で**送りますか？」

□ **registration**＊ [redʒəstréɪʃn]

名 **登録**

1861 □ **sign up**＊

句（～に）**登録する** (for ～) (= enroll, register)

◆ **sign up for A**「A に登録する」

▶ **sign up** for the summer course「夏期講座に**登録する**」

1862 □ **tuition***
[tuíʃn]

名 **授業料**
★ school fee という言い方もある
▶ My parents cannot afford to pay my college **tuition**, so I have to work part-time.
「両親には私の大学の**授業料**を払う余裕がないので，私はアルバイトをしなくてはならない。」

1863 □ **tutor***
[tú:tər]

名 **家庭教師，個人教授** 他 ～を（個人的に）**教える**
▶ I work as a **tutor** for a high school student.
「私は高校生の**家庭教師**として働いている。」

1864 □ **faculty***
[fǽkəlti]

名 ①（大学の）**学部** ②（身体・精神の）**能力**
★ 多義語：2つの意味を覚える
▶ I belong to the **faculty of science** at my university.
「私は大学の**理学部**に所属している。」
▶ one's mental **faculties**「知的**能力**」

1865 □ **facility**⁑
[fəsíləti]

名 ①**施設，設備** ②**能力，容易さ**
★「特定の目的で用いられる設備・建物」；上の faculty と同語源；ほとんどは①の意，②はまれ
▶ **school [medical] facilities**「**学校［医療］施設**」

□ **facilitate***
[fəsíləteɪt]

他 ～を**容易にする，促進する**
★ facility の②「容易さ」から
▶ Email technology has greatly **facilitated** communication among people around the world.
「E メールの技術は，世界中にいる人々同士のコミュニケーションを大いに**容易にした**。」

1866 □ **sophomore**
[sɑ́fəmɔ:r]

名（高校・大学の）**2年生**
★「1 年生」freshman；「2 年生」sophomore；「3 年生」junior；「4 年生」senior

1867 □ **semester***
[səméstər]

名 **学期**
★ 2 期制の学期を指す；3 期制の場合は term を用いる
▶ the fall **semester**「秋**学期**」

1868 □ **curriculum***
[kəríkjələm]

名 **カリキュラム，教科課程**
▶ **a school curriculum**「**学校のカリキュラム**」

1869 □ **diploma**
[dəplóʊmə]

名（高校・大学の）**卒業証書**

Check!		
	● faculty の2つの意味は？	学部／能力
	● curriculum のアクセント位置は？	currículum

●学校での「学業成績」(academic achievement) は，grade や mark などでも表せます。ここでは「良い成績をとる」get good grades [marks] という表現を覚えてください。

成績

＊ **achievement**
名 成績 →**p.90**

1870 □ **grade**⁑
[gréɪd]

名 **等級，学年；評価，成績** (= mark)

★「ランク付けされた等級」→「学年」「成績」；「学年」は小学1年 (the first grade) からの通算で数える

▶ I'm in **the eighth grade**. = I'm an **eighth grader**.
「私は**8年生（中学2年生）**です。」

▶ **get good grades on [in] an exam**「**試験で良い成績をとる**」

▶ The student anticipated bad **grades** on his exam since he didn't have time to study.
「その生徒は勉強する時間がなく試験で悪い**成績**をとると予想していた。」

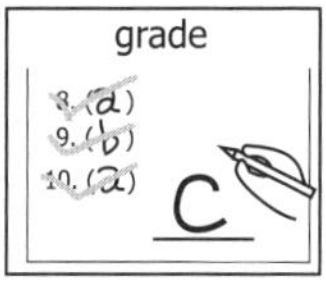

□ **anticipate*** [æntísəpeɪt] 他 〜を予期する →**p.626**

□ **degrade**
[dɪgréɪd]

他 〜を**低下させる，の品位を落とす**

★ de- (下に) ＋ grade (等級) →「等級を下げる」

▶ Exposure to sunlight will **degrade** the quality of paintings.
「太陽光へさらすと絵画の質が**低下する**。」

1871 □ **mark**⁑
[mɑ́ːrk]

名 **成績** (= grade)；**印，指標** 他 〜を**印す**

★「成績」の意味では通例複数形

▶ **get good marks on [in] an exam**「**試験で良い成績をとる**」

1872 □ **rank**⁑
[rǽŋk]

名 **等級，階級** 自 **位置する** 他 〜を**位置づける**

▶ Our university **ranks** among the best in the country.
「我々の大学は全国で最良の**部類に入る**。」

▶ The salesman **ranked first** in his sales achievement.
「そのセールスマンは営業成績で**1位になった**。」

Check!	
	● He got good ( ) on the exam. **「彼は試験で良い成績をとった。」** grades [marks]

●学校を卒業すると，多くの人は職に就きます。「職」を表す最も一般的な語は job ですが，「技師」(engineer) や「教師」(teacher, professor) など，より専門的な職業は profession

で表されます。vocation は「神から与えられた職・天職」です。職に就く際には，「志願者」（candidate）として「応募し」（apply for → **p.145**），「面接」（interview → **p.558**）を経て合格すれば，めでたく「同僚」（colleague）たちに会うことができるでしょう。

職業

＊ **occupation** ｜ 名 職業 → **p.121**

1873 □ **profession** ⁑ [prəféʃn]
名（知的・専門的な）**職業**
★スペル注意：profession（f を重ねないこと）；professor（教授）や professional（本職の）も同様
▶ I'm a pharmacist by **profession**.
「私の**職業**は薬剤師です。」

□ **professional** ⁑ [prəféʃənl]
形 **プロの，本職の**
▶ a **professional** writer「**プロの**作家」

1874 □ **vocation** [voʊkéɪʃn]
名 **天職**
★ voc（声）→「神の声により与えられた職」
▶ Acting is my **vocation**.
「俳優業は私の**天職**だ。」

1875 □ **candidate** ⁑ [kǽndɪdeɪt]
名 **志願者，候補者** (= applicant)
▶ If there is more than one **candidate** for this position, there will be a selection.
「この職に 2 人以上の**志願者**がいる場合は，選考が行われます。」

1876 □ **colleague** ⁑ [káliːg]
名 **同僚** (= coworker)
▶ get along with one's **colleagues**「**同僚**と仲良くやる」

Check!		
	● 正しいスペルは？： 1. proffession / 2. profession	2.
	● colleague のアクセント位置は？	cólleague

●さて，今度は「科学技術」関連の語にうつります。science「科学・科学理論」を実用化させたものが「科学技術」（technology）です。「科学技術の進歩」（technological progress [advances]）は，「インターネット」（the Internet）などの「技術革新」（innovation）をもたらし，数々の「大躍進」（breakthrough）を遂げました。innovation に含まれる nov というスペルは「新しい」という意味を持ちます。同語源の novel「小説」には「新奇な」という形容詞の用法があることに注意してください。

科学技術

1877 □ **technology** ⁑ [teknálədʒi]
名 **科学技術**
★ science（科学・科学理論）を実地に応用したもの

▶ **information technology**「情報科学技術，IT」

□ **technological**⁑ [teknəlɑ́dʒɪkl]
形 **科学技術の**
▶ **technological** progress [advances]「**科学技術の**進歩」

1878 □ **innovation**⁑ [ɪnəvéɪʃn]
名 **革新，技術革新**
★ in- ＋ nov（新しい）→「物事を新しくすること」
▶ Technological **innovations**, such as cell phones and the Internet, have greatly changed our lives.
「携帯電話やインターネットなどの技術**革新**は我々の生活を大きく変えた。」

□ **innovative*** [ínəveɪtɪv]
形 **革新的な**
▶ an **innovative** idea for a business「ビジネスの**革新的な**アイディア」

□ **innovate** [ínəveɪt]
他 ～を**革新する**

1879 □ **novel**⁑ [nɑ́vl]
名 **小説** 形 **斬新な，新奇な**
★ 形容詞の意味に注意
▶ He came up with a **novel** solution to the problem.
「彼は問題の**斬新な**解決法を思いついた。」

□ **novelty*** [nɑ́vlti]
名 **目新しいもの，斬新さ**
▶ Consumers are seeking one **novelty** after another.
「消費者たちは次々に**目新しいもの**を求めている。」

1880 □ **patent*** [pǽtənt]
名 **特許** 他 ～の**特許をとる**
▶ The company holds more than a hundred **patents** for its products.
「その会社は自社の製品の**特許**を 100 以上所有している。」

1881 □ **breakthrough*** [bréɪkθruː]
名 **大躍進**
★「壁を壊して（break）貫く（through）」→「躍進」
▶ After months of trial and error, the scientist achieved a great **breakthrough** in his research.
「何ヵ月もの試行錯誤の末，科学者は研究に**大躍進**を遂げた。」

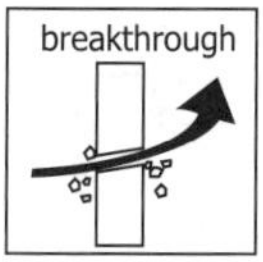

1882 □ **exploit*** [ɪksplɔ́ɪt]
他 ～を**開発・利用する；搾取する**
★「利益を得るために利用する」の意；しばしば「悪用・搾取する，食い物にする」を含意
▶ The mining industry **exploited** natural resources.
「鉱業は天然資源を**開発した**。」

▶ The animal protection group claimed that animals are being **exploited** in the name of scientific research.
「動物保護団体は，科学研究という名のもとに動物が**食い物にされている**と主張した。」

□ **exploitation** [eksplɔɪtéɪʃn]
名 **開発，利用；搾取**

Check!		
	● 正しいスペルは？： 1. tecnology / 2. technology	2.
	● innovation / novelty： nov の意味は？	新しい

●原始時代から，人類は「道具」(tool) を作ることによって進化を続けてきました。「道具・機械」を表す英単語は実に多種多様です。全てを使い分けるのは難しいでしょうが，イラストを参考に，tool / instrument / appliance は最低限おさえておきましょう。また以前に学習した equipment / device の類義語として apparatus / gadget があります。

道具・機械

＊ **equipment** — 名 装備 → **p.72**

＊ **device** — 名 装置 → **p.263**

1883 □ **tool**⁑ [tú:l]

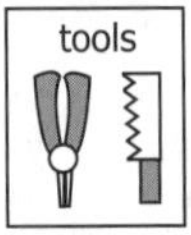

名 **道具，工具**
★ ペンチ (pliers)，ハンマー (hammer)，ノコギリ (saw) などの単純な工具；抽象的に「手段」の意味でも使われる
▶ **carpenter tools**「**大工道具**」
▶ Email has become an indispensable communications **tool**.
「E メールは不可欠なコミュニケーションの**道具**になった。」

1884 □ **implement**＊
名 [ímpləmənt]
動 [ímpləment]

名 **道具，用具** (= tool) 他 ～を**実行する** (= carry out)
★ tool と同様に単純な工具を表す；動詞の用法に注意
▶ cooking **implements**「料理**用具**」
▶ **implement** a plan [contract]「計画［契約］を**実行する**」

1885 □ **instrument**⁑ [ínstrəmənt]

名 **器具；楽器**
★ 実験などで用いる精密な器具；「楽器」の意もある
◆ **a musical instrument**「**楽器**」
▶ A microscope is an **instrument** used to enlarge the image of a small object.
「顕微鏡は，小さな物体の像を拡大するのに用いられる**器具**だ。」

1886 □ **machinery**＊ [məʃí:nəri]

名 **機械類**
★ machine「機械」を総合して指す；主に大型の機械類；不可算名詞

▶ a piece of **machinery**「1 台の機械」
▶ **farm machinery**「農業機械」

1887 □ **appliance*** [əpláɪəns]

名 **電気製品**
★ 電気洗濯機（washing machine），冷蔵庫（refrigerator）など
◆ **an electric appliance**「電化製品」

1888 □ **apparatus** [æpərǽtəs]

名 **装置・器具**（一式）(= equipment)
★ SCUBA「スキューバ」は Self-Contained Underwater Breathing Apparatus の略

1889 □ **gadget** [gǽdʒɪt]

名 **機械装置** (= device)
▶ an electronic **gadget**「電子機器」

1890 □ **function⁑** [fʌ́ŋkʃn]

名 **機能，働き** 自 **機能する**
▶ The **function** of blood is to deliver oxygen and nutrients throughout the body.
「血液の**働き**は，体中に酸素と栄養分を運ぶことだ。」
▶ A word can **function** in different ways in different contexts.
「1 つの単語は，違った文脈で違った**働きをする**ことがある。」

1891 □ **electric⁑** [ɪléktrɪk]

形 **電気の**
▶ an **electric** toothbrush「電気歯ブラシ」

□ **electricity⁑** [ɪlektrísəti]

名 **電気，電力**
▶ A battery is a device that provides **electricity**.
「電池とは**電気**を供給する装置だ。」

1892 □ **electronic⁑** [ɪlektrɑ́nɪk]

形 **電子の**
▶ an **electronic** dictionary「電子辞書」

Check!
● instrument **のアクセント位置は？** ínstrument
● **「電子辞書」はどっち？**:1. electric dictionary / 2. electronic dictionary 2.

●科学技術は，交通・輸送の手段にも発展をもたらしました。トラックや「自動車」(automobile) などの「乗り物」(vehicle) は，スピード・パワーともに大きく進化しています。pedestrian「歩行者」の ped という語根は「足」を意味します。自転車の「ペダル」(pedal) も同語源です。一方，manual「手動の」の manu は「手」を表します。manuscript「原稿」(→ **p.199**)，manufacture「製造」(→ **p.371**) などを思い出してください。ちなみに，手の爪に塗るのは「マニキュア」(manicure)，足の爪に塗るのは「ペディキュア」(pedicure) です。

乗り物・交通

1893 □ **vehicle**⁑
[víːɪkl]

名 **乗り物；伝達手段，媒体，原動力**
★ RV は recreational vehicle の略；「運搬する道具」→「伝達手段・媒体」
▶ **motor vehicles**「**自動車**」
▶ Language is a **vehicle** for communication.
「言語はコミュニケーションの**媒体**だ。」

1894 □ **automobile**⁑
[ɔ́ːtəmoʊbiːl]

名 **自動車**

1895 □ **wheel**⁑
[hwíːl]

名 ①**車輪** ②（車の）**ハンドル** (= steering wheel)
★ ②の意味に注意；「ハンドル」は和製英語
◆ **at [behind] the wheel**「**ハンドルを握って，運転して**」
▶ It's extremely dangerous to speak on a cell phone **at the wheel.**
「**運転中に**携帯電話で話すのは極めて危険だ。」

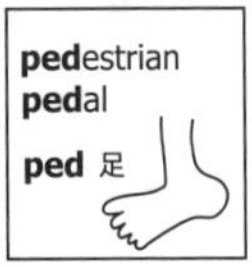

1896 □ **pedestrian***
[pədéstrɪən]

名 **歩行者**
★ ped（足の）→「歩行者」
▶ Two **pedestrians** were involved in the car crash.
「車の衝突事故に２人の**歩行者**が巻き込まれた。」

1897 □ **pave***
[péɪv]
□ **pavement**
[péɪvmənt]

他 ～を**舗装する**
▶ a **paved** road「**舗装された**道路」
名 **歩道，舗道**

1898 □ **manual***
[mǽnjuəl]

形 **手動の，手作業の** 名 **マニュアル，説明書**
★ manu（手）→「手を使った」;「手引き書」→「説明書」
◆ **manual labor**「**手作業，肉体労働**」

1899 □ **automatic**⁑
[ɔːtəmǽtɪk]
□ **automatically**⁑
[ɔːtəmǽtɪkəli]

形 **自動の**
▶ an **automatic** washing machine「**全自動**洗濯機」
副 **自動的に**
▶ If you are caught cheating, you will be **automatically** excluded from the exam.
「カンニングが見つかれば，**自動的に**試験から除外される。」

Check!	●［語源］ ped / manu の意味は？	足／手

Review Test

● **Same or Opposite?**

□1 **discipline** **train** ········ Same
□2 **instruct** **teach** ········ Same
□3 **enlighten** **inform** ········ Same
□4 **inspire** **motivate** ········ Same
□5 **sign up** **register** ········ Same

□6 **degrade** **dignify** ········ Opposite
□7 **facilitate** **hinder** ········ Opposite
□8 **candidate** **applicant** ········ Same
□9 **innovative** **revolutionary** ········ Same
□10 **novel** **traditional** ········ Opposite

□11 **implement** **carry out** ········ Same
□12 **instrument** **tool** ········ Same
□13 **gadget** **device** ········ Same
□14 **pedestrian** **driver** ········ Opposite
□15 **manual** **automatic** ········ Opposite

● **Yes or No?**

□16 College **education** is compulsory in Japan. ········ No
□17 If you are **enrolled** in a school, then you are a student there. ········ Yes
□18 An **instructive** book gives you a lot of useful information. ········ Yes
□19 A **sophomore** is in the first year at a college. ········ No
□20 There are three **semesters** in a school year. ········ No

□21 You get a **diploma** when you graduate from elementary school. ········ No
□22 A **vocation** is a job that you think is especially suitable for you. ········ Yes
□23 A **colleague** is someone you work with. ········ Yes
□24 **Innovation** means the repetition of old ideas. ········ No
□25 **Novelty** draws people's attention. ········ Yes

□26 A **breakthrough** will lead to a great achievement. ········ Yes
□27 If you are paid only five cents per hour, you are probably **exploited**. ········ Yes
□28 A piece of **machinery** is usually very small. ········ No

□29 A truck is a **vehicle**. ………… Yes
□30 **Manual** work is done by machines. ………… No

● **Multiple Choices**

□31 My English teacher (　) me to write short stories.
a. registered **b.** inspired **c.** enlightened ………… b.
□32 The company offers an extra bonus as an (　).
a. incentive **b.** instruction **c.** inspiration ………… a.
□33 She belongs to the (　) of Law at Kyoto University.
a. Facility **b.** Faculty **c.** Sophomore ………… b.
□34 The hotel offers a wide variety of recreation (　).
a. facilities **b.** faculties **c.** vocation ………… a.
□35 John got good (　) on the term exam.
a. marks **b.** tools **c.** candidates ………… a.

□36 The boy worked part-time to pay his college (　).
a. tuition **b.** grade **c.** diploma ………… a.
□37 I'm a doctor (　) profession.
a. by **b.** for **c.** as ………… a.
□38 There are five (　) for one position, so we need to select one.
a. professions **b.** candidates **c.** vocations ………… b.
□39 The refrigerator is an electric (　).
a. equipment **b.** apparatus **c.** appliance ………… c.
□40 There is no (　) in this village, so you can't recharge your cell phone.
a. electronics **b.** electric **c.** electricity ………… c.

□41 Falling asleep behind the (　) can lead to a serious accident.
a. handle **b.** wheel **c.** vehicle ………… b.
□42 The street is (　) with asphalt.
a. innovated **b.** exploited **c.** paved ………… c.

解説・和訳

20 semester は「2期制の学期」の意／21 diploma は「大学の卒業証書」の意／27「あなたが時給5セントしか貰っていないなら，おそらく搾取されている。」／28 machinery は通常「大型の機械」を指す／34 recreation facilities「娯楽設備」／36 college tuition「大学の学費」／40「この村には電気が通っていないので，携帯電話の充電をすることはできません。」／41「運転中に眠ると，重大な事故を引き起こす可能性がある。」

日付：　　年　月　日	**得点：**	／42
35点以上→SECTION #44へ	35点未満→もう一度復習	

SECTION #44 「多義語・2」

● SECTION #12 では,「多義語」の持つ複数の意味を, できるだけ少ないイメージに集約して覚える練習を行いました。このセクションでも, その基本姿勢は変わりません。まず□で囲まれた 2〜3 のイメージをおさえて, 用例でその意味を確認していきましょう。
● cover や fine, leave などの「超」基本単語に, 思わぬ意味・用法があることがあります。例えば cover には「報道する」, fine には「細かい」「罰金」などの意があり, そこから coverage や confine などの派生語へと結びつけてください。

超基本単語の注意すべき意味・1

1900 □ **cover**⁑
[kʌ́vər]

①覆う ②範囲をカバーする ③報道する

他 ①〜を**覆う** ②〜の**範囲にわたる** ③〜を**報道する**

★ ②③の意味に注意；②は日本語の「カバーする」に近い意

▶ This book **covers** a variety of words and phrases.
「この本は様々な単語やフレーズを**扱っている**。」

▶ The journalist has been **covering** sports for ten years.
「その記者は 10 年間スポーツを**報道している**。」

□ **coverage***
[kʌ́vərɪdʒ]

名 **報道**

▶ **news coverage** of Iraq「イラクについての**報道**」

1901 □ **fine**⁑
[fáɪn]

①すばらしい ②細かい ③罰金

形 ①**すばらしい** ②**細かい** 名 **罰金** 他 〜に**罰金を科す**

★ 形 ②, 名 他 の意味に注意；語源は「区切り・境界」;「区切られた」→「細かい」

◆ **fine art**「**芸術, 美術**」

▶ The accident happened years ago, so I can't remember the **fine** details.
「その事件は何年も前に起こったので, **細かな**詳細は思い出せない。」

▶ I got a $30 **fine** for speeding.
「スピード違反で 30 ドルの**罰金**を受けた。」

□ **refine***
[rɪfáɪn]

他 〜を**洗練する**；**精製する**

★ re- ＋ fine（細かい）→「細かいものにする」

▶ The Japanese tea ceremony has developed into a highly **refined** art form.
「日本の茶道は, 高度に**洗練された**芸術様式に発展した。」

□ **confine***
[kənfáɪn]

他 〜を（…に）**限定する** (to ...) (= limit)；**閉じこめる**

★ con-〈強意〉＋ fine（区切り）→「区切って限定する」

◆ **confine A to B**「**A を B に限定する**」(= limit A to B)

▶ The problem of bullying is not **confined** to Japan.

「いじめの問題は日本に**限られた**ことではない。」

▶ The girl was **confined** in a small room until her ransom was paid.

「少女は身代金が支払われるまで小さな部屋に**監禁された**。」

□ **ransom** [rǽnsəm] 名 身代金

1902 □ **leave**⁑ [líːv]

①出発する ②残す ③休暇

他 ①～を**出発する** ②～を**残す** 名 **休暇；許可**

★ 名 の意味に注意

◆ **on leave**「**休暇中で**」

◆ **take leave**「**いとまごいする**」

▶ While Mrs. Jones was on **maternity leave**, a substitute teacher took charge of the class.

「ジョーンズ先生が**産休**の間，代理の先生がクラスを担当した。」

1903 □ **meet**⁑ [míːt]

①会う ②満たす

他 ①～に**会う** ②～（要求・必要）を**満たす**

★ ②の意味に注意；目的語は needs「必要」，demands「要求」，requirements「要求」など

▶ Resources must be used fairly and efficiently in order to **meet** the basic needs of all people.

「全ての人の基本的な必要を**満たす**ために，資源は公平かつ効果的に使われねばならない。」

1904 □ **strike**⁑ [stráɪk]

①打つ ②心を打つ ③ストライキ

他 ①～を**打つ** ②～に（…という）**印象を与える** (as …)

名 **ストライキ**

★ 動詞変化： strike – struck – struck ；②の意味に注意；「心を打つ」→「印象を与える」

◆ **strike A as C**「**AにCという印象を与える**」

◆ **go on strike**「**ストライキを起こす**」

▶ It **struck** me as odd that my neighbor, who had been so hostile, suddenly spoke to me in a friendly way.

「敵対的であった隣人が急に親しげに話しかけてきたのは奇妙な**印象を与えた**。」

1905 □ **run**⁑ [rʌ́n]

①走る ②経営する

自 **走る** 他 ～を**経営する**

★ 自動詞では「走る」，他動詞では「を経営する」

▶ My father is **running** a farm in Idaho.

「父はアイダホで農場を**経営しています**。」

1906 □ **coin**
[kɔ́ɪn]

①硬貨 ②造語

名 **硬貨** 他 ～（新語）を**作り出す**

★「硬貨を鋳造する」→「新語などを造り出す」

▶ The word "robot" was **coined** by the Czech playwright Karel Čapek.
「『ロボット』という語は，チェコの劇作家カレル・チャペックによって**作り出された**。」

1907 □ **room**⁑
[rúːm]

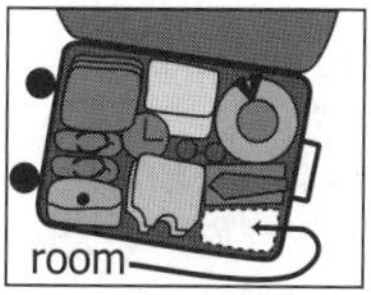

①部屋 ②空間；余地

名 ①**部屋** ②**空間；余地，可能性**

★ ①は可算名詞，②は不可算名詞；「部屋」→「空間の余裕」→「余地・可能性」

▶ This large sofa takes up too much **room**.
「この大きなソファは**場所**を取りすぎる。」

▶ Your essay is just perfect. It leaves no **room** for improvement.
「君の作文は完璧だ。改善する**余地**はない。」

1908 □ **story***
[stɔ́ːri]

①物語 ②階

名 ①**物語** ②～**階建て**

★ ②は〈英〉では storey と綴る；中世ヨーロッパで，建物の各階の窓に物語の絵を表す慣習があったことから；建物が何階建てかを示すのに用いる；「1 階」「2 階」は the first floor / the second floor

▶ **a two-story house**「2 **階建ての家**」

1909 □ **manner**⁑
[mǽnər]

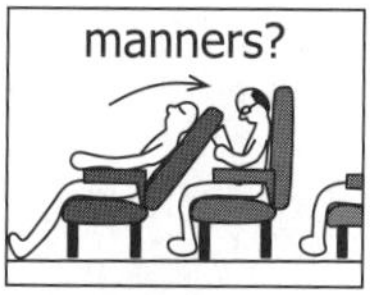

①方法 ②礼儀作法

名 ①**方法，やり方** (= way) ② (-s) **礼儀作法，行儀**

★ ①の意では way とほぼ同義；日本語の「マナー」は②で，必ず複数形で用いる

▶ The host greeted us **in a friendly manner**.
「招待主は我々を**愛想良く**迎えてくれた。」

▶ He has good [bad] **manners**.
「彼は**行儀**が良い［悪い］。」

Check!		
	● maternity leave **とは？**	産休（育児休暇）
	● His attitude struck me (　) childish.	as

●「超基本単語の意外な意味」が続きます。address はまず「住所」という意味が思いつきますが，原義は「差し向ける」です。手紙を差し向ける先が「住所」ですね。対象が〈人〉なら「話しかける」，〈問題〉なら「取り組む」という意味になります。chance も重

要な多義語です。日本語の「チャンス（＝機会）」にとらわれると，③の「偶然」という意味はなかなか出てこないでしょう。その他，one's lot「運命・宿命」や at one's will「意のままに」，be sound [fast] asleep「ぐっすり眠っている」など，フレーズとして覚えた方がいいものも多くあります。

超基本単語の注意すべき意味・2

1910 □ **address**⁑
[ədrés]

差し向ける

名 **住所** 他 ～に**差し向ける；取り組む；話しかける**

★「～へ差し向ける」が原義：「手紙を差し向ける」→「住所」，「注意を差し向ける」→「取り組む」「話しかける」

◆ **address A to B**「A を B に差し向ける」

◆ **address A**「A に取り組む，話しかける」

▶ The anonymous letter was **addressed** to my wife.
「その匿名の手紙は私の妻に**宛てられていた。**」

▶ This problem will have to be **addressed** sooner or later.
「この問題は遅かれ早かれ**取り組ま**なくてはならないだろう。」

▶ The president **addressed** the audience via satellite.
「大統領は衛星を通じて聴衆に**語りかけた。**」

□ **anonymous** [ənánəməs] 形 匿名の → **p.636**
□ **via***	[váɪə]	前 ～を通じて (= by way of)
□ **satellite***	[sǽtəlaɪt]	名 衛星

1911 □ **check**⁑
[tʃék]

①確かめる ②抑制する

他 ①～を**確かめる** ②～を**抑制する** 名 ①**検査** ②**抑制，阻止** ③**小切手**

★チェスの「王手」が語源；「王手」→「相手を阻む」

◆ **keep [hold] A in check**「A を抑制する」

▶ **check** the time「時間を**確かめる**」

▶ **check** the spread of cancer「癌の転移を**抑制する**」

▶ China once had a one-child policy to **keep** their vast population **in check**.
「中国はかつて一人っ子政策をとって莫大な人口を**抑制し**ていた。」

1912 □ **forward**⁑
[fɔ́ːrwərd]

①前方へ ②転送する

副 **前方へ** 他 ～（手紙・メール）を**転送する**

◆ **look forward to A**「A を楽しみに待つ」（A は名詞・動名詞）

◆ **forward A to B**「A を B に転送する」

▶ I **look forward to** seeing you again.
「またお会いできるのを**楽しみにしています。**」

▶ Your messages are automatically **forwarded** to the following address.
「あなたのメッセージは以下のアドレスに自動的に**転送されます**。」
□ **following**⁑ [fáloʊɪŋ] 形 次の

□ **straightforward**＊ [streɪtfɔ́ːrwərd]
形 **率直な，単純明快な**
▶ a **straightforward** explanation「**単純明快な**説明」

1913 □ **chance**⁑ [tʃǽns]
①機会 ②可能性 ③偶然
名 **①機会 ②可能性，見込み ③偶然**
★ a chance to *do* ～ なら「～する 機会」，chance of ～ なら「～の 可能性，見込み」；③の意味に注意
◆ **take a chance**「**一か八かやってみる**」(= take a risk)
◆ **Chances are that ...**「**おそらく…だろう**」
◆ **by chance**「**偶然に**」(= by accident)
▶ The other day, I had a **chance** to talk with my former teacher.
「先日，昔の先生と話す**機会**があった。」
▶ The patient has little **chance** of recovery.
「その患者は回復する**見込み**がほとんどない。」

▶ We may fail, but let's **take a chance**.
「失敗するかもしれないけど，**一か八かやって**みよう。」
▶ **Chances are that** we won't make it by the appointed time.
「**おそらく**我々は約束の時間までには着かない**だろう**。」
▶ Whether you are born a man or a woman is a matter of **chance**, not choice.
「男性として生まれるか女性として生まれるかは，選択ではなく**偶然**の問題だ。」

1914 □ **air**⁑ [éər]
①空気 ②外見・態度
名 **①空気，空 ②外見，態度，雰囲気**
★「周りに漂う雰囲気」→「外見，態度」；②の意味では可算名詞になる
◆ **put on airs**「**威張る，気取る**」
▶ travel **by air**「**飛行機で**旅をする」

▶ "The vase was already broken when I saw it," said the boy with an **air** of innocence.
「『僕が見たときは花瓶はもう壊れていたよ。』と少年は白々しい**顔**をして言った。」

1915 □ **lot**⁑
[lát]

割り当てられたもの

名 ①**大量のもの** ②**区画，用地** ③**分け前，宿命**

★「割り当てられたもの」→「区画」「宿命」

◆ **a lot of A**「**沢山の A**」

◆ **a parking lot**「**駐車場**」

▶ I tried to accept those hardships as my **lot** in life.
「私はその苦難を人生における**宿命**として受け止めようとした。」

□ **hardship**⁑ [há:rdʃɪp] 名 苦難 (= difficulty) → **p.85**

1916 □ **change**⁑
[tʃéɪndʒ]

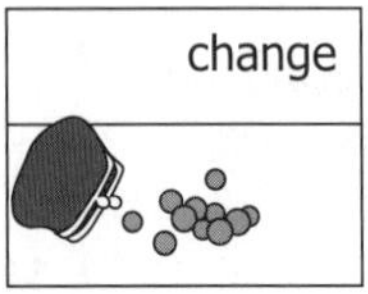

①変化 ②釣り銭

他 ～を**変える** 名 ①**変化** ②**釣り銭，小銭**

★ 名 ②の意味では不可算

◆ **for a change**「**気分を変えて，たまには**」

▶ Why don't we eat out **for a change**?
「**たまには**外食しない？」

▶ Cab drivers are often short of **change**.
「タクシーの運転手はよく**小銭**を切らしている。」

1917 □ **second**⁑
[sékənd]

①2番 ②秒

形 ①**2番目の** 名 ①**秒** ② (-s) **おかわり**

◆ **a second-hand car**「**中古車**」

◆ **a second helping**「**おかわり**」

▶ Please hold on **for a second**.
「**ちょっと**電話を切らずにお待ちください。」

□ **hold on**⁑ 句 電話を切らずにおく

1918 □ **still**⁑
[stíl]

①いまだに ②それでも ③静止した

副 ①**まだ** ②**それでも** 形 **静止した**

▶ I'm **still** hungry.
「**まだ**お腹がすいている。」

▶ The train was late, but I **still** made it to the appointment.
「電車が遅れたが，**それでも**約束には間に合った。」

▶ She **stood still** with fear.
「彼女は恐怖で**立ちすくんだ**。」

1919 □ **cross***
[kró:s]

①横切る ②ご機嫌斜め

他 ～を**横切る** 形 **機嫌の悪い** (= angry)

★「横切る」→「斜めの」→「ご機嫌斜めの」

◆ **be cross with A**「**A に対して怒っている**」

▶ Don't be so **cross** with me.
「そんなに**怒らない**でよ。」

1920 □ **will**⁑ [wíl]

意志

名 **意志；遺言**

★助動詞ではなく名詞としての意味に注意

◆ **at (one's) will**「**意のままに，自由に**」

▶ You can choose anything you like **at will**.
「好きなものを**自由に**選んでいいよ。」

▶ The man's body was buried next to his second wife according to his **will**.
「**遺言**に従って，男の遺体は2番目の妻の隣に埋葬された。」

□ **bury**⁑ [béri] 他 ～を埋葬する → p.319

1921 □ **sound**⁑ [sáʊnd]

①音 ②健全な ③ぐっすり

名 **音** 自 ～の**ように聞こえる，思える** 形 **健全な** 副 **ぐっすりと，無事に**

▶ A **sound** mind dwells in a **sound** body.
「**健全な**精神は**健全な**肉体に宿る。」

▶ The baby was **sound** asleep in her arms.
「彼女の腕の中で赤ん坊は**ぐっすりと**眠っていた。」

1922 □ **fast**⁑ [fǽst]

①速い ②固定した ③断食

形 ①**速い** ②**固定した** 副 ①**速く** ②**しっかりと，ぐっすりと** 名 **断食** 自 **断食する**

★breakfast「朝食」は「断食を終了する」が語源

▶ I was **fast** asleep and didn't hear the phone ringing.
「私は**ぐっすり**眠っていて電話の鳴る音が聞こえなかった。」

▶ Ramadan is a Muslim **fasting** month, when they **fast** from dawn till sunset.
「ラマダンとはイスラム教の**断食**月で，夜明けから日没まで**断食を行う**。」

□ **dawn*** [dɔ́ːn] 名 夜明け → p.427

□ **fasten*** [fǽsn]

他 ～を**固定する**

▶ Passengers, please **fasten** your seat belts.
「乗客の皆さま，シートベルトを**締めて**ください。」

Check!		
	● address a difficult problem「**難しい問題に（　）**」	取り組む
	● chance meeting with a friend「**友人との（　）出会い**」	偶然の
	● a sound body「**（　）身体**」	健全な

● life / art / service などの語は，厳密には「多義語」とは呼べないかもしれませんが，和訳する際には適切な訳語をあてる必要があります。life / art は，不可算名詞として用いられると，より抽象度が高くなります。また service には，7つの訳語をズラリと載せま

したが，これは決して嫌がらせではありません。全て「役に立つこと」という１つの意味に集約することができるのです。会社でなら「勤務」，行政が市民に対してなら「設備」「公共事業」，軍隊なら「兵役」ということになります。

訳語に注意！

1923 □ **life**⁑ [láɪf]

名 ①**人生；生活** ②**生命，人命** ③（美術での）**実物，本物**

★①②はそれぞれ２つの訳語を覚える

▶ ↓

▶ Millions of **lives** were lost during the war.
「戦時中に何百万もの**人命**が失われた。」

▶ The portrait was painted from **life**.
「その肖像画は**実物**をモデルにして描かれた。」

1924 □ **art**⁑ [áːrt]

名 **芸術；技術；人文学**

★「芸術」の意味では不可算；「技術」の訳語に注意；文系科目を総合して the arts と呼ぶ

◆ **liberal arts education**「**（大学の）一般教養**」

▶ **Art** is long, **life** is short.
「**技芸**の道は長く，**人生**は短い。（**人生**は短いが，生きていく**術**を学ぶには長くかかる。；少年老い易く学成り難し。）」

▶ the **art** of communication「コミュニケーションの**技術**」

1925 □ **service**⁑ [sə́ːrvɪs]

役立つこと

名 **奉仕，給仕，設備，公共事業，勤務，礼拝，兵役**

★「他者に対して何か役立つことをすること」；「仕事」「食事」「政治」「宗教」「軍事」の分野でそれぞれの訳語が生じる

▶ Mr. Tanaka was awarded a gold watch in honor of his 30 years of faithful **service** to the company.
「30年間の誠実な会社**勤務**をたたえて，田中氏には金時計が贈られた。」

▶ There is no train **service** available in the village.
「その村には利用可能な電車の**運行**はない。」

▶ I was drafted into **military service** at the age of 17.
「私は17歳で**兵役**に召集された。」

□ **in honor of*** 句 ～に敬意を表して

□ **draft** [drǽft] 他 ～を召集する

□ **serve**⁑ [sə́ːrv]

他 ～に**奉仕する，給仕する，**（食事）を**出す** 自 **役立つ**

◆ **serve O_1 O_2 = serve O_2 to O_1**「**O_1（人）に O_2（食事）を出す**」

◆ **serve to *do***「**～するのに役立つ**」

◆ **serve as C**「Cとして役立つ」
▶ Tea is **served** with muffins.
「お茶はマフィンと一緒に**出される。**」
▶ The bicycle **serves** as an important means of transportation.
「自転車は重要な交通手段として**役立つ。**」

1926 □ **order**⁑
[ɔ́ːrdər]

①命令・注文 ②順序・秩序
名 **①命令，注文 ②順序，秩序** 他 **～を命じる，注文する**
◆ **put A in order**「Aを整理する」
◆ **be out of order**「故障中である」
◆ **order A from B**「A（品物）をB（店など）に注文する」

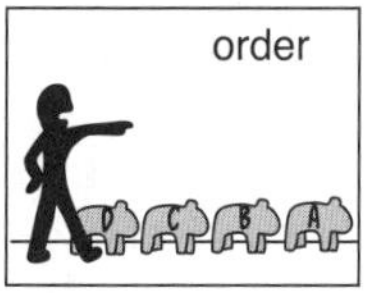

▶ You have to put everything **in order**.
「全てを**整理して**おかなくてはならない。」
▶ All the titles are listed in alphabetical **order**.
「全タイトルはアルファベット**順**に並べられている。」
▶ This elevator is currently **out of order**.
「このエレベーターは現在**故障中です。**」
▶ I **ordered** a copy of "Harry Potter" from [~~to~~] a bookstore.
「書店に『ハリー・ポッター』を1部**注文した。**」
□ **copy**⁑ [kɑ́pi] 名（本・新聞などの）1部

□ **disorder***
[dɪsɔ́ːrdər]

名 **無秩序；疾患**
▶ **mental disorder**「精神疾患」

1927 □ **practice**⁑
[prǽktɪs]

名 **練習，実践；慣習，慣行**
★「慣習・慣行（広く行われている行為）」の訳語に注意
◆ **put A into practice**「Aを実行する」(= carry out)
▶ In Japan, it is **common practice** to exchange business cards at the beginning of a meeting.
「日本では会議の始めに名刺を交換するのが**慣習**である。」

Check!		
	● the art of communication「コミュニケーションの（　）」	技術
	● a church service「教会での（　）」	礼拝

●意味・用法が違うと，発音も変わってくる単語です。

発音に注意！

1928 □ **minute**⁑
[maɪnjúːt]

形 **極めて小さい，微細な**
★「分」の意味では [mínət]
▶ Muscle is made up of **minute** fibers.
「筋肉は**微細な**線維でできている。」

□ **fiber*** [fáɪbər] 名 繊維，線維

1929 □ **excuse**⁑ [ɪkskjúːs]

名 **言い訳，理由**

★動詞「許す」の意味では [ɪkskjúːz]

▶ The boy made up an **excuse** for not doing his homework.
「少年は宿題をしない**言い訳**をでっち上げた。」

1930 □ **wind*** [wáɪnd]

他 ～を**巻きつける，巻く**

★「風」の意味では [wínd]；動詞変化：wind – wound – wound [wáʊnd]

▶ I forgot to **wind** my watch.
「時計の**ネジを巻く**のを忘れた。」

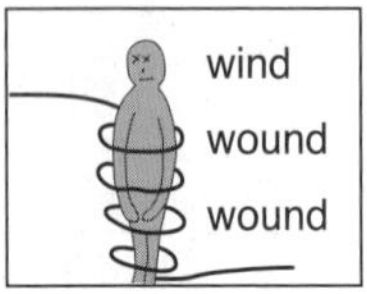

1931 □ **grind*** [gráɪnd]

他 ～を（粉に）**挽く，すりつぶす**

★動詞変化：grind – ground – ground [gráʊnd]；過去形・過去分詞は「地面」という意味の ground と同音同形

▶ **grind** coffee [corn]「コーヒー豆［トウモロコシ］を**挽く**」

▶ **ground** coffee「**挽いた**コーヒー豆」

Check! ● minute「微細な」のアクセント位置は？ minúte

●最後に代表的な多義語を 2 つ覚えましょう。command は「命令」「言語能力」「見晴らす」といった意味がありますが，どれも「～を自由に操る」というイメージに結びつけてください。もう 1 つの charge は「何かを載せる」というイメージです。「責任を載せる（課す）」→「非難する」，「料金を載せる」→「課金する」という連想です。「電池に電力を載せる」なら「充電する」ということになります。

代表的な多義語

1932 □ **command**⁑ [kəmǽnd]

自由に操る

名 ①**命令** ②（言語を）**自由に使う能力** 他 ～を**見晴らす**

★「自由に操る」→「命令する」；「上から景色を操る」→「見晴らす」

▶ He <u>has</u> **a good command <u>of</u>** French.「彼はフランス語が**堪能だ**。」

▶ The tower **commands** a panoramic view of Tokyo.
「その塔からは東京の全景が**見渡せる**。」

1933 □ **charge**** [tʃáːrdʒ]

①非難 ②料金 ③責任

他 ①〜を（…で）**非難する，告発する** (with ...) ②〜に**料金を課す** ③〜に**責任を課す** ④〜を**充電する**

名 ①**非難** ②**料金** ③**責任**

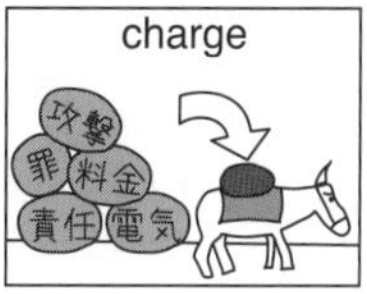

★「積み荷を載せる」が原義；「責任を課す」→「非難する」

◆ **charge A with B**「A（人）をB（罪状）で告発する」

◆ **free of charge**「無料の（で）」

◆ **in charge of A**「Aを担当して」→ **p.83**

▶ The suspect was **charged** with first-degree murder.
「容疑者は第一級殺人で**告訴された**。」

▶ How much do you **charge** for shipping?
「運送の**料金**はいくらですか？」

▶ The battery has been **charged**.
「バッテリーは**充電してある**。」

□ **discharge*** [dɪstʃáːrdʒ]

他 〜を**解放する，放出する** 名 **解放，放出**

▶ **be discharged from hospital**「退院する」

Check!
● have a good command of English「英語が（　）」 堪能だ
● be charged with murder「殺人で（　）」 告発される

Review Test

● Multiple Choices

□1 The journalist **covered** the Gulf War.
a. reported on **b.** joined in ………… a.

□2 I got a $20 **fine** for speeding.
a. penalty **b.** excellence ………… a.

□3 The girl was **confined** in a small room.
a. enclosed **b.** living ………… a.

□4 He has **refined** his conversation skills.
a. limited **b.** improved ………… b.

□5 He is on **leave**.
a. holiday **b.** start ………… a.

□6 We need to **meet** customer needs.
a. see **b.** satisfy ………… b.

□7 Her reaction **struck** me as odd.
a. hit **b.** impressed ………… b.

□8 My father is **running** a firm.
a. managing **b.** rushing ………… a.

□9 He **coined** the term.
a. invented **b.** changed ………… a.

□10 There is no **room** for doubt about that.
a. possibility **b.** area ………… a.

□11 He lives in a two-**story** house.
a. fiction **b.** floor ………… b.

□12 The speaker **addressed** the audience.
a. talked to **b.** mailed to ………… a.

□13 This problem has to be **addressed**.
a. tackled **b.** ignored ………… a.

□14 I met him by **chance**.
a. opportunity **b.** accident ………… b.

□15 He looked at me with an **air** of surprise.
a. atmosphere **b.** look ………… b.

□16 She accepted her **lot**.
a. fate **b.** place ………… a.

□17 I'm running out of **change**.
a. coins **b.** gas ………… a.

□18 I bought a **second-hand** car.
a. brand new **b.** used ………… b.

□19 Don't be so **cross** with me.
a. angry **b.** generous ………… a.

□20 The baby was **sound** asleep.
a. fast **b.** almost ………… a.

□21 The names are listed in alphabetical **order**.
a. sequence **b.** command ………… a.

□22 It is common **practice** to send New Year's greeting cards in Japan.
a. exercise **b.** custom ………… b.

□23 I made up a good **excuse** to absent myself from the party.
a. reason **b.** forgiveness ………… a.

□24 The room **commands** a fine view.
a. orders **b.** has ………… b.

□25 He was **charged with** murder.
a. accused of **b.** killed by ………… a.

● Multiple Choices

□26 I had a **chance** to talk with my father.
1. 可能性 **2.** 機会 ………… 2.

☐**27** The kids are supposed to sit **still**.
1. まだ **2.** 静止した ……………………………………………… 2.

☐**28** She developed a mental **disorder**.
1. 病気 **2.** 無秩序 ……………………………………………… 1.

☐**29** Millions of **lives** have been saved.
1. 人命 **2.** 人生 ……………………………………………… 1.

☐**30** the **art** of communication
1. 芸術 **2.** 技術 ……………………………………………… 2.

☐**31** He did his military **service** in Korea.
1. 設備 **2.** 兵役 ……………………………………………… 2.

☐**32** Add some freshly **ground** pepper before you eat.
1. 地面 **2.** 挽いた ……………………………………………… 2.

解説・和訳

1 the Gulf War 「湾岸戦争」／4 「彼は会話の技術を洗練させた。」／8 「私の父は会社を経営している。」／10 「それに関しては疑問の余地がない。」／15 「彼は驚いた様子で私を見た。」／16 「彼女は自分の運命を受け入れた。」／22 「日本では年賀状を送るのが一般的な慣習である。」／30 「コミュニケーションの技術」／31 「彼は韓国で兵役についた。」

日付： 年 月 日	得点： ／32
26 点以上→ SECTION #45 へ	26 点未満→もう一度復習

うっかり混同しやすい語

睡眠不足で眠い目をこすりながら英語を読んでいると，単語をうっかり読み間違えてしまい，それがとんでもない誤読へと繋がることがあります。徹夜で試験勉強をするのも結構ですが，明日のことも考えて，いさぎよく寝てしまった方がいいかもしれません。

lean	「寄りかかる」	**learn**	「学ぶ」
sigh	「ため息をつく」	**sign**	「印」
reserve	「予約する」	**reverse**	「逆にする」
conserve	「保存する」	**converse**	「会話をする」
derive	「由来する」	**deprive**	「奪う」
property	「財産」	**prosperity**	「繁栄」
religion	「宗教」	**region**	「地域」
ethnic	「民族的な」	**ethics**	「倫理」
weather	「天気」	**whether**	「かどうか」
through	「を通して」	**thorough**	「完全な」
invest	「投資する」	**investigate**	「調査する」
threat	「脅威」	**treat**	「扱う」
noting	(note の ing 形)	**nothing**	「何もない」

SECTION #45 「歴史・軍事」

● "History repeats itself."「歴史は繰り返す」ということわざがありますが，歴史から学ばない愚かな人間は，同じ過ちを繰り返すことになるでしょう。このセクションでは「歴史」に関する語を学びます。詳しい知識は世界史の授業に譲るとして，ここでは大まかな流れを順に見ていきましょう。なお，「時間」(→ **SEC #8**)，「場所・領域・範囲」(→ **SEC #10**)，「政治」(→ **SEC #27**)，「宗教・民族・慣習」(→ **SEC #30**) などにも，歴史関連の語は登場しています。この機会に見直しておきましょう。

●「歴史学」(history) は主に過去の文書を対象としますが，文字が発明される以前は prehistoric times「先史時代」と称されます。地球を闊歩していた「恐竜」(dinosaur) が絶滅し，やがて「類人猿」(ape) が「直立歩行」(walk upright) を始め，我々の祖先が生まれました。

歴史 1：有史以前

＊ **primitive** 　形 原始の →**p.104**

＊ **ancient** 　形 古代の →**p.104**

1934 □ **history**⁑ [hístəri]

名 **歴史，歴史学；経歴**

★「歴史（学）」の意味では不可算

▶ I study ~~(a)~~ **Japanese history**.

「私は**日本史**を研究している。」

□ **historical**⁑ [hɪstɔ́ːrɪkl]

形 **歴史上の，歴史に関する**

▶ a **historical** fact「**歴史上の**事実」

□ **historic**＊ [hɪstɔ́ːrɪk]

形 **歴史上重要な，由緒ある**

★ historical との意味の違いに注意

▶ A fund was set up to restore and preserve the city's **historic** buildings.

「町の**由緒ある**建物を修復し保存するための基金が設けられた。」

□ **prehistoric**＊ [priːhɪstɔ́ːrɪk]

形 **有史以前の**

▶ **Prehistoric** people lived in harmony with nature.

「**有史以前の**人間は自然と調和して暮らしていた。」

□ **in harmony with**＊ 　句 ～と調和して

1935 □ **dinosaur**⁑ [dáɪnəsɔːr]

名 **恐竜**

★ 発音・スペル注意：tyranno<u>saur</u>「ティラノサウルス」などと同じ語尾

▶ **Dinosaurs** suddenly disappeared from the Earth about 65 million years ago.

「**恐竜**は約6500万年前に突如として地球上から姿を消した。」

1936 □ **ape** ⁑
[éɪp]

名 **サル，類人猿**
★ チンパンジーなどの大型のサルを指す；小型のサルは monkey
▶ Some religious people still deny that humans evolved from **apes**.
「一部の人々は信仰的立場から人類が**サル**から進化したことをいまだに否定している。」

1937 □ **primate** *
[práɪmeɪt]

名 **霊長類の動物**
★ human being / ape / monkey を含む

1938 □ **mammal** ⁑
[mǽml]

名 **ほ乳類**
★「は虫類」は reptile
▶ Whales are classified as **mammals**, not fish.
「鯨は魚ではなく**ほ乳類**に分類される。」

1939 □ **upright** *
[ʌ́praɪt]

形 **直立した** 副 **直立して**
▶ When our ancestors began to walk **upright**, their hands were left free to make and use tools.
「我々の祖先が**直立して**二足歩行を始めると，手で自由に道具を作ったり使ったりできるようになった。」

1940 □ **archaeology**
[ɑːrkiɑ́lədʒi]
□ **archaeological** *
[ɑːrkiəlɑ́dʒɪkəl]

名 **考古学**
★ 遺跡などを発掘して研究する学問
形 **考古学の**
▶ **an archaeological site**「**遺跡発掘現場**」

Check! ● historical / historic **の意味は？** 歴史上の／歴史的に重要な

●狩猟民族が農耕を開始し，定住を始め，やがてエジプトやメソポタミアなど一部の地域に「文明」(civilization) が生まれました。「古代」(ancient times)，「中世」(medieval times) の暗黒時代を経て，ヨーロッパでは「ルネサンス」(the Renaissance) が開花します。

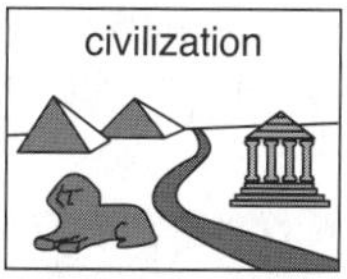

歴史 2：ルネサンスまで

1941 □ **civilization** ⁑
[sɪvələzéɪʃn]

名 **文明**
★ 高度に発展した社会
▶ Most **civilizations** arose on the banks of rivers, where there is plenty of available water.
「大半の**文明**は水が大量に手に入る川岸に生まれた。」

□ **civilize*** [sívəlaɪz]	他 **～を文明化する；洗練する** ▶ behave **in a civilized way**「礼儀正しく振る舞う」
1942 □ **civil**⁑ [sívl]	形 **市民の** ◆ **a civil war「内戦」**（**the (American) Civil War** はアメリカの「**南北戦争**」）
□ **civilian*** [sɪvíljən]	形 **民間の** 名 **一般市民** ★軍人，警察などと対比して用いる ▶ A lot of innocent **civilians** were killed by a suicide bomber. 「自爆テロによって多くの罪のない**一般市民**が殺された。」
1943 □ **medieval*** [mɪdiíːvl]	形 **中世の** ★medi-（中間の）＋ ev（時代）；4～15 世紀前半まで ▶ People in **medieval times** believed in magic. 「**中世**の人たちは魔術を信じていた。」
1944 □ **feudal** [fjúːdl]	形 **封建制の**
□ **feudalism** [fjúːdəlɪzm]	名 **封建制度** ★「領主」（feudal lord）が家臣に土地を与え，代わりに軍役等を求める中世の制度
1945 □ **Renaissance*** [renəsɑ́ːns]	名 (the) **ルネサンス** ★15～16 世紀にかけてのヨーロッパでの文芸復興；re-（再び）＋ naiss（生まれる）→「再生」 ▶ During **the Renaissance**, there was a renewed interest in Greek and Roman culture. 「ヨーロッパの**ルネサンス期**にはギリシアやローマの文化への興味が新たにおこった。」

Check! ● the Civil War とは？　　南北戦争

●ワットによる蒸気機関の発明に端を発する「産業革命」（the Industrial Revolution）は19 世紀の世界を大きく変えました。イギリスをはじめ，巨大な資本を得た諸国は，海運力を武器に，世界中に「植民地」（colony）を作り，「帝国」（empire）を築き上げていきます。

歴史 3：産業革命以降

1946 □ **revolution**⁑ [revəlúːʃn]	名 **革命，改革** ★re-（再び）＋ volve（回る）→ revolve「回転する」から；思想・技術などが大きく回って変化する；evolution「進化」（→

p.404）と混同しないこと
◆ **the Industrial Revolution「産業革命」**（1760 年代イギリスに始まる）
◆ **the French Revolution「フランス革命」**（1789）

□ **revolutionary*** [revəlúːʃəneri]
形 **革命的な**
▶ a **revolutionary** idea「**革命的な**アイディア」

□ **revolve*** [rɪválv]
自 **回転する**

1947 □ **empire**⁑ [émpaɪər]
名 **帝国**
★ アクセント注意
◆ **the British Empire「大英帝国」**

□ **emperor*** [émpərər]
名 **皇帝，**（日本の）**天皇**
▶ Napoleon was a French **emperor**.
「ナポレオンはフランスの**皇帝**だった。」

1948 □ **imperial*** [ɪmpíəriəl]
形 **帝国の**

□ **imperialism*** [ɪmpíəriəlɪzm]
名 **帝国主義**
▶ British **imperialism** in the 19th century「19 世紀の英国の**帝国主義**」

1949 □ **colony**⁑ [kɑ́ləni]
名 **植民地，集落**
▶ India used to be a British **colony**.
「インドはかつて英国の**植民地**だった。」

□ **colonize*** [kɑ́lənaɪz]
他 ～を**植民地化する**

1950 □ **slave**⁑ [sléɪv]
名 **奴隷**；（～に）**とらわれている人** (to ～)
★ 比喩的な意味でも用いられる
▶ Due to the bad sanitary conditions on the ship, many **slaves** died during transport.
「船の劣悪な衛生環境のせいで多くの**奴隷**が輸送中に死んだ。」
▶ Don't be a **slave** to convention!
「因習に**とらわれる**な！」
□ **sanitary** [sǽnəteri] 形 衛生の

□ **slavery*** [sléɪvəri]
名 **奴隷状態**

Check!
● empire のアクセント位置は？ émpire
● empire の形容詞形は？ imperial

●我々の住む「現代社会」(modern society) では，物質的な豊かさの代償として，自殺や離婚といった様々な問題が生じています。東京をはじめとする「大都市」(metropolis) には，「超高層ビル」(skyscraper) が建ち並び，人々は「喧噪」(bustle) の中で慌ただしい生活を強いられるのです。

歴史4：そして現代へ

1951 □ **modern**⁑ [mádərn]	形 **現代の** ▶ **the modern world**「**現代の世界**」
□ **modernity** [mɑdə́ːrnəti]	名 **現代（性）**
□ **modernization** [mɑdəːrnəzéɪʃn]	名 **現代化** ▶ Obesity, divorce and higher suicide rates are side effects of **modernization**. 「肥満や離婚，自殺率の増加は**現代化**の副作用である。」
1952 □ **metropolis** [mətrápəlɪs]	名 **大都市** ★東京，ニューヨークなど
□ **metropolitan*** [metrəpálətn]	形 **大都市の，首都の** ▶ **the Tokyo metropolitan area**「**東京首都圏**」
1953 □ **bustle** [bʌ́sl]	名 **喧噪** ▶ Living in the **bustle** of a large city, I sometimes feel like going to a deserted island. 「大都会の**喧噪**の中で暮らしていると，無人島に行きたいと思うことがある。」
1954 □ **skyscraper*** [skáɪskreɪpər]	名 **超高層ビル** ★「空」(sky) を「引っかく」(scrape) ほど高い ▶ He lives on the fifth floor of a sixty-three-story **skyscraper**. 「彼は63階建ての**超高層ビル**の5階に住んでいる。」

Check!		
	● modern のアクセント位置は？	módern
	● metropolis のアクセント位置は？	metrópolis

●今度は「軍事」に関連する語を学びます。ある国家の「軍隊」(the armed forces) は，「陸軍」(army)，「海軍」(navy)，「空軍」(air force) に分かれます。arms には「腕」以外にも「武器，軍備」という意味があります。army / armed / disarmament はいずれも「武器」に関連した語として覚えてください。

軍事関連・1

1955 □ **military**⁑ [míləteri]
形 **軍事の**
▶ My father retired after thirty years of **military service** and now lives on a pension.
「父は30年の**兵役**を引退し，今は年金で暮らしている。」

1956 □ **army**⁑ [ɑ́ːrmi]
名 **陸軍，軍隊**
◆ **the U.S. Army**「**アメリカ陸軍**」

1957 □ **arms*** [ɑ́ːrmz]
名 **武器，軍備**
◆ **nuclear arms**「**核兵器**」

□ **armed*** [ɑ́ːrmd]
形（～で）**武装している** (with ～)
◆ **the armed forces**「**軍隊，国軍**」（陸・海・空軍の全体）
▶ The bank robber was **armed** with a shotgun.
「銀行強盗はショットガンで**武装していた**。」

□ **disarmament** [dɪsɑ́ːrməmənt]
名 **軍縮**

1958 □ **navy*** [néɪvi]
名 **海軍**
★「陸軍」は army，「空軍」は air force
▶ He joined the U.S. **Navy** during the war.
「彼は戦時中アメリカ**海軍**に加わった。」

1959 □ **navigation*** [nævɪgéɪʃn]
名 **航海，航行**
▶ a car with a **navigation system**「**カーナビ**のついた車」

1960 □ **soldier**⁑ [sóʊldʒər]
名 **軍人，兵士**
▶ a wounded **soldier**「負傷した**兵士**」

1961 □ **troop*** [trúːp]
名 (-s) **軍隊，兵士**
▶ Surrounded by the enemy, our **troops** finally surrendered.
「敵に包囲されて，我々の**軍隊**はついに降伏した。」

1962 □ **hostage** [hɑ́stɪdʒ]
名 **人質**
▶ The **hostages** were released.「**人質たち**は解放された。」

1963 □ **weapon**⁑ [wépn]
名 **武器**
◆ **weapons of mass destruction**「**大量破壊兵器**」

1964 □ **sword*** [sɔ́ːrd]

名 **剣**
★発音注意：w は発音されない
▶ fight with a **sword**「剣で戦う」

Check! ● the U.S. Armed Forces とは？ 米国軍

●さらに「軍事」に関連した語をいくつか覚えましょう。「戦略」を意味する strategy や tactics は，戦争以外にも広い文脈で用いられます。ally は「結びつける」という意味から「同盟・味方（する）」という意味が生まれます。

軍事関連・2

1965 □ **strategy**** [strǽtədʒi]

名 **戦略，方策**
▶ **a marketing strategy**「市場戦略」

□ **strategic*** [strətíːdʒɪk]

形 **戦略上の**
▶ The U.S. made a **strategic** withdrawal from Syria.
「アメリカはシリアから**戦略的な**撤退をした。」

1966 □ **tactic** [tǽktɪk]

名 **戦術**
★strategy は「全体的戦略」，tactic は「個々の戦術」
▶ effective **tactics** for promoting sales
「売り上げを伸ばすための効果的な**戦術**」

1967 □ **neutral*** [njúːtrəl]

形 **中立の，どっちつかずの**
▶ The country maintained a **neutral** position during the war.
「その国は戦争の間**中立の**立場を維持した。」

1968 □ **ally*** 名 [ǽlaɪ] 動 [əláɪ]

名 **同盟国，味方** 自 **同盟する**
◆ **the Allies「（第二次大戦の）連合国」**

1969 □ **rally** [rǽli]

名 **集会** 自 **再結集する**
★re-（再び）＋ ally（結びつける）
▶ a political **rally**「政治**集会**」

1970 □ **assault** [əsɔ́ːlt]

他 ～を**襲撃する** (= attack) 名 **襲撃**
▶ A 16-year-old schoolgirl was **assaulted** by a stranger on her way back home.
「16 歳の女子生徒が帰り道で見知らぬ人に**襲われた。**」

1971 □ **raid** [réɪd]

名 **急襲**
▶ The town was completely destroyed in **air raids.**
「町は**空襲**で完全に破壊された。」

1972 ☐ **assassination** [əsæsɪnéɪʃn]

名 暗殺

▶ the **assassination** of John F. Kennedy「ケネディ大統領**暗殺**」

Check! ● a peace rally とは？ 平和集会

Review Test

● **Same or Opposite?**

☐1 **revolutionary** **old-fashioned** ………… Opposite
☐2 **upright** **horizontal** ………… Opposite
☐3 **slave** **master** ………… Opposite
☐4 **revolve** **rotate** ………… Same
☐5 **modern** **ancient** ………… Opposite

☐6 **bustle** **silence** ………… Opposite
☐7 **soldiers** **troops** ………… Same
☐8 **strategy** **tactic** ………… Same
☐9 **ally** **enemy** ………… Opposite
☐10 **assault** **attack** ………… Same

● **Match up each word with its meaning.**

☐11 **navy** a. military forces trained for fighting on land ………… b.
☐12 **army** b. military forces trained for fighting at sea ………… a.
☐13 **military** c. connected with the armed forces ………… c.
☐14 **weapon** d. object used for fighting ………… d.
☐15 **assassination** e. murder of an important person ………… e.

● **Yes or No?**

☐16 Chimpanzees are **apes**. ………… Yes
☐17 You are a **primate**. ………… Yes
☐18 Dolphins are classified as **mammals**. ………… Yes
☐19 **Archaeology** is the study of the human race. ………… No
☐20 The Ancient Greek language arose in **medieval** times. ………… No

☐21 In the **feudal** system, all the people were given equal rights. ………… No
☐22 Leonardo da Vinci was one of the prominent figures of the **Renaissance**. ………… Yes
☐23 New York is a **metropolis**. ………… Yes
☐24 A **skyscraper** is a very tall building. ………… Yes
☐25 A **hostage** is a person who is in power. ………… No

● Multiple Choices

□26 It is impossible to deny a ( ) fact.
a. historic **b.** historical **c.** prehistoric ………………………… b.

□27 ( ) disappeared from the Earth 65 million years ago.
a. Dinosaurs **b.** Apes **c.** Primates ………………………… a.

□28 The modern ( ) is totally dependent on oil.
a. culture **b.** civilization **c.** civilian ………………………… b.

□29 The ( ) War broke out in 1861.
a. Civic **b.** Civilian **c.** Civil ………………………… c.

□30 More than 100 ( ) were killed in the terrorist attack.
a. emperors **b.** civilians **c.** tactics ………………………… b.

□31 The Roman ( ) lasted for more than a thousand years.
a. Colony **b.** Imperial **c.** Empire ………………………… c.

□32 France built a lot of ( ) in Africa.
a. colonies **b.** slaves **c.** empires ………………………… a.

□33 I live in the ( ) of a big city.
a. metropolis **b.** modern **c.** bustle ………………………… c.

□34 My girlfriend is a ( ) to fashion.
a. slave **b.** imperial **c.** feudal ………………………… a.

□35 The soldier was armed ( ) a sword.
a. of **b.** for **c.** with ………………………… c.

□36 A huge political ( ) was held in Central Park.
a. ally **b.** rally **c.** raid ………………………… b.

□37 A group of masked robbers made a ( ) on the bank.
a. tactic **b.** raid **c.** rally ………………………… b.

解説・和訳

17 primate 「霊長類」には人間も含まれる／19 archaeology 「考古学」は「遺跡などから過去を研究する学問」;「人類を研究する学問」は anthropology 「人類学」／20 古代ギリシア語は medieval times 「中世」ではなく ancient times 「古代」に生まれたもの／21 feudal system 「封建制度」では，人権は平等ではない／22 「レオナルド・ダ・ビンチはルネサンスの著名な人物の1人だった。」／25 「捕虜とは，権力を握っている人である。」／26 historic 「由緒ある」と historical 「歴史上の」の意味の違いに注意／29 the Civil War 「南北戦争」／31 the Roman Empire 「ローマ帝国」／34 「私のガールフレンドは流行にとらわれている。」／36 「セントラルパークで大きな政治集会が開かれた。」／37 「覆面の強盗の集団が銀行を襲った。」

日付： 年 月 日	得点： ／37
30点以上→SECTION #46へ	30点未満→もう一度復習

スペルミスをなくそう・2

●派生語との違いに注意

maintenance「維持」(< maintain), **desperate**「絶望的な」(< despair), **curiosity**「好奇心」(< curious), **generosity**「寛容」(< generous), **responsibility**「責任」(< responsible), **pronunciation**「発音」(< pronounce)

●最難関のスペル

parallel「平行な」(*paralel, *pararel), **rhythm**「リズム」(*rythm, *rhysm), **psychology**「心理学」(*psycology, *phychology), **spontaneous**「自発的な」(*spontanious)

●過去形・過去分詞形で末尾の子音を重ねるもの

preferred (< prefer「好む」), **occurred** (< occur「起こる」), **compelled** (< compel「強制する」), **controlled** (< control「抑制する」)

●語尾の -ent, -ence / -ant, -ance に注意

independent「独立した」(*indipendant), **existence**「存在」(*existance), **appearance**「外見」(*appearence), **resistance**「抵抗」(*resistence), **attendance**「出席」(*attendence)

●語尾の -er / -or に注意

character「性格」(*charactor), **professor**「教授」(*professer), **dictator**「独裁者」(*dictater), **word processor**「ワープロ」(*word processer)

●語尾の -ieve / -eive に注意

relieve「安心させる」(*releive), **believe**「信じる」(*beleive), **conceive**「考案する」(*concieve), **perceive**「知覚する」(*percieve), **deceive**「だます」(*decieve), **receive**「受け取る」(*recieve)

※名詞形を考えると区別しやすい：-ieve > -ief (relief「安心」, belief「信念」), -ceive > -cept(ion) (concept「概念」, perception「知覚」, deception「だますこと」, reception「受付」)

●派生語で e が脱落

truly「本当に」(< true), **duly**「正当に」(< due), **argument**「議論」(< argue)

※ judgment「判断」(< judge) は judgement というスペルも可

SECTION #46 「接続詞・副詞・前置詞」

●このセクションでは，文や節を繋ぐ接続詞・副詞を中心に学習します。however や therefore などの論理関係を示す副詞や接続詞は，論旨の流れを掴みながら素早く英文を読むための大事な手掛かりとなります。ここでは therefore や so など代表的なもの以外で，特に見落としがちなものを中心にピックアップします。

●各語については，「副詞」なのか「接続詞」なのか，品詞に注意してください。副詞はそれ単独で節と節を繋ぐことができず，ピリオド（.）やセミコロン（;）を挟む必要があります。therefore という副詞を例に，下の文を参照してください。3 つ目の例文では，therefore が繋いでいるのはピリオドを挟んだ 2 つの文です。

× It was raining hard, **therefore**, the school trip was called off.
○ It was raining hard. **Therefore**, the school trip was called off.
○ It was raining hard. The school trip was, **therefore**, called off.

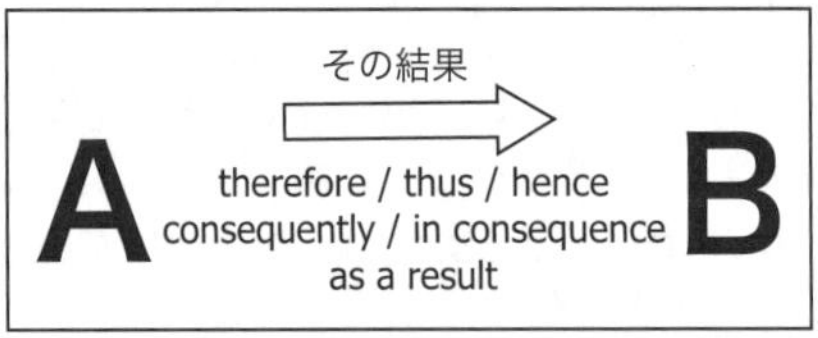

結果・因果関係

1973 □ **thus**⁑
[ðʌ́s]

副 ①**それ故に** (= therefore) ②**このように** (= in this way)
★2 つの意味を覚える
▶ The man built up a great fortune and lost all of it gambling. **Thus [Hence]**, his son inherited nothing.
「男は巨額の富を築きギャンブルで全てを失った。**それ故に**息子は何も相続しなかった。」
▶ The man built up a great fortune and lost all of it gambling. **Thus**, his life was full of ups and downs.
「男は巨額の富を築きギャンブルで全てを失った。**このように**彼の人生は波乱に満ちていた。」
□ **ups and downs***　句 浮き沈み

1974 □ **hence***
[héns]

副 ①**それ故に** (= therefore) ②**後に** (= later)
★①が基本だが，②も覚える；②は期間を表す名詞句の後で用いられる
▶ ↑
▶ Can you imagine what the world will be like one hundred years **hence**?
「100 年後の世界がどんな風か想像できますか？」

Check! ● ten years hence = ten years (　)　later

●今度は，「逆接」です。代表的な副詞は however ですが，それ以外にも多々あります。nevertheless や nonetheless はスペルが長くて覚えるのが大変そうですが，never [none] + the + less と分解すれば簡単です。all the same は盲点かもしれません。despite は前置詞ですので *despite S V . . . などと，後に節を従えることはできません。

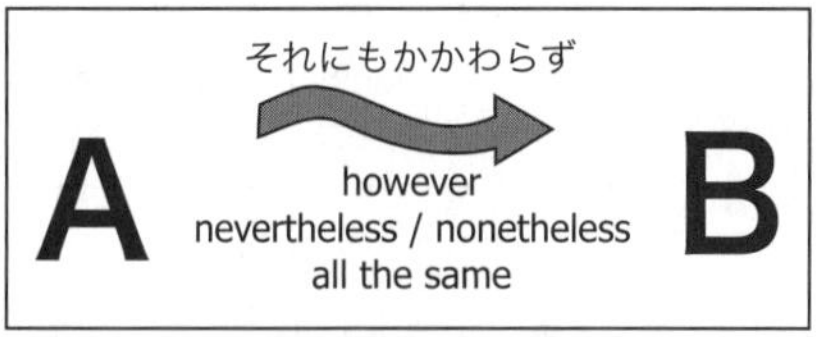

逆接

1975 □ **nevertheless**⁑ [nevərðəlés]

副 **それにもかかわらず** (= however, nonetheless)

★ never the less と分解できる

▶ He told me it would not rain. **Nevertheless [Nonetheless],** I brought my umbrella just in case.

「彼は雨は降らないと言った。**それでも**念のために傘を持っていった。」

□ **just in case**⁑　句 念のために

1976 □ **nonetheless*** [nʌnðəlés]

副 **それにもかかわらず** (= however, nevertheless)

★ none the less と分解できる

▶ ↑

1977 □ **notwithstanding** [nɑtwiðstǽndɪŋ]

副 **それにもかかわらず** (= however, nonetheless)

1978 □ **all the same***

句副 **それでもやはり，それにもかかわらず** (= however, nevertheless)

★「それでも同じように」の意から；「全て同じ」の意もある

▶ Although he has many weaknesses, I like him **all the same**.

「彼には欠点がたくさんあるものの，**それでもやはり**彼が好きだ。」

▶ "I'm sorry I can't help you." "I see. Thank you **all the same**."

「手伝えなくてごめんなさい。」「分かりました。**何にせよ**ありがとう。」

1979 □ **despite**⁑ [dɪspáɪt]

前 ～にも**かかわらず** (= in spite of)

★ 前置詞であることに注意；*despite S V は不可

▶ **Despite** the fact that the sisters grew up in similar environments, they had contrasting tastes in clothing.

「姉妹は同じ環境で育ったにも**かかわらず**，服の趣味は対照的だった。」

Check! ● nevertheless **のアクセント位置は？** nevertheléss

●次は，「追加」の表現です。also，in addition to や as well as が有名ですが，その他に besides や moreover，furthermore を覚えましょう。besides は beside と混同しないようにしてください。

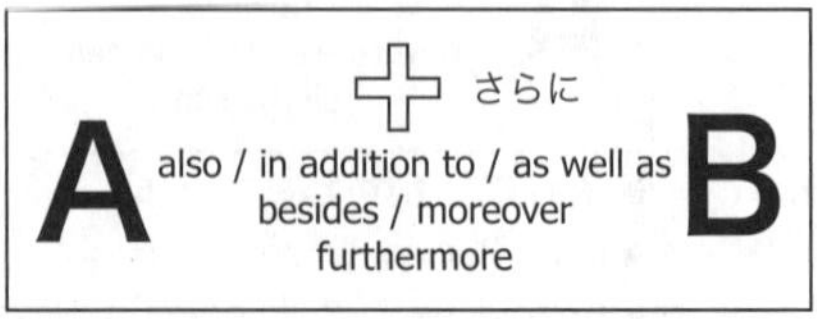

追加

1980 □ **besides**⁑ [bɪsáɪdz]

副 **それに加えて，さらに** 前 **～に加えて** (= in addition to, as well as)

★前置詞の beside「～のそばに」と区別する

▶ **Besides** eating healthy food, she exercised daily and kept in shape.

「彼女は健康的な食事をとることに**加えて**，毎日運動して健康を保った。」

1981 □ **moreover**⁑ [mɔːróʊvər]

副 **さらに** (= furthermore)

▶ The continuous rain flooded the river.
Moreover [**Furthermore**], it caused a landslide.

「長く続く雨で川の水があふれ，**さらに**土砂崩れを引き起こした。」

1982 □ **furthermore**⁑ [fə́ːrðərmɔːr]

副 **さらに** (= moreover)

▶ ↑

Check! ● beside / besides **のそれぞれの意味は？** **～のそばに / ～に加えて**

●「対照」の副詞・接続詞は2つの事柄の対比を明確にする働きをします。meanwhile や in the meantime は，「対照」に加えて「同時性」を強調する場合に用いられます。

対照

1983 □ **whereas**⁑ [hweəræ̃z]

接 (〜である) **その一方で** (= while)

★ while と同義;「対照」を表す;接続詞

▶ The mother was very strict, **whereas** the father was very indulgent.

「母親はとても厳しかったが,**その一方で**父親は非常に甘かった。」

1984 □ **on the other hand**⁑

句副 **その一方で**

★ whereas と違い副詞であることに注意

◆ **on (the) one hand ..., on the other hand ...「一方では…, 他方では…」**

▶ Americans push a saw in order to cut. **On the other hand,** Japanese pull a saw toward the body.

「アメリカ人はノコギリを押して物を切る。**その一方で**日本人は体の方に引く。」

□ **saw*** [sɔ́:] 名 ノコギリ

1985 □ **meanwhile**⁑ [mí:nhwaɪl]

副 **その間に**

★「同時性」+「対照」を表す

▶ Everyone was taken in by the fireworks. **Meanwhile,** thieves were picking pockets.

「皆が花火に見入っていた。**その間に**泥棒はスリをはたらいていた。」

1986 □ **in the meantime***

句副 **その間に** (= meanwhile)

Check! ● on ( ) hand ..., on the ( ) hand ... one / other

● "A and B" は「A と B (並列)」ですが, "A, B" は「A すなわち B (同格)」の意で, A の内容を別の表現で言い換えたものが B であると考えられます。このような「同格」はカンマ (,) やダッシュ (—) 以外にも, that is (to say) や namely などを用いて表すこともできます。また,「実例・具体例」を表す表現としては for example や such as などが代表的ですが, 他にも say や for instance などがあります。特に say は盲点となりやすいので注意しましょう。

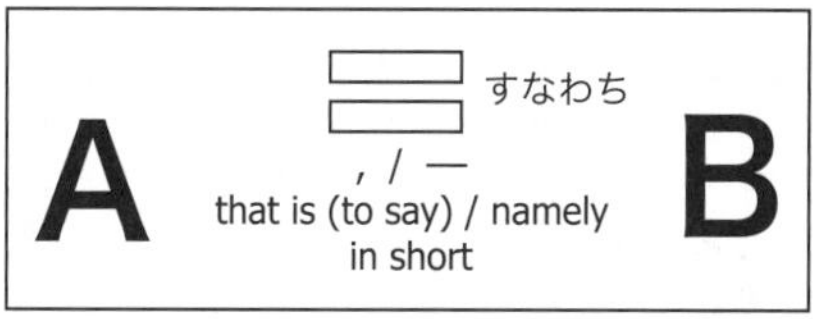

同格・例示

1987 □ **that is (to say)** ⁑

句副 **すなわち，つまり** (= namely)

★「より正確に・詳しく言うと」の意

▶ The population is aging. **That is (to say)**, the number of people over the age of 60 is increasing.

「人口は高齢化している。**すなわち**，60歳を超えた人の数が増えている。」

1988 □ **namely** *
[néɪmli]

副 **すなわち，つまり** (= that is to say)

★「より正確に言うと」の意

▶ The food crisis struck two Asian countries with huge populations, **namely** China and India.

「食糧危機が巨大な人口を抱える2つのアジア諸国，**すなわち**中国とインドを襲った。」

1989 □ **in short** ⁑

句副 **手短に言うと，つまりは** (= to put it simply)

▶ We haven't seen any positive results. **In short**, the experiment was a total failure.

「肯定的な結果は出ていない。**つまり**実験は完全な失敗だったということだ。」

1990 □ **say** *
[séɪ]

副 **例えば** (= for example, for instance)

★ カンマで区切って用いる；let's say とも言う

▶ How about trying something different today, **say**, Indian food?

「今日は何か変わったものを食べない？　**例えば**インド料理とか。」

1991 □ **for instance** ⁑

句副 **例えば** (= for example)

▶ Many geniuses, **for instance** Mozart, died young.

「**例えば**モーツァルトのように，多くの天才は若死にした。」

□ **instance** ⁑
[ínstəns]

名 **事例，実例**

Check! ● instance の意味は？： 1. 瞬間 / 2. 事例　　2.

●〈譲歩〉の構文については，学校などで学んだことがあるでしょう。「たしかにAだがBである」という構成で，Bが筆者の強調したい内容です。but に相当する語（however, yet）を探して，それ以降に重要ポイントが来ると考えます。ここでは indeed のみを挙げましたが，他にも to be sure / it is true / of course や 助動詞の may，強調の do などが用いられます。

たしかに，なるほど		だが	
to be sure / it is true indeed of course	**A**	but however yet	**B**

譲歩の構文

1992 □ **indeed**⁑ [ɪndíːd]

副 **たしかに，本当に**

★ but [yet, however] などと呼応する

▶ **Indeed** his father is strict; yet it is clear that he is strict for the good of his children.
「**たしかに**彼の父親は厳しいが，子供たちのために厳しくしているのは明らかだ。」

Check! ● indeed / it is true **を見たら（　）を探せ** 逆接の副詞・接続詞

●以下の副詞・前置詞は，特に注意して覚えましょう。somewhat と somehow は，形こそ似ていますが，意味や用法はまるで異なります。別の単語としてしっかり区別してください。otherwise には3通りの訳し方がありますが，いずれも「他の（other）状況」を想定しています。given は「与えられた」という意味から「〈可能性〉〈条件〉〈状況〉を与えられて・考慮して」という意味に繋げます。given that . . . という形で接続詞としても用いられます。

要注意の副詞・前置詞

1993 □ **somewhat**⁑ [sʌ́mhwɑt]

副 **いくぶん，やや** (= a little)

★ somehow と区別する

▶ His account of the accident was **somewhat** different from his wife's.
「事故についての彼の説明は妻の説明とは**やや**違っていた。」

1994 □ **somehow**⁑ [sʌ́mhaʊ]

副 ①**どういうわけか** (= for some reason) ②**なんらかの方法で** (= in some way)

★ ①②ともに「how（なぜ・どのようにして）ははっきり言えないが」の意；②は somehow or other とも言う

▶ Toby is a good guy, but **somehow** I can't trust him.
「トビーはいい奴だが，**どういうわけか**彼を信用できない。」

▶ The deadline is 4 o'clock. I have to finish this report by that time **somehow (or other)**.
「締め切りは4時だ。**なんとかして**それまでにこのレポートを終えなくてはならない。」

□ **deadline*** [dédlaɪn] 名 締め切り

1995 □ **otherwise** ⁑
[ʌ́ðərwaɪz]

副 **①さもなければ ②その他の点で ③違った風に，別のやり方で**

★3つの用法を覚える；いずれも「ある状況とは別の（other）状況」を示している

▶ Pay the rent now; **otherwise**, leave at once.
「今すぐ家賃を払え。**さもなければ**すぐに出て行け。」

▶ The trip was a little costly, but **otherwise** perfect.
「旅行は少し高くついたが，**その他の点では**完璧だった。」

▶ Admit that you are guilty, unless you can prove **otherwise**.
「**無実だと**証明できないのであれば，有罪だと認めなさい。」

1996 □ **given** ⁑
[gívn]

前 ～を**仮定すると**，が**あれば**，を**考慮すると** 形 **特定の，任意の**

★「〈可能性〉〈条件〉〈状況〉を考慮に入れて」の意；given that ...の形で接続詞としても用いられる

▶ **Given** the chance, I would do it all over again.
「チャンスが**あれば**一からやり直したい。」

▶ **Given** the difficulty of the task, we can't blame him for his mistake.
「仕事の難しさを**考慮すれば**，ミスをしたことで彼を責められない。」

▶ Draw a square and divide it into a **given** number of triangles.
「正方形を描いて，それを**任意の**数の三角形に分割しなさい。」

Check! ● otherwise の3つの訳は？　さもなければ／その他の点で／違った風に

● rightly や justly などは，文全体を修飾する副詞として用いられることがありますが，その多くの場合には「筆者の見解」が含まれることに注意してください。特に和訳をする際は工夫が必要になります。下の例文と訳を見比べてみてください。

文修飾の副詞

1997 □ **rightly** *
[ráɪtli]

副 **正当に，当然のことながら**

★文修飾だと書き手の見解が含まれることに注意

▶ The man **rightly** predicted that there would be a great earthquake in Pakistan.
「その男はパキスタンに大地震があると予言したが，**それは正しかった。**」

▶ He is **rightly [justly]** proud of his achievement.
「彼が自分の業績を誇りに思うのは**当然のことだ。**」

1998 □ **justly*** [dʒʌ́stli]

副 **正当に，当然のことながら**

★文修飾だと書き手の見解が含まれることに注意

▶ ↑

1999 □ **mistakenly*** [mɪstéɪknli]

副 **間違って** (↔ rightly)

▶ Columbus **mistakenly** believed that he had reached India.
「コロンブスはインドに到達したと信じていたが，**それは間違っていた。**」

2000 □ **reportedly*** [rɪpɔ́ːrtɪdli]

副 **報じられるところでは**

▶ The sea level has **reportedly** been rising due to the melting of polar ice.
「極氷が溶けているせいで，海面が上昇していると**報じられている。**」

2001 □ **presumably*** [prɪzúːməbli]

副 **おそらく，たぶん** (= probably)

★supposedly (→ **p.163**) より可能性が高い

▶ There is **presumably** some connection between these two cases.
「この2つの事件には**おそらく**何らかの繋がりがある。」

□ **presume*** [prɪzúːm]

他 ～を**想定する**

★pre-（前に）＋ sume（取る）

2002 □ **seemingly**** [síːmɪŋli]

副 **見たところでは** (= apparently)

★「実際はどうか分からないが」を含意

▶ The medication is **seemingly** harmless to the human body.
「その薬剤は**見たところでは**人体に無害なようだ。」

Check! ● probably = (　) / apparently = (　)　　presumably / seemingly

●最後にいくつかの副詞・前置詞を覚えましょう。最初の as a matter of fact は頻出しますが，for that matter「さらに言えば」は意外と見落としがちな熟語といえるでしょう。また whatever に so を挟んで強調したものが whatsoever です。no や any を強調する用法に注目してください。If there is any chance whatever [whatsoever] . . . なら「そもそもチャンスが少しでもあれば…」というニュアンスになります。

その他の副詞・前置詞

2003 □ **as a matter of fact****

句副 **実は**

▶ "Who is in charge of this?" "**As a matter of fact**, I am."
「これの責任者は誰ですか？」「**実は**私です。」

2004 □ **for that matter***

句副 **さらに言えば**

★「それに関してさらに言えば」の意

▶ I hate women, or people **for that matter**.

「女は嫌いだ。**さらに言えば**人間が嫌いだ。」

2005 □ **thereby***
[ðéərbaɪ]

副 **それによって**

▶ The project is designed to boost the economy of the area, **thereby** decreasing unemployment.

「その計画は地域の経済を活性化させ，**それによって**失業率を減らすことを意図している。」

2006 □ **whatsoever***
[hwʌtsoʊévər]

副 **全く，少しでも** (= whatever)

★ whatever ＋ so ；no や any を強調する；whatever にも同じ用法あり

▶ The candidate has no chance **whatsoever [whatever]** of winning the election.

「その候補者が選挙に勝つ見込みは**全く**ない。」

2007 □ **beneath***
[bɪníːθ]

前 ～の**下に** (= under, below)

▶ Hot liquid rock **beneath** the surface of the earth is called magma.

「地表の**下に**ある流動性のある高温の岩はマグマと呼ばれる。」

Check! ● beneath = (　)　　under (below)

Review Test

● Same or Opposite?

□1	hence	nonetheless	Opposite
□2	namely	that is	Same
□3	for instance	for example	Same
□4	somewhat	very much	Opposite
□5	seemingly	apparently	Same

● Multiple Choices

□6 It was raining cats and dogs. (　), I couldn't go out.
a. Thus　**b.** Moreover　**c.** Nevertheless ……… a.

□7 It was raining cats and dogs. (　), I went out for a walk.
a. Thus　**b.** Moreover　**c.** Nevertheless ……… c.

□8 She is going to graduate two years ( ).
a. beside **b.** hence **c.** in short ………… b.

□9 "Would you like some more?" "No, I've had enough. Thank you ( )."
a. besides **b.** all the same **c.** moreover ………… b.

□10 ( ) that she was 30 minutes late, she didn't hurry.
a. In spite **b.** Despite **c.** Despite the fact ………… c.

□11 ( ) working as a school teacher, he writes articles for a local paper.
a. Beside **b.** Besides **c.** Moreover ………… b.

□12 Tom is friendly and outgoing, ( ) his brother is shy and introverted.
a. whereas **b.** besides **c.** that is to say ………… a.

□13 On ( ) hand she is an able lawyer; on the other hand she is a good mother.
a. one **b.** other **c.** some ………… a.

□14 My brother's daughter, ( ) my niece, has just got married.
a. say **b.** moreover **c.** that is ………… c.

□15 Please clean up the dining room. ( ), I will be preparing for dinner.
a. Meanwhile **b.** Whereas **c.** Indeed ………… a.

□16 There is only one person in the world who can do this job, ( ) Richard.
a. for instance **b.** in short **c.** namely ………… c.

□17 ( ) this job is risky, but it is worth trying.
a. Indeed **b.** For instance **c.** Otherwise ………… a.

□18 Can I call you tonight, ( ), at nine o'clock?
a. namely **b.** somewhat **c.** say ………… c.

□19 This is ( ) different from what I want.
a. whereas **b.** somewhat **c.** otherwise ………… b.

□20 There are a few spelling errors in your composition, but ( ) it is very good.
a. whereas **b.** somewhat **c.** otherwise ………… c.

□21 I have to finish this job somehow or ( ).
a. another **b.** other **c.** somewhat ………… b.

□22 ( ) the situation he was in, his impolite behavior is understandable.
a. Despite **b.** Beneath **c.** Given ………… c.

□23 People in the Middle Ages ( ) believed that the Earth was flat.
a. justly **b.** presumably **c.** mistakenly ………… c.

□24 I can't make any comment on your report. ( ), I didn't read it.
a. Presumably **b.** Reportedly **c.** As a matter of fact ………… c.

□25 My son, or any kid ( ), takes every opportunity to talk back to his parents.
a. with that matter **b.** for that matter **c.** to that matter ………… b.

□26 He intentionally gave an ambiguous answer, ( ) avoiding the responsibility.
a. thereby **b.** otherwise **c.** furthermore ·························· a.

□27 If there is any chance ( ) of succeeding, just try it.
a. whatsoever **b.** beneath **c.** as a matter of fact ·················· a.

ヒント introverted「内向的な」

解説・和訳

6 rain cats and dogs 「土砂降りの雨が降る」／8 hence = later ／11 beside 「～のそばに」と besides 「～に加えて」の意味の違いに注意／12 「トムは親しみやすく外向的だが，その一方で弟は恥ずかしがり屋で内向的だ。」／15 「ダイニングを掃除してください。その間に私は食事の準備をします。」／16 「この仕事ができる人は世界で1人しかいない，すなわちリチャードである。」／18 「今晩，例えば9時に電話してもいいですか？」／20 この otherwise は「その他の点で」の意／22 「彼が置かれていた状況を考慮すると，彼の無礼な行動も理解できる。」／23 「中世の人々は地球は平らだと信じていたが，それは間違っていた。」／24 「あなたの報告について意見を言うことはできません。実を言うと読んでいないのです。」／25 「私の息子は，さらに言えばどんな子供でも，チャンスがあれば親に口答えする。」／26 「彼はわざと曖昧な答えをし，それによって責任を回避した。」／27 「少しでも成功する可能性があるのなら，やってみなさい。」

日付：	年	月	日	得点：	／27

23点以上→SECTION #47へ　23点未満→もう一度復習

SECTION #47 「難単語・1」

●ここまで「鉄壁」をこなしてきた人は，すでに十分な単語力が身についているはずです。これから先に登場する「難単語」は，入試において必須というわけではありません。しかし，大学によっては，レベルの高い単語を注釈なしで読ませるような場合もあります。まさに「単語は力なり」で，1つでも多くの単語の知識を持つことが，受験においては有利に働くこともあるのです。あと数セクションですが，気を緩めずに「最後の仕上げ」を図りましょう。

●まずは「思想・哲学系」の文章に多く登場する単語からです。難しい単語でも，覚え方のコツは変わりません。語源やイラスト，対義語・同義語，例文などを参考に，1つ1つ正確に覚えていくようにしましょう。

思想・哲学系

2008 □ **premise***
[prémɪs]

名 **前提，仮定**

★pre-（前に）＋ mise (<mit 送る) →「前もって置かれた考え方」

▶ Science is based on a **premise** that everything in the universe can be explained logically.
「科学は，宇宙の全ての物が論理的に説明できるという**前提**に基づいている。」

2009 □ **entity**
[éntəti]

名 **存在物，統一体**

★1つのまとまった存在

▶ Some believe that human beings are the most important **entity** in the universe.
「人間が宇宙で最も重要な**存在**であると考える人たちがいる。」

2010 □ **discourse**
[dískɔːrs]

名 **論文，講演，言説**

★何かを述べる行為を指す

▶ The professor gave a long **discourse** on the current political situation in the Middle East.
「教授は最近の中東の政治情勢について長い**講演**を行った。」

2011 □ **transcend**
[trænsénd]

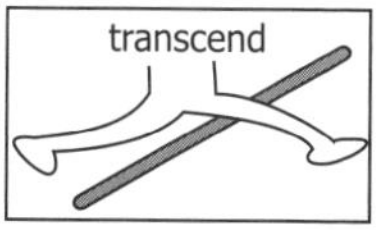

他 ～を**越える，超越する**

★tran- (= trans)（越えて）＋ scend（登る）；目的語とするのは limitation（制限），boundary / border（国境），barrier（障壁）など

▶ Music **transcends** national boundaries.
「音楽は国境を**越える**。」

2012 □ **ascribe** [əskráɪb]

他 (…に) ～の**原因を帰す** (to …) (= attribute)

★ a- (～に) ＋ scribe (書く) →「書いて～のせいにする」

◆ **ascribe A to B**「**A (結果) の原因が B であると考える**」(= attribute A to B)

▶ The scientists **ascribed** the recent strange weather conditions to global warming.

「科学者達は最近の奇妙な気象状況は地球温暖化が**原因であると考えた**。」

2013 □ **intrinsic** [ɪntrínsɪk]

形 **本来備わっている** (= inherent)

▶ Money in itself has no **intrinsic** value.

「お金そのものには**本来備わっている**価値はない。」

2014 □ **articulate** [ɑːrtíkjəleɪt]

他 ①～を (はっきり) **言う，発音する** ②～を**つなぐ**

★「音をつなぐ」→「発音する」

▶ The baby is just six months old, but she can **articulate** a few words.

「その赤ん坊はたったの生後 6 ヵ月だが，いくつかの単語を**はっきり発音する**ことができる。」

2015 □ **formula*** [fɔ́ːrmjələ]

名 **公式；決まり切ったやり方；製法**

★ form (形) →「形式化されたもの」；

複数形： formulae [fɔ́ːrmjəliː]

▶ **a chemical formula**「**化学式**」

formula

$$E = mc^2$$

□ **formulate*** [fɔ́ːrmjəleɪt]

他 ～を**公式化する**

▶ Newton **formulated** the law of universal gravitation.

「ニュートンは万有引力の法則を**公式化した**。」

Check! ● attribute A to B = (　) A to B　　ascribe

●次は政治系の文章に登場することの多い単語です。中でも特に advocate は重要です。vocal「声の」などに含まれる voc は「声」の意で，advocate も「声を出す」から「主義・理論を主張する」という意味に繋がります。

政治系

2016 □ **contend** [kənténd]

他 …と**主張する** (that …) 自 (～と) **争う，(に) 対処する** (with ～)

★ con- (共に) ＋ tend (伸ばす) →「共に張り合って争う」→「争って主張する」

◆ **contend that …**「**…と主張する**」

◆ **contend with A**「**A と争う，に対処する**」

▶ The workers **contended** that they were being exploited by the company.
「労働者達は自分達が会社に搾取されていると**主張した。**」
▶ We have a lot of obstacles to **contend** with.
「**対処す**べき障害がたくさんある。」

2017 □ **advocate*** 動 [ǽdvəkeɪt] 名 [ǽdvəkət]

他 ～（主義・理論）を**主張する，支持する** 名 **主張者**
★ ad- ＋ voc（声）→「声を出して主張する」；vocal「声の」と同語源

▶ Many experts **advocate** less government control over the economy.
「多くの専門家が経済に対する政府の統制緩和を**主張している。**」
▶ an **advocate** of peace「平和の**支持者**」

2018 □ **delegation** [delɪgéɪʃn]

名 **代表派遣，使節**
▶ Japan sent a large **delegation** to the international peace conference.
「日本は国際平和会議に**大代表団**を派遣した。」

2019 □ **sanction** [sǽŋkʃn]

名 ①**制裁** ②**是認，許可**
★ saint / sacred と同語源で「神聖なものにする」が原義；2つの意味があるので注意
◆ **impose sanctions on A**「A **に制裁を加える**」
▶ The U.S. government imposed **economic sanctions** on Iraq.
「アメリカ政府はイラクに対して**経済制裁**を課した。」

2020 □ **pledge** [plédʒ]

名 **約束，誓約** 他 ～を**約束する，誓約する** (to *do*, that ...)
▶ He **pledged** to abstain from drinking once and for all.
「彼は金輪際酒をやめると**誓った。**」
□ **abstain** [æbstéɪn] 自（～を）控える，避ける (from ～)

2021 □ **agenda*** [ədʒéndə]

名 **協議事項，議題**
▶ The government put educational reform high on the **agenda**.
「政府は教育改革を優先すべき**協議事項**とした。」

2022 □ **amend** [əménd]

他 ～を**修正する，改正する** (= revise)
★ mend「修理する」と同語源
▶ **amend** the constitution「憲法を**改正する**」

2023 □ **subsidy** [sʌ́bsədi]
名 **補助金，助成金**
▶ reduce agricultural **subsidies**「農業**助成金**を削減する」

Check! ● advocate のアクセント位置は？ ádvocate

●認識に関する語です。「思考・認識・知」(→ **SEC #23**) も見直しておきましょう。intuition「直感」は instinct「本能」に近い意味の単語で，「理性」(reason) 以外で物事を察知する能力のことです。

直感・認識

2024 □ **intuition*** [ɪntjuíʃn]
名 **直感**
◆ **by intuition**「**直感で**」
▶ She knew by **intuition** that her husband was hiding something.
「彼女は**直感で**夫が何か隠していることが分かった。」

□ **intuitive*** [ɪntjúːətɪv]
形 **直感による**

2025 □ **discern** [dɪsə́ːrn]
他 〜を**見分ける，識別する** (= distinguish, perceive)
▶ a **discerning** reader「**洞察力のある**読者」
▶ The twins look so much alike that you can't **discern** one from the other.
「その双子はとても似ているので，一方を他方と**見分け**られない。」

2026 □ **skeptical** [sképtɪkl]
形 **懐疑的な** (= doubtful, dubious)
★ sceptical というスペルもある
▶ She said, "Nothing happened between us," but I'm **skeptical** about what she said.
「『私達の間には何もなかったの』と彼女は言ったが，私は彼女の言ったことに**懐疑的だ**。」

□ **skeptic** [sképtɪk]
名 **懐疑的な人**

Check! ● women's intuition とは？ 女の直感

● benefit「利益」という単語に含まれる bene というスペルは「良い」という意味を持ちます。benign も同語源です。その他に benevolent「好意的な」，benefactor「恩人」，benediction「祝福」などがありますが，いずれも「良い」という方向性を持っています。そして bene の反対が mal（悪い）です。ここでは malicious「悪意のある」をピックアップしましたが，maltreat「虐待する」，malnutrition「栄養失調」，malediction「悪口」などは，容易に意味を類推することが可能です。undermine の mine は「私のもの」ではなく「炭鉱・採掘する」の方で，「下に穴を掘って弱らせる」というイメージを摑んでください。

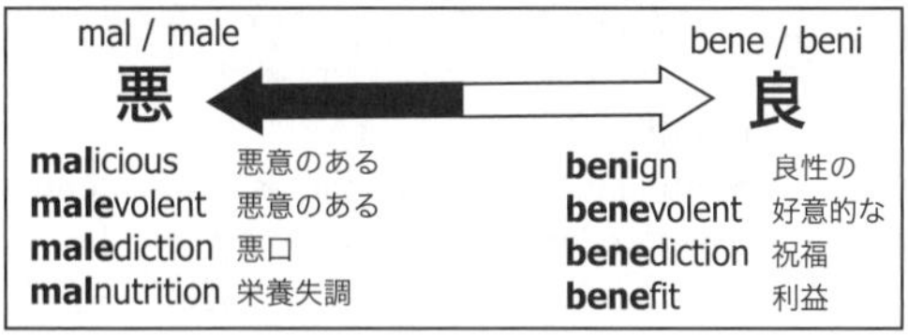

善悪・悪化

2027 □ **benign** [bənáɪn]

形 **良性の**

★ beni-（良い）から

▶ The tumor turned out to be **benign**.

「腫瘍は**良性だ**と分かった。」

2028 □ **malicious** [məlíʃəs]

形 **悪意のある**

★ mal-（悪い）から

▶ The girls indulged in **malicious** gossip about their new classmate.

「少女たちは新しいクラスメイトに関する**悪意に満ちた**うわさ話に耽った。」

□ **malice** [mǽlɪs]

名 **悪意**

2029 □ **hypocrisy** [hɪpɑ́krəsi]

名 **偽善**

▶ It's **hypocrisy** to talk about how to save energy while you are in an air-conditioned room.

「エアコンの効いた部屋にいながらエネルギー節約を語るなんて**偽善だ**。」

□ **hypocrite** [hípəkrɪt]

名 **偽善者**

2030 □ **undermine*** [ʌndərmáɪn]

他 ～を**阻害する，弱体化する**

★ 下（under）に穴を掘って（mine）弱らせる

▶ Dwelling on small details will **undermine** the main point of your argument.

「詳細にこだわると議論の要点が**弱まる**。」

2031 □ **impair*** [ɪmpéər]

㊀他 ～を**弱める，損なう**

▶ Too much exercise can **impair** muscle growth.
「運動のし過ぎは筋肉の成長を**阻害する**可能性がある。」

2032 □ **deteriorate** [dɪtíəriəreɪt]

㊀自 **悪化する** (↔ improve)

▶ Students' academic abilities have **deteriorated** due to the more relaxed education policy.
「ゆとり教育のせいで生徒の学力は**低下している。**」

□ **deterioration** [dɪtɪəriəréɪʃn]

㊀名 **悪化**

Check!	● [語源] mal / bene (beni) の意味は？	悪い／良い

● 他者に対して働きかけをする動詞を集めてみました。trigger は銃などの「引き金」から，「引き金となる」→「引き起こす」という意味に繋がります。induce / deduce は duce（導く） = lead という語根から覚えましょう。

誘発・誘惑

2033 □ **trigger*** [trígər]

㊀他 ～を**引き起こす，**の**引き金となる** ㊀名 **引き金**

▶ The assassination of the prince **triggered** off the World War.
「皇太子の暗殺が世界大戦の**引き金となった。**」

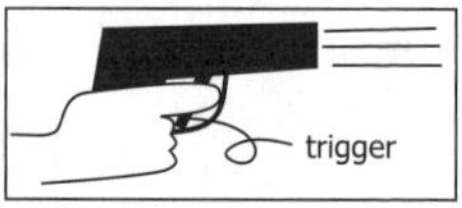

2034 □ **induce*** [ɪndjúːs]

㊀他 ～を**誘発する，**を（…）**する気にさせる** (to *do*)

★ in-（中に） + duce（導く）; intro<u>duce</u>, re<u>duce</u> などと同語源

◆ **induce A to *do***「**A を～する気にさせる**」

▶ Drinking hot milk before going to bed **induces** a deep sleep.
「寝る前に温かい牛乳を飲むことは深い眠りを**誘発する。**」

2035 □ **deduce** [dɪdjúːs]

㊀他 ～（結論）を**導き出す，推論する**

★ de-〈分離〉 + duce（導く）→「導き出す」

▶ Which of the following statements can be **deduced** from the last paragraph?
「次のどの文章が最終段落から**導き出せ**ますか？」

□ **deductive** [dɪdʌ́ktɪv]

㊀形 **演繹的な**

▶ **deductive reasoning**「**演繹法**」

2036 □ **intrigue**
動 [ɪntríːg]
名 [íntriːg]

他 ～の**興味をそそる** 名 **陰謀**
★ intricate「複雑な」と同語源；「複雑な陰謀」が人の「興味をそそる」
▶ I was **intrigued** by the title and purchased the book.
「私は題名に**興味をそそられて**その本を買った。」

Check!	● an intriguing story とは？	興味をそそる話

● 今度は一転して物理に関する語です。物理選択者なら「モーメント」という用語を知っているかもしれませんが，moment には「瞬間」の他に「運動率」の意があり，関連語の momentum は「運動量・力」という意味を持ちます。また音楽用語で veloce といえば「速いテンポで」という意味ですが，velocity「速度」はその関連語です。その他，syn<u>chron</u>ize「時間を合わせる」から chron（時間）という語根を抜き出して chronic「長期的な」に結びつけたり，fluid は flu = flow（流れる）という語根からイメージを掴みます。このように，カタカナ英語や語源を手掛かりに，語彙を広げていきましょう。

物理関係

2037 □ **momentum**
[moʊméntəm]

名 **力，勢い，運動量**
★ moment「運動率」に関連
▶ After the long recession, Japan's economy is gaining **momentum**.
「長い不況の後で，日本の経済は**勢い**を増しつつある。」

2038 □ **velocity**
[vəlɑ́səti]

名 **速度**
★ veloce「速いテンポで」に関連
▶ the **velocity** of light「光の**速度**」

2039 □ **chronic***
[krɑ́nɪk]

形 **長期的な，慢性的な**
★ chron（時間）から；syn<u>chron</u>ized swimming「シンクロナイズド・スイミング」の synchronize は「同時に起きるようにする」の意
▶ **a chronic disease**「**慢性病**」

2040 □ **lapse**
[lǽps]

名 ①（時間の）**経過** ②（ちょっとした）**誤り**
▶ a **lapse** of time「時間の**経過**」

2041 □ **gravity***
[grǽvəti]

名 **重力；重大さ**
▶ The Earth's **gravity** pulls all things downward.
「地球の**重力**はあらゆる物を下に引っぱる。」

□ **gravitation** [grævətéɪʃn]
名 引力

□ **grave*** [gréɪv]
形 重大な 名 墓
◆ **from cradle to grave**「揺りかごから墓場まで」
▶ a **grave** problem「重大な問題」

2042 □ **orbit*** [ɔ́ːrbɪt]
名 軌道 他 ～の軌道を回る
▶ A satellite stays in **orbit**.
「衛星は軌道に乗っている。」
▶ The Earth **orbits** the Sun.
「地球は太陽の軌道を回る。」

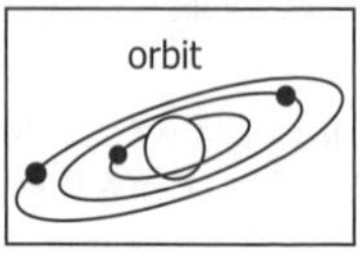

2043 □ **axis** [ǽksɪs]
名 軸
▶ **the horizontal [vertical] axis**「水平［垂直］軸」

2044 □ **fluid*** [flúːɪd]
名 流動体 形 流動性の (↔ solid)
★ flu = flow（流れる）から；flood「洪水」，fluent「流ちょうな」，flux「流れ」などと同語源：いずれも「流れる（flow）」イメージ
▶ Liquid is a **fluid** state of matter.
「液体とは流動性状態の物体を言う。」

2045 □ **resilient** [rizíliənt]
形 弾力性のある；回復力のある，立ち直りの早い
▶ a **resilient** rubber mat「弾力性のあるゴム製のマット」
▶ Teenagers are remarkably **resilient**.
「十代の若者は非常に立ち直りが早い。」

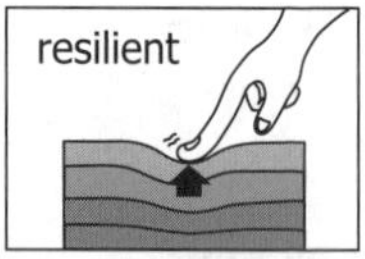

□ **resilience** [rizíliəns]
名 弾力性；回復力

2046 □ **erode*** [ɪróʊd]
自 腐食する 他 ～を腐食する，浸食する
★ e- = ex-（外に）＋ rode（囓る）→「囓って浸食する」
▶ The coastline has been slowly **eroded** by the sea.
「海岸線は海によりゆっくりと浸食されている。」

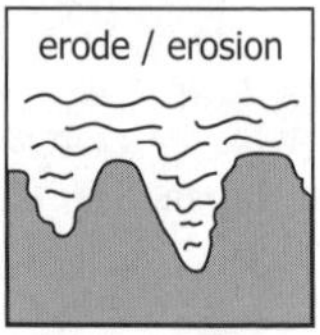

□ **erosion** [ɪróʊʒn]
名 腐食，浸食

2047 □ **erupt*** [ɪrʌ́pt]
自 噴火する
★ e- = ex-（外に）＋ rupt（壊す）→「外に壊れて噴火する」；

interrupt「中断する」, abruptly「不意に」, bankrupt「破産した」と同語源

▶ The volcano **erupted** suddenly and destroyed the city of Pompeii.
「火山が突然**噴火し**，ポンペイの町を破壊した。」

□ **eruption*** [ɪrʌ́pʃn]
名 **噴火**
▶ **volcanic eruption「火山の噴火」**

Check! ●［語源］ chron の意味は？　時間

Review Test

● **Same or Opposite?**

□1	premise	conclusion	Opposite
□2	ascribe	attribute	Same
□3	intrinsic	inherent	Same
□4	contend with	deal with	Same
□5	amend	revise	Same
□6	intuition	reasoning	Opposite
□7	skeptical	credulous	Opposite
□8	impair	damage	Same
□9	undermine	strengthen	Opposite
□10	deteriorate	improve	Opposite
□11	trigger	cause	Same
□12	intriguing	interesting	Same
□13	velocity	speed	Same
□14	chronic	momentary	Opposite
□15	fluid	solid	Opposite

● **Match up each word with its meaning.**

□16	discourse	a. to publicly support an idea	c.
□17	articulate	b. to make a promise	d.
□18	delegation	c. a speech on a particular subject	e.
□19	advocate	d. to speak clearly	a.
□20	pledge	e. a group of representatives	b.

□21	**agenda**	**a.**	a list of things to be discussed	………… a.
□22	**hypocrisy**	**b.**	to recognize	………… c.
□23	**induce**	**c.**	pretending to be a good person	………… d.
□24	**discern**	**d.**	to cause something to happen	………… b.
□25	**erode**	**e.**	to gradually destroy a surface	………… e.

● **Multiple Choices**

□26 Music ( ) national boundaries.
a. ascribes **b.** transcends **c.** formulates ………… b.

□27 The government decided to impose economic ( ) on North Korea.
a. sanctions **b.** delegations **c.** eruptions ………… a.

□28 Children often cannot ( ) fiction from reality.
a. ascribe **b.** intrigue **c.** discern ………… c.

□29 The patient was quite relieved because the tumor turned out ( ).
a. malicious **b.** benign **c.** skeptic ………… b.

□30 I found the plot to be quite ( ).
a. intriguing **b.** undermining **c.** discerning ………… a.

□31 The economy of the country is gaining ( ).
a. gravity **b.** lapse **c.** momentum ………… c.

□32 The moon is in ( ) round the earth.
a. orbit **b.** axis **c.** fluid ………… a.

□33 The horizontal ( ) of the graph shows the birth rate.
a. orbit **b.** axis **c.** fluid ………… b.

□34 This rubber ball is highly ( ).
a. resilient **b.** chronic **c.** deductive ………… a.

□35 The volcano ( ) in 1707.
a. eroded **b.** erupted **c.** erected ………… b.

解説・和訳

27「政府は北朝鮮に経済制裁を課すことに決めた。」／28「子供はよく虚構と現実の区別がつかなくなる。」／29「腫瘍が良性だと分かったので，その患者はかなり安心した。」／30「私はその筋書きがかなり面白いと思った。」／31「その国の経済は勢いを増しつつある。」

日付： 年 月 日	**得点：**	／35
29点以上→ **SECTION #48へ**	29点未満→**もう一度復習**	

SECTION #48「難単語・2」

●引き続き「難単語」を学習します。まずは「動きをイメージする動詞」から。assimilate は同語源の similar と関連づけて,「同化する」→「自分に同化していく＝吸収する」と理解してください。adhere to は SECTION #4 で学んだ stick to の類義語です。

動きをイメージする

2048 □ **assimilate**
[əsíməleɪt]

他 ～を**同化する**；**消化・吸収する** (= absorb) 自 **同化する**

★ similar「似ている」と同語源；「似ているものにする」→「自分に同化して吸収する」

◆ **assimilate** into **A**「A に同化する」

▶ Immigrants from Europe quickly **assimilated** into a new culture.
「ヨーロッパからの移民達は新しい文化に急速に**同化した**。」

▶ **assimilate** information「情報を**吸収する**」

2049 □ **adhere**
[ædhíər]

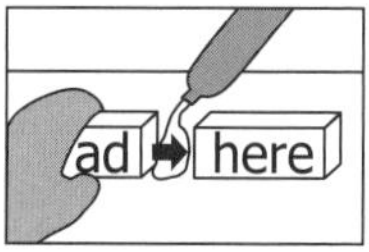

自（～に）**くっつく**,（を）**固守する** (to ～) (= stick)

★ ad-（～に）+ here →「ここにくっつく」と覚える

◆ **adhere** to **A**「A にくっつく，を固守する」(= stick to A)

▶ They strictly **adhere** to the Christian doctrine and literally interpret what is written in the Bible.
「彼らはキリスト教の教義を厳格に**固守し**，聖書に書かれていることを字義通りに解釈する。」

□ **adherence**
[ædhíərəns]

名 **固守**

2050 □ **exile**
[égzaɪl]

名（祖国からの）**追放**，**亡命** 他 ～を**追放する**

◆ **be** in **exile**「追放されている，亡命している」

▶ During the war, the Polish movie director was in **exile** in the United States.
「戦争中，そのポーランド人の映画監督はアメリカに**亡命していた**。」

Check! ● stick to = (　) to　　adhere

●続いて「検査・調査」に関する語です。まずは investigate や inquire などの重要単語を SECTION #16 で再確認しておきましょう。probe / scrutinize はいずれも examine「調べる」の類義語です。probe は「深く探り入れる」，scrutinize は「細かく調べる」というニュアンスを持ちます。census / censorship は同じ cens（評価する）という語根を持ちます。

検査・調査

2051 □ **probe**
[próʊb]

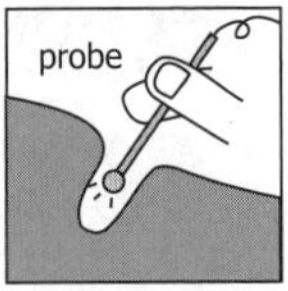

名 **探査；探索機** 他 **～を厳密に調べる**
★「探り入れる」というニュアンス
▶ A rocket was launched to **probe** the surface of Mars.
「火星の表面を**探索する**ためにロケットが発射された。」

2052 □ **scrutinize**
[skrúːtənaɪz]

他 ～を**綿密に調べる** (= examine carefully)
★「目をスクリューのようにして調べる」と覚える
▶ The immigration officer **scrutinized** my passport.
「入国審査官は私のパスポートを**細かく調べた**。」

□ **scrutiny**
[skrúːtəni]

名 **綿密な検査**

2053 □ **verify**
[vérəfaɪ]

他 ～を（正しいと）**証明する，確かめる**
▶ The hypothesis is nothing more than speculation until it is **verified** with experiments.
「その仮説は実験によって**正しいと証明される**までは，単なる憶測にすぎない。」

2054 □ **census**
[sénsəs]

名 **国勢調査**
★cens（評価する）から
▶ According to the latest U.S. **Census**, approximately 85% of Americans have health insurance.
「アメリカの最新の**国勢調査**によれば，アメリカ人の約 85 %が健康保険に加入している。」

2055 □ **censorship**
[sénsərʃɪp]

名 **検閲**
★cens（評価する）から

▶ When the war broke out, the press was placed under strict government **censorship**.
「戦争が勃発すると，新聞報道は政府の厳しい**検閲**下に置かれた。」

2056 □ **index***
[índeks]

名 **指標，指針，指数；見出し**
★indicate「指し示す」と類似；「指し示すもの」
◆ **one's index finger**「**人差し指**」
◆ **a price index**「**物価指数**」

Check! ● index finger とは？ 人差し指

● SECTION #19「力関係」では「法・規則」に対して「従う」という意味で obey などの動詞を学びました。ここではさらに発展的な defy や comply with を覚えます。日本語の「コーディネート」は，ファッション用語として用いられることが多いようですが，英語の coordinate には「動きを同調させる」という意味もあります。corporate / corporation は cooperate / cooperation「協力（する）」と混同しやすい語です。まず corp（体）という語根を覚えてから「体に組み込む」→「組み合わさってできた企業」と関連づければ間違わないでしょう。

力関係・統合

2057 □ **defy** [dɪfáɪ]

他 ～を**拒む**，に**反抗する** (= disobey)

★ de-〈離れて〉＋ fy（信じる）→「信じない」; faith (→ **p.392**), confidence (→ **p.393**) と同語源

▶ The student **defied** the school rules and came to school in sandals.
「その学生は校則に**反抗して**サンダルで登校した。」

□ **defiance** [dɪfáɪəns]

名 **反抗**

2058 □ **comply** [kəmpláɪ]

自（～〔規則・命令・基準〕に）**従う，合致する** (with ～) (= obey)

★ com-（共に）＋ ply（満たす）→「規則の要求・基準を満たす」→「従う」; accomplish（達成する），complete（完成する）と同語源

◆ **comply with A**「A に従う，を遵守する」

▶ Those who didn't **comply** with the regulations were severely punished.
「規則に**従わ**ないものは厳重に処罰された。」

□ **compliance** [kəmpláɪəns]

名 **従うこと**

2059 □ **synthesize** [sínθəsaɪz]

他 ～を**総合する，合成する，合成して造り出す**

▶ Many organic materials can be **synthesized** from inorganic ones.
「多くの有機物質は無機物質から**合成する**ことができる。」

□ **synthesis** [sínθəsɪs]

名 **総合，合成**

◆ **photosynthesis**「光合成」

□ **synthetic** [sɪnθétɪk]

形 **総合的な，合成された**

▶ **synthetic fiber**「合成繊維」

2060 □ **coordinate** [kouɔ́ːrdəneɪt]

㊀ ～を**同調して動かす，調整する**

★ co-（共に）＋ ordinate（命令する）＜ order（命令）

▶ In order to swim fast, each of your body movements must be **coordinated**.
「速く泳ぐためには，体の動きの1つ1つが**同調して**いなくてはならない。」

□ **coordination** [kouɔːrdənéɪʃn]

㊔ **同調，調整**

2061 □ **subordinate**
形 名 [səbɔ́ːrdənət]
動 [səbɔ́ːrdəneɪt]

形 **従属している，下位の** 名 **従属するもの，下位のもの**
他 ～を**従属させる**

★ sub-（下に）＋ ordinate（命令する）＜ order（命令）→「従属させる」

▶ **subordinate** issues「**二次的な問題**」

▶ If a leader cannot trust his **subordinates**, he won't be trusted either.
「指導者が**部下**を信頼できなければ，彼もまた信頼されない。」

2062 □ **incorporate*** [ɪnkɔ́ːrpəreɪt]

他 ～を（…に）**組み込む** (into ...)

★ in-（中に）＋ corp（体）→「体の中に組み込む」

◆ **incorporate A <u>into</u> B**「**AをBに組み込む**」

▶ Many foreign words have been **incorporated** <u>into</u> the Japanese language, mostly from English and Chinese.
「主に英語と中国語から，多くの外国語の単語が日本語に**組み込まれ**てきた。」

□ **corporation*** [kɔːrpəréɪʃn]

名 **法人，会社**

★「組み合わさってできた企業」; cooperation「協力」と混同しないこと

▶ **the British Broadcasting Corporation**「**英国放送協会（BBC）**」

□ **corporate*** [kɔ́ːrpərət]

形 **企業の；共同の**

★ cooperate「協力する」と混同しないこと

▶ a **corporate** executive「**会社の重役**」

2063 □ **comprise*** [kəmpráɪz]

他 ～を**構成する；～からなる** (= consist of)

▶ Kyushu literally means "nine states," but it actually **comprises** seven prefectures.
「九州は文字通り『9つの州』を意味するが，実際には7つの県**からなる**。」

□ **prefecture*** [príːfektʃər] 名 県

Check! ●［語源］ corp の意味は？ 体

● 語源を手掛かりに，いくつかの難単語を覚えましょう。manu（手）という語根は manufacture「製造する」（→ **p.371**）や manual「手動の」（→ **p.572**）などで学習しています。manipulate「あやつる」もやはり同語源の単語です。三角関数でお馴染みの「タンジェント」（tangent）の tang は「触る・接する」（= touch）という意味で，そこから tangible「触れることができるくらい明白な」という語が生まれます。ingenious「創意工夫に富んだ」と ingenuous「純真な」は語源的には同じなのですが，本当に腹立たしい程紛らわしいです。ingenious は genius「天才」と，ingenuous は genuine「真の・心からの」と関連づけると覚えやすいでしょう。

語源から

2064 □ **manipulate*** [mənípjəleɪt]
他 ～を**操作する，あやつる**
★ manu（手）→「手であやつる」

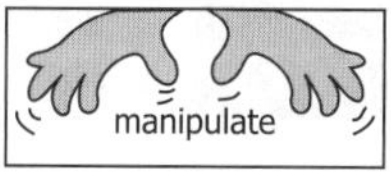

▶ The scientist was accused of deliberately **manipulating** the data.
「科学者は意図的にデータを**操作している**として非難された。」

□ **manipulation** [mənɪpjəléɪʃn]
名 **操作，あやつり**

2065 □ **tangible** [tǽndʒəbl]
形 **触れることができる；明白な，具体的な**
★ tang（触る = touch）から；「手で触れることができるくらい明白・具体的な」；tangent「正接・タンジェント」と同語源
▶ They still haven't found **tangible** evidence against the suspect.
「容疑者に不利な**具体的な**証拠はまだ挙がっていない。」

2066 □ **designate*** [dézɪgneɪt]
他 ～を**指名する，指定する**
★ sign（印をつける）から
▶ Smoking is allowed only in **designated** areas.
「喫煙は**指定された**場所でしか許されない。」

□ **designation** [dezɪgnéɪʃn]
名 **指名，指定**

2067 □ **depict** [dɪpíkt]
他 ～を**描く**
★ picture（絵）と同語源；「絵に描く」
▶ The story **depicts** the relentless battle between two politicians.
「その物語は2人の政治家の容赦のない戦いを**描いている**。」

2068 □ **ingenious** [ɪndʒíːnjəs]
形 **創意工夫に富んだ**
★genius「天才」と同語源
▶ an **ingenious** device「**創意工夫に富んだ**装置」

□ **ingenuity** [ɪndʒənjúːəti]
名 **創意工夫**

2069 □ **ingenuous** [ɪndʒénjuəs]
形 **純真な，無邪気な**
★genuine「真の，心からの」と同語源
▶ an **ingenuous** smile [answer]「**無邪気な**笑顔［返事］」

2070 □ **proximity** [prɑksíməti]
名（～に）**近いこと** (to ～)
★approximately「おおよそ」(→ **p.298**) と同語源
▶ I chose the hotel because of its **proximity** to the station.
「駅に**近い**という理由でそのホテルを選んだ。」

Check!		
	●［語源］ manu の意味は？	手
	●「創意工夫に富んだ」はどっち？： 1. ingenious / 2. ingenuous	1.

●英語を話す国民は，日本人に比べて驚きやすいのでしょうか，「驚き・動揺」に関する語は実にたくさんあります。dismay なら「失望」＋「ショック」というように，各語のニュアンスを示してありますので，例文と併せて参考にしながらイメージを摑んでください。またこの手の「感情を表す動詞」の多くは他動詞ですが，marvel だけは例外的に自動詞です。

驚き・動揺

2071 □ **dismay** [dɪsméɪ]
他 ～を**動揺させる** (= shock, upset) 名 **動揺**
★「失望」＋「ショック」を表す
◆ **to one's dismay**「**がっかりしたことには**」
▶ He was **dismayed** by a sudden change in his friends' attitudes.
「友人達の態度が急に変化したので彼は**動揺した**。」

2072 □ **appall** [əpɔ́ːl]
他 ～を**ぎょっとさせる**
★「失望」＋「ショック」；dismay よりもショックの度合いが強い；pale（青白い）と同語源→「ぎょっとして青白くなる」
▶ The results of the examination were **appalling**.
「試験の結果は**ぎょっとするもの**だった。」

2073 □ **stun** [stʌ́n]
他 ～を**びっくりさせる，茫然とさせる**
★「驚いて声が出なくなる・動きが止まってしまう」；動詞変化：stun – stunned, stunning ；「スタンガン」(stun gun) は「高

電圧で相手の動きを止める装置」
▶ The foreigners were **stunned** by the magnificent view of Mt. Fuji.
「富士山の壮麗な眺めに外国人達は**茫然とした。**」

2074 □ **marvel*** [mάːrvl]

自 (〜に) **驚く，驚嘆する** (at 〜) 名 **驚き**
★「すばらしさに驚く」；自動詞であることに注意
◆ **marvel at A**「**A に驚嘆する**」
▶ Everyone at the ball (~~was~~) **marveled** at the beauty of the princess.
「舞踏会に出た誰もが王女の美しさに**驚嘆した。**」

□ **marvelous** [mάːrvələs]

形 **驚嘆すべき，すばらしい** (= wonderful)

2075 □ **perplex** [pərpléks]

他 〜を**当惑させる** (= puzzle, confuse)
★「不可解・混乱」＋「驚き」
▶ The investigator was **perplexed** because the two witnesses had given contradicting accounts.
「2 人の証人が相反する説明をしたので，捜査官は**混乱した。**」

2076 □ **bewilder** [bɪwíldər]

他 〜を**当惑させる** (= puzzle, confuse)
★「不可解・混乱」＋「驚き」
▶ The student was **bewildered** by the complexity of the problem.
「学生は問題の複雑さに**当惑した。**」

□ **bewilderment** [bɪwíldərmənt]

名 **当惑**

2077 □ **astound** [əstáʊnd]

他 〜を**びっくりさせる**
★「予期せぬ情報・出来事に驚く」；「驚きの度合い」は surprise < astonish < astound < startle の順
▶ People were **astounded** by the news of the assassination.
「暗殺のニュースに人々は**驚いた。**」

2078 □ **startle*** [stάːrtl]

他 〜を**びっくりさせる**
★「跳び上がるくらいに驚かせる」；驚きの度合いは最も強い

Check! ● I (1. was marveled / 2. marveled) at her beauty. 2.

●最後は「予期・不安・苦悩」に関する語です。

予期・不安・苦悩

2079 □ **anticipate*** [æntísəpeɪt]

他 ～を**予期する** (= expect)

▶ The hotel room was much more spacious than we had **anticipated**.

「ホテルの部屋は私達が**予期していた**よりもずっと広かった。」

□ **anticipation*** [æntɪsəpéɪʃn]

名 **予期**

2080 □ **apprehension** [æprɪhénʃn]

名 **懸念，不安** (= anxiety, worry)

▶ It's quite natural to feel **apprehension** before making a speech in public.

「人前でスピーチをする前に**不安**になるのは極めて当然のことだ。」

□ **apprehensive** [æprɪhénsɪv]

形 **懸念している**

2081 □ **deplore** [dɪplɔ́ːr]

他 ～を**嘆く**

□ **deplorable** [dɪplɔ́ːrəbl]

形 **嘆かわしい**

2082 □ **agony** [ǽgəni]

名 **苦悩，苦痛** (= pain)

▶ It was **agony** for the patient even to sit up in bed.

「その患者はベッドで起きあがるのも**苦痛**だった。」

2083 □ **inflict** [ɪnflíkt]

他 ～（苦痛・打撃）を**与える**

★ in-（上に）＋ flict（打つ = strike）→「上から打ち付ける」；conflict「衝突」と同語源；目的語は pain「苦痛」，damage「損害」など

◆ **inflict A on B**「B に A（苦痛・損害）を与える」

▶ The doctor knows how to give injections without **inflicting** pain on patients.

「医者は患者に痛みを**与え**ずに注射する方法を心得ている。」

□ **injection** [ɪndʒékʃn] 名 注射

2084 □ **afflict** [əflíkt]

他 ～を**苦しめる**

★ af-（～に）＋ flict（打つ = strike）

▶ He was **afflicted** with Alzheimer's disease.

「彼はアルツハイマー型認知症に**苦しんだ**。」

Check! ●［語源］ flict の意味は？ 打つ (= strike)

Review Test

● Same or Opposite?

□1	adhere	detach	Opposite
□2	probe	investigate	Same
□3	defy	obey	Opposite
□4	subordinate	superior	Opposite
□5	comprise	consist of	Same
□6	tangible	obscure	Opposite
□7	perplex	puzzle	Same
□8	startle	astound	Same
□9	apprehension	anxiety	Same
□10	appalling	marvelous	Opposite

● Match up each word with its meaning.

□11	assimilate	a. to prove something is correct	c.
□12	incorporate	b. to include something as a part	b.
□13	scrutinize	c. to absorb and fully understand	e.
□14	verify	d. to obey an order or a rule	a.
□15	comply	e. to examine carefully	d.
□16	synthesize	a. to confuse and surprise	d.
□17	coordinate	b. to choose or name something	e.
□18	designate	c. to make someone very surprised	b.
□19	bewilder	d. to combine different things	a.
□20	astound	e. to make things move together	c.

● Multiple Choices

□21 The young prince was banished from the country and went into ( ).
a. adherence b. exile c. censorship ……… b.

□22 The press was under strict ( ) during the World War.
a. census b. censorship c. index ……… b.

□23 The latest ( ) shows that the population is rapidly aging.
a. census b. censorship c. compliance ……… a.

□24 The device is simply designed so that anyone can easily ( ) it.
a. designate b. stun c. manipulate ……… c.

□25 The book ( ) the harsh struggles of wartime.
a. depicts **b.** dismays **c.** designates ………………………… a.

□26 No one knows what is hidden behind his ( ) smile.
a. ingenious **b.** ingenuous **c.** tangible …………………………… b.

□27 The sisters live in close ( ) to each other.
a. corporation **b.** ingenuity **c.** proximity ………………………… c.

□28 The hurricane ( ) great damage on the town.
a. inflicted **b.** designated **c.** afflicted …………………………… a.

□29 The soldier was shot and died in ( ).
a. dismay **b.** marvel **c.** agony ……………………………… c.

□30 Everyone ( ) at the beauty of the princess.
a. marveled **b.** was marveled **c.** stunned …………………………… a.

□31 The trip cost much more money than we had ( ).
a. apprehended **b.** inflicted **c.** anticipated ………………………… c.

□32 My father has long been ( ) with rheumatism.
a. anticipated **b.** afflicted **c.** deplored ………………………… b.

ヒント rheumatism「リウマチ」

解説・和訳

21「若い王子は国から追放され亡命した。」／22「世界大戦中は，報道は厳しい検閲下に置かれた。」／23「最新の国勢調査は，人口が急速に高齢化していることを示している。」／24「その装置は，誰にでも簡単に操作できるように単純な設計になっている。」／25「その本は，戦争中の辛い苦闘を描いている。」／26「彼の無邪気な笑顔の裏に何が隠されているのかは誰にも分からない。」／28「ハリケーンはその町に甚大な損害を与えた。」／29「その兵士は撃たれて苦しみながら死んだ。」／30「誰もが王女の美しさに驚いた。」；marvel は自動詞なので受動態にならない／31「旅行は我々が予期していたよりもずっとお金がかかった。」／32「私の父は長いことリウマチで苦しんでいる。」

日付： 年 月 日	得点： ／32
27 点以上→ SECTION #49 へ	27 点未満→もう一度復習

SECTION #49 「難単語・3」

●意思決定のプロセスは理性的なものばかりとは限りません。時には「矛盾・相反する」(ambivalent) 感情に揺れ動いたり，「独断的な」(arbitrary) 判断による決定もあり得ます。また，複数の人間の意思決定においては，「満場一致の」(unanimous) 同意を得て，「合意」(consensus) に至ることが望ましいでしょう。

意思決定

2085 □ **ambivalent** [æmbívələnt]

形 **矛盾する，相反する，どちらか決めかねて**

★ ambi（二重の）＋ valent < value（価値）→「2つの価値の間で矛盾・相反する」; equivalent「同等の」(→ **p.188**), ambiguous「2つのうちのどちらともとれる・曖昧な」(→ **p.18**) を参照

▶ have **ambivalent** feelings「**矛盾する**感情を持つ」

▶ Melinda is **ambivalent** about whether or not she should marry Tom.
「メリンダはトムと結婚すべきかどうか**決めかねている**。」

□ **ambivalence** [æmbívələns]

名 **矛盾，相反**

2086 □ **arbitrary** [ɑ́ːrbətreri]

形 **任意の，独断的な，気まぐれの**

★ 理性よりも偶然・気分に任せて決定すること

▶ The king divided the land into two, but the line he drew was quite **arbitrary**.
「王はその土地を2つに分けたが，彼が引いた境界線は極めて**独断的な**ものだった。」

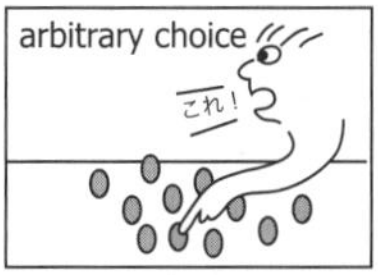

2087 □ **unanimous** [juːnǽnəməs]

形 **満場一致の**

★ un- = uni-（1つ）＋ animous（心）→「心が1つになった」

▶ They finally reached a **unanimous** agreement on the agenda.
「彼らはついに議題に関して**満場一致の**同意に至った。」

2088 □ **consensus*** [kənsénsəs]

名 **意見の一致，合意**

★ con-（共に）＋ sensus < sense（感じる）→「共に感じる」; consent（同意）と同語源

▶ There is still no scientific **consensus** on the safety of genetically altered foods.

「遺伝子組み換え食品の安全性に関しては，科学的な**意見の一致**がまだない。」

Check!	● arbitrary choice **とは？**	気まぐれの（独断的な）選択

●「思考」は SECTION #23 で扱ったテーマです。ponder は consider や think of，reckon は suppose や think などで置き換え可能です。

思考・考案

2089 □ **ponder**
[pɑ́ndər]

他 ～を**じっくり考える** (= think seriously about)

▶ Lately I have been continually **pondering** how I should quit my job.
「最近はずっとどうやって仕事を辞めようか**考えている**。」

2090 □ **reckon**
[rékən]

他 ～を**推定する**，と**考える** (= suppose, think)

★ 主にイギリス英語で用いられる

▶ I **reckon** I will go back to sleep.
「帰って寝ようと**思う**。」

Check!	● I reckon = I (　)	suppose (think)

● SECTION #32 では「短い単語」を特集して学びました。ここではやや発展的な単語を扱いますが，「直感的にイメージを摑む」「類似したスペルの単語としっかり区別する」などの注意点を思い出してください。

短い語・1

2091 □ **soar***
[sɔ́ːr]

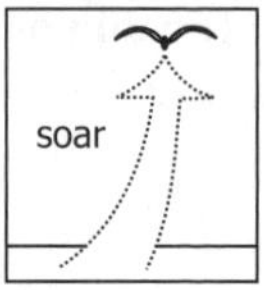

自 **急上昇する，高く舞い上がる**

▶ The price of oil **soared** in the 1970s, causing the so-called "oil shock."
「1970年代に石油の価格が**急上昇し**，いわゆる『オイルショック』を引き起こした。」

2092 □ **roar**
[rɔ́ːr]

自 **鳴り響く，吠える**

★ 猛獣，大観衆，トラックなどの轟音

▶ A huge truck **roared** past us at a tremendous speed.
「巨大なトラックがものすごいスピードで**轟音を立てて**通り過ぎた。」

2093 □ **peer***
[píər]

名 **仲間，同等の人**
★ pair「ひと組」と同語源；「同等の者（peers）同士がペア（pair）になる」
▶ Most teenagers want to be popular among their **peers**.
「たいていの10代の若者は**仲間**の間で人気者になりたがる。」

2094 □ **reap**
[ríːp]

他 ～を**収穫する**；（報酬・利益）を**手に入れる**
★ leap「跳ぶ」と混同しないこと
▶ **a reaping machine**「**刈り取り機**」
▶ He **reaped** great profits from his invention.
「彼は発明から多大の利益を**得た**。」

2095 □ **curb**
[kə́ːrb]

他 ～を**抑制する**（= restrain）名（歩道の）**縁石**
★ curve「曲げる，曲がる」と混同しないこと
▶ To **curb** population growth, the Chinese government used to encourage couples to have only one child.
「人口増加を**抑制する**ために，中国政府は夫婦に子供を1人だけ作ることを奨励していた。」

2096 □ **carve***
[káːrv]

他 ～を**彫る，作る**
★ curve「曲げる，曲がる」と混同しないこと
▶ The boy **carved** his name on the desk.
「少年は自分の名前を机に**彫った**。」
▶ Tom is so busy with his work that he can't **carve out** time to spend with his children.
「トムは仕事で忙しくて子供と過ごす時間を**捻出**できない。」

2097 □ **cue***
[kjúː]

名 **合図，指図**
★ テレビ番組での「合図」の意味で日本語化している
▶ The ringing sound was his **cue** to go up on stage.
「電話の鳴る音が，彼が舞台に上がる**合図**だった。」

2098 □ **queue**
[kjúː]

名 **行列**（= line）
★ 上の cue と同音；イギリス英語；米語では line
▶ wait **in a queue** (= wait in line)「**並んで待つ**」

Check! ●「曲線」の意味の「カーブ」は？： 1. curve / 2. curb / 3. carve　1.

●引き続き「短い単語」です。slap / clap / sew などは，「難単語」というよりは日常的に用いられる語ですが，入試問題では登場回数が少ないので，知らない人も多いようです。

短い語・2

2099 □ **slap** [slǽp]

他 ～を**ぴしゃりと叩く**

▶ She **slapped** me across the face and shouted, "Get out of here!"
「彼女は僕の顔に**平手打ちを食らわせて**『出ていって！』と叫んだ。」

▶ **slap** someone on the back「（激励して）背中を**叩く**」

2100 □ **clap** [klǽp]

他 ～（手）を**叩く**

▶ **Clap your hands** to the rhythm.
「リズムに合わせて**手拍子をして**ください。」

2101 □ **hatch** [hǽtʃ]

自（卵が）**かえる，孵化する**

▶ Sea turtles lay eggs in the sand, leaving them to **hatch** on their own.
「ウミガメは砂の中に卵を産んで，それを自然に**孵化させる**。」

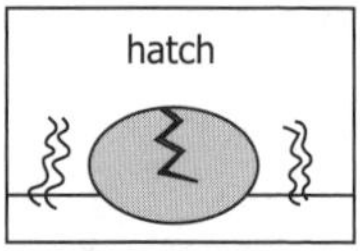

2102 □ **wreck** [rék]

他 ～を**大破させる，台なしにする** 名 **難破**，（破損した）**残骸**

▶ a **wrecked** ship [marriage]「**難破した**船［**破綻した**結婚生活］」

2103 □ **drain*** [dréɪn]

名 **下水，排水** 他 ～の**排水をする**，を**消耗する**

★ dry と同語源：「drain（排水）して dry（乾燥した）にする」

▶ The farmers dug ditches in order to **drain** the wheat field.
「農民達は小麦畑の**水はけをよくする**ために溝を掘った。」

□ **ditch** [dítʃ] 名 溝

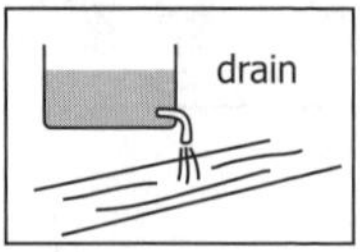

2104 □ **sewage** [súːɪdʒ]

名 **下水**

▶ Large amounts of **sewage** are dumped into the sea.
「大量の**下水**が海に廃棄されている。」

2105 □ **sew*** [sóʊ]

他 ～を**縫う**

★ 発音注意：sow「種をまく」と同音；動詞変化：sew – sewed – sewn

▶ A name tag was **sewn** on the boy's school uniform.
「少年の制服には名札が**縫いつけてあった**。」

2106 □ **sober** [sóʊbər]

形 **しらふの；ありのままの**

▶ I seldom see my father **sober**.

「父が**しらふで**いるのは滅多に見ない。」
▶ a **sober** fact「**ありのままの事実**」

2107 □ **kin** [kín]
名 **血縁，親族**

□ **kinship** [kínʃɪp]
名 **血縁関係，親近感，類似**
▶ As a humanist, I feel **kinship** with everyone in the world.
「人道主義者として，私は世界中の誰にでも**親近感**を覚える。」

□ **akin** [əkín]
形（～と）**同種の，同類の** (to ～)
◆ **be akin to A**「Aと同種の」
▶ This is not love, but something **akin** to pity.
「これは愛ではない。哀れみに**近い**ものだ。」

2108 □ **merge** [mə́ːrdʒ]
自 **合併する**

□ **merger** [mə́ːrdʒər]
名 **企業合併**
◆ **merger and acquisition**「企業合併，買収（M&A）」

2109 □ **riot** [ráɪət]
名 **暴動，反乱**
▶ In 1968, massive student **riots** erupted in Paris.
「1968年にパリで大規模な学生による**反乱**が起こった。」

Check! ●(　) a button on a shirt：1. sew / 2. sow / 3. saw 1.

●科学系の単語です。

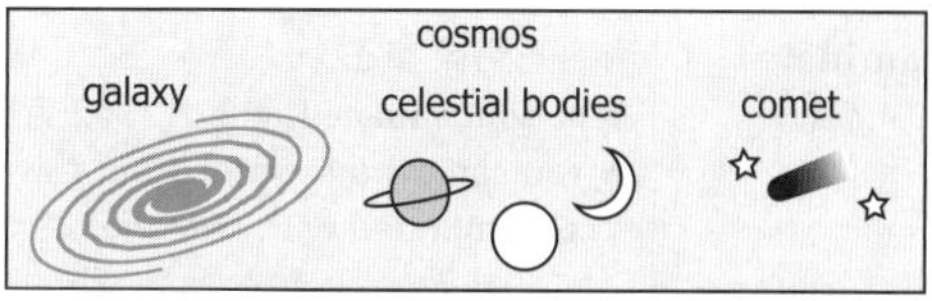

天文・科学系

2110 □ **galaxy*** [gǽləksi]
名 **銀河，星雲**
▶ There are several hundred billion stars in our **galaxy**, and the Sun is only one of them.
「我々の住む**銀河系**には数千億の星があり，太陽はその1つにすぎない。」

2111 □ **cosmos** [kázməs]
名 **宇宙** (= universe)

□ **cosmic** [kázmɪk]
形 **宇宙の**

2112 □ **celestial** [səléstʃəl]
形 **天体の**
◆ **celestial bodies「天体」**

2113 □ **asteroid*** [ǽstərɔɪd]
名 **小惑星**
▶ obtain resources from **asteroids**「**小惑星**から資源を入手する」

2114 □ **comet*** [kɑ́mɪt]
名 **彗星**
▶ ↓

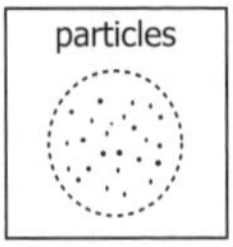

2115 □ **particle*** [pɑ́ːrtɪkl]
名 **粒子，小片**
★ part（部分）と同語源
▶ The icy **comet** melts in the sunlight and releases dust **particles**, which form a long tail.
「凍った**彗星**が太陽光で溶けて塵の**粒子**を放射し，長い尾を形成する。」

2116 □ **debris*** [dəbríː]
名 **残骸，ゴミ**
★ 発音注意；不可算名詞
▶ **space [tsunami] debris「宇宙ゴミ［津波の瓦礫］」**

2117 □ **psychiatric** [saɪkiǽtrɪk]
形 **精神医学の**
★ スペル・発音注意；→ psychology「心理学」（→ **p.195**）
▶ **a psychiatric hospital「精神科病院」**

2118 □ **contaminate*** [kəntǽmɪneɪt]
他 ～を**汚染する**
◆ **be contaminated with A「A で汚染されている」**
▶ You can't drink water from this well because it is **contaminated** with bacteria.
「この井戸の水は飲めない。細菌で**汚染されている**からだ。」

□ **contamination** [kəntæmənéɪʃn]
名 **汚染**

2119 □ **specimen** [spésəmən]
名 **標本，見本**
▶ rare **specimens** of butterflies and moths
「蝶や蛾の珍しい**標本**」

Check! ● psychiatric disorder **とは？** **精神疾患**

●「場所・領域」は SECTION #10 のテーマでした。indigenous は，前セクションの ingenious「創意工夫に富んだ」や ingenuous「純真な」と混同しやすいですが，di というスペルが入っていることから区別してください。また「危険」に関しては danger / risk 以外に peril / hazard を覚えましょう。

地域・危険

2120 □ **indigenous*** [ɪndídʒənəs]
形 **原住民の，その土地固有の** (= native)
◆ **indigenous people**「**先住民**」

2121 □ **province*** [prάvɪns]
名 **州，省；**(-s) **地方**
★カナダの「州」，中国の「省」などに用いられる
▶ **the Province of Quebec**「**ケベック州**」

□ **provincial** [prəvínʃəl]
形 **田舎の，地方の**
▶ I was born in a **provincial** town in northern England.
「私はイングランド北部の**田舎の**町で生まれた。」

2122 □ **peril** [pérəl]
名 **危険** (= danger)
★生命を脅かすような大きな危険
◆ **be in peril**「**危険な状態にある**」(= be in danger)
▶ As nature is being destroyed, many plant species are in **peril** of extinction.
「自然が破壊されていて，多くの植物種が絶滅の**危機**にある。」

□ **perilous** [pérələs]
形 **危険な**

2123 □ **hazard** [hǽzərd]
名 **危険，危険要素** (= danger)
★危険の可能性を伴うもの
▶ Smoking is a **hazard** to your health.
「喫煙は健康を**害するもの**である。」

□ **hazardous** [hǽzərdəs]
形 **危険な**

Check!	●「原住民の」は？：1. ingenuous / 2. ingenious / 3. indigenous	3.

●最後にいくつかの形容詞を学びます。どれも難しい単語ですが，覚えるためには何らかの「とっかかり」を見つけてください。plausible「もっともらしい」は applause「拍手喝采」と結びつけて，anonymous「匿名の」は synonym「類義語」と結びつけて覚えましょう。また obsolete は old-fashioned の類義語として，innate は inherent の類義語として，単語同士を関連づけてください。

形容詞

2124 □ **plausible** [plɔ́ːzəbl]
形 **もっともらしい，まことしやかな**
★ applause「拍手喝采」と同語源；plaus（拍手） ＋ -ible〈可能〉→「拍手できるくらいに信じられる」
▶ You need to come up with a more **plausible** excuse; otherwise no one will believe you.
「より**もっともらしい**言い訳を考えつく必要がある。さもないと誰も信じないよ。」

□ **implausible** [ɪmplɔ́ːzəbl]
形 **あり得そうもない**

2125 □ **preliminary** [prɪlímənerі]
形 **予備の，事前の**
▶ a **preliminary** election [experiment]「**予備**選挙［実験］」

2126 □ **anonymous** [ənánəməs]
形 **匿名の**
★ onym（名）から；synonym「類義語」，antonym「反意語」と同語源
▶ The man made an **anonymous** donation to the orphanage.
「男は孤児院に**匿名の**寄付を行った。」

2127 □ **obsolete** [ɑbsəlíːt]
形 **すたれた，時代遅れの** (= old-fashioned, out of date)
▶ Computer hardware becomes **obsolete** as soon as new models come out.
「コンピュータ機器は新しいモデルが出るとすぐに**時代遅れ**になる。」

2128 □ **innate*** [ɪnéɪt]
形 **生まれつき備わっている** (= inherent)；**固有の**
★ in-（中に） ＋ nate（生まれる）→「生まれつき持っている」
▶ Human beings are born with an **innate** capacity for language acquisition.
「人間は**生得の**言語習得能力を持って生まれてくる。」

Check! ● an anonymous letter **とは？** 匿名の手紙

Review Test

● **Same or Opposite?**

□1 arbitrary — random …… Same
□2 consensus — disagreement …… Opposite

□3	**ponder**	**consider**	……Same
□4	**soar**	**fall**	……Opposite
□5	**curb**	**restrain**	……Same
□6	**queue**	**line**	……Same
□7	**sober**	**drunk**	……Opposite
□8	**akin**	**similar**	……Same
□9	**indigenous**	**native**	……Same
□10	**peril**	**danger**	……Same

● **Match up each word with its meaning.**

□11	**cue**	a.	large group of stars	…… d.
□12	**slap**	b.	person equal in rank	…… c.
□13	**peer**	c.	strike with the palm	…… b.
□14	**galaxy**	d.	signal for action	…… a.
□15	**particle**	e.	very small piece	…… e.
□16	**hazardous**	a.	no longer used	…… d.
□17	**drain**	b.	celestial body with a tail	…… c.
□18	**specimen**	c.	to remove water	…… e.
□19	**obsolete**	d.	dangerous	…… a.
□20	**comet**	e.	sample	…… b.

● **Multiple Choices**

□**21** He has (　) feelings toward his foster parents.
a. arbitrary　**b.** ambivalent　**c.** unanimous …… b.

□**22** The committee members reached a (　) agreement on the issue.
a. arbitrary　**b.** unanimous　**c.** consensus …… b.

□**23** We heard a lion (　) in the distance.
a. soaring　**b.** roaring　**c.** curbing …… b.

□**24** He (　) the rewards of his many years of struggles.
a. reaped　**b.** curbed　**c.** cued …… a.

□**25** He (　) a figure out of stone.
a. curved　**b.** curbed　**c.** carved …… c.

□**26** A badge was (　) on his uniform.
a. sown　**b.** sewn　**c.** sawn …… b.

□**27** The bird sits on her eggs until they (　).
a. drain　**b.** clap　**c.** hatch …… c.

□**28** The audience (　) their hands in excitement.
a. slapped　**b.** clapped　**c.** flipped …… b.

□29 The Italian language is ( ) to Latin.
a. akin b. perilous c. indigenous ……………………… a.

□30 The government decision to raise taxes triggered violent ( ).
a. mergers b. drains c. riots ……………………………… c.

□31 "M&A" stands for ( ) and acquisition.
a. meager b. mingle c. merger ……………………………… c.

□32 The spacecraft was destroyed by a collision with space ( ).
a. debris b. peril c. peer ………………………………… a.

□33 The underground water supplies were ( ) with bacteria.
a. manifested b. provincial c. contaminated …………………… c.

□34 His story sounds ( ), but actually it has all been made up.
a. plausible b. manifest c. hazardous ……………………… a.

□35 I got an ( ) letter informing me of my wife's affair.
a. anonymous b. arbitrary c. indigenous ……………………… a.

解説・和訳

21「彼は育ての親に対して相反する感情を持っている。」／22 unanimous agreement「満場一致の合意」／24「彼は長年の苦労の報酬を手に入れた。」／26 sew「縫う」の動詞変化は sew – sewed – sewn ／29「イタリア語はラテン語に近い。」／30「増税するという政府の決定は，激しい暴動を引き起こした。」／33「地下水は細菌で汚染されていた。」／35「私は妻の浮気を知らせる匿名の手紙をもらった。」

日付： 年 月 日	得点： ／35
30点以上→SECTION #50へ	30点未満→もう一度復習

『鉄壁』を繰り返し学習するにあたっての注意点

さあ，『鉄壁』も残るところあと1セクションとなりました。ゴールは目前です。
もうすでに多くの単語を忘れてしまった……
そんな不安を感じている人もいるかもしれません。でも心配は無用です。23ページのコラム（「単語を覚えるコツ・1」）を読み返してください。そうです，忘れても，また覚え直せばいいのです。『鉄壁』を読み終えたあとも，もう1周，2周と繰り返し学習することをお勧めします。反復学習によって，記憶は定着していきます。
ですが，ここで1つ注意を喚起しておきましょう。同じ単語集を繰り返し読んでいると，ある困った現象が起こるものです。それは「同じ知識が定着するだけで，知識量が一向に増えない」という現象です。これは，ページの中の知っている情報にばかり目が行きがちであるのが原因です。
そこで，2周目以降は，意識して「読み飛ばしそうな箇所」に注意を向けてください。一般には，●の解説，◆の重要表現を読み飛ばす人が多いようです。一方で，もう分かっている情報はどんどん飛ばして構いません。3周目からは「▶の用例だけを読もう」「派生語だけを確認しよう」などと，テーマを決めて読み返すのもいいでしょう。単語学習においては，このようにメリハリをつけた反復学習がとても重要なのです。

SECTION #50 「難単語・4」

● subsequent / alleviate / mandatory などの難単語は，単体として覚えるのは難しいでしょう。しかし例えば subsequent なら consequent「結果の」と，alleviate は elevate「持ち上げる」と関連づけることで，より覚えやすくなります。覚えにくい単語も，語源や，スペルの似た単語と関連づけて，記憶のための「とっかかり」を作ってください。

別単語と関連づけて

2129 □ **subsequent*** [sʌ́bsɪkwənt]

形 **その後の** (= later, following)

★ sub-（副次的な）＋ sequ（続く）→「後に続く」; consequent「結果の」と同語源（con-（共に）＋ sequ（続く）→「後に続いて起こる，結果の」）

▶ Japan's defeat in the war and the **subsequent** occupation by America had a tremendous impact on the country.

「戦争での敗北と，**その後の**アメリカによる占領は，日本に途方もない影響を与えた。」

□ **subsequently*** [sʌ́bsɪkwəntli]

副 **その後**

2130 □ **alleviate** [əlíːvieɪt]

他 ～を**軽くする，軽減する** (= relieve)

★ al-（～へ）＋ lev（持ち上げる）→「持ち上げて軽くする」; elevate「持ち上げる」と同語源

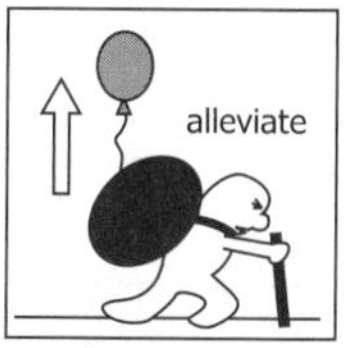

▶ Maintaining good posture will help to **alleviate** your back pain.

「良い姿勢を保つことで，腰の痛みが**軽減できる**。」

□ **posture** [pástʃər] 名 姿勢

2131 □ **mandatory** [mǽndətɔːri]

形 **強制的な，必須の** (= obligatory, compulsory)

★ mand（命令する）→「命じる」→「強制的な」; command「命令」と同語源

▶ Wearing a seat belt while driving is **mandatory** in Japan.

「日本では，運転中にシートベルトを着用するのは**義務である**。」

2132 □ **imperative** [ɪmpérətɪv]

形 **必須の，急務の**

★ imper（命令する）から；emperor「皇帝」（→ **p.591**），imperial「帝国の」（→ **p.591**）と同語源

▶ Immediate action is **imperative** to prevent global warming.
「地球温暖化を防ぐためには緊急の対策が**急務である**。」

2133 □ **advent**
[ǽdvent]

名 **出現，到来** (= arrival)
★ad-（～へ）＋ vent（来る）→「到来」; event「出来事」と同語源（e-（外に）＋ vent（来る）→「外に現れて起こるもの」）
▶ The **advent** of television caused critical damage to the movie industry.
「テレビの**出現**は映画産業に決定的な打撃を与えた。」

2134 □ **heredity**
[hərédəti]

名 **遺伝**
★heir（相続人）から；inherit「相続する」(→ **p.320**)，heir「相続人」(→ **p.320**) と同語源
▶ Some of your physical features are determined by **heredity**.
「人の身体的特徴の一部は**遺伝**によって決定される。」

Check!	
●［語源］ lev の意味は？	持ち上げる
●［語源］ mand の意味は？	命令する

● 次の語も，語源に注目し，別単語と関連づけて覚えましょう。adhere「くっつく」(→ **p.619**) を思い出してください。同語源の coherent は「各部分がくっつき合っている」→「首尾一貫した」と覚えます。legitimate「正当な，合法的な」は legal や legislate と関連づけ，autonomy「自治，自主性」は automatic や astronomy と結びつけます。こうして以前学習した単語を見直すと，記憶がさらに定着していきます。

別単語と関連づけて・2

2135 □ **coherent**
[koʊhíərənt]

形 **首尾一貫した** (= consistent)
★co-（共に）＋ her（くっつく）→「バラバラではなく，論理的な繋がりを持つ」; adhere「くっつく」(→ **p.619**) と同語源
▶ Choose one of the topics listed below and write a **coherent** and convincing essay.
「下に挙げたテーマから１つ選び，**首尾一貫した**説得力のあるエッセイを書け。」

□ **coherence**
[koʊhíərəns]

名 **一貫性**

□ **cohesion**
[koʊhíːʒn]

名 **結合，結束** (= unity)
★co-（共に）＋ hes（くっつく）→「結合」
▶ the social **cohesion** of a country「国家の社会的**結束**」

□ **incoherent** [ɪnkoʊhíərənt]

形 **首尾一貫しない，つじつまの合わない**

★ in-〈否定〉＋ coherent

2136 □ **legitimate** [lɪdʒítəmət]

形 **正当な，合法的な**

★ leg（法）→「法にのっとった」；legal「法律の」（→ **p.283**），legislate「法律を制定する」（→ **p.360**）と同語源

▶ **legitimate** son「嫡出の息子」

▶ You can't leave the classroom unless you have a **legitimate** reason.
「**正当な**理由がない限り，教室を離れてはならない。」

2137 □ **certificate** [sərtífɪkət]

名 **証明書，免許**

★ certi（確かに）＋ fic（= make）→「確かにするもの」；certain「確かな」と同語源

▶ He got a large amount of money from the insurance company by forging his own death **certificate**.
「彼は自分自身の死亡**証明書**を偽造することで，保険会社から大金を得た。」

□ **forge** [fɔ́ːrdʒ] 他 ～を偽造する →**p.646**

2138 □ **autonomy** [ɔːtɑ́nəmi]

名 **自治，自律，自主性**

★ auto-（自分）＋ nomy（法）→「自分で律する」；auto-（自分）の接頭辞は，他に automatic（→ **p.572**）「自分で動く→自動の」，autobiography「自伝」など；nomy は astronomy（→ **p.214**）「astro（星）＋ nomy（法則）→天文学」

▶ **local autonomy**「地方自治」

▶ The teacher tried to encourage **autonomy** in his students by letting them make choices.
「先生は生徒達に選択をさせることで**自主性**を促そうとした。」

□ **autonomous** [ɔːtɑ́nəməs]

形 **自治権のある，自立した，自律の**

▶ **an autonomous car**「自律走行車，自動運転車」

2139 □ **withstand** [wɪθstǽnd]

他 ～に**耐える** (= resist, endure)

★ stand「～に耐える」から；動詞変化：withstand – withstood – withstood

▶ Animals and plants living in the desert can **withstand** extreme heat.
「砂漠に住む動植物は非常な暑さに**耐える**ことができる。」

2140 □ **supplement*** [sʌ́pləmənt]

他 ～を**補う** 名 **補うもの，栄養補助食品**

★ 日本語の「サプリメント」は，「栄養を補う食品」；supply

「供給する」(→ **p.71**) と同語源

▶ To **supplement** his income as a singer, Bob teaches music to children.

「歌手としての収入を**補う**ために，ボブは子供に音楽を教えている。」

Check!	
● [語源] leg の意味は？	法
● [語源] auto- の意味は？	自分

● SECTION #6 では dispose of「～を処分する」という熟語を学びました。名詞形は disposal「処分」でしたね。この dispose という語は「配置する」「気持ちを向ける」という意味もあり，こちらの意味での名詞形は disposition です。disposal と disposition はしっかりと区別してください。その他 human / humane, maximum / maxim, question / questionnaire など，形が似ているものをピックアップしました。

類似単語と区別する

2141 □ **dispose**
[dɪspóʊz]

他 ～を（…する）**気にさせる** (to *do*)；を**配置する**

★ dis-〈分離〉＋ pose（置く）→「離して置く」→「配置する，気持ちを向ける」；dispose of A「A を処分する」(→ **p.69**) と区別して覚える

◆ **be disposed to *do***「**～したい気分である**」

▶ I'm **disposed** to go out for a walk.

「散歩に出かけ**たい気分だ**。」

□ **disposition**
[dɪspəzíʃn]

名 **気質，性質** (= temperament)；**配置**

★「処分」の意での dispose の名詞形は disposal (→ **p.69**)

▶ Tim is popular among his classmates since he has a cheerful **disposition**.

「ティムは陽気な**気質**なので，クラスメイトに人気がある。」

2142 □ **humane**
[hjuːméɪn]

形 **思いやりのある，人道的な** (↔ cruel)

★ 発音・アクセント注意；human「人間の」と区別する

▶ The purpose of our group is to promote **humane** treatment of animals raised for food.

「当団体の目的は，食用の動物に対する**思いやりのある**扱いを促進させることだ。」

2143 □ **personnel**
[pəːrsənél]

名（会社等の）**人事部**；**全職員**

★ 発音・アクセント注意；personal「個人の」と区別すること

▶ a **personnel** manager [department]「**人事部**長［部］」

2144 □ **maxim** [mǽksɪm]

名 **格言，原理**

★ maximum「最大」(→ p.294) と同語源；「最大の定理」

▶ His favorite **maxim** is "Practice makes perfect."
「彼のお気に入りの**格言**は『習うより慣れろ』だ。」

2145 □ **questionnaire** [kwestʃənéər]

名 **アンケート調査**

★ question「質問」に答える形式のアンケート

▶ Please fill out the **questionnaire** and email it to us.
「**アンケート**に記入して我々にメールで送ってください。」

2146 □ **manifest** [mǽnəfest]

他 ～を（言動で）**明らかに示す** 形 **明白な**

★ 政党が発表する政策声明「マニフェスト」は manifesto

◆ **manifest oneself**「**はっきりと現れる**」(= appear)

▶ The symptom of the disease **manifests itself** a week after the infection.
「その病気の兆候は感染後１週間で**現れる**。」

▶ The boss offered him a promotion, but he didn't **manifest** the slightest interest in it.
「上司は彼に昇進を持ちかけたが，彼は全く興味を**示さ**なかった。」

□ **manifestation** [mænəfestéɪʃn]

名 **明らかにすること，兆候**

Check!
● disposal / disposition **の意味は？** 処分／気質，配置
● the personnel department **とは？** 人事部

● 思想・言語などに関する文章に登場する語です。ある言葉は，「文字通りの意味」(denotation) の他に，「言外の意味」(connotation) を持つ場合があります。例えば home という語の文字通りの意味は「住んでいる建物」ですが，そこから「安全」や「快適」といった要素が連想されると，それは home という語の持つ connotation と考えることができます。

思想・言語

2147 □ **connotation** [kɑnətéɪʃn]

名 **言外の意味，含蓄** (= implication)

★ con-（共に）＋ note（しるす）→「文字通りの意味と共に示される言外の意味」；対義語は denotation「文字通りの意味」

▶ The word "home" has a **connotation** of security.
「『家』という語には安全という**言外の意味**がある。」

2148 □ **dogma**
[dɔ́ːgmə]

名 **教義，定説；独断**
★ある集団が説く教え・説；しばしば非難をこめて「独断」の意で用いられる
▶ He bravely challenged the **dogma** that the Earth was the center of the universe.
「彼は果敢にも，地球は宇宙の中心であるという**定説**に異を唱えた。」

2149 □ **prophet**
[prɑ́fət]

名 **予言者**
★pro-（前に）＋ phet（話す）→「前もって話す人」
▶ A **prophet** predicted the ruin of the empire.
「ある**予言者**がその帝国の滅亡を予言した。」

Check! ● connotation / denotation：**「文字通りの意味」はどっち？** denotation

●図形に関する単語です。symmetry「左右対称」に含まれる metry（測定），rectangular「長方形の」の rect-（真っ直ぐな），diameter「直径」の dia-（横切って）などは，以前のセクションにも登場しています。これまでに学習した単語を適宜見直して，さらに単語同士の関連づけを行いましょう。

図形

2150 □ **symmetry**
[símətri]

名 **左右対称，対称**
★sym-（共に）＋ metry（測定）；geometry「幾何学」（→ **p.214**）と同語源
▶ The structure of the castle is in perfect **symmetry**.
「その城の構造は完全な**左右対称**となっている。」

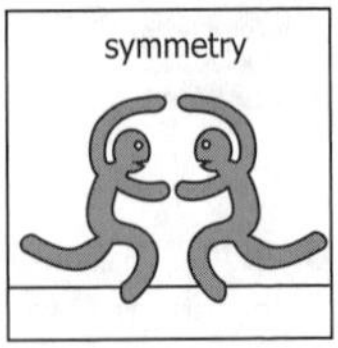

□ **symmetrical**
[sɪmétrɪkl]

形 **左右対称の**

2151 □ **rectangular**
[rektǽŋgjələr]

形 **長方形の**
★rect-（真っ直ぐな）＋ angle（角度）；erect「直立させる」（→ **p.41**）と同語源；「正方形（の）」は square
▶ a **rectangular** box「**長方形の**箱」

2152 □ **diameter**
[daɪǽmətər]

名 **直径**
★dia-（横切って）＋ meter（測る）→「円を横切って測る」；dialogue「対話」（→ **p.194**），geometry「幾何学」（→ **p.214**）と同語源；「半径」は radius

▶ The circle is three meters in **diameter**.
「その円は**直径** 3 m である。」

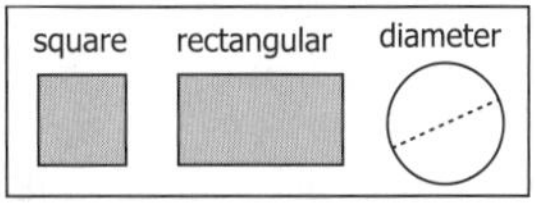

Check!		
	●［語源］ metry の意味は？	測定
	●［語源］ dia- の意味は？	横切って

● 動きをイメージする単語です。イラストを参考にして，各動詞の持つ動きを頭の中にイメージしてください。

動きをイメージする

2153 □ **soothe** [súːð]

他 ～を**なだめる，和らげる** (= calm)
★「怒り，興奮，痛みなどを和らげる」
▶ She tried to **soothe** the crying baby by rocking him gently in her arms.
「彼女は泣いている赤ん坊を腕に抱いて優しくゆすって**なだめ**ようとした。」

2154 □ **wither** [wíðər]

自 **しおれる，弱まる**
▶ Plants will **wither** and die if you don't water them.
「水を与えないと，植物は**しおれて**枯れてしまう。」

2155 □ **surge** [sə́ːrdʒ]

名 **急増，急騰** 自 **急増する，急騰する**
▶ This year the company has seen a dramatic **surge** in export sales.
「今年は会社の輸出売上高が劇的に**急増**した。」

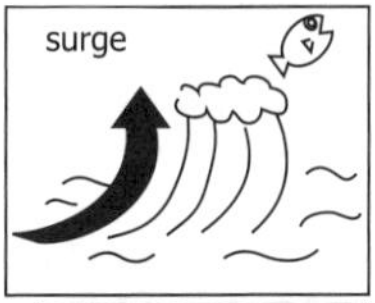

2156 □ **proliferate** [prəlífəreɪt]

自 **急増する，繁殖する**
▶ Cancer causes mutated cells to **proliferate** out of control.
「癌によって変異した細胞が制御不能なまでに**増殖する**。」

2157 □ **fetch** [fétʃ]

他 ～を**取ってくる，連れてくる**
★ 主にイギリス英語で用いられる
▶ I trained my Pomeranian to **fetch** a ball.

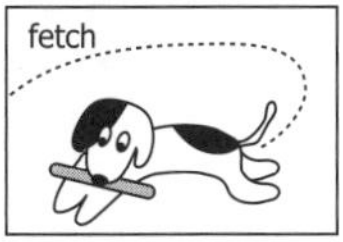

「私はポメラニアンがボールを**取ってくる**よう訓練した。」

2158 □ **immerse**
[ɪmə́ːrs]

他 〜を**浸す；没頭させる**
★「どっぷりとつかる」→「没頭する」
◆ **be immersed in A**「**A に没頭している**」
(= be absorbed in A)
▶ Dave has been **immersed** in comic books and video games.
「デイブはマンガとテレビゲームに**没頭している**。」

2159 □ **hamper**
[hǽmpər]

他 〜を**妨げる** (= hinder)
▶ The search for the missing crew members was **hampered** by the thick fog.
「行方不明の乗組員の捜索は，濃い霧によって**妨げられた**。」

2160 □ **forge**
[fɔ́ːrdʒ]

他 〜（関係など）を**強化する，築く**；を**偽造する**
★もとは「鍛冶場」の意；「鉄を鍛える」→「強化する」「偽造する」
▶ The treaty was supposed to **forge** a close tie between the two countries.
「その条約は二国間の緊密な関係を**強化するもの**とされていた。」

□ **forgery**
[fɔ́ːrdʒəri]

名 **偽造品**

Check! ● He is immersed (1. in / 2. with) comics. 1.

● 2 音節以下の短い単語です。SECTION #32 や SECTION #49 でも扱いましたが，ここでもいくつかの単語を学びます。声に出して発音して，直感的にイメージを摑むようにしてください。

短い単語

2161 □ **token**
[tóʊkn]

名 **しるし**
◆ **as a token of [in token of] A**「**A のしるしとして**」
▶ Steve gave her a diamond ring **as a token of** his love.
「**愛のしるしとして**，スティーブは彼女にダイヤの指輪を贈った。」

2162 □ **mock** [mák]

他 ～を**あざ笑う** 形 **模擬の，偽の**

▶ a **mock** examination [election]「**模擬**試験［選挙］」

2163 □ **toll** [tóʊl]

名 **①被害，死傷者 ②通行料，通話料**

★「税金」が原義；「料金」→「支払うべき代償」→「被害」

◆ **take a [its/their] toll「被害をもたらす」**

▶ Smoking takes quite a **toll** on your health.
「喫煙は健康に大きな**被害**をもたらす。」

▶ **tollgate**「（有料道路の）**料金所**」

2164 □ **doom** [dú:m]

名 **運命，宿命** 他 ～を**運命づける**

★ 悪い運命を表す

◆ **be doomed to *do* [to A]「～する［A になる］運命にある」**

▶ Those who ignore history are **doomed** to repeat it.
「歴史を疎かにするものは同じことを繰り返す**運命にある**。」

2165 □ **flaw** [flɔ́:]

名 **ひび，欠陥**

▶ The student closely examined her paper, looking for logical **flaws**.
「学生は論理的**欠陥**を探して，自分の論文をじっくりと調べた。」

2166 □ **cater** [kéɪtər]

自（食事などを）**まかなう**，（要求に）**応じる**

★ 食事の出前などを表す「ケータリング」として日本語化している

◆ **cater for [to] A「A（の要求）に応じる」**

▶ The city has many hotels that **cater** to the increasing number of foreign tourists.
「その町には，増加する外国人観光客の**要望に応じる**沢山のホテルがある。」

Check! ● as a token of gratitude：**「感謝の（　）として」** しるし

●最後の単語まであと少しです！　ここではいくつかの形容詞を学びます。gigantic「巨大な」は giant「巨人」と結びつけて，static「静止した」は dynamic「動的な」の対義語として覚えましょう。

形容詞

2167 □ **edible** [édəbl]

形 **食べられる**

★ ed（食べる）＋ -ible〈可能〉

▶ There are over 350 thousand different species of plants on the Earth, and about 80 thousand of them are **edible**.
「地球上には35万種以上の植物種があり，そのうち約8万種が**食べられる**。」

2168 □ **delinquent** [dılíŋkwənt]
形 **非行の**
▶ **delinquent behavior**「非行」

□ **delinquency** [dılíŋkwənsi]
名 **非行**
▶ Juvenile **delinquency** is closely connected with child abuse.
「未成年の**非行**は幼児虐待と密接な関連がある。」

2169 □ **gigantic** [dʒaıgǽntık]
形 **巨大な，大きな** (= huge, enormous)
★ giant「巨人」と同語源
▶ a **gigantic** pyramid「**巨大な**ピラミッド」
▶ a **gigantic** problem「**大きな**問題」

2170 □ **static** [stǽtık]
形 **静止した，動きのない** (↔ dynamic)
▶ In the 19th century, the universe was believed to be **static** and infinite.
「19世紀には，宇宙は**静止していて**無限であると信じられていた。」

2171 □ **antique** [æntíːk]
形 **古い，骨董の**
★「アンティーク」は「骨董品」の意で日本語化している
▶ a beautiful **antique** vase「美しい**骨董の**花瓶」

□ **antiquity** [æntíkwəti]
名 **大昔，古代**
▶ from **antiquity** to the present day「**大昔**から現在まで」

Check! ● static electricity **とは？** 静電気

●「鉄壁」もいよいよあと数語で終了です。「鉄壁のボキャブラリー」への長く苦しい道のりも，ようやくゴールが見えてきました。最後の mischief「いたずら」，mischievous「いたずら好きの」まで，気を抜かずに覚えましょう！

最後の仕上げ！

2172 □ **transact** [trænzǽkt]
他 ～（業務・取引）を**処理する，行う**
◆ **transact business with A**「Aと（仕事の）取引をする」

□ **transaction** [trænzǽkʃn]
名 **処理，取引**
▶ business [online] **transactions**「商［ネット上の］**取引**」

2173 □ **ornament**
[ɔ́ːrnəmənt]

名 **装飾**
★ orn（飾る）から
▶ Christmas **ornaments**
「クリスマスの**装飾**」

□ **adorn**
[ədɔ́ːrn]

他 **～を飾る**
★ orn（飾る）から

2174 □ **corridor**
[kɔ́ːrədər]

名 **廊下** (= hallway)
▶ I walked down the **corridor** and entered the room at the far end.
「私は**廊下**を歩いて行き，突き当たりの部屋に入った。」

2175 □ **warrant**
[wɔ́ːrənt]

他 **～を保証する；正当化する** (= justify)
▶ There is not enough evidence to **warrant** a conclusion.
「結論の正当性を**保証する**のに十分な証拠はない。」

□ **warranty**
[wɔ́ːrənti]

名 **保証，正当な理由**

2176 □ **mischief**
[místʃɪf]

名 **いたずら，悪さ**
★ 発音・アクセント注意：「ミスチフ」；不可算名詞
◆ **get into mischief**「**いたずらをする**」
◆ **up to mischief**「**いたずらをたくらんでいる**」
▶ I'm worried about my six-year-old son, who is always up to some **mischief**.
「いつも**いたずら**をたくらんでいる6歳の息子のことを心配している。」

□ **mischievous**
[místʃəvəs]

形 **いたずら好きの**
★ 発音・アクセント注意：「ミスチヴァス」

Check! ● mischief のアクセント位置は？ —— míschief

Review Test

● **Same or Opposite?**

□1	subsequent	previous	Opposite
□2	mandatory	compulsory	Same
□3	advent	arrival	Same
□4	coherent	illogical	Opposite
□5	connotation	implication	Same

☐6	**soothe**	**calm**	Same
☐7	**wither**	**thrive**	Opposite
☐8	**mock**	**fake**	Same
☐9	**gigantic**	**tiny**	Opposite
☐10	**static**	**dynamic**	Opposite

● **Match up each word with its meaning.**

☐11	**alleviate**	**a.**	provide food	d.
☐12	**manifest**	**b.**	put into a liquid	e.
☐13	**proliferate**	**c.**	increase rapidly	c.
☐14	**immerse**	**d.**	make less severe	b.
☐15	**cater**	**e.**	show clearly	a.

☐16	**legitimate**	**a.**	showing kindness to others	d.
☐17	**humane**	**b.**	suitable to be eaten	a.
☐18	**edible**	**c.**	enjoying playing tricks	b.
☐19	**delinquent**	**d.**	acceptable according to the law	e.
☐20	**mischievous**	**e.**	behaving badly	c.

☐21	**supplement**	**a.**	person who predicts the future	b.
☐22	**dogma**	**b.**	add something to improve	d.
☐23	**prophet**	**c.**	conduct business	a.
☐24	**ornament**	**d.**	belief accepted as authoritative	e.
☐25	**transact**	**e.**	object used as decoration	c.

● **Multiple Choices**

☐26 It is ( ) to take action.
a. imperative **b.** delinquent **c.** coherent ··········· a.

☐27 Some of your physical features are determined by ( ).
a. symmetry **b.** heredity **c.** warranty ··········· b.

☐28 You can't teach at public schools if you don't have a teaching ( ).
a. autonomy **b.** certificate **c.** prophet ··········· b.

☐29 The country regained its ( ) at the end of the occupation.
a. disposition **b.** warranty **c.** autonomy ··········· c.

☐30 Animals in the Arctic have the ability to ( ) extreme cold.
a. withstand **b.** hamper **c.** transact ··········· a.

☐31 He is popular among his colleagues because of his cheerful ( ).
a. disposition **b.** disposal **c.** dispute ··········· a.

☐32 I believe in the ( ) "Out of sight, out of mind."
a. maximum **b.** maxim **c.** max ··········· b.

□**33** Please fill out the ( ) and send it to us.
a. questionnaire **b.** millionaire **c.** billionaire ………… a.

□**34** "M," "T" and "X" are ( ) letters.
a. symmetrical **b.** diametrical **c.** rectangular ………… a.

□**35** The ( ) in oil prices was accompanied by an increase in food prices.
a. mock **b.** flaw **c.** surge ………… c.

□**36** Could you ( ) me something to drink?
a. fetch **b.** hamper **c.** wither ………… a.

□**37** I would like you to accept this gift as a ( ) of my gratitude.
a. toll **b.** token **c.** flaw ………… b.

□**38** The project was ( ) to failure from the beginning.
a. doomed **b.** flawed **c.** catered ………… a.

□**39** There is a fatal ( ) in his theory.
a. flow **b.** fluid **c.** flaw ………… c.

□**40** The universe was once believed to be a ( ) whole.
a. warranty **b.** static **c.** edible ………… b.

□**41** He hurried down the ( ) to his office.
a. mischief **b.** corridor **c.** warranty ………… b.

□**42** This conclusion is clearly ( ) by the data.
a. fetched **b.** catered **c.** warranted ………… c.

解説・和訳

26「行動を起こすことが急務だ。」／28 teaching certificate「教員免許」／29「占領が終わり，その国は自治を取り戻した。」／30「北極の動物は厳寒に耐える能力を持っている。」／32「私は『去る者は日々に疎し』という格言を信じている。」／34「M，T，Xは左右対称の文字である。」／35「石油価格の急騰に付随して食料価格が上昇した。」／37「私の感謝のしるしとして，この贈り物を受け取ってください。」／38「その計画は最初から失敗する運命にあった。」／39 fatal flaw「致命的な欠陥」／40「かつては，宇宙全体は静止しているものだと考えられていた。」／42「この結論はデータによってはっきりと正当化されている。」

日付： 年 月 日	得点： ／42
34点以上→卒業おめでとう！	34点未満→もう一度復習

さらに『鉄壁』のボキャブラリーへ

卒業おめでとうございます。ここまで『鉄壁』をやり抜いた人は，英単語に対してもう何も恐れることはありません。ぜひとも自信を持ってください。単語・熟語だけではありません。作文，読解，リスニングなど，全てにおいて，あなたの英語力は飛躍的に向上したはずです。もう，単語に怯えていた以前のあなたではありません。まるで別次元の世界を体験していることでしょう。

ですが……
英語の単語というものは，まだまだ無数にあります。一般的な英語の辞書には6万語以上の単語が収録されています。あなたは，そのうちのほんの20分の1を学んだに過ぎないのです。これから大学へ進学し，やがて社会人となっても，英語に触れる機会は沢山あるでしょう。そして毎日のように知らない単語に出会い，その多さに圧倒されるかもしれません。そんなときは，つい気が滅入ってしまうものです。しかし，新しい単語に出会い，それを自分のものとすることに「苦痛」ではなく「喜び」を感じられるか否かに，今後のあなたの英語人生がかかっているのです。
皆さんが生まれて初めて覚えた英単語は何だったでしょうか？　dog とか cat とか，あるいは house だったかもしれません。いずれにしても，それを覚えるのに苦痛は感じなかったはずです。むしろ，英語という未知の世界に足を踏み入れる感覚に，言いようのない興奮を覚えたのではないでしょうか。
その新鮮な喜びを忘れないでほしいのです。

本書を通じて「単語を覚える楽しさ」を少しでも感じてくれたとしたら，著者として嬉しく思います。さらに鉄壁のボキャブラリーを目指して，これから終わりのない長い道のりが始まりますが，本書で習得したノウハウは，あなたにとって心強い旅の伴侶となってくれることでしょう。

索　引

【単語について】
色文字→通し番号つきの見出しで使われている単語・熟語
黒太字→上記の派生語・関連語
黒細字→それ以外の単語・熟語

A

B

C

D

E

F

H

I

J

P

Q

R

S

W

Y

改訂版　鉄緑会東大英単語熟語　鉄壁

2020年 3月 9日　初版発行
2024年 8月10日　45版発行

編　者	鉄緑会英語科
発行者	山下直久
発　行	株式会社 KADOKAWA
	〒102-8177　東京都千代田区富士見2-13-3
	電話　0570-002-301（ナビダイヤル）
印刷所	株式会社リーブルテック

●お問い合わせ
https://www.kadokawa.co.jp/ （「お問い合わせ」へお進みください）
※内容によっては、お答えできない場合があります。
※サポートは日本国内に限らせていただきます。
※Japanese text only
定価はカバーに表示してあります。

ISBN 978-4-04-604411-2　C7082